DIE ZEIT

Welt- und Kulturgeschichte

DIE ZEIT

Welt- und Kulturgeschichte

Epochen, Fakten, Hintergründe in 20 Bänden

Mit dem Besten aus der ZEIT,
u.a. mit Beiträgen
von Klaus Günzel,
Ronald D. Gerste
und Wolfgang Uchatius

12 Zeitalter des Nationalismus

Die Welt im Zeitalter des Nationalismus II (1850–1918)

Der Erste Weltkrieg I

Zeitverlag
Gerd Bucerius GmbH & Co. KG

Herausgeber

Zeitverlag Gerd Bucerius GmbH & Co. KG
Pressehaus, Speersort 1, 20095 Hamburg

Bibliographisches Institut & F. A. Brockhaus AG

Projektleitung Dr. Hildegard Hogen
Redaktion Jürgen Hotz M. A., Klaus M. Lange, Mathias Münter-Elfner, Marianne Strzysch-Siebeck
Bildredaktion Dr. Eva Bambach (Leitung), Dipl.-Geogr. Ellen Astor, Frank Endres M. A., Eva van Meeuwen M. A.
Redaktionsleitung ZEIT Aspekte Dr. Dieter Buhl

Layout Sigrid Hecker
Einband- und Umschlaggestaltung Mike Kandelhardt
Herstellung Constanze Sonntag

Bibliografische Information der Deutschen Bibliothek
Die Deutsche Bibliothek verzeichnet diese Publikation in der Deutschen Nationalbibliografie; detaillierte bibliografische Daten sind im Internet über http://dnb.ddb.de abrufbar.

Satz A–Z Satztechnik GmbH, Mannheim (PageOne, alfa Media Partner GmbH)
Druck und Bindung GGP Media GmbH, Pößneck
Printed in Germany

ISBN Gesamtwerk: 3-411-17590-7
ISBN Band 12: 3-411-17602-4

Abbildungen auf dem Einband aisa, Archivo iconográfico, Barcelona: Afrika, Aksum, Konfuzius, Byzanz, China Kolonialismus, Erster Weltkrieg, Etrusker, Franken, Französische Revolution, Hausa, Huangdi, Mesopotamien, Mykene, Osmanisches Reich, Steinzeit, Zweiter Weltkrieg; akg-images, Berlin: Erster Weltkrieg, Jungsteinzeit, Stalin; Bibliographisches Institut & F. A. Brockhaus AG, Mannheim: Ägypten, Avignon, Gandhi, Minoer, Preußen, Taj Mahal; Farb- und Schwarzweiß-Fotografie E. Böhm, Mainz: Buddhismus; A. Burkatovski, Rheinböllen: Katharina II., Skythen; M. Gropp, Unterhaching: Maya; Image Source, Köln: Kolosseum; Istituto Geografico de Agostini, Novara: Napoleon, Römer; Dr. V. Janicke, München: Mogulreich; picture-alliance/akg-images, Frankfurt am Main: Afrika – Sklavenhandel, Amerika – Unabhängigkeit, Azteken, Heinrich IV., Indianer, Karolinger, Lenin, Ludwig XIV., Luther, Marx, Maximilian I., Metternich, Mittelalter, Ottonen, Sonnenwagen von Trundholm, Völkerwanderung, Wirtschaftswunder; picture-alliance/Bildfunk, Frankfurt am Main: Bronzezeit; picture-alliance/dpa, Frankfurt am Main: Clinton, Golfkrieg, Gorbatschow, Kennedy, Kohl, Mandela, Mauerfall, UN

Die Reihe im Überblick

Anfänge der Menschheit und Altes Ägypten
Vor- und Frühgeschichte
Ägypten (3000–330 v. Chr.) Band 01

Frühe Kulturen in Asien
Frühe Hochkulturen in Vorderasien
(3000–539 v. Chr.)
Persien (539–330 v. Chr.)
Frühe Hochkulturen in Süd- und Ostasien I
(3000–221 v. Chr.) Band 02

Frühe Kulturen in Europa
Frühe Hochkulturen in Süd- und Ostasien II
(3000–221 v. Chr.)
Frühe Kulturen der antiken Welt
(700 v. Chr.–500 n. Chr.) Band 03

Klassische Antike
Griechische Antike (1600–30 v. Chr.)
Römische Antike I (650 v. Chr.–395 n. Chr.) Band 04

Spätantike und Völkerwanderungszeit
Römische Antike II (650 v. Chr.–395 n. Chr.)
Völkerwanderung (395–565)
Vorderasien und Afrika I (850 v. Chr.–651 n. Chr.) Band 05

Aufstieg des Islam
Vorderasien und Afrika II (850 v. Chr.–651 n. Chr.)
Süd- und Ostasien (320 v. Chr.–550 n. Chr.)
Die arabische Welt (610–1492)
Europa im Mittelalter I (550–1500) Band 06

Europa im Mittelalter
Europa im Mittelalter II (550–1500) Band 07

Frühe Neuzeit und Altamerika
Europa in der frühen Neuzeit (1500–1648)
Altamerika (13 000 v. Chr.–1492 n. Chr.) Band 08

Zeitalter des Absolutismus
Süd- und Ostasien (550–1650)
Afrika (300–1800)
Europa im Zeitalter des Absolutismus I
(1648–1770) Band 09

Inhaltsverzeichnis

Die Welt im Zeitalter des Nationalismus

Industrielle Revolution und Arbeiterbewegung *(Fortsetzung)*

»Proletarier alle Länder, vereinigt euch!«: Der Marxismus

s. ZEIT Aspekte Marxismus S. 516

Der Mann, der dem Industrieproletariat und der sozialistischen Bewegung eine wegweisende, mit wissenschaftlichem Anspruch auftretende Zukunftsvision von historischer Wirkungsmächtigkeit gab, gehörte selbst der gesellschaftlichen Oberschicht an. Der 1818 in Trier geborene Karl Marx war der Sohn eines angesehenen Rechtsanwalts und preußischen Justizrats. Mit 23 Jahren zum Doktor der Philosophie promoviert, redigierte Karl Marx zwei Jahre lang die liberal-demokratische »Rheinische Zeitung« in Köln. Wenige Monate nach seiner Heirat 1843 zwangen ihn die Schikanen der Zensur zur Auswanderung. Die folgenden viereinhalb Jahre, die wissenschaftlich fruchtbarsten seines Lebens, verbrachte Karl Marx in Paris und Brüssel.

In die 1840er-Jahre fällt der Beginn von Marx' Freundschaft mit dem so anders gearteten Friedrich Engels, dem 1820 geborenen Sohn eines reichen Industriellen aus Barmen. Der lebensfrohe Friedrich Engels, zeitlebens ein Freund der Damenwelt, Sportsmann und Weinkenner, war 1842 in das väterliche Zweiggeschäft in Manchester eingetreten und hatte dort enge Beziehungen zu den Chartisten und den Anhängern Owens geknüpft. Die 1845 erschienene, auch heute noch lesenswerte, wenn auch ein wenig einseitige Schrift über »Die Lage der arbeitenden Klasse in England« war der Niederschlag seiner Erfahrungen im industriellen Arbeitermilieu Englands. Im Winter 1847/48 verfassten Marx und Engels im Auftrag eines kleinen sozialistisch-kommunistischen Zirkels, des Bundes der Kommunisten, gemeinsam das »Manifest der Kommunistischen Partei« (Motto: »Proletarier aller Länder, vereinigt euch!«), das bereits die Kerngedanken des Marxismus enthielt.

Karl Marx war einer der wichtigsten Vordenker der Arbeiterbewegung. Auf seinen Gedanken beruhen der wissenschaftliche Sozialismus, der Kommunismus und nicht zuletzt der Marxismus.

Marx kehrte nach dem Ausbruch der Märzrevolution 1848 nach Deutschland zurück, ohne dass es ihm gelungen wäre, Einfluss auf die politische Entwicklung zu nehmen. Die Gründung einer Zeitung führte zum Verlust seines Vermögens und desjenigen seiner Frau. Völlig verarmt musste die Familie die Flucht nach England antreten. In London lebte Marx unter erbärmlichen materiellen Verhältnissen von 1849 bis zu seinem Tode 1883. Die

100264

dauernde finanzielle Unterstützung durch Friedrich Engels bewahrte die Familie vor dem Schlimmsten und ermöglichte es Marx, an seinem Hauptwerk »Das Kapital, Krisen der politischen Ökonomie« zu arbeiten.

Die materialistische Umkehr der Dialektik Hegels

Die philosophische Begrifflichkeit und insbesondere die dialektische Methode von Karl Marx beruhten auf der Philosophie Georg Wilhelm Friedrich Hegels. Für Hegel bestimmte der Geist, den er mit der Vernunft gleichsetzte, die Wirklichkeit und die historische Entwicklung. Alles Geschehen und alle Geschichte stellten für Hegel einen vernünftigen und damit zielgerichteten Prozess dar: Das Ziel sah er in dem »Fortschritt zum Bewusstsein des Geistes«.

Um dieses Ziel zu erreichen, bediente sich nach Hegel der »Weltgeist« des dialektischen Kampfes. Jede historische Epoche war für Hegel durch eine Idee (These) bestimmt, die sich auch ihren Widerspruch (die Antithese) schafft. Die Auseinandersetzung von These und Antithese führt schließlich zu einem höheren Dritten, der Synthese, die in der Folge erneut zur These wird und damit den dialektischen Prozess am Leben erhält. Aus dieser Sicht ist jede Stufe der dialektischen Entwicklung notwendig und damit auch vernünftig: »Alles Wirkliche ist vernünftig, alles Vernünftige ist wirklich«.

Marx übernahm diese dialektische Methode, stellte sie aber »vom Kopf ... auf die Füße«. Für ihn waren nicht die Ideen die treibenden Kräfte des dialektischen Prozesses, sondern die Arbeits- und Produktionsverhältnisse, mithin die Materie.

ZITAT

Im »Kapital« zitiert Marx einen Bericht über Kinderarbeit in England, der besonders auf die Situation junger Mädchen eingeht:

Sie werden rohe, bösmäulige Buben, bevor die Natur sie gelehrt hat, dass sie Weiber sind. Gekleidet in wenige schmutzige Lumpen, die Beine weit über das Knie entblößt, Haar und Gesicht mit Dreck beschmiert, lernen sie alle Gefühle der Sittsamkeit und der Scham mit Verachtung behandeln.

Die Selbstentfremdung des Menschen durch die Lohnarbeit

Der Sinn dieser materialistischen Umkehr der Dialektik erhellt am besten aus Marx' Menschenbild. Danach unterscheidet sich der Mensch vom Tier vor allem durch seinen ihm eigenen Drang, die Natur zu gestalten. Die Arbeit wird damit zum Ausdruck des menschlichen Wesens. Das Produkt seiner Arbeit ist zugleich der entscheidende Ausdruck seines Menschseins. Nach Marx bedeutet die moderne industrielle Arbeitsteilung, dass der Mensch nicht mehr ungeteilt sein ganzes Wesen in das

Produkt seiner Arbeit legen kann; durch die Lohnarbeit wird ihm die vollständige Verfügungsgewalt darüber genommen. Arbeitsteilung und Lohnarbeit führen damit zur Zerstörung seines wahren Menschseins. Marx verwendet dafür den Begriff »Entfremdung«.

Im Kapitalismus treibt nach Marx die Entfremdung des Menschen ihrem Höhepunkt entgegen. Verantwortlich dafür ist die dialektische Spannung zwischen den Produktivkräften und den Produktionsverhältnissen. Produktivkräfte sind Arbeitsgeräte und Maschinen, aber auch die Arbeitskraft des Menschen, sein Wissen und Können. Mit dem Begriff »Produktionsverhältnisse« bezeichnet Marx die gesellschaftlichen Beziehungen der produzierenden und konsumierenden Menschen untereinander. Diese sind in der geltenden Eigentumsordnung festgelegt und im Gegensatz zu den sich ständig wandelnden Produktivkräften über einen längeren Zeitraum

50

Den Beginn eines gemeinsamen Weges thematisiert das Gemälde »Karl Marx und Friedrich Engels schließen Freundschaft« von Hans Mocznay (1953; Berlin, Deutsches Historisches Museum).

hinweg statisch. Die Dynamik der Produktivkräfte und die Statik der gesellschaftlichen Produktionsverhältnisse führen immer wieder zu wachsenden dialektischen Spannungen, bis die gesellschaftlichen Produktionsverhältnisse durch die sich wandelnden Produktivkräfte umgestürzt werden. Dieses dialektische Spannungsverhältnis von Produktivkräften und Produktionsverhältnissen ist für Marx die Kraft, die die historische Entwicklung vorantreibt.

Die Klassenstruktur der Gesellschaft

Für Marx blieben die Produktivkräfte und die Produktionsverhältnisse in ihrer dialektischen Spannung allerdings keine abstrakten philosophischen Kategorien, sondern er vermenschlichte sie gewissermaßen: Die Klasse der Lohnarbeiter, der Proletarier, ist die Trägerin der »subjektiven Arbeit« und stellt die wichtigste Produktivkraft dar; die Kapitalisten, die Bourgeois, hingegen sind die Eigentümer der »objektiven Arbeit« und als solche an der Aufrechterhaltung der bestehenden gesellschaftlichen Produktionsverhältnisse interessiert.

Bei alledem war Marx voll der Bewunderung für die historischen Leistungen der Kapitalistenklasse, der Bourgeoisie: »Die Bourgeoisie hat in ihrer kaum hundertjährigen Klassenherrschaft massenhaftere und kolossalere Produktionskräfte geschaffen als alle vergange-

Beim 2. Kongress des Bundes der Kommunisten 1847 in London wurden Marx und Engels mit der Abfassung des »Kommunistischen Manifests« beauftragt (Gemälde von Hans Mocznay; Berlin, Deutsches Historisches Museum).

100880

nen Nationen zusammen.« Im Kampf gegen den Feudalismus sind Bürgertum und Proletariat nach Marx Bundesgenossen. Die einmal vollbrachte bürgerliche Revolution ist aber sodann zur proletarischen weiterzutreiben.

Die »Ware Arbeitskraft« und ihr Mehrwert

Um die dialektische Spannung zwischen Produktivkräften und Produktionsverhältnissen mit wissenschaftlichem Anspruch erklären zu können, musste Marx auf die Lehren der klassischen Nationalökonomie zurückgreifen. Von dem Volkswirtschaftler David Ricardo übernahm er die Lehre, dass der Preis jeder Ware im Mittel stets den Produktionskosten entsprechen müsse. Wie schon Ricardo wandte auch Marx diesen Satz auf die »Ware Arbeitskraft« an: »Die Produktionskosten der einfachen Arbeitskraft belaufen sich also auf die Existenz- und Fortpflanzungskosten des Arbeiters. Der Preis dieser Existenz- und Fortpflanzungskosten bildet den Arbeitslohn.« Nun ist aber der produktive Wert der Arbeitskraft höher als der so ermittelte Lohn. Die Differenz zwischen dem produktiven Wert der Arbeit und dem Lohn bezeichnete schon die klassische Nationalökonomie als Mehrwert. Diesen Mehrwert eignet sich der Kapitalist als Eigentümer der Produktionsmittel an.

In diesem Modell kann der erfolgreichste Kapitalist auch am meisten zusätzliche Arbeit kaufen und damit sein Kapital am stärksten vermehren. Marx prophezeite, am Ende könne dieser im Sinne eines Monopolkapitalismus alle seine Konkurrenten verdrängen. Eine kleine Gruppe von Monopolkapitalisten werde einem zahlenmäßig immer weiter anschwellenden Proletariat gegenüberstehen, dessen ökonomische Lage sich immer weiter verschlechtern werde (Verelendungstheorie), da die Arbeitsvorgänge mit fortschreitender Mechanisierung und Arbeitsteilung immer einfacher und die Kosten der Ware Arbeitskraft immer niedriger würden.

50

Friedrich Hegel (zeitgenössischer, später kolorierter Kupferstich). In Berlin nahm der Student Marx 1837 an den Diskussionen der Junghegelianer im »Doktor-Club« teil.

Die immer wiederkehrenden Krisen des Kapitalismus

Der Kapitalismus, so prophezeite Marx, werde in einer Kette von ihm selbst erzeugter ökonomischer Krisen zugrunde gehen. Die immer schärfere Spaltung der Gesellschaft in wenige Reiche und immer mehr Arme führe mit Notwendigkeit den Umsturz der Produktionsverhält-

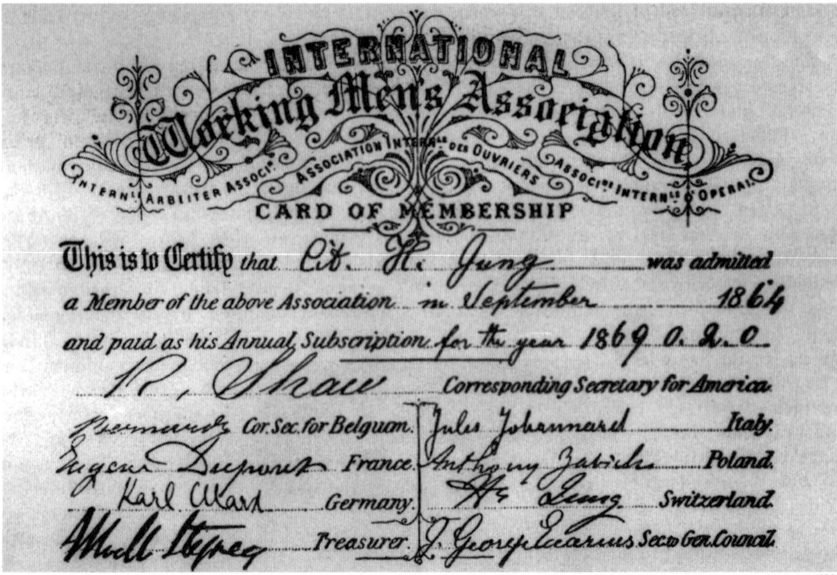
INTERNATIONAL
Working Men's Association
Intern.l Arbiter Associ. Association Intern.le des Ouvriers Associ.ne Intern.le d'Operai
CARD OF MEMBERSHIP
This is to Certify that Cit. H. Jung was admitted
a Member of the above Association in September 1864
and paid as his Annual Subscription for the year 1869 0. 2. 0
R. Shaw Corresponding Secretary for America.
Bernard Cor. Sec. for Belgium. | Jules Johannard Italy.
Eugene Dupont France. | Anthony Zabicki Poland.
Karl Marx Germany. | H. Jung Switzerland.
Wm. Stepney Treasurer. | J. George Eccarius Sec. to Gen. Council.

100880

Mitgliedskarte der Ersten Internationale für das Jahr 1869, unterschrieben u. a. von Karl Marx als Korrespondierendem Sekretär für Deutschland.

nisse der kapitalistischen Eigentumsordnung herbei, da sich das Proletariat, das sich immer mehr mit der Gesamtheit der Gesellschaft decke, revolutionär der Produktionsmittel bemächtigen und die »Diktatur des Proletariats« verwirklichen werde.

Nach der erfolgten Vergesellschaftung der Produktionsmittel und der Abschaffung der Kapitalistenklasse werde der Staat überflüssig und schließlich absterben. Ja sogar die Geschichte werde zum Stillstand kommen, da der sie bis dahin antreibende dialektische Prozess zum Stillstand gekommen sei: An die Stelle der Entfremdung tritt nun nach Marx die Selbstverwirklichung des Menschen. Damit entsteht auch ein völlig neuer Mensch, der nicht mehr von Eigennutz und Gewinnstreben gekennzeichnet ist.

Theorie und Realität

Das Gedankengebäude von Karl Marx enthielt an sich wenig Neues. Von Hegel entlehnt ist die dialektische Methode; bei Ricardo findet man bereits die Lohn- und Mehrwerttheorie und bei dem Zoologen und Naturphilosophen Ernst Haeckel den konsequenten naturwissenschaftlichen Materialismus. Der Kampf gegen das Privateigentum und die Vision einer Gesellschaft ohne staatlichen Zwang spielen bereits bei den Frühsozialisten eine zentrale Rolle.

Marx verdichtete jedoch alle diese Elemente zu einem geschlossenen weltanschaulichen System. Die Annahme, dass sich die Geschichte nach objektiv feststellbaren Gesetzen, ja im Grunde nach einem einzigen Gesetz bewege, stellte eine Übertragung des naturwissenschaftlichen Glaubens der Zeit auf den Bereich der Gesellschaft dar. Dieses mit wissenschaftlichem Anspruch auftretende Denksystem schien geeignet, alle wirtschaftlichen, sozialen, politischen und kulturellen Entwicklungen der Vergangenheit und der Gegenwart zu erklären. Durchdrungen vom Fortschrittsglauben des aufklärerischen 18. Jahrhunderts, vermittelten die Lehren Marx' dem Proletariat eine Zukunftsvision und die Überzeugung, mit dem eigenen Emanzipationskampf zugleich eine welthistorische Mission zu erfüllen.

Obwohl es überzeitliche universale Geltung beanspruchte, war das Theoriegebäude des Marxismus in hohem Maße zeitbedingt. Gegen Ende des Jahrhunderts war es offensichtlich, dass Marx' Theorie, der Arbeiter werde stets nur den zu seiner bloßen Reproduktion notwendigen Lohn erhalten, eben nicht zutraf. Diese Annahme war nur so lange gültig, wie der Staat, der eben keineswegs nur ein Instrument in den Händen der Kapitalistenklasse war, nicht mittels einer Sozialpolitik zugunsten der Arbeiterschaft regulierend in die gesellschaftlichen Verhältnisse eingriff.

Auch in anderen wesentlichen Punkten irrte Marx. So hatte er 1847/48 im Kommunistischen Manifest gemeint: »Die ganze Gesellschaft spaltet sich mehr und mehr in zwei große, feindliche Lager, in zwei große, einander direkt gegenüberstehende Klassen: Bourgeoisie und Proletariat.« Am Vorabend des Ersten Weltkriegs wich die Realität in einem hoch industrialisierten Land wie Deutschland in mehrfacher Hinsicht von dieser Prophezeiung ab: Das Bürgertum war keineswegs zu einer homogenen Großbourgeoisie geworden, sondern hatte sich im Gegenteil in eine ganze Reihe von gesellschaftlichen Gruppen mit höchst unterschiedlicher wirtschaftlich-sozialer Interessenlage und politischer Orientierung aufge-

ZITAT

Ausnehmend kritisch äußerte sich Friedrich Engels über den Vulgärmaterialismus der nachhegelianischen Philosophie:
Mit der Hegelei warf man auch die Dialektik über Bord... und verfiel damit wieder hülflos der alten Metaphysik. Im Publikum grassierten seitdem einerseits die auf den Philister zugeschnittenen flachen Reflexionen Schopenhauers und... andrerseits der vulgäre Reiseprediger-Materialismus eines Vogt und Büchner...

spalten. An der Spitze war die Gruppe der Kapitalisten keineswegs kleiner geworden, sondern hatte sich zahlenmäßig durch die in den Großunternehmen, die in den letzten Jahrzehnten des 19. Jahrhunderts, der Phase der Hochindustrialisierung, entstanden waren, immer wichtiger werdenden leitenden Angestellten und Manager erweitert.

Als größter Irrtum aber erwies sich Marx' Annahme, der Mittelstand werde ganz verschwinden und das Kleinbürgertum in die Schicht der Proletarier absinken. Die technische Entwicklung führte zwar zu einem Rückgang der Konsumgüterhandwerke (zum Beispiel Schneider oder Schuster), aber auch zu einem Anstieg der Produktionsgüterhandwerke (zum Beispiel Elektromechaniker

100562

Selbst aus dem Bürgertum stammend, würdigte Marx zwar die Leistung der Bourgeoisie, sah sie aber in unversöhnlichem Gegensatz zum Proletariat (»Karl Marx unterhält sich in einem Lokal mit Arbeitern«, undatierte Illustration).

100563

Anders als Marx es vorausgesehen hatte, spaltete das Bürgertum sich in sozial sehr unterschiedliche Gruppen auf. Nicht zuletzt wuchs die Zahl der Angestellten (»Der Bürokrat«, Holzstich, um 1845).

oder Metallwerker). So konnte sich das Handwerk im 20. Jahrhundert behaupten und stabilisieren. Mit der Entstehung der Großunternehmen wuchs die neue Schicht der Angestellten immer schneller. Wenn auch die Mittelschichten zahlenmäßig noch immer weit hinter der Arbeiterschaft zurückstanden, so zeichnete sich bereits vor dem Ersten Weltkrieg die Tendenz ab, dass die Mittelschichten rascher anwuchsen als die Industriearbeiterschaft.

Aus der Warte des 20. Jahrhunderts gesehen, lässt sich Marx wohl vor allem dafür kritisieren, dass er bei seiner jahrzehntelangen Beschäftigung mit der Revolution vergaß, über Ziele des Sozialismus und Kommunismus nach der Eroberung der politischen Macht durch das Proletariat nachzudenken; außerdem sah er nicht die Gefahr, dass auch ein sozialistischer Staat trotz aller behaupteten Identität von Staats- und Proletariatsinteressen diktatorische Machtfülle und oligarchische Strukturen entwickeln könnte. *Hans-Werner Niemann*

Grenzenlose Freiheit: Der Anarchismus

Der Anarchismus zielte auf die Beseitigung jeder Autorität und jedes rechtlichen Zwangs. Er forderte das größte Ausmaß der persönlichen Freiheit in einem freien und jederzeit lösbaren Zusammenschluss von Individuen. Es kann unterschieden werden zwischen einem individualistischen und einem kollektivistisch-kommunistischen Anarchismus. Die beiden Hauptvertreter des individualistischen Anarchismus waren der englische Dissidentenprediger William Godwin mit seiner »Untersuchung über politische Gerechtigkeit und ihren Einfluss auf Moral und Glückseligkeit« (1793) und der Franzose Pierre Joseph Proudhon mit seinem Buch »Was ist Eigentum?« (1840).

> **ZITAT**
>
> **Bakunin beschreibt 1871/72 sein Verhältnis zu Karl Marx:**
> *... Unsere Temperamente vertrugen sich nicht. Er nannte mich einen sentimentalen Idealisten, und er hatte Recht. Und ich nannte ihn einen perfiden und tückischen eitlen Menschen, und ich hatte auch Recht.*

Godwin – Prediger und Moralist

Im Zentrum von Godwins Denken steht die Gerechtigkeit. Er geht davon aus, dass es ein unveränderliches Vernunftgesetz gibt, das der Einzelne jedoch nur erkennen kann, wenn er sich ganz auf die eigene Erfahrung, die Autorität der eigenen Vernunft und des eigenen Gewissens verlässt. Jede Orientierung an institutionalisierten Autoritäten muss dazu führen, dass die Wahrheit verstellt und pervertiert wird.

Godwin bejaht den gesellschaftlichen Zusammenschluss der Menschen, da er den selbstlosen Bedürfnissen des Menschen entgegenkomme, lehnt aber den Staat entschieden ab, da dieser lediglich den egoistischen Bedürfnissen Einzelner diene. Der Staat ist für ihn nur der institutionelle Ausdruck gesellschaftlicher Ungleichheit. Den Abbau von Herrschaft will Godwin durch eine gleichmäßige Verteilung des Bodens und durch gesellschaftliche Diskriminierung des Reichtums erreichen. Allein die individuelle Leistung für das Gemeinwohl dürfe die Quelle von Sozialprestige sein.

> **ZITAT**
>
> **Aus Bakunins Schrift »Gott und der Staat« (1870):**
> *Wir weisen alle privilegierte, patentierte, offizielle und legale Gesetzgebung, Autorität und Beeinflussung zurück, selbst wenn sie aus dem allgemeinen Stimmrecht hervorgegangen sind, in der Überzeugung, dass sie immer nur zum Nutzen einer herrschenden und ausbeutenden Minderheit gegen die Interessen der ungeheuren geknechteten Mehrheit sich wenden können.*

Proudhon – ein Vordenker des Sozialismus

Proudhon ist vor allem bekannt geworden durch seine provozierende Antwort auf die selbst gestellte Frage »Was ist das Eigentum?« – »Eigentum ist Diebstahl.« Freilich meinte Proudhon – insoweit ganz Kleinbürger – damit nicht das sauer erworbene Eigentum als Ergebnis eigener Arbeit, sondern das Eigentum als Verfügen über eine Sache. Ihm ging es nicht um eine Abschaffung des Eigentums, sondern um seine Bändigung.

Für derartige Thesen hatte Karl Marx, der in Proudhon zunächst einen Gefolgsmann gesehen und im Winter 1844/45 mit ihm in Paris in einem intensiven Gedankenaustausch gestanden hatte, nur Spott übrig. Unüberbrückbare Differenzen zwischen Marx und Proudhon bestanden vor allem hinsichtlich ihres jeweiligen Revolutionsbegriffs. In typisch anarchistischer Manier vertrat Proudhon den Vorrang der sozialen vor der politischen Revolution und lehnte jede revolutionäre Gewaltanwendung ab. Die Revolution muss für ihn »natürlich, friedlich und historisch begründet« sein.

Proudhon will die ökonomische Gleichstellung aller Mitglieder der Gesellschaft, lehnt aber jede Form von Kollektivismus oder Kommunismus ab. Der zentrale Begriff seiner politischen Vorstellungswelt ist »Freiheit«. Nach seinen Vorstellungen soll die freie Assoziation von Gruppen und Verbänden staatliche Autorität überflüssig machen und »Ordnung mit Anarchie« verbinden. Im

»Der Saal Graffard« von Jean Beraud karikiert eine Versammlung von Anarchisten in Paris als Vereinigung von politischen Wirrköpfen (Holzstich aus der »Neuen Illustrierten Zeitung«, Wien und Leipzig 1884).

100880

50

Michail Bakunin stammte aus dem russischen Landadel. In Paris lernte er Marx und Proudhon kennen. Er war an verschiedenen Aufständen und Revolutionen in Europa z. T. maßgeblich beteiligt.

Zeichen der Herrschaftslosigkeit soll ein System freier Bündnisse die gesellschaftlichen Funktionen ohne staatliche Autorität verteilen.

Proudhon, dessen Ahnen Bauern gewesen waren, orientierte sich in seinen Vorstellungen ganz an der Lebensweise selbstständiger Bauern und Handwerker. Er lehnte jeden Zentralismus und jede Bürokratie ab. Übertrug man diese Vorstellungen auf die Industriegesellschaft, ergab sich daraus das anarchistische Programm, nach dem die Arbeiter ohne politische Oberinstanzen in den Werkstätten die Produktionsmittel selbst übernehmen sollten. Damit wurden die Gewerkschaften, die Syndikate, zu den Organen der revolutionären Bestrebungen der Arbeiterschaft. Dieser Gedanke des Syndikalismus fand vor allem in Südeuropa bald eine große Anhängerschaft.

Die Lust der Zerstörung –
Der kollektivistisch-kommunistische Anarchismus

Der kollektivistisch-kommunistische Anarchismus erstrebte eine klassen- und staatenlose Kollektivordnung. Seine Grenzen zum Sozialismus und Kommunismus waren daher fließend. Als sein eigentlicher Begründer gilt der Russe Michail Aleksandrowitsch Bakunin. Selbst Personen, die sich mit seinen revolutionären Vorstellungen in keiner Weise identifizierten, waren von der kolossalen Statur Bakunins, der Dynamik und Ausstrahlungskraft seiner bizarren Persönlichkeit fasziniert. Er war in erster Linie impulsiver Agitator, weniger der kühle

ZITAT

Das Individuum als absoluter Maßstab von Denken und Handeln bei dem deutschen Philosophen Max Stirner:
Als Eigene seid ihr wirklich Alles los, und was Euch anhaftet, das habt Ihr angenommen, das ist Eure Wahl und Euer Belieben. Der Eigene ist der geborene Freie, der Freie von Haus aus; der Freie dagegen nur der Freiheitssüchtige, der Träumer und Schwärmer.

INFOBOX

Leben einer Anarchistin
Emma Goldmann, geboren 1869 in Kaunas, Litauen, Tochter eines russisch-jüdischen Theaterdirektors, 1886 in die USA ausgewandert, mehrfach in Haft, kämpfte nach der Hinrichtung von vier Anarchisten seit 1887 für eine radikale Neuordnung der Gesellschaft. Sie gab 1906–17 die anarchistische Zeitschrift »Mother Earth« heraus. Sie trat für die volle Gleichberechtigung der Frau, für die volle Sexualmoral und Geburtenkontrolle ein. Nach Ausbruch des Ersten Weltkriegs gründete sie die – später verbotene – »No Conscription-League«. 1917 nach Russland ausgewiesen, wandte sie sich dort gegen die lähmende Macht der Tscheka und 1921 gegen die Unterdrückung der Arbeiter und Seeleute in Kronstadt. Sie verließ 1921 Russland und starb 1940 in Toronto.

Analytiker. Es drängte ihn zur Aktion. Was Bakunin erreichen wollte, war nichts Geringes: »... ein neuer Himmel und eine neue Erde, eine jugendliche und herrliche Welt, in der alle gegenwärtigen Dissonanzen zur harmonischen Einheit sich auflösen werden«.

Auf dem Wege dorthin verlieh Bakunin dem Mythos der Gewalt als Macht der Zerstörung neue Zugkraft: »Die Lust der Zerstörung ist zugleich eine schaffende Lust.« Es ging ihm um »die radikale und unerbittliche Zerstörung der gegenwärtigen sozialen Welt in ökonomischer wie in religiöser, metaphysischer, politischer, juridischer und bürgerlicher Hinsicht« in einem einzigen revolutionären Akt. Dieses Konzept war zutiefst unpolitisch, ja antipolitisch. Es schloss jede Form von Beteiligung der Arbeitermassen an den politischen Institutionen aus und setzte stattdessen auf die »große Verweigerung«, die revolutionäre Selbstbefreiung der Massen.

Die Revolution bedurfte nach Bakunin einer internationalen hierarchischen und geheimen Kaderorganisation kompromissloser Revolutionäre, deren Aufgabe es sein sollte, den revolutionären Geist der Massen zu fördern und nach vollbrachter Revolution durch eine Diktatur die Entstehung neuer Autoritäten zu verhindern. In diesem Sinne wollte Bakunin in schärfstem Gegensatz zu Karl Marx die Internationale zu einer Art Generalstab ihm ergebener Männer ausbauen. Im Herbst 1868 gründete Bakunin die »Internationale Allianz der Sozialen Demokratie« und übernahm selbst die Leitung des Zentralbüros in Genf.

In Genf traf Bakunin 1869 seinen Landsmann Sergej Gennadijewitsch Netschajew, eine Begegnung, die seinem revolutionären Aktivismus einen terroristischen Einschlag verlieh. Netschajew trat für eine »Propaganda der Tat« und für die »Allzerstörung« ein. Gemeinsam mit Bakunin verfasste er einen revolutionären Katechismus, der die Revolution zum Selbstzweck erklärte. Mit pseudoreligiösen Anklängen heißt es dort: »Der Revolutionär ist ein geweihter Mensch. Er ist erbarmungslos gegen den Staat im Allgemeinen und für die gesamte zivilisierte Klasse der Gesellschaft, und er darf ebenso wenig Gnade für sich erwarten.«

Auf dem Kongress der Internationale von 1872 forderten die anarchistischen Gruppen die »völlige Vernich-

ZITAT

Bakunin bekennt sich zur »freien Ehe«:
Abschaffung nicht der natürlichen Familie, aber der legalen, auf dem bürgerlichen Recht und dem Eigentum begründeten Familie. Die religiöse und die Zivilehe werden durch die freie Ehe ersetzt. Zwei großjährige Personen verschiedenen Geschlechtes haben das Recht, sich nach eigenem Willen, ihren gegenseitigen Interessen und ihren Herzensbedürfnissen zu vereinigen und zu trennen.

Das Café Concert Excelsior in Den Haag, in dessen Saal der Kongress der Ersten Internationale 1872 vom 2. bis 7. September tagte und auf Betreiben von Marx den Ausschluss des an der Teilnahme verhinderten Bakunin beschloss (zeitgenössisches Foto).

ZITAT

Bakunin zur Herrschaft des Menschen über den Menschen: *Feinde jeder Art der Beherrschung von Menschen durch den Menschen, sind wir eben deshalb Feinde jeder Art von Herrschaft (Staat), da wir überzeugt sind, dass jede Form der Herrschaft, in was für ein demokratisches Gewand sie auch gehüllt sein möge, für die herrschende Minderheit immer ein vorteilhaftes Privilegium, für die Volksmehrheit aber ein Gefängnis sein werde.*

tung des Staates als der Verkörperung der politischen Macht« anstelle des politischen Kampfes der Arbeiterklasse um die Beteiligung an der politischen Macht. Dies führte zum Bruch mit Karl Marx und zum Ausschluss Bakunins aus der Internationale. Marx und Engels waren der Auffassung, das Proletariat müsse den bürgerlichen Staat erobern und zum Instrument seines Befreiungskampfs umfunktionieren. Für Bakunin dagegen hatte die Zerschlagung des Kapitalismus und diejenige des Staates in ein und derselben Revolution stattzufinden.

In seinen letzten Lebensjahren hatte der physisch erschöpfte Bakunin den Glauben an die bevorstehende Revolution verloren. Am 15. Februar 1875, eineinhalb Jahre vor seinem Tod, schrieb er an den französischen Geographen Elisée Reclus: »Ich stimme mit Dir überein zu sagen, dass die Stunde der Revolution vorüber ist ..., weil ich zu meiner großen Verzweiflung konstatiert habe und täglich von Neuem konstatiere, dass der revolutionäre Gedanke, die revolutionäre Hoffnung und Leidenschaft in den Massen sich absolut nicht vorfinden.«

Vom Generalstreik bis zum Attentat – Aktionsformen des Anarchismus

Besondere Popularität erlangte der Anarchismus in seiner syndikalistischen und terroristischen Variante in Italien, wo er auf die Tradition der Geheimbünde zu-

INFOBOX

Attentat auf den Zaren

Alexander II. hatte sich mit seiner zwischen Reformen und Polizeidiktatur lavierenden Innenpolitik recht unbeliebt gemacht. Die anarchistische Opposition um Nikolaj Tschernyschewskij, Michail Bakunin und Pjotr Lawrow versuchte mehrmals ihn zu töten, doch der Zar entging allen Attentaten. Am 13. März 1881, als Alexander II. von einer Parade zurückkehrte, explodierte unter seiner Kutsche eine Bombe, geworfen von einem Mitglied des so genannten Revolutionären Exekutivkomitees. Getötet wurden ein Schlachterlehrling und ein Mitglied der berittenen Eskorte. Der Zar selbst blieb zunächst unverletzt. Er stieg aus der Kutsche aus, um zu den Verwundeten zu sprechen; als er jedoch seine Kutsche wieder besteigen wollte, explodierte eine zweite Bombe, die ihm tödliche Verletzungen zufügte.
Sein Nachfolger Alexander III. ließ fünf der Attentäter hängen, die übrigen nach Sibirien deportieren.

Zar Alexander II. ging Ende der 1870er-Jahre mit Polizeigewalt gegen die »volkssozialistische Bewegung« der jungen russischen Intelligenz vor. 1881 fiel er einem anarchistischen Bombenattentat zum Opfer (Konstantin Makowskij, »Alexander II. auf dem Totenbett«, 1881; Moskau, Tretjakow-Galerie).

rückgreifen konnte. Ein Aufstandsversuch in Bologna Mitte der 1870er-Jahre, an dem Bakunin teilnahm, scheiterte zwar. Dennoch war der italienische Sozialismus noch für fast zwei Jahrzehnte stark vom Anarchismus geprägt.

In Spanien übte der Anarchismus noch bis in die Dreißigerjahre des 20. Jahrhunderts einen nachhaltigen Einfluss auf das ländliche und industrielle Proletariat aus. Hier kam es zu gewalttätigen Ausbrüchen wie in der Semana Trágica (Tragische Woche) im Juli 1909. Nach der Hinrichtung des Anarchisten Francisco Ferrer y Guardia wurden in einem spontanen Aufstand in Barcelona Kirchen und Klöster in Brand gesetzt und zahlreiche Nonnen und Mönche ermordet. Im Spanischen Bürgerkrieg wurde die anarchistische Bewegung durch die Kommunisten schließlich blutig ausgeschaltet.

Eine nachhaltige Wirkung in Europa entfaltete vor allem in den 1880er- und 1890er-Jahren die terroristische Seite des Anarchismus. Sie äußerte sich in wahl- und ziellosen Bombenattacken auf Cafés, Theater und andere

Die anarchistische Gruppe »Narodnaja Wolja« (Volkswille) beging 1881 das Attentat auf Zar Alexander II. (Untergrundzeitung der »Narodnaja Wolja« vom 15. 11. 1879, montiert mit Porträts der Attentäter Sofja Perowskaja, Alexander Scheljabow und Iwan Grinewitzkij).

100563

symbolhafte Orte bourgeoiser Lebensweise, vor allem aber auch in Mordanschlägen auf Angehörige der europäischen Oberschicht. In rascher Folge wurden im Jahre 1878 Attentate versucht auf den deutschen Kaiser Wilhelm I., König Alfons XII. von Spanien und König Umberto I. von Italien. 1881 zerriss eine Bombe den russischen Kaiser Alexander II. Weitere Opfer anarchistischen Terrors um die Jahrhundertwende waren der französische Staatspräsident Marie François Sadi Carnot, Kaiserin Elisabeth von Österreich, König Umberto I. von Italien, König Karl I. von Portugal sowie die spanischen Ministerpräsidenten Antonio Cánovas del Castillo und José Canalejas y Méndez.

Über das blanke Entsetzen in der europäischen Oberschicht hinaus hat der terroristische Anarchismus keine direkten tief greifenden Wirkungen auf die bestehenden Staats- und Gesellschaftssysteme entfaltet. Er war allerdings ein Symptom für die explosive Gärung innerhalb der europäischen Gesellschaft am Vorabend des Ersten Weltkrieges.

In Frankreich war der Anarchismus in Gestalt des Anarchosyndikalismus verbreitet. Besonders Proudhons Vorstellungen von den föderativen Zusammenschlüssen gewerkschaftlicher Organisationen als Modell einer künftigen herrschaftsfreien Gesellschaftsordnung waren lebendig geblieben. Die französische Gewerkschaftsbewegung war gespalten und wollte die Emanzipation der Arbeiterschaft teils mit den legalen Methoden des Arbeitskampfs, teils aber auch mit den syndikalistischen Methoden des Massen- und Generalstreiks erreichen.

Der Syndikalismus ging von der Annahme aus, dass politische Aktionen sinnlos und die sozialistischen Politiker in keiner Weise besser als die bürgerlichen seien. Dieses Misstrauen gegenüber der Politik und der Glaube an die »direkte Aktion« verbanden den Syndikalismus mit dem Anarchismus. Mit Streiks, Sabotage, Boykott und, wenn nötig, dem Generalstreik sollte dem kapitalistischen Bürgertum die Macht entrissen werden. An die Stelle der kapitalistischen Wirtschaftsordnung sollte ein System von dezentralen Produktionseinheiten unter gewerkschaftlicher Leitung treten.

Die anarchistische Lehre von der »direkten Aktion«, die die bestehende Gesellschaftsordnung durch ständige kleine Stiche zerstören sollte, fand besonders bei der Arbeiterschaft der wirtschaftlich rückständigen Länder Europas wie Russland, Spanien und Italien zunächst weitaus größeren Widerhall als der viel zu abstrakte »wissenschaftliche Sozialismus« von Marx und Engels. Marx und Engels hatten den Sieg des Proletariats als Endergebnis eines langen wirtschaftlich-politischen Entwicklungsprozesses vorausgesagt. Das war nicht nur schwer zu verstehen, sondern lag auch in weiter Zukunft. Das anarchistische Modell einer dezentralisierten Gesellschaft mit selbstständigen landwirtschaftlichen und industriellen Genossenschaften entsprach der konservativen, ländlich oder handwerklich geprägten Mentalität

ZITAT

Prinzipienerklärung der Freien Arbeiter-Union Deutschlands (Syndikalisten):
Die heutige Gesellschaftsordnung, die auch die kapitalistische genannt wird, gründet sich auf die wirtschaftliche, politische und soziale Versklavung des werktätigen Volkes und findet einerseits im so genannten »Eigentumsrecht«, das heißt im Monopol des Besitzes, andererseits im Staat, das heißt im Monopol der Macht, ihren wesentlichen Ausdruck.

der Arbeiterschaft in jenen Ländern viel eher als die marxistische Zukunftsvision.

In Spanien und Russland, wo die Lage der ländlichen und industriellen Arbeiterschaft besonders prekär war und ein langwieriger politischer Prozess jeder Hoffnung auf eine rasche und nachhaltige Besserung entgegengestanden hätte, war die anarchistische Botschaft besonders attraktiv. Die Arbeiterschaft in jenen Ländern war von einem tiefen Misstrauen gegen die Methoden parlamentarischer Politik erfüllt, an der sich die sozialistischen Parteien seit den 1870er-Jahren beteiligten.

Es bedurfte allerdings erst der fragwürdigen Anstrengung von Intellektuellen wie beispielsweise Georges Sorel, um die syndikalistische Lehre zu einem »Kult der Gewalt« aufzuwerten. In seinen 1908 erschienenen »Überlegungen über die Gewalt« pries Sorel nicht nur den Mythos des Generalstreiks, sondern er sah darüber hinaus in der syndikalistischen Bewegung auch das richtige Mittel, die seiner Meinung nach dekadente rationalistische Kultur der bürgerlichen Gesellschaft zu zerschlagen und neuen, ursprünglichen Kräften zum Durchbruch zu verhelfen.

Nach dem Fehlschlag des großen Eisenbahnerstreiks von 1910 erlitt der Syndikalismus in Frankreich einen herben Rückschlag. Nur in den iberischen Ländern behielt er auch weiterhin seinen Einfluss. In Deutschland wie in ganz Mittel- und Westeuropa ging die Tendenz immer stärker dahin, sich auf die eigentlichen gewerkschaftlichen Aufgaben zu konzentrieren und nicht das Erreichte durch riskante politische Aktionen aufs Spiel zu setzen. *Hans-Werner Niemann*

»Brüder zur Sonne, zur Freiheit«: Der Aufstieg der Sozialdemokratie

Von einer klassenbewussten Arbeiterklasse konnte in Deutschland zu Beginn der 1860er-Jahre keine Rede sein; das liberale Bürgertum betrachtete das Arbeiterproblem zunächst als eine Bildungsfrage: Eine bessere Bildung sollte den Arbeiter in die Lage versetzen, auch seine wirtschaftliche und gesellschaftliche Stellung zu verbessern. Daher gründeten führende Liberale Arbeiterbildungsvereine.

Als im Mai 1863 in Leipzig der Allgemeine Deutsche Arbeiterverein gegründet wurde, bedeutete dies den Beginn einer organisierten Arbeiterbewegung. Sein programmatischer Wegbereiter Ferdinand Lassalle hatte erklärt: »Der Arbeiterstand muss sich als selbstständige politische Partei konstituieren und das allgemeine gleiche und direkte Wahlrecht zu dem prinzipiellen Losungswort und Banner dieser Partei machen. Die Vertretung des Arbeiterstandes in den gesetzgebenden Körpern Deutschlands – dies ist es allein, was in politischer Hinsicht seine legitimen Interessen befriedigen kann.«

Lassalle war der Überzeugung, dass die Lage des Arbeiters nur verbessert werden könne durch die Überwindung des »ehernen und grauenvollen Lohngesetzes«, demgemäß der Durchschnittslohn eines Arbeiters nie über das konventionelle Existenzminimum steigen könne. Lassalle sah nur einen Weg, aus diesem Teufelskreis auszubrechen: Die Arbeiter sollten sich durch freiwillige Assoziationen, also durch Produktionsgenossenschaften, als ihre eigenen Unternehmer organisieren. Lassalle hielt es für die Pflicht des Staats, den Arbeitern die notwendigen Kredite und Kapitalien zur Verfügung zu stellen. Eine derartige Staatshilfe war allerdings nur möglich, wenn das damals in Preußen herrschende Dreiklassenwahlrecht, das die Besitzenden in krasser Weise begünstigte, überwunden und durch das allgemeine gleiche Wahlrecht ersetzt werden würde.

100880

Ferdinand Lassalle war erster Präsident des 1863 gegründeten Allgemeinen Deutschen Arbeitervereins und einer der Gründerväter der deutschen Sozialdemokratie.

Neben Lasalles Organisation wurde von dem hessischen Intellektuellen Wilhelm Liebknecht und dem autodidaktischen Arbeiter August Bebel der Verband der deutschen Arbeitervereine ins Leben gerufen; dieser gab sich auf seinem Nürnberger Vereinstag 1868 ein sozialistisches Programm, das weitgehend mit dem von Karl Marx für die Internationale Arbeiter Association, die Erste Internationale, verfassten Programm übereinstimmte.

Vom Eisenacher zum Gothaer Programm

Im August 1869 wurde in Eisenach die Sozialdemokratische Arbeiterpartei gegründet, geführt von August Bebel und Wilhelm Liebknecht. Das Parteiprogramm ori-

ZITAT

5. und 6. Strophe des »Bundeslieds« des Allgemeinen Deutschen Arbeitervereins (1863) von Georg Herwegh:

Mann der Arbeit aufgewacht!
Und erkenne deine Macht!
Alle Räder stehen still,
Wenn dein starker Arm es will.
Brecht das Doppeljoch entzwei!
Brecht das Joch der Sklaverei!
Brecht die Sklaverei der Not!
Brot ist Freiheit, Freiheit Brot!

In dem Organ des Allgemeinen Deutschen Arbeitervereins (ADAV) »Der Social-Demokrat« wurde 1865 die erste programmatische sozialdemokratische Erklärung gedruckt.

entierte sich in wesentlichen Punkten an den in Nürnberg verabschiedeten Prinzipien. Im Mai 1875 konstituierte sich in Gotha die Sozialistische Arbeiterpartei Deutschlands, deren Programm ein Kompromiss zwischen den Vorstellungen der Eisenacher und der Lassalleaner war: Einerseits wurde betont, dass die Arbeiterklasse eine Verbesserung ihrer Lage nur durch die Überwindung der bestehenden Gesellschaftsordnung erreichen könne. Andererseits wurde hervorgehoben, dass dieses Ziel nur mit gesetzlichen Mitteln erkämpft werden solle. Die Forderung nach Einführung des allgemeinen, gleichen, direkten und geheimen Wahlrechts bildete den ersten Punkt des Parteiprogramms.

Die Unterdrückung der deutschen Sozialdemokratie

Die Gründung des Deutschen Reichs 1871 war ihrem Wesen nach ein politischer Kompromiss zwischen der politisch tonangebenden preußischen Aristokratie und dem liberalen Bürgertum. Dabei verzichtete das Bürgertum praktisch zugunsten des Adels auf seine politische Mitbestimmung und tauschte dafür weitgehendes Entgegenkommen für seine wirtschaftlichen und sozialen Interessen ein. Dieser Staat ließ daher strukturell wenig Raum für die Forderungen der Arbeiterschaft nach politischer und wirtschaftlicher Emanzipation. Die Unternehmer traten den Arbeitern überwiegend mit dem »Herr-im-Hause-Standpunkt« gegenüber. Berüchtigt waren die »schwarzen Listen«, die alle Arbeiter erfassten, die sich an Demonstrationen zum 1. Mai beteiligten oder Mitglied einer Gewerkschaft oder der Sozialdemokratischen Partei waren.

Mit ihren Forderungen nach dem gleichen und geheimen Wahlrecht, nach Vereins- und Pressefreiheit und nach tatsächlicher Kontrolle der Regierung durch das Parlament waren die Sozialdemokraten die einzige Partei, die eine grundsätzliche Kritik an den bestehenden politischen und sozialen Verhältnissen übte. Gerade dies machte sie zur Zielscheibe des Reichskanzlers Otto von Bismarck.

Als 1878 zwei Attentate auf Kaiser Wilhelm I. von Tätern verübt wurden, die nichts mit der Sozialdemokratischen Partei zu tun hatten, ergriff Bismarck diese Gelegenheit beim Schopfe und ließ das »Gesetz gegen die gemeingefährlichen Bestrebungen der Sozialdemokratie«

Nr. 1. | 1865.

Der Social-Demokrat.

Organ des Allgemeinen deutschen Arbeiter-Vereins.

Redigirt von J. B. v. Hofstetten und J. B. v. Schweitzer.

Abonnements-Preis für Berlin incl. Botenlohn: vierteljährlich 15 Sgr., monatlich 5 Sgr., wöchentlich 1 1/4 Sgr.; einzelne Nummern 6 Pf.; für das übrige Preußen 15 Sgr., für das nichtpreußische Deutschland 20 Sgr., (fl. 1. 10. südd., fl. 1. österr. Währ.) pro Quartal.

Inserate werden in der Expedition Dresdenerstraße 86, 1 Tr. entgegengenommen und die dreigespaltene Petitzeile oder deren Raum bei Arbeiter-Annoncen mit 1 Sgr., bei sonstigen Annoncen mit 3 Sgr. berechnet.

Diese Zeitung erscheint drei Mal wöchentlich und zwar: Dienstags, Donnerstags und Sonnabends Abends.

Berlin, den 4. Januar.

Alle Königlichen Postämter und Zeitungs-Spediteure nehmen Bestellungen an.

Ihre Mitwirkung

zu diesem Organe haben zugesagt unter Andern die Herren:

Bernhard Becker, Präsident des „Allgemeinen deutschen Arbeiter-Vereins“, **Joh. Ph. Becker** zu Genf, **F. Engels** zu Manchester, **Georg Herwegh** zu Zürich, **M. Heß** zu Paris, **W. Liebknecht** zu Berlin, **Carl Marx** zu London, Oberst-Brigadier **W. Rüstow** zu Zürich und Professor **H. Wuttke** zu Leipzig.

Unser Programm.

Drei große Gesichtspunkte sind es, welche das Streben und die Thätigkeit unserer Partei bestimmen:

Wir bekämpfen jene Gestaltungen des europäischen Staatensystems, welche, unnatürlich die Völker trennend und verbindend, aus dem feudalen Mittelalter in das neunzehnte Jahrhundert sich herübergeschleppt haben — wir wollen fördern die Solidarität der Völkerinteressen und der Volkssache durch die ganze civilisirte Welt.

Wir wollen nicht ein ohnmächtiges und zerrissenes Vaterland, machtlos nach außen und voll Willkühr im Innern — das ganze, gewaltige Deutschland wollen wir, den Einen, freien Volksstaat.

Wir verwerfen die bisherige Beherrschung der Gesellschaft durch das Capital — wir hoffen zu erkämpfen, daß die Arbeit den Staat regiere.

Diese drei großen, auf gemeinsamer Grundlage beruhenden Gesichtspunkte weisen uns in jeder möglichen Frage mit zwingender Nothwendigkeit auf die Bahnen, die wir zu wandeln haben.

Unsere Prinzipien sind einfach und klar — ihre Consequenzen zu ziehen werden wir uns niemals scheuen.

Der deutsche Arbeiterstand d. h. der zahlreichste und wichtigste Theil der Nation ist seit der Unterdrückung der „Neuen Rheinischen Zeitung“ im Jahre 1849 in der Tagespresse fast gänzlich ohne Vertretung geblieben.

Der in Hamburg wöchentlich einmal erscheinende „Nordstern“ war bisher das einzige Organ, welches offen und bestimmt für die social-demokratische Sache einstand. Einige andere Blätter haben sich hier und da freundlich gezeigt; die meisten vorhandenen Organe aber, insbesondere die großen, dienen entweder der Reaction oder der Geldmacht.

Der „Social-Demokrat“ hingegen soll ein Arbeiterblatt im vollen Sinne des Wortes sein und wird die Interessen des Arbeiterstandes im ausgedehntesten Maße zur Geltung zu bringen suchen; auch diejenigen Arbeiter, welche noch nicht unserer Richtung huldigen, werden die Spalten des Blattes zur Verbreitung gerechter Beschwerden offen finden.

Unablässig, unermüdlich werden wir den Ruf nach durchgreifender Umgestaltung der Gesellschaft wiederholen; unablässig, unermüdlich werden wir diese dringendste Forderung der Gerechtigkeit und der Humanität vertreten.

Dem europäischen Sclavenleben muß ein Ende gemacht werden — die Ausbeutung dieser Millionen durch wenige Tausende muß aufhören

Wir haben offen und rückhaltlos das Panier der Arbeitersache entfaltet; möge uns der Arbeiterstand mit Vertrauen entgegenkommen!

---

56. Titelseite der Probenummer des von J. B. v. Schweitzer 1864 begründeten „Sozial-Demokrat“

100562

verabschieden. Dieses Gesetz ermächtigte die Regierung, alle sozialistischen Organisationen, die die bestehende gesellschaftliche Ordnung bekämpften, sowie sozialdemokratische Zeitungen, Schriften oder Versammlungen zu verbieten. Mit seinen hohen Strafen und Willkürakten brachte das bis 1890 geltende Sozialistengesetz Unglück und Verfolgungen über viele Arbeiterfamilien, verhinderte aber nicht eine Verdreifachung des sozialdemokratischen Stimmenanteils bei den Reichstagswahlen.

Gleichzeitig mit dem Sozialistengesetz schuf Bismarck mit der Krankenversicherung 1883, der Unfallversicherung 1884 und der Alters- und Invalidenversicherung 1889 das damals modernste Sozialgesetzgebungswerk. Ziel dieser Maßnahmen war es, der Sozialdemokratie »die Wurzeln abzugraben«, die Arbeiter

August Bebel (1840–1913) gründete zusammen mit Wilhelm Liebknecht 1869 die Sozialdemokratische Arbeiterpartei, die spätere SPD, und baute sie als deren langjähriger Vorsitzender zu einer Massenpartei aus (zeitgenössische Karikatur auf August Bebel).

INFOBOX

»Eurer sind viele ...«

Für den 1863 gegründeten Allgemeinen Deutschen Arbeiterverein verfasste der Dichter Georg Herwegh das »Bundeslied«. Herwegh war von Heinrich Heine als »eiserne Lerche« begrüßt und anfangs von Karl Marx umworben worden. Auch der Preußenkönig Friedrich Wilhelm IV. hatte sich kurz vor 1848 um ihn bemüht und ihn empfangen. Nachdem er sich allerdings Herweghs Freiheitstiraden angehört hatte, ließ er ihn anderntags nach Paris abschieben. Erst 1866 kehrte Herwegh aus der Schweiz nach Deutschland zurück.

Sein »Bundeslied« präsentiert das bezeichnende Motto: »You are many, they are few« (»Eurer sind viele, ihrer sind wenige«). Es endet mit den Worten: »Brecht das Doppeljoch entzwei! Brecht das Joch der Sklaverei! Brecht die Sklaverei der Not. Brot ist Freiheit, Freiheit Brot!«

durch sozialpolitische Maßnahmen für den Obrigkeitsstaat zu gewinnen.

Das Erfurter Programm und der Revisionismus

Das nach den Erfahrungen mit der staatlichen Unterdrückung rein marxistische Erfurter Programm von 1891 erklärte die Aufhebung der Klassengegensätze durch Überwindung der bestehenden Produktionsverhältnisse zum vorrangigen Ziel der Partei. Im ersten Punkt des Programms wurde daher erneut die Forderung nach dem allgemeinen, gleichen, direkten und geheimen Wahlrecht erhoben. Bei aller marxistisch-revolutionären Programmatik und radikalen Rhetorik war die Partei bestrebt, positiv innerhalb des bestehenden Staates mitzuarbeiten.

Zugleich wurde um die Jahrhundertwende immer deutlicher, dass die kapitalistische Wirtschaftsordnung keineswegs eine immer weiter gehende Verarmung der Arbeiterschaft mit sich gebracht, sondern im Gegenteil dank ihrer außerordentlichen Produktivitätsfortschritte unter dem gleichzeitigen Druck der Gewerkschaften eine unverkennbare Besserung der materiellen Situation der Arbeiter bewirkt hatte.

Es stellte sich nunmehr die Frage, ob tatsächlich erst der vollständige Umsturz der kapitalistischen Gesellschaftsordnung den Arbeitern einen Anteil am Mehrwert bringen konnte oder ob dieses Ziel nicht auch durch schrittweise Reformen im Rahmen der bestehenden Ge-

ZITAT

August Bebel skizziert die Lebensumstände der Arbeiterfamilien (»Die Frau und der Sozialismus«, 1879):

Ist das Kind zur Welt, so ist die Mutter gezwungen, wieder so rasch wie möglich zur Fabrik zurückzukehren, damit ihr Platz nicht von einer Konkurrentin besetzt wird. Die unausbleiblichen Folgen für die kleinen Würmer sind: vernachlässigte Pflege, ... auch gänzlicher Mangel an Nahrung; sie werden, um ruhig zu sein, mit Opiaten gefüttert ...

Die Pariser Kommune wurde im Mai 1871 durch die Truppen der Regierung Thiers mit preußischer Unterstützung blutig niedergeschlagen. Das Foto zeigt mit den Kommunarden verbündete Nationalgarden auf einer Barrikade in Paris.

50

sellschaftsordnung erreicht werden konnte. Der »Revisionismus« eines Eduard Bernstein zog die nahe liegenden Konsequenzen. Bernstein verwarf die marxistische Theorie vom bevorstehenden Zusammenbruch der kapitalistischen Ordnung und trat für die aktive Mitarbeit in den Volksvertretungen ein. Unter dem Einfluss von Bebel, Liebknecht und Kautsky lehnten die sozialdemokratischen Parteitage den Revisionismus allerdings mehrfach ab und bekannten sich stattdessen zu den Grundsätzen des Klassenkampfs.

Beeinflusst von den pragmatischen Gewerkschaften war die tatsächliche Politik der Sozialdemokratie allerdings zunehmend reformistisch. Die staatliche Sozialpolitik und der praktische Revisionismus von Partei und Gewerkschaften führten schließlich dazu, dass die Sozialdemokratie 1914 für die Kriegskredite stimmte, da sie nicht den »Ausbeuterstaat«, sondern das »Vaterland« in Gefahr sah.

100563

Der Unternehmer, der »Mann des Jahrhunderts«, trat den Arbeitern in der Regel dominant und intolerant gegenüber (Karikatur von Albert Hahn, um 1890).

Der Aufstand der Pariser Kommune

Zum Fanal und bis heute zum Mythos der sozialistischen Bewegung in Frankreich und darüber hinaus wurde der Aufstand der Pariser Kommune im März 1871. Die bewaffnete Bürgerwehr der Stadt Paris erhob sich spontan und ohne klares politisches Ziel gegen die eigene, vor dem deutschen Feind kapitulierende Regierung.

Der von den Volksmassen getragene Verband der Nationalgardisten wollte die Waffen behalten, womöglich, um sich der Besetzung von Paris durch die Preußen zu erwehren. Die einzige wirtschaftliche Maßnahme, die man als sozialistisch bezeichnen könnte, bestand in der Registrierung aller von ihren Besitzern stillgelegten Fabriken und der Aufstellung eines Plans für ihre Wiederinbetriebsetzung durch Produktionsgenossenschaften der entlassenen Arbeiter. Die politischen Maßnahmen der Kommune, wie zum Beispiel die Einführung des allgemeinen Wahlrechts und die Abberufbarkeit der Mandatsträger durch die Wähler, waren da schon radikaler.

Die Sozialisten der Internationale nahmen in der zweiten Phase an der Bewegung teil, hatten aber im gewählten Rat keinerlei Mehrheit. Schon wenige Tage nach ihrer Niederschlagung im Mai 1871 wurde die Kommune zu einem Mythos, als Karl Marx sie eine »Regierung der Arbeiterklasse« nannte. Engels wollte in ihr zwanzig Jahre später sogar eine »Diktatur des Proletariats« erkennen. Tatsächlich aber waren Handwerksmeister, Apotheker, Journalisten, Ingenieure, Fabrikanten, Kaufleute, Rechtsanwälte und einige wenige Handwerksgesellen Repräsentanten der Kommune; aber nicht ein einziger Handwerker oder Werkmeister aus einem Industriebetrieb, kein Arbeiter aus dem Druckereigewerbe oder der Bekleidungsindustrie war unter ihnen. Sie verstanden sich auch nicht als Beauftragte des kollektiven Klassenkampfes gegen das Kapital.

ZITAT

Hans Hermann Freiherr von Berlepsch, 1889 Regierungspräsident in Düsseldorf, konstatiert in seinem Dienstbereich den Fehlschlag des Sozialistengesetzes:

... Erreicht war schließlich nur eine hundertfach gesteigerte Erbitterung der Arbeiterkreise, der Glorienschein des Märtyrers um das Haupt der verfolgten Verführer und die hundertfach gefestigte Überzeugung von der Verwerflichkeit und Unhaltbarkeit der bestehenden staatlichen und gesellschaftlichen Zustände.

Politische Strömungen in der französischen Arbeiterbewegung

In der französischen Arbeiterbewegung gab es zunächst mindestens fünf Richtungen. Der 1879 gegründete Parti Ouvrier Français hatte nahe Verbindungen zu Marx und Engels und verfolgte die gleiche politische Linie wie die deutsche Sozialdemokratie. 1882 spaltete sich eine revisionistische Gruppe unter Paul Brousse ab, die so genannten Possibilisten. Eine linke syndikalistische Abspaltung von 1890 trat für gewaltsame Streikaktionen ein. 1901 und 1902 entstanden zwei Parteien: der reformistische, den Parlamentarismus bejahende Parti Socialiste Français um Jean Jaurès und der marxistische Parti Socialiste de France um Jules Guesde. 1905 kam es unter dem Druck der Zweiten Internationale zum Zusammenschluss der beiden rivalisierenden Parteien zur Section Française de L'Internationale Ouvrière. Damit hatte die marxistische Richtung über die reformistische gesiegt.

INFOBOX

Sozialistische Gesellschaftstheorie

In den Beiträgen Rosa Luxemburgs zur Entwicklung der sozialistischen Gesellschaftstheorie lassen sich im Wesentlichen vier Schwerpunkte erkennen:

1. Im Gegensatz zum Revisionismus Eduard Bernsteins sah sie in der Revolution den einzig erfolgreichen Weg zur Errichtung einer sozialistischen Gesellschaftsordnung (»Sozialreform oder Revolution?«, 1899).
2. In zahlreichen Reden und Beiträgen kritisierte sie Militarismus und Kolonialismus.
3. In ihrem theoretischen Hauptwerk »Die Akkumulation des Kapitals« (1912) vertrat sie die These, dass der Imperialismus die notwendige Folge einer in der kapitalistischen Dynamik angelegten Gesetzmäßigkeit sei.
4. Im Gegensatz zu Lenins Auffassung von der straff gelenkten »Partei neuen Typs« als »Avantgarde der Arbeiterklasse« war sie überzeugt, dass das Proletariat in seiner Gesamtheit am Aufbau des Sozialismus teilhaben müsse, wenn dieser gelingen solle; Lenin verwechsle die Klassendiktatur, d. h. die Diktatur des Proletariats, mit den technischen Mitteln diktatorischer Herrschaft.

Reform ohne Klassenkampf in Großbritannien und den USA

In Großbritannien organisierte sich die Arbeiterschaft nach dem Zusammenbruch des Chartismus vor allem in den Trade Unions und versuchte ihre politischen Ziele wie Demokratie und Sozialpolitik im Anschluss an die Liberale Partei zu erreichen. Seit den 1880er-Jahren zeigten wachsende Kreise des gebildeten Bürgertums und der organisierten Arbeiterschaft zunehmende Abneigung gegen den liberalen Unternehmerradikalismus. Gesellschaften und Vereine wie die Christian Socialists, die Social Democratic Federation und vor allem die von Marx beeinflusste, in ihren Zielen aber antimarxistische Fabian Society verlangten eine Bodenreform, eine Kontrolle des Reichtums, steuerpolitische Eingriffe in das Privatvermögen und in die freie Konkurrenz. Das Ziel der Fabian Society war die Schaffung eines Wohlfahrtsstaats. Die eigentliche Gründung der Labour Party als einer von den Liberalen unabhängigen Arbeiterpartei fällt schließlich in das Jahr 1900.

In den USA fehlt eine selbstständige Arbeiterpartei bis zum heutigen Tag. Stattdessen versuchen dort die Gewerkschaftsführer Einfluss auf die alten Parteien, vor allem die Demokratische Partei auszuüben. Das Modell des Klassenkampfs entfaltete für die amerikanische Arbeiterschaft eine geringe Attraktivität. Die Geschichte ihres Landes erfüllte die amerikanischen Industriearbeiter mit dem Bewusstsein individueller gesellschaftlicher Freiheit und der Aufstiegsmöglichkeit des Einzelnen in einem großen, reichen Land. Ansätze eines Sozialismus europäischer Prägung gab es 1901 mit der Gründung der Socialist Party.

ZITAT

Ferdinand Lassalle über das Eigentum:
Was Sozialismus will, ist nicht Eigentum aufzuheben, sondern im Gegenteil individuelles Eigentum, auf Arbeit gegründetes Eigentum erst aufbauen.

Richtungskämpfe in der russischen Sozialdemokratie

Der Kampf um die richtige Interpretation des Marxismus tobte besonders scharf in der russischen Sozialdemokratie. Georgij Walentinowitsch Plechanow, der eigentliche Begründer der russischen Sozialdemokratie, war der Meinung, eine proletarische Revolution könne erst nach dem Zusammenbruch des Kapitalismus in einer voll ausgebildeten industriellen Gesellschaft verwirklicht werden. Der jüngere Martow vertrat gewerkschaftliche Auffassungen, seine Theorien deckten sich weitgehend mit jenen der westeuropäischen Reformisten.

Wladimir Iljitsch Uljanow, genannt Lenin, vertrat demgegenüber die Ansicht, die sozialistische Revolution müsse an der schwächsten Stelle des Weltkapitalismus erfolgen, und das sei Russland. Eine liberale Revolution sei deshalb sofort bis zur Diktatur des Proletariats weiterzutreiben. Dabei sollte mangels einer breiten klassenbewussten Arbeiterschaft eine streng hierarchisch organisierte Elite als »Avantgarde des Proletariats« die Führung übernehmen. Auf dem Parteitag 1903 in London schloss sich die Mehrheit der russischen Sozialdemokraten der Position Lenins an.

ZITAT

Rosa Luxemburg kritisiert die These Eduard Bernsteins, die kapitalistische Wirtschaftsordnung gehe nicht dem Zusammenbruch entgegen:
Vom Standpunkt des wissenschaftlichen Sozialismus äußert sich die historische Notwendigkeit der sozialistischen Umwälzung vor allem in der wachsenden Anarchie des kapitalistischen Systems, die es auch in eine ausweglose Sackgasse drängt. Nimmt man jedoch mit Bernstein an, die kapitalistischen Entwicklungen gehen nicht in Richtung zum eigenen Untergang, dann hört der Sozialismus auf, objektiv notwendig zu sein.

Die Schwäche der sozialistischen Arbeiterbewegung in Europa

Schon das »Kommunistische Manifest« hatte mit dem Ruf »Proletarier aller Länder, vereinigt euch!« den internationalen Charakter der Arbeiterbewegung betont. 1864 wurde unter aktiver Mitarbeit von Karl Marx in London die Erste Internationale gegründet, die jedoch durch die Spannung zwischen revolutionären Anarchisten und Marxisten zerrissen war, sich bereits 1872/73

Nach erheblichen Richtungskämpfen in der russischen Sozialdemokratie war es Lenin, der den russischen Sozialismus über Jahrzehnte maßgeblich beeinflussen sollte (Porträt von Isaak Brodskij, um 1925, Ausschnitt; Sankt Petersburg, Brodskij-Museum).

spaltete und 1876 wieder auflöste. 1889 wurde die Zweite Internationale gegründet. Sie vermochte weder zu den Thesen des Reformismus eine eindeutige Position zu beziehen noch eine verbindliche Entscheidung darüber herbeizuführen, wie sich die nationalen Arbeiterparteien im Falle eines Kriegs verhalten sollten. Bei Ausbruch des Ersten Weltkriegs hatte sie damit praktisch zu bestehen aufgehört.

Wahlerfolge wie diejenigen der deutschen Sozialdemokraten konnten nicht darüber hinwegtäuschen, dass die europäische sozialistische Arbeiterbewegung durch Richtungskämpfe um die Jahrhundertwende stark zerrissen war. Dort, wo die sozialistischen Parteien am erfolgreichsten waren, beteiligten sie sich wie in Deutschland in reformerischer Absicht an der alltäglichen parlamentarischen Praxis. *Hans-Werner Niemann*

»Wenn dein starker Arm es will«: Der Aufstieg der Gewerkschaften

Die britischen Gewerkschaften waren zunächst Organisationen einzelner Berufsverbände – Trade Councils. Seit 1868 gab es mit dem Trade Union Congress, der jährlich zusammentrat, eine gemeinsame organisatorische Plattform. Obwohl die Gewerkschaften seit 1824 nicht mehr verboten waren, hatten sie doch bis zur gesetzlichen Verankerung des Streikrechts 1875 in dem Moment als illegal gegolten, wo sie den Unternehmern durch Streiks Arbeit vorenthielten. Nach der neuen Gesetzgebung konnten sie in solchen Fällen nun nicht mehr wegen Bruchs des Arbeitsvertrags und Beeinträchtigung des Wirtschaftslebens vor Gericht verklagt werden.

Der wirtschaftliche Aufschwung der frühen 1870er-Jahre hatte die Verhandlungsposition der gelernten Arbeiter verbessert. Der gewerkschaftliche Einfluss nahm vor allen Dingen in den großen Produktionseinheiten

100880

Der Streik der Hüttenarbeiter in Le Creusot 1869/70 wurde niedergeschlagen, der von 1899 geschlichtet. Jules Adler malt den Menschenzug zur abschließenden Kundgebung (1899; Le Creusot, Ecomusée).

zu – bei der Eisenbahn, in den Bergwerken, auf den Werften und in den Eisenhütten.

Das wirtschaftliche Krisenjahr 1879 erschütterte jedoch die britischen Gewerkschaften schwer. Viele Organisationen lösten sich auf, einige der sozialen Errungenschaften des vorausgegangenen Jahrzehnts wie höhere Löhne und verkürzte Arbeitszeiten gingen wieder verloren. Angesichts steigender Arbeitslosenzahlen, verengter Gewinnspannen und nachlassender Exporte waren viele Unternehmer in den 1880er-Jahren immer weniger zu lohnpolitischen Zugeständnissen bereit.

Auf der anderen Seite drangen die Gewerkschaften nun in immer weitere Industriebereiche ein und radikalisierten sich zusehends. An die Stelle der alten Handwerkertradition trat nun eine sozialistische Tendenz. Die Bergarbeiter, die die Gewerkschaftsbewegung prägten, schreckten auch vor gewalttätigen Streiks nicht zurück. Der Streik der Londoner Hafenarbeiter von 1889 brachte schließlich auch die ungelernten Arbeiter in die Gewerkschaften.

50

Mitgliedskarte der Bauarbeitergewerkschaft im Dachverband der 1895 gegründeten CGT (Conféderation Générale du Travail) für 1911

Bis 1914 stieg die Zahl der Gewerkschaftsmitglieder auf vier Millionen. Die Ausbreitung der Massengewerkschaften ging einher mit einer gesteigerten Gewaltbereitschaft. Die Streiks und Aussperrungen zogen sich immer länger hin. In Ebbw Vale bei Newport kam es 1893 zu einer 15-wöchigen Aussperrung von Bergarbeitern, in deren Verlauf unter den Arbeitern kriminelle Banden gebildet wurden. Der Zusammenschluss von Bergarbeitern, Dockarbeitern und Eisenbahnern zur Triple-Alliance von 1911 und 1913 führte zu gewalttätigen Auseinandersetzungen, wie sie Großbritannien seit den Tagen des Chartismus nicht mehr erlebt hatte.

Die Gewerkschaften in Frankreich, Italien und Russland

In Frankreich hatte das Koalitionsverbot aus der Zeit der Französischen Revolution bis 1864 Bestand. Unter dem Namen von Krankenversicherungsvereinen gab es aber auch in jener Zeit Organisationen, die den Arbeitgebern Widerstand leisteten. Die Gewerkschaftsidee schien in Frankreich zunächst nur von denjenigen aufgegriffen zu werden, die dem Handwerk noch am nächsten standen und in kleinen Werkstätten arbeiteten. Ihre Verbände hingen nach wie vor dem Gedanken der Produktions-

100264

Zunehmend wurde die Arbeiterschaft als gesellschaftliche Kraft verstanden. Mit einem über 5 m breiten Gemälde erwies der italienische Maler Giuseppe Pellizza da Volpedo dem Proletariat seine Reverenz (»Der 4. Stand«, 1901, Ausschnitt; Mailand, Pinacoteca di Brera).

und Konsumgenossenschaft und des Kredits auf Gegenseitigkeit an.

In den Großbetrieben kam es gelegentlich zu harten und lang andauernden Streiks wie zum Beispiel 1864/65 bei den Bergleuten in Nordfrankreich und den Metallarbeitern von Lille. 1869/70 wurden Streiks durch den Einsatz von Truppen niedergeschlagen – so der Streik der Bergarbeiter von Saint-Étienne oder derjenige der Metallarbeiter von Le Creusot.

Die französische Gewerkschaftsbewegung organisierte sich erst nach 1886, als ein neues Gesetz den Gewerkschaften die volle Aktionsfreiheit garantierte. Den Kern der gewerkschaftlichen Tätigkeit bildeten dabei die Arbeiterbörsen, die Bourses de Travail. Dabei handelte es sich um parteiunabhängige Einrichtungen, die mit Unterstützung der kommunalen Behörden ihren Mitgliedern Arbeitsplätze vermittelten. Die Folge war eine starke Zersplitterung des französischen Gewerkschaftswesens. Im Jahr 1895 gab es 419 000 Gewerkschaftsmitglieder, die sich jedoch auf 2 163 Einzelgewerkschaften verteilten! Seit den Tagen der Pariser Kommune war die französische Gewerkschaftsbewegung von einem tiefen Misstrauen gegenüber staatlichen Instanzen und jeder Form von parlamentarischer Politik erfüllt. Auch wenn anar-

ZITAT

Aus dem in Leipzig am 16.4.1848 beschlossenen Forderungskatalog einer Versammlung von Dienstmädchen:

»1. Erhöhung des Lohnes (ein Kindermädchen 8 bis 10 Taler, Stubenmädchen, Köchinnen usw. 20 Taler jährlich);
2. Nicht fünf Treppen hoch unterm Dach schlafen müssen;
3. Mindestens freitags und sonnabends, wo es viel angreifende Arbeit gäbe, eine kräftige und warme Suppe;
4. Um 10 Uhr Abends, wenn nicht Krankheit oder andere ungewöhnliche Abhaltung dies unstatthaft mache, sich zu Bett legen dürfen;
5. Alle vier Wochen einmal Erlaubnis zum Ausgehen.

chistische Aktionen gegen den Staat abgelehnt wurden, so war dieses syndikalistische gewerkschaftliche System doch vom Mythos der Gewalt und der direkten Aktion geprägt. Die 1895 gegründete Confédération Générale du Travail (CGT), die Dachorganisation der französischen Gewerkschaften, betrachtete den Streik nicht mehr nur als Mittel zur Verbesserung der konkreten Arbeitsbedingungen, sondern darüber hinaus in der Form des Generalstreiks auch als revolutionäre politische Waffe. Allerdings lehnte die Mehrheit der Gewerkschaften einen solchen revolutionären Generalstreik ab.

In Italien stand die Gewerkschaftsbewegung zunächst wie in Frankreich stark unter dem Einfluss syndikalistischer Strömungen. Die 1906 gegründete Confederazione Generale del Lavoro Italiano trennte sich jedoch von der syndikalistischen Richtung. Damit siegte die gemäßigte Richtung und setzte das deutsche Modell einer Anlehnung der Gewerkschaften an die sozialistische Parteibewegung durch.

In Russland konnte sich eine Organisation der Arbeiter nur in der Illegalität entwickeln. Eine ganze Serie erbitterter Streiks blieb allerdings erfolglos, sodass sich die russische Gewerkschaftsbewegung von vornherein politisierte. Nach der revolutionären Streikwelle von 1905 erhielten die russischen Arbeiter das Recht, Koalitionen zu bilden. Jedoch blieb ihnen jede überörtliche Vereinigung untersagt.

Die Gewerkschaften in Deutschland

In Deutschland waren die Anfänge der Gewerkschaftsbewegung zunächst von den Handwerksmeistern und -gesellen der Revolutionszeit von 1848 geprägt. Auch in den Arbeiterbildungsvereinen und ersten Gewerkschaften der 1860er-Jahre waren nach wie vor die Handwerker bestimmend.

Anders als in Großbritannien kamen die Gewerkschaften in Deutschland erst im Sog der politischen Arbeiterbewegung zu Einfluss und Macht. Neben den in enger Verbindung zur Sozialdemokratie stehenden freien Gewerkschaften bildeten sich die liberalen Hirsch-Dunckerschen Gewerkvereine und die christlichen Gewerkschaften. Nach schweren Rückschlägen in der Zeit des Sozialistengesetzes gewannen die freien Gewerk-

Solidarität war die Antwort der Arbeitnehmer auf die Arbeitsbedingungen im Industriezeitalter (Walter Crane, Plakat zum 1. Mai, 1891).

FREEDOM
FRATERNITY
EQUALITY
AFRICA
ASIA
SOLIDARITY OF LABOUR
AMERICA
AUSTRALIA
EUROPE

schaften gegen Ende der 1880er-Jahre an Boden. Einen starken Anstoß zu dieser Entwicklung gaben erfolgreiche Massenstreiks wie der große Ruhrbergarbeiterstreik von 1889. Dieser Streik stieß in der Öffentlichkeit auf breites Verständnis; er wurde nicht zuletzt durch das vermittelnde Eingreifen der preußischen Regierung zu einem Teilerfolg der Gewerkschaften.

Seit 1890 verfügten die freien Gewerkschaften mit der Generalkommission der Gewerkschaften Deutschlands über eine schlagkräftige Zentralorganisation. 1904 umfasste sie über eine Million Mitglieder und 1913 bereits 2,5 Millionen. Im Alltag pragmatisch orientiert, setzten die freien Gewerkschaften ganz auf eine Politik schrittweiser Verbesserungen im Rahmen des bestehenden politischen Systems der konstitutionellen Monarchie. Gleichzeitig verbesserten sich auch die Bedingungen für die gewerkschaftliche Arbeit, da in den Boomjahren nach 1895 ein Rückgang der Arbeitslosigkeit einsetzte und bestimmte Arbeitergruppen in den neuen Großbetrieben aufgrund ihrer Erfahrung und ihres Fachwissens über eine relativ starke Verhandlungsmacht verfügten.

ZITAT

In seinem Werk »Die Zukunft der Gewerkschaften« äußert Karl Marx 1867:

Jetzt (müssen die Gewerkschaften) lernen, bewusst als organisierende Zentren der Arbeiterklasse zu handeln, im großen Interesse ihrer vollständigen Emanzipation. Sie müssen jede soziale und politische Bewegung unterstützen, die diese Richtung einschlägt.

Die Politik reagierte auf die Forderungen von Gewerkschaften und politischer Arbeiterbewegung mit einer Mischung von Unterdrückung und teilweisen Zugeständnissen. Nach dem Thronwechsel zu Wilhelm II. 1888 und dem Streik der Ruhrbergarbeiter 1889 gab es neue Ansätze zu einer staatlichen Sozialpolitik, nicht aber wirklich durchgreifende Reformen im wirtschaftlichen Bereich. Das Tarifsystem konnte sich vor 1914 nur in bestimmten Branchen wie Druck, Bau und Brauereien durchsetzen, in denen die Arbeiter über eine günstige Verhandlungsposition verfügten.

Ähnlich wie in Großbritannien erreichten die Gewerkschaften auch in Deutschland den entscheidenden Durchbruch während des Ersten Weltkriegs. Bis dahin diskriminierte Außenseiter, reihten sich die Gewerkschaften nun mit dem »Burgfrieden« in die Erfordernisse der Kriegswirtschaft ein. Das Vaterländische Hilfsdienstgesetz von 1916/17 stellte die industriellen Beziehungen in Deutschland auf eine völlig veränderte Grundlage. Löhne und Arbeitsbedingungen wurden nun zu öffentlichen, zwischen Arbeitgebern und Arbeitnehmern paritätisch zu verhandelnden Angelegenheiten.

Gewerkschaften im Visier von Staat und Unternehmen

Die kollektive Organisation der Arbeitnehmer führte zu ähnlichen Organisationen im Unternehmerlager. In Großbritannien entstand 1898 ein Gesamtverband aller britischen Unternehmerverbände, der den Zweck verfolgte, sich bei Streiks branchenübergreifend beizustehen. Als im Winter 1903/04 im sächsischen Crimmitschau die dortigen Textilfabriken bestreikt wurden, gründeten die deutschen Unternehmer den Centralverband Deutscher Industrieller und verpflichteten sich, ihren bedrängten Kollegen bis zur endgültigen Beendigung des Streiks finanzielle Unterstützung zu leisten. Besonders die Großbetriebe erwiesen sich für die Gewerkschaften als fast uneinnehmbare Bollwerke, da es den Unternehmern hier gelang, die Arbeiter durch den Bau von Werkswohnungen, die Gewährung von Kohledeputaten und zahlreichen Sozialleistungen an den Betrieb zu ketten.

Die Position der Gewerkschaften war um die Jahrhundertwende alles andere als dauerhaft gesichert. Die Zahl der verlorenen Streiks mehrte sich. In Südwales streikten von April bis November 1898 90 000 Bergarbeiter. Der Hunger zwang sie schließlich zur Wiederaufnahme der Arbeit unter demütigenden Bedingungen. In Frankreich brach im gleichen Jahr ein Massenstreik der Eisenbahner und Bauarbeiter zusammen. Auch Russland sah in den letzten Jahren des Jahrhunderts eine Reihe von Massenstreiks. Obwohl dort zeitweise die gesamte Textilindustrie lahm gelegt war, blieb eine nachhaltige Verbesserung der sozialen Lage aus.

Überall gab es in den 1890er-Jahren Bestrebungen der Regierungen, das Streikrecht wieder einzugrenzen. Eine sehr harte Auslegung des Paragraphen 153 der Gewerbeordnung durch deutsche Gerichte bedrohte alle mit Gefängnisstrafe, die andere »durch Anwendung körperlichen Zwangs« veranlassen wollten, an Koalitionen teilzunehmen. Selbst harmlose Übergriffe von Streikposten wurden in der Folge hart bestraft. Tendenzen zur Verschärfung der rechtlichen Bestimmungen des Arbeitskampfs gab es auch in den Niederlanden und in der Schweiz. Noch schlimmer traf es die britischen Gewerkschaften. Dort stellte ein höchstrichterliches Urteil von 1901 fest, dass die Gewerkschaften für finanzielle Schäden, die durch Streiks verursacht wurden, haftbar ge-

Kaiser Wilhelm II. sah die Sozialpolitik als wichtigste Aufgabe an. Er weigerte sich u. a., Truppen zur Niederschlagung des Streiks im Ruhrgebiet zu schicken (Wilhelm II. im Jahr der Thronbesteigung 1888).

ZITAT

Beginn des Liedes der internationalen Gewerkschaftsbewegung (1897, deutscher Text von Hermann Scherchen):

Brüder, zur Sonne, zur Freiheit, Brüder zum Lichte empor. Hell aus dem dunklen Vergangnen leuchtet die Zukunft hervor.

macht werden könnten. 1906 wurde der alte Rechtszustand wieder hergestellt.

1905 kam es überall in Europa zu einer neuen Streikwelle. Am Bergarbeiterstreik im Ruhrgebiet im Januar 1905 beteiligten sich 190 000 der insgesamt 224 000 Arbeiter. In Sankt Petersburg brach fast gleichzeitig ein Massenstreik aus. Dort richteten Regierungstruppen ein furchtbares Blutbad unter den wehrlosen Demonstranten an. Die anschließenden Protestbewegungen im ganzen Land zwangen das Regime im Herbst zum Erlass des Oktobermanifests.

1911 gab es in Großbritannien einen großen Eisenbahnerstreik und 1912 einen Bergarbeiterstreik. Die britische Öffentlichkeit war bestürzt über die Macht und den Einfluss der großen Bergarbeiter-, Eisenbahner- und Transportarbeitergewerkschaften, die sich zu einem entscheidenden Faktor im politischen und wirtschaftlichen Leben Großbritanniens entwickelt hatten. Sie verstanden sich dabei als betont antimarxistisch und national.

In Deutschland erreichten die Streiks 1912 einen weiteren Höhepunkt, als fast eine halbe Million Menschen aus den unterschiedlichsten Industriezweigen in den Streik traten. Auch in Russland kam es zu einer neuerlichen, wiederum blutig unterdrückten Streikwelle. Die Klassengegensätze schienen in den letzten Jahren vor dem Ersten Weltkrieg schärfer denn je zu sein.

Die Regierungen konnten sich unter diesem Druck weiteren sozialpolitischen Reformen nicht mehr verschließen. Frankreich begründete 1910 eine allgemeine Alters- und Invaliditätsversicherung. Großbritannien führte mit dem National Insurance Act von 1911 ein Sozialversicherungssystem ein, und Deutschland stellte mit der Reichsversicherungsordnung von 1911 sein System auf eine breitere Grundlage. Es war abzusehen, dass sich die europäischen Staaten unter dem Druck der Arbeiterschaft auf dem Wege zum Wohlfahrtsstaat befanden. Diese Tendenz setzte sich nach dem Kriege vollends durch.

In den Großbetrieben gelang es den Arbeitern zunehmend, ihren Forderungen Gehör zu verschaffen (Werksgebäude der Gussstahlfabrik, vorne links das Stammhaus der Familie Krupp).

Gewerkschaftliche Sonderbedingungen in den USA

In den USA sahen sich die Gewerkschaften ganz anderen Ausgangsbedingungen gegenüber: Der amerikanische Industriearbeiter, besser bezahlt als seine europäischen

100563

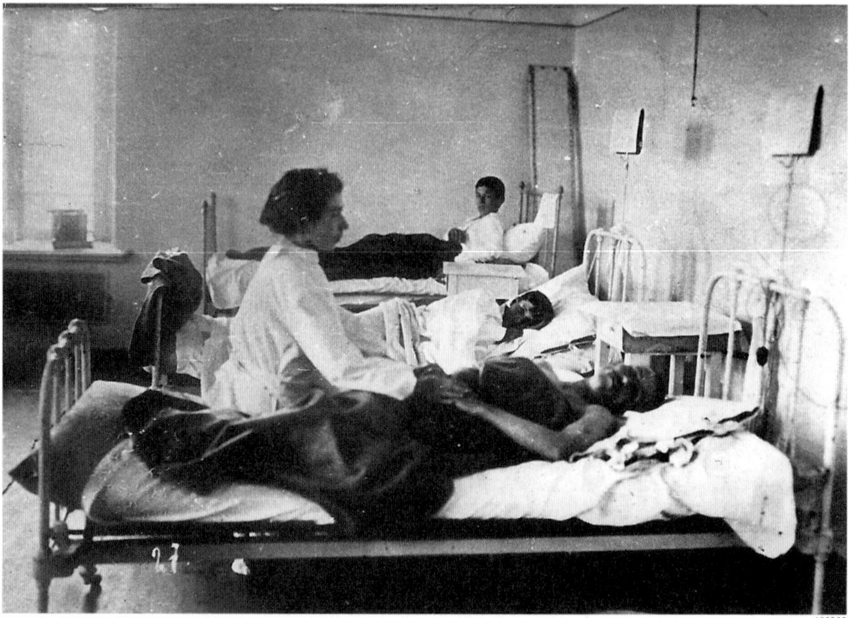

100563

In Russland verwandelten Zusammenstöße mit den Truppen die Streikwelle von 1905 in einen Bürgerkrieg kleinen Maßstabs. Eine Meuterei in den Streitkräften brachte den Panzerkreuzer Potemkin auf die Seite der Arbeiter (verwundeter Meuterer im Krankenhaus).

Kollegen, entwickelte keine klassenkämpferische Einstellung, zumal er auch nicht den europäischen Traditionshintergrund einer Regelung des Wirtschaftslebens durch Staat und Zünfte hatte.

In der zweiten Hälfte des 19. Jahrhunderts entstanden größere Arbeiterorganisationen. Aus einer Geheimorganisation zur Abwehr repressiver Maßnahmen der Arbeitgeber entstanden die Knights of Labor. Auf berufsständischer, locker gefügter Basis wurde 1886 von neunzig Facharbeiterorganisationen der Dachverband American Federation of Labor gegründet; erst 1937 bildete sich mit dem Congress of Industrial Organizations eine Arbeiterorganisation auf der Grundlage von Industrieverbänden. Die amerikanischen Gewerkschaften hatten zunächst mit erheblichen Rassengegensätzen zu kämpfen, da die Industrie die besser ausgebildeten weißen Einwanderer bevorzugte und die Gewerkschaften Farbigen lange die Aufnahme versagten oder für sie gesonderte Organisationen schufen. Erst der allgemeine Arbeitermangel während des Ersten Weltkriegs weichte diese Fronten auf.

Hans-Werner Niemann

Europas nationalstaatliche Bewegungen

»Durch Eisen und Blut«: Der Weg zur deutschen Einigung

Nur wenige Tage nach seiner Ernennung zum preußischen Ministerpräsidenten trat Otto von Bismarck am 30. September 1862 vor die Budgetkommission des Abgeordnetenhauses, um seine politische Philosophie zu erklären: Nicht auf Preußens Liberalismus schaue Deutschland, sondern auf seine Macht. Nicht durch Reden und Majoritätsbeschlüsse würden die großen Fragen der Zeit entschieden, sondern »durch Eisen und Blut«.

Hintergrund der markigen Worte war eine Heeresverstärkung, die König Wilhelm I. mit Bismarcks Hilfe gegen das widerstrebende Parlament durchsetzen wollte. Der soldatisch erzogene Wilhelm – der inzwischen König gewordene »Kartätschen-Prinz«, der 1848/49 die Revolution blutig niedergeschlagen und damit die Macht der Krone gerettet hatte – wollte Preußen auf diese Weise für den zu erwartenden Kampf um Deutschland rüsten. Niemand wusste zu diesem Zeitpunkt, wie ein einheitliches Reich entstehen könnte und wer darin das Sagen haben würde. Aber überall in Europa waren nationale Bewegungen auf dem Vormarsch. Und Deutschland bildete keine Ausnahme.

ZITAT

Bismarck zur »deutschen Frage«:

Die deutsche Frage kann nicht in den Parlamenten, sondern nur durch Diplomatie und auf dem Schlachtfeld gelöst werden, und alles, was wir bis jetzt schwatzen und beschließen, ist nicht viel mehr wert als die Mondträumereien eines sentimentalen Jünglings.

Die nationale Frage

Seit der Französischen Revolution von 1789 und den Befreiungskriegen gegen Napoleon war das Bedürfnis nach einer Lösung der »nationalen Frage« gewachsen. Der auf dem Wiener Kongress 1815 geschaffene »Deutsche Bund« hatte die Hoffnungen nicht erfüllt: Er war nicht mehr als eine lose Konföderation ohne gemeinsames Oberhaupt und Regierung, ohne gesetzgebende Versammlung, ohne Gerichtshöfe und ohne gemeinsame innere Verfassung, lediglich schwach verbunden mit dem Ziel der »Erhaltung der äußeren und inneren Sicherheit Deutschlands und der Unabhängigkeit und Unverletzbarkeit der einzelnen deutschen Staaten«, wie es in der Bundesakte von 1815 hieß. Im einzigen Organ des Bundes, der Bundesversammlung – auch Bundestag genannt – mit Sitz in Frankfurt am Main, führte Österreich den Vorsitz, das kein Interesse an einem Zusammenschluss Deutschlands haben konnte, da eine Neuordnung der Mitte Europas nach nationalen Gesichtspunkten automatisch den habsburgischen Vielvölkerstaat infrage gestellt hätte.

Enttäuschte Anhänger der deutschen Nationalbewegung – zumeist auch Befürworter eines liberalen Verfassungsstaates – gaben sich damit jedoch nicht zufrieden. Noch 1815 wurde von Studenten in Jena die »Jenaische Burschenschaft« gegründet, die bald auch an anderen Universitäten Unterstützung und Anhänger fand. Gemeinsam suchte man die landsmannschaftliche Zersplit-

Otto Eduard Leopold Fürst von Bismarck, der von 1871 bis 1890 deutscher Reichskanzler war, bestimmte maßgeblich die Reichsverfassung von 1871 (Gemälde von Franz von Lenbach, um 1889; München, Städtische Galerie im Lenbachhaus).

100297

terung zu überwinden. Bereits im Oktober 1817 zogen 500 Abgesandte von zwölf deutschen Universitäten auf die Wartburg bei Eisenach, um hier nicht nur des Reformationsjahres 1517 und des vierten Jahrestages der Völkerschlacht bei Leipzig zu gedenken, sondern unter schwarz-rot-goldenen Fahnen auch ein einiges und freies Deutschland zu fordern. Eine weitere Demonstration – mit über 30 000 Teilnehmern – folgte im Mai 1832 auf der Maxburg, dem Hambacher Schloss.

Die Fürsten reagierten darauf mit einem Verbot der Burschenschaften, der Überwachung der Universitäten, der Wiedereinführung beziehungsweise Verschärfung der Pressezensur und der Einsetzung einer Untersuchungskommission, um die »revolutionären Umtriebe und demagogischen Verbindungen« aufzuhellen. Vor allem die beiden deutschen Großmächte Österreich und Preußen wollten keinen Umsturz der bestehenden Ordnung zulassen. Gemeinsam setzten sie 1819 im Deutschen Bund die »Karlsbader Beschlüsse« und 1833 deren Erneuerung durch. Nationalisten, Liberale und Demokraten wurden überwacht und verfolgt, teilweise auch verhaftet und verurteilt wie »Turnvater« Friedrich Ludwig Jahn oder zur Flucht ins Ausland gezwungen wie der Publizist Joseph Görres.

100562

Friedrich Ludwig Jahn eröffnete 1811 in Berlin den ersten Turnplatz. Er rief zur Volkserhebung gegen die napoleonische Herrschaft, zur Volksbewaffnung und Errichtung eines deutschen Nationalstaates auf. Die Lithographie von Georg Engelbach zeigt den »Turnvater« im Jahr 1846.

Die Zusammenarbeit zwischen Österreich und Preußen hatte allerdings ihre Grenzen. Schon bei der Frage, ob nicht aus wirtschaftlichen Gründen wenigstens ein zollpolitischer Zusammenschluss Deutschlands erfolgen müsse, um die Industrialisierung zu erleichtern und den Rückstand gegenüber den westeuropäischen Ländern zu verringern, wurde die Konkurrenz sichtbar: Die Gründung des Deutschen Zollvereins, mit dem zur Jahreswende 1833/34 in großen Teilen Deutschlands die Zollschranken fielen, fand unter dem Ausschluss Österreichs statt.

Der österreichische Haus-, Hof- und Staatskanzler Fürst von Metternich bemerkte deshalb in einem Bericht an Kaiser Franz I., beim Zollverein geschehe alles »unter preußischem Schutze und preußischer Präponderanz«. Denn Preußen ging es nicht nur um wirtschaftliche, sondern auch um politische Einigung, wie Finanzminister Friedrich von Motz bereits im Juni 1829 in einer Denkschrift an König Friedrich Wilhelm III. betont hatte: Es

INFOBOX

Der Deutsche Zollverein

Am 1. 1. 1834 schlossen sich im Deutschen Zollverein unter preußischer Führung Preußen, Hessen-Darmstadt, Kurhessen, Bayern, Württemberg, Sachsen und die thüringischen Staaten zur Schaffung einer Wirtschaftseinheit zusammen. 1836 folgten Baden, Frankfurt am Main und Nassau, 1842 Luxemburg, Braunschweig und Lippe sowie 1854 schließlich Hannover und Oldenburg. Der Zollverein baute überholte Handelsstrukturen ab und wirkte auf die deutsche Einheit, unter Ausschluss Österreichs, hin. Nach der Schaffung des Norddeutschen Bundes wurde durch Verträge mit den süddeutschen Staaten ein Zollparlament gebildet. Mit der Reichsgründung 1871 endet die Eigenständigkeit des Zollvereins. Hamburg und Bremen traten erst 1888 dem deutschen Zollgebiet bei.

ZITAT

Der Chef des Generalstabs Helmuth Graf von Moltke über die Entstehung des Deutschen Krieges:

Der Krieg von 1866 ist nicht aus Notwehr gegen die Bedrohung der eigenen Existenz entsprungen; es war ein im Kabinett als notwendig erkannter, längst beabsichtigter und ruhig vorbereiteter Kampf nicht für Ländererwerb, Gebietsabtretung oder materiellen Gewinn, sondern für ein ideales Gut – für Machtstellung.

s. ZEIT Aspekte Friedrich Wilhelm IV. S. 523

erscheine »ganz unnatürlich«, wenn Staaten in der Politik divergierende Ansichten verfolgten, deren Völker in einem »Kommerzialsystem« miteinander verbunden seien. Deutschland werde daher »unter dem Schutz und Schirm von Preußen erstehen und glücklich sein«.

Kleindeutsche oder großdeutsche Lösung?

Auch innerhalb der deutschen Einheits- und Freiheitsbewegung konnte man sich schon bald keine andere Führungsmacht mehr vorstellen als Preußen. Im Streit zwischen Befürwortern einer »großdeutschen Lösung« (einer Einigung Deutschlands unter Einschluss Österreichs) und Anhängern einer »kleindeutschen Lösung« (unter Ausschluss Österreichs) obsiegten die Kleindeutschen um Längen. Dies lag nicht nur an der Sogwirkung des Zollvereins, sondern ebenso sehr an der politischen Stagnation, die unter Metternich in Österreich herrschte. In Preußen dagegen kam die nationale Bewegung unter dem unsicheren und schwachen König Friedrich Wilhelm IV., der ab Juni 1840 regierte, immer besser zur Geltung.

So verwunderte es nicht, dass nach der Revolution von 1848 die Frankfurter Nationalversammlung nach Abschluss ihrer Verfassungsberatungen am 28. März 1849 den preußischen König zum Deutschen Kaiser wählte und anschließend eine Deputation unter der Leitung ihres Präsidenten Eduard Simson nach Berlin entsandte, um

Friedrich Wilhelm IV. die Krone anzubieten. Beim Empfang im Rittersaal seines Schlosses antwortete der König »freundlich, ja verbindlich«, »in flittergestickte Windeln gehüllt«, wie er selbst später sagte. Doch er dachte gar nicht daran, die Krone anzunehmen. Aus der Hand der Paulskirchen-Vertreter war sie für ihn ein »Hundehalsband«, mit dem man ihn an die Revolution ketten wollte. In Wirklichkeit, so ließ er die Deputation wissen, habe die Paulskirche gar keine Krone anzubieten – und er folglich keine auszuschlagen oder anzunehmen.

Preußische Konzeptionslosigkeit
Dies war die Situation, in der Otto von Bismarck 1851 als preußischer Bundestagsgesandter nach Frankfurt ging und dort alsbald mit dem Problem des preußisch-österreichischen Dualismus konfrontiert wurde. Doch es sollten noch weitere zehn Jahre vergehen, ehe Bismarck die

Friedrich Wilhelm IV., König von Preußen, lehnte 1849 die ihm von der Frankfurter Nationalversammlung angebotene deutsche Kaiserkrone ab. Nach seiner schweren Erkrankung, die ihn 1858 regierungsunfähig machte, vertrat ihn sein Bruder Wilhelm.

Chance erhielt, das Problem zu lösen. In Frankfurt hatte er zwar rasch die Überzeugung gewonnen, dass Österreich eines Tages aus dem Deutschen Bund werde ausscheiden müssen, weil die Habsburger ein geeintes Deutschland unter preußischer Führung niemals akzeptieren würden und der österreichische Vielvölkerstaat für einen nationalstaatlichen deutschen Weg ohnehin gänzlich ungeeignet war. Dennoch wollten weder Friedrich Wilhelm IV. noch sein Nachfolger Wilhelm I. anfangs einen Bruch mit Österreich riskieren.

Während des Krimkrieges (1853–56) wirkte man in Berlin daher konzeptions- und hilflos zwischen den europäischen Mächten, die ihre eigenen Interessen verfochten und Preußen in seiner Orientierungs- und Machtlosigkeit gar nicht wahrzunehmen schienen. Preußen neutralisierte sich somit selbst, was ihm die Verachtung des Westens und das Misstrauen Russlands eintrug. Auch Bismarck wurde vorübergehend ein Opfer dieser Unentschiedenheit: Nach Ausbruch des österreichisch-italienischen Krieges wurde er 1859 wegen seiner antiösterreichischen Haltung aus Frankfurt abberufen und nach Sankt Petersburg versetzt – »kaltgestellt«, wie er selbst meinte.

100880

Kaiser Wilhelm I. beschränkte seine Rolle im Wesentlichen darauf, Bismarck den Rücken zu stärken (Porträt, um 1875; Berlin, Privatsammlung).

Bismarcks neue Strategie

Als Wilhelm ihn drei Jahre später zum Ministerpräsidenten berief, hatte sich das Blatt indessen gewendet: Im Konflikt zwischen König und Landtag um die Heeresverstärkung schien die preußische Monarchie am Ende. Wilhelm sah keinen Ausweg mehr und erwog bereits seine Abdankung. Der auf Vorschlag von Kriegsminister Albrecht Graf von Roon als »Retter« herbeigerufene Bismarck erhielt dadurch in einem Maße freie Hand, wie er es unter normalen Umständen kaum jemals hätte erwarten können.

Seine Machtdemonstration vor der Budgetkommission des Abgeordnetenhauses am 30. September 1862 war jedoch nicht nur ein taktischer Trick, um widerspenstige Abgeordnete einzuschüchtern, damit sie die Heeresvorlage annahmen und halfen, die Lähmung der preußischen Innenpolitik zu überwinden, sondern sie kündete auch von einem neuen außenpolitischen Konzept und beträchtlichem Selbstbewusstsein.

Viktoria, die Gemahlin Kaiser Wilhelms I., den sie stark beeinflusste, war eine entschiedene Gegnerin Bismarcks.

Angesichts der »mathematischen Logik der Tatsachen«, die ihn in Frankfurt zu der Überzeugung gebracht hatte, »dass Österreich nicht unser Freund sein kann und will« – wie er unter dem 28. April 1856 in einem Brief an Leopold von Gerlach geschrieben hatte –, fühlte sich Bismarck nun, da er die Macht besaß, zum Handeln verpflichtet. Die Trennung von Österreich entsprang dabei keinem Herzenswunsch. Sie war für ihn lediglich ein Gebot der Klugheit. Sogar die Einigung Deutschlands hätte der preußische Junker Bismarck gerne vermieden. Aber die europäische Entwicklung zur Herausbildung von Nationalstaaten ließ sich nicht einfach ignorieren. Sonst war nicht nur die deutsche, sondern auch die preußische Machtstellung gefährdet.

Bereits am 4. Dezember 1862 teilte Bismarck dem österreichischen Botschafter in Berlin, Graf von Károlyi, seine Absichten ganz offen mit: Österreich werde jetzt mit Preußen »als europäische Großmacht zu thun be-

Der russische Außenminister Fürst Aleksandr Michailowitsch Gortschakow unterstützte zunächst die Politik Bismarcks, später suchte er die russisch-französischen Beziehungen zu verbessern.

kommen«, und die Paragraphen des Deutschen Bundes würden nicht die Kraft haben, »die Entwicklung der deutschen Geschichte zu hemmen«.

Ein mächtiger Freund im Osten

Als Anfang 1863 im russisch besetzten Kongresspolen ein Aufstand gegen die russischen Garnisonen ausbrach, bot sich die günstige Gelegenheit, einen mächtigen Verbündeten gegen Österreich zu gewinnen, indem Bismarck den Zaren bei der Niederschlagung der Erhebung unterstützte. Diese Gefälligkeit fiel ihm umso leichter, als er ein wie auch immer beschaffenes unabhängiges Polen als den Todfeind der preußischen Monarchie und des ostelbischen Landadels ansah. Die geteilte polnische Nation sollte seiner Meinung nach in einem solchen Zustand verbleiben, dass man mit ihr staatlich nicht mehr zu rechnen brauchte. Selbst eine nationale Autonomie im russischen Staatsverband, die vom Bruder des Zaren, Großfürst Konstantin, und Außenminister Aleksandr Fürst Gortschakow befürwortet wurde, kam für ihn nicht in Betracht. Schon als Gesandter in Sankt Petersburg hatte er deshalb stets vor zu vielen Zugeständnissen in der polnischen Frage gewarnt.

Sofort nach Beginn des Aufstandes entsandte Bismarck nun den Generaladjutanten des preußischen Königs, Gustav von Alvensleben, nach Russland, um monarchische Solidarität zu demonstrieren und gegen alle Kompromissabsichten in höfischen Kreisen Sankt Petersburgs anzukämpfen. Telegraphisch wurde Alvensleben zudem im Februar 1863 von Bismarck ermächtigt, eine Konvention abzuschließen, nach der die russischen und preußischen Truppenführer sich bei der Verfolgung von Aufständischen gegenseitig Beistand leisten durften. Wenn nötig, war ihren Soldaten dabei sogar gestattet, die jeweiligen Staatsgrenzen zu überschreiten.

Tatsächlich war die militärische Bedeutung dieser Übereinkunft gering – zumal die Konvention im beiderseitigen Einvernehmen der Regierungen in Berlin und Sankt Petersburg völkerrechtlich nie in Kraft gesetzt wurde. Aber ihre politische Wirkung war enorm. Zum einen wurde Bismarck deswegen im eigenen Lande von den Liberalen und vom deutschen Nationalverein heftig angegriffen, die ernsthafte, auch militärische Kon-

ZITAT

Am 9. 7. 1866, kurz nach der Schlacht von Königgrätz, schreibt Bismarck an seine Frau:

Wenn wir nicht übertrieben in unseren Ansprüchen sind und nicht glauben, die Welt erobert zu haben, so werden wir auch einen Frieden erlangen, der der Mühe wert ist. Aber wir sind ebenso schnell berauscht wie verzagt, und ich habe die undankbare Aufgabe, Wasser in den brausenden Wein zu gießen …

flikte mit den Westmächten fürchteten. Zum anderen protestierten die öffentliche Meinung und die Regierungen in Frankreich und England massiv gegen die Unterdrückungsmaßnahmen des Zarismus in Polen – und damit indirekt ebenfalls gegen Bismarck. Sogar Österreich, obwohl selbst Unterdrücker Polens, forderte in einer Note an Russland die Gewähr für einen dauerhaften Frieden. Und auch deutsche Revolutionäre wie Karl Marx und Friedrich Engels traten rückhaltlos für einen freien, demokratischen Nationalstaat Polen ein und unterstützten Versuche, den polnischen Aufständischen durch die Aufstellung einer »deutschen Legion« zu helfen.

Solche Kritik wog jedoch wenig im Vergleich zu den Vorteilen, die Bismarck aus seinem Schulterschluss mit dem Zaren zu ziehen vermochte. Dabei kam ihm zusätzlich der Umstand zu Hilfe, dass die Zusammenarbeit zwischen Russland und dem Frankreich Napoleons III., die nach dem Krimkrieg 1856 viel versprechend begonnen hatte, entgegen den Wünschen des russischen Außenministers Gortschakow zunehmend in eine Krise

Die Erstürmung der Düppeler Schanzen durch preußische Truppen am 18. 4. 1864 war ein wichtiger Sieg im preußisch-österreichischen Krieg gegen Dänemark, das im Frieden von Wien Schleswig-Holstein und Lauenburg abtreten musste.

100880

geriet. Denn der französische Kaiser ließ es zumindest zu, dass Mitglieder seines Hofes in Paris immer wieder gegen Russland intrigierten: einmal mit polnischen Emigranten aristokratischer Couleur, dann wieder auf katholisch-klerikaler Basis mit Österreich. Und als Napoleon III. 1863 gar den polnischen Aufstand für seine imperialen Zwecke zu nutzen suchte, war die Chance eines russisch-französischen Bündnisses für lange Zeit vertan.

Dagegen hatte Bismarck mit der Alvensleben'schen Konvention Russlands politisch-moralische Isolierung durchbrochen und die politische Konstellation binnen kurzer Zeit grundlegend zugunsten Preußens verändert: England und Frankreich waren Russland entfremdet, Österreich hatte die konservativ-monarchische Solidarität mit dem Zaren unnötig gefährdet und geriet außerdem auf dem Balkan zunehmend in Konflikt mit dem Panslawismus, während die preußisch-russischen Beziehungen keine ernsthaften Gegensätze mehr aufwiesen, sodass schon bald offiziell von einer »Entente« gesprochen wurde. Zumindest konnte sich Bismarck bei den

Mit dem Sieg der preußischen Truppen bei Königgräz am 3. 7. 1866 wurde Österreich zum Ausscheiden aus dem Deutschen Bund gezwungen.

100880

kommenden Auseinandersetzungen mit Österreich auf Russland verlassen, während Habsburg durch keine Großmacht mehr gestützt wurde.

Der Deutsch-Dänische Krieg

1864 zogen Preußen und Österreich im Krieg gegen Dänemark allerdings noch gemeinsam ins Feld. Hintergrund war der Versuch des dänischen Königs vom 30. März 1863, die internationalen Spannungen nach dem Ausbruch des polnischen Aufstandes zu nutzen, um durch eine neue verfassungsrechtliche Verlautbarung für Holstein dessen besondere Verbindungen mit Schleswig abzuschneiden und die beiden Herzogtümer, denen in den Londoner Protokollen von 1850 und 1852 volle Autonomie zugesichert worden war, als dänische Provinzen der Gesamtmonarchie einzuverleiben. Jetzt war entschiedenes Handeln notwendig, wenn Schleswig und Holstein für Deutschland nicht endgültig verloren gehen sollten.

Zunächst reagierten die Betroffenen selbst: Fast alle holsteinischen Beamten versagten dem neuen König die Eidesleistung, und die schleswig-holsteinischen Soldaten in der dänischen Armee verweigerten den Gehorsam. Schleswig-Holstein-Vereine und -Komitees wurden gegründet und Volksversammlungen abgehalten, in denen zu Geldkollekten und zur Aufstellung von Freiwilligenverbänden aufgerufen wurde. Eine regelrechte »nationale Befreiungsbewegung« entstand, die mit patriotischer Begeisterung ein freies und unabhängiges Schleswig-Holstein forderte.

Bismarck stand nun vor der Alternative, sich entweder an die Spitze der nationalen Bewegung zu stellen – und damit von ihrem liberalen Geist abhängig zu werden – oder eine »waffenmäßige Großmachtpolitik« zu betreiben. Natürlich kam für ihn nur der zweite Weg in Betracht. Und dafür konnte er sogar den österreichischen Staatskanzler Johann Graf von Rechberg gewinnen, indem er dessen »stete und aufgeregte Sorge vor revolutionären Umtrieben und Ausbrüchen« geschickt ausnutzte und sich außerdem Österreichs Hegemoniestreben dienstbar machte.

Ungeachtet aller Gegensätze, die zwischen Wien und Berlin bestanden, gelang es Bismarck damit, seinen stra-

ZITAT

Bismarck in einem Tischgespräch am 11. 8. 1870 (aus: Moritz Busch, »Tagebuchblätter«):
Die weite Verbreitung des Bieres ist zu beklagen. Es macht dumm, faul und impotent. Es ist schuld an der demokratischen Kannegießerei, zu der sie sich dabei zusammensetzen.

Napoleon III. und Bismarck nach dem Deutsch-Französischen Krieg 1870/71

tegischen Hauptgegner als taktischen Verbündeten zu gewinnen – wohl wissend oder zumindest erwartend, »dass es später über Schleswig-Holstein zum Bruch mit Österreich kommen (werde), und dass wir dann auf dem einzig möglichen kriegerischen Wege die Suprematie Preußens über Deutschland herstellen«, wie er seinem Sohn Herbert gegenüber hinterher erklärte.

Der Deutsche Krieg

Tatsächlich nahmen die Spannungen nach dem Sieg über Dänemark und dem am 30. Oktober 1864 geschlossenen Frieden von Wien, in dem Dänemark Schleswig-Holstein und Lauenburg an Preußen und Österreich abtreten musste, bald zu. Der Vertrag von Gastein vom 14. August 1865, in dem die beiden deutschen Großmächte das gewonnene Gebiet unter sich aufteilten, schob den Krieg nur hinaus.

Denn als Bismarck am 9. April 1866 im Frankfurter Bundestag eine Bundesreform beantragte, die Preußens Stellung im Deutschen Bund gestärkt und Österreich im

Sinne der »kleindeutschen Lösung« praktisch hinausgedrängt hätte, forderte man in Wien im Gegenzug auch eine Bundesentscheidung über Schleswig-Holstein. Man brach also – nach preußischer Auffassung – den Vertrag von Gastein, was wiederum Preußen zur Besetzung Holsteins und danach Österreich zur Mobilisierung gegen Preußen veranlasste. Damit war der Krieg, der lange schon gedroht hatte, aber immer wieder vermieden worden war, nicht mehr abzuwenden.

Preußen entschied den »Deutschen Krieg« nach wenigen Wochen mit der Schlacht bei Königgrätz am 3. Juli 1866 überraschend schnell für sich. Die militärische Stärke Preußens, das alle mit Österreich verbündeten norddeutschen Staaten annektierte, wurde wieder zu einem gewichtigen Faktor in der europäischen Politik, und der Weg zur deutschen Einigung unter Preußens Führung war vorgezeichnet. Die ersehnte Einheit schien zum Greifen nahe. *Manfred Görtemaker*

Einheit vor Freiheit: Die Reichsgründung

Natürlich bewirkten diese Entwicklungen, die für viele in Deutschland die unvermittelte Erfüllung ihrer Hoffnungen und Träume bedeuteten, nicht nur einen Umschwung in der Beurteilung Bismarcks durch seine Zeitgenossen, sondern auch eine Veränderung des politischen Klimas in Preußen. Plötzlich waren die innenpolitischen Streitigkeiten nur noch ein Randthema; alles konzentrierte sich nun auf die großen Aufgaben, die bevorstanden und gemeinsam bewältigt werden sollten.

Vor allem die Liberalen, die Bismarck seit den Auseinandersetzungen um die Heeresreform 1862 hart zusetzten, gerieten dadurch unter Druck. In der Wochenschrift des Nationalvereins, der politischen Vereinigung der deutschen Liberalen mit dem Programm eines deutschen Bundesstaates unter preußischer Führung, hatte es zunächst über Bismarck geheißen, mit der »Verwendung dieses Mannes« sei »der schärfste und letzte Bolzen der Reaktion von Gottes Gnaden« verschossen. Wenn er auch manches gelernt und verlernt haben möge, ein vollgültiger Staatsmann sei er keinesfalls, sondern nur »ein Abenteurer vom allergewöhnlichsten Schnitt«.

Und der Historiker und Publizist Heinrich von Treitschke, in Sachsen geboren, aber ein glühender Verehrer Preußens und später langjähriger Herausgeber der Preußischen Jahrbücher, meinte gar am 29. September 1862 in einem Brief an Wilhelm Nokk, den Juristen und späteren liberalen Landtagsabgeordneten, Kultusminister und Ministerpräsidenten Badens: »Du weißt, wie leidenschaftlich ich Preußen liebe; höre ich aber einen so flachen Junker, wie diesen Bismarck, von dem ›Eisen und Blut‹ prahlen, womit er Deutschland unterjochen will, so scheint mir die Gemeinheit nur noch durch die Lächerlichkeit überboten.«

Nach der Schlacht von Königgrätz änderte sich diese Beurteilung jedoch völlig, zumindest unter Konservativen und Liberalen. Treitschke meinte nun, Bismarck sei »augenblicklich der populärste Mann in Preußen«. Allerdings hatte er schon vorher, in einem Brief an Frau Luise Brockhaus vom 1. Oktober 1865, der den allmählichen Wandel seiner Einstellung zu Bismarck dokumentierte, bemerkt, die Bismarck'sche Politik erscheine ihm »nicht bloß verständlich, sondern auch sittlich«. Sie wolle, was Not tue: »einen Schritt vorwärts tun nach dem hohen Ziele der deutschen Einheit, und wer ein Mann ist, soll dazu helfen«.

Die Haltung der Liberalen

Die Liberalen taten sich dagegen erheblich schwerer als der konservative Treitschke, ihre schlechte Meinung über Bismarck zu revidieren. So bemerkte der Historiker und Publizist Hermann Baumgarten 1866 in seinem Buch »Der deutsche Liberalismus – Eine Selbstkritik«, er erinnere sich, 1859 und 1860 von vielen sehr liberalen Männern in Preußen oft genug das Geständnis gehört zu haben, wirklich weiterkommen werde man erst, »wenn einmal das preußische Schwert die widerspenstigen Könige zur Raison bringt und das Netz der österreichischen Intrigen durchhaut«. Wie lange habe man in liberalen Kreisen nach einem Mann geseufzt, der endlich Preußen kühn vorwärts führen werde! Nun, jetzt sei er nicht nur da, sondern stehe bereits an der richtigen Stelle – und habe schon ein gutes Stück Weges hinter sich gebracht. Und Baumgarten fuhr, leicht resigniert, fort: »Wir würden diese Belehrung schwer akzeptieren, wenn sie mit

100562

Blick auf das Deutsche Eck, eine Landzunge in Koblenz an der Mündung der Mosel in den Rhein, mit der Anlage um die 1993 wieder aufgestellte Nachbildung des Reiterstandbilds von Kaiser Wilhelm I. Sie wurde als Mahnmal für die deutsche Einheit gestaltet.

unserem Unglück verknüpft wäre. Aber uns ist das fast Beispiellose widerfahren, dass unser Sieg unser Elend gewesen wäre, unsere Niederlage aber uns überschwängliches Heil gebracht hat.«

Der liberale Göttinger Rechtsprofessor Rudolf von Ihering, der sich beim Ausbruch des Krieges mit Österreich noch über die »empörende Schamlosigkeit« und »grauenhafte Frivolität« der Bismarck'schen Politik erregt hatte, beugte sich nach der Entscheidung von Königgrätz vor dem »Genie eines Bismarck« und erklärte nun, er »gebe für einen solchen Mann der Tat ... hundert Männer der machtlosen Ehrlichkeit«. Und selbst im Ausland kommentierte die Londoner »Times« in ihrer Ausgabe vom 3. Juli 1866, Bismarck sei »der einzige Mensch in Deutschland, der wusste, was er wollte«. Ohne ihn würden »bei dem sittlich-schüchternen Volk der Deutschen die Einheitsbestrebungen niemals Wirklichkeit geworden sein«.

Damit kündigte sich an, dass der Erfolg der bevorstehenden Reichsgründung die Schattenseiten der Bismarck'schen Politik – seine preußisch-konservative Gesinnung und antiliberale Grundhaltung – zu überdecken begann. Vor allem die Liberalen wurden dadurch vor eine schwere Wahl gestellt: entweder an ihren traditionellen Zielen festzuhalten und weiter gegen den immer populärer und unangreifbar werdenden Bismarck vorzugehen oder dessen Politik zu unterstützen und auf diese Weise an seinem Erfolg zu partizipieren.

Bismarck erhält die Zustimmung des Landtags

Viel Zeit zum Überlegen blieb nicht. Denn Bismarck nutzte die Gunst des Sieges, um seinen Frieden mit dem Landtag zu machen. Seit 1862 hatte er ohne Haushalt regiert und damit gegen das Gesetz verstoßen. Nun bot er in einer Sitzung des preußischen Abgeordnetenhauses am 1. September 1866 Vergessen, Vergebung und Frieden an – nicht weil er jetzt einsehe, er habe »unrecht gehandelt«, nicht weil er nun kampfunfähig sei in diesem inneren Kampf, sondern weil das Vaterland angesichts der bevorstehenden Herausforderungen den inneren Frieden brauche und weil er davon ausgehe, dass die Abgeordneten inzwischen eingesehen hätten, »dass die königliche Regierung den Aufgaben, welche auch Sie in Ihrer Mehrzahl erstreben, nicht so fern steht, wie Sie vielleicht vor Jahren gedacht haben«.

Wenige Monate zuvor hätten diese – aus der Sicht des Parlaments – anmaßenden Worte noch einen Sturm der

Der nach dem Deutschen Krieg von 1866 geschaffene Norddeutsche Bund bestand aus Preußen und 17 norddeutschen Kleinstaaten. Mit dem Anschluss der süddeutschen Staaten zu Beginn des Deutsch-Französischen Krieges entstand das Deutsche Reich.

Entrüstung entfacht. Nun erntete Bismarck Bravorufe, wie das Protokoll der Sitzung vermerkt, und das Abgeordnetenhaus stimmte zwei Tage später, am 3. September 1866, einem Gesetzentwurf zu, der in vier knappen Artikeln die Haushalte der Jahre 1862 bis 1865 nachträglich billigte, den Haushalt für 1866 beschloss und der Regierung »Indemnität«, also Straffreiheit, erteilte. Bismarck hatte auf ganzer Länge gesiegt.

Das Parteileben verkümmert

Unter den liberalen Abgeordneten waren die Meinungen allerdings geteilt, ob Bismarcks außenpolitische Erfolge und die hoffnungsvolle Perspektive einer baldigen Reichsgründung einen solch rüden Umgang mit einem frei gewählten Parlament rechtfertigen könnten. Es kam zur Spaltung und am 12. Juni 1867 zur Gründung der »Nationalliberalen Partei«, die sich die »Einigung des ganzen Deutschlands unter einer und derselben Verfassung« als »höchste Aufgabe der Gegenwart« auf die Fahnen schrieb. Praktisch machte sie sich damit Bismarck dienstbar und schwächte zugleich die liberale Bewegung in Deutschland, die von diesem Augenblick an als maßgeblicher Faktor der nationalen Politik ausschied und das Feld dem preußischen Konservativismus überließ. Deutschland beschritt den Weg des Obrigkeitsstaates, in dem liberale und demokratische Tugenden hinter der Staatsräson zurücktraten.

Bismarck indessen eilte von Erfolg zu Erfolg, wobei ihm die Parteien ziemlich gleichgültig waren – unwichtig, ob sie nun mit ihm oder gegen ihn arbeiteten. Er ließ sich von keiner Gruppierung, auch nicht von den Konservativen, jemals völlig vereinnahmen, sondern benutzte sie oder spielte sie gegeneinander aus wie auf internationalem Parkett die Staaten und übertrug die außenpolitischen Gesetze der Machtpolitik auf die Innenpolitik. Damit jedoch beschädigte er die politische Kultur und die geistige Auseinandersetzung über Inhalte und Ziele seiner Politik. Das Parteileben verödete und fiel immer mehr den wirtschaftlichen Interessengruppen anheim. »Unpolitisches Spießertum« entstand, eine »kritiklose Loyalität der kleinbürgerlichen Massen« und »blinde Staatsgläubigkeit«, wie der Historiker Gerhard Ritter zu Recht festgestellt hat.

ZITAT

Aus der Konvention von Gastein zwischen Österreich und Preußen am 14. 8. 1865:

Art. 1 Die Ausübung der von den hohen vertragschließenden Theilen durch den Art. III des Wiener Friedenstractates vom 30. October 1864 gemeinsam erworbenen Rechte wird, unbeschadet der Fortdauer dieser Rechte beider Mächte an der Gesammtheit beider Herzogthümer, in Bezug auf das Herzogthum Holstein auf seine Majestät den Kaiser von Österreich, in Bezug auf das Herzogthum Schleswig auf seine Majestät den König von Preußen übergehen.

INFOBOX

Die Emser Depesche

Auf der Kurpromenade von Bad Ems übermittelte der französische Botschafter Graf Benedetti dem König Wilhelm I. die Forderungen seiner Regierung. Zunächst nahm Wilhelm eine hinhaltende Position ein, da er sich noch nicht ausreichend informiert fühlte: »›Ich (Wilhelm I.) wies ihn, zuletzt etwas ernst, zurück, da man à tout jamais (auf alle Zeit) dergleichen Engagements nicht nehmen dürfe noch könne. Natürlich sagte ich ihm, dass ich noch nichts erhalten hätte und, da er über Paris und Madrid früher benachrichtigt sei als ich, er wohl einsähe, dass mein Gouvernement (meine Regierung) wiederum außer Spiel sei.‹ ... Da S(eine) M(ajestät) dem Grafen Benedetti gesagt, dass er Nachricht vom Fürsten erwarte, hat Allerhöchstderselbe ... beschlossen, den Grafen Benedetti nicht mehr zu empfangen, sondern ihm nur durch seinen Adjutanten sagen zu lassen, dass S. M. jetzt vom Fürsten die Bestätigung der Nachricht erhalten, die Benedetti aus Paris schon gehabt, und dem Botschafter nichts weiter zu sagen habe.« Diese Mitteilung des Legationsrates Abeken liest sich in der von Bismarck stark verkürzten und in Umlauf gebrachten Depesche schärfer. Der Schlusssatz lautet: Wilhelm I. habe es »abgelehnt, den französischen Botschafter nochmals zu empfangen, und demselben durch den Adjutanten vom Dienst sagen lassen, dass S. M. dem Botschafter nichts weiter mitzuteilen habe.«

Dem entgingen auch die Nationalliberalen nicht, die bald ganz im Fahrwasser Bismarcks schwammen und in ihrer »Heidelberger Erklärung« vom 23. März 1884 schließlich nur noch »die auswärtige Politik des Deutschen Reiches und die großen Erfolge der Friedensbestrebungen des Reichskanzlers« priesen, ohne eigene liberale Positionen zu markieren. Zwar gab es einzelne Abspaltungen, wie am 30. August 1880, als 25 nationalliberale Abgeordnete aus Protest gegen Bismarcks Innenpolitik und die Haltung der eigenen Partei die nationalliberalen Fraktionen des Reichstages und des preußischen Abgeordnetenhauses verließen und sich als Liberale Vereinigung 1884 mit der Fortschrittspartei zur »Deutschen Freisinnigen Partei« zusammenschlossen. Aber das waren Ausnahmen. Eine parlamentarisch-demokratische Erneuerung des verkümmerten geistig-politischen Lebens in Deutschland ging von ihnen nicht aus. Zu sehr dominierte Bismarck. Zu stark beherrschte die Staatsräson das politische Denken der »verspäteten Nation«.

Erbfeinde auf ewig? –
Der preußisch-französische Gegensatz

Als das Deutsche Reich 1870/71 im Krieg gegen Frankreich errichtet wurde, hatte der größte Teil Europas sich längst mit der Existenz eines einheitlichen Deutschlands abgefunden. Denn wer konnte den Deutschen mit gutem Gewissen verwehren, was andere seit langem besaßen? In jenen Fällen allerdings, in denen sich Widerstand zeigte, wurde er von Bismarck »mit Blut und Eisen« gebrochen – ganz so, wie er es 1862 angekündigt hatte.

So musste der österreichische Kaiser Franz Joseph nach Königgrätz am 23. August 1866 im Frieden von Prag »die Auflösung des bisherigen Deutschen Bundes« anerkennen und seine »Zustimmung zu einer neuen Gestaltung Deutschlands ohne Beteiligung des österreichischen Kaiserstaates« geben. Österreich zog sich aus der deutschen Politik zurück und akzeptierte den staatlichen Gestaltungsanspruch Preußens nördlich der

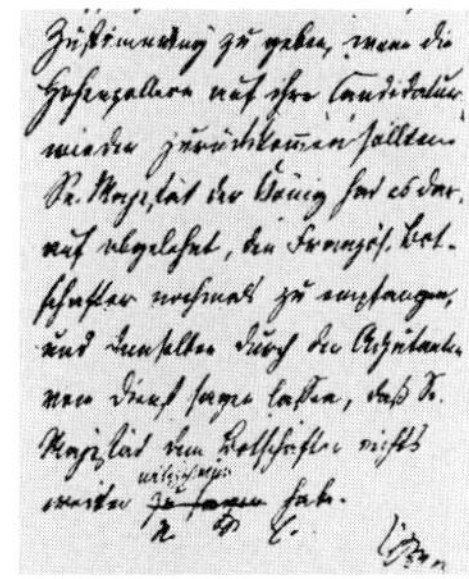

Die Abbildung zeigt den Schlusssatz der Emser Depesche, der die von Bismarck formulierte Beendigung der diplomatischen Beziehungen zwischen Deutschland und Frankreich beinhaltet.

Auf der Kurpromenade von Bad Ems übermittelte der französische Botschafter Graf Benedetti am 13. 7. 1870 Kaiser Wilhelm I. die Forderungen seiner Regierung.

Mainlinie in einem neu zu schaffenden Norddeutschen Bund sowie die »nationale Verbindung« dieses Bundes mit den süddeutschen Staaten, die sich in einem »Verein« zusammenschließen sollten.

Die im Prager Friedensvertrag ebenfalls enthaltene Formulierung, dass der Verein der süddeutschen Staaten »eine internationale unabhängige Existenz« haben werde, kam auf Verlangen Frankreichs zustande. Napoleon III. wollte wenigstens die Selbstständigkeit Süddeutschlands gewahrt wissen, wenn er schon die preußische Vorherrschaft in Norddeutschland hinnehmen musste. Außerdem hoffte er damit die Schaffung eines mächtigen deutschen Nationalstaates unter preußischer Führung zu verhindern oder zu verzögern, der Frankreichs Stellung schwächen und Preußen zu gefährlicher Stärke verhelfen würde.

Der Widerstand Napoleons gegen Bismarcks Pläne hatte indessen nicht nur außenpolitische Gründe. Nach Fehlschlägen in der polnischen Frage, in Nordamerika und in Mexiko war der französische Kaiser auch innenpolitisch verwundbar geworden. Seine Popularität, die in den Fünfzigerjahren beträchtlich angestiegen war, schwand. Die Opposition gewann an Boden. Nach dem Empire autoritaire im vorangegangenen Jahrzehnt sprach man nun, in den Sechzigerjahren, bereits von einem Empire libéral.

In dieser Situation wurde Königgrätz ebenso sehr als Frankreichs défaite wie als Niederlage Österreichs empfunden. Wenn es dem französischen Kaiser nicht gelang, einen preußisch dominierten deutschen Einheitsstaat zu verhindern, war nicht nur seine persönliche Herrschaft gefährdet, sondern auch das Zweite Kaiserreich, dem er vorstand, bedroht. Und Bismarck, der die Zusammenhänge natürlich kannte, ging darauf ein. Obwohl der Norddeutsche Bund und die vage Konstruktion seiner Beziehungen zum Verein der süddeutschen Staaten nur Übergangslösungen sein konnten, stimmte er der Formulierung über die Unabhängigkeit Süddeutschlands zu, um für den Augenblick keinen Konflikt zu riskieren.

So kurz nach dem Waffengang gegen Österreich, mitten in den Verfassungsberatungen des Norddeutschen Bundes und angesichts der Ungewissheit über die künf-

Das Niederwalddenkmal oberhalb von Rüdesheim am Rhein mit dem Bronzestandbild der Germania wurde 1877–83 zur Erinnerung an den Deutsch-Französischen Krieg erbaut.

237

100264

Die Lithographie zeigt die Kapitulation von Sedan am 2. 9. 1870. Die Niederlage bedeutete das Ende des Regimes von Napoleon III. (Barcelona, Biblioteca de Catalunya).

tige staatliche Struktur und militärische Beistandsfragen wäre ein Krieg gegen Frankreich ein schwer kalkulierbares Abenteuer mit ungewissem Ausgang gewesen. Außerdem hätte ein verfrühter Beitritt der süddeutschen Staaten im Falle eines Sieges den Liberalen und Demokraten Auftrieb gegeben, und diese hätten es vielleicht noch vermocht, das Verfassungswerk des Norddeutschen Bundes im liberal-parlamentarischen Sinne umzugestalten und damit die Bismarck'schen Absichten der inneren Machtverteilung zu durchkreuzen.

Bismarck spielte also auf Zeit. Als die Verfassung schließlich vorlag, war ein »Eintritt« Süddeutschlands »im Wege der Bundesgesetzgebung« jederzeit möglich. Bismarck selbst hielt eine Annäherung Nord- und Süddeutschlands nicht nur für möglich, sondern auch für wahrscheinlich – ungeachtet des französischen Widerstandes, den er zwar nicht unnötig provozieren wollte (etwa durch militärisches Überschreiten der Mainlinie), dessen Legitimität er aber bestritt, wenn die Deutschen sich auf friedlichem Wege zu vereinigen suchten. Frankreich konnte nicht für Deutschland sprechen, und wenn es dies doch tat, war die »Machtfrage« gestellt.

Frankreich verlangt Luxemburg
In Paris sah man dies freilich anders. Dort hielt man Bismarck für einen gefährlichen Intriganten, der sich nicht scheute, seine Partner zu betrügen, wenn es dazu diente, Preußens Macht zu vergrößern. Dadurch war nicht nur Frankreichs Sicherheit bedroht, sondern auch seine Ehre verletzt. Schon Königgrätz – das tschechische Sadová – wurde als Affront begriffen. Mit dem Schlachtruf Revanche pour Sadowá wurde deshalb nach 1866 in Paris Politik gemacht, und Napoleon III. verlangte nach Kompensation: Wenigstens Luxemburg sollte französisch werden. Bismarck hingegen diente der Konflikt auch als Test der öffentlichen Meinung in ganz Deutschland.

Das kleine Land von 200 000 Einwohnern hatte dem Deutschen Bund bis 1866 – also bis zu dessen Auflösung – angehört, und die Bundesfestung der Stadt Luxemburg beherbergte eine preußische Besatzung. Nach Überlassung des wallonischen Teils an Belgien im

Reichskanzler Fürst Bismarck mit den Diplomaten (von links Heinrich Abeken, Robert von Keudell, Otto von Bismarck, Rudolf Delbrück, Paul Graf von Hatzfeldt, Friedrich Alexander Graf von Bismarck-Bohlen). Fotomontage, 1871, aus einer Serie von Gruppenbildern zur Kaiserproklamation am 18. 1. 1871 in Versailles.

100563

Jahre 1839 sprach der überwiegende Teil der Bevölkerung eine deutsche Mundart, und die Zeitungen schrieben hochdeutsch. Politisch war Luxemburg mit den Niederlanden in dynastischer Personalunion verbunden; der holländische König war zugleich Großherzog von Luxemburg. Die Amtssprache war jedoch Französisch. Ein verworrener Status also, mit dem die Bevölkerung aber ganz zufrieden schien und an dem sie eigentlich nichts ändern wollte, wie das populäre Lied mit dem Refrain »Mir wölle bleiwe wat mer sinn«, das damals entstand, zeigte.

Während Bismarck in der Reichstagsdebatte vom 1. April 1867 eingestand, »dass in Luxemburg eine entschiedene Abneigung gegen den Beitritt zum Norddeutschen Bund in allen Schichten der Bevölkerung festzustellen« sei, drängte der französische Gesandte Vincent Graf Benedetti dagegen in Berlin im Auftrag Napoleons immer wieder auf eine Entscheidung zugunsten Frankreichs. Und der deutsche Kanzler machte dem französischen Diplomaten in monatelangen Verhandlungen Hoffnungen, dass Preußen seine Garnison in Luxemburg räumen und dessen Angliederung an Frankreich wohlwollend ins Auge fassen werde. In Wirklichkeit wusste Bismarck jedoch längst, dass er die Gründung eines norddeutschen Bundesstaates nicht politisch und moralisch belasten durfte, indem er Frankreich ein Gebiet überließ, das unmittelbar an das preußisch-deutsche Rheinland grenzte.

So hintertrieb Bismarck auch französisch-niederländische Verhandlungen über einen Verkauf Luxemburgs an Frankreich gegen eine ansehnliche Summe, mit der der holländische König und luxemburgische Großherzog Wilhelm durchaus einverstanden war. Am 3. April 1867 ließ Bismarck dazu in Den Haag erklären, wenn es zum Krieg käme, so werde die öffentliche Meinung in Deutschland »und wir mit ihr die Niederlande in erster Linie als verantwortlich dafür ansehen«. Gleichzeitig teilte Bismarck einer überraschten Öffentlichkeit mit, dass er bereits im August 1866 einzeln geheime »Schutz- und Trutzbündnisse« mit den süddeutschen Staaten abgeschlossen hatte. Der holländische König reagierte prompt und telegraphierte an Bismarck: »Abtretung Luxemburgs aufgegeben.«

100563

Die Proklamation Wilhelms I. zum Deutschen Kaiser am 18. 1. 1871 ausgerechnet im Spiegelsaal des Versailler Schlosses wurde in Frankreich als besondere Demütigung empfunden (Historiengemälde von Anton von Werner; Baden-Baden, Neues Schloss).

Streit um die spanische Thronfolge

Es war ein diplomatisches Verwirrspiel, das Frankreich düpierte und die Stimmung zum Krieg trieb. Doch Bismarck war noch nicht bereit. Er wollte erst Preußens Herrschaft im Norden Deutschlands festigen und die Wehrgesetzgebung und militärische Erziehung auf alle nicht altpreußischen Gebiete ausdehnen. Jedes Jahr Aufschub, so erklärte er dazu gegenüber Generalstabschef Helmuth Graf von Moltke, stärke das preußische Heer »um mehr als 100 000 gelernte Soldaten«. Außerdem hoffte Bismarck auf einen weiteren Autoritätsverfall Napoleons, sodass vielleicht sogar eine deutsche Einigung ohne Krieg möglich sein würde.

Auch die diplomatische Krise, die sich zwischen 1868 und 1870 um die Thronfolge in Spanien entwickelte, ist vor diesem Hintergrund zu sehen. Eine Revolution hatte dort 1868 die Herrschaft der Bourbonen beseitigt und Königin Isabella II. vertrieben. Die provisorische Regierung in Madrid bemühte sich um Prinz Leopold von Hohenzollern-Sigmaringen, den Gemahl einer der portugiesischen Prinzessinnen und entfernten Verwandten König Wilhelms I. von Preußen, als Nachfolger. Mit Rücksicht auf Frankreich zögerte Bismarck zunächst, die Kandidatur Leopolds zu forcieren.

Nach einem Treffen mit dem spanischen Staatsrat Salazar in Berlin am 26. Februar 1870 nahm er deren taktische Möglichkeiten jedoch energisch wahr - zumal Napoleon III. im Mai 1870 für seine neue Verfassung des Empire libéral in einer Volksabstimmung einen großen Sieg errang und seine Position sich festigte, anstatt - wie Bismarck seit Jahren hoffte - weiter zu verfallen. Am 2. Juli 1870 wurde offiziell bekannt gegeben, dass Prinz Leopold von Hohenzollern-Sigmaringen die spanische Krone annehme.

50

Diese Medaille zur Reichseinigung mit der Inschrift »Wir wollen sein ein einig Volk von Brüdern« wurde bereits 1870 geprägt. Sie zeigt auf der Vorderseite die Wappen der vier deutschen Königreiche Preußen, Bayern, Württemberg und Sachsen sowie des Großherzogtums Baden.

Wieder war ganz Frankreich - wie von Bismarck vorausgesehen - außer sich. Erneut sah man sich durch den deutschen Kanzler gedemütigt. Der Krieg war mehr denn je zu einer Frage der Ehre geworden. Bereits am 6. Juli erklärte die französische Regierung, dass sie ihre »Pflicht ohne Zaudern und ohne Schwäche tun« werde. Doch nun wich Leopold überraschend zurück: Im Einverständnis mit dem preußischen König widerrief er seine Kandidatur, um den Frieden zu retten. Bismarck, der bereits die Mobilmachung plante, war fassungslos und dachte an Rücktritt. Doch Frankreich verlangte eine offizielle Zusicherung, dass auch in Zukunft kein Mitglied der Hohenzollern für den spanischen Thron kandidieren werde.

Dies wurde wiederum vom preußischen König abgelehnt, der es Bismarck in einem Telegramm überließ, das Ergebnis seiner Unterredung mit dem französischen Gesandten, Graf Benedetti, in Bad Ems in einem Telegramm der Öffentlichkeit mitzuteilen. Die Bismarck'sche Umformulierung dieser »Emser Depesche« wurde in Paris als glatte Beleidigung aufgefasst. Regierung und Öffentlichkeit in Frankreich waren mit ihrer Geduld am Ende; die Verhandlungsmöglichkeiten waren erschöpft. Am 19. Juli 1870 erklärte die französische Regierung Preußen den Krieg.

Der Deutsch-Französische Krieg

Darin schlossen sich die süddeutschen Staaten Preußen an und schickten ihre Truppen ebenfalls gegen Frankreich ins Feld, während Russland seine Armee entlang der Grenze zu Österreich-Ungarn konzentrierte und damit Österreich von einem Eingreifen aufseiten Frankreichs abhielt. Die preußische Rückendeckung für den

Zaren bei der Niederschlagung des polnischen Aufstandes 1863 zahlte sich – wie schon im Konflikt zwischen Preußen und Österreich 1866 – erneut aus. Der Historiker Egmont Zechlin hat diese taktische Leistung Bismarcks deshalb im Titel seines 1930 erschienenen Buches zur Bismarck'schen Außenpolitik als »Grundlegung der deutschen Großmacht« bezeichnet.

Die Kämpfe zwischen den deutschen und französischen Truppen begannen Anfang August 1870. In ihnen erwiesen sich die französischen Armeen bald als unterlegen. Ihre Hauptkräfte unter Marschall Achille Bazaine und Marschall Marie Edme Patrice Maurice Graf von Mac-Mahon wurden in der Festung Metz und bei Sedan eingeschlossen. Sogar Napoleon III. geriet am 2. September 1870 bei Sedan in preußische Kriegsgefangenschaft und wurde nach Wilhelmshöhe bei Kassel – der ehemaligen Residenz seines Oheims Jérôme – gebracht, von wo er im März 1871 ins Exil nach England ging. Sein Regime brach zusammen.

Am 4. September 1870 wurde Frankreich zur Republik erklärt. Metz kapitulierte im Oktober, für das seit September belagerte Paris wurde am 28. Januar 1871 ein Waffenstillstand vereinbart. Noch bevor es dazu kam, fand am 18. Januar 1871 im Spiegelsaal des Schlosses von Versailles die Proklamation des Königs von Preußen zum Deutschen Kaiser statt. Die Ortswahl war ein erneuter Schlag gegen die historische Sensibilität der Franzosen und ein Beweis für die kompromissfeindliche Unnachgiebigkeit im Verhältnis Preußens zu Frankreich, die sich auch in der Annexion Elsass-Lothringens durch das neue Deutsche Reich zeigte. *Manfred Görtemaker*

Zwischen Kulturkampf und Sozialistengesetz: Bismarcks Innenpolitik

Nach der Gründung des Deutschen Reichs 1870 galt es, die verschiedenen Rechts- und Wirtschaftsordnungen zusammenzuführen und zu vereinheitlichen. Auf den vom Zollverein und vom Norddeutschen Bund geleisteten Vorarbeiten konnten Bismarck und seine wichtigsten Helfer in wirtschaftspolitischen Fragen, der Präsident des Reichskanzleramtes Rudolf Delbrück und der liberale Abgeordnete und Bankier Ludwig Bamberger, aufbauen.

Die Zusammenarbeit mit den Nationalliberalen brachte für das Deutsche Reich zunächst die Währungs- und Münzeinheit. Noch 1871 gab es in Deutschland sieben verschiedene Währungsgebiete und 33 Notenbanken. Zunächst wurde die Mark zur alleinigen Währung bestimmt, die übrigen Landesmünzen verschwanden bis 1878 aus dem Verkehr. 1873 wurde vom Silber- auf den Goldstandard übergegangen und 1875 die Preußische Landesbank in die Reichsbank umgewandelt.

100880

Karikatur auf das Dreiklassenwahlrecht im Deutschen Reich

Auch die Rechtseinheit wurde hergestellt. 1861–65 war das noch vom Bundestag des Deutschen Bundes ausgearbeitete Handelsgesetzbuch in allen deutschen Staaten eingeführt worden. Als Basis des Strafgesetzbuches diente das Strafgesetzbuch des Norddeutschen Bundes, das seinerseits auf dem Preußischen Strafrecht von 1851 beruhte. Durch die Änderung der Reichsverfassung wurde 1873 auch das Privatrecht Angelegenheit des Reichs. Bis 1888 wurde ein Bürgerliches Gesetzbuch erarbeitet, das nach zahlreichen Änderungen zum 1. Januar 1900 in Kraft trat. Die Vereinheitlichung des Rechtswesens in Deutschland war vor allem das Werk des preußischen Justizministers Leonhardt sowie des nationalliberalen Abgeordneten Eduard Lasker. Auch ein einheitlicher Instanzenzug im Gerichts- und Prozesswesen wurde eingeführt. Gemeinsamer oberster Gerichtshof für das Reich war ab 1. Oktober 1879 das Reichsgericht in Leipzig.

Alle diese Reformen zur wirtschaftlichen und rechtlichen Angleichung der deutschen Staaten untereinander verliefen im besten Einvernehmen zwischen liberaler Reichstagsmehrheit, Reichskanzleramt und Bundesrat. Zum Konflikt kam es wieder über den Militäretat. Der Norddeutsche Reichstag hatte 1867 den Militäretat und eine Friedensstärke von 300 000 Mann für vier Jahr bewilligt. 1871, nach Angliederung der süddeutschen Staaten, hatte man die Stärke auf 401 000 Mann erhöht und für drei Jahre festgeschrieben. Nun legte Bismarck ein Militärgesetz vor, das die bisherige Stärke ohne zeitliche Begrenzung vorsah. Damit wäre dem Reichstag der weitaus größte Etatposten, immerhin fast achtzig Prozent des Reichsetats, der jährlichen Beschlussfassung entzogen worden. Damit hätte der Reichstag seine schärfste Waffe gegen die Regierung, das Budgetrecht, selbst entwertet.

Dieser Selbstaufgabe der Parlamentsrechte konnte keine der Fraktionen zustimmen. Bei den Liberalen erwachte sofort die Erinnerung an den preußischen Verfassungskonflikt 1861–66. Dieses Mal vermied man aber den offenen Konflikt, weil weder Bismarck noch die Liberalen ihn wagen konnten. Zu sehr war Bismarck auf die Zusammenarbeit mit den Liberalen beim preußischen Kulturkampf und wegen seiner Entfremdung von den preußischen Konservativen angewiesen. Ebenfalls mit Rücksicht auf die Auseinandersetzungen mit der katholischen Kirche im Kulturkampf wollten auch die Liberalen einen Bruch mit dem Reichskanzler vermeiden.

So fand man denn unter maßgeblicher Moderation des nationalliberalen Abgeordneten Rudolf von Bennigsen einen Kompromiss. Die Friedensstärke des Heeres wurde auf sieben Jahre festgelegt. Wegen der kurzen Dauer der Wahlperiode von drei Jahren konnte nun nur

Unterschiedliches Wahlrecht im Deutschen Reich während der Zeit Otto von Bismarcks als Reichskanzler

INFOBOX

Das Sozialistengsetz

Nach zwei von Reichskanzler Bismarck zu Unrecht den Sozialdemokraten angelasteten Attentaten auf Kaiser Wilhelm I. gelang es ihm, am 21. 10. 1878 mit den Stimmen der Konservativen und Nationalliberalen, ein Gesetz »gegen die gemeingefährlichen Bestrebungen der Sozialdemokratie« vom Reichstag verabschieden zu lassen. Damit sollte die sozialdemokratische Parteiorganisation im Deutschen Reich durch Versammlungs-, Organisations- und Publikationsverbote zerschlagen werden. Das Sozialistengesetz ermöglichte darüber hinaus die verschärfte polizeiliche Kontrolle aller Versammlungen sowie das Verbot der öffentlichen Verbreitung von Druckschriften. Unliebsame Personen konnten aus bestimmten Landesteilen ausgewiesen werden.
Lediglich die sozialdemokratische Parlamentsfraktion war von diesen Bestimmungen ausgenommen, wurde aber dennoch im Wahlkampf behindert. Obwohl das Sozialistengesetz ursprünglich auf zwei Jahre befristet war, wurde es erst 1890 wieder außer Kraft gesetzt.

noch jeder zweite Reichstag über den Militäretat entscheiden und damit das volle Budgetrecht ausüben. Erst 1888 wurde die Wahlperiode auf fünf Jahre verlängert.

Auch die allgemeine Reichsverwaltung musste den neuen Verhältnissen angepasst werden. Als einzige Zentralbehörde des Reichs neben dem Auswärtigen Amt fungierte das Reichskanzleramt. Dessen Präsident Delbrück hatte hier alle neu auf das Reich zugekommenen Aufgaben konzentriert und daraus eine mächtige Behörde gemacht mit Zuständigkeiten auf allen Gebieten. Den föderativen Gedanken der Reichsverfassung widersprach diese Zentralisierung, und auch die übrigen Bundesstaaten konnten dem nichts abgewinnen. Die Zusammenarbeit mit dem Reich und Preußen war sogar in höchstem Maß gefährdet, weil die preußischen Minister angesichts der starken Zentralisierung nicht mehr im Bundesrat erschienen und sich mehr und mehr vertreten ließen. Bismarck musste diesen Tendenzen entgegenwirken.

100563

Sozialdemokratisches Spruchbild – mit dem Porträt August Bebels –, das um 1910 die gewachsene politische Macht der Arbeiterbewegung beschwört.

Als Delbrück, der eine Freihandelspolitik verfocht, 1876 wegen der von Bismarck verfolgten Schutzzollpolitik zurücktrat, wurde das Reichskanzleramt entmachtet und 1878 aus ihm mehrere Reichsämter herausgelöst:

Reichsamt des Innern, Reichsjustizamt, Reichsschatzamt, Reichspostamt und Reichseisenbahnamt mit Staatssekretären als deren Leiter. Sie blieben dem Reichskanzler unterstellt, waren weisungsgebunden und fungierten mit ihm gemeinsam als kollegialisches Reichsministerium. Damit die engere Verbindung zu den preußischen Ministerien gegeben war, erhielten einzelne Staatssekretäre Sitz und Stimme im preußischen Staatsministerium. Damit blieb die Führung der Reichspolitik bei der preußischen Regierung.

s. ZEIT Aspekte Papst Pius IX. S. 535

Die nationalliberale Parlamentsmehrheit förderte im Reich den Ausbau der Reichsgewalt; in Preußen führte sie zur Reform der Kreis- und Provinzialverwaltung. Der preußische Innenminister Friedrich Graf zu Eulenburg setzte eine Verwaltungsreform in Gang, die einige überkommene Rechte der Gutsbesitzer wie die gutsherrliche Polizei aufhob und ihnen das Amt des Landrats entwand. Künftig war der Landrat ein Verwaltungsjurist und das Amt eine Durchgangsstation in der Karriere des höheren Verwaltungsdienstes.

Der preußische Kulturkampf

Sowohl der italienische als auch der deutsche Nationalstaat entstanden etwa zur gleichen Zeit, wie sich die katholische Kirche dogmatisch und hierarchisch festigte. Das 1. Vatikanische Konzil 1869/70 hatte das Dogma von der Unfehlbarkeit des Papstes verabschiedet, schon 1864 hatte Papst Pius IX. im »Syllabus errorum« vom Standpunkt des katholischen Glaubens aus die Grundsätze des kulturellen, politischen und wirtschaftlichen Liberalismus verworfen. Beide Dokumente lösten bei Liberalen und Protestanten scharfe Reaktionen aus. Die Liberalen verstanden sie als Herausforderung an den modernen Nationalstaat und moderne Geisteskultur. Bismarck selbst betrachtete sie als innere Angelegenheiten der katholischen Kirche und ermahnte den preußischen Botschafter beim Heiligen Stuhl, Graf Arnim, zu strikter Neutralität.

ZITAT

Aus dem »Syllabus errorum« (»Zusammenstellung der hauptsächlichsten Irrtümer unserer Zeit«, 1864) von Papst Pius IX.:

3) Die menschliche Vernunft ist ohne irgendwelche Rücksicht auf Gott der einzige Schiedsrichter zwischen Wahr und Falsch, Gut und Böse: Sie ist sich selbst Gesetz und reicht hin, durch ihre natürlichen Kräfte das Wohl des Menschen und der Völker zu begründen.

Diese Linie ließ sich jedoch nicht durchhalten. Das Unfehlbarkeitsdogma war auf heftigen Widerspruch von Teilen des deutschen Katholizismus gestoßen. Den »Altkatholiken«, wie sich diese Opponenten nannten, schlossen sich Hochschullehrer, Religionslehrer und Militärgeistliche an. Nachdem die geforderte Unterwerfung der Altkatholiken unter die Konzilsbeschlüsse ausgeblieben war, entzogen die katholischen Bischöfe und Behörden diesen die »Missio canonica«, also die kirchliche Lehrerlaubnis, und verlangten die Entfernung der Dissidenten aus dem Staatsdienst. Da die Gemaßregelten nicht nur Diener der Kirche, sondern auch deutsche Staatsbürger waren, empfand die preußische Regierung die Forderung der Bischöfe als Eingriff in die Hoheitsrechte des Staates, den sie scharf zurückwies. Sie hielt die altkatholischen Professoren, Lehrer und Militärgeistlichen im Amt und griff zu Repressalien gegenüber den katholischen Behörden, die auf deren Entfernung aus dem Staatsdienst beharrten.

Diese Vorgänge führten bei Bismarck zu dem Entschluss, das Verhältnis zwischen Staat und katholischer Kirche neu zu regeln. Hinzu kam, dass die katholische Geistlichkeit und die katholischen Schulinspektoren in den polnischsprachigen preußischen Gebieten nicht die gewünschte Ausbreitung der deutschen Sprache, son-

Titelseite der in Leipzig erschienenen sozialdemokratischen Zeitschrift »Vorwärts« vom 11. 7. 1905

Nr. 159.

22. Jahrg.

Abonnements-Bedingungen: Abonnements-Preis pränumerando: Vierteljährl. 3,30 Mk., monatl. 1,10 Mk., wöchentlich 28 Pfg. frei ins Haus. Einzelne Nummer 5 Pfg. Sonntags-nummer mit illustrierter Sonntags-Beilage „Die Neue Welt“ 10 Pfg. Post-Abonnement: 1,10 Mark pro Monat. Eingetragen in die Post-Zeitungs-Preisliste. Unter Kreuzband für Deutschland und Oesterreich-Ungarn 2 Mark, für das übrige Ausland 3 Mark pro Monat.

Erscheint täglich außer Montags.

Vorwärts

Berliner Volksblatt.

Zentralorgan der sozialdemokratischen Partei Deutschlands.

Die Insertions-Gebühr beträgt für die sechsgespaltene Kolonelzeile oder deren Raum 40 Pfg., für politische und gewerkschaftliche Vereins- und Versammlungs-Anzeigen 25 Pfg. „Kleine Anzeigen“, das erste (fettgedruckte) Wort 10 Pfg., jedes weitere Wort 5 Pfg. Worte über 15 Buchstaben zählen für zwei Worte. Inserate für die nächste Nummer müssen bis 5 Uhr nachmittags in der Expedition abgegeben werden. Die Expedition ist an Wochentagen bis 7 Uhr abends, an Sonn- und Festtagen bis 8 Uhr vormittags geöffnet.

Telegramm-Adresse: „Sozialdemokrat Berlin“.

Redaktion: SW. 68, Lindenstrasse 69. Fernsprecher: Amt IV, Nr. 1983. | Dienstag, den 11. Juli 1905. | Expedition: SW. 68, Lindenstrasse 69. Fernsprecher: Amt IV, Nr. 1984.

Für den Weltfrieden des Proletariats!

Gegen die Weltstörung durch Polizei und Diplomatie!

Am Sonntag in den frühesten Morgenstunden schon hatte Jaurès trotz der diplomatischen Note des Reichskanzlers und der polizeilichen Verhinderung seiner Friedensrede bereits zu ungezählten Tausenden gesprochen. Es war weder der Polizei noch der im Polizeigeist lebenden Diplomatie gelungen, über den Geist die Grenzsperre zu verhängen. Die Person freilich des französischen Redners konnte man von Berlin fernhalten, sein Wort aber ließ sich von den Häschern nicht austilgen, und so konnte bereits das Berliner Proletariat am Sonntagmorgen die Gedanken unseres französischen Genossen über die proletarische Solidarität und die Aufgabe der Sozialdemokratie, die Erhaltung und Herbeiführung des Weltfriedens wörtlich lesen. Diese Rede an das Proletariat, diese Ansprache an die Völker der Kultur ließ sich nicht verhindern. Ja der Eindruck des gedruckten Wortes, das man in Muße und Andacht studieren konnte, war vielleicht weniger lebhaft, aber noch nachhaltiger, als die auflodernde Begeisterung, die diese Gedanken in stürmischem Vorüberrauschen einer Rede hätte hervorrufen können.

Die Demokratie klammert sich nicht an einen Führer, sie wirkt und lebt nicht durch Personen, sondern durch die Macht der Weltanschauung, und so konnte man auch die geplante Kundgebung für den Weltfrieden nicht vereiteln. Die Worte, ja die Gestalt des ferngehaltenen französischen Genossen waren dennoch in allen Köpfen der viele tausend Demonstranten allgegenwärtig, die am Sonntagmittag im Saal der „Neuen Welt“ zu Berlin sich versammelten. Und indem diese Versammlung die geplante Kundgebung für den Völkerfrieden trotz aller Hindernisse durchführte, konnte sich dank dem Eingreifen des Polizeikanzlers auch noch in zündendem Protest den leibhaftigen Feinden aller proletarischen

Zustimmung der Versammlung den Polizeistreich, mit dem man die deutsche Sozialdemokratie zu treffen wähnte und sich doch selber nur dem Gelächter der Welt preisgegeben hat. Dann zeichnete er in kräftigen Zügen das Bild der Reaktion der herrschenden Klassen aller Länder, insonderheit der preußisch-deutschen Russifizierung, und er schloß, indem er die Hauptzüge des Jaurèsschen Vortrages noch einmal skizzierte. Seine Ausführungen wurden zusammengefaßt in einer Resolution, die nicht nur gegen die Polizeiaktion protestierte, nicht nur den Gedanken der alle Kriegshetzereien überwiegenden Solidarität des Proletariats verkündete, sondern auch zum Schluß des Heldenkampfes der russischen Revolutionäre gedachte. Eduard Bernstein verlas hierauf ein Antworttelegramm an Jaurès, in dem die Uebereinstimmung der deutschen Arbeiter mit dem Gedanken des französischen Parteiführers nachdrücklich versichert und jene deutsch-französische Einheit bekundet wurde, die der Krieg der herrschenden Klassen zu zerstören versucht hat. Mit kräftigen Worten des Einberufers Genossen Ernst wurde die Versammlung geschlossen, die unter begeisterten Hochrufen auf die internationale Sozialdemokratie und auf Jaurès auseinanderging.

So wurde dank der täppischen Aktion des notenschriftstellernden Gendarm-Diplomaten dennoch in würdevollster und eindringlichster Weise der Wille des deutschen Proletariats proklamiert, daß es nicht den Diplomaten der herrschenden Klassen die Herrschaft über die Geschicke der Völker zu gestatten gedenkt, daß es vielmehr von seinem staatsbürgerlichen verfassungsmäßigen Recht der Selbstbestimmung jeden Gebrauch zu machen entschlossen ist.

Fürst Bülow hat es uns zum Vorwurf gemacht, daß wir so frech und verwegen seien, unmittelbaren Einfluß auf die Politik

übermittelte Ansprache, die uns alle begeistert. Sie haben dem Empfinden wirkungsvollen Ausdruck gegeben, das uns alle, das die Arbeiter Deutschlands wie die Arbeiter Frankreichs, das die Sozialdemokratie aller Länder beseelt. Ihre Kennzeichnung der internationalen Politik des Proletariats hat unseren rückhaltlosen Beifall und Ihre Aufforderung an die Arbeiter aller Länder, die Maßnahmen der Diplomatie der herrschenden Klassen immer sorgfältiger zu überwachen, kommt aus unserer aller Herzen. Mit größter Befriedigung unterschreiben wir die mannhaften Worte Ihres Telegramms, das unter dem stürmischen Jubel der vieltausendköpfigen Protestversammlung verlesen wurde. Wir senden Ihnen und durch Ihre Vermittelung der Sozialdemokratie Frankreichs unsere lebhaftesten brüderlichen Grüße. Die Zerklüftung der europäischen Demokratie, die Auseinanderreißung der Volksklassen Frankreichs und Deutschlands, welche der Krieg der herrschenden Klassen vor einem Menschenalter herbeiführte, wird überwunden durch den internationalen Sozialismus des Proletariats.

Zwischen uns gibt es keinen Konflikt, keine Interessengegensätze. Wir kennen nur eins: gemeinsame Arbeit für gemeinsame Ziele. Und im Hinblick auf das gemeinsame Werk rufen wir in der zuversichtlichen Erwartung, Sie trotz alledem bald in Berlin zu sehen, mit Ihnen: Hoch die eine und unteilbare internationale Sozialdemokratie!“

* * *

Pünktlich um 12 Uhr wurde die Versammlung vom Einberufer Eugen Ernst, der dann auch zum Vorsitzenden der Versammlung gewählt wurde, eröffnet. Eugen Ernst teilt den Versammelten mit, daß ihm die Anwesenheit zahlreicher Polizeibeamter in Zivil im

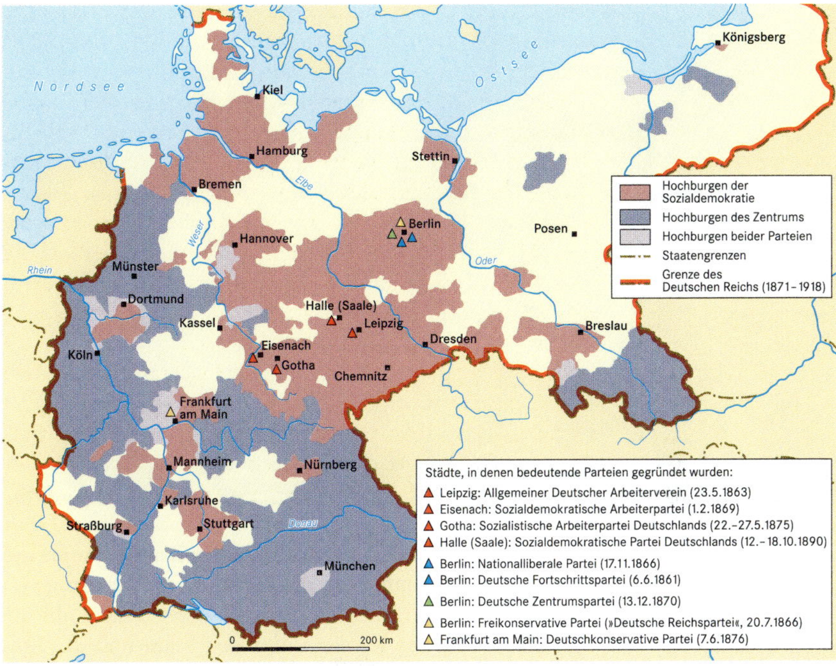

Hochburgen der Sozialdemokratie und des konservativen Zentrums im Deutschen Reich

dern im Gegenteil die polnische Sprache förderten. Bismarck sah darin die Gefahr einer Verbindung von polnischen Nationalbestrebungen mit katholisch-konfessionellen Interessen. Dem wollte er entschieden entgegentreten und die Verflechtungen zwischen Staat und Kirchen lösen.

Die erste Maßnahme war die Auflösung der katholischen Abteilung im preußischen Kultusministerium 1871, die mit der evangelischen Abteilung zu einer Abteilung für geistliche Angelegenheiten vereinigt wurde. Künftig sollte die Vertretung katholischer Angelegenheiten durch eine päpstliche Nuntiatur in Berlin erfolgen und nicht mehr durch eine preußische Behörde. Mit dem Gesetz über die staatliche Schulaufsicht 1872 unterstellte er sämtliche Schulen in Preußen der staatlichen Aufsicht. Verschärft wurden diese preußischen Maßnahmen durch den so genannten Kanzelparagraphen im Strafgesetzbuch des Reiches, der es den Geistlichen verbot, staatliche Angelegenheiten »in einer den öffentlichen Frieden gefährdenden Weise« zu behandeln.

100563

Der SPD-Mitbegründer August Bebel bei einer Rede vor dem Reichstag (Zeichnung auf einer Postkarte, um 1908)

Richteten sich in der ersten Phase des Kulturkampfs die staatlichen Maßnahmen auf eine stärkere Trennung von Kirche und Staat, ging es in der zweiten Phase um die Unterordnung der Kirche unter den Staat und die Einführung einer staatlichen Aufsicht über die Kirche. Jetzt war vor allem die katholische Kirche im Visier.

Entsprungen war die Verschärfung der Auseinandersetzungen Bismarcks mit der katholischen Zentrumspartei. Im Februar 1871 hatte der Mainzer Bischof Wilhelm Emmanuel von Ketteler in einem Programmentwurf für die Zentrumsfraktion ein festes Bündnis mit Österreich, »dem deutschen Ost-Reiche«, verlangt. Außerdem sollten die Kirchen ihre Angelegenheiten selbstständig ordnen und verwalten dürfen. Ketteler wandte sich in dem Entwurf auch gegen die »lügenhafte Freiheit des Absolutismus und Liberalismus, die die Freiheit des Individuums und der Genossenschaft vernichten«. Ende März verabschiedete die Zentrumsfraktion unter dem lateinischen Titel »Justitia fundamentum regnorum« (Gerechtigkeit ist das Fundament der Königreiche) Grundsätze für ihre Tätigkeit, in denen sie die Forderungen Kettelers aufnahm und weiterführte. Danach sollten der bundesstaatliche Charakter des Reichs gestärkt und die Religionsgesellschaften »gegen Eingriffe der Gesetzgebung« geschützt werden.

Bismarck witterte im Zusammenhang mit dem Dogma der Unfehlbarkeit darin die Möglichkeit einer »indirekten Mitregierung des Papstes«. Denn, so seine Argumentation, waren Glaubens- und Morallehren der katholischen Kirche vom Papst ex cathedra ausgesprochen, konnten sie innerhalb der Kirche nicht mehr infrage gestellt werden und waren verbindlich. Werde die Kirche gegen »Eingriffe der Gesetzgebung« geschützt, so könne dies zu einer »Priesterherrschaft« neben der »Königsherrschaft« führen. »Es handelt sich um die Abgrenzung, wie weit die Priesterherrschaft und wie weit die Königsherrschaft gehen soll, und diese Abgrenzung muss so gefunden werden, dass der Staat seinerseits dabei bestehen kann. Denn in dem Reiche dieser Welt hat er das Regiment und den Vortritt«, erklärte er in einer Rede vor dem preußischen Herrenhaus Anfang März 1873.

Für Bismarck handelte es sich nicht nur um einen Streit zwischen Kirche und Staat, den die Liberalen mit trugen. Er lehnte vor allem die föderalistischen Bestrebungen des Zentrums entschieden ab. Die vom Zentrum verfochtene Position schien ihm ein Gegensatz zu der vom protestantischen Preußen getragenen kleindeutschen Reichsgründung zu sein. Bestätigt fühlte er sich in seiner Haltung, als Zentrumsvertreter jene um sich zu scharen suchten, die bei der Reichseinigung Nachteile erlitten hatten, wie zum Beispiel Welfen, Polen oder Elsässer.

Die »Maigesetze« des Jahres 1873 griffen massiv in die kirchlichen Rechte ein: Die Ausbildung und Einstel-

ZITAT

August Bebel beschreibt, was es bedeutet, Sozialist zu sein:
Sozialist sein, heißt keineswegs bloß den Triumph einer bestimmten Partei vorbereiten, einen bestimmten Teil des Volkes einfach zur Macht zu bringen. Nein, es heißt arbeiten für eine Gesellschaftsordnung, in der alle aktiven Kräfte harmonisch verbunden werden und zu aller Nutzen zusammenwirken sollen.

INFOBOX

Die Unfehlbarkeit des Papstes

»Wenn der Römische Bischof ›ex cathedra‹ spricht, das heißt, wenn er in Ausübung seines Amtes als Hirte und Lehrer aller Christen kraft seiner höchsten Apostolischen Autorität entscheidet, dass eine Glaubens- und Sittenlehre von der gesamten Kirche festzuhalten ist, dann besitzt er mittels des ihm im seligen Petrus verheißenen göttlichen Beistands jene Unfehlbarkeit, mit der der göttliche Erlöser seine Kirche bei der Definition der Glaubens- oder Sittenlehre ausgestattet sehen wollte; und daher sind solche Definitionen des Römischen Bischofs aus sich, nicht aber aufgrund der Zustimmung der Kirche unabänderlich.«

Definition des 1. Vatikanischen Konzils vom 18. 7. 1870

lung der katholischen Geistlichen wurden staatlicher Kontrolle unterstellt, die kirchliche Disziplinargewalt auf Kirchenvertreter beschränkt, ein königlicher Gerichtshof für kirchliche Angelegenheiten errichtet und die kirchliche Vermögensverwaltung sollte von gewählten Gemeindevertretern ausgeübt werden. 1875 schließlich wurde die Zivilehe eingeführt und die kirchliche Trauung auf einen religiös-symbolischen Akt reduziert.

Im Mai 1874 wurde das Expatriierungsgesetz verabschiedet, das es erlaubte, Geistliche auf einen bestimmten Aufenthaltsort zu beschränken oder sogar aus dem Reichsgebiet auszuweisen. Ein gleichzeitiges preußisches Gesetz gab dem Kultusminister die Vollmacht, durch staatliche Maßnahmen vakant gewordene Bistümer durch einen ernannten Kommissar verwalten zu lassen. Mit dem »Brotkorbgesetz« vom 22. April 1875 sperrte der preußische Staat die Geldzuwendungen an die katholische Kirche, und das »Klostergesetz« vom 31. Mai desselben Jahres hob sämtliche kirchliche Orden in Preußen auf mit Ausnahme der reinen Krankenpflegeorden. Der Jesuitenorden war bereits 1872 im gesamten Reichs-

Das Arbeitszimmer Fürst Otto von Bismarcks in Berlin

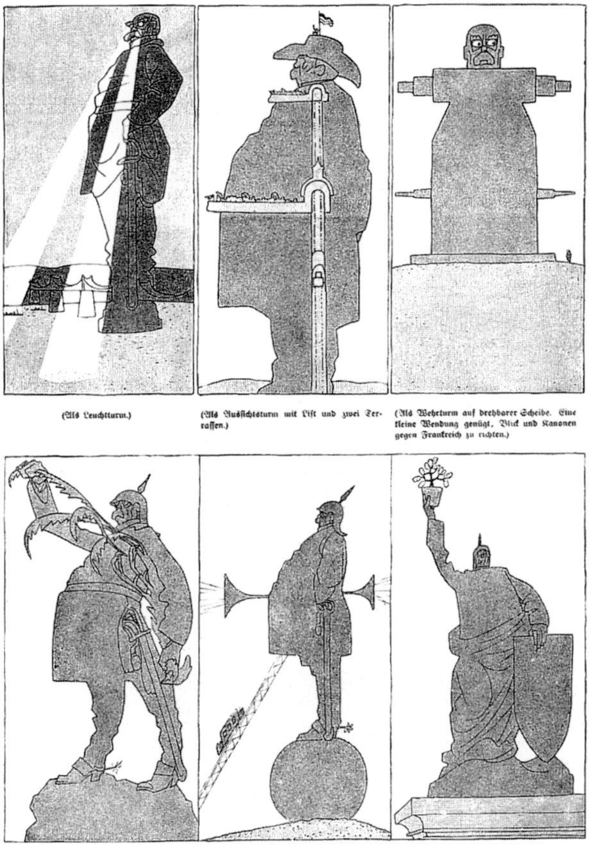

Die Widersprüche in Fürst Otto von Bismarcks Innen- und Außenpolitik spiegeln diese Karikaturen wider.

gebiet verboten worden. 1876 waren alle preußischen Bischöfe verhaftet oder ausgewiesen, ein Viertel der Pfarreien unbesetzt.

Politisch kostete der Kulturkampf Bismarck die letzten Sympathien der staatskirchlich gesonnenen Altkonservativen. Da sich die Maßnahmen nicht nur gegen die katholische Kirche, sondern allgemein gegen die Kirchen richteten, versagten sie ihm ihre Gefolgschaft. Das Zentrum wurde nicht vernichtet, sondern ging im Gegenteil gestärkt aus den Auseinandersetzungen hervor, weil der Zusammenhalt des katholischen Kirchenvolks gefestigt wurde. Die Zentrumspartei verdoppelte bei den preußischen Landtagswahlen 1873 und bei den Reichstagswahlen 1874 die Zahl ihrer Wähler. Die liberalen Abgeord-

»Das Tischtuch wird zerschnitten« – Karikatur auf Bismarck und Papst Leo XIII. (Holzstich aus dem satirischen Wochenblatt »Berliner Wespen« von 1879 zur Beendigung des Kulturkampfes)

100563

neten, die den Kampf vehement mitgetragen hatten, mussten feststellen, dass die Grundrechte gefährdet waren, und begannen sich umzuorientieren. Auch international erhielt Bismarck keine Unterstützung, sodass der Kulturkampf letztlich für ihn zu einer Niederlage wurde.

Nach dem Tod Papst Pius' IX. 1878 kam es zu einer Wiederannäherung zwischen preußischem Staat und katholischer Kirche. Leo XIII., der neue Papst, half mit leiser, aber wirkungsvoller Diplomatie, die Gegensätze zwischen Bismarck und dem Zentrum auszugleichen. In den 1880er-Jahren nahm Bismarck die rabiatesten Kampfgesetze zurück. Ziviltrauung, staatliche Schulaufsicht und die Anzeigepflicht bei der geplanten Ernennung von Geistlichen blieben jedoch bestehen.

Der Kampf gegen die Sozialdemokratie
Nachdem 1863 der »Allgemeine Deutsche Arbeiterverein« (ADAV) durch Ferdinand Lassalle gegründet worden war, hatten sich sechs Jahre später in Eisenach mehrere Arbeitervereine kommunistischer und liberaler Richtung zur »Sozialdemokratischen Arbeiterpartei« vereinigt, die sich 1870 in »Sozialdemokratische Arbeiterpartei Deutschlands« umbenannte. 1875 verschmolzen beide Parteien trotz grundsätzlicher Differenzen zur »Sozialistischen Arbeiterpartei Deutschlands« (SDAP). Ihre parlamentarische Stunde in Preußen schlug erst nach der Jahrhundertwende; im Reichstag des neuen Deutschen Reichs erhielt die Sozialdemokratische Partei 1871 nur zwei Sitze.

Gleichwohl registrierte Bismarck, dass die zunehmende Industrialisierung unvermeidlich zu einer starken Arbeiterpartei führen würde. Dieser Entwicklung wollte er vorgreifen und sie bremsen. Schon 1863/64 hatte er mit Lassalle über die Einführung des allgemeinen Wahlrechts und staatlicher Sozialhilfe verhandelt. Er wollte die Sozialisten für das Königtum gewinnen und von einer sozialliberalen Koalition abbringen. Insofern war die »Lösung der Arbeiterfrage« für Bismarck zentrale staatliche Aufgabe und keine Parteiangelegenheit.

Nur: Bismarck hielt generell nichts von Parteien. Jetzt hatte sich aber eine Partei gebildet, die den Kampf gegen die bestehende Ordnung zu ihrem Programm gemacht hatte. Damit musste er umgehen. 1874 hatten die Sozialdemokraten 352 000 Stimmen erhalten, ebenso viele hatten deutsch-konservativ oder frei-konservativ gewählt. Das ungleiche Wahlsystem sorgte dafür, dass die Deutsch-Konservativen 22, die Frei-Konservativen 33 Sitze erhielten, die Sozialdemokraten dagegen nur neun.

Am 11. Mai 1878 wurde auf Kaiser Wilhelm I. ein Attentat verübt. Auf der Straße Unter den Linden hatte ein Klempnergeselle namens Hödel mehrere Schüsse auf den Kaiser abgegeben, ohne ihn zu treffen. Obgleich eine Verbindung zu sozialistischen Kreisen nicht bewiesen war, nutzte Bismarck das Attentat, um mit einem Ausnahmegesetz »zur Abwehr sozialdemokratischer Ausschreitungen« das »sozialdemokratische Gespenst« zu beseitigen. Das in aller Eile verfasste Gesetz wurde am 23. Mai 1878 im Reichstag eingebracht und am 24. Mai

ZITAT

Der Publizist Helmut von Gerlach schreibt in einem biographischen Essay (1909) über August Bebel:
Es klingt paradox... Der Führer der größten Partei Deutschlands ist nie im eigentlichen Sinn des Wortes Politiker gewesen. Dieser muss wie der Staatsmann auf lange hinaus Pläne machen, vorbereiten, vorbeugen... Bebel aber hat politisch immer von der Hand in den Mund gelebt... immer nur allerfernste Zukunfts- und allernächste Augenblickspolitik betrieben... Was dazwischenliegt, beschäftigte ihn nicht.

abgelehnt, weil die Liberalen ihre Zustimmung verweigerten. Bemerkenswert war die Stellungnahme der sozialdemokratischen Fraktion: Sie erachtete es »für mit unserer Würde nicht vereinbar, an der Diskussion des ... Ausnahmegesetzes teilzunehmen«.

Wenige Tage später wurde der Kaiser bei einem erneuten Attentat schwer verletzt. Ein Akademiker namens Dr. Nobiling hatte den Anschlag verübt. Auch dieses Mal konnte eine Beteiligung der Sozialistischen Partei nicht nachgewiesen werden. Bismarck nutzte aber die öffentliche Empörung, um das Parlament aufzulösen und nach der Konstituierung des neuen Reichstags im Herbst ein neues Ausnahmegesetz einzubringen. Mit Wirkung vom 21. Oktober 1878 wurde das »Gesetz gegen die gemeingefährlichen Bestrebungen der Sozialdemokratie« in Kraft gesetzt.

August Bebel, der Vorsitzende der Sozialistischen Arbeiterpartei Deutschlands, berichtet in seinen Erinnerungen über die Auswirkungen: »Binnen wenigen Tagen war die gesamte Parteipresse mit Ausnahme des ›Offenbacher Tageblattes‹ und der ›Fränkischen Nachrichten‹ in Nürnberg unterdrückt. Das gleiche Schicksal teilte die Gewerkschaftspresse mit Ausnahme des Organs des Buchdruckerverbandes, des ›Korrespondenten‹. Auch war der Verband der Buchdrucker, abgesehen von den

INFOBOX

Mann der Arbeit, aufgewacht

Arbeiterbewegung und Marxismus übten zwar scharfe Kritik am Industriekapitalismus; doch beseitigen wollten sie nur dessen soziale Gestalt, die »Klassengesellschaft«, nicht jedoch dessen ökonomische Grundlage, die Industrie.

Auf dem »Arbeiter-Chronometer«, der Taschenuhr August Bebels, ist das Programm der Sozialdemokratie, die Bebel wie kein anderer repräsentierte, knapp und prägnant dargestellt: »Wir wollen 8 Stunden zur Arbeit, 8 Stunden um uns auszubilden, 8 Stunden um uns auszuruhen«, fordert ein Schriftband auf der Vorderseite. Die Rückseite blickt bildhaft in die Zukunft: Unter den Fortschrittssymbolen ist auch ein Fabrikschornstein zu sehen, der kraftvoll raucht. Industrie schafft Leben – daran zweifelten auch die Gegner des Kapitalismus nicht. Sie gehörten vielmehr zu den Triebkräften der Industrialisierung, welche die Lebensverhältnisse der Menschen grundlegend veränderte.

100880

Kaiser Wilhelm II. eröffnet 1888 den Deutschen Reichstag (Gemälde von Anton von Werner).

Hirsch-Dunckerschen Gewerkvereinen, die einzige Gewerkschaftsorganisation, die von der Auflösung verschont blieb.« Am 29. November, so berichtete Bebel weiter, wurde der so genannte kleine Belagerungszustand über Berlin verhängt, am 30. November 67 führende Sozialdemokraten ausgewiesen.

Mit dem Sozialistengesetz machte Bismarck ähnliche Erfahrungen wie seinerzeit während des Kulturkampfes mit dem Zentrum: Der Verfolgungsdruck schweißte die Parteimitglieder zusammen. Die Sozialdemokratie verschwand nicht als politische Kraft, im Gegenteil, sie wurde stärker. Hatte sie bei den Reichstagswahlen 1881 einen Tiefstand von 312 000 Wählerstimmen, erhielt sie bei den folgenden Wahlen einen immer größeren Zulauf. 1890, im Jahr von Bismarcks Rücktritt, erreichte sie über 1,4 Millionen Wählerstimmen und war – gemessen an der Stimmenzahl – damit stärkste Partei im Reichstag.

Gleichwohl sah Bismarck, dass er allein mit polizeilichen Maßnahmen die »Arbeiterfrage«, wie sie offiziell hieß, nicht erfolgreich würde lösen können. Um die Arbeiter von ihrer politischen Interessenvertretung zu spalten, sollte mit einer vorausschauenden, vorbildlichen Sozialpolitik die Arbeiterschaft für den Staat gewonnen

Fürst Otto von Bismarck als Kanzler inmitten seiner höheren Beamten

werden. Am 2. April 1881 wurde als erstes der Sozialversicherungsgesetze das Gesetz über die Unfallversicherung im Reichstag eingebracht und nach kontroverser Diskussion auch angenommen, im Bundesrat allerdings abgelehnt. In seiner Botschaft vom 17. November 1881 an den Reichstag kündigte Kaiser Wilhelm I. dennoch neben dem Gesetz über die Unfallversicherung weitere Sozialgesetze an, die in den folgenden Jahren ausnahmslos verabschiedet wurden: 1883 das Gesetz über die Krankenversicherung der Arbeiter, 1884 das Unfallversicherungsgesetz, 1889 das Gesetz über die Invaliditäts- und Altersversicherung.

»Deutschland voranschreitend auch auf der Bahn der sozialen Reform«, diese 1878 in einem Gespräch einmal geäußerte Vision Bismarcks war gegen die Stimmen der Sozialdemokratie Realität geworden. Abgedrängt in das Ausland, hatte die Sozialistische Arbeiterpartei auf dem Kopenhagener Kongress 1883 gegen die Sozialgesetzgebung opponiert und darauf verwiesen, dass die »herrschende Klasse« die sozialen Reformen nur als taktisches Mittel nutze, um die Arbeiterklasse vom »rechten

Wege« abzulenken. Dieses Ziel erreichte Bismarck allerdings nicht. Entfremdet hatte er dafür die Arbeiterschaft dem Staat. Den bleibenden Schaden, den das Sozialistengesetz verursacht hatte, konnte er auch mit der Sozialgesetzgebung nicht wieder gutmachen. 1890 erst wurde das Sozialistengesetz endgültig aufgehoben.

Klaus M. Lange

Auf der Suche nach einem »Platz an der Sonne«: Die Außenpolitik des Deutschen Reichs

Nachdem die deutsche Nationalbewegung mit der Reichsgründung ihr erstes großes Ziel erreicht hatte, lag es nahe, den Versuch zu unternehmen, die Basis deutscher Macht auch jenseits der Meere zu verbreitern. Getragen von der Woge nationaler Begeisterung, starteten Abenteurer, Händler und imperialistische Politiker zu einem Wettlauf um Macht und Einfluss in der Welt, um Deutschland jenen Rang zu verschaffen, den vor allem Großbritannien und Frankreich bereits besaßen. Nicht europäische Mittelmacht, sondern Weltmacht war das Ziel.

Bei der Verteilung der Welt zu kurz gekommen?

Aber Bismarck zog es vor, sich mit dem Erreichten zu begnügen, um die alten Mächte nicht unnötig zu provozieren. Kolonien, so erklärte er in einem Tischgespräch am 9. Februar 1871 noch in Versailles, seien »bloß zu Versorgungsposten gut«. Für die Deutschen wären sie »wie der seidne Zobelpelz in polnischen Adelsfamilien, die keine Hemden haben«. Der Reichskanzler blieb also vorsichtig – zumal die innere Stabilität des neuen Reiches noch keineswegs gesichert war. Polen und Elsässer waren nicht in die deutsche Gesellschaft integriert, die Arbeiterbewegung stand abseits und mit dem politischen Katholizismus trug Bismarck mit Unterstützung der Liberalen den Kulturkampf in aller Härte aus.

Doch die imperialistische Bewegung, die zu dieser Zeit alle größeren europäischen Mächte erfasste und beispielsweise in der »Primrose League« in England ab 1883 und im »Comité de l'Afrique française« in Frankreich ab 1891 ihren Ausdruck fand, ging auch an Deutschland nicht vorbei. Nach geschäftlich motivierten, politisch un-

ZITAT

Bismarck lehnt am 5. 12. 1888 die Bitte des Afrikareisenden Eugen Wolf, er möge sich des Schicksals eines in Ägypten verschollenen deutschen Forschers annehmen, ab:

Schicke ich einen preußischen Leutnant da hinein, so muss ich unter Umständen noch mehrere nachschicken, um ihn herauszuholen. Das führt uns zu weit. Die englische Interessensphäre geht bis zu den Quellen des Nil, und das Risiko ist mir zu groß.

INFOBOX

Der Deutsche Flottenverein

Der Deutsche Flottenverein wurde im April 1898 auf Initiative der am Schiffsbau interessierten Schwerindustrie und des Reichsmarineamts gegründet. Durch gezielte Agitation sollte in der Öffentlichkeit das Interesse an einer deutschen Kriegsflotte, ihrer Notwendigkeit und ihrem Ausbau geweckt werden. Der Flottenverein stieg schnell zu einem der mitgliederstärksten Vereine des Kaiserreichs auf und zählte bei Kriegsausbruch 1,1 Mio. Mitglieder.

Nach 1918 verlor der Deutsche Flottenverein, der 1919 in »Deutscher Seeverein« umbenannt wurde, stark an Bedeutung. 1934 wurde er in den »Reichsbund deutscher Seegeltung« überführt.

koordinierten Unternehmungen vor allem hanseatischer Kaufleute in außereuropäischen Regionen machte sich mit der Gründung der »Gesellschaft für deutsche Kolonisation« am 28. März 1884 ein systematischer Kolonisierungsgeist breit. Die Gesellschaft setzte es sich zur Aufgabe, Kolonisationskapital zu beschaffen, geeignete Kolonisationsdistrikte aufzufinden und zu erwerben sowie die deutsche Auswanderung dorthin zu lenken. In einem von Carl Peters verfassten Aufruf appellierte sie im April 1884 an die Öffentlichkeit, »das Versäumnis von Jahrhunderten gutzumachen«. Der Kolonisierungsvorsprung der anderen europäischen Nationen sollte so schnell wie möglich aufgeholt werden.

ZITAT

Aus Reichskanzler von Hohenlohes Reichstagsrede zur Flottenvorlage am 6. 12. 1897:

Wollen wir unsere weitere gedeihliche Entwicklung auf wirtschaftlichem Gebiet und unsere Stellung im Konzert der Mächte sichern, so müssen wir auch hier ein, wenn auch bescheidenes Wort, jedenfalls aber ein deutsches Wort mitzureden haben.

Auch jetzt hielt Bismarck sich weiterhin vorsichtig zurück. Zwar stellte er Schutzbriefe aus, um private Investitionen abzuschirmen, wenn sie sich als erfolgreich erwiesen. Aber er wollte keine staatliche Kolonisierung betreiben und scheute ganz offenbar kostspielige oder politisch riskante Abenteuer – vom weltpolitischen Größenwahn späterer Jahre ganz zu schweigen.

Prompt wurde er dafür von Heinrich von Treitschke, der stets ein Gespür für den Zeitgeist bewies, gerügt. In einer Vorlesung an der Berliner Universität erklärte Treitschke 1890, Deutschland sei bei der Verteilung der nichteuropäischen Welt unter die europäischen Mächte »bisher immer zu kurz gekommen«. Dabei handele es sich doch »um unser Dasein als Großstaat bei der Frage, ob wir auch jenseits der Meere eine Macht werden können«. Sonst eröffne sich die »grässliche Aussicht, dass

England und Russland sich in die Welt teilen, und da weiß man wirklich nicht, was unsittlicher wäre, die russische Knute oder der englische Geldbeutel«.

Das Streben nach einem Weltreich

Gefördert durch die Begeisterung des jungen Kaisers Wilhelm II. für ein deutsches Streben nach Weltgeltung, wurde im April 1891 schließlich der »Allgemeine Deutsche Verband« gegründet, der 1894 in »Alldeutscher Verband« umbenannt wurde. Ziel des Verbandes war die »Pflege und Unterstützung deutsch-nationaler Bestrebungen in allen Ländern, wo Angehörige unseres Volkes um die Behauptung ihrer Eigenart zu kämpfen haben«. Hier ging es nicht mehr um Schutzbriefe für Kaufleute oder die Förderung privater Investitionen im Ausland, sondern um imperialistische Politik. Deutschland sollte aus seiner Begrenzung auf Europa befreit und in den

Bismarcks wechselhafte Bündnispolitik

INFOBOX

Das Zentrum

Die Bezeichnung »Zentrum« geht auf die Sitzordnung der französischen Deputiertenkammer nach 1814 zurück und bezieht sich auf die Abgeordneten, die im Parlament die Plätze zwischen der Rechten und der Linken einnahmen und eine mittlere Linie verfochten. Vorläufer des Zentrums waren der »Katholische Verein« in der Frankfurter Nationalversammlung und eine »Katholische Fraktion« im preußischen Landtag ab 1851, die in der Zeit des preußischen Verfassungskonfliktes zerfiel.

Im Zeichen der Gründung des vom protestantischen Preußen dominierten Deutschen Reiches und des beginnenden Kulturkampfes schlossen sich katholische Abgeordnete im preußischen Landtag und im Reichstag 1870/71 zur Partei des Zentrums zusammen. Da ihre Wählerbasis die katholische Bevölkerungsminderheit war, wurde die Partei zur politischen Repräsentanz der kirchlich-kulturellen, wirtschaftlich-sozialen und politischen Interessen des deutschen Katholizismus.

Das Zentrum spielte in der Weimarer Republik eine entscheidende Rolle und war in fast allen Regierungskoalitionen und Minderheitsregierungen vertreten. 1933 löste es sich zwangsweise selbst auf. Sein Wiederbeginn nach dem Zweiten Weltkrieg misslang; die Mehrheit der vormaligen Zentrumsmitglieder beteiligte sich an der Gründung der CDU.

ZITAT

Großadmiral Alfred von Tirpitz in einer Denkschrift an Wilhelm II. am 15. 7. 1897 (aus Jonathan Steinberg, »Yesterday's Deterrent«):

Für Deutschland ist zur Zeit der gefährlichste Gegner zur See England. Es ist auch der Gegner, gegen den wir am dringendsten ein gewisses Maß an Flottenmacht als politischen Faktor haben müssen.... Die militärische Situation gegen England erfordert Linienschiffe in so hoher Zahl wie möglich.

Rang einer Weltmacht erhoben werden. Ein schärferer Kontrast zu Bismarcks zurückhaltender Politik lässt sich kaum denken.

Für Wilhelm II. war es indessen schon bald keine Frage mehr, ob dieses Ziel erreicht werden könnte. In einer Tischrede am 18. Januar 1896 erklärte er dazu: »Aus dem Deutschen Reiche ist ein Weltreich geworden. Überall in fernen Teilen der Erde wohnen Tausende unserer Landsleute. Deutsche Güter, deutsches Wissen, deutsche Betriebsamkeit gehen über den Ozean. Nach Tausenden von Millionen beziffern sich die Werte, die Deutschland auf der See fahren hat.«

Die Wirklichkeit nahm sich allerdings bescheidener aus: Die deutschen Kolonien waren dünn besiedelt, wirtschaftlich unergiebig und militärisch nicht zu verteidigen. Weniger als 30 000 Weiße – Nichtdeutsche bereits mitgezählt – lebten in diesen Gebieten, und der Anteil der kolonialen Im- und Exporte am deutschen Außenhandel betrug nie mehr als 0,02 Prozent.

100880

»Wem wohl zuerst die Puste ausgeht?«, fragte das sozialdemokratische Wochenblatt »Der wahre Jacob« 1908 angesichts des Wettrüstens zur See.

Dennoch wurde besonders Wilhelm II. nicht müde, in immer neuen Reden seine Zuhörer davon zu überzeugen, »wie mächtig der Wellenschlag des Ozeans an unseres Volkes Tore klopft und es zwingt, als ein großes Volk seinen Platz in der Welt zu behaupten«. Bei der Taufe des Linienschiffes »Wittelsbach« am 3. Juli 1900 in Wilhelmshaven erklärte er gar, der Ozean sei »unentbehrlich für Deutschlands Größe« und beweise, »dass auf ihm in der Ferne, jenseits von ihm, ohne Deutschland und ohne den Deutschen Kaiser keine große Entscheidung mehr fallen darf«.

100563

Auf Einladung Bismarcks (in der Bildmitte) tagte in Berlin vom 15. 11. 1884 bis zum 26. 2. 1885 die Kongokonferenz. Sie stellte einen Höhepunkt des deutsch-französischen Einverständnisses in der Kolonialpolitik dar.

Die Flottenrüstung beginnt

Nicht zufällig bildete eine Schiffstaufe den Anlass für diese Worte. Denn neben der wirtschaftlichen Expansion und der Kolonialpolitik war es vor allem die Flottenrüstung, die seit den Neunzigerjahren die Weltmachtrolle Deutschlands begründen sollte. Ihr Motor: Admiral Alfred von Tirpitz. Als Tirpitz am 31. März 1897 zum Staatssekretär im Reichsmarineamt berufen wurde, verfügte Deutschland nur über sechs Hochseepanzerschiffe erster Klasse und stand damit unter den Seemächten erst an fünfter Stelle, obwohl es inzwischen zur zweitgrößten Handelsmacht der Welt aufgerückt war.

Tirpitz war der Ansicht, »dass der wirtschaftliche Interessenstreit mit England im nächsten Jahrhundert immer größer werden« würde und dass man »auf alles gefasst« sein müsse. Gegen England als führende Seemacht der damaligen Zeit müsse die Marine rüsten, an England müsse sie sich messen, meinte er und traf damit nicht nur den Nerv des flottenbegeisterten Kaisers, son-

100563

Die englische Satirezeitschrift »Punch« fasste den erzwungenen Rücktritt Bismarcks im März 1890 in das Bild des Lotsen, der an Land geschickt wird und das Staatsschiff steuerlos in der Hand des süffisant lächelnden, arroganten Wilhelm II. lassen muss.

INFOBOX

Der Dreibund

Das am 20. 5. 1882 auf zunächst fünf Jahre abgeschlossene geheime Verteidigungsbündnis zwischen dem Deutschen Reich, Österreich-Ungarn und Italien gilt als Kernstück der von Bismarck betriebenen Bündnispolitik. Der äußere Anlass zum Abschluss des Dreibunds war die französische Besetzung Tunesiens, durch die Italien seine kolonialen Interessen behindert sah.

Die durch zahlreiche Zusatzvereinbarungen erweiterten Vertragsbestimmungen besagten u. a., dass bei einem nicht provozierten Angriff Frankreichs auf Italien die beiden anderen Partner zur uneingeschränkten Hilfe verpflichtet waren. Italien hingegen hätte dem Deutschen Reich zu Hilfe kommen müssen, wenn es zu einem nicht provozierten französischen Angriff gekommen wäre. Wohlwollende Neutralität sicherten sich alle Vertragspartner im Falle einer Bedrohung durch andere europäische Großmächte einschließlich folgendem Krieg zu.

Der Dreibund zerbrach 1914 mit der Neutralitätserklärung Italiens, das schon 1902 einen Geheimvertrag mit Frankreich geschlossen hatte, und dem italienischen Kriegseintritt an der Seite der Entente 1915. Er leitete die europäische Blockbildung ein, die er hatte verhindern sollen, und verfestigte die Bindung der deutschen Außenpolitik an die Donaumonarchie.

50

Großadmiral Alfred von Tirpitz, dessen Flottenpolitik das Deutsche Reich in unüberbrückbaren Gegensatz zu Großbritannien brachte, porträtiert auf einem Gemälde von Lovis Corinth (1917).

dern auch den patriotischen Stolz der deutschen Öffentlichkeit. Die Flotte wurde zu einem umhegten Paradestück deutscher Macht und Größe, auch wenn sich die Vorstellung, man werde binnen weniger Jahre in der Lage sein, den britischen Vorsprung aufzuholen, bald als Illusion erwies.

Tatsächlich war der Gedanke, Englands Position zur See durch deutschen Flottenbau entscheidend schwächen zu können, ebenso verfehlt wie Deutschlands »Griff nach der Weltmacht« (Fritz Fischer) insgesamt. Nicht die britische, sondern die deutsche Flotte offenbarte – spätestens im Ersten Weltkrieg – ihre ganze Schwäche, als sie kaum in der Lage war, die sicheren Häfen zu verlassen. Aber schon die Absicht, die Tirpitz mit seinem Programm verband, weckte Misstrauen und provozierte Gegenmaßnahmen. So konnte man bereits am

Beginn dieser Entwicklung, ein halbes Jahr nach Tirpitz' Berufung zum Staatssekretär im Reichsmarineamt, in einem Artikel der englischen Zeitung »Saturday Review« vom 11. September 1897 die Forderung lesen, Deutschland sei »auszulöschen«.

Großbritannien wandte sich nun Frankreich und wenig später auch Russland zu. Die Konstellation der Entente, der sich das Deutsche Reich bis zum Ersten Weltkrieg gegenübersehen sollte, formierte sich. Deutschlands Weg in die Isolation begann. Die Vorstellung eines »Kontinentalblocks« der Dreibundstaaten Deutschland, Österreich und Italien mit Russland und Frankreich gegen England, die Tirpitz hegte, war dagegen ein realitätsfernes, durch die Interessen der beteiligten Mächte nicht gedecktes Fantasiegebilde eines einseitig auf Großbritannien fixierten Marinestrategen ohne historische Erfahrung und mit geringem politischen Gespür.

Die Selbstüberschätzung und politische Arroganz, die Deutschland schließlich in den Abgrund zweier Weltkriege stürzten, wurden in der Flottenrüstung besonders deutlich. Doch auch auf diplomatischer Ebene geriet Deutschland bereits um die Jahrhundertwende auf jene abschüssige Bahn, an deren Ende das Erbe Bismarcks bald ganz verspielt war. *Manfred Görtemaker*

Krise unter dem Doppeladler: Die Donaumonarchie

Im Selbstverständnis der Zeit war »Nation« im Rahmen der Habsburgermonarchie des späten 19. Jahrhunderts »Sprachnation«. Weder die politischen Einheiten noch die religiösen Trennlinien erwiesen sich als nationbildend, und bis zur Gegenwart bezeichnet man als »Nationalitäten der Habsburgermonarchie« die Sprachgruppen. Der Kampf der Nationen um die Positionierungen innerhalb des Staatsverbands, um Schulen, Gerichtssprachen, soziale Durchlässigkeiten und kulturelle Identitäten prägte die Jahrzehnte bis zum Ersten Weltkrieg. Es war kein Kampf gegen den Staat: Über die Monarchie hinaus dachten keine größeren Gruppen. Erst der Krieg selbst brachte hier den raschen Perspektivenwechsel.

Während sich in den großen Staaten Westeuropas der Modernisierungsprozess auch so vollzog, dass sich die

Sprachgrenzen den Landesgrenzen anpassten, sich also die dominante Sprache flächendeckend als Verkehrssprache durchsetzte und praktisch nur sie die regionale und soziale Mobilität gewährleistete - obgleich das 20. Jahrhundert zeigt, dass dieser Prozess nicht irreversibel ist und auch nicht allzu tief ging -, war dies in der Habsburgermonarchie nicht möglich. Die beherrschende Sprache fehlte, Deutsch war zwar de facto eine Art Verkehrssprache, aber sowohl die Ausdehnung des Staates als auch die Größenordnungen zwischen den Sprachgruppen ließen eine Durchsetzung zur Staatssprache nicht zu.

Das Übergewicht der deutschsprachigen Gruppe mit 23,4 Prozent der Gesamtbevölkerung um 1910 war zwar zahlenmäßig gegeben, und dies wurde machtpolitisch verstärkt, eine umfassende Dominanz erlangte sie aber nicht. Vor allem war auch diese Gruppe nach außen orientiert, an der Entwicklung im Deutschen Reich interessiert und damit tendenziell zentrifugal wie auch die Italiener, Polen, Rumänen, Ruthenen und Serben. Der größere Teil der Bewohner der Habsburgermonarchie hatte somit eine ethnisch-sprachliche größere Bezugsgruppe außerhalb der Grenzen des eigenen Staates. Nur die Kroaten, Magyaren, Slowaken, Slowenen und Tschechen lebten weitestgehend oder zur Gänze innerhalb dieser Grenzen, sie stellten zusammen aber nur etwa vierzig Prozent der Bevölkerung.

100880

Der Abgeordnete Georg Ritter von Schönerer war seit 1879 einer der Führer der deutschnationalen Bewegung Österreichs und bestimmte maßgeblich das Linzer Programm. Wegen des gewaltsamen Überfalls auf die Redaktion des »Neuen Wiener Tagblatts« 1888 kam er in Kerkerhaft und verlor sein Mandat sowie seinen Adelstitel (Foto, um 1880).

Zwischen zwei Revolutionen

Es ist geradezu erstaunlich, wie sehr die Monarchie in den sieben Jahrzehnten zwischen 1848 und 1918 dennoch eine Einheit war. Dabei wurde die große Chance eines entscheidenden Reformschrittes 1848/49 nicht genutzt. Der in der Revolutionsphase gewählte österreichische Reichsrat hatte einen Verfassungsentwurf ausgearbeitet, nach dem Bundesländer der einzelnen Nationalitäten geschaffen werden sollten, um die alten Kronländer zu ersetzen. Dieser föderalistische, demokratische Vorschlag sollte die Revolution nicht überdauern, machte aber deutlich, dass Demokratisierung und der Gedanke der nationalen Chancengleichheit in engem Zusammenhang standen.

Am Beginn stand also eine Revolution, die niedergeschlagen wurde. Am Ende, sieben Jahrzehnte später, war

100880

Am 18. 2. 1853 entging Franz Joseph I. knapp einem Attentat des ungarischen Nationalisten Janos Libényi. Ein Votivgemälde desselben Jahres hält den Vorgang fest, bei dem der Kaiser verwundet wurde (Wien, Historisches Museum).

die nächste Revolution erfolgreich, da sie von außen politische Rückendeckung hatte. Sie brachte das Ende des Vielvölkerstaates, in dem sie aus der Nahperspektive einen Völkerkerker zu erblicken meinte. Die Antwort darauf war die Zerschlagung, die aber neue Minoritäten schuf, da klar erkennbare ethnische Trennlinien nicht zu ziehen waren und neue Machtstrukturen sich durchsetzten.

Zwischen diesen beiden Revolutionen vollzog sich in Europa eine dynamische Entwicklung, in die auch die Habsburgermonarchie eingebunden war. Dieser Wandel beeinflusste die Entwicklung innerhalb der Nationalitäten, bewirkte regionale und soziale Mobilitäten und damit das Aufbrechen neuer Konfliktlinien; er veränderte aber vor allem auch den Nationalismus als eine der prägenden Ideologien des 19. Jahrhunderts.

War dieser 1848 noch in Übereinstimmung mit dem Liberalismus Triebfeder der revolutionären Bewegungen in Mitteleuropa und gingen Demokratie und Nationalismus Hand in Hand, so brachten die Folgejahrzehnte ein dramatisches Auseinanderentwickeln. Der Nationalismus wurde als Abgrenzungsinstrument eingesetzt, dem Gedanken der Gleichheit und der Annäherung fremd waren, und schließlich wurde er noch biologistisch überhöht. Vom Partner des Liberalismus wandelte er sich bis zu Beginn des 20. Jahrhunderts in eine Ideologie, die scharf antiliberal und antidemokratisch geprägt war. Dabei taten sich jene Gruppen leichter, die auf eine historische Staatenbildung zurückgreifen konnten, die somit nicht »geschichtslos« waren.

Nach der Revolution von 1848 wurde unter der Herrschaft des jungen Kaisers Franz Joseph im Neoabsolutismus der Versuch unternommen, den Staat von oben in einigen Bereichen zu modernisieren. Vor allem die Verwaltungsreform von Alexander Freiherr von Bach sollte zentralstaatliche Elemente durchsetzen. Das neue Beamtentum wurde rasch zu einer Stütze des Gesamtstaates. Die 1849 in der nachrevolutionären Verfassung festgeschriebene Gleichberechtigung der Nationen scheiterte jedoch an der Praxis.

Besonders aber wurde die Schule zu einem Feld der Auseinandersetzung. Die Unabhängigkeit von Staat und Kirche, die auch für die Universitäten galt, die schon 1847 erfolgte Gründung der Akademie der Wissenschaften, all das konnte auch als Instrument der deutschen Herrschaftssicherung verstanden werden. Deutsch war

100880

Erzherzog Franz Ferdinand sammelte führende Vertreter verschiedener Nationalitäten um sich, mit denen er Pläne für eine Reform der Donaumonarchie erarbeitete, um die österreichische Großmachtrolle zu stabilisieren. Die Gruppe wurde nach dem Amtssitz des Thronfolgers »Belvederekreis« genannt.

INFOBOX

Erziehung eines Prinzen

Franz Joseph I. wurde auf Geheiß seiner Mutter Sophie von frühester Kindheit an zum Kaiser erzogen. Der Unterricht, der überwiegend im Schloss Schönbrunn stattfand, umfasste Musik, Tanz, Fechten, Schwimmen und Reiten, Religion, Mathematik, Buchhaltung, Naturgeschichte, Logik, Philosophie und Rechtswissenschaften. Ein besonderes Augenmerk wurde auf die Beherrschung des Französischen gelegt sowie auf die wichtigsten Sprachen des Vielvölkerstaats: Ungarisch, Italienisch, Tschechisch, Kroatisch und Polnisch. Hinzu kamen ab 1842 Studien in Geschichte, um den Prinzen in Tradition und Geschichte des Reichs und seines Herrscherhauses einzuführen.

Auch der Einfluss des Vaters kam zum Tragen, und zwar darin, dass er seinem Sohn eine fast zwanghafte Jagdleidenschaft vererbt hat – allein in den ersten 13 Jahren nach seiner Thronbesteigung hat Franz Joseph nicht weniger als 28 876 Stück Wild erlegt. Ausgedehnte Reisen in alle Teile des Reichs sowie die Einführung in Leben und Etikette des Hofes – Theater- und Opernbesuche, die Teilnahme an Einladungen, Empfängen und Zirkeln – rundeten die Prinzenerziehung ab.

etwa die Unterrichtssprache an den Universitäten, die Praxis zeigte aber, dass das Bildungssystem dennoch national sehr durchlässig und die Sprachentscheidung eher eine pragmatische als eine ideologische war. Von den knapp 16 000 Volksschulen in der Monarchie waren 6 300 deutschsprachig, in etwa 3 000 wurde in tschechischer Sprache unterrichtet. Relativ gering waren die gemischtsprachigen Schulen vertreten, die weniger als 2 000 betrugen. Die nach 1848 im Neoabsolutismus festgelegte Struktur enthielt sowohl Elemente der Germanisierung als auch Möglichkeiten der nationalen Emanzipation.

Dualismus im Habsburgerreich – Der »Ausgleich« von 1867

Die Entwicklung zwischen der Revolution von 1848 und dem Ersten Weltkrieg verlief keinesfalls kontinuierlich, sondern war von inneren und äußeren Brüchen und Erschütterungen gekennzeichnet, die sich wechselseitig bedingten. Die Niederlage Österreichs in der Schlacht von Königgrätz gegen Preußen im Jahr 1866 beendete jede Möglichkeit der Dominanz Österreichs in dem sich herausbildenden Deutschen Reich und machte innere Reorganisationen notwendig. Dabei war das Oktober-

Dem gestiegenen ungarischen Nationalbewusstsein verlieh das zwischen 1884 und 1904 von Imre von Steindl in neogotischen Formen erbaute, riesige Parlamentsgebäude in Budapest monumentalen Ausdruck.

100313

Die Geltung der Metropole Wien fand in der großzügigen Gestaltung der Ringstraße Ausdruck: links der Blick auf das neue Burgtheater (1874–88).

diplom von 1860, das versucht hatte, Österreich auf föderalistischer Grundlage neu zu gestalten, bereits ebenso gescheitert wie der Versuch einer neuen Gesamtstaatsverfassung und neuer Landesstatute für die deutsch-slawischen Kronländer im Februarpatent 1861.

Der so genannte Ausgleich mit Ungarn schließlich verfestigte die duale Form der Habsburgermonarchie und bestimmte nur noch einige gemeinsame Angelegenheiten (Auswärtiges, Heer, Finanzen). Die Grenze zwischen den beiden Teilen des Reiches war zwar schon seit 1526 Realität, der Ausgleich schrieb aber die Vorherrschaft der Deutschösterreicher im österreichischen Reichsteil Zisleithanien und der Magyaren im ungarischen Reichsteil Transleithanien fest. Beide Reichsteile erhielten eine Verfassung, die zwischen Zentralismus und Föderalismus zu vermitteln suchte. Jeder der beiden Staaten war unter dem gemeinsamen Staatsoberhaupt als konstitutionelle Monarchie organisiert.

Allerdings teilten sich viele der dort lebenden Nationalitäten auf beide Teile der Monarchie auf: Deutsche, Italiener, Kroaten, Rumänen, Ruthenen, Serben und Slowenen lebten sowohl diesseits als auch jenseits der Trennlinie. Dramatisch war aber, dass in der Folge die slawischen Bevölkerungsgruppen eine ähnliche Sonderstellung forderten. So legten die Tschechen 1868 dem böhmischen und mährischen Landtag Deklarationen mit der Forderung nach Eigenstaatlichkeit vor; den Polen wurde in Galizien im selben Jahr das Zugeständnis der polnischen Amtssprache gemacht. Die Slawen stellten, wenn auch weder sprachlich noch territorial eine homo-

ZITAT

Aus der Tagebuchaufzeichnung des Kardinals Friedrich Fürst Schwarzenberg vom April 1843:

Der Ungar, der Tscheche, der Galizier, der Kroate, der Lombarde können mit Herz und Kopf österreichisch fühlen und denken, das heißt: Sie können für das »Haus Österreich« Leib und Leben, Gut und Blut einsetzen, ... Sie sind daher wohl österreichisch, aber darum doch keine Österreicher!

gene Einheit bildend, die knappe Hälfte der Gesamtbevölkerung, und sie sahen sich durch den österreichisch-ungarischen Dualismus in ihren Entwicklungsmöglichkeiten behindert.

Der österreichische Politiker Karl Renner, ab 1907 Mitglied des Reichsrats, war schon vor dem Ersten Weltkrieg einer der Führer der österreichischen Sozialdemokratie.

Liberalnationales Erbe – Parteien im Habsburgerreich

In der österreichischen Reichshälfte bedeutete das Jahr 1867 auch den Beginn einer langsamen Demokratisierung, die mit den fünf liberalen Staatsgrundgesetzen vom Dezember ihren Anfang nahm, die den Österreichisch-Ungarischen Ausgleich ergänzten; diese Demokratisierung ermöglichte in den Folgejahrzehnten die Herausbildung einer differenzierten Parteienlandschaft. Auch diese Parteienlandschaft korrespondierte mit der nationalen Frage: Alle Parteien gingen aus dem Umfeld der liberalen Honoratioren hervor, die als junge Menschen 1848 die Revolution mitgetragen hatten und die nunmehr unterschiedliche Aspekte der Ideale aus jener Zeit zu bewahren versuchten.

Mit Ausnahme der Sozialdemokraten gab es nur Parteien, die ihr Wirken auf den jeweiligen Sprachraum beschränkten und die somit bewusst national waren. Konnte man das Linzer Programm der Deutschnationalen von 1882 noch in der klaren Ableitung von 1848 als ein umfassendes Parteiprogramm verstehen, vollzog sich kurze Zeit später der Wandel des Deutschnationalismus in eine antiliberale und betont antisemitische Denkart. Auch die Christlichsozialen, die im späten 19. Jahrhundert in der Wiener Kommunalpolitik erfolgreich und dominant geworden waren, setzten auf nationale Vorurteile und antisemitische Töne. Natürlich sprach dies auch Arbeiter an.

100563

Otto Bauer, neben Karl Renner der prominenteste Vertreter des »Austromarxismus«, entwickelte mit diesem Konzepte zur Lösung des österreichischen Nationalitätenproblems.

Die Sozialdemokratie versuchte dennoch, ganz strikt auf einem nationenübergreifenden Kurs zu bleiben. Ausdruck dieser Bemühungen ist das von einer jüngeren Generation der Parteiführer konzipierte Brünner Programm von 1899, bei dem es weniger um eine gesamtpolitische Konzeption, sondern um das Verhältnis zum Staat ging. Dieses Programm forderte die Umwandlung Österreichs in einen »demokratischen Nationalitätenbundesstaat«, wobei an die Stelle der bisherigen Kronländer nationale Selbstverwaltungskörper treten sollten. Damit betrat die österreichische Sozialdemokratie einen

INFOBOX

Kaiserin von Österreich und Königin von Ungarn

Die bayerische Prinzessin Elisabeth (1837–98), die seit ihrer Kindheit Sissi (eigentlich Sisi) genannt wurde, heiratete am 24. 4. 1854 Kaiser Franz Joseph I. von Österreich; Franz Joseph war ihr Cousin – ihre Mütter, Ludowika und Sophie, waren Schwestern. In den ersten vier Jahren ihrer Ehe brachte Elisabeth drei Kinder zur Welt: Sophie (1855), Gisela (1856) und den Kronprinzen Rudolf (1858); 1868 folgte Marie Valerie. Elisabeth, die als eine der schönsten Frauen ihrer Zeit galt, blieb wegen ihrer Abneigung gegen höfische Gebundenheit eine Außenseiterin am kaiserlichen Hof. Ihre Sympathien für den ungarischen Landesteil, wo sie sich v. a. in den 1850er- und 1860er-Jahren häufig aufhielt, nutzte Graf Gyula Andrássy als ungarischer Ministerpräsident für die amtliche Politik; so führte ihr einziger nachdrücklicher politischer Einsatz zur kaiserlichen Sanktionierung des Österreichisch-Ungarischen Ausgleichs im Juni 1867. Im Juni desselben Jahres wurde Elisabeth zur Königin von Ungarn gekrönt. Sie entzog sich nun zunehmend durch Reisen dem Hofleben: Meran, Venedig, Madeira und Korfu waren ihre liebsten Ziele und später besonders und immer wieder die Schweiz.

1898 wurde die vereinsamte und verbitterte und seit dem Tod des Kronprinzen Rudolf 1889 zur Schwermut neigende Kaiserin in Genf von dem italienischen Anarchisten Luigi Luccheni erstochen. In ihr Tagebuch hatte sie geschrieben:

»Ich wandle einsam hin auf dieser Erde,
der Lust, dem Leben längst schon abgewandt;
es teilt mein Seelenleben kein Gefährte,
die Seele gab es nie, die mich verstand.«

Sonderweg, der sie einerseits nah an den Staat heranführte (»k. k. Sozialdemokratie« war die von den Gegnern verwendete Bezeichnung) und sie neben Herrscherhaus, Bürokratie und Militär zur einzigen integrativen Kraft in der Monarchie machte, andererseits aber auch ihr spezielles Profil im internationalen Maßstab begründete. Ohne Vorbilder wurde sie letztlich im Austromarxismus bestimmend in der Theoriebildung zur nationalen Frage.

Alle Parteiführer, Georg Ritter von Schönerer vom deutschnationalen Lager, Karl Lueger von den Christlichsozialen und Victor Adler von den Sozialdemokraten, hatten für ihre politischen Gruppierungen Teilerbschaften aus dem liberalnationalen Politikverständnis übernommen.

Auch die Musikszene der Donaumonarchie entdeckte nationale Traditionen. So suchten etwa Antonín Dvořák, Bedřich Smetana und Leo Janáček die Inspiration der slawischen, Franz von Liszt die der ungarischen Volksmusik. Franz Schams Gemälde zeigt Franz Liszt bei einem Konzert im Budapester Redoutensaal am 18. 3. 1872 (Wien, Sammlung Bösendorfer).

100880

Zentralismus oder Trialismus? – Theoretische Lösungsansätze

Es ist bezeichnend, dass bis zur Gegenwart alle Analysen der nationalen Problematik auf den Denkansätzen aufbauen, die um die Jahrhundertwende in der Donaumonarchie geleistet wurden. Nur hier existierte ein Kompositum aus verschiedensten ethnischen Bestandteilen als Resultat dynastischer Politik und als Ergebnis von Kriegen sowie diplomatischen Entscheidungen, das gleichzeitig versuchte, ein moderner Staat zu sein und im Konzert der neuen Großmächte mitzuspielen. Modernität und nationale Homogenität schienen aber damals untrennbar zusammenzugehören, zumindest im Sinn von einheitlicher Kommunikation, die politisch, ökonomisch und kulturell die Voraussetzung zum leichten Umgang miteinander und zur raschen Durchsetzung von Neuerungen war.

Die Habsburgermonarchie konnte auf ein hohes Bildungsniveau, niedrige Analphabetenraten, auf gute ökonomische Bedingungen und passable Infrastruktur, auf ein beachtliches Heer – trotz der Niederlagen – und auf kulturelle Meisterleistungen verweisen. Dennoch schien das Staatsgebilde ein Anachronismus zu sein. Seine Lebensfähigkeit wurde 1848 gründlich bezweifelt, aber kein Theoretiker der einzelnen Nationen dachte über den Rahmen der Monarchie hinaus.

Grob kann man bei der Definition von Nation zwei Richtungen unterscheiden: Sprachgruppen, die ein Kronland dominierten, sich aber dort mit anderen Minoritäten konfrontiert sahen, setzten auf staatsrechtliche

Argumente, also auf das Territorialprinzip, wie zum Beispiel die Tschechen. Bei Völkern, deren Angehörige zerstreut waren und die auf keine historisch-politische Tradition zurückgreifen konnten, überwog das Personalitätsprinzip, das nationale Rechte an das Individuum, nicht an das Territorium binden wollte, so besonders bei den Slowenen. Im letzteren Falle ist Nation eine ausschließlich kulturelle Kategorie, im ersteren ist sie zumindest auch politisch und ökonomisch zu fassen.

»Vereinigte Staaten von Groß-Österreich«

Ist diese Form des Nationalismus, auch wenn sie nur auf gleiche Rechte abzielt, stets eine, die die eigene Gruppe gegenüber den anderen auf- und damit die anderen abwertet, so gab es daneben auch Bemühungen, den Gesamtkomplex des Vielvölkerstaates zu analysieren, um daraus Schlüsse für sein besseres Funktionieren abzuleiten. Im konservativen Lager ist dabei vor allem Aurel Popovici zu nennen, der zum Kreis um den Thronfolger Franz Ferdinand gehörte. 1906 erschien sein Buch »Die vereinigten Staaten von Groß-Österreich«, mit dem er auf eine nationale Föderalisierung der Monarchie abzielte. Die Hauptstoßrichtung galt dem Zentralismus in Ungarn. Insgesamt sah er für Österreich 15 nationale Einheiten vor, die bundesstaatlich organisiert sein sollten. Im Kreis um Franz Ferdinand wurde aber auf den Trialismus gesetzt, der neben den Deutschen und den Magyaren später entweder die Tschechen oder die Südslawen als dritte Gruppe privilegieren sollte. Unter anderem wurde diese Idee – wegen des serbischen Wider-

ZITAT

Aus dem Staatsgrundgesetz vom 21. 12. 1867 über die allgemeinen Rechte der Staatsbürger:

Artikel 1. Für alle Angehörigen der im Reichsrate vertretenen Königreiche und Länder besteht ein allgemeines österreichisches Staatsbürgerrecht…

Artikel 2. Vor dem Gesetze sind alle Staatsbürger gleich.

Unproblematisch erscheinen auf den ersten Blick die mehrsprachigen Ladenschilder am Geschäft eines gewerkschaftlich orientierten Konsumvereins um die Jahrhundertwende: Deutsch, Ungarisch und Slowakisch stehen nebeneinander.

standes – als Erklärung für das Attentat von Sarajevo, das den Ersten Weltkrieg auslöste, angesehen.

Analytisch schärfer waren die Konzepte der politischen Linken. Eine ganze Schule, der so genannte Austromarxismus, ist durch die Beschäftigung mit diesem Problemfeld entstanden.

Staatssprache oder Landessprache? – Praktische Lösungsansätze

Die heftigsten nationalen Auseinandersetzungen zwischen 1867 und 1914 fanden ohne Frage in Böhmen und Mähren statt. 1871 wurde die Idee eines böhmischen

Die Sprachenverordnung für Böhmen und Mähren führte 1897 zu wachsenden Spannungen und zur Polarisierung der politischen Kräfte. Am 26. 11. kam es im Wiener Abgeordnetenhaus zu einer Saalschlacht. Zwei Tage später musste ein Volksauflauf vor dem Parlament mit Gewalt aufgelöst werden.

INFOBOX

Austromarxismus und Nationalitätenfrage
Seit 1904 hatte sich in Österreich mit dem »Austromarxismus« eine eigene Schule des Marxismus entwickelt. Bereits seit 1903 im Verein »Zukunft« zusammengeschlossen, stellten sich Otto Bauer, Max und Friedrich Adler, Rudolf Hilferding und Karl Renner die Aufgabe, die marxistischen Denkresultate mit den philosophischen und sozialwissenschaftlichen Arbeiten ihrer Zeit zu verknüpfen.
Die führenden Vertreter des Austromarxismus, Otto Bauer und Karl Renner, entwickelten auch Konzepte zur Lösung des österreichischen Nationalitätenproblems. Bauer sah Nation nicht nur als Sprachnation, sondern als »Gesamtheit der durch Schicksalsgemeinschaft zur Charaktergemeinschaft verknüpften Menschen«. Er stellte die Elemente Geschichte und Kommunikation in den Vordergrund. Staats- oder Sprachgrenzen und Religionsscheidelinien sind in dieser Theorie zwar wichtige, aber nicht mehr ausschließliche Bestimmungsmerkmale der Nation.
Im Gegensatz zu Bauer ging es Renner darum, praktische Lösungsvorschläge für die Erhaltung der Habsburgermonarchie als Wirtschaftsraum und als politische Einheit zu liefern. Die gewachsene Struktur stellte er dabei nicht infrage. Man müsse »ein doppeltes Netz in die Landkarte eintragen, ein ökonomisches und ein ethnisches,... nationale und politische Geschäfte scheiden, die Bevölkerung zweimal organisieren, einmal national, das andere Mal staatlich«.

Ausgleichs verworfen, und damit war eine Möglichkeit vertan, das Problem dauerhaft zu lösen. Die große deutschsprachige Minorität in Böhmen und Mähren stellte das Haupthindernis dar, den Tschechen Sonderrechte zu gewähren. 1880 wies die Regierung Taaffe die Behörden Böhmens und Mährens an, Amtshandlungen in jener Sprache abzuwickeln, in der die Eingabe erfolgt war. Somit war die Zweisprachigkeit im äußeren Dienstverkehr festgelegt, während die innere Amtssprache Deutsch blieb. Die Tschechen wehrten sich aber – erfolgreich – gegen die Anerkennung von Deutsch als »Staatssprache«, die Deutschen verhinderten Tschechisch als »Landessprache« in Böhmen.

Die Sprachenfrage war zum Kampffeld geworden. 1882 wurde die älteste Universität der Habsburgermonarchie, die Alma Mater Carolina in Prag, in eine tschechische und eine deutsche Universität geteilt. Brünn

Zuzug aus allen Teilen des Reichs ließ zwischen 1890 und 1900 die Bevölkerungszahl Wiens nahezu auf das Siebenfache steigen. Vor dem Hintergrund der Karlskirche eine Straßenszene, die unter dem Titel »Slowakische Industrie« die Emsigkeit der Neubürger karikiert (1890).

50

erhielt eine tschechischsprachige Technische Hochschule, und eine eigenständige tschechische Akademie der Wissenschaften wurde gegründet. Sogar eine Teilung des Königreiches Böhmen wurde ernsthaft erwogen. Als aber 1891 die Jungtschechen mit einem betont nationalen Programm, das weitgehende Forderungen enthielt (tschechische Staatssprache in Böhmen, Krönung von Kaiser Franz Joseph als König von Böhmen), bei den Reichsratswahlen 49 Sitze erlangten, die um Verständigung bemühten Alttschechen hingegen nur noch zwölf, standen die Zeichen endgültig auf Sturm. Mit ihren Vereinen und Symbolen, mit ihren politischen Repräsentanten und Wertvorstellungen trugen beide Seiten zur Eskalation bei.

Wahlrechtsreform und der »Mährische Ausgleich«

Als der Kaiser den Statthalter von Galizien, Kasimir Graf Badeni, 1895 mit der Regierung betraute, schien der starke Mann gefunden, der den Flächenbrand eindämmen sollte. Er versuchte dies mit einer Wahlrechtsreform, die dazu führte, dass alle erwachsenen Männer über 24 Jahre, die zumindest sechs Monate im Wahlsprengel anwesend waren, in der fünften, der allgemeinen Kurie, wählen durften. Nun zogen auch die neuen Massenparteien ins Parlament, die nationale Frage wurde damit jedoch nicht gelöst. Als Konsequenz erließ Badeni im April 1897 zum Abbau der deutsch-tschechischen Spannungen Sprachenverordnungen für Böhmen und Mähren, die die Zweisprachigkeit im inneren und im äußeren Amtsverkehr garantieren sollten.

Die deutsch-böhmischen Gemeinden protestierten scharf, überall, auch weit außerhalb der betroffenen Gebiete - wie in Graz oder Klagenfurt - gab es Demonstrationen. Die Universitäten Deutschlands schalteten sich ein, deutsche »Schutzvereine« wurden gegründet. Im Parlament brachte schließlich die deutschnationale Obstruktionspolitik die Regierung zu Fall. Der Kaiser musste Badeni entlassen, die Nachfolger nahmen die Verordnungen schrittweise zurück. Die schwerste innere Staatskrise endete somit mit einer Niederlage jener, die durch Zugeständnisse an die nichtdeutschen Nationen den Erhalt der Monarchie zu sichern trachteten.

Von Gustav Veith stammt die Ansicht Wiens aus dem Jahr 1873.

100880

Dass es auch anders ging, wurde kurze Zeit später unter Beweis gestellt. 1905 wurde ein gut ausgehandelter Kompromiss, der »Mährische Ausgleich«, vom Kaiser sanktioniert. Dieser sah für Mähren vor, dass alle Gemeinden die freie Wahl für eine der beiden Sprachen hatten. Lebten in einer Gemeinde zumindest zwanzig Prozent der jeweils anderen Sprachgruppe, so mussten Eingaben in beiden Sprachen behandelt werden. In der Wahl der Schule setzte sich das Personalitätsprinzip durch: Jeder hatte, unabhängig vom Wohnort, das Recht auf Unterricht in der Muttersprache. Und bei den Wahlen gab es getrennte Wählerkataster mit garantiertem Minderheitenschutz. Landtag und Landesschulrat waren zweigeteilt, Beamtenbesetzungen erfolgten nach der Bevölkerungsrelation. 1910 wurde, noch komplexer, ein Ausgleich in der viersprachigen Bukowina geschaffen. Die Monarchie bewies immerhin, dass sie in Theorie und Praxis Lösungswege aufzeigte, wenn es auch klar war, dass vor dem Ersten Weltkrieg das Problem keinesfalls als erledigt zu betrachten war.

Im Kaiser vereint – Trennende und verbindende Elemente
Die Industrialisierung, die Hebung des Bildungsniveaus, der Ausbau des Verkehrs, all dies hatte in der Habsburgermonarchie die regionale und soziale Mobilität deutlich erhöht, in der nationalen Frage die Konflikte aber tendenziell verschärft. Es war das neu entstandene Bildungsbürgertum, das den Kampf um nationale Identität, um die Anerkennung der nationalen Kultur und Ge-

Treffpunkt der Autoren des kritischen Kreises »Junges Wien« war das Café Griensteidl (Aquarell von R. Volkel, 1896; Wien, Historisches Museum).

100563

100563

Szene aus Johann Nepomuk Nestroys Satire »Freiheit in Krähwinkel« mit Nestroy als Eberhard Ultra in der Verkleidung als russischer Fürst (altkolorierte Radierung aus der Erstausgabe 1849)

schichte, um die Repräsentanz im öffentlichen Raum führte. Ein Zusammenfall von nationaler und staatlicher Identität war nicht gegeben, und die erste Loyalität galt der Nation.

Die Arbeiterschaft blieb länger von dieser Ideenwelt wenig berührt, gemeinsame Interessenlagen griffen über die Sprachgrenzen hinweg und schufen eher Klassensolidarität als nationale Gefühle. Aber dennoch gab es auch bei den Arbeitern nationalistische Tendenzen, die dadurch verstärkt wurden, dass in einer strengen sozialen Hierarchie bestimmte Berufsgruppen bestimmten Sprachgruppen vorbehalten waren. Industriearbeit war ein tschechisches und deutsches Phänomen ohne einheitliche Rangordnung zwischen diesen beiden Gruppen. In den Bergwerken der Steiermark waren dominant slowenische Arbeiter für die niedrigsten Arbeiten eingesetzt. Saisonarbeit bei kleinen Ziegelfabriken und beim Straßenbau war den Italienern vorbehalten, als Landarbeiter fand man überwiegend Slowaken. Die Baufirmen Wiens arbeiteten mit Tschechen, die Dienstboten und die Kö-

100234

Die drei Brücken (Tromstovje) über die Ljubljanica sind heute ein Wahrzeichen der slowenischen Hauptstadt Ljubljana, früher Laibach.

chinnen kamen aus Mähren. Soziale und nationale Hierarchien waren oftmals deckungsgleich.

Dennoch gab es verbindende Elemente: das Herrscherhaus, das Beamtentum, das äußere Erscheinungsbild der Monarchie mit seinen Schulen, Bahnhöfen und Kasernen, das Heer als großer gemeinsame Identität stiftender Faktor, die Sozialdemokratie mit ihrem zumindest in der Theorie übernationalen Anspruch und die katholische Kirche. Die Urbanisierung führte, ganz besonders in Wien, zu raschen Assimilationsprozessen, die städtische Durchlässigkeit war zumindest im Generationswechsel groß. In den Städten zweiter Ordnung, wie Brünn oder Graz, war die Situation allerdings dramatisch anders, hier wurde die zweite nationale Kultur ignoriert, ja sogar geleugnet. Und in Laibach war die Stadt Schauplatz eines erbitterten Ringens um die nationale Vorherrschaft. Das Bild ist insgesamt widersprüchlich, Zwangssituationen und Konflikte stehen neben pragmatischen Lösungen und kulturellen Bereicherungen.

Helmut Konrad

Finis Austriae: Das Ende des Habsburgerreichs

Die nationale Frage hing ganz wesentlich auch mit der Außenpolitik zusammen. Der Ausgleich von 1867 hatte die Möglichkeit geboten, sich nach der Kriegsniederlage von 1866 wieder dem Deutschen Reich zu nähern, was sich im Berliner Kongress von 1878 deutlich zeigte und im Zweibund von 1879 manifest wurde. Die Magyaren trugen diese Außenpolitik mit, die inhomogene Gruppe der Slawen aber war nicht notwendigerweise zufrieden. Das Verhältnis zu Russland, Verlockungen des Panslawismus, die krisenhafte Entwicklung auf dem Balkan, all dies führte zu einer engen Verknüpfung von Außenpolitik und nationalen Kämpfen im Inneren der Monarchie.

Gerade Bosnien und die Herzegowina, 1878 okkupiert, hatten die südslawische Frage in den Mittelpunkt gestellt. Als 1908 die Annexion dieser Gebiete erfolgte, die den Frieden ernsthaft gefährdete, stand dahinter auch die Idee, den Südslawen dauerhaft unter kroatischer Dominanz eine trialistische Struktur anzubieten und Teile der österreichischen Reichshälfte, zumindest Dalmatien, mit Kroatien, Bosnien und der Herzegowina zu vereinigen.

Dass diese Ideen besonders in Serbien, das die Vereinigung der Südslawen unter serbischer Führung im Kampf gegen das Osmanische Reich und die Habsbur-

100563

1898 malte der Wiener Akademieprofessor Julius von Blaas dieses Altersporträt des Kaisers Franz Joseph I. (Privatbesitz).

INFOBOX

Der österreichische Thronfolger

Franz Ferdinand wurde nach dem Tod des Kronprinzen Rudolf (1889) und seines Vaters, des Erzherzogs Karl Ludwig (1896), Thronfolger. Er war seit 1900 in morganatischer Ehe mit Sophie Gräfin Chotek verheiratet.

Franz Ferdinand trat nachdrücklich für die Erhaltung der Großmachtstellung der Habsburgermonarchie ein (»Großösterreichische Idee«) und wandte sich gegen alle sprengenden Kräfte, besonders gegen die Unabhängigkeitsbestrebungen des ungarischen Adels. Um dessen Herrschaft zu brechen und die ungarischen Nationalitäten bei der Monarchie zu halten, dachte er an die Einführung des allgemeinen Wahlrechts in Ungarn und an einen bundesstaatlichen Umbau der Monarchie (Trialismus). Seine Ermordung durch den serbischen Nationalisten Gavrilo Princip in Sarajevo am 28. 6. 1914 war der äußere Anlass zum Ersten Weltkrieg.

germonarchie plante, auf großes Misstrauen stießen, ist nicht weiter verwunderlich. Der österreichisch-serbische Gegensatz vertiefte sich. Die »Schwarze Hand«, eine serbische Geheimgruppe, operierte auf österreichischem Territorium. Als der vehementeste Vertreter einer trialistischen Reichsreform, Thronfolger Franz Ferdinand, zu einem Manöverbesuch nach Sarajevo aufbrach, war die Zeit zum Handeln gekommen.

Dass dieser Besuch am 28. Juni – dem nationalen Trauertag der Serben, der an die verlorene Schlacht von 1389 gegen die Osmanen auf dem Amselfeld erinnerte – stattfand, war sicher nicht gerade eine geschickte Terminwahl. Die Ermordung des Thronfolgers und seiner Gattin an diesem Tag des Jahres 1914 waren jedenfalls der Anlass, nach einem Ultimatum an Serbien, welches allerdings weitgehend erfüllt wurde, diesem Staat den Krieg zu erklären und damit den Startschuss für den Ersten Weltkrieg zu geben.

Karl I., letzter Kaiser von Österreich und König von Ungarn, mit Königin Zita und Kronprinz Franz Joseph Otto

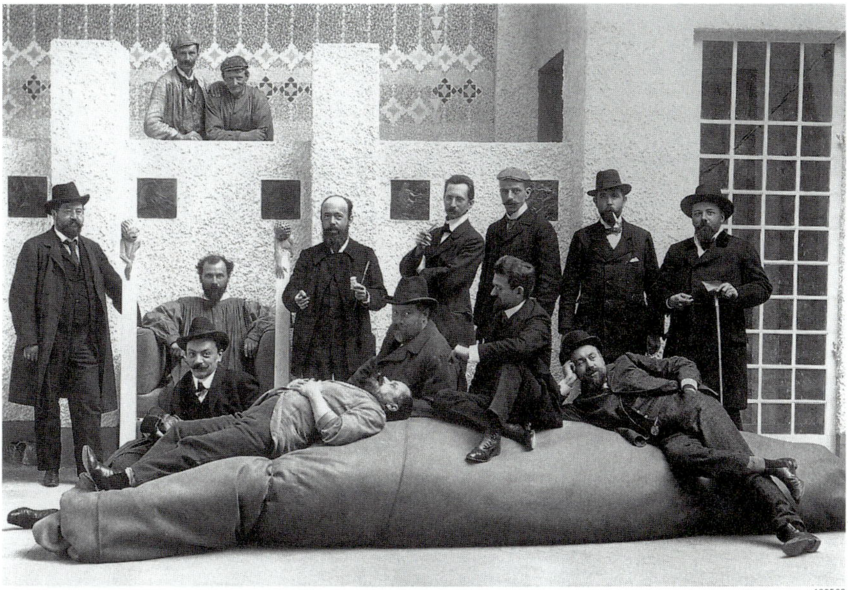
100563

Von den herkömmlichen Künstlervereinigungen spalteten sich Ende des 19. Jh. in zahlreichen europäischen Städten Gruppen ab, die sich gegen die akademische Malweise wandten. Anlässlich der Ausstellung von Max Klingers Beethovendenkmal im »Secessionsgebäude« versammelten sich 1902 die Mitglieder der Wiener Secession, unter ihnen Gustav Klimt und Koloman Moser.

Alle Völker des Reiches zogen 1914 mit in diesen Krieg. Die Jahre des Krieges aber brachten eine dramatische Wende. Je realistischer im Kriegsverlauf die Niederlage wurde, desto stärker wurden die zentrifugalen Kräfte. Und als 1916 Kaiser Franz Joseph nach 68 Herrscherjahren verstarb, wurde sein Begräbnis zum symbolischen Begräbnis des Vielvölkerstaates. Wohl versuchte der Nachfolger, Kaiser Karl, mit weit reichenden Zugeständnissen in seinem Manifest »An meine Völker« die Monarchie zu retten, aber der äußere Druck durch die Kriegsniederlage und die beschleunigte innere Entfremdung ließen ein anderes Resultat als den Zerfall des Reiches 1918 nicht mehr zu. *Helmut Konrad*

Teure Heimat: Die Nationalbewegung Italiens

Anfang September 1849 waren die letzten Funken der italienischen Revolution ausgetreten worden. Die geflüchteten oder vertriebenen Fürsten kehrten unter dem Schutz österreichischer und französischer Truppen zurück. Beseitigt waren, mit nur einer Ausnahme, die kurz

Das Porträt Viktor Emanuels II. von Giovanni Battista Biscarra unterstreicht das weltmännische Auftreten des piemontesischen Königs und späteren Königs von Italien.

50558

zuvor gegebenen oder errungenen Verfassungen. Regiert wurde nun fast überall unter Ausnahmerecht, wobei es am allerschlimmsten im Königreich beider Sizilien zuging. Aber auch anderswo sollte die wiederhergestellte Ordnung vornehmlich durch polizeiliche Repression und Militärgewalt gesichert werden, so im habsburgischen Königreich Lombardo-Venetien, wo Joseph Wenzel Graf Radetzky den bis 1854 aufrechterhaltenen Ausnahmezustand rigoros exekutierte.

Standrechtliche Erschießungen, Todesurteile und elende Haft trafen jene Vorkämpfer Italiens, welche aus diesem Italien der Gegenrevolution nicht hatten entkommen können. Zehntausende verloren ihre Heimat – Mailand oder Venedig, Rom oder Palermo: Umso entschiedener verbreiteten gerade diese Entwurzelten die Idee der größeren Heimat aller Italiener, die Idee Italiens. 30 000 Flüchtlinge und Vertriebene fanden in den Fünfzigerjahren Asyl im Königreich Sardinien-Piemont. Allerdings war König Viktor Emanuel II. vorerst nicht bereit, republikanische Nationaldemokraten und gar Anhänger Giuseppe Mazzinis aufzunehmen. Sofern diese ihre Ideale nicht preisgeben wollten, blieb ihnen zunächst nur die Wahl zwischen einem Exil in Großbritannien und einer Zuflucht in Nord- oder Südamerika.

Der Gedanke der nationalen Bewegung lebte jedoch fort, tatsächlich großflächiger als vor der gescheiterten Revolution. Hunderttausenden war »Italien« in der Presse, in Versammlungen und Kundgebungen nahe gebracht worden: Danach war die Idee nationaler Freiheit und Einheit kein Elitenphänomen mehr, sondern Grund und Zweck fundamentaler Massenpolitisierung.

ZITAT

Aus dem Tagesbefehl Napoleons III. an die Italienarmee vom 12. 5. 1859:

Soldaten! Ich komme, um mich an eure Spitze zu stellen, um euch in den Kampf zu führen. Wir wollen einem Volk, das seine Unabhängigkeit zurückfordert, in dem Kampfe beistehen und es fremder Unterdrückung entziehen. Es ist eine heilige Sache, welche die Sympathien der zivilisierten Welt für sich hat.

Revolution oder Diplomatie?

Genährt wurden die Gluten von den Erinnerungen an die heroischen Augenblicke der Revolution – an die »fünf Tage« des Mailänder Aufstands gegen die österreichische Herrschaft und Besatzung, an die lange Verteidigung Venedigs und der Römischen Republik, an den »langen Marsch« Giuseppe Garibaldis mit 4000 Freiwilligen von Rom an die Adriaküste im Sommer 1849. Solche Ausfüllungen des abstrakten Begriffs Nation zwischen Geschichte und Legende trugen wesentlich zum Werden eines nationalen Erfahrungsraums bei. Die außerhalb Piemonts lastende Wirklichkeit der Unterdrückung, obendrein in den meisten Staaten die blanke Misswirtschaft, die wirtschaftliche Stagnation und kul-

100880

Als Opfer der Repression durch das habsburgische Militär stellt das um 1860 entstandene Gemälde von Alessandro Lanfredini den Priester und Patrioten Ugo Bassi dar. Er war mit Garibaldi gezogen, wurde jedoch von den Österreichern gefangen genommen und füsiliert (Florenz, Società Toscana del Risorgimento).

turelle Rückständigkeit schürten diese nationalen Gluten erst recht.

Solche Realitäten bedeuteten eine zweite, die gegensätzlichen Lager der Nationalbewegung im Negativen vereinende Erfahrungsebene, und das umso nachhaltiger, weil die fremde Macht Österreich als Verursacherin sämtlicher Missstände und jedweder Unterdrückung gesehen wurde. Folglich mussten auch alle noch so gemäßigten innerstaatlichen Reformbestrebungen antiösterreichisch und somit national werden.

Unter solchen Umständen gelang es Mazzini, dem Propheten eines republikanischen Nationalstaats und Gründer der Gesellschaft Giovine Italia 1831, schon bald, an seine alten nationalrevolutionären Konzepte anzuknüpfen. Aus dem Exil organisierte er neue Verschwörungen im Geiste seiner Losung, dass Italien sich selbst erschaffen könne und müsse, nämlich in der Aktion der Volksmassen, welche durch einen lokal erfolgreichen Aufstand ausgelöst werden würde. Einige dieser Vorbereitungen wurden im Keim erstickt, zwei Aufstände wurden rasch unterdrückt, gefolgt von neuerlichen Verfolgungswellen gegen wirkliche und vermeintliche Sympathisanten.

Zu Giuseppe Garibaldis Charisma als Volksheld gehörte auch seine Erscheinung mit üppigem Bart und lässiger, folkloristischer Kleidung.

Die Leidenschaft und die Leidensfähigkeit Mazzinis, sein Leben für die eine große Idee Italien begeisterten zwar weiterhin viele Landsleute. Aber es distanzierten sich nun doch immer mehr demokratische Republikaner von seinem Aktionismus nicht nur in Anbetracht aktueller Fehlschläge, sondern wegen der 1848/49 gewonnenen Einsicht, dass Mazzinis Revolutionskonzept einen Irrweg schon deshalb bedeutete, weil es letztlich am übermächtigen Faktor Österreich scheitern müsse. Sie wollten nunmehr alle anderen Prinzipien zurückstellen, bis die nationale Einheit und Unabhängigkeit errungen seien. Dazu brauchte die Nationalbewegung unabdingbar die Führung des militärmächtigsten italienischen Staats, eben des Königreichs Sardinien-Piemont, das schon während der Revolution die eigenen machtpolitischen Zwecke mit der nationalen Idee verbunden hatte.

1857 fanden sich republikanische Demokraten, unter ihnen Daniele Manin und Giuseppe Garibaldi, mit Liberalen in einem Nationalverein, der Società Nazionale Italiana, zusammen, um einerseits überall Anhänger der

Stationen der zum Teil blutigen Einigung Italiens

piemontesischen Ausrichtung der Nationalbewegung zu sammeln, andererseits damit aber auch Sardinien-Piemont auf seinen italienischen Kurs festzulegen. Offiziell hatte die Turiner Regierung mit der Società Nazionale nichts zu tun, im Verborgenen aber empfing der Ministerpräsident Camillo Benso Graf Cavour deren Führer, und Giuseppe La Farina wurde sein Werkzeug zur Lenkung des Nationalvereins.

Dass die in den Machtverhältnissen Italiens begründeten propiemontesischen Tendenzen der Nationalbewegung realisiert und in »moralische Eroberungen« umgesetzt werden konnten, war jedoch ganz wesentlich Cavour zu danken. Er hatte etliche Jahre im westeuropäischen Ausland verbracht, dort die Prinzipien des Wirtschaftsliberalismus und eines liberal-parlamentarischen Regierungssystems kennen gelernt. 1847 übernahm er die Redaktion der Zeitung »Il Risorgimento« (Die Wiedererstehung), die die These von der italienischen Berufung Sardinien-Piemonts verfocht. 1852 wurde er von König Viktor Emanuel II. als Repräsentant einer Parlamentsmehrheit gemäßigter und linker Liberaler zum

INFOBOX

Die Schlacht von Solferino

Im Italienkrieg 1859 kam es am 24. Juni im Raum von Solferino – zwischen Medole im Süden und San Martino im Norden – zwischen den verbündeten französischen und piemontesisch-sardischen sowie den österreichischen Truppen zur Begegnungsschlacht von Solferino. Die Schlacht, in der auf beiden Seiten jeweils rund 150 000 Mann kämpften, wurde zu einem blutigen Gemetzel. Nach dem Durchbrechen ihrer zentralen Stellung bei Solferino gaben die Österreicher den Kampf verloren und zogen sich geordnet nach Osten hinter den Mincio zurück. Die Schlacht, die über 22 000 Tote und Verwundete forderte, gab den Anstoß zur Gründung des Roten Kreuzes durch Henry Dunant.

Die Niederlage hatte für Österreich erhebliche innenpolitische Folgen, da mit ihr die Zeit des Neoabsolutismus endete und der österreichische Nationalstaat gegründet wurde.

Ministerpräsidenten berufen, was dieser lange abgelehnt hatte. An die Spitze trug ihn sein Engagement nicht allein für den Erhalt des Statuto Albertino, der von Karl Albert 1848 gewährten und nach der Revolution von Konservativen und auch vom neuen König infrage gestellten Konstitution, sondern auch für die Grundlegung einer liberalen und parlamentarischen Verfassungswirklichkeit.

Für die Durchsetzung eines de facto parlamentarischen Regierungssystems in der konstitutionellen Monarchie wurden Cavours Berufung selbst und dann seine lange mehrheitsgestützte Ministerpräsidentschaft entscheidend. Seine Politik gestaltete das Königreich Viktor Emanuels zum Modell zukünftiger italienischer Nationalstaatlichkeit um – durch die Parlamentarisierung des politischen Systems, durch die genauso in den Traditionen des klassischen Liberalismus liegende Beschränkung politischer Beteiligung im aktiven und passiven Wahlrecht auf eine recht schmale soziale Elite. Aber auch die Auflösung des Ineinanders von Staat und Kirche und die Beschneidung gesellschaftlicher Macht des Klerus trugen zu dieser Umgestaltung bei, ebenso die staatlichen Initiativen zur Modernisierung des Verkehrs- und Bankenwesens, der Landwirtschaft, zur Entwicklung moderner Industrie und der Übergang zum Freihandel.

ZITAT

Aus Garibaldis Rede an die »Tausend«:
Dieses Volk ist sein eigener Herr; es will der Bruder anderer Völker sein, aber ohne vor ihnen auf dem Bauch zu kriechen und sie um die eigene Freiheit anzuflehen … An die Waffen! Alle von euch!

Die nationale Idee war wohl eine Triebkraft in Cavours Politik, aber keinesfalls in jenem absoluten Sinne

Mazzinis oder Garibaldis. Seine nationale Politik zielte dahin, die Gefährdungen und Hindernisse bürgerlichen Fortschritts zu beseitigen, wie er sie zum einen in den stagnierenden und repressiven Zuständen Italiens erkannte, zum anderen in der Kraft der nationalrevolutionären Bewegung fürchtete, welche aus Cavours Sichtweise gerade ein Resultat jener Zustände war.

Diesem Ansatz entsprach, dass Cavour zunächst keineswegs an eine den ganzen geographischen Begriff Italiens umfassende Nationalstaatsgründung dachte, sondern nur jenen Raum anvisierte, in dem die Voraussetzungen für eine Übertragung des piemontesischen Modells gegeben waren, also Nord- und Mittelitalien. Dazu war Österreich aus Italien zu verdrängen, was zugleich der piemontesischen Machtpolitik und den Aversionen des Königs entsprach. Den Kampf gegen Österreich, das war eine der Lehren, die Cavour aus dem Jahr 1848/49 gezogen hatte, durfte Piemont allein nicht aufnehmen: Es brauchte den Rückhalt einer europäischen Großmacht.

»Das Sammeln der Gebeine der bei Solferino Gefallenen«, Holzstich (1870) nach einer Zeichnung von Ange Louis Janet-Lange (Berlin, Sammlung Archiv für Kunst und Geschichte)

100563

Krieg in Oberitalien

Die große Chance eröffnete sich mit dem Krimkrieg: Im Frühjahr 1855 stellte sich Piemont an die Seite der Westmächte und nahm im Kreis der großen europäischen Mächte 1856 an den Friedensverhandlungen in Paris teil. Zu diesem Prestigegewinn gelang es Cavour, das Thema Italien in die Kongressdiskussion über friedensgefährdende europäische Unruheherde einzubringen, Piemont als Sprachrohr der Italiener und Österreich als Verursacher der italienischen Spannungen darzustellen.

Wichtiger war die Auflockerung der internationalen Mächteverhältnisse durch die Niederlage der konservativen Vormacht Russland, durch die beide Seiten verprellende Unsicherheit der Wiener Außenpolitik während des Kriegs und durch die im Krieg gesteigerten Hegemonialambitionen Napoleons III. Wenn der Kaiser der Franzosen in der Situation Italiens und im Gegensatz zwischen Piemont und Österreich einen Ansatzpunkt zur Machtsteigerung Frankreichs sah, so erkannte Cavour in Napoleon den möglichen Verbündeten zur Durchsetzung

Luftaufnahme der von Wällen und Bastionen des 16. und 17. Jh. umgebenen Altstadt von Lucca, bis 1799 Republik und erst seit 1847 Teil des Großherzogtums Toskana

50558

100880

Im Vorfrieden von Villafranca hatten sich Franz Joseph I. von Österreich (rechts) und Napoleon III. von Frankreich (links) über die Köpfe der Italiener hinweg geeinigt (zeitgenössische Lithographie).

Piemonts in Italien. Es entwickelte sich ein mehrjähriges geheimes Verhandlungsspiel.

Währenddessen wurde die internationale Öffentlichkeit mit sorgfältig inszenierten Aufführungen beschäftigt – etwa mit dem rührseligen Abschiedsbrief des blutig gescheiterten und zum Tode verurteilten Napoleon-Attentäters Felice Orsini, der den Kaiser bat, Italiens Befreiung und Einigung zu ermöglichen; mit der Hochzeit einer Tochter Viktor Emanuels und eines Vetters des Kaisers; mit der lauten Klage in Viktor Emanuels Neujahrsansprache 1859 über den »Schmerzensschrei« Italiens.

Entscheidend wurden die Absprachen zwischen Napoleon und Cavour in Plombières Ende Juli 1858, die im Dezember in einem Vertrag fixiert wurden. Dieser sah die Vertreibung der Österreicher aus Italien durch einen gemeinsamen Angriff unter dem Oberbefehl Napoleons vor, die Vergrößerung Piemonts um die Lombardei, Venetien und Teile Mittelitaliens, die Errichtung eines italienischen Staatenbunds; dafür sollte Piemont Savoyen, die Stammlande der Königsfamilie, und Nizza abtreten. Trotzdem zögerte Napoleon, den Krieg zu beginnen, indessen Cavour schon seit dem Herbst 1858 offen die Armee aufrüstete, italienische Freiwilligenverbände aufstellte, darunter die »Alpenjäger« Garibaldis, und die Società Nazionale zur Vorbereitung von Aufständen hinter den österreichischen Linien aufforderte.

Die damit beabsichtigte Provokation gelang: Am 23. April forderte die Wiener Regierung Piemont auf, in drei Tagen mit der Abrüstung seiner Armee zu beginnen

ZITAT

Aus einem Brief des Diplomaten Graf Vitzthum von Eckstädt vom 6. 5. 1860 aus London:
... Garibaldi soll seine Entlassung aus dem sardinischen Kriegsdienst genommen haben. Die augenfällige Konnivenz der sardinischen Regierung wird durch den Umstand entschuldigt, dass Garibaldi, in Nizza geboren, aufgehört habe, Viktor Emanuels Untertan zu sein.

INFOBOX

Die Gründung des Roten Kreuzes

Die Idee zur Gründung des Roten Kreuzes entstand auf den Kriegsschauplätzen Oberitaliens. Der Genfer Bankier und Schriftsteller Henry Dunant sah als Journalist das Elend der Kriegsverletzten nach der Schlacht von Solferino und verfasste darüber 1862 den erschütternden Bericht »Eine Erinnerung an Solferino«.

Auf Dunants Betreiben wurde 1863 das Internationale Komitee zur Unterstützung der Verwundeten gegründet. Eine internationale Konferenz erarbeitete die am 22. 8. 1864 von zwölf europäischen Staaten unterzeichnete Genfer Konvention. Sie verpflichtete Krieg führende Mächte dazu, Ambulanzen, Militärkrankenhäuser und deren Personal als neutral zu behandeln und zu schützen sowie verwundete oder kranke Heeressoldaten ungeachtet ihrer Nationalität zu versorgen.

In der Folgezeit wurde die Konvention auch auf Verwundete der Marine, Kriegsgefangene und Zivilisten ausgedehnt. Das Rote Kreuz war geboren. Ein internationales Komitee koordiniert die Arbeit der jeweiligen nationalen Organisationen.

Hatte Dunant aus dem Geist christlicher Barmherzigkeit heraus ein Mindestmaß an Humanität im Krieg durchgesetzt, so forderten andere die Abschaffung des Krieges überhaupt. Die gemeinsame Verleihung des ersten Friedensnobelpreises 1901 an den greisen Dunant und den Gründer der pazifistischen Internationalen Friedensliga, Frédéric Passy, trug beiden Rechnung.

und vor allem jene Freiwilligenverbände aufzulösen. Cavour wies das Ultimatum zurück. Ohne schweren Prestigeverlust konnte Napoleon den kriegsentschlossenen Schützling nicht mehr preisgeben, sodass er nun seine Zusage erfüllen musste.

Der Vorfriede von Villafranca

Zunächst drang die österreichische Italienarmee in Piemont ein, musste sich aber zurückziehen, als Anfang Mai die Armee Napoleons auf dem Kriegsschauplatz erschien. Nach etlichen Gefechten führte die erste »Monsterschlacht« des Feldzugs bei Magenta am 4. Juni zur Einnahme Mailands, die zweite bei Solferino am 24. Juni zum Einschluss der österreichischen Armee im Festungsviereck Mantua–Peschiera–Verona–Legnano. Wenige Tage später herrschte Waffenstillstand, und schon am 11. Juli schlossen Napoleon III. und Kaiser Franz Joseph den Vorfrieden von Villafranca, welcher Piemont nur die Lombardei bringen sollte.

Viktor Emanuel blieb nichts übrig, als diesen Alleingang des Verbündeten hinzunehmen, den dieser mit Rücksicht auf die internationale Situation, aber auch in Anbetracht der unerwarteten Eigendynamik der italienischen Nationalbewegung unternommen hatte. In Mittelitalien wurden die regierenden Fürsten vertrieben, und provisorische Regierungen proklamierten den Anschluss an Piemont. Rückgängig machen ließ sich das nicht mehr, wohl aber durch den Vorfrieden aufhalten.

Cavour erfuhr erst nachträglich von der Zustimmung des Königs und erklärte seinen Rücktritt. Ein halbes Jahr versuchte sich Viktor Emanuel an einer Art »persönlichem Regiment« mit schwachen Ministerpräsidenten, aber all die inneren und außenpolitischen Probleme bekam er nicht in den Griff, sodass er Cavour im Januar 1860 erneut berufen musste. Der übernahm zur Ministerpräsidentschaft nun auch Innen- und Außenministerium. Es gelang ihm recht bald, die mittelitalienischen Fragen im Zusammenspiel mit den dortigen liberalen Eliten zu lösen.

Die schreckliche Lage der Verwundeten auf den oberitalienischen Kriegsschauplätzen veranlasste den Schweizer Henry Dunant, der als Berichterstatter der Schlacht von Solferino beiwohnte, zur Gründung des Roten Kreuzes.

Der »Zug der Tausend« – Garibaldi und die Eroberung des Südens

Im Jahre 1807 wurde Garibaldi in Nizza geboren. 1833 trat er Mazzinis Giovine Italia bei und musste ein Jahr später nach einem Aufstandsversuch aus Piemont fliehen. 1835 wanderte Garibaldi nach Südamerika aus, wo sein zweites Leben begann, das eines Guerillaführers an der Spitze kleiner Verbände italienischer Emigranten im Dienst Uruguays gegen den übermächtigen argentinischen Nachbarn.

Als er im Juni 1848 an der Spitze einer »italienischen Legion« in Nizza landete, war sein Name schon bekannt; seine Leistungen in Oberitalien im Sommer 1848 und bei der Verteidigung der Römischen Republik sowie der nachherige »lange Marsch« machten ihn berühmt und zu einem charismatischen Führer der Nationalbewegung. Jetzt und später blieb seine Kriegführung geprägt von jener Guerillaerfahrung, derzufolge im Kampf alles auf Risikobereitschaft, Offensivgeist und Improvisation ankäme. Er war Republikaner, insofern Demokrat, aber

ZITAT

Theodor Heuss, der erste Bundespräsident der Bundesrepublik Deutschland, über den Gründer des Roten Kreuzes:

Henry Dunant hat Geschichte gewirkt, wenn nicht Menschheitsgeschichte, so doch Geschichte der Menschlichkeit. Er hat ein Symbol geschaffen, das Rote Kreuz, und mit ihm Trostkraft für Millionen.

100264

Darstellung der Schlacht von Calatafimi bei Marsala in Westsizilien am 15. 5. 1860 zwischen Garibaldis Truppen und den Streitkräften des Königreichs Neapel-Sizilien. Mit dem Einzug Garibaldis in Palermo am 27. 5. war eine wichtige Etappe der italienischen Einigungsbestrebungen erreicht.

vor allem war er Nationalist, bereit, mit dem zusammenzugehen, der die Unabhängigkeit und Einheit der Nation über alles stellte, und nie bereit, wegen parteilicher Dogmen die Einheit der Nationalbewegung und der Nation selbst zu gefährden.

Politiker erschienen ihm grundsätzlich suspekt, insbesondere in Kriegszeiten, weshalb er in solchen Situationen eine Diktatur auf Zeit forderte. Das galt besonders für Cavour, als Garibaldi zu der Auffassung kam, dass der Ministerpräsident gar keine vollständige Einheit Italiens wollte, sondern nur ein Großpiemont, und dass er sich als Erfüllungspolitiker gegenüber Napoleon III. an Italien versündigte. Denn Cavour war bereit, die vereinbarte Abtretung Savoyens und Nizzas durchzusetzen, um die französische Zustimmung zum Anschluss der mittelitalienischen Staaten zu sichern.

Garibaldi verursachte am 12. April 1860 im Turiner Parlament einen nichts mehr nützenden Aufruhr, um die Preisgabe Nizzas im letzten Augenblick zu verhindern. Danach war das Verhältnis heillos zerrüttet, und Garibaldi hielt sich für verpflichtet, die Sache Italiens durch einen Angriff auf das Königreich beider Sizilien von Süden her bis zur Einnahme Roms durchzufechten.

Das Abenteuer begann in der Nacht vom 5. auf den 6. Mai mit der Kaperung zweier Dampfer im Hafen von Genua und mit der Einschiffung der »Tausend«, schlecht bewaffnet und fast ohne sonstige Mittel. Am 11. Mai gelang die Landung im äußersten Westen Siziliens. Vier Tage später schlugen sie eine überlegene Truppe bei Calatafimi und zwangen am 27. Mai den Kommandeur von Palermo zur Kapitulation. In den folgenden Wochen wuchs die Freischar auf 10 000 Mann an, die gegen Ostsizilien vorgingen und erneut den überlegenen Gegner bei Milazzo am 20. Juli schlugen. Garibaldi konnte am 19. August über die Straße von Messina setzen.

In Kalabrien brachen Aufstände aus, und der weitere Vormarsch der zuletzt fast 50 000 Mann umfassenden Verbände Garibaldis glich mehr einem Triumph- als einem Feldzug. Am 7. September ritt er mit ein paar Begleitern in Neapel, der Hauptstadt des Königreichs, ein. Erst danach leistete die Armee Franz' II. ernsthaften Widerstand, aber in der Schlacht am Volturno bewiesen Garibaldi und seine Anhänger, dass sie auch große Schlachten gewinnen konnten.

Szene aus Giuseppe Verdis Oper »Nabucco«, aufgenommen im Mai 1987 während einer Probe an der Pariser Bercy Hall. Mit dem berühmten Gefangenenchor spielt der Komponist, Anhänger des Risorgimento, auf die Befreiungsbewegung in Italien an.

100562

Indessen hatte sich Garibaldi zum Diktator Siziliens ernannt, die Diktatur dann auf Süditalien ausgedehnt. Ihr Zweck war, den nationalrevolutionären Krieg bis zur Eroberung Roms ungestört von Interventionen Cavours fortführen zu können. Er beabsichtigte nie, im Süden eine demokratisch-republikanische Alternative zum piemontesischen Nationalstaatssystem zu entwickeln. Als Diktator, so sah er es selbst, vertrat er Viktor Emanuel, und so zögerte er nicht, am 26. Oktober die Macht dem König zu übergeben.

Die Vollendung des italienischen Nationalstaats

Als wirkliche Niederlage empfand Garibaldi die Beendigung seines Siegeszuges vor Erreichen des höchsten Zieles: Denn Cavour war zu einer Verständigung mit

In Rom wurde eine gewaltige Anlage, das Monumento Vittorio Emanuele, zum Andenken an den König des vereinigten Italien errichtet.

101171

Napoleon gelangt, welche Piemont erlaubte, Umbrien und die Marken zu annektieren, aber den somit auf Latium verkleinerten päpstlichen Staat garantierte. Wie schmerzlich für Garibaldi dies blieb, bewiesen weitere Anläufe zur Eroberung Roms.

Im Herbst 1867, in der Krise Italiens nach dem Krieg von 1866 gegen Österreich, in dem nur Garibaldis Truppe Erfolge, Italien schließlich aber durch den Sieg Preußens über die Österreicher gleichwohl den Gewinn des Veneto hatte verzeichnen können, führten dann neu aufgebotene Freischaren einen Kleinkrieg im Kirchenstaat. In einem Gefecht bei Mentana im November 1867 wurden die Garibaldiner von der französischen Schutztruppe schwer geschlagen. Mentana bedeutete das Ende der aktiven Rolle Garibaldis bei der italienischen Nationalstaatsgründung. Rom fiel 1870 im Zeichen der französischen Niederlage im Deutsch-Französischen Krieg fast widerstandslos an Italien.

Erst Garibaldis Aktion von 1860 hat die äußeren Konturen des italienischen Nationalstaats umrissen. Aber sie war nur möglich, weil Cavours Politik den fundamentalen Umbruch der italienischen Verhältnisse im Krieg von 1859 vorbereitet hatte. Insofern verbanden sich 1859/60 in einer weiteren Perspektive die beiden Richtungen der italienischen Nationalbewegung, die demokratisch-revolutionäre und die liberal-reformistische Richtung.

Zwar setzte sich Cavours Konzeption italienischer Nationalstaatlichkeit durch. Die Tradition der demokratischen Bewegung ließ sich nach Garibaldis Eroberung des Südens aus der italienischen Geschichte aber nicht mehr wegdenken. Daran erinnerte auch die Titulatur des vom ersten gesamtitalienischen Parlament im Februar 1861 zum König proklamierten Viktor Emanuel: Viktor Emanuel II. – was die piemontesische Kontinuität betonte – »König von Italien durch Gottes Gnade und durch den Willen des Volkes«. Cavour überlebte diesen letzten Triumph nur um wenige Monate. Er starb am 6. Juni 1861. *Wolfgang Altgeld*

Zerstritten und autoritär: Frankreichs innenpolitische Auseinandersetzungen zwischen 1850 und 1918

Die Ereignisse des Februars 1848 und die Wirtschaftskrise, die vor allem das Kleinbürgertum und die Bauern hart traf, hatten in Frankreich wieder sozialistische Forderungen nach oben gespült. In der Auseinandersetzung um deren Eindämmung setzte sich bald die plebiszitär-cäsaristische Herrschaftstechnik des Bonapartismus durch, wie ihn Charles Louis Napoléon Bonaparte praktizierte.

Charles Louis Napoléon Bonaparte – oder Louis Napoléon, wie man ihn kurz nannte – war der Neffe Napoleons I., sein Vater war dessen Halbbruder. Im Wesen eher schüchtern, erwachte in ihm unter dem Einfluss seiner ehrgeizigen Mutter Hortense de Beauharnais ein »napoleonisches Sendungsbewusstsein«, das ihn 1836 und 1840 zu zwei dilettantischen Umsturzversuchen verleitete. Zu lebenslanger Haft verurteilt, konnte er 1846 nach London fliehen.

Im Gefängnis und im Londoner Exil hatte er sich eine Weltanschauung entwickelt, in der so ziemlich alle ideologischen Strömungen seiner Zeit ihren Niederschlag fanden. Sozialismus à la Saint-Simon umfasste sie ebenso wie Revolution und Ordnung, Liberalismus und Autorität; im Mittelpunkt stand sein Glaube an das Volk. Seine Zeitgenossen beurteilten ihn als Kosmopolit, Fantast, Abenteurer, Emporkömmling, den man politisch nicht ernst nehmen müsse. Schon bald nach seiner Wahl in die Nationalversammlung im November 1848 begann Louis Napoléon jedoch sein Ziel, die Wiedererrichtung des Kaiserreichs, zu verfolgen.

Er nutzte das Sicherheitsbedürfnis des Besitzbürgertums vor den revolutionären Forderungen der Pariser Arbeiterschaft, die Deklassierungsängste der Bauern und die wachsende Not der städtischen Unterschichten gleichermaßen für die Etablierung einer autoritären Staatsform. Bereits die neue republikanische Verfassung vom 4. November 1848 hatte die Arbeiterrechte wieder eingeschränkt und an die Spitze der Exekutive einen – bei vierjähriger Amtszeit allerdings nur einmal wählbaren und direkt vom Volk bestimmten – Präsidenten gestellt.

Kaiser Napoleon III. versuchte durch Arbeitsbeschaffung v. a. bei der Umgestaltung von Paris die Lage der Unterschichten zu verbessern. Als er bei Sedan 1870 in preußische Kriegsgefangenschaft geriet, wurde in Paris die Republik ausgerufen.

Bei dessen Wahl im Dezember 1848 siegte der von den Orléanisten und der Kirche unterstützte Louis Napoléon überraschend klar.

Er nutzte geschickt den napoleonischen Mythos und die Hoffnungen auf einen »starken Mann« aus. Zahlreiche Reisen in die Provinz steigerten die Popularität des »Prince-Président«. Als die konservative Parlamentsmehrheit 1850 das allgemeine Wahlrecht beschränkte, suchte er dieses wiederherzustellen und vor allem seine Wiederwählbarkeit durchzusetzen. Da dies misslang, löste er am 2. Dezember 1851 die Nationalversammlung auf, ließ deren führende Oppositionspolitiker verhaften, setzte die Verfassung außer Kraft und erklärte sich am 2. Dezember 1852 zum Kaiser, wobei er beide Staatsstreiche durch Volksabstimmungen absi-

100913

Deutsche Soldaten in der Umgebung von Sedan auf einer Fotografie von Felice A. Beato. Der deutsche Sieg bei Sedan im Deutsch-Französischen Krieg bedeutete das Ende des französischen Kaiserreichs.

cherte. Zur Erinnerung an das erste Kaiserreich und seinen Onkel Napoleon I. nahm er den Namen Napoleon III. an.

Gestützt auf die Armee sowie auf die Kirche, die mit der konservativen Schulgesetzgebung 1850 ihre traditionelle Ordnungsmachtfunktion wieder erlangt hatte, errichtete Napoleon III. ein mit scheinkonstitutionellen Formen bemänteltes plebiszitäres Regime. Die gesetzgebenden Körperschaften wurden zwar noch immer durch allgemeine Wahlen bestimmt, sie waren jedoch von jeder wirksamen Regierungskontrolle ausgeschaltet. Im Rahmen dieses »Empire autoritaire« konnte der Kaiser eine nahezu autokratische Machtfülle in Anspruch nehmen, die er zur polizeistaatlichen Unterdrückung der Opposition, zur Reglementierung der Presse und zur Durchsetzung umfangreicher, der Arbeitsbeschaffung und damit ebenfalls der Revolutionsprophylaxe dienender Bauprogramme nutzte.

In diesem Zusammenhang erfolgte unter dem Präfekten Baron Georges Eugène Haussmann die städtebauliche Sanierung von Paris. Sie diente allerdings auch dazu, das revolutionäre Potenzial der Pariser Arbeiterschaft zu disziplinieren, denn die großzügig angelegten Boulevards waren nicht mehr so einfach zu verbarrikadieren wie zuvor die engen Gassen.

Mit den Weltausstellungen 1855 und 1867 präsentierte sich Frankreich international als eine der führenden Industrienationen. Der sich in einer expandierenden Großindustrie, bedeutenden Bankengründungen und wachsenden Kapitalexporten manifestierenden Prosperität entsprach die erfolgreiche Außenpolitik Napoleons III., die die Revision der Ordnung des Wiener Kongresses und eine neue Machtposition Frankreichs zum Ziel hatte. Mit seinem Engagement an der Seite Großbritanniens im Krimkrieg 1854–56 durchbrach Frankreich die äußere Isolation, untergrub die Vormachtstellung Russlands und konnte auf dem Pariser Friedenskongress 1856 als Vermittler auftreten. In der italienischen Einigungsbewegung im Sardinisch-Französisch-Österreichischen Krieg 1859 gelangen der Sieg über Österreich und damit territoriale Zugewinne.

Nicht zuletzt vor dem Hintergrund der weiteren Expansion der französischen Kolonien stand das Zweite Kaiserreich um 1860 auf seinem Höhepunkt. Es sah sich aber innenpolitisch einer seit 1863 wachsenden parlamentarischen Opposition gegenüber, die sich mit der

Unter dem Pariser Präfekten Baron Georges Eugène Haussmann wurde Paris städtebaulich großzügig saniert. Der kolorierte Stahlstich (um 1875) zeigt die von Charles Garnier 1862–75 erbaute Grand Opéra und ihre Umgebung aus der Vogelschau (Paris, Privatsammlung).

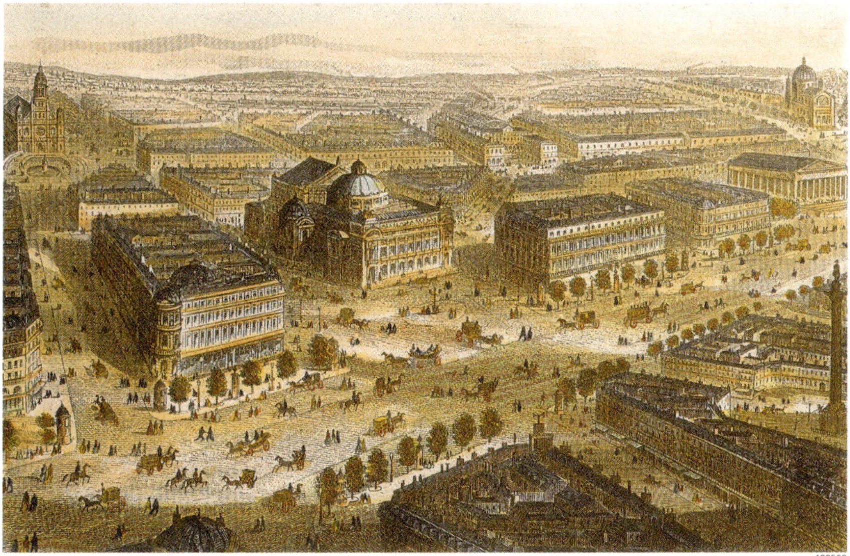

100563

protektionistischen Kritik am Freihandelsprinzip des 1860 mit Großbritannien geschlossenen Cobden-Vertrages, mit dem Scheitern der militärischen Mexikoexpedition und dem Unvermögen, den preußisch-österreichischen Gegensatz zu Gebietsgewinnen am Rhein oder in Belgien und Luxemburg zu nutzen, verstärkte. Gerade der preußische Sieg bei Königgrätz 1866 und die erfolgreiche, auf eine kleindeutsche Einigung abzielende Politik Otto von Bismarcks wurden als Demütigung Frankreichs empfunden, zumal der Versuch eines französisch-österreichisch-italienischen Bündnisses an der Römischen Frage scheiterte.

Um sein Ansehen zu festigen, kam Napoleon III. daher den innenpolitischen Reformforderungen nach, gestaltete sein Regime in ein konstitutionelles »Empire libéral« um, ließ eine Stärkung des Parlaments und rechtsstaatliche Garantien zu und berief nach den Wahlen 1869 ein liberales Reformkabinett unter Émile Ollivier. Doch führte der von französischer Seite aus

ZITAT

In einem Brief an Prinz Napoleon, den Sohn von Jérôme Bonaparte, schreibt Napoleon III. am 6. 11. 1852:

Die Einzelnen gewinnt man durch kleine Mittel, wie man die Massen durch große Maßnahmen an sich zieht.

INFOBOX

Eugénie, Kaiserin der Franzosen

Eugénie (1826–1920), Tochter des spanischen Grafen Montijo, lebte nach dem Tod des Vaters mit ihrer Mutter in Paris, wo sie durch ihre Schönheit, Klugheit und ihre Leidenschaft für die Politik zu einer viel beachteten Erscheinung wurde. 1853 heiratete sie Napoleon III. und spielte eine glanzvolle und, v. a. in der zweiten Hälfte des »Second Empire«, politisch bedeutsame Rolle.

Als überzeugte Katholikin suchte Eugénie die päpstliche Herrschaft gegen die italienische Nationalbewegung zu stützen, förderte in der deutschen Frage die antipreußischen Kräfte zugunsten der proösterreichischen und setzte sich 1866 für eine französische Intervention ein. Sie drängte zum militärischen Engagement in Mexiko und schloss sich 1870 der Kriegspartei an, um die Position der napoleonischen Dynastie zu sichern und das nach der Schlacht von Königgrätz verlorene politische Übergewicht Frankreichs auf dem Kontinent zurückzugewinnen.

Nach Kriegsbeginn 1870 war sie – wie schon 1859 und 1865 – wegen der Abwesenheit Napoleons III. Regentin. Nach der militärischen Niederlage und der Proklamation der Dritten Republik floh sie aus Paris und verbrachte ihr langes Exil als »Gräfin von Pierrefonds« vorwiegend in Großbritannien, der Schweiz und an der Riviera.

100880

In Gustave Caillebottes Gemälde »Straße in Paris. Regenwetter« erkennt man die schnurgeraden, einheitlich bebauten Straßenzüge der Haussmann-Ära (1877; Chicago, Ill., Art Institute).

verletztem Hegemonialanspruch bewusst in Kauf genommene Ausbruch des Deutsch-Französischen Krieges von 1870/71 mit der Gefangennahme Napoleons III. nach der Niederlage der französischen Armee bei Sedan am 2. September 1870 zum Zusammenbruch des Kaisertums.

Verfassungspolitische Spannungen und Konsolidierung 1871–79

Unter dem Druck eines in Paris ausbrechenden Arbeiteraufstandes proklamierte Léon Gambetta am 4. September 1870 die Dritte Republik, deren zunächst von der Linken geführte Regierung den Krieg gegen Deutschland durch eine von den Provinzen aus organisierte Rekrutenaushebung, die »levée en masse«, fortsetzte, die Kapitulation der von deutschen Truppen eingeschlossenen Hauptstadt am 28. Januar 1871 jedoch nicht verhindern konnte. Die am 13. Februar in Bordeaux konstituierte Nationalversammlung ließ die Verfassungsfrage offen, da ihre monarchistische Mehrheit in Legitimisten, Orléanisten und Bonapartisten zerfiel. Adolphe Thiers, der zum Chef der Exekutivgewalt und später zum Präsidenten ernannt wurde, stimmte dem Präliminarfrieden von Versailles vom 26. Februar und damit der Abtretung von Elsass und Lothringen sowie der Zahlung von fünf Milliarden Francs Reparationen an das Deutsche Reich zu.

Der französische Marschall Maurice Graf von Mac-Mahon wurde nach der Niederschlagung des Aufstands der Pariser Kommune zum Symbol einer konservativen Ordnung. 1873 wurde er zum zweiten Präsidenten der Dritten Republik gewählt, musste aber 1879 wegen seiner royalistischen Einstellung zurücktreten.

Daraufhin kam es aus patriotischem Widerstand gegen den Waffenstillstand wie aus sozialem Protest gegen die konservative Republik zum Aufstand der Pariser Kommune. Der Kampf zwischen der Nationalversammlung und der von einer zersplitterten, extremen Linken geführten Kommune, deren Charakter zwischen einem sozialistischen städtischen Selbstverwaltungsmodell und einer nationalen Gegenregierung schwankte, wurde nach verlustreichen militärischen Auseinandersetzungen zugunsten der Ordnungskräfte der Nationalversammlung entschieden. Zugleich trennte dieser Konflikt die gemäßigten und radikalen Republikaner unter Jules François Camille Ferry und Gambetta von den Revolutionären, ließ auch die gemäßigten Orléanisten sich für die Republik engagieren und begründete einen nicht nur für die französische Arbeiterbewegung bedeutenden revolutionären Mythos.

Nachdem Thiers durch vorzeitige Zahlung der Reparationen bereits 1873 den Abzug der deutschen Besatzung erreicht hatte, er jedoch angesichts der noch immer offenen Verfassungsfrage aufgrund seiner republikanischen Absichten von den Monarchisten gestürzt und von dem legitimistischen General Mac-Mahon abgelöst worden war, schien die Restauration der Monarchie bevorzustehen. Doch Henri Charles de Bourbon, Graf von Chambord, der sich als bourbonischer Prätendent bereits Henri V. nennen ließ, weigerte sich, eine vom Parlament erarbeitete Verfassung und die Trikolore anzuerkennen.

So beschloss die Nationalversammlung 1875 mit nur einer Stimme Mehrheit die republikanisch-parlamenta-

880

Im Verlauf des Aufstands der Pariser Kommune wurde am 16. 5. 1871 die Bronzestatue Napoleons I. von der Säule auf der Place Vendôme in Paris gestürzt.

rische Staatsform und schrieb sie noch im selben Jahr durch drei – mit Ergänzungen bis 1940 geltende – Verfassungsgesetze fest. Erst der vorzeitige Rücktritt MacMahons nach wiederholten Wahlerfolgen der Republikaner und die Präsidentschaft von Jules Grévy, die 1879 den latenten Verfassungskonflikt beendeten, sicherten jedoch deren Bestand. Dieser beruhte vor allem auf dem wachsenden ökonomischen und politischen Gewicht des mittleren Bürgertums, das die alte Notabelnelite ablöste.

Die Republik der Opportunisten

Während das Großbürgertum seine Schlüsselstellung in Wirtschaft und Bankwesen ausbaute und der Adel besonders in den westlichen Landesteilen wie in der Armee seine Führungsrolle bewahrte, trug der Verzicht auf grundlegende Sozialreformen den gemäßigten Republikanern den Vorwurf des Opportunismus ein, wenngleich ihr Kurs eines schrittweisen innenpolitischen Ausgleichs unter Ferry in den 1880er-Jahren zur Liberalisierung des Pressegesetzes, zu einer Reform der Munizipalordnung und des Justizwesens, zur Zulassung von Gewerkschaften und vor allem zur Laisierung des modern ausgebauten Bildungswesens führte. Nicht minder umstritten war die ebenfalls vonseiten der monarchistischen wie klerikalen Rechten und radikalen Linken attackierte außenpolitische Linie der »opportunistischen« Republikaner, die eine weitere, als Unterstützung des Industriebürgertums gedachte Expansion des Kolonialreiches in Nordafrika und Indochina betrieben.

100913

Als Unterrichtsminister bekämpfte der Linksrepublikaner Jules Ferry den Einfluss der geistlichen Orden im Schulwesen. 1880–81 und 1883–85 war er französischer Ministerpräsident (Aufnahme aus dem Atelier Nadar).

Besonders jedoch die ökonomische Krise der »Großen Depression« erschütterte die Stellung der regierenden Republikaner, stärkte in den Wahlen 1885 Monarchisten wie Radikale und verhinderte in der Folge klare Mehrheiten und stabile Regierungen. Eine auf der Rechten wie der Linken anhaltende Enttäuschung über die Ausgleichspolitik gegenüber Deutschland und über ausbleibende soziale Reformen ließ die antiparlamentarisch-nationalistische Bewegung um den Kriegsminister Georges Boulanger großen Zulauf gewinnen und brachte das Land an den Rand eines Staatsstreiches. Diese Gefahr war erst 1891 nach dem Tod des Generals gebannt.

In der Folgezeit sammelten sich die Unzufriedenen in kleinbürgerlichen, nationalistisch-autoritären Gruppie-

100913

Émile Zola begeisterte sich seit 1888 für die Fotografie, der er eine bedeutende Rolle bei der Erkennung der Wirklichkeit zusprach. Insgesamt machte er ca. 6 000 Fotografien, die er auch selbst enwickelte. Die Aufnahme des Hafens von Le Havre zeugt vom Blick aufs Detail der schwierigen Lebensumstände.

rungen auf der einen und in der rasch anwachsenden sozialistischen Bewegung unter Alexandre Étienne Millerand und Jean Jaurès auf der anderen Seite. Die innenpolitische Polarisierung verstärkte sich in den 1890er-Jahren durch den Panamaskandal, mehr noch aber durch die Dreyfusaffäre. Die heftige Kontroverse um den 1894 zu Unrecht wegen Spionage verurteilten jüdischen Offizier Alfred Dreyfus führte auch zu Parteigründungen: 1901 konstituierte sich der »Parti radical et radical-socialiste« und 1905 der »Parti socialiste«. Zugleich entstanden durch sie mit der rechten Action française und der linken Liga für Menschenrechte Aktionskomitees, deren Struktur über das bisherige Honoratiorensystem hinausreichte.

Die Republik der Radikalen

Der Aufstieg der sozialistischen Arbeiterbewegung ließ die vom mittleren Bürgertum getragenen Radikalen, die in den Wahlen 1898 mit den Republikanern den siegreichen »Bloc républicain« bildeten, in die politische Mitte rücken, mit dem Kabinett unter Pierre Waldeck-Rousseau 1899–1902 eine für ihr egalitäres Republikverständnis bezeichnende, strikt antiklerikale Linie einschlagen und im Verein mit den unter Jaurès auf einen reformistischen Kurs einschwenkenden Sozialisten den Kulturkampf forcieren. Dieser bildete seit 1902 die Basis der Ministerpräsidentschaft von Émile Combes und wurde 1905 mit der gesetzlichen Trennung von Kirche und Staat entschieden. Wenngleich die Sozialisten auch die Anfänge einer Sozialversicherung und des Arbeiterschutzes initiieren konnten, so trennte sie das militärische Vorgehen des Ministerpräsidenten Georges Clemenceau gegen Unruhen unter südfranzösischen Winzern 1907 und die Unterdrückung der Streiks der syndikalistischen Gewerkschaften durch seinen Nachfolger

INFOBOX

Die Dreyfusaffäre

Im Dezember 1894 wurde der französische Artilleriehauptmann Alfred Dreyfus, von Geburt Elsässer und jüdischer Abstammung, von einem Militärgericht in einem regelwidrigen Verfahren für schuldig befunden, militärische Informationen an die deutsche Botschaft verraten zu haben, und zu lebenslänglicher Deportation auf die Teufelsinsel (Französisch-Guayana) verurteilt.

Das wichtigste Beweismittel war ein angeblich von Dreyfus, tatsächlich von dem Major Marie Esterházy stammender Brief mit einer Liste (»bordereau«), der die Übergabe geheimer Papiere ankündigte. Zweifel an Dreyfus' Schuld wurden vom Generalstab unterdrückt, doch erzwang die erregte öffentliche Meinung schließlich die Revision. Émile Zolas offener Brief »J'accuse« (»Ich klage an«) an den Präsidenten der Republik, der am 13. 1. 1898 in Georges Clemenceaus Zeitung »L'Aurore« veröffentlicht wurde, hatte entscheidend dazu beigetragen.

Als ein neues Dreyfus belastendes Schriftstück sich als Fälschung erwies, wurde das Urteil aufgehoben; die Revisionsverhandlung vor dem Kriegsgericht in Rennes endete aber mit erneuter Verurteilung, freilich unter Zubilligung mildernder Umstände«, mit zehn Jahren Gefängnis (9. 9. 1899). Um den Prozess zu beenden, wurde Dreyfus vom Präsidenten der Republik, Émile Loubet, begnadigt.

Die uneingeschränkte Rehabilitierung erreichte er im Juli 1906, als der Kassationshof das Urteil von Rennes aufhob. Dreyfus wurde zum Major befördert und mit dem Orden der Ehrenlegion ausgezeichnet. Die französische Armee erkannte seine vollständige Unschuld aber erst 1955 an.

s. ZEIT Aspekte Dreyfusaffäre S. 544

Aristide Briand 1910 von der nur bedingt zu sozialen Reformen bereiten radikalen Regierung.

Mit dem Ausbruch des Ersten Weltkrieges und der deutschen Kriegserklärung an Frankreich vom 3. August 1914 wurden die Gegensätze zwischen der Regierungsmehrheit und den Sozialisten durch die sofortige Bildung einer »Union sacrée« zur gemeinsamen Verteidigung der Republik in den Hintergrund gedrängt. Unter dem Druck der militärischen Niederlagen musste das zeitweilig zur Übersiedlung nach Bordeaux gezwungene Parlament nun gegen die Eigendynamik der sich einer Kontrolle entziehenden Armeeführung ankämpfen. Der Wunsch nach ei-

100563

Die Titelseite der Zeitschrift »Le Petit Journal« vom 6. 3. 1898 zeigt das Plädoyer des Staatsanwalts im Prozess gegen Émile Zola wegen seiner Parteinahme für den zu Unrecht verurteilten französischen Offizier Alfred Dreyfus und seiner Kritik an der französischen Militärjustiz (Paris, Privatbesitz).

Nach seiner Begnadigung 1899 wurde Alfred Dreyfus (Mitte) schließlich 1906 vollständig rehabilitiert.

nem Verständigungsfrieden, Kriegsmüdigkeit (»Defaitismus«), sich häufende Meutereien an der Front führten 1917 zu einer Krise der französischen Widerstandskraft, die militärisch durch die Marschälle Henri Philippe Pétain und Ferdinand Foch, politisch durch Ministerpräsident Clemenceau überwunden wurde.

Die wesentlichen Bestimmungen des Versailler Vertrages waren das Werk Clemenceaus. Mit der Rückgliederung Elsass-Lothringens erreichte dieser zwar das Hauptziel der Revanchepolitik, weiter gehende Forderungen, wie etwa die dauerhafte Annexion des Saargebietes, scheiterten aber am Widerstand der anderen Großmächte. Jedoch wurde Frankreich der Hauptteil der deutschen Reparationen zugesprochen, und in Afrika sowie in Syrien gewann es bedeutende Mandatsgebiete; das französische Kolonialreich erreichte seine größte Ausdehnung. Gestützt auf seine Bündnisse mit Belgien, Polen, Jugoslawien, Rumänien und der Tschechoslowakei, wurde Frankreich wieder zur stärksten europäischen Festlandsmacht und zu einem gewichtigen Mitglied des Völkerbundes. *Klaus M. Lange*

Reformen und wirtschaftlicher Aufschwung im »Viktorianischen Zeitalter«: Großbritannien zwischen 1830 und 1918

Die britische Geschichte zwischen dem Wiener Kongress und dem Ersten Weltkrieg ist bestimmt durch eine Politik der Friedenswahrung nach außen, mit der Großbritannien als saturierte Macht den Kostenfaktor Krieg vermeiden wollte, und durch eine Politik der Reformen, mit der der innere Friede im Zeitalter der Öffnung des politischen Systems für breitere Bevölkerungsschichten erreicht werden sollte.

Sir Robert Peel war 1834/35 und 1841–46 britischer Premierminister. Er führte 1846 mit seinem Eintreten für die Abschaffung der Getreidezölle seinen Sturz als Premierminister herbei.

Der Kampf um das Wahlrecht

1829 ließ Arthur Wellesley, Herzog von Wellington, als Premierminister den Testact von 1673 aufheben und sorgte so für die politische Gleichstellung der Katholiken. Doch versagte er sich der bereits von Pitt dem Jüngeren geplanten Reform des Parlaments, das praktisch nur durch eine Minorität von Privilegierten gewählt wurde und Mitglieder einschloss, die durch fragwürdige Mittel zu ihrem Sitz gelangt waren: Wählerkauf und Aufstellung in Bezirken mit zurückgegangener Bevölkerung, den rotten boroughs.

Die Wahlen von 1830 zeigten, dass das System an seine Grenzen gelangt war. Viele Mandate, die jahrzehntelang in den Händen bestimmter Familien gewesen waren, gingen verloren, vornehmlich an Kandidaten, die sich für eine Parlamentsreform ausgesprochen hatten. Diese Ereignisse bestimmten vor allem die Whigs, sich mit einer Reform des repräsentativen Wahlsystems anzufreunden.

Der Weg wurde noch 1830 durch den Tod Georgs IV. frei. Ihm folgte sein weniger eigenwilliger Bruder Wilhelm IV., der den Whig Charles Grey zum Premier ernannte. Am 1. März 1831 brachten die Whigs ihre Gesetzesvorlage zur Wahlrechtsreform ein. Ihr Ziel war es, zum einen die Mittelschichten aus ihrem Bündnis mit den Unterschichten zu lösen und in das Lager der Verteidiger der bestehenden Ordnung zu ziehen und zum anderen jeder Reformdiskussion den Boden zu entziehen.

Der Vorschlag der Whigs sah vor, 168 Mandate zu kassieren und die Wahlkreise und Wahlrechtsvoraussetzungen zu verändern. Die kleinen und kleinsten Wahlkreise, die deutlich überrepräsentiert waren, sollten aufgelöst und die Einkommensgrenze für die Wahlberechtigung nach unten verschoben werden. Künftig sollten in den boroughs alle Eigentümer, Pächter und Mieter von Häusern mit einem Mietwert von zehn Pfund Sterling jährlich wahlberechtigt sein; in den Grafschaften dagegen blieb es bei einem Wert von vierzig Shilling.

In den beiden Häusern des Parlaments kam es über die Vorlage zu dramatischen Auseinandersetzungen und im ganzen Land zu hektischer Agitation. Die Neuwahlen vom April 1831 gewann die Regierung Grey überlegen. Die Vorlage wurde erneut eingebracht. Erneut versuchte ein Teil der Tories jede Reform zu verhindern, während eine Gruppierung um Robert Peel nach einem Kompromiss suchte.

Bei der Abstimmung am 10. März 1832 erzielte die Regierung im Unterhaus eine deutliche Mehrheit für ihre Vorlage. Allerdings musste auch das Oberhaus für die Vorlage gewonnen werden. Grey wollte dies über einen Pairsschub erreichen, den König Wilhelm verweigerte. Daraufhin trat die Regierung zurück. König Wilhelm beauftragte Wellington erneut mit der Bildung einer Regierung.

Typische Heckenlandschaft in der südenglischen Grafschaft Somerset. Nach Aufhebung der Kornzölle wurden viele Ackerflächen in Grasland umgewandelt. Die durch die Einhegung (enclosure) und spätere Flurbereinigungen entstandene Agrarstruktur machte Großbritannien im 19. Jh. zur führenden europäischen Agrarmacht.

286

Die drohende Tory-Regierung führte zu Protesten ungeahnten Ausmaßes. Nicht nur das Unterhaus lehnte sie ab, im ganzen Land kam es zu Kundgebungen und in deren Folge zu einer ernsten Finanzkrise, weil radikale Kräfte dazu aufgefordert hatten, die Steuern zu verweigern. Unter dem Eindruck der Proteste gab Wellington am 15. Mai den Auftrag zur Regierungsbildung zurück. Am 4. Juni verabschiedete das Oberhaus die Parlamentsreform, König Wilhelm stimmte drei Tage später zu. Sein Prestige hatte durch die Vorgänge erheblichen Schaden genommen.

Allerdings hatten sich jetzt wichtige Prinzipien des politischen Lebens verändert. Seit 1832 gilt der Grundsatz, dass eine britische Regierung die Mehrheit des Unterhauses hinter sich haben muss. Außerdem muss seitdem zwischen dem Willen von Parlament und Regierung einerseits und dem des Volkes andererseits prinzipielle Übereinstimmung bestehen.

Die Reform Bill von 1832 bewirkte zwar eine gerechtere Verteilung der Wahlbezirke und verdoppelte die Zahl der Wahlberechtigten auf knapp eine Million. Aber auch nach der Wahlrechtsreform, die vor allem der bürgerlichen Mittelschicht in den neuen industriellen Wirtschaftszentren zugute kam, verfügten nur 4,2 Prozent der Bevölkerung über das Wahlrecht. Die neue Wählerschaft fügte sich in die Tradition des politischen Lebens und in das entstehende Zweiparteiensystem aus Konservativen und Liberalen, die die Gruppierungen der Tories und Whigs ablösten.

1839 gründete der britische Wirtschaftspolitiker Richard Cobden, ein entschiedener Vertreter des Wirtschaftsliberalismus, die Liga gegen die Korngesetze (Anti-Corn-Law-League).

Das »Viktorianische Zeitalter« wird eingeläutet

Als Robert Peel 1834 zum Premierminister berufen wurde, fühlte er sich weniger als Minister der Krone denn als Parteiführer. In seinem »Tamworth Manifesto« vom Dezember 1834, dem ersten Parteiprogramm der Geschichte, bekannte er sich zu einem Kurs des Ausgleichs und zu behutsamen Reformen. Dieses Bekenntnis legte den Grundstein für den politischen Wiederaufstieg der Konservativen, zugleich begann die Partei in jenen Jahren mit dem Aufbau lokaler Parteiorganisationen. Zwar konnte sich Peel in den Wahlen 1835 nicht behaupten, doch gelang es ihm tatsächlich, auch aus der Opposition heraus einen Reformkurs durchzusetzen.

100264

Viktoria, Königin von Großbritannien und Irland; während ihrer langen Herrschaft (1837–1901) erlebte Großbritannien eine Blütezeit als Wirtschafts- und Kolonialmacht, aber auch eine Zeit kultureller Verflachung und Prüderie (Porträt nach einem Gemälde von Heinrich von Angeli).

Die Wahlen von 1841 brachten endlich den Wahlsieg für die Konservativen. Die Liberalen waren wegen ihrer Irlandpolitik unpopulär geworden und hatten wegen ihrer Interventionen zugunsten von Katholiken und Dissenters die Anhänger der Hochkirche gegen sich aufgebracht. Trotz der Wahlrechtsreform 1832 hatte sich die soziale Zusammensetzung des Unterhauses kaum geändert. 71 Prozent der Abgeordneten gehörten der hohen Aristokratie und der Gentry an, die sich mit den Interessen der großen Handelshäuser und der Banken verflochten. Das »neue« Bürgertum, das aus der Industrialisierung hervorgegangen war, war hingegen nur schwach vertreten.

Seine parlamentarischen Erfolge und die Einführung einer Einkommensteuer, die die staatliche Finanznot beseitigt hatte, erlaubten es Peel, in zentralen Fragen der Innenpolitik auf Zeit zu spielen. Die irische Frage, die Einführung des Zehnstundentages, die Reform der Agrarzölle, die Privilegien der Anglikanischen Kirche –

INFOBOX

Die Weltausstellungen

Die seit 1851 stattfindenen Weltausstellungen waren zunächst wissenschaftliche und technische Leistungsschauen der Industrienationen, bevor die ausstellenden Unternehmen sich auf Fachmessen präsentierten und bei den Weltausstellungen kulturelle Aspekte in den Vordergrund rückten.
Für die erste Weltausstellung 1851 in London, an der 25 Nationen teilnahmen, errichtete Joseph Paxton den »Crystal Palace« (Kristallpalast), der 1936 abbrannte. Er war eines der ersten großen Werke reiner Eisen- und Glasarchitektur und wurde in weniger als einem Jahr durchgehend aus genormten Gusseisen-, Holz- und Glasteilen über einer Grundfläche von mehr als 70 000 m^2 erstellt.
Immer wieder wurden v. a. von den frühen Weltausstellungen hinsichtlich der Architektur der Ausstellungsgebäude ebenso wie der Weltausstellungswahrzeichen Maßstäbe gesetzt, z. B. 1873 die Rotunde in Wien, 1889 der Eiffelturm in Paris, 1893 die »künstliche Stadt« in Chicago.

alle diese Probleme harrten der Lösung. Die steuerliche Vorzugsbehandlung der Anglikanischen Kirche suchte Peel durch direkte Subventionen an die katholische Kirche zu mildern, auch wenn er damit die eigene Gefolgschaft brüskierte.

Angesichts der sozialen Notlage der Arbeiterschaft und der Unruhen im Land musste das System der protektionistischen Agrarzölle dringend reformiert werden. Die Absicherung der agrarischen Interessen durch extrem hohe Getreidezölle war schon lange umstritten, sie galt als Zementierung der aristokratischen Vorherrschaft. Im Herbst 1838 beschloss die Handelskammer von Manchester, die Abschaffung der Kornzölle zu fordern. Das Parlament wies dieses Ansinnen strikt zurück, und so kam es zur Gründung von »Anti-Corn-Law-Associations«, aus denen im Frühjahr die »Anti-Corn-Law-League« hervorging. In den folgenden Jahren entfachte sie eine rege Propagandatätigkeit und wurde damit zu einem wichtigen politischen Faktor.

Ihr unbestrittener Führer war Richard Cobden, der vehement für den Freihandel eintrat, es aber auch sorgfältig vermied, die Freihandelsbewegung für andere politische Ziele einzusetzen. Die Bewegung erwartete sich von der Abschaffung der Kornzölle eine Ausweitung des

Handels und die Erschließung anderer Märkte für britische Exportgüter, eine Anhebung des sozialen Niveaus und höhere Löhne für die Arbeiter. Monopolistische Formen wirtschaftlicher Aktivität sollten verschwinden und dem Kräftespiel des freien Marktes weichen.

Die Auseinandersetzungen zogen sich bis in die Mitte der 1840er-Jahre hin. Es gelang der Anti-Corn-Law-League im Land eine ungeheure Resonanz für ihre Forderungen zu erzeugen. Die Regierung Peel geriet dadurch in Zugzwang. Zudem sorgten die Missernten ab 1845 in Irland für zusätzlichen Zündstoff. Die Auswirkungen der missratenen Kartoffelernte waren dramatisch: Fast ein Achtel der irischen Bevölkerung fiel bis 1861 der dadurch ausgelösten Hungersnot zum Opfer. Peel entschloss sich daher, die Kornzölle vollständig zu beseitigen; eine nur zeitweilige Aufhebung hätte sich zum Beweis umkehren lassen, dass der Protektionismus das Elend der Massen nur vergrößere. 1846 wurden die Kornzölle aufgehoben und Peel musste sich in der Folge mit einer offenen Revolte in der Konservativen Partei auseinander setzen. Benjamin Disraeli warf ihm vor, die Parteiinteressen verletzt zu haben; eine protektionistische Gruppierung erzwang schließlich den Rücktritt Peels Ende Juni 1846.

Palmenhaus in den südlich von London gelegenen Kew Gardens von Decimus Burton und Richard Turner (1844–48). Der nach Aufhebung der Getreidezölle einsetzende wirtschaftliche Aufschwung Großbritanniens manifestierte sich auch in aufwendigen Bauten der Glas- und Eisenarchitektur.

100563

Königin Viktoria, seit 1837 auf dem britischen Thron, seit 1840 verheiratet mit Prinz Albert von Sachsen-Coburg-Gotha, wurde in ihrer langen und weitgehend friedlichen Regierungszeit zum Symbol für die Nation und das Empire. Das nach ihr benannte »Viktorianische Zeitalter« ging als Glanzperiode mit weltumspannender politischer Machtentfaltung, wirtschaftlichem Wohlstand und imperialistischer Expansion, aber auch kultureller Verflachung und Prüderie in die Geschichte Großbritanniens ein.

Wirtschaftlicher Aufschwung

Nachdem die Kornzölle aufgehoben waren, löste Cobden die Anti-Corn-Law-League auf. 1847 setzte endlich ein allgemeiner Konjunkturaufschwung ein. Dadurch bes-

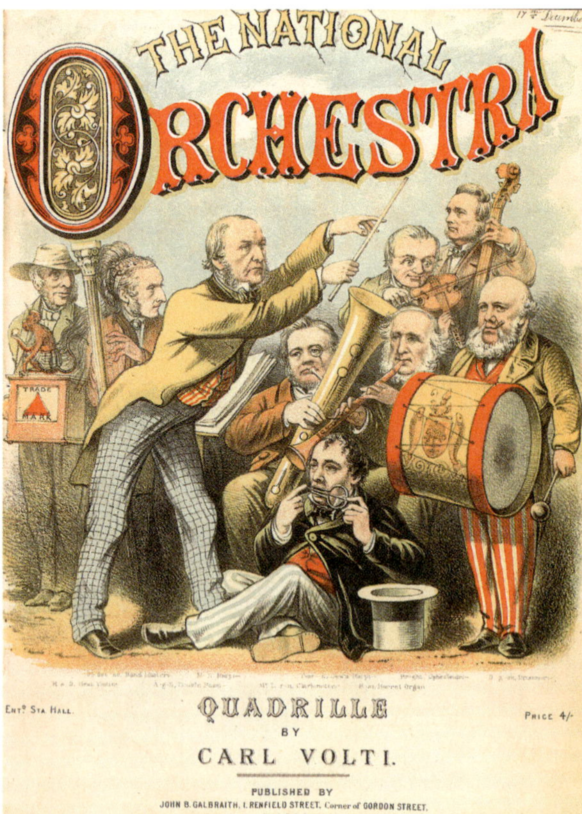

100563

In der Karikatur »The National Orchestra. Quadrille by Carl Volti« wird der Liberale William Gladstone als Dirigent eines Orchesters britischer Staatsmänner, u. a. auch des konservativen Benjamin Disraeli, dargestellt (Farblithographie; Berlin, Sammlung Archiv für Kunst und Geschichte).

serte sich die Lage der Arbeiterschaft, die Massenproteste hörten auf. Die ältere Gewerkschaftsbewegung erstarkte wieder und konnte – als Branchengewerkschaften – für ihre Mitglieder deutlich verbesserte Arbeits- und Lohnbedingungen durchsetzen. Gewerkschaftliche Unterstützungskassen sicherten in bescheidenem Umfang die Gewerkschaftsmitglieder gegen die Risiken Arbeitslosigkeit, Krankheit und Arbeitsunfähigkeit ab. Auch wenn die Löhne real stiegen, die Masse der Arbeiter blieb von Armut bedroht.

Das Nationalprodukt stieg in den Jahren 1851 bis 1871 stetig an: von 494 Millionen Pfund Sterling auf 782 Millionen Pfund Sterling. Seit Mitte des 19. Jahrhunderts überstieg die industrielle Wertschöpfung die der Landwirtschaft, Großbritannien war endgültig zum Industriestaat geworden. 1851 zeigte die erste Weltausstellung im eigens für diese Gelegenheit erbauten »Kristallpalast« in London, welche Fortschritte das Land gemacht hatte.

Als Schatzkanzler (1908–15) führte der liberale britische Politiker David Lloyd George eine obligatorische Sozialversicherung ein und beschränkte das Vetorecht des Oberhauses.

In der Innenpolitik standen weitere Reformen an. So reformierte 1867 die konservative Mehrheitsregierung erneut das Wahlrecht; jetzt durften auch alle Inhaber einer städtischen Wohnung, darunter viele Arbeiter, wählen. Motor konservativer Politik war Disraeli, der die Konservativen auf eine progressive, auch die breiten Massen anziehende Bahn führte. Disraelis liberaler Gegenspieler William Gladstone bewirkte Reformen in Irland, führte die allgemeine Schulpflicht ein und beseitigte im Heer die Käuflichkeit der Offiziersstellen. Eine dritte Parlamentsreform 1884 weitete das Wahlrecht noch einmal aus.

Die wirtschaftliche Entwicklung Großbritanniens zeichnete sich im letzten Drittel des 19. Jahrhunderts durch nachlassende Konkurrenzfähigkeit aus. Damit wurden die Grundlagen britischer Macht langsam ausgehöhlt, wenn auch Großbritannien noch seine Position als führende ökonomische Weltmacht bis ins letzte Viertel des Jahrhunderts weitgehend behaupten konnte, denn die britische Wirtschaft expandierte weiterhin: Die Einfuhr stieg 1854–72 von 133 Millionen auf 297 Millionen Pfund Sterling, die Ausfuhr von 97 Millionen auf 256 Millionen Pfund Sterling. Haupteinfuhrgüter waren Rohbaumwolle aus den USA und Weizen. Die Landwirt-

s. ZEIT Aspekte
Benjamin Disraeli
S. 555

Die Forderung nach dem Frauenstimmrecht war ein zentrales Ziel der Frauenbewegung, deren radikale Aktivistinnen in Großbritannien Suffragetten genannt wurden; im Bild Emmeline Pankhurst, die achtmal wegen Vergehens gegen die öffentliche Ordnung, Brandstiftung und anderer Straftaten zu Gefängnis verurteilt wurde.

schaft ging überwiegend zur Veredelungswirtschaft durch Viehhaltung über, 1870 waren schon 43 Prozent des kultivierten Bodens Grasland. Was das Volumen des Außenhandels, der Handelsmarine und der Auslandsinvestitionen betraf, behauptete Großbritannien aber die Führung. Der Höhepunkt der jährlichen Kapitalausfuhr wurde in den 1880er-Jahren erreicht. Die Handelsflotte wuchs bis 1900 auf über acht Millionen BRT. Seit 1896 war Großbritannien das einzige Land, das am Freihandel ohne Schutzzölle festhielt.

Doch in den Jahren nach 1873 war mit der »Großen Depression« eine Wende eingetreten. Von nun an sanken mit dem allgemeinen Preisverfall die Profite. Die ehemaligen Leitsektoren der Industrialisierung, Baumwoll- und Eisenindustrie, begannen unter Absatzschwierigkeiten zu leiden. Auf dem Weltmarkt wuchs die Konkurrenz; vor allem die USA und Deutschland erzielten Wachstumsraten, die diejenigen Großbritanniens übertrafen. Besonders betroffen waren Produktion und Export von industriellen Fertigprodukten; hier schrumpfte der britische Anteil am Welthandel von 41 Prozent (1880) auf 19 Prozent (1913). Zugleich sank die Produktivitätsrate industrieller Arbeit. Vor allem in der neuen Chemie- und Elektroindustrie, die eine weitere Phase der Industrialisierung anzeigten, war Großbritannien gegenüber der Konkurrenz aus Deutschland und den USA unterlegen.

Liberale und Labour

Die 1905 zur Regierung gelangten Liberalen blieben ein Jahrzehnt im Amt. Bei ihnen spielten jetzt die jüngeren, »imperialistischen« Liberalen die entscheidende Rolle: Archibald Philip Primrose, Earl of Rosebery, Edward Grey, Richard Haldane. Neue Wege ging David Lloyd George: Die wohlhabenden Schichten, besonders die Großgrundbesitzer, wurden stärker belastet, um neben der Rüstungs- nun auch die neue Sozialpolitik finanzieren zu können – 1908 die Alterspension, 1911 die Zwangsversicherung gegen Krankheit und Arbeitslosigkeit.

Da das Oberhaus das Budget abgelehnt hatte, wurde 1911 seine bisherige Gleichstellung mit dem Unterhaus aufgehoben: Finanzgesetze bedürfen seither nicht mehr seiner Zustimmung, und alle übrigen gelten nun als angenommen, wenn das Unterhaus sie in drei aufeinander folgenden Sessionen beschlossen hat. Als neuer innenpolitischer Faktor trat seit der Jahrhundertwende die Labour Party auf, mit der sich die Eingliederung der Arbeiterbewegung in das politische Parteigefüge ohne Kämpfe vollzog. Dagegen blieb noch bis 1918 die Streitfrage des von den Suffragetten geforderten Wahlrechts für Frauen bestehen: Nach der Wahlrechtsreform aus diesem Jahr durften Frauen ab einem Alter von dreißig Jahren wählen, erst 1928 erhielten sie dasselbe Wahlrecht wie Männer.

Obwohl mittlerweile infolge der konservativen Gesetzgebung der Großteil des britischen Großgrundbesitzes in Irland in die Hand irischer Bauern übergegangen war, blieb die irische Frage auch jetzt noch ungelöst. Ein vom Unterhaus im Mai 1914 verabschiedetes Home-Rule-Gesetz konnte wegen vielfältigen Widerstands sowohl in Großbritannien als auch in Irland nicht durchgesetzt werden. Der Ausbruch des Ersten Weltkrieges schob die Entscheidung hinaus. *Klaus M. Lange*

»Los von London!«: Die irische Frage

Die Entschiedenheit, mit der die englischen Regierungen seit dem ausgehenden Mittelalter an Irland festhielten, zeigt den hohen Stellenwert, den sie der Herrschaft über die Grüne Insel beimaßen. Sie bot der Krone nicht nur eine Einnahmequelle, die konfiszierten irischen Ländereien dienten zudem als Entlohnung regierungstreuer Angehöriger der gentry und nobility für geleistete Dienste. Dass die neuen Grundherren im Gegenzug für eine Festigung der englischen Herrschaft und Sicherung der Westflanke Britanniens sorgen würden, wurde in London als selbstverständlich vorausgesetzt. Darüber hinaus taugte die Grüne Insel trefflich als Testgebiet zur Erprobung bestimmter kolonialer Vorgehensweisen.

Seit der Wende vom 16. zum 17. Jahrhundert geriet Irland öfter in das Blickfeld englandfeindlicher Mächte, die hofften, hier einen Hebel zur Beseitigung des lästigen Konkurrenten im Ringen um globalen Einfluss gefunden zu haben. 1798 konnten zwei von irischen Rebellen initiierte französische Landungsversuche abgewehrt werden.

Allerdings hatte dieser Aufstand der britischen Regierung deutlich gezeigt, welchen Stellenwert eine endgültige Befriedung Irlands im Kontext der imperialen Politik besaß. Gerade angesichts des Abfalls der nordamerikanischen Kolonien erhielt der Verbleib Irlands im britischen Empire auch eine erhebliche symbolische Bedeutung. Die Verschmelzung des britischen mit dem irischen Königreich zu einer Union im Jahre 1801 war also primär ein Akt imperialer Räson, keine weitere Zwangsmaßnahme zur Unterdrückung irischer Unabhängigkeitsbestrebungen.

Als Gegenleistung für die Zustimmung der irischen Katholiken hatte Premierminister William Pitt der Jüngere ihnen die völlige Gleichberechtigung in Aussicht gestellt. Das bedeutete zugleich die Bereitschaft zur endgültigen Beseitigung der Zwangsgesetze, mit denen die

Irlands Kampf um Unabhängigkeit: Heinrich VIII. hatte 1541 Irland unter englische Herrschaft gebracht. Versuche, die Reformation einzuführen, scheiterten. Zahlreiche Aufstände waren Ausdruck der politischen, sozialen und religiösen Spannungen.

protestantischen Statthalter in Irland seit Ende des 17. Jahrhunderts versucht hatten, den katholischen Widerstand gegen ihre Herrschaft zu brechen. Schon deshalb konnten sich viele irische Protestanten nur schwer mit dem Gedanken an die katholische Gleichberechtigung anfreunden.

Ihre Sorgen waren zunächst unbegründet, denn König Georg III. weigerte sich trotz der Rücktrittsdrohung seines Premierministers, diese Gleichberechtigung umzusetzen. Seiner Meinung nach sollte jede Person, die ein Staatsamt anstrebe, Mitglied der Staatskirche sein.

Die katholische Gleichberechtigung

Trotz dieses Wortbruchs kam es kaum zu Gewalttätigkeiten, da die Organisationsstruktur der irischen Aufständischen seit der Rebellion von 1798 zerschlagen war. Die irischen Katholiken strebten die Gleichberechtigung vielmehr auf dem konstitutionellen Wege an. Dass dieser Weg dann in der Tat fast vier Jahrzehnte lang beschritten wurde, ist allerdings das Verdienst Daniel O'Connells, eines der prominentesten Wortführer der irischen Katholiken in der ersten Hälfte des 19. Jahrhunderts.

Daniel O'Connell, Wortführer der irischen Katholiken, veranstaltete 1843–45 zahlreiche politische Versammlungen während seiner Kampagne gegen die britisch-irische Union.

Durch die Gründung der Catholic Association 1823 gab es eine Interessenvertretung der irischen Katholiken, in der neben Grundbesitzern, wohlhabenden Bürgern und Handwerkern auch die zahlreichen unterprivilegierten Klein- und Kleinstpächter vertreten waren. Für den Zusammenhalt des Verbandes sorgte der katholische Klerus. So sammelten in der Regel die örtlichen Geistlichen im Rahmen der Gottesdienste die Mitgliedsbeiträge ein, die auch dazu dienten, katholische Landpächter vor Strafverfolgung zu schützen.

Bei den Parlamentswahlen 1826 hatte die Gesellschaft erstmals Empfehlungen für Kandidaten ausgesprochen, deren politische Ziele denen der irischen Katholiken nahe standen, anstatt wie bisher den Kandidaten des Grundherren zu wählen. Zwei Jahre später dann, als in der Grafschaft Clare Nachwahlen zum Unterhaus anstanden, kandidierte nach anfänglichem Zögern O'Con-

CHRONOLOGIE DER IRISCHEN FRAGE

1541	Heinrich VIII. lässt sich zum König von Irland wählen. In der Folge zahlreiche gewaltsame Auseinandersetzungen zwischen Katholiken und Protestanten
1690	Sieg Wilhelms III. von Oranien über ein katholisches Heer unter Führung des gestürzten englischen Königs Jakob II. am Fluss Boyne
1801	Vereinigtes Königreich von Großbritannien und Irland
1867	Aufstand der Fenier
1916	Osteraufstand in Dublin
1919	Irische Abgeordnete des britischen Unterhauses bilden ein irisches Nationalparlament und rufen die Unabhängigkeit aus
1919–21	Blutige britisch-irische Auseinandersetzungen in ganz Irland
1921	Irland wird Dominion im britischen Weltreich
1922	Irischer Freistaat im britischen Weltreich. Die Abtrennung der mehrheitlich protestantischen Provinz Ulster (Nordirland) löst Aufstände aufseiten der katholischen Vertragsgegner aus
1937	Irland erklärt sich unabhängig
1949	Völlige Unabhängigkeit Irlands tritt in Kraft

nell selbst – schließlich existierte kein Gesetz, das die Kandidatur von Katholiken untersagt hätte. O'Connell ging als deutlicher Sieger aus den Wahlen hervor; die Grafschaft Clare hatte allerdings mit ihm einen Unterhausabgeordneten gewählt, der sein Mandat nicht wahrnehmen konnte, weil er als Katholik keinen Treueid auf die britische Krone ablegen durfte. Aber die Symbolkraft durfte die Londoner Regierung nicht übersehen.

Die strikte konstitutionelle Politik O'Connells hatte sich ausgezahlt, seine Wahl bewirkte in London einen politischen Kurswechsel, an dessen Ende am 13. April 1829 der Catholic Emancipation Act in Kraft trat. Dieses Gesetz verschaffte den irischen Katholiken die lang ersehnte Gleichberechtigung, sieht man einmal davon ab, dass ihnen auch weiterhin die Vizekönigswürde sowie die britische und irische Lordkanzlerschaft verwehrt blieb.

ZITAT

Premierminister Sir Robert Peel am 9. 5. 1843 über die von der Repeal Association, der Vorgängerorganisation der Young Ireland, angestrebte Unabhängigkeit:

Es gibt keine Macht, weder die Prärogativrechte der Krone noch die Gesetzgebung des Parlaments, die nicht zum Zwecke der Erhaltung der Union ausgeübt wird. Deren Auflösung würde nicht nur die Aufhebung eines vom Parlament verabschiedeten Gesetzes bedeuten, sondern einer Amputation dieses großen Reiches gleichkommen.

Die Große Hungersnot und ihre Folgen

Irland war um 1840 mit über acht Millionen Einwohnern ungewöhnlich dicht besiedelt – vermutlich als Folge der relativ leichten Verfügbarkeit zweier grundlegender Überlebensvoraussetzungen: der problemlosen Wärmeerzeugung durch Torf und der Nutzung der Kartoffel als Grund- und Hauptnahrungsmittel gerade der Klein- und Kleinstpächter. Etwa die Hälfte der irischen Bevölkerung lebte zu dieser Zeit am Rande des Existenzminimums – ein Ausfall der Kartoffelernte musste also gerade für sie verheerende Folgen haben.

Der Katastrophenfall trat im Herbst 1845 ein, als die Kartoffelernte ganz Irlands von der Kartoffelfäule befallen und vernichtet wurde. Das irische Fürsorgewesen erwies sich als ungeeignet zur Bewältigung einer solchen Krise, da es die direkte Versorgung der Not leidenden Bevölkerung untersagte und lediglich die Finanzierung von Arbeitsbeschaffungsmaßnahmen erlaubte. Ein weiterer Ernteausfall im Folgejahr erzwang eine Änderung des Verfahrens zugunsten direkter Armenspeisung, deren Kosten von Kaufleuten und Grundherren getragen werden sollten. Doch diese dachten gar nicht daran, sich stärker als bisher an den Versorgungskosten zu beteiligen – zumal sie aufgrund ausgebliebener Pachtzahlungen in der Regel bereits erhebliche Einkommenseinbußen hinnehmen mussten. Viele zahlungsunfähige Pächter

Das Staatsbegräbnis des britischen Politikers William Gladstone im Jahr 1898. Er hatte sich vergeblich bemüht, Irland die Autonomie zu gewähren.

wurden in dieser Zeit in durchaus rechtskonformer Weise von ihrem Land vertrieben, wobei es mancherorts zu bewaffneten Auseinandersetzungen kam.

Eine erste Bilanz der Hungersnot der Jahre 1845 bis 1850 zeigte ein erschütterndes Ergebnis: Über eine Million Menschen war dem Hunger zum Opfer gefallen, eine Million Iren hatte das Land verlassen, und die Anzahl der Fürsorgeempfänger lag ebenfalls bei einer Million. Die Hungersnot hatte die Schwächen der traditionellen Besitzverhältnisse schonungslos offen gelegt, sie hatte darüber hinaus den irischen Nationalisten reichlich Argumente gegen die anglo-irische Union geliefert, wenngleich diese Erkenntnis noch keinen Aufschluss darüber gibt, ob eine eigenverantwortlich handelnde Dubliner Regierung besser mit diesen Problemen fertig geworden wäre.

»Young Ireland« – Das Junge Irland

Zur Erlangung der Unabhängigkeit boten sich Anfang der Fünfzigerjahre drei Richtungen an – die strikt konstitutionelle nach dem Vorbild O'Connells, die gewaltbereite nach dem Vorbild der aufständischen United Irishmen von 1798 und die des Young Ireland. Diese Organisation hatte sich Anfang der Vierzigerjahre entwickelt; ihr Programm knüpfte an die Idee des Jungen Europa des italienischen Freiheitskämpfers Giuseppe Mazzini an. Ihre Anhänger definierten die irische Nation als eine Gemeinschaft, unabhängig von Herkunft, Klasse und Abstammung.

Nach den Erfahrungen der Hungerkatastrophe rief der Katholik Charles Gayan Duffy, der bereits 1842 mit dem Protestanten Thomas Davis die Zeitschrift »The Nation«, das Sprachrohr der Young Irelanders, gegründet hatte, 1850 mit der Tenant Right League eine Organisation ins Leben, die sich um eine Verbesserung der Rechtslage von Pächtern und Landarbeitern bemühte. Der Tenant Right League war jedoch kein großer Erfolg beschieden und sie löste sich 1859 wieder auf.

Nicht zuletzt unter dem Eindruck des Scheiterns der Tenant Right League hatten sich andere Anhänger des Young Ireland 1858 zur Irish Republican Brotherhood zusammengeschlossen – im selben Jahr, als sich in New York irische Emigranten als Fenian Movement konstituierten. Die republikanische Bruderschaft bekannte sich wie die Fenier zu der 1848 von Thomas Davis formulierten Doktrin, die besagte, dass Großbritannien Irland niemals die Unabhängigkeit gewähren würde, es sei denn, es würde durch militärische Gewalt dazu gezwungen. In den Sechzigerjahren bildeten sie ein engmaschi-

ZITAT

Charles Stewart Parnell, Partei- und Fraktionsführer der irischen Nationalisten, am 7. 6. 1886 im Londoner Unterhaus anlässlich der 2. Lesung des Home-Rule-Gesetzes:

Wir wollen die Energie, die Vaterlandsliebe, das Talent und die Arbeitskraft eines jeden Iren nutzen, um dieses große Experiment zu einem guten Abschluss zu führen. Wir wollen alle Religionen und jede gesellschaftliche Schicht Irlands in unserer Bewegung vereinen.

INFOBOX

Aufruf zum Boykott

Mit dem Boykott hatte die Landliga ein ebenso einfaches wie wirksames Konzept zur Durchsetzung ihrer Ziele entwickelt: Sie empfahl ihren Mitgliedern die Aufnahme von Verhandlungen mit den jeweiligen Grundherren oder deren Verwaltern über die Reduzierung von Pachtzinsen. Falls solche Verhandlungen erfolglos blieben, wurde eine Totalverweigerung der Zahlungen und der ansonsten zu erbringenden Arbeits- und Dienstleistungen angeraten. Die betroffenen Grundherren und Verwalter waren letztlich hilflos. Zwar konnten sie säumige Pächter vertreiben lassen, doch fanden sie in der Regel niemanden, der das frei gewordene Land übernommen hätte. Der wegen seiner Härte berüchtigte Captain Charles Boycott, dessen Name seither als Synonym für diese Vorgehensweise steht, wurde von der Landliga sogar aus dem Land getrieben.

ges Netz lokaler Gruppen, die als eidgebundene Geheimgesellschaften strukturiert waren.

Um 1865 verfügte die Bruderschaft nicht nur über Tausende eingeschriebener Mitglieder in Irland, darüber hinaus hatten sich Partnerbünde in allen anderen Teilen des britischen Weltreiches gebildet. Durch gezielte Unterwanderung der Organisation war die britische Regierung aber bestens über den 1867 geplanten Aufstand der Bruderschaft informiert, dessen Anführer entweder verhaftet wurden oder ins Ausland flüchten mussten.

Home Rule – Der Weg zur nationalen Selbstverwaltung
Die ungelöste irische Frage beschäftigte seit 1868 auch den liberalen Premierminister William Gladstone. Um Irland »Gerechtigkeit und Frieden« zu bringen, war er bereit, die Strukturen der angloirischen Union auf Defizite zu überprüfen und sie gegebenenfalls zugunsten von devolution, also der Übertragung eines Bündels politischer Rechte an eine neu zu schaffende irische Exekutive und Legislative, aufzulösen.

Mit der Besetzung des Hauptpostamtes in Dublin am 24. 5. 1916 begann der irische Osteraufstand gegen die britische Herrschaft. Die Wertschätzung der irischen Sprache auf der Insel ist bis heute eng mit diesem Widerstand verbunden.

100562

Auf Initiative des wohl prominentesten irischen Rechtsanwalts der Zeit, des Protestanten und ehemaligen Unionisten Isaac Butt, wurde im Jahre 1870 die Home Government Association als eine Art Widerlager der irlandpolitischen Zielsetzung Gladstones ins Leben gerufen. Vier Jahre später gewann die Home Rule Party, wie sie sich fortan nannte, bei den Unterhauswahlen mehr als die Hälfte aller irischen Unterhausmandate.

Der Erwartungsdruck der Wählerschaft wuchs, ohne dass Butt aber nennenswerte Erfolge aufweisen konnte. 1877 musste er daher die Führung der Partei und der Parlamentsfraktion an Charles Stewart Parnell abgeben.

Der neue Parteiführer entstammte einer protestantischen Grundbesitzerfamilie und zählte zum radikalen Flügel seiner Partei. Von vornherein verknüpfte er die Home-Rule-Frage mit der seit den Fünfzigerjahren überfälligen Landreform. Dazu übernahm er 1879 den Vorsitz der Irish National Land League, die auch ein Forum zur Erörterung von Fragen bieten wollte, die die irische Unabhängigkeit betrafen.

Der liberale britische Politiker Spencer Compton Cavendish, 8. Herzog von Devonshire, verließ 1886 wegen Gladstones Irlandpolitik (Home Rule) dessen liberale Partei.

Der Landliga gelang es binnen weniger Monate durch Boykottmaßnahmen gegen die Pächter, die Diskussion über eine Reform der Besitzverhältnisse anzuregen. 1881 kam es zur Verständigung: Gladstone versprach die zügige Durchführung der Reformen, Parnell garantierte als Gegenleistung die Verfassungskonformität der künftigen Ligaarbeit. 1886 legte Gladstone seinen ersten Home-Rule-Gesetzentwurf dem Parlament zur Abstimmung vor, der allerdings bereits im Unterhaus scheiterte. Die Landreform dagegen wurde 1903 mit dem Wyndham-Gesetz abgeschlossen. Die beiden letzten Jahrzehnte des 19. Jahrhunderts sind folglich von einer bemerkenswerten Ruhe und Stabilität geprägt.

Diese Phase schuf Raum für die Entstehung anderer Formen des irischen Nationalismus, die man heute unter dem Schlagwort Gaelic Revival zusammenfasst: eine gesellschaftliche Bewegung, die sich in Kunst, Literatur oder Sport der Rückbesinnung auf die spezifisch keltisch-irischen Wurzeln und Traditionen verpflichtet fühlte und sie neu im Bewusstsein ihrer Landsleute verankern wollte. Ihre Kulturarbeit schuf die Grundlagen für jenes ausgeprägte irische Nationalbewusstsein, ohne das der Unabhängigkeitskampf des frühen 20. Jahrhunderts nicht erklärt werden kann.

Dieser entzündete sich letztlich am dritten Home-Rule-Entwurf, den die liberale Regierung Asquith 1912 dem Parlament zur Abstimmung vorlegte, denn vor dem Hintergrund der Home-Rule-Diskussion hatte sich in unionistischen Kreisen eine Oppositionsbewegung formiert. Nach der Annahme des Gesetzes rief der Vorsitzende des Ulster Unionist Council, Sir Edward Carson, zur Gründung einer bewaffneten paramilitärischen Truppe, der Ulster Volunteer Force, auf, um die Einführung der Home Rule notfalls mit Gewalt zu verhindern. Das wurde von den jahrzehntelang strikt konstitutionellen irischen Nationalisten als klare Kampfansage empfunden. Ihre Irish Volunteer Force war zunächst als Schutztruppe vor den Ulster Volunteers gedacht. Sie entwickelte sich indes rasch zum Kern einer Nationalbewegung, die sich nicht mehr mit einem national selbstverwalteten Irland als Dominion im britischen Weltreich zufrieden geben wollte, sondern sich der Schaffung einer völlig unabhängigen Republik Irland verpflichtet fühlte.

Der Sinn-Féin-Führer Eamon de Valera trat 1921 aus Protest gegen die Annahme des Anglo-Irischen Vertrags als Präsident der Irischen Republik zurück und führte im folgenden Bürgerkrieg die Vertragsgegner gegen die gemäßigte Regierung des Freistaats an.

Nach Ausbruch des Ersten Weltkriegs schien dieses Ziel greifbar nahe, denn ein Großteil der bislang auf irischem Boden stationierten königlichen Truppen kämpfte nun an den kontinentaleuropäischen Fronten. Wenn der Aufstand, der am Ostermontag des Jahres 1916 mit der Proklamation der Republik Irland auf den Stufen des Dubliner Hauptpostamts eingeleitet wurde, dennoch eher kläglich scheiterte, so ist das auf eine Reihe von Missverständnissen und Fehleinschätzungen bei der Vorbereitung und der Durchführung der Rebellion zurückzuführen.

In der folgenden Zeit voller blutiger Auseinandersetzungen entwickelte sich die separatistische Partei Sinn Féin unter Eamon de Valera zur Trägerin der Unabhängigkeitsbewegung. Es sollte aber noch bis 1921 dauern, bis im Anglo-Irischen Vertrag immerhin 26 von 32 irischen Grafschaften als Irish Free State in die Teilunabhängigkeit eines Dominion im britischen Weltreich entlassen wurden, während die sechs unionistischen Grafschaften im irischen Nordosten das erhielten, wogegen sie sich seit 1912 so vehement ausgesprochen hatten – die Home Rule, und zwar als Provinz im Vereinigten Königreich von Großbritannien und Nordirland. *Jürgen Elvert*

Von der »Neuen Ära« zur »Februarrevolution«: Russland zwischen 1850 und 1905

Mit dem Regierungsantritt Zar Alexanders II. 1855 begann in Russland eine kurzlebige liberale Reformphase. Der neue Herrscher war in sich widersprüchlich: Humane Denkweise und chevalreskes Benehmen standen im Gegensatz zu seiner oft gezeigten Härte und seinem Starrsinn. Er besaß durchaus politische Einsicht, der aber oft durch die widerstreitenden Einflüsse seiner Umgebung nur unzulängliche Taten folgten.

Schon bei seinem Regierungsantritt hatte Alexander dem Adel nahe gelegt, die Leibeigenschaft der Bauern von oben her aufzuheben und nicht zu warten, bis sie sich selbst von unten aufheben würde. Am 19. Februar (3. März) 1861 war es soweit: Die Bauernbefreiung wurde verkündet. Allerdings blieb das Land in den Händen der Grundbesitzer; zur Bauernbefreiung mit Land hatte sich der Zar unter dem Einfluss konservativer Kreise nicht durchringen können. Zwar konnten die befreiten Bauern das Land vom Grundbesitzer kaufen, doch waren die Bedingungen dafür hart. So verstärkten die Bauern letztlich das städtische Proletariat. Dennoch war die Wirkung der Bauernbefreiung nachhaltig: Sie begünstigte die Fluktuation der russischen Bevölkerung und sorgte für eine Veränderung in der sozialen Schichtung.

3352

Der Vorfriede von San Stefano, einem Vorort von Istanbul, heute Yesilköy, am 3.3. 1878 beendete den Russisch-Türkischen Krieg.

Ebenso dringlich war eine Justizreform, die 1864 erfolgte und an die Stelle des bürokratischen geheimen Verfahrens eine mündliche, öffentliche Verhandlung setzte. Bedeutsam war auch die Reform der Selbstverwaltung im gleichen Jahr. Auf der Ebene der Kreise und Gouvernements schuf man Selbstverwaltungsorgane, die Semstwo-Versammlungen, die einmal im Jahr tagten. Sie wurden nach einem indirekten und zugunsten des Landadels ungleichen Wahlrecht gewählt. Ihnen oblagen begrenzte Kompetenzen in lokalen Fragen des Bildungs-, Sanitäts-, und Verkehrswesens. Auch ein begrenztes Steuererhebungsrecht wurde ihnen zugestanden. Für die Demokratisierung in Russland waren sie jedoch von herausragender Bedeutung, denn sie trugen den Sinn politischer Verantwortung in die breite Bevölkerung.

Auch das Schulwesen wurde demokratisiert, sogar das Frauenstudium zugelassen, und 1863 den Universitäten wieder eine begrenzte Autonomie zugestanden. Schließlich reformierte Kriegsminister Dmitrij Miljutin auch noch das Militär, indem die allgemeine Wehrpflicht eingeführt wurde. Sie führte zu einer Verkürzung der Dienstzeit von 25 auf sechs Jahre und zur Abschaffung körperlicher Strafen.

Eine dauerhafte Versöhnung mit den fortschrittlichen gesellschaftlichen Kräften gelang dem Zarismus jedoch nicht. Unter dem Eindruck der negativen sozialen Folgen der eingeleiteten Reformmaßnahmen ging die aufklärerisch-idealistische Bewegung der »Narodniki« (»Volksfreunde«) seit 1878 in den revolutionären Terrorismus der Narodnaja Wolja über, der Alexanders II. Reformwillen deutlich lähmte und dem er schließlich im März 1881 zum Opfer fiel.

Aufschwung der russischen Wirtschaft

Sein Sohn und Nachfolger Alexander III. drehte das Rad wieder zurück. Er war eher schwerfällig und geistig nicht sehr beweglich. Zudem stand er unter dem Einfluss seines reaktionären Erziehers Konstantin Pobedonoszew, der für die nächsten 25 Jahre die russische Innenpolitik bestimmen sollte. 1884 wurde die Autonomie der

Der 1891 begonnene Bau der Transsibirischen Eisenbahn – hier ein Abschnitt zwischen Nowosibirsk und Irkutsk – beschleunigte den wirtschaftlichen Aufschwung Russlands.

50558

Zar Alexander II. Nikolajewitsch hob nach seiner Thronbesteigung 1855 die bäuerliche Leibeigenschaft auf und setzte Reformen im Rechtswesen, in der Verwaltung und beim Heer durch. Porträt des Kronprinzen von Aleksandr Iwanowitsch Sauerweid (1830; Saratow, A. Radischtschew Kunstmuseum).

4601

Universitäten wieder beendet. Jetzt setzte sich ein großrussischer Nationalismus durch, der zu Russifizierungsmaßnahmen in den Grenzgebieten führte. Vor allem Polen, das Baltikum und Finnland waren dem ausgesetzt.

Gegen Ende des 19. Jahrhunderts erreichte auch Russland die industrielle Revolution. Hier führte sie zu einem stürmischen Wandel in der Volkswirtschaft. Finanzminister Sergeij Witte, der 1892 sein Amt angetreten hatte, verstand es, die russischen Staatseinnahmen bis 1906 um 114 Prozent zu steigern. Das Ausland hatte Ver-

4601

Auf dem 1880 geschaffenen Aquarell von Aleksej Daniilowitsch Kiwschenko verkündet Zar Alexander II. Nikolajewitsch im Manifest von 1861 die Aufhebung der Leibeigenschaft in Sankt Petersburg (Moskau, Staatliches Marinemuseum).

trauen in die Wirtschaft, und so kam es zu großen ausländischen Investitionen. Zwischen 1877 und 1900 stieg die Roheisenproduktion von 368 000 Tonnen auf 3,816 Millionen Tonnen, die Steinkohleförderung von 1,76 auf 15,76 Millionen Tonnen an. Das Erdölgebiet um Baku erreichte dank der Tatkraft ausländischer Investoren Weltgeltung und überflügelte 1901 mit der Fördermenge von 11,5 Millionen Tonnen sogar die Förderung der USA, die nur 9,1 Millionen Tonnen betrug. Das Eisenbahnnetz wurde ausgebaut, zwischen 1890 und 1900 verdoppelte sich die Streckenlänge des Schienennetzes. Mit dem 1891 begonnenen Bau der Transsibirischen Eisenbahn setzte die wirtschaftliche Erschließung Sibiriens bis zum Fernen Osten ein.

Für die aufblühende Industrie war es kein Problem, Arbeitskräfte zu gewinnen. Die Bauernbefreiung hatte dafür genügend Potenzial in der Landbevölkerung freigesetzt. Die Fluktuation tat ein Übriges. Mit dem industriellen Wachstum hielt jedoch die Sozialgesetzgebung nicht Schritt. Zwar hatte in den 1880er-Jahren der damalige Finanzminister Nikolaj von Bunge die schlimmsten Auswüchse gemindert und eine Fabrikinspektion eingeführt, doch setzten reaktionäre Unternehmerkreise die Aufhebung der Schutzmaßnahmen durch. Erst 1897 gelang es Witte, kleine Erleichterungen zu erreichen und zum Beispiel die übliche Arbeitszeit von zwölf auf elfeinhalb Stunden zu senken. Die Folge der instinktlosen Sozialpolitik war die zunehmende Radikalisierung der Arbeiterschaft.

Trotz enormer Zuwachsraten in der Industrieproduktion (besonders Metall- und Textilindustrie) erwirtschaftete 1913 die Landwirtschaft noch 51,4 Prozent des Volkseinkommens (Industrie 28 Prozent); der Hauptposten des russischen Exports kam weiterhin aus der Landwirtschaft (vor 1914 Getreide 44 Prozent, Vieh und Holz 22 Prozent, Industrieprodukte knapp zehn Prozent).

Zar Nikolaus II. und die Revolution von 1905

1894 erlag Zar Alexander III. einer Nierenkrankheit. Sein Nachfolger Nikolaus II. war von seinem Amt überfordert und unsicher und erlag immer wieder den Einflüssen seiner Umgebung. Zarin Alexandra, eine Prinzessin aus dem Haus Hessen-Darmstadt, zeigte in religiösen Dingen einen gewissen Fanatismus, was den Aufstieg des russischen Mönchs Grigorij Rasputin zum Vertrauten und Ratgeber der Zarin erleichterte.

INFOBOX

Volkstümler

Narodniki (Volkstümler) nannten sich die Anhänger einer in Russland seit den 1860er-Jahren verbreiteten literarischen und zugleich politischen Gruppe. Durch das Studium des Lebens auf dem Lande und der sozialen und sittlichen Vorstellungen der Bauern kamen sie zu der Forderung, dass aus der Kraft und der Tradition des russischen Landvolks eine neue Gesellschaftsordnung – abseits und ungestört vom System des westlichen Kapitalismus – und durch Aufklärung des Volkes eine Selbstbefreiung von unten erwachsen müsse. Sie gingen hierbei vom Agrarkommunismus des Mir aus, der durch gezielte Agitation im Volk (»ins Volk gehen«, daher der Name) für die gesellschaftliche Erneuerung in Russland nutzbar gemacht werden sollte. Die Partei der Sozialrevolutionäre führte nach der Jahrhundertwende die Gedanken der Narodniki weiter.

Die aus den 1881 zerschlagenen Narodniki entstandene Sozialrevolutionäre Partei machte sich dies zunutze. Sie lehnte zwar den Marxismus ab, wollte aber den Boden sozialisieren und ihn den Bauern zur individuellen Nutzung überlassen. Der multiethnischen Struktur Russlands sollte mit einem föderalen Staatsaufbau Rechnung getragen werden. Ihre Ziele wollten sie mit terroristischen Methoden durchsetzen.

Die Sozialdemokratische Partei setzte auf die Industriearbeiter und agitierte dort. Die kapitalistischen Auswüchse der Industrialisierung boten genügend Angriffsflächen. Die Regierung verkannte die Notwendigkeit sozialer Reformen ebenso wie die Notwendigkeit einer Reform des politischen Systems. Die Folge war, dass auch liberale Kräfte wie die Semstwo-Bewegung in die Opposition getrieben wurden. Dies war eine der Ursachen für die russische Niederlage im Russisch-Japanischen Krieg 1904/05, die ihrerseits einer der Auslöser der Revolution von 1905 wurde.

Am 9. (22.) Januar 1905 war eine Menge zum Winterpalais in Petersburg gezogen, um Reformen zu erbitten. Die Schlosswache schoss auf die Menge, in der viele

Zar Nikolaus II. mit Zarin Alexandra und Zarinmutter Maria Fjodorowna bei der Eröffnung der Reichsduma am 10. 5. 1906

100563

4601

Die Februarrevolution am 27. 2. 1917 in einem 1917 entstandenen Gemälde von Boris Michajlowitsch Kustodijew (Moskau, Tretjakow-Galerie)

Frauen und Kinder mitgelaufen waren. Die Erregung darüber war beispiellos. Mit Repressionen suchte die Regierung zunächst die Ruhe wiederherzustellen, gestand dann das Projekt einer beratenden Volksvertretung zu. Eine Streikwelle fegte im Frühjahr durch das Land, zum Teil begleitet von Straßenkämpfen, und in den baltischen Provinzen nahmen die Kämpfe bald den Charakter einer nationalen Erhebung an.

Im Herbst kam es zum Streik der Eisenbahner, der das Bahnnetz vollständig lahm legte. Vor dem Hintergrund eines Generalstreiks entstand in Petersburg der erste Arbeitersowjet als Delegiertenversammlung sämtlicher Fabriken der Stadt. Am 17. (30.) Oktober 1905 erließ Zar Nikolaus II. das Oktobermanifest, das Russland die bürgerlichen Rechte und Freiheiten und eine gesetzgebende Reichsduma auf der Basis des allgemeinen Wahlrechts zusicherte. Dieser Schritt führte zum Zusammenbruch der Streikbewegung.

Burlaken an der Wolga schleppen ein Schiff Wolga aufwärts. Der sozialkritische russische Maler Ilja Repin schildert in seinen großformatigen Bildern das Leben des russischen Volkes (1872; Moskau, Tretjakow-Galerie).

100563

Die vier Reichsdumen bis 1917 entfalteten eine beträchtliche gesetzgeberische Tätigkeit. Trotzdem waren sie vom Zaren und seiner Regierung in gewisser Weise abhängig. Zar Nikolaus erließ 1905 ein neues Grundgesetz kurz vor Zusammentritt der ersten Duma. Die Minister waren dem Zaren und nicht der Duma verantwortlich. Mit Tricks und Änderungen des Wahlrechts versuchte die Regierung eine ihr genehme Zusammensetzung der Duma zu erreichen, was ihr bei der dritten Duma denn auch gelang. Die Zusammensetzung der vierten Duma schließlich war von den rechten Parteien geprägt, sodass der Regierung die Radikalisierung der Linken verborgen blieb. *Klaus M. Lange*

Noch nicht verloren: Polen

Die Polen hatten sich nach dem Untergang der Adelsrepublik am Ausgang des 18. Jahrhunderts mit dem Schicksal einer geteilten Nation abzufinden. Erst am Ende des Ersten Weltkriegs sollte es ihnen wieder vergönnt sein, die Mehrheit der polnischsprachigen Bevölkerung in einem souveränen Staat zusammenzuführen.

Freiheit und Einheit wieder zu gewinnen, wurde im heraufziehenden Zeitalter des Völkerfrühlings zum vorrangigen Ziel der Polen. Ihm hatten sich alle patriotischen Kräfte verschrieben. In seiner Hymne »Noch ist Polen nicht verloren, solange wir leben« fasste der

Publizist Józef Wybicki 1797 die Freiheitssehnsucht in einprägsame Worte. Das Revolutionslied weckte mit seiner dem Nationaltanz Mazurka nachempfundenen Melodie in der Jugend Polens die Begeisterung für den heroischen Aktivismus der Vaterlandsverteidiger und wurde nach dem Ersten Weltkrieg von der neu gegründeten Republik Polen zur Nationalhymne erklärt.

Trotz herber Enttäuschungen über die zaghafte Polenpolitik Frankreichs blieb den Aktivisten in der polnischen Emigration unter den gegebenen machtpolitischen Verhältnissen in Europa keine andere Alternative als ein Zusammengehen mit Napoleon I.

Hoffnungen auf ein größeres Entgegenkommen weckte der militärische Konflikt zwischen Frankreich und Preußen im Jahre 1806. Der anschließende Friede von Tilsit 1807 trennte aus den preußischen Teilungsgebieten ein eigenständiges Herzogtum Warschau ab. Preußen behielt nur noch Westpreußen und das Ermland. Danzig wurde zur Freien Stadt, und der Bezirk von Białystok fiel an Russland. Mit Rücksicht auf seinen russischen Verhandlungspartner verzichtete Napoleon zwar für das neue Staatsgebilde auf den Namen Polen, doch stellte er in der Person des zum Herzog bestimmten Friedrich August I. von Sachsen den unmittelbaren Rückbezug auf das alte Polen und auf die Maiverfassung des Jahres 1791 her.

3031

Der Sejm (Landbotenstube) tagt unter dem Vorsitz von Sigismund II. August. Neben dem Sejm existierte als zweite Kammer des polnischen Reichstages der Senat der Magnaten und Geistlichen. Holzschnitt aus dem Werk »Statuen und Kronvorrechte« von Jan Herburt (1570).

Napoleon vermied tunlichst eine Wiederbelebung der polnischen Adelsrepublik. Er verordnete eine zentralistische Verfassung, die dem Monarchen eine nahezu unbeschränkte Machtbefugnis beließ und dem Zweikammerparlament aus Senat und Sejm nur ein geringes Mitspracherecht einräumte. Eine dem französischen Beispiel folgende Departémenteinteilung und die Einführung des Code Napoléon verhinderten jegliche Erneuerung polnischer Staats- und Rechtstraditionen.

Die Verpflichtung zur Rekrutengestellung und die finanziellen Auflagen, die mittels Steuer- und Abgabenerhöhungen finanziert werden mussten, stellten die Loyalität der etwa 2,6 Millionen Einwohner des Herzogtums zu ihrem französischen Gönner auf eine harte Probe. Der untertänigen bäuerlichen Bevölkerung bescherte Napoleon wohl die persönliche Freiheit, aber ohne ausreichende Landzuteilung lieferte er sie weitgehend schutzlos als billige Arbeitskräfte den adligen Grundbesitzern aus.

50

Fürst Czartoryski, der »ungekrönte König Polens«, stammte aus ältestem polnisch-litauischem Adel. Das Porträt hier geht auf ein 1799 entstandenes Gemälde des österreichischen Malers Joseph Abel zurück, der zeitweise zu seinem Gefolge gehörte (Warschau, Nationalmuseum).

Noch enttäuschender endete der Russlandfeldzug Napoleons 1812. Der Reichstag in Warschau hatte ihn unter dem Präsidenten Adam Kazimierz Czartoryski als Auftakt zur Wiedergeburt Polens begrüßt. Annähernd 100 000 polnische Soldaten kämpften in der Grande Armée und folgten Napoleon bis zum bitteren Untergang.

Die »vierte Teilung« Polens

Am 8. Februar 1813 waren die nachrückenden russischen Truppen in Warschau eingezogen. Das Schicksal Polens lag nunmehr in der Hand des russischen Kaisers. Alexander I. hatte schon als Thronfolger die Bereitschaft zu einer großzügigen Lösung der Polenfrage erkennen las-

INFOBOX

»Mazurek Dąbrowskiego«

Jan Henryk Dąbrowski nahm 1797 am Aufstand Tadeusz Kościuszkos teil und stellte nach der 3. Polnischen Teilung (1795) 1797 in Oberitalien die Polnischen Legionen auf, die im Dienst Napoléon Bonapartes für die Wiederherstellung der staatlichen Souveränität Polens kämpfen wollten. Für sie schrieb der polnische Schriftsteller Józef Wybicki 1797 das Dąbrowski gewidmete patriotische Lied »Mazurek Dąbrowskiego« mit den Eingangsworten »Jeszcze Polska nie zginęła« – »Noch ist Polen nicht verloren«. Es wurde 1926/27 und offiziell 1948 als polnische Nationalhymne eingeführt.

sen. Gemeinsam mit gleich gesinnten adligen Jugendfreunden hatte er Pläne für eine föderative Umgestaltung des Russischen Reichs geschmiedet.

Mit Adam Jerzy Czartoryski, dem Abkömmling der einflussreichen polnischen Fürstenfamilie, der seit 1795 am russischen Hof weilte, verband ihn eine enge Freundschaft. Ihm vertraute er nach seiner Regierungsübernahme die Führung der außenpolitischen Geschäfte an. 1803 berief er ihn zum Kurator des Schulwesens in den russischen Westgebieten und eröffnete ihm die Möglichkeit, ein nationalpolnisches Kulturprogramm umzusetzen. Czartoryski blieb auch nach seiner Abberufung als Außenminister 1806 ein enger Berater Alexanders I. und wirkte nach der Besetzung des Herzogtums Warschau maßgeblich am Aufbau einer neuen Verwaltung mit. Auf dem Wiener Kongress 1814/15 wurde er zu den langwierigen und schwierigen Verhandlungen, in denen zwischen den Verbündeten um eine Lösung der polnischen Frage gerungen wurde, als Sachverständiger hinzugezogen.

50

Der aus preußischer Familie stammende Historiker Joachim Lelewel entwarf ein romantisches Bild der polnischen Geschichte als Entwicklung der »polnischen Freiheiten« und verlieh so dem Nationalbewusstsein wichtige Impulse. 1834 gründete er in Bern die Gesellschaft »Junges Polen« als Zweig des »Jungen Europa«.

Leidtragende der ausgehandelten Kompromisslösung waren in gleicher Weise die Polen und die Sachsen. Den polnischen Patrioten blieb nur der schwache Trost, dass sich die Teilungsmächte verpflichteten, eine Repräsentation und nationale polnische Institutionen in ihren Teilungsgebieten zuzulassen und den freien Warenverkehr über die Grenzen hinweg nicht zu behindern. Außerdem wurde für alle Polen, die im napoleonischen Heer gekämpft hatten, eine Generalamnestie erlassen. Eine Rücknahme der Teilungen war im Zeichen der Heiligen Allianz, zu der sich die Monarchen der Teilungsmächte zusammengeschlossen hatten, und der Gleichgewichtspolitik der europäischen Pentarchie nicht mehr zu erwarten.

Abgesehen von der Auflösung des Freistaats Krakau 1846 sind die Grenzziehungen des Jahres 1815 bis zur Wiedererstehung des polnischen Nationalstaats im 20. Jahrhundert nicht mehr verändert worden. Die Wiener Beschlüsse werden von den Polen als »vierte Teilung« ihres Landes gewertet.

In Personalunion mit Russland – Kongresspolen

Der Löwenanteil am Herzogtum Warschau mit 128 500 von rund 150 000 Quadratkilometern fiel an Kaiser Alexander I. Er ließ am 20. Juni 1815 ein Königreich Polen –

ZITAT

Aus dem Gedicht »Nächtlicher Weichselübergang der flüchtigen Polen bei Krakau« (nach dem gescheiterten Novemberaufstand) des deutschen Dichters August Graf von Platen-Hallermünde:

... Wir ziehn von Weib und Kindern,
Vermögen nicht zu hindern
Des Vaterlands Ruin.
Schon lechzt nach unserm Blute
Die Petersburger Knute,
Die Fuchtel von Berlin.

auch Zartum Polen oder Kongresspolen genannt – in Personalunion mit Russland proklamieren. Am 27. November 1815 unterzeichnete er als der neue polnische König in Warschau eine Verfassung, in der er den Polen eigene politische Institutionen und die polnische Staatssprache zugestand, sich aber die volle Exekutivgewalt, die Gesetzgebungsinitiative und ein absolutes Vetorecht vorbehielt.

Unter den neuen Voraussetzungen fiel der weiterhin tonangebenden polnischen Adelsnation zwangsläufig die Aufgabe zu, die Belange der ganzen geteilten Nation mitzubedenken. Der adlige Patriotismus gab einen guten Nährboden für eine Nationalbewegung ab, die sich eine Wiederherstellung des polnischen Staats in den alten Grenzen zum Ziel setzte. Der Missmut der polnischen Bevölkerung über die russische Bevormundung äußerte sich zunächst vereinzelt auf den Reichstagen und mündete schließlich in geheimbündlerischen Aktivitäten unter den Offizieren und in der studentischen Jugend.

Die Wortführer der nationalen Bewegung waren auch durch die günstigen wirtschaftlichen Entwicklungschancen, die der russische Markt perspektivisch bot, nicht mehr für einen evolutionären Weg und eine Aussöhnung mit dem russischen Zarismus zu gewinnen. Ungeachtet der erkennbaren Verbesserungen der wirtschaftlichen Infrastruktur und des Bildungsangebots – das Volksschulwesen wurde ausgebaut sowie die Universität in Warschau und die Hochschulen für Bergbau und Forstwirtschaft in Kielce wurden gegründet – gewannen die

Der polnische Maler Marcin Zaleski stellte 1831 die Einnahme des Arsenals in Warschau durch das Heer der aufständischen Polen dar (Warschau, Nationalmuseum).

Zar Alexander I. verkündete kurz nach dem Wiener Kongress am 20.6. 1815 ein auch Kongresspolen genanntes Königreich Polen, das in Personalunion mit Russland stand.

radikalen Kräfte die Oberhand. Sie entschieden sich für eine gewaltsame Lösung der polnischen Frage.

Der Novemberaufstand 1830/31

Der Aufstand in Warschau war nicht von langer Hand vorbereitet. Es fehlte von Anfang an eine Abstimmung der Einzelaktionen, und die beteiligten Gruppierungen verfolgten erheblich voneinander abweichende Ziele. Schon der Auftakt am 29. November 1830, der Anschlag einer jugendlichen Verschwörergruppe auf die Residenz des Großfürsten Konstantin Pawlowitsch im Schloss Belvedere, misslang. Der Statthalter des Zaren entschloss sich, Warschau vorerst den Aufständischen zu überlassen. In den weiteren Verlauf der Auseinandersetzungen schaltete sich die polnische Regierung unter Fürst Czartoryski vermittelnd ein, um eine Verhandlungslösung zu erreichen. Die Bemühungen scheiterten am Einspruch Kaiser Nikolaus I. und am Widerstand der aufgeputschten Massen.

Die radikalen demokratischen Kräfte setzten auf die völlige Unabhängigkeit Polens. Sie erzwangen am 25. Januar 1831 einen Reichstagsbeschluss, der der Dynastie der Romanows die polnischen Thronrechte aberkannte. Der brüskierte Kaiser verhängte den Kriegszustand und ließ unter Feldmarschall Johann Graf Diebitsch zahlenmäßig überlegene russische Truppen einmarschieren. Die neu gebildete Nationalregierung unter dem Präsidenten Czartoryski und dem Führer des bürgerlich-de-

100563

Chopin im Salon des Fürsten Radziwill; der Komponist und Pianist Fryderyk Chopin war einer der bekanntesten polnischen Emigranten in Paris (Lichtdruck mit späterer Kolorierung nach einem Gemälde von Henryk Siemiradzki).

mokratischen Flügels, Joachim Lelewel, konnte die militärische Niederlage nicht mehr abwenden.

Nikolaus I. rechnete unnachsichtig mit den Rädelsführern des Aufstands ab. Sie wurden meist in Abwesenheit zum Tode verurteilt und verloren durch Güterkonfiskationen ihre wirtschaftliche Existenzgrundlage. Am 22. Februar 1832 löste das Organische Statut des Königreichs Polen die Verfassung von 1815 ab. Es nahm den Polen die noch verbliebenen Reste einer nationalen Eigenständigkeit und übertrug dem neuen Statthalter Iwan Fjodorowitsch Paskewitsch diktatorische Vollmachten.

Seit März 1833 herrschte über zwei Jahrzehnte hinweg wegen der anhaltenden Partisanentätigkeit der Ausnahmezustand. Der Reichstag und das polnische Heer wurden aufgelöst und die Ressortminister zu Hauptdirektoren herabgestuft. Russische Beamte rückten in leitende Ämter ein. Sie förderten eine Angleichung des gesamten Verwaltungssystems an russische Vorbilder und eine schleichende Russifizierung.

Noch rigoroser verfuhr der Kaiser in den westlichen Gouvernements. Er verschärfte den Russifizierungsdruck und verbot die Verwendung der polnischen Sprache bei Gericht und in den Schulen. Er ließ polnische Kleinadelsfamilien zwangsweise in den Kaukasus und nach Sibirien umsiedeln und verordnete die gewaltsame

Rückführung der unierten polnischen Christen zur Orthodoxie.

Die »Große Emigration«

Die Mehrheit der Aufständischen hatte sich durch die Flucht dem drohenden Strafgericht entzogen und im westlichen Europa Schutz und Hilfe gesucht. Im polnischen Emigrantenzentrum Paris sammelte sich die intellektuelle Elite der Patrioten aus den verschiedensten Parteiungen. In der französischen Hauptstadt wirkten unter anderen die nationalen Dichter und Verkünder des polnischen Messianismus Adam Mickiewicz, Juliusz Słowacki und Zygmunt Krasiński sowie der Komponist und Pianist Fryderyk Chopin. Als Führer der Demokraten, der »Roten«, setzte sich bis zu seiner Ausweisung nach Brüssel 1833 der frühere Wilnaer Professor Joachim Lelewel für die nationale Sache ein. Haupt der aristokratischen Partei, der »Weißen«, war der alternde Fürst Adam Jerzy Czartoryski, der 1838 zum »König« gewählt wurde. Von seiner Residenz im Hôtel Lambert aus knüpfte er seine diplomatischen Fäden über ganz Europa.

Mit dem Auftritt polnischer Vertreter auf dem Hambacher Fest 1832 erlebte der polnische Novemberaufstand ein viel beachtetes öffentliches Nachspiel. Als Kronzeugen gegen das zaristische Polizeiregime genossen die polnischen Flüchtlinge eine große Publizität, und zahlreiche Polenlieder feierten ihren Heldenmut.

INFOBOX

Das Deutschtum in den Ostmarken

Der Deutsche Ostmarkenverein, gegründet 1894 in Posen als »Verein zur Förderung des Deutschtums in den Ostmarken«, hatte sich die Stärkung des deutschen Bewusstseins, die Heranziehung deutscher Einwanderer und deren wirtschaftliche Kräftigung in den 1815 zu Preußen gekommenen polnischen Gebieten Posen und Westpreußen zum Ziel gesetzt. Die »Hakatisten« – so benannt nach den prominenten Mitgliedern Ferdinand von Hansemann, Hermann Kennemann und Heinrich von Tiedemann-Seeheim – drängten auch auf Enteignungen des polnischen Großgrundbesitzes, um dieses Ziel zu erreichen. Nach dem Ersten Weltkrieg forderte der Verein die Revision der Ostgrenze, 1933 ging er im Bund Deutscher Osten auf, bevor er schließlich 1934 verboten wurde.

ZITAT

Der polnische Dichter Adam Mickiewicz sieht Polen als Christus der Völker, ausersehen, die Welt von der Despotie zu befreien:

Das polnische Volk ist nicht gestorben; sein Leib liegt im Grab, und seine Seele hat die Erde, das öffentliche Leben, verlassen, um hinabzusteigen zum Abgrund... Und am dritten Tage wird die Seele in den Leib zurückkehren, und das Volk wird auferstehen, und es wird alle Völker Europas aus der Knechtschaft befreien.

Nach der Niederschlagung des Novemberaufstands waren die österreichischen und preußischen Behörden um Schadensbegrenzung bemüht. Im Großherzogtum Posen wurde der polnische Statthalter Antoni Henryk Fürst Radziwiłł abberufen, und unter dem Oberpräsidenten Eduard Heinrich von Flottwell 1830 bis 1841 wurde eine Änderung der Polenpolitik eingeleitet. Sie richtete sich gegen Adel und Geistlichkeit und strebte langfristig eine Stärkung des deutschen Elements durch den Aufkauf verschuldeter polnischer Güter und eine Bevorzugung deutscher Besitzer und bäuerlicher Siedler an. Im »Mischehenstreit« schreckte man 1839 selbst vor einer vorübergehenden Inhaftierung des Erzbischofs von Gnesen-Posen nicht zurück. Erst unter dem neuen preußischen König Friedrich Wilhelm IV. setzte sich wieder ein versöhnlicherer Kurs durch.

Der König änderte diesen Kurs 1846, als im polenfreundlicheren Klima Posens erneut Pläne für einen Aufstand in allen Teilungsgebieten geschmiedet wurden. Der als Oberbefehlshaber vorgesehene Ludwik Mierosławski wurde am 12. Februar 1846 verhaftet und zusammen mit 254 Gesinnungsgenossen 1847 im »Polenprozess« vor dem Staatsgerichtshof in Berlin angeklagt und abgeurteilt. Einen Aufstandsversuch in der Republik Krakau erstickten einrückende österreichische Truppen im Keim. Nach dem gemeinsamen Beschluss der Teilungsmächte wurde die Republik Krakau aufgelöst und das Gebiet am 16. November 1846 dem österreichischen Kronland Galizien einverleibt.

Reform oder Kampf? – Der Januaraufstand 1863/64

Die Polenfrage verschwand nach 1848 vorübergehend von der Tagesordnung der großen Politik. Es waren die Polen selbst, die sich ein Jahrzehnt später unüberhörbar zurückmeldeten. Als Wortführer des reformorientierten und kooperationsbereiten Adels trat besonders der Marquis Alexander Wielopolski hervor. Sein Reformprogramm sah unter anderem eine Ablösung der bäuerlichen Dienstleistungen an die Gutsherren durch Zinszahlungen und die Emanzipation der Juden vor. Entschiedene Gegner dieses evolutionären Weges waren die »Demokraten« oder »Roten«, die ihren Anhang unter der studentischen Jugend sowie in den Kreisen des verarmten

Denkmal des polnischen »Nationaldichters« Adam Mickiewicz in Warschau. Auch er gehörte zu den prominenten polnischen Emigranten in Paris.

50558

Adels und des städtischen Kleinbürgertums hatten. Sie riefen zu nationalen Kundgebungen auf und riskierten gezielte Provokationen der Polizei.

Ihre Führung entschloss sich zum vorzeitigen Losschlagen, als Wielopolski im Januar 1863 Zwangsrekrutierungen anordnete. Für einen offenen Schlagabtausch mit der russischen Militärmacht waren die Aufständischen nur unzureichend gerüstet. Sie mussten sich auf eine lokal begrenzte Partisanentätigkeit beschränken. Die Intervention der Westmächte und Österreichs zugunsten der Polen ab April 1863 brachte nicht die erhoffte Wende. Preußen hatte auf Drängen seines Ministerpräsidenten Otto von Bismarck allen polnischen nationalen Ambitionen eine unmissverständliche Absage erteilt und sich schon am 8. Februar 1863 in der Alvensleben'schen Konvention auf ein militärisches Zusammenwirken mit Russland verständigt.

Der gescheiterte Aufstandsversuch im russischen Teilungsgebiet hatte für die Polen fatale Folgen. Die Sieger übten harte Vergeltung. Sie verhängten Todesurteile und langjährige Zwangsarbeit, verfügten Deportationen und Güterkonfiskationen. Die Bodenreform vom 3. März 1864 zwang die adligen Grundbesitzer, ihren Bauern das Nutzungsland zum persönlichen Eigentum zu überlassen und auch landlose Instleute bei der Landzuteilung zu berücksichtigen. Eine konsequente Russifizierungspolitik raubte den Polen im Königreich die bisherigen zentralen Institutionen und Selbstverwaltungseinrichtungen. Selbst

Mickiewicz' Heimatstadt Nowogródek war im Mittelalter russischer, später litauischer Fürstensitz, dann im polnisch-litauischen Doppelstaat Sitz des obersten Tribunals von Litauen (Lithographie zwischen 1875 und 1883; Warschau, Literaturmuseum Adam Mickiewicz).

der Name Polen verschwand aus dem amtlichen Sprachgebrauch. Das Territorium des »Königreichs Polen« wurde zum »Weichselland« beziehungsweise zu den »Weichselgouvernements« umbenannt.

Kaiser Alexander II. hatte schon 1856 anlässlich seines Besuchs in Warschau zu einer Abkehr von den romantischen Träumereien geraten. Nach der Niederschlagung des Januaraufstands war eine realistischere Einstellung zu den bestehenden machtpolitischen Gegebenheiten gefragt. In der zweiten Jahrhunderthälfte meldeten sich in zunehmenden Maße Stimmen aus dem bürgerlichen Lager zu Wort. Der publizistische Verfechter des Warschauer Positivismus Aleksander Świętochowski predigte die Tugenden der »organischen Arbeit«, mithin einer Politik der kleinen Schritte. Seine Mitstreiter setzten auf eine langfristige Ausgleichspolitik und fanden sich zumindest vorläufig mit dem Verlust der Eigenstaatlichkeit ab.

Alfred Potocki stammte aus einer der führenden polnischen Magnatenfamilien. Als Ministerpräsident in Wien 1870/71 setzte er sich für den Föderalismus im Habsburgerreich ein, später wurde er Statthalter von Galizien. Das Porträt von Jan Matejko entstand 1890, kurz nach seinem Tod (Krakau, Nationalmuseum).

Die polnischen Unternehmer profitierten am meisten von den veränderten wirtschaftlichen Rahmenbedingungen. Sie drängten daher auf pragmatische Lösungen. Die Aufhebung der Zollschranken öffnete der polnischen Industrie seit 1870 den ungehinderten Zugang zum russischen Markt. Die sich bietenden neuen Absatzchancen nutzte insbesondere die um Łódź konzentrierte Tuchindustrie. Die Einwohnerzahl Kongresspolens verdoppelte sich innerhalb nur eines halben Jahrhunderts. Im gleichen Zeitraum erlebten die Industriestädte eine regelrechte Bevölkerungsexplosion.

Im preußischen Teilungsgebiet, der Provinz Posen/Westpreußen, setzte das Deutsche Reich unter dem Reichskanzler Bismarck auf Assimilation und Germanisierung. Die massenweise Aussiedlung von Polen und Juden aus den deutschen Grenzgebieten, die »Preußische Austreibung« von 1885/86, und das Ansiedlungsgesetz von 1886, das die Zuwanderung deutscher Siedler begünstigte, verschärften den lang andauernden Nationalitätenkampf.

Bessere Entfaltungsmöglichkeiten boten sich für die nationalkulturellen Bestrebungen der Polen im österreichischen Kronland Galizien. Die militärischen Niederlagen des Habsburgerreichs 1859 und 1866 hatten in der zweiten Jahrhunderthälfte den Weg für einen Ausgleich mit den nationalen Führungsschichten in den peripheren

100569

Etwa 15 km nördlich von Schaulen (Siauliai) in Litauen liegt der »Berg der Kreuze«, der von Pilgern errichtet wurde; die ersten Kreuze wurden zur Erinnerung an die Aufstände von 1830 und 1863 gegen die russische Vorherrschaft aufgestellt.

Kronländern geebnet. In Galizien erkaufte sich der Kaiser die Loyalität der Polen durch Zugeständnisse an die polnischen Grundbesitzer. Sie gingen einseitig zulasten der mehrheitlich ruthenischen Bauern. Agenor Romuald Graf von Gołuchowski, der zwischen 1849 und 1875 mehrfach den Posten des Gouverneurs und Statthalters in Galizien bekleidete, arbeitete erfolgreich am Ausbau eines »polnischen Piemont«. Über ihre Präsenz im Reichsrat gewannen die galizischen Polen direkten Einfluss auf die Gesamtmonarchie. Sie stellten mehrmals Ressortminister und mit Alfred Graf Potocki 1870/71 und Kasimir Felix Graf Badeni 1895 bis 1897 sogar zweimal den Ministerpräsidenten.

Eine Wiedergewinnung der polnischen Eigenstaatlichkeit sollte erst in der Epoche der Revolutionen und des Ersten Weltkriegs zu Beginn des 20. Jahrhunderts wieder in greifbare Nähe rücken. Der amerikanische Präsident Woodrow Wilson hatte sich in seinen 14 Punkten am 8. Januar 1918 auf ein unabhängiges Polen mit freiem Zugang zum Meer festgelegt. Nach der Novemberrevolution des Jahres 1918 in Deutschland nahmen die Polen ihr Schicksal wieder in die eigenen Hände.

Edgar Hösch

Mit großem Selbstbewusstsein zur Souveränität: Finnland

Bis zum Ende des schwedisch-russischen Kriegs im Jahr 1808 war Finnland immer ein Teil, nicht etwa eine Provinz Schwedens gewesen. Nach dem Übergang zum Russischen Reich im Frieden von Hamina (schwedisch Fredrikshamn) im Jahr 1809 mussten sich die Bewohner Finnlands jedoch auf eine völlig neue Situation einstellen. Der Einfluss des etwa 17-prozentigen schwedischen Bevölkerungsteils ging drastisch zurück, stattdessen baute die finnische Bevölkerungsmehrheit ihre Stellung nach innen während des ganzen 19. Jahrhunderts erheblich aus.

Am Ende dieser Entwicklung stand der Beginn der Eigenstaatlichkeit seit 1917. Suomi/Finland – so der offizielle Landesname – ist seitdem eine unabhängige Republik und hat die staatliche Souveränität trotz des Verlusts Kareliens im Winterkrieg 1939/40 und im Friedensschluss von 1944 mit der Sowjetunion behauptet.

Vergleicht man nun die Suche nach ethnischer Identität zwischen den Finnen und Schweden in Finnland einerseits sowie zwischen den Deutschen und den Esten und Letten in den drei zum Russischen Reich gehörenden Ostseeprovinzen andererseits, so kann zwar behauptet werden, dass die baltischen Städte Riga und Reval am Ende des 18. Jahrhunderts entwickelter und für den Welthandel wichtiger waren als etwa Helsinki (schwedisch Helsingfors) oder Wiborg. Von tiefer greifender Bedeutung aber war die Frage, ob die Landbevölkerung stets frei war wie in Finnland oder fast ohne Ausnahme

Der finnlandschwedische Dichter Johan Ludvig Runeberg trug wesentlich zur Entstehung des finnischen Nationalbewusstseins bei. Das einleitende Lied aus seinem Liederzyklus »Fähnrich Stahls Erzählungen« (1848–60) wurde zur finnischen Nationalhymne.

seit dem 14. Jahrhundert den Weg in die Schollenpflichtigkeit antreten musste wie in den Ostseeprovinzen.

Bis zu Beginn des 19. Jahrhunderts waren Esten und Letten sogar Leibeigene und konnten auf entsprechenden Märkten einzeln oder als Familien verkauft werden. So ist es nicht verwunderlich, dass die Entstehung Finnlands als gelungene Erfolgsgeschichte einer selbstbewussten, agrarisch geprägten Bevölkerung beschrieben wird, während die entsprechende Geschichte der Esten und Letten im 19. Jahrhundert im Wesentlichen als nahezu aussichtslose Kampfsituation gegen übermächtige, ständisch privilegierte deutsche Herren erlebt wurde, wobei erschwerend hinzukam, dass die Herren über ein hohes Ansehen in der Hauptstadt Sankt Petersburg verfügten.

ZITAT

Der deutsche Industrielle Werner von Siemens schildert seine Eindrücke während eines Besuchs in Sankt Petersburg im Jahr 1852:

... Um so erwärmender wirkt dagegen der landsmännische Zusammenhang ... in der großen Fremdenkolonie Petersburg, ... namentlich der deutschen, der es sehr zustatten kommt, dass die Ostseeprovinzen Russlands ihre deutsche Nationalität vollständig bewahrt haben.

Die Fennomanenbewegung

Die Vorherrschaft der schwedischen Minderheit in Finnland hatte vor der Eingliederung Finnlands ins Russische Reich weniger auf Landbesitz als auf einer überragenden Stellung in Finnlands Bürokratie beruht. Auch nach 1809 wurden die schwedischen Grundgesetze vom russischen Kaiser Alexander I. ausdrücklich anerkannt. Sie zielten auf einen Ausbau der Herrschaft der lokalen Bürokratie nach innen ab. Ein eigener Senat übte die Herrschaft im Interesse der vorherrschenden schwedischen Bürokratie aus. Die Zielrichtung der Politik änderte sich jedoch nachhaltig in der zweiten Hälfte des 19. Jahrhunderts. Die Agrarwirtschaft blühte auf und stärkte auf genossenschaftlicher Basis mittlere Betriebe, die von wohlhabenden, zumeist finnischen Farmern geleitet wurden. Das Wachstum der Milchwirtschaft vervierfachte sich.

Der schwedische Großgrundbesitzer und Großbauer hatte gegenüber der steigenden Zahl finnischer Mittelbauern kein Übergewicht mehr. Unter diesen Bedingungen waren gebildete Angehörige der schwedischen Minderheit unter Führung des Philosophen, Senators und Publizisten Johan Vilhelm Snellman durchaus bereit, ethnische Unterschiede abzubauen. Gebildete Schweden gingen bewusst zum Gebrauch der finnischen Sprache über. Seit den 1860er-Jahren sah die radikal-finnische Bewegung der Fennomanen ihre eigentliche Aufgabe im Ausbau der regionalen Eigenständigkeit des Großfürstentums gegenüber Sankt Petersburg, ohne im Übrigen damit bei der russischen Führung Verdacht zu erregen. Die Fennomanenbewegung galt vielmehr als staatstragend, reichstreu und konservativ.

Finnisch wurde zur dominierenden Verwaltungssprache im Land. In den Schulen auf dem Lande wurde - abgesehen von den wenigen überwiegend schwedischen Gebieten im Osten und Süden - auf Finnisch unterrichtet. Die einheitlich evangelisch-lutherisch geprägte Bevölkerung verband mit dem Gebrauch des Finnischen in Kirche und Schule also keine Befreiungsideologie gegen eine dominierende fremde Oberschicht, wie das in den Ostseeprovinzen der Fall war. Es entstand vielmehr allmählich eine überwiegend Finnisch sprechende Solidar-

100563

Den nationalromantischen Stil der finnischen Musik begründete Jean Sibelius. Er griff in symphonischen Dichtungen Motive des Nationalepos Kalevala auf (Aquarell von Akseli Gallén-Kallela; 1894; Helsinki, Nationalgalerie »Athenäum«).

gemeinschaft, die bis zum Ende des 19. Jahrhunderts von Russland weitgehend unbehelligt blieb.

Finnland erhielt eigene Gesetze, eine eigene Währung und eine Zollgrenze gegenüber Russland, eigenes Militär seit 1878, schließlich sogar eine eigene Post. Adel, lutherische Geistlichkeit, Stadtbürger und Vertreter der Bauern stellten je 25 Prozent der Abgeordneten im 1863 begründeten Landtag.

Das demokratischste System Europas

Als der russische Generalgouverneur Nikolaj Iwanowitsch Bobrikow 1899 das »Februarmanifest« von Kaiser Alexander III., das die finnische Selbstständigkeit beseitigte, durchsetzen wollte, war der Widerstand in Finnland durchschlagend. Schließlich wurde nach langen Auseinandersetzungen zwischen verschiedenen lutherischen, religiös-freikirchlichen, ländlichen und städtischen Gruppen und Parteien erreicht, dass unter dem Eindruck der russischen Revolution von 1905 bis 1907 und ihrem heftigen Widerhall in Finnland das demokratischste System auf dem ganzen europäischen Kontinent im Großherzogtum Finnland eingerichtet wurde. Aus dem Landtag wurde ein Einkammersystem, basierend

100534

Das finnische Nationaltheater in Helsinki mit dem Denkmal des finnischen Schriftstellers Aleksis Kivi im Vordergrund; seine Dramen ermöglichten die Gründung des finnischen Nationaltheaters.

50558

Regierungspalais und Statue Kaiser Alexanders II. auf dem Senatsplatz in Helsinki

auf dem allgemeinen, gleichen, direkten und geheimen Wahlrecht für Frauen und Männer. Nach 1907 erhielten statt 126 000 Männern nunmehr 1 273 000 Wählerinnen und Wähler das aktive Wahlrecht.

Im Ergebnis gewannen daraufhin die Sozialdemokraten im Jahr 1907 mit einem besonderen Rückhalt unter den Landarbeitern und in der städtischen Arbeiterschaft mehr als 33 Prozent aller Stimmen und achtzig der 200 Sitze. Mit diesem Sieg der Sozialdemokraten verloren zwar schließlich die Fennomanen älterer Prägung ihre Vorherrschaft. Nunmehr dominierten im gemäßigten ländlichen und städtischen Bürgertum jedoch die so genannten Jungfinnen. Als 1917 nach dem Zusammenbruch des Russischen Reichs und der Ausrufung der Unabhängigkeit des finnischen Staates ein Machtvakuum entstand, versuchten im Januar 1918 radikale Sozialisten und Kommunisten eine Revolution zu entfachen.

Den gemäßigten bürgerlichen Gruppen um die Jungfinnische Bewegung und die verfassungsorientierten Sozialdemokraten gelang es, wenn auch nur mit Mühe, angesichts der gewaltsamen revolutionären Explosion dennoch die Oberhand zu behalten und Finnland auf der Grundlage einer gemäßigten Agrarideologie nach innen zu konsolidieren. Die Jungfinnen kamen der Linken entgegen und schlossen mit deren Wählern und Protagonisten, den städtischen Arbeitern, Frieden. Autoritäre und faschistische Gedanken erreichten zwar auch Finnland, fanden dort aber letztlich nach dem ersten Schlag gegen die Kommunisten keine durchschlagende Resonanz. Als 1939 der Winterkrieg von der Sowjetunion vom Zaune gebrochen wurde, hielt ein nach innen geeintes Finnland unter Einschluss der schwedischen Minderheit der militärischen Herausforderung durch eine erdrückende Übermacht erstaunlich lange stand. *Gert von Pistohlkors*

Deutsch beherrscht und russisch regiert: Estland und Lettland

Diese letztlich unangefochtene Stellung der Finnen im Verhältnis zu angrenzenden Nachbarn konnten die Bewohner der baltischen Provinzen Estland, Livland und Kurland - die Bezeichnung Baltikum sollte sich erst nach dem Ersten Weltkrieg auf die neu gegründeten Staaten Estland und Lettland und im weiteren Sinne auch auf Litauen erstrecken - im Verlauf des 18. und 19. Jahrhunderts nicht erringen. Die ursprüngliche Zugehörigkeit zum schwedischen Reich, das Estland und Livland jedoch nur als östliche Provinzen betrachtet hatte, endete bereits im Großen Nordischen Krieg zwischen 1700 und 1710 und endgültig mit dem Frieden von Nystad 1721.

Pest und Krieg hatten damals in Stadt und Land zwischen Riga und Reval schlimmer gewütet als die verschiedenen Heere in Mitteleuropa in der Zeit des Dreißigjährigen Kriegs. Als die beiden Städte und die estländische sowie die livländische Ritterschaft völlig am Ende waren, sich von Schweden lösten und am 28. Oktober 1710 in den »Kapitulationen« den russischen Kaiser Peter den Großen auch als politischen Herrscher anerkennen mussten, stand kein Stein mehr auf dem anderen. Das ganze 18. Jahrhundert unter russischer Herrschaft diente dann vornehmlich dem Versuch, das wüste Land wieder aufzubauen, wobei die deutsche Oberschicht die estnische und lettische Bevölkerung in immer größere Abhängigkeit drückte.

Erst am Ende des 18. Jahrhunderts entwickelte sich in Stadt und Land eine Tendenz zu ökonomischer Modernität im Zeichen eines europaweiten Warenhandels und der kommerzialisierten Landwirtschaft. Katharina II. von Russland legte seit ihrem Livlandbesuch im Jahr 1762 den Ritterschaften eine Reformpolitik nahe, die auf Verbesserung der Produktivität und damit der staatlichen Einkünfte durch Steuern abzielte. In den »deutschen Ostseeprovinzen Russlands« wurde die Landbevölkerung erst in den Jahren 1816 bis 1819 für persönlich frei erklärt.

Die Entlassung aus der Leibeigenschaft bedeutete jedoch noch nicht, dass die »Dienste« auf den Rittergütern aufgegeben wurden. Vielmehr dauerte die drückende Erb- und Arbeitspacht in den Ostseeprovinzen noch bis zum Jahr 1856 in Estland, bis 1860 in Livland und bis 1863 in Kurland. Danach wurde allerdings der Weg von der Arbeitspacht zur Geldpacht und zum Bauernlandverkauf mit großem Nachdruck eingeschlagen. Am Ende des 19. Jahrhunderts waren selbstständige estnische und lettische Bauern auf eigenen Höfen durchaus in der

Schloss Rundale (Pilsrundale) bei Bauska in Lettland; das Barockschloss wurde im 18. Jh. vom Baumeister des Winterpalais in Sankt Petersburg, Bartolomeo Francesco Rastrelli, für Herzog Ernst Johann Biron von Kurland gebaut.

100562

393

Das im Stil des russischen Klassizismus 1803–09 erbaute Gebäude der Universität in Dorpat (Tartu); Intellektuelle der estnischen Universität wirkten als Aktivisten der nationalen Bewegungen.

Lage, dem deutschen Großgrundbesitz Konkurrenz zu machen. Die große Zahl der Esten und Letten blieb allerdings landlos und wanderte im Zuge von Industrialisierung und Urbanisierung in die umliegenden großen Städte.

Bis in die 1860er-Jahre wurde die Vorherrschaft der deutschen Oberschicht in den Ostseeprovinzen Russlands von Regierungsvertretern und der Öffentlichkeit in Moskau und Sankt Petersburg im Allgemeinen anerkannt. Allerdings griffen russische Regierungsstellen und die Generalgouverneure in Riga sowie die Provinzgouverneure in Reval, Riga und Mitau fortgesetzt in die ritterschaftliche Reformgesetzgebung ein und suchten sie zu beschleunigen.

In den Vierzigerjahren gelang es der russisch-orthodoxen Eparchie in Riga, durch Landversprechungen etwa 106000 Esten und Letten zum Übertritt vom lutherischen zum »rechtmäßigen« Glauben zu bewegen. Von einer planmäßigen Russifizierung der Ostseeprovinzen, die von der deutschen Oberschicht ständig befürchtet wurde, kann jedoch bis in die späten 1880er-Jahre keine Rede sein.

Der Beginn der nationalen Bewegungen

Um die Mitte des 19. Jahrhunderts gehörte der baltische Raum allerdings zu den wenigen Gegenden in Europa, in denen sich trotz einer überwiegend agrarischen Bevölkerung die Bevölkerungskurve erheblich abflachte, eine Generation früher als in den angrenzenden Gebieten. Die Gründe liegen in einer starken Differenzierung der Landbevölkerung und im späten Heiraten. Nach dem Übergang zur Geldpacht und zum Bauernlandverkauf um 1870 bildete sich eine kleine Schicht von Kleingrundbesitzern heraus, der eine große Zahl von Landlosen gegenüberstand, die oft keine Familien gründen konnten und, wie in anderen Teilen Europas auch, zur Auswanderung gezwungen waren. Nach der allrussischen Volkszählung von 1897 erklärten sich im estnischen Siedlungsgebiet 90,6 Prozent der Einwohner zu Esten, 3,9 Prozent zu Russen und nur 3,5 Prozent zu Deutschen.

INFOBOX

Das Baltikum

Die baltischen Gebiete Livland, Estland und Kurland waren nach wechselnden Herrschaften seit dem Ende des Nordischen Krieges 1710/21 – Kurland endgültig nach der 3. Polnischen Teilung 1795 – als Ostseeprovinzen Teile des Russischen Reiches. Unter der Herrschaft des Deutschen Ordens vom 13. bis zum 16. Jh. hatte sich eine deutsche Oberschicht eingerichtet, die von Burgen und Städten über eine einheimische Bauernbevölkerung herrschte. Peter I., der Große, hatte den auf diese Zeit zurückgehenden Ritterschaften und Städten zusammen mit der deutschen Verwaltungssprache ständische Selbstverwaltung und die lutherische Landeskirche gewährt.

Der Name Baltikum stammt wohl von »Baltia«, der antiken Bezeichnung für eine sagenhafte große Bernsteininsel im Norden Europas, von der sich auch die für die Ostsee gebräuchlichen Namen Baltisches Meer bzw. Mare Balticum ableiten.

Zur gleichen Zeit wurden in Südlivland, Lettgallen und Kurland 1 929 387 Einwohner gezählt, von denen die Letten nur 68 Prozent ausmachten. Unter den Minderheiten dominierten kulturell die Deutschen: Seit 1845 waren Juden in Riga legal ansässig. Es ist für den baltischen Raum charakteristisch, dass es trotz insgesamt dünner Besiedlung keinen erheblichen russischen Zuzug gab. Vielmehr wurden die Städte der Bevölkerungszahl nach immer »estnischer« beziehungsweise »lettischer«. Riga verfünffachte seine Bevölkerung zwischen 1870 und 1913 von etwa 110 000 auf 550 000 Einwohner. Zunächst waren Deutsche und Letten in Riga etwa gleich stark, um 1913 stellten die Letten hingegen fast doppelt so viele Einwohner.

Angesichts der Konzentration von Letten in Riga sowie von Esten in Reval und Dorpat entwickelten sich in den Ostseeprovinzen die nationalen Bewegungen der Letten und Esten seit den 1860er-Jahren in Vereinen und mit eigenen Zeitungen. Die Estnische Nationale Bewegung stützte sich agitatorisch im Wesentlichen auf drei gemäßigte Anliegen: Sie warb um die Unterstützung der »Alexanderschulbewegung« mit dem Ziel, in Dorpat ein estnisches Gymnasium zu schaffen. Dafür wurde viel Geld gesammelt, ohne dass das Ziel erreicht werden konnte. Außerdem wurde das estnische Vereinswesen im ganzen Land ausgebaut. An ihrer Spitze standen Vereinigungen estnischer Intellektueller in Dorpat und Reval. Überragende Bedeutung gewann schließlich die Sängerbewegung.

In der Hauptstadt Livlands, Riga, stand hingegen ein lettisches Abgrenzungsprogramm gegenüber der deutschen Oberschicht im Mittelpunkt der Aktivitäten des Lettischen Vereins, gegründet 1868. Beide nationale Bewegungen erlebten um 1880 einen deutlichen Aufschwung, als die russische Reichsregierung in verschiedenen Regionen Russlands »Senatorenrevisionen« durchführen ließ, um sich ein Bild von der lokalen Selbstverwaltung zu machen. In Überschätzung ihrer Möglichkeiten hatten die Ritterschaften Livlands und Kurlands sogar um eine solche Revision gebeten und mussten 1882/83 erleben, dass der russische Senator Nikolaj Awksentjewitsch Manasein eng mit den estnischen und lettischen Vereinen zusammenarbeitete. Er nahm

Das nach einem Entwurf des lettischen Bildhauers Karlis Zale errichtete Freiheitsdenkmal in Riga, an dem ständig Blumen niedergelegt werden, ist ein Symbol für die Unabhängigkeit von Lettland.

100264

Zehntausende von Petitionen entgegen, die sich die regionale Entmachtung der Ritterschaften zum Ziel setzten.

Die nationalen Esten und Letten kämpften zumindest um politische Gleichberechtigung mit den Deutschen. Am radikalsten war die Forderung, die Provinz Livland aufzuheben und stattdessen eine Grenzlinie zwischen dem estnischen und lettischen Siedlungsgebiet zu ziehen. Die Aufhebung der Provinz Livland durch eine derartige Grenzziehung hätte die sofortige Entmachtung des ritterschaftlichen Landtags zur Folge gehabt. Die Forderung wurde schließlich unter dem Eindruck des Ersten Weltkriegs im Jahr 1917 eingelöst. Damals entstanden, jedenfalls auf dem Papier, die Einheiten Estland und Lettland, die die Grundlage für die Staatsgründungen von 1918/19 bildeten.

100562

Der estnische Schriftsteller Jaan Kross stellte in seinen Werken die wechselhafte Geschichte des estnischen Volkes dar, besonders in den vier Bänden seines historisch-biographischen Romans »Das Leben des Balthasar Rüssow« (1970–80).

Russifizierungsversuche

Im Zuge der deutschen Reichsgründung von 1870/71 wurde der russischen Öffentlichkeit immer bewusster, dass in den westlichen Randgebieten des Reichs, insbesondere im russischen Teilungsgebiet Polens um Warschau, in den litauischen Gouvernements und in den Ostseeprovinzen Russlands, nicht Russen, sondern Polen und Deutsche politisch und kulturell dominierten.

Mit dem Regierungsantritt Kaiser Alexanders III. im Jahr 1881 kam die Partei reaktionärer russischer Nationalisten an die Macht, die 1888/89 Justiz und Verwaltung in den Ostseeprovinzen trennten und zu russifizieren suchten. Vor Gericht durfte nunmehr nur auf Russisch verhandelt werden. Deutsche Richter und Anwälte, die des Russischen nicht mächtig waren, verloren ihre Ämter und wurden durch Russen ersetzt, die wiederum das deutsche Recht nicht verstanden, das sie anwenden mussten. Sehr zum Kummer der nationalen Bewegungen wurde das gesamte Schulwesen in den Ostseeprovinzen seit 1887 russifiziert.

Aller Unterricht musste mit Ausnahme des Fachs Religion auf Russisch erteilt werden. Estnisch und Lettisch wurden als Mundarten bezeichnet. Zahlreiche deutsche Lehrer verloren ihre Stellung und wanderten häufig hasserfüllt nach Deutschland aus. Ein Höhepunkt der Angleichungswelle wurde erreicht, als die deutsch geprägte

50

Die lettischen Soldaten gingen 1917 weitgehend zur Fahne der Revolution über. Das Bild zeigt eine Versammlung von Infanteristen in Petrograd 1918.

Universität Dorpat in Jurjew umbenannt und ebenfalls russifiziert wurde. Broschüren über das Unrecht, das im Namen eines russischen Nationalismus den baltischen Provinzen, zunehmend auch Finnland, angetan wurde, überschwemmte den deutschen Zeitungsmarkt zwischen 1890 und 1914. In der Kriegszieldiskussion des Ersten Weltkriegs hat diese »Baltikum-Publizistik« dann reife Früchte getragen.

Aus fiskalischen Gründen ließ die russische Reichsregierung den deutschen Großgrundbesitz unangetastet. Die Ritterschaften hatten das flache Land aus Sankt Petersburger Sicht kostengünstig verwaltet und durch Selbstbesteuerung Krankenhäuser und Schulen finanziert. Es wurde übersehen, dass angesichts der Gegensätze von Arm und Reich gerade unter der Landbevölkerung ein revolutionäres Potenzial heranreifte, das sich mit der zahlenmäßig angewachsenen städtischen Arbeiterschaft im Krisenjahr 1905 zusammenfand und eine enorme revolutionäre Kraft entwickelte.

Nirgendwo ist die revolutionäre Bewegung der Jahre 1905 und 1906 so stark gewesen wie im lettischen Siedlungsgebiet. Auf dem flachen Land in Südlivland und Kurland konnten sich zwischen Oktober und Dezember 1905 weder russisches Militär noch deutsche Bewohner halten. Etwa 80 Deutsche wurden ermordet. Die Rache der russischen Strafexpeditionen im Jahr 1906 war furchtbar. Tausende von Letten, weniger Esten, mussten

100563

Dankgottesdienst im Rigaer Dom Sankt Marien nach Gründung der Republik Lettland am 18. 11. 1918

emigrieren, wurden ausgebürgert oder verprügelt, nach Sibirien verbannt oder standrechtlich erschossen.

Die Beziehungen zwischen Deutschen und Letten waren auf Jahre vergiftet, zumal als Rache für etwa 180 niedergebrannte Gutshäuser in den Ostseeprovinzen Hunderte von Bauernhäusern durch russisches Militär zerstört wurden. Zwischen 1906 und 1914 schienen die Spannungen unter den ethnischen Gruppen nachzulassen. Der Besuch des russischen Kaisers in Riga 1910 aus Anlass der 200-jährigen Zugehörigkeit Livlands zu Russland schien zu bestätigen, dass alle Irritationen zwischen Sankt Petersburg und den baltischen Provinzen behoben seien.

Da brach im August 1914 der Erste Weltkrieg aus. Das lange besprochene »slawisch-germanische Duell« wurde für Esten, Letten, Deutsche, Russen, Finnen und Schweden gleichermaßen zu einer furchtbaren Erfahrung. Als unter dem Eindruck von Krieg, Hunger und Revolution im Jahr 1917 die lettischen Soldaten überwiegend bolschewistisch wurden, lebte der wechselseitige Terror von 1905 nochmals verstärkt auf.

Gerade in Lettland fand das Mehrheitsvolk der Letten auch nach dem Ende der Kämpfe um die Unabhängigkeit, an denen sich schließlich auch die Deutschbalten gegen die Bolschewiki beteiligt hatten, überwiegend keine positive Einstellung zur ehemaligen deutschen Oberschicht, die nunmehr zur nationalen Minderheit geworden war. In Estland hingegen kam es zwar auch zu radikalen gesetzlichen Enteignungen im Rahmen einer Agrarreform im Jahr 1919, doch konnte gleichzeitig ein friedliches Zusammenleben beginnen. Die Existenz der Minderheiten war und blieb in Estland stabiler als in Lettland. *Gert von Pistohlkors*

Pulverfass Balkan: Nationalitätenkonflikte in Südosteuropa

Der Freiheitskampf der Völker auf dem Balkan gegen das verhasste Sultansregime endete zu Beginn des 20. Jahrhunderts in einem mörderischen Bruderkampf. Bei der Neuordnung der zwischenstaatlichen Beziehungen nach dem rapiden Zerfall des Osmanischen Reichs erwies sich der Ethnonationalismus als ein gefährlicher Sprengsatz. Die Balkanhalbinsel wurde zum sprichwörtlichen »Pulverfass«.

Föderationspläne sind nach der gescheiterten Revolution von 1848 in den verschiedensten Varianten wiederholt in Emigrantenkreisen geschmiedet worden. Der Wunschtraum von einer schlagkräftigen Allianz aller christlichen Balkanvölker im Türkenkampf wurde aber nie Wirklichkeit. Rivalitäten unter den Führungsschichten und nicht zuletzt die Irritationen, die von einer schwankenden Haltung der Großmächte in der Orientpolitik ausgingen, haben die wechselseitigen Beziehungen erheblich belastet.

Erste Anzeichen eines kommenden Unheils kündigten sich schon in der vornationalen Phase an im Zusammenhang mit der ungarischen Magnatenverschwörung von 1670/71 und seit 1678 in den so genannten Kuruzenkriegen unter Imre Graf Tököly sowie 1821 beim Ausbruch des griechischen Freiheitskampfes in der Protestbewegung rumänischer Bauern unter Tudor Vladimirescu in der Walachei.

Spätestens im Revolutionsjahr 1848 zeigte sich, dass eine solidarische Lösung der orientalischen Frage in immer weitere Ferne gerückt war. Die Wortführer einer erwachenden Nationalbewegung beriefen sich auf das identitätsstiftende Argument der gemeinsamen Sprache und Herkunft. Ihre politischen Forderungen waren innerhalb der bestehenden Staatenordnung kaum mehr einvernehmlich einzulösen.

In Siebenbürgen musste die seit dem 15. Jahrhundert gültige staatsrechtliche Konstruktion Konfrontationen schüren. Sie gewährte den ständischen »Nationen« der Ungarn, Szekler und Sachsen weitgehende Vorrechte, verweigerte jedoch der Bevölkerungsmehrheit der rumänischen Bauern die Gleichberechtigung und erkannte ihrer orthodoxen Religion nur einen geduldeten Status zu. Unter den Bulgaren hatten sich aus ähnlichen Konstellationen schon längst Animositäten gegen die hochmütige griechische Hierarchie angehäuft.

Das Londoner Blatt »Punch« verglich anlässlich der Balkankriege 1912/13 die Situation in Südosteuropa mit einem brodelnden Kessel, den die europäischen Mächte nur mühsam unter Kontrolle halten können.

Von interethnischen Spannungen blieb auch im Norden der Balkanhalbinsel das Königreich Ungarn im 19. Jahrhundert nicht verschont. Dem ständischen Widerstand des kroatischen Adels hatte sich seit den Dreißigerjahren die Patriotengruppe der Illyristen angeschlossen. Sie erhob Einspruch gegen die Einschränkungen der überkommenen Munizipalrechte und instrumentalisierte zur Abwehr der Magyarisierungsbestrebungen die verblassende Erinnerung an die frühmittelalterliche Eigenstaatlichkeit für ein nationalkulturelles Aktionsprogramm.

Die ungarische Revolutionsregierung hatte es 1848 versäumt, rechtzeitig den Wünschen und Erwartungen der Nationalitäten in den Ländern der ungarischen Krone entgegenzukommen. Im Herbst 1849 standen die Serben, Kroaten, Slowaken und Rumänen nahezu geschlossen im gegnerischen Lager und der kaisertreue Ban von Kroatien und Kommandant der Militärgrenze, der Feldmarschallleutnant Joseph Graf Jellačić von Bužim, beteiligte sich mit seinen Truppen aktiv an der Niederwerfung des Aufstandes.

Eine auf Expansion angelegte Außenpolitik, die sich an den fiktiven Grenzen mittelalterlicher Reichsgründungen orientierte, bedrohte vor allem jene Völker, die noch im osmanischen Machtbereich verblieben waren und die über keine eigenständigen staatlichen Organisationsstrukturen verfügten. Zwischen den überzogenen Raumvorstellungen der Griechen - die »Große Idee« - und der Serben, die Ilije Garašanin erstmals 1844 in seinem berühmten »Entwurf« (Načertanije) skizziert hatte, war kein Kompromiss denkbar.

Multinationaler Balkan – Staatsnationen versus Minderheiten

Die typische Gemengelage der Siedlungsräume auf der Balkanhalbinsel stand jedem wohl gemeinten Versuch, eine gerechte Aufteilung des vom Türkenjoch befreiten Territoriums nach dem ethnonationalen Prinzip zu versuchen, hindernd im Wege. Binnenwanderungen und der durch Kriegshandlungen erzwungene Exodus größerer Bevölkerungsgruppen hatten zu weit reichenden demographischen Umschichtungen geführt. Die habsburgische Militärgrenze, die sich von der Adriaküste bis nach Siebenbürgen hinzog, war seit dem 16. Jahrhundert zu einem Sammelbecken von Balkanflüchtlingen geworden.

Die Siedlungsschwerpunkte der Serben hatten sich in osmanischer Zeit von Raszien - serbisch Raška - dem Kerngebiet der mittelalterlichen Nemanjidenherrschaft an den Flüssen Piva, Tara, Lim und am Oberlauf der Drina und der westlichen Morava, in die nördlichen Waldgebiete der Schumadija an Donau und Save verlagert. Nach der »Großen Wanderung« des Jahres 1690 waren auf südungarischem Territorium in der Fruška gora - dem »Frankengebirge« - und um Karlowitz - dem serbischen Sremski Karlovci - in Sirmien serbische Ansiedlungen entstanden.

Die serbische Nordwanderung hatte den inzwischen großenteils islamisierten Albanern den Zugang in die entleerten altserbischen Gebiete geöffnet. Die entfernten Ausläufer dieser albanischen Siedlungsausbreitung, die schon im 14. Jahrhundert einsetzte, reichten über Makedonien bis in die zentralgriechischen Landschaften auf der Peloponnes hinein.

Walachische Hirtennomaden, die auf ihren Wanderungen von den Sommerweiden zu den Winterplätzen oftmals eine lange Wegstrecke zu bewältigen hatten, lebten verstreut über ein weites Areal in den innerbalkanischen Hochregionen. Aromunische und armenische

ZITAT

Im Mittelpunkt des Romans »Die Brücke über die Drina« von Ivo Andrić steht die alte Brücke, die das Schicksal der Menschen am Schnittpunkt von Orient und Okzident begleitet:
Denn diese große steinerne Brücke ... ist ... die unentbehrliche Spange auf dem Wege, der Bosnien mit Serbien und, über Serbien hinaus, auch mit den übrigen Teilen des Türkischen Reiches bis nach Stambul verbindet.

Kaufmannsfamilien hatten sich in den städtischen Siedlungen niedergelassen und kontrollierten weitgehend den Zwischen- und Außenhandel im Osmanischen Reich.

Die Balkanstädte waren seit alters fremdethnische Gebilde, die sich vom bäuerlichen Umland abgrenzten. Sie hatten im Donauraum einen mitteleuropäisch-deutschen, in der Adriazone einen italienischen Charakter angenommen. Die strategisch wichtigen Positionen im Inneren der Balkanhalbinsel hielten in osmanischer Zeit türkische Einwanderer besetzt. Nach dem Ende der reconquista in Spanien 1492 ließen sich sephardische (spaniolische) Juden, die im Osmanischen Reich Zuflucht gefunden hatten, in Istanbul und in den größeren Städten der südlichen Balkanhalbinsel nieder. Die Bevölkerung Salonikis war noch während des ganzen 19. Jahrhunderts mehrheitlich jüdisch. Die Griechen stellten erst nach den

Der osmanische Sultan Abd ül-Hamid II. führte bei seiner Thronbesteigung 1876 eine Verfassung nach westlichem Vorbild ein, die er jedoch einige Jahre später zugunsten einer autoritären Politik wieder aufhob.

100264

Blick auf den Platz der Volksversammlung in Sofia mit dem Gebäude der bulgarischen Volksversammlung (rechts), dahinter die russisch-orthodoxe Alexander-Newski-Kathedrale (1904–12)

gewaltsamen ethnischen Säuberungen im 20. Jahrhundert und zumal nach den Deportationen vieler Juden durch die Deutschen in die Vernichtungslager während des Zweiten Weltkriegs, die Bevölkerungsmehrheit.

Aschkenasische Juden waren in größerer Zahl vornehmlich seit dem 18. Jahrhundert nach Ungarn und in die Donaufürstentümer eingewandert. Einstreuungen islamisierter Bevölkerungsgruppen haben sich bis zur Gegenwart in einem christlichen Umfeld in Bulgarien - so genannte Pomaken -, in Makedonien und im Kosovo (Albaner) sowie in Bosnien-Herzegowina gehalten. Über Kleinasien waren seit dem 14. Jahrhundert die Roma nach Südosteuropa eingewandert. Sie erreichten vornehmlich in Ungarn und in Rumänien einen relativ hohen Bevölkerungsanteil.

Vor der gewaltsamen Vertreibung am Ende des Zweiten Weltkriegs lebten an der nördlichen Peripherie der Balkanhalbinsel noch die Nachkommen ehemaliger deutscher Kolonisten. Mit einer Gesamtzahl von annähernd

1,9 Millionen zählten die Deutschen in Südosteuropa bis zur Katastrophe des Zweiten Weltkriegs zu den größeren Minderheitengruppen in Ungarn, Jugoslawien und Rumänien.

Für die Umsetzung der nationalstaatlichen Idee bot das Selbstbestimmungsrecht keine dauerhafte Lösung. Exakte Grenzziehungen waren in einem multiethnischen Umfeld an der Wende zum 20. Jahrhundert nicht mehr konsensfähig. Eine revisionistische Außenpolitik stellte seither in Südosteuropa alle vertraglichen Regelungen grundsätzlich infrage.

Ein Schritt zur Unabhängigkeit – das Bulgarische Exarchat

Ende April 1903 markierte ein Bombenanschlag bulgarischer Attentäter auf die Filiale der türkischen Ottomanbank in Saloniki den Beginn der makedonischen Unruhen; im Bild die Fassade des fast völlig zerstörten Gebäudes.

Die Reformvorhaben innerhalb des Osmanischen Reichs in der so genannten Tansimatperiode ab 1839 beziehungsweise 1856 nach dem Ende des Krimkriegs bis 1876 eröffneten der Eigeninitiative innerhalb der christlichen Bevölkerungsgruppen einen größeren Spielraum. Die Bulgaren forderten Mitspracherechte in ihren kirchlichen und schulischen Angelegenheiten und fanden Rückhalt bei den türkischen Behörden. Einzelne Gemeinden verweigerten den vom Patriarchen eingesetzten Bischöfen den kirchlichen Gehorsam, andere suchten die Annäherung an den Papst und die Union mit der römischen Kirche.

Am 3./15. April 1860 – die zweite Datumsangabe orientiert sich an dem in vielen orthodoxen Ländern erst im 20. Jahrhundert eingeführten gregorianischen Kalender – kündigte während der Feier der Osterliturgie in der bulgarischen Kirche des heiligen Stephan in Istanbul der Titularbischof von Makariopolis, Ilarion Makariopolski, demonstrativ die Liturgiegemeinschaft mit dem Patriarchen auf. Den schwierigen Verhandlungen über die territoriale Abgrenzung einer autokephalen bulgarischen Kirche griff der Sultan mit dem Erlass vom 12. März/28. April 1870 vor. Aus dem Sprengel des Ökumenischen Patriarchates wurde das Bulgarische Exarchat abgetrennt. Der zum Exarchen bestellte Metropolit von Widin, Antim, der in Istanbul residierte, verkündete am 23. Mai 1872 in einem einseitigen Schritt die Unabhängigkeit der bulgarischen Kirche.

Der Kirchenstreit zwischen den Patriarchisten und Exarchisten gewann eine neue theologisch-kanonistische

Dimension, als die Patriarchatssynode den Kirchenbann über die bulgarischen Schismatiker aussprach. Die Kirchenspaltung sollte erst im Jahre 1945 wieder aufgehoben werden.

Bulgarische und griechische Expansion

Auf dem Berliner Kongress 1878 mussten die Bulgaren ihre Wunschträume von einem Großbulgarischen Reich in den territorialen Umrissen, die das russische Diktat im Vorfrieden von San Stefano dem Sultan aufgezwungen hatte, wieder begraben. Auch Griechenland fühlte sich von den Mächten verraten, die Großbritannien die Besetzung der von Griechen bewohnten Insel Zypern zugestanden, aber die Entscheidung über eine Erweiterung der griechischen Nordgrenze vertagten. Ein 1881 mit dem Sultan ausgehandelter Vertrag überließ den Griechen Thessalien und das Gebiet von Arta in Epirus, konnte aber den Verfechtern der »Großen Idee« nicht genügen.

Die Bulgaren operierten erfolgreicher auf eigene Faust. 1885 verkündete Fürst Alexander von Battenberg einseitig die Vereinigung Ostrumeliens mit dem autonomen bulgarischen Fürstentum. Der brüskierte serbische König Milan I. Obrenović antwortete am 2./14. November 1885 mit einer Kriegserklärung und leitete einen Waffengang ein, der für Serbien mit einer militärischen Katastrophe endete. Der kurze serbisch-bulgarische Krieg von 1885 war der Auftakt zu einem blutigen Streit unter den christlichen Balkanstaaten um den Besitz Makedoniens, der sich über mehrere Jahrzehnte hinziehen sollte.

ZITAT

Aus dem Revolutionslied »Thourios« des griechischen Freiheitsdichters Rigas Pheräos Velestinlis:

Im Orient und Okzident,
im Norden und im Süden
Soll unser Herz für das Vaterland schlagen;
Auf dass ein jeder frei in seinem Glauben lebe,
Eilen wir gemeinsam zum Kriegsruhm.

100563

Auf dem Berliner Kongress regte der »ehrliche Makler« Bismarck einen Ausgleich der Balkaninteressen unter den Großmächten an. Der Hofmaler Anton von Werner stellte die Schlusssitzung in der Berliner Reichskanzlei am 13. 7. 1878 als Staatsakt in einer Atmosphäre gegenseitigen Respekts dar.

Vom geographischen Begriff zum Zankapfel – Die makedonische Frage

Makedonien war im 19. Jahrhundert nicht mehr als ein geographischer Begriff. Die äußeren Grenzen waren mit dem Balkangebirge (bulgarisch Stara planina) im Norden, dem Olymp und dem Pindos im Süden, dem Ohridsee im Westen und den Rhodopen im Osten nur sehr vage umschrieben. In der osmanischen Verwaltungseinteilung fand der Begriff »Makedonien« keine Entsprechung. Das fragliche Areal nahmen vornehmlich die Wilajets Saloniki, Monastir – das heutige Bitola – und Teile des Wilajets Kosovo und des Sandschaks Seres ein. Zur Bevölkerungsstatistik und zur zahlenmäßigen Stärke der einzelnen nationalen Gruppierungen unter den annähernd 2,5 Millionen Bewohnern liegen nur sehr ungenaue Angaben vor.

Griechenland reklamierte nahezu sämtliche christlichen Bevölkerungsgruppen für sich und rechnete die slawischen Bewohner Makedoniens den »slawophonen« Griechen zu. Als Griechen firmierten lange Zeit auch die Aromunen, die von den Griechen Kutzowalachen, den Serben Zinzaren und den Türken Tschobani genannt werden und die ein ostromanisches Idiom sprechen. Ihre führenden Händlerschichten aber waren als orthodoxe Christen ganz auf die hellenischen Schul- und Kulturtraditionen ausgerichtet.

Der sich verschärfende Sprachen- und Kulturkampf der Griechen und Bulgaren geriet seit den Achtzigerjahren immer mehr außer Kontrolle und leitete in eine terroristische Phase des Nationalitätenkonflikts in Makedonien über. Bei allen Beteiligten übernahm ein politisches Bandenwesen die Exekution vermeintlicher nationaler Ansprüche. Auf dem Höhepunkt der Krise kamen schließlich die illegalen revolutionären Schutztruppen, die so genannten Komitadschi, sowohl gegen die türkische Staatsgewalt wie im terroristischen Volkstumskampf unter den Balkanchristen zum Einsatz.

ZITAT

Der erste Kultusminister des serbischen Fürstentums, Dositej Obradović, über Bosnier und Herzegowiner:

Die türkischen Bosnier und Herzegowiner sind dem Gesetz und der Religion nach Türken, dem Volkstum und der Sprache nach aber sind sie, was ihre Ahnen waren und was ihre letzten Nachkommen sein werden: Bosnier und Herzegowiner, so lange Gott die Welt in seinen Armen hält.

Die Innere Makedonische Revolutionäre Organisation

Trotz aller internen Zwistigkeiten in der Makedonienfrage blieb es das vorrangige Ziel der Balkanvölker, die Türkenherrschaft notfalls mit Waffengewalt zu beenden. Wiederholte Aufstandsversuche und Überfälle auf türkische

In Serbien wurde 1903 der gemäßigt österreichfreundliche König Alexander I. Obrenović durch eine Offiziersverschwörung ermordet.

Einrichtungen signalisierten eine zunehmende Gewaltbereitschaft. Um nicht zum willenlosen Opfer fremder Interessen zu werden, formierte sich innerhalb der makedonischen Bevölkerung ein geheimes Revolutionskomitee. Es war am 23. Oktober 1893 unter anderem von Dame Gruev in Saloniki als »Makedonische Revolutionäre Organisation«, später bekannt als »Innere Makedonische Revolutionäre Organisation« (IMRO), begründet worden.

Seine Mitglieder verfolgten im Gegensatz zum nationalbulgarischen »Oberen Makedonischen Komitee« in Sofia autonomistische Zielsetzungen und errichteten im Untergrund ein weit verzweigtes Netzwerk des militärischen Widerstands. Das Revolutionskomitee verstand sich unter der ideologischen Führung Goce Delčevs als eine antitürkische Kampforganisation aller Bewohner Makedoniens. Sein Werk waren zahlreiche terroristische Anschläge und Einzelaktionen. Die IMRO zettelte schließlich auch den folgenschweren Ilinden-Aufstand

»So finden die serbischen Truppen die von den Bulgaren verlassenen Dörfer vor« betitelt am 3. 8. 1913 die in Paris erschienene Zeitung »Le Petit Journal« diese Illustration der Gräuel im Zweiten Balkankrieg. Am Vorabend des Ersten Weltkrieges nahm Frankreich für Serbien Partei.

Le Petit Journal

ADMINISTRATION — 5 CENT. — SUPPLÉMENT ILLUSTRÉ — 5 CENT. — ABONNEMENTS

DIMANCHE 3 AOUT 1913

Dans quel état les troupes serbes trouvent les villages abandonnés par les bulgares

50

am 20. Juli/2. August 1903 – dem Tag des Propheten Elias – an, der in einem Blutbad bei den Auseinandersetzungen zwischen den christlichen und den muslimischen Bewohnern endete.

Unter dem Eindruck der blutigen Ereignisse trafen Zar Nikolaus II. und Kaiser Franz Joseph Ende September 1903 im kaiserlichen Jagdschloss im steirischen Mürzsteg zusammen und verpflichteten den Sultan im Namen der Großmächte auf ein Reformprogramm zugunsten der christlichen Bewohner Makedoniens. Artikel 3 der Mürzsteger Beschlüsse sah eine künftige administrative Neugliederung vor, die mehr Rücksicht nehmen sollte auf die ethnographischen Gegebenheiten.

Diese wohl gemeinten Vorschläge verschärften jedoch die interethnischen Spannungen. Sie spornten die Führer der militärischen Verbände an, in einer letzten Kraftanstrengung doch noch die bestehenden Demarkationslinien zwischen den einzelnen Volksgruppen zu korrigieren. Die Folge war eine Ausweitung des Bandenkriegs, an dem sich in gleicher Weise bulgarische, griechische, serbische, walachische und albanische Freischärler mit einem gnadenlosen Fanatismus beteiligten.

Die Verschwörung der »Jungtürken«

Der brodelnde Hexenkessel in Makedonien, den aufgeputschte nationale Leidenschaften unter den Balkanchristen immer wieder anheizten, wurde zu einer Bedrohung der türkischen Staatsmacht im Lande. Der dringende Wunsch, dem schleichenden Zerfall des Reichs Einhalt zu gebieten, verwischte die ererbten Feindbilder. Die islamische Reichsbevölkerung wurde sich auf der Suche nach einer eigenen Identität ihrer nationalen Unterschiede bewusst. Emigranten in Paris und London träumten von einer türkischen Wiedergeburt. Osmanisten, Panturanisten und türkische Nationalisten meldeten sich zu Wort.

Offiziere des dritten Armeekorps in Saloniki gaben am 23. Juli 1908 das Signal zum Aufstand gegen das Sultansregime. An der Offiziersverschwörung der »Jungtürken« waren unter anderem Mustafa Kemal Pascha und Enver Pascha, die Gründungsväter der modernen Türkei, maßgeblich beteiligt. Sie forderten in ultimativer Form die Rückkehr zu einer verfassungskonformen Regierungsweise und strebten eine brüderliche Versöhnung der verschiedenen Nationalitäten in einem gemeinsamen Reich an, das allen Staatsbürgern die gleichen Rechte einräumt.

Einig im Innern, bedrängt von außen – die albanische Frage

Die Begehrlichkeit der Nachbarn hat den Albanern geholfen, über alle innergesellschaftlichen sozialen und konfessionellen Trennungen hinweg den Gedanken einer nationalen Zusammengehörigkeit zu wecken. Ein geheimes »Zentralkomitee zur Verteidigung der Rechte der albanischen Nation« organisierte seit 1878 mit Dul-

ZITAT

Aus einem Aufruf des kroatischen Kulturpolitikers Ljudevit Gaj (1836):

Europa gleicht einem sitzenden Mädchen. Wenn man es so betrachtet, erkennt man alsbald, dass es, an seine Brust gestützt, eine dreieckige Lyra in seinen Händen hält ... Diese Lyra Europas heißt Illyrien mit seinen drei äußersten Punkten: Skutari, Varna und Villach. Die gelockerten Saiten auf dieser Lyra bedeuten: Kärnten, Görz, Istrien, Krain, die Steiermark, Kroatien, Slavonien, Dalmatien, Ragusa, Bosnien, Montenegro, die Herzegowina, Serbien, Bulgarien und Südungarn. Wonach können sich unsere Herzen ... stärker sehnen als nach einer Wiederherstellung des alten Wohlklangs dieser Saiten der europäischen Lyra ...? Brechen wir doch ... das einzelgängerische Spiel ab, vereinigen wir den Klang der Saiten zu einem harmonischen Zusammenspiel.

dung des Sultans von Istanbul aus den Widerstand. Um bei den Grenzregelungen nach dem Berliner Kongress eine drohende Aufteilung ihres Siedlungsgebietes unter den Serben, Montenegrinern und Griechen abzuwenden, schlossen sich die konkurrierenden Stammesverbände noch 1878 in der »Albanischen Liga« von Prizren zu einem gemeinsamen Verteidigungsbündnis zusammen.

ZITAT

Aus einem Bericht des deutschen Botschafters Adolf Freiherr Marschall von Bieberstein vom 20. 4. 1904:

Man muss wissen, dass… es dort keine »Mazedonier« gibt, sondern Türken, Albanesen, Serben, Griechen, Pomaken, Kutzowalachen, exarchistische und patriarchistische Bulgaren und dass der gegenseitige Hass der dortigen Christen verschiedener Nationalität ein weit stärkerer Faktor der Unordnung ist, als der Gegensatz zwischen Christentum und Islam.

Die Autonomieforderungen der Albaner waren mit der zentralistischen Staatskonzeption der Jungtürken auf Dauer nicht zu vereinbaren. Die albanische Frage blieb ein Zankapfel in den zwischenstaatlichen Beziehungen. Während sich die christlichen Balkanstaaten zum letzten Waffengang gegen das Osmanische Reich rüsteten, drohten die Albaner zwischen allen Fronten zerrieben zu werden.

Als ein albanischer Nationalkongress in Vlorë (italienisch Valona) den Bruch mit dem Sultan absegnete und am 28. November 1912 einen selbstständigen albanischen Staat proklamierte, standen fremde Besatzungstruppen überall im Lande und hatten die wichtigsten Städte unter Kontrolle. Die Großmächte begnügten sich während der Balkankrise von 1912/13 mit der Sicherung der staatlichen Unabhängigkeit Albaniens unter einem deutschen Fürsten und mit der Wahrung des Gleichgewichts im östlichen Mittelmeerraum.

Die Balkankriege

Nicht ohne Mitwirkung der russischen diplomatischen Vertretungen vor Ort war in mühsamen bilateralen Verhandlungen seit 1908 eine offensive Balkanallianz geschmiedet worden. Mit der Kriegserklärung vom 8. Oktober 1912 eröffnete Montenegro, unterstützt von Bulgarien, Serbien und Griechenland, den Ersten Balkankrieg, der die Endphase der orientalischen Frage einleiten sollte. Der Sultan, an allen Fronten geschlagen, musste sich im Londoner Friedensvertrag vom 30. Mai 1913 dem Diktat der Sieger beugen. Sie gestanden ihm auf der Balkanhalbinsel nur noch einen schmalen Gebietsstreifen im unmittelbaren Vorfeld Istanbuls zu.

Der unerwartete Sieg der christlichen Balkanstaaten läutete gleichzeitig eine neue Runde im Nationalitätenkonflikt ein. Zusätzliche bulgarische Gebietsansprüche und Kompensationsforderungen Serbiens, das sich um den Zugang zur Adriaküste durch die Schaffung eines unabhängigen Albanien betrogen sah, ließen den Streit um die Aufteilung Makedoniens erneut aufleben. Bulgarien griff im Zweiten Balkankrieg am 29. Juni 1913 Serbien und Griechenland an, die von der Türkei und Rumänien unterstützt wurden. Bulgarien wurde geschlagen.

Im Frieden von Bukarest vom 10. August 1913 behauptete Bulgarien mit dem Piringebiet nur noch ein Zehntel des makedonischen Territoriums. Der Löwenanteil – das Wardargebiet mit den Städten Ohrid, Skopje und Bitola – fiel an Serbien und vor allem an Griechen-

Furchtbare Verfolgungen brachte der Niedergang der Osmanischen Herrschaft für die im ganzen Balkanraum ansässige türkische Bevölkerung. Das Zeitungsbild vom 24. 11. 1913 zeigt ihre Flucht nach Istanbul während des Zweiten Balkankrieges.

50

land, das die gesamte Küstenzone und mit Kavala und Saloniki die beiden wichtigsten Ausfuhrhäfen an der ägäischen Küste Makedoniens hinzugewann.

Selbstbestimmungsrecht der Völker? –
Das »Neue Europa«

Nach den visionären Vorstellungen des späteren tschechoslowakischen Staatspräsidenten Tomáš Garrigue Masaryk sollte das »Neue Europa« den bislang unterdrückten kleinen Völkern gehören, die jahrhundertelang unter der Bevormundung fremder Herren hatten leben müssen und nun nach staatlicher Eigenständigkeit verlangten. Die 14 Punkte des amerikanischen Präsidenten

Nikolaus I., König von Montenegro, erreichte durch die Teilnahme am Türkenkrieg 1876–78 dank russischer Unterstützung auf dem Berliner Kongress 1878 die Unabhängigkeit für sein Land.

100264

Der Bau des Parlamentsgebäudes in der serbischen Hauptstadt Belgrad wurde 1907 angefangen, aber erst nach dem Ersten Weltkrieg vollendet.

Wilson vom Januar 1918 räumten bei der anstehenden Neuordnung der europäischen Staatenwelt dem Selbstbestimmungsrecht den Vorrang ein. Seine strikte Anwendung führte am Ausgang des Ersten Weltkriegs zur Auflösung der Donaumonarchie. Der militärische Zusammenbruch der Balkanfront im Sommer 1918 beschleunigte den rapiden Zerfall der alten Ordnungen.

Die Völker der Monarchie begehrten auf und besannen sich auf ihre eigenen Interessen. In den Brennpunkten nationalistischer Agitation konstituierten sich Nationalräte. Sie kündigten dem Kaiserhaus in Wien die Treue auf und schalteten sich in die organisatorischen Vorbereitungen der nationalen Staatsgründungen ein. Die notwendigen neuen Grenzziehungen sind im Auftrag der Siegermächte von Expertenkommissionen ausgehandelt worden. In ihren Vorschlägen spiegelte sich der unaufhebbare Widerspruch zwischen ethnisch-sprachlichen, strategischen und historischen Abgrenzungskriterien wider. Nur in Ausnahmefällen wurden die Entscheidungen einem Plebiszit unterworfen wie in Unterkärnten am 10. Oktober 1920 und im Burgenland am 14. Dezember 1921.

Der jahrelange erbitterte Kampf um gerechte Grenzen hatte fatale Folgen. Die Nachfolgestaaten des so genannten Versailler Systems erwartete in den Zwanzigerjahren eine tief gehende Strukturkrise und sie hatten mit schwer integrierbaren Minderheiten zu leben.

Zu den im Volkstumskampf umstrittenen Grenz- und Übergangszonen zählten unter anderem Westungarn und das Burgenland, die Untersteiermark und Unterkärnten, die ehemalige habsburgische Militärgrenze, die Wojwodina und Ostslawonien, das Triester Umland und die Adriaküste, Siebenbürgen, Bosnien-Herzegowina, der Kosovo, Nordepirus, Makedonien, die Bukowina, die Dobrudscha, Bessarabien sowie das unmittelbare Vorfeld Istanbuls in Thrakien. Der betroffenen Bevölkerung blieb nur die Wahl zwischen einem ungewissen Minderheitenschicksal und dem harten Flüchtlingselend, das sie bei einer überhasteten Flucht über die neuen Landesgrenzen erwartete. Zwangsumsiedlungen und ein in bilateralen Verträgen geregelter Bevölkerungsaustausch kennzeichneten in fast allen Balkanstaaten einen schleichenden Prozess der gewaltsamen Homogenisierungen und der brutalen ethnischen Säuberungen.

Im »Pulverfass« des Balkans sammelte sich so ein gefährliches Konfliktpotenzial an. Es war während der ganzen Zwischenkriegszeit mit den herkömmlichen Mitteln der Politik kaum mehr zu entschärfen. Die Schutzverträge waren für bedrohte Minderheiten nur eine untaugliche Sicherheitsgarantie. Der Völkerbund konnte der ihm zugedachten Aufgabe als vermittelnde und ausgleichende Schiedsinstanz nicht gerecht werden. Die aufbrechenden inneren Gegensätze stellten schließlich in den meisten Nachfolgestaaten die Funktionsfähigkeit des parlamentarischen Systems infrage und ließen sie in autoritären Staatsformen einen Ausweg aus der Krise suchen.

Edgar Hösch

Ein Staat für die Juden: Der Zionismus

Palästina war bis 1918 ein Teil des Osmanischen Reiches. Es wurde – verwaltungsmäßig – im Wilajet von Libanon und Südsyrien erfasst; hinzu kam der Sandschak (Bezirk) von Jerusalem. Die geographischen Grenzen Palästinas waren – noch mehr als die von Erez (Land) Israel – alles andere als klar und – wie auch heute noch – umstritten. Im Allgemeinen lässt sich sagen, dass mit Erez Israel das Gebiet des heutigen Staates Israel gemeint ist.

Zu Beginn der zionistischen Einwanderung lebten nur sehr wenige Juden im »Land ihrer Väter«, in Erez Israel. Als 1882 die erste Einwanderungswelle einsetzte, belief sich die Zahl der jüdischen unter den 450 000, meist muslimischen Bewohnern des Landes auf 24 000. Trotz der religiösen Bindung an das »Heilige Land« fand unter den Juden die Idee der praktischen Einwanderung nach Pa-

50

Der junge Jude beim Studium in dem um 1910 entstandenen Gemälde scheint exemplarisch das Bild vom »Volk des Buches« zu vertreten (Wien, Judaika-Sammlung Max Berger).

100563

Der Innenraum der Synagoge in der Oranienburger Straße in Berlin war nach protestantischem Vorbild als Gotteshaus gestaltet und spiegelte so das reformjüdische Programm wider. Die 1866 eingeweihte, damals weltweit größte Synagoge wurde 1938 in der »Reichspogromnacht« zerstört (Farblithographie, um 1870; Berlin, Berlin-Museum).

lästina nur ein geringes Echo. Pläne dieser Art schienen auch unrealistisch zu sein.

Vor allem in Großbritannien, Frankreich und Deutschland überwogen in der jüdischen Bevölkerung, die sukzessive ihre rechtliche Gleichstellung erreicht hatte, die Bestrebungen, sich zu assimilieren. Trotz des erstarkenden Antisemitismus vor allem im Deutschen Reich war die Überzeugung weit verbreitet, dass sich mit dem Parlamentarismus, der Verankerung der Demokratie und dem Fortschritt der Emanzipation die jüdische Frage von allein lösen werde. Der Antisemitismus werde sehr bald zu einem Relikt des finsteren Mittelalters werden. Zu derart optimistischen Einschätzungen konnten die Juden in Osteuropa, vor allem in Russland, nicht gelangen. Sie wurden verfolgt und in Ansiedlungsrayons zusammengepfercht.

Die Rückbesinnung auf die eigene jüdische Identität

Im letzten Drittel des 19. Jahrhunderts wurde Osteuropa von einem neuen Geist erfasst. In den Vielvölkerreichen – in Russland und vor allem in Österreich-Ungarn –

INFOBOX

»Autoemanzipation« der Juden

In seiner Schrift »Autoemancipation« vertrat Leon Pinsker die Ansicht, dass der Hass auf die Juden in Judophobie, d. h. in der Furcht vor der konkret nicht fassbaren, ungewöhnlichen Existenz der Juden wurzele. Nur die Rückkehr in einen normalen politischen Zustand – d. h. in ein eigenes Land – könne die Juden zu einer Nation machen und den Hass der Nichtjuden zum Verschwinden bringen. Doch dieses Ziel verlange eine Bewusstseinsveränderung des jüdischen Volkes und die Entwicklung eines nationalen Selbstverständnisses. Die Emanzipation sei ein Geschenk der Völker gewesen, unter denen die Juden lebten, die Stärkung der Nation und die politische Sammlung wären dagegen Akte der Selbstbefreiung, der Autoemanzipation.

begannen die Völker in sehr verklärter Weise ihre nationale Geschichte und deren Wurzeln zu entdecken. Es setzte sich die Erkenntnis durch, dass die nationalen und sozialen Fragen eng miteinander verknüpft seien. Die dort von einzelnen Völkern erhobene Forderung nach einem Nationalstaat beeinflusste vor allem das Denken jener Juden, die in Gebieten angesiedelt waren, in denen viele Nationalitäten nebeneinander lebten.

Judenfeindliche Ausschreitungen in Russland trugen erheblich zum Entstehen des jüdischen Nationalismus

INFOBOX

Zion

Nach 2. Samuel 5, 6 ff. war Zion die Bezeichnung für die von David eroberte Festung des vorisraelitischen Jerusalem. Die »Burg Zion«, der Ofel (befestigte Anhöhe in altorientalischen Städten) des jebusitischen Jerusalem, lag gut gesichert auf dem Südosthügel und hatte Zugang zur Gihon-Quelle am Ostfuß des Burgberges.

In israelitischer Zeit wurde Zion zur Bezeichnung des nördlich anschließenden Tempelbezirks, konnte in poetischem Kontext aber auch auf die ganze Stadt Jerusalem oder das ganze Volk Israel bezogen werden. Nach der Zerstörung des Tempels wanderte die Bezeichnung Zion zum Südwesthügel Jerusalems, der nun als »Stadt Davids« galt.

Der Zion galt als Berührungspunkt zwischen himmlischer und irdischer Welt. Im ursprünglich religiösen Verständnis innerhalb des Judentums ist der Zionismus die auf Jerusalem, verbildlicht im Zion, und Palästina gerichtete Sehnsucht sowie die innere Bindung an das Gelobte Land.

im modernen Sinne bei. Nachdem 1881 Zar Alexander II. ermordet worden war und sich herausgestellt hatte, dass einer der Attentäter Jude war, ergriff die zaristische Regierung die Gelegenheit, den Antisemitismus zu schüren, der in jenem Land ohnehin stets vorhanden war. Mehr als hundert jüdische Gemeinden wurden von Pogromen heimgesucht. Leon Pinsker, ein Arzt aus Odessa, vertrat in seiner 1882 in Berlin – zunächst anonym – veröffentlichten Schrift »Autoemancipation!« die Ansicht, dass nur eine Rückbesinnung auf die nationalen Wurzeln des Judentums und die Gründung eines jüdischen Staates zur Lösung der jüdischen Frage beitragen können.

In Russland wurde der Verein »Bilu« – eine Abkürzung des Bibelverses Beit Jakov lecho wenelcha (das

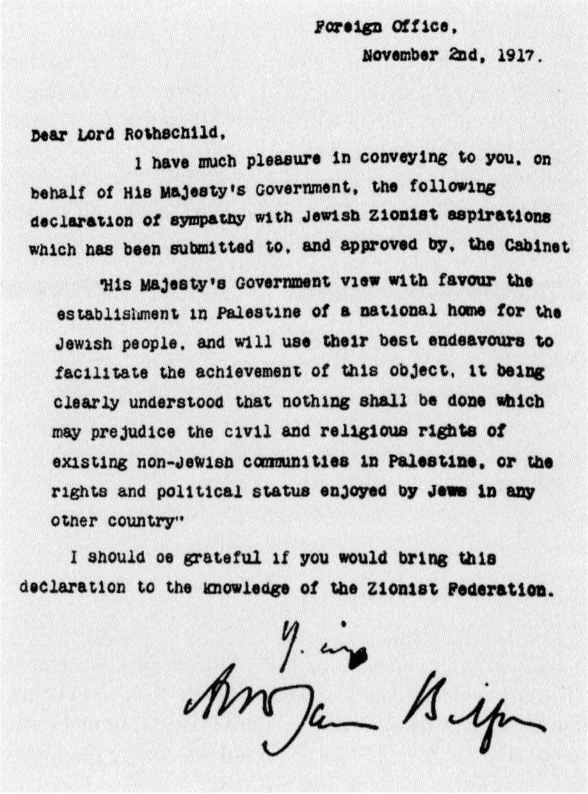

Foreign Office,
November 2nd, 1917.

Dear Lord Rothschild,

I have much pleasure in conveying to you, on behalf of His Majesty's Government, the following declaration of sympathy with Jewish Zionist aspirations which has been submitted to, and approved by, the Cabinet

"His Majesty's Government view with favour the establishment in Palestine of a national home for the Jewish people, and will use their best endeavours to facilitate the achievement of this object, it being clearly understood that nothing shall be done which may prejudice the civil and religious rights of existing non-Jewish communities in Palestine, or the rights and political status enjoyed by Jews in any other country"

I should be grateful if you would bring this declaration to the knowledge of the Zionist Federation.

5055

In der Balfour Declaration sicherte Arthur James Balfour die Schaffung einer nationalen Heimstätte (»national home«) für die Juden in Palästina im Brief vom 2. 11. 1917 an Lord Rothschild zu.

Max Liebermann, hier ein Selbstporträt, wurde von den Nationalsozialisten wegen seiner jüdischen Abstammung verfemt; deshalb trat er 1933 als Präsident der Preußischen Akademie der Künste, der er seit 1920 vorgestanden hatte, zurück.

Haus Jakob lass uns ziehen) – gegründet, der die konkrete Besiedlung Palästinas anstrebte. In den Jahren 1882 bis 1904 wanderten etwa 35 000 Juden aus Russland und Rumänien nach Palästina aus. Unterstützt von Baron Edmund de Rothschild erwarben die Siedler Grund und Boden. Kolonien, die heute blühende Städte sind, wurden gegründet, so Rehovot, Zikhron Jaaqov, Rishon Leziyyon oder Petah Tiqwa.

Theodor Herzls Ansinnen

Neue, betont politische Impulse erhielt die zionistische Idee durch das Wirken Theodor Herzls, eines ursprünglich assimilierten Juden. Der Dreyfusprozess in Frankreich, über den er als Korrespondent der angesehenen Wiener Zeitung »Neue Freie Presse« berichtete, führte

INFOBOX

Die Kibbuzim

Im Rahmen der jüdischen Einwanderung nach Palästina entstand auf Anregung Theodor Herzls und Franz Oppenheimers der Kibbuz (Versammlung, Gemeinschaft) als genossenschaftliche Siedlungsform: eine planmäßig gestaltete, kollektiv arbeitende und basisdemokratisch ausgerichte Lebens- und Arbeitsgemeinschaft auf dem Lande. Grund und Boden sowie Produktionsmittel wurden zunächst durch den Jüdischen Nationalfonds bereitgestellt, später – nach Gründung des Staates Israel – durch die Nationale Bodenbehörde.

Der Kibbuz entspricht weitgehend der idealtypischen Form einer Kommune, d. h., die materiell gleichgestellten Mitglieder arbeiten entsprechend ihren Fähigkeiten und konsumieren gemäß ihren Bedürfnissen. Kindererziehung und Bildung erfolgen kollektiv.

ihm jedoch deutlich vor Augen, dass der Antisemitismus auch im westlichen Europa nicht erloschen war. In der Auseinandersetzung mit der Dreyfusaffäre gelangte er zu dem Schluss, dass die Juden eine eigene Nation seien und die jüdische Frage nur durch einen eigenen Staat gelöst werden könne.

In der Judenfeindschaft sah er nicht ein voremanzipatorisches Relikt, das allmählich verschwinden würde, sondern vielmehr eine direkte Folge der Emanzipation. Das Streben nach Integration und Assimilation sei mithin zum Scheitern verurteilt. In seiner beinahe prophetischen Schrift »Der Judenstaat« von 1896 entwarf er die Vision der Rückbesiedlung Palästinas als Weg, dem jüdischen Volk neue, nationale und moderne Werte zu vermitteln. Herzl negierte die jüdische Religion nicht, er verstand aber die »Zionssehnsucht« in einem realpolitischen und säkularisierten Sinne.

Zionismus bedeutete für ihn auch, dass sich die Juden von den Einschränkungen und Selbstverleugnungen, die die Diaspora mitsichbrachte, befreiten. In jenen Jahren herrschte der Glaube, dass nur die Rückbesinnung auf die Wurzeln des »Altneulandes« diese Befreiung mit sich bringen könne, und zwar in jeder Hinsicht – national, sozial, politisch und seelisch. Natürlich waren die Zionisten im Großen und Ganzen davon überzeugt, die alte Heimat gehöre ihnen oder dem jüdischen Volk, ohne dass man diese Zugehörigkeit definieren konnte. Es gab ro-

ZITAT

Theodor Herzl in seiner Schrift »Der Judenstaat«:
Wir sind ein Volk – der Feind macht uns ohne unseren Willen dazu, wie das immer in der Geschichte so war. In der Bedrängnis stehen wir zusammen, und da entdecken wir plötzlich unsere Kraft. Ja, wir haben die Kraft, einen Staat, und zwar einen Musterstaat zu bilden. Wir haben alle menschlichen und sachlichen Mittel, die dazu nötig sind.

mantische Vorstellungen darüber, wie an biblische Zeiten angeknüpft werden könne. Eine von Empfindungen geprägte innere Gestimmtheit gab Kraft und spornte an.

Herzl war eine faszinierende, überzeugende Persönlichkeit. Es gelang ihm, diejenigen Juden anzusprechen, die bereits - in einer im Einzelnen ungeklärten Weise - »zionistisch« dachten und fühlten. Der von Herzl einberufene erste Zionistische Weltkongress trat im August 1897 in Basel zusammen und verabschiedete ein richtungweisendes Programm, dessen Kernsatz lautete: »Der Zionismus erstrebt für das jüdische Volk die Schaffung einer öffentlich-rechtlich gesicherten Heimstätte in Palästina«. Die zionistische Bewegung wurde zunehmend als politischer Faktor wahrgenommen.

Die Politisierung der jüdischen Siedlungspolitik
In Russland wurde die jüdische Bevölkerung zu Beginn des 20. Jahrhunderts erneut von einer Pogromwelle heimgesucht, an deren Anfang im April 1903 der Pogrom

100562

Theodor Herzl, hier mit seiner Mutter, gelang es trotz vieler Anfeindungen, eine zionistische Massenbewegung zu organisieren.

in Kischinjow stand. Während in den Achtzigerjahren des 19. Jahrhunderts noch Plünderungen den Schwerpunkt der Ausschreitungen bildeten, dominierten jetzt Vergewaltigung, Mord und Folter. Die Pogrome wurden von Reaktionären, aber auch von Kreisen, die sich für fortschrittlich hielten, bejaht, wenn auch aus unterschiedlichen Motiven. Zugleich rief diese Brutalität nicht nur weltweite Empörung hervor, sondern führte den Juden deutlich vor Augen, in welch unsicherer Situation sie lebten.

In jenen Jahren setzte die große jüdische Einwanderungswelle nach Amerika ein; ein kleiner Teil, etwa 30 000 Emigranten, fand den Weg nach Palästina. Trotz Einschränkungen und bürokratischer Hindernisse der osmanischen Regierung war es ihnen zu diesem Zeitpunkt noch möglich, sich in Palästina niederzulassen. Mit dieser zweiten Einwanderung, deren prominenteste Vertreter David Ben Gurion und Levi Eschkol waren, begann eine neue Ära.

Es bestanden deutliche Unterschiede zwischen den Angehörigen der ersten Einwanderung, die bereits in wohlhabenden Kolonien wohnten, und den neu Ankommenden. Letztere waren zumeist Jugendliche, beseelt von nationalen Ideen, bewusste Zionisten mit einem Hang zur Radikalität und von den sozialen Bewegungen

INFOBOX

Das Sykes-Picot-Abkommen

Das nach den beiden Unterhändlern Mark Sykes und François Georges-Picot benannte Geheimabkommen zwischen Großbritannien und Frankreich vom Januar 1916 versprach dem Russischen Reich den Erwerb armenischer Gebiete: Trapezunt, Erzurum, Bitlis und Van. Den Arabern stellte es einen Staat in Aussicht, der das östliche Syrien, den nördlichen Irak und Jordanien umfassen sollte; die nördliche Zone dieses Staates, das Gebiet A«, sollte französisches Einflussgebiet, seine südliche Zone, das Gebiet »B«, britisches Einflussgebiet sein. Palästina sollte, mit Ausnahme des Großbritannien zugedachten Haifa, internationalisiert werden. Großbritannien erhielt als Einflusssphäre Mesopotamien (zwischen Bagdad und dem Persischen Golf), Frankreich den Libanon, das westliche Syrien und das südöstliche Anatolien. Für Italien kam 1917 das südliche Anatolien und weiter nördlich eine Zone »C« hinzu.

50

Eine Ansicht von Jerusalem im 19. Jh. Der Münchener Landschaftsmaler August Löffler deutete 1949/50 das Bild der Zionstadt mit einem Regenbogen als religiöses Symbol der Heilshoffnungen und des Alten Bundes zwischen Gott und Menschen (München, Neue Pinakothek).

der damaligen Zeit stark geprägt. Sie verlangten die Beschäftigung von jüdischen statt arabischen Arbeitskräften in den jüdischen Siedlungen und warben sehr eifrig für die Erneuerung der hebräischen Sprache, weil sie darin ein Attribut, wenn nicht sogar eine Voraussetzung des nationalen Erwachens sahen.

Es entstand eine sehr kämpferische und – weil parteigebunden – auch polarisierende hebräische Presse. Die Pioniere der zweiten Einwanderungswelle riefen 1909 die Vereinigung Haschomer (Wächter) ins Leben, die die Aufgabe hatte, jüdische Siedlungen zu bewachen und den Wächtern angemessene Lebensbedingungen zu gewährleisten. Die Immigranten ließen sich nicht nur in schon bestehenden Kolonien nieder, sondern gründeten eigene, so Deganya und Merhavya. 1909 entstand als Vorstadt zu Jaffa Tel Aviv. 1914 lebten insgesamt 85 000 Juden in Palästina, davon etwa 45 000 in Jerusalem, 10 000 in Jaffa, 7 000 in Safad, 5 000 in Tiberias, 3 000 in Haifa und 12 000 in landwirtschaftlichen Kolonien.

Unter veränderten Bedingungen –
Die jüdische Gemeinschaft im Ersten Weltkrieg

Im Oktober 1914 trat das Osmanische Reich an der Seite der Mittelmächte in den Krieg gegen die Ententemächte ein. Für die Juden Palästinas begann nun in völkerrechtlicher und politischer Hinsicht eine neue Zeit. Palästina wurde ein Teil des globalen Ringens, die zionistische Bewegung gewann international an Bedeutung.

100264

Luftaufnahme von Tel Aviv-Jaffa; Tel Aviv entstand 1909 als Vorstadt zur alten Stadt Jaffa.

Die Juden des Jischuw – so nannte sich die vorstaatliche jüdische Gemeinschaft – gerieten infolge der Annullierung der »Kapitulation«, die das Vorrecht ausländischer Bewohner – meist Staatsangehöriger der europäischen Länder – im Osmanischen Reich begründete, unter starken türkischen Druck. Der eigentliche Herrscher im Osmanischen Reich in dieser Zeit war Jamal Pascha, der auch die Befehlsgewalt über das osmanische Heer in Palästina innehatte.

Er hegte eine tiefe Abneigung gegen den Zionismus und deportierte große Teile der russischen Juden, die noch die russische Staatsbürgerschaft besaßen, nach Ägypten. Er leitete eine Welle von Verfolgungen und vor allem die Beschlagnahme jüdischen Eigentums ein, wodurch er vor allem die Bauern in den Kolonien, deren Arbeitstiere und Gerätschaften konfisziert wurden, in die Armut trieb. Nur 56 000 der 1914 in Palästina ansässigen 85 000 Juden überlebten den Ersten Weltkrieg.

Nachdem es den britischen Streitkräften lange Zeit nicht gelungen war, die Osmanen von der Sinaihalbinsel zu vertreiben und Palästina zu erobern, gelang es den Truppen des britischen Generals Edmund Henry Hynman Allenby im Oktober 1917, Beerscheba und den Negev zu besetzen; am 9. Dezember marschierten sie in Jerusalem ein. Der nördliche Teil Palästinas aber blieb unter osmanischer Herrschaft, bis das Osmanische Reich im Oktober 1918 kapitulierte.

Die Balfour Declaration

Im Nahen Osten beeinflussten im Ersten Weltkrieg andere Vorgänge die weitere Entwicklung in hohem Maße. Um die Araber zu ermutigen, sich gegen die Osmanen, die immer noch weite und wichtige Gebiete wie Irak oder Saudi-Arabien besetzt hielten, aufzuwiegeln, versprachen ihnen die Briten in einem Briefwechsel zwischen Henry McMahon, dem britischen Hochkommissar in

INFOBOX

Heimstätte in Palästina

Bereits im Baseler Programm des ersten Zionistenkongresses (1897) wurde die Errichtung einer nationalen Heimat für die Juden in Palästina gefordert. Mit der Veröffentlichung dieses Programms begann die jüdische Auswanderung nach Palästina; dies führte jedoch bald zu Konflikten mit den Arabern. Während des Ersten Weltkriegs versprach Großbritannien der arabischen Nationalbewegung, sie in ihrem Streben nach einem unabhängigen Staat zu unterstützen, wenn die Araber als Verbündete der Ententemächte in den Ersten Weltkrieg eintreten würden. Zugleich aber setzte sich die britische Regierung für die zionistische Bewegung ein, um v. a. die öffentliche Meinung in den USA für die Sache der Alliierten zu gewinnen.

Am 2. 11. 1917 gab der britische Außenminister Arthur Balfour im Auftrag der britischen Regierung dem Vertreter der Zionisten, Lord Rothschild, die Bestätigung, dass Großbritannien den Wunsch der Juden nach »einer nationalen Heimstätte in Palästina« unterstützen werde. Die Rechte bestehender nichtjüdischer Gemeinschaften sollten nach der Balfour Declaration allerdings nicht beeinträchtigt werden. Diese zweigleisige – proarabische und projüdische – Politik verfolgte Großbritannien auch nach dem Krieg auf der Konferenz von San Remo im April 1920, auf der sich die Alliierten über die Aufteilung der ehemals in türkischem Besitz befindlichen arabischen Provinzen einigten. Nach 1920 wurde Palästina verstärkt Einwanderungsland der europäischen Juden. Die Zionisten beriefen sich auf die Balfour Declaration und erhoben bald weitgehende Forderungen nach der Errichtung eines jüdischen Staats.

Ägypten, und Husain I. Ibn Ali, dem Scherifen von Mekka, politische Selbstständigkeit. In sehr vager Form wurde ihnen die Gründung eines arabischen Staates, der auch Teile von Palästina umfassen sollte, zugesagt.

Gleichzeitig fanden zwischen Charles Marie François Georges-Picot, einem Vertreter der französischen Regierung, und Mark Sykes, einem britischen Diplomaten, geheime Verhandlungen über die Aufteilung des Osmanischen Reiches statt. Neben Syrien und Libanon sollte auch der nördliche Teil des heutigen Israels - Galiläa - französisches Interessengebiet werden. Das Gebiet zwischen Bagdad und dem Persischen Golf war als britische Einflusszone gedacht. An diesen Abmachungen war auch Russland, das bis November 1917 an der Seite der Alliierten kämpfte, beteiligt.

Da die Briten jedoch das Gefühl gewonnen hatten, Frankreich zu sehr entgegengekommen zu sein, führten

Die Wachmannschaft des von General Allenby kommandierten britischen Expeditionskorps paradiert 1917 vor dem Jerusalemer Jaffator. Auf den Torflügeln sind noch die osmanischen Hoheitszeichen Stern und Halbmond zu sehen.

50

100563

Im Ersten Weltkrieg kämpften jüdische Soldaten in allen Heeren mit: So waren es auf deutscher und österreichisch-ungarischer Seite 100 000 bzw. 320 000 Mann, von denen 12 000 bzw. 40 000 fielen; hier ein Feldgottesdienst für österreichische, ungarische und polnische Soldaten mosaischen Glaubens (Wien, Judaika-Sammlung Max Berger).

sie wiederum Geheimverhandlungen mit der zionistischen Bewegung, vor allem mit ihrem Vertreter in Großbritannien, Chaijim Weizmann. Auf der Basis dieser Gespräche gab der britische Außenminister, Lord Arthur James Balfour, am 2. November 1917 eine Erklärung ab, die historische Berühmtheit erlangen sollte: »Die Regierung seiner Majestät betrachtet die Errichtung einer Nationalheimstätte für das jüdische Volk in Palästina mit Wohlwollen und wird keine Mühe scheuen, die Erreichung dieses Zieles zu fördern.«

Welche Gründe hatten die britische Regierung bewogen, der zionistischen Bewegung in dieser deutlichen Form ihre Unterstützung zuzusichern? Sicherlich spielte auch eine gewisse Sympathie für das »Volk der Bibel« eine Rolle. Ausschlaggebend waren hingegen realpolitische Überlegungen: Das Jahr 1917 war für die Ententemächte an der europäischen Front sehr kritisch gewesen. Russland musste im November 1917 aus der Koalition mit diesen Mächten ausscheren. Die Briten glaubten nun, eine prozionistische Erklärung würde die Millionen russischer Juden anspornen, auf eine Fortsetzung des Krieges an der Seite Großbritanniens hinzuwirken, da eine Niederlage des mit Deutschland verbündeten Osmanischen Reiches gleichsam die Voraussetzung dar-

INFOBOX

Die Balfour Declaration

Ministerium des Äußeren, 2. 11. 1917

»Mein lieber Lord Rothschild,

zu meiner großen Genugtuung übermittle ich Ihnen namens seiner Majestät Regierung die folgende Sympathie-Erklärung für die jüdisch-nationalen Bestrebungen, die vom Kabinett geprüft und gebilligt worden sind. Seiner Majestät Regierung betrachtet die Schaffung einer nationalen Heimstätte für das jüdische Volk mit Wohlwollen und wird die größten Anstrengungen machen, um die Erreichung dieses Zieles zu erleichtern, wobei klar verstanden wird, dass nichts getan werden soll, was die bürgerlichen und religiösen Rechte bestehender nichtjüdischer Gemeinschaften in Palästina oder die Rechte und die politische Stellung der Juden in irgend einem anderen Land beeinträchtigen könnte. Ich bitte Sie, diese Erklärung zur Kenntnis der zionistischen Föderation zu bringen.«

(gezeichnet) James Balfour

stellte, dass die Versprechen der Balfour Declaration realisiert werden konnten.

Aus diesem Grund verbreiteten die Briten zum Beispiel mithilfe von Flugblättern diese Erklärung in den jüdischen Zentren Osteuropas. Darüber hinaus sollte ein neuer Bundesgenosse – die zionistische Bewegung – dazu beitragen, die Position Frankreichs im Nahen Osten zu schwächen. Vermutlich hatten die Briten die Auswirkungen dieser Erklärung auf lange Sicht weder erkannt noch bedacht. Sie gingen davon aus, dass dies »noch ein Kommuniqué«, das im Krieg aus propagandistischen Gründen veröffentlicht wurde, bleiben und sehr bald in Vergessenheit geraten werde. Die zionistische Bewegung betrachtete diese Erklärung jedoch als eine große, fast überwältigende Errungenschaft: Eine der führenden Großmächte der damaligen Zeit erkannte die Bindung des jüdischen Volkes an Palästina an und fühlte sich verpflichtet, auf die Errichtung einer Heimstätte für die Juden hinzuwirken.

Nachum Orland †

Der Aufstieg der USA zur Weltmacht

Kampf um die nationale Einheit: Der Bürgerkrieg

Nach dem Kansas-Nebraska-Gesetz von 1854 lag es in der Verantwortung der neu eingerichteten Territorien Kansas und Nebraska, über die Sklaverei zu befinden, wodurch der Missouri-Kompromiss von 1820, der diese Gebiete für sklavenfrei erklärt hatte, aufgehoben wurde. Der daraufhin mit aller Heftigkeit losbrechende Streit eskalierte zusehends und führte innerhalb weniger Jahre zur Sezession und in den Bürgerkrieg. Im Konflikt zwischen Norden und Süden drängten die Grundwidersprüche des »amerikanischen Experiments« zu einer gewaltsamen Lösung: der Gegensatz zwischen dem Gleichheitsgebot in der Unabhängigkeitserklärung und der Versklavung von vier Millionen schwarzen Amerikanern, und die Frage, ob die Union permanent und unauflöslich sei, oder ob es sich um eine Konföderation souveräner Staaten handele.

Ein Symptom der wachsenden Unruhe war die Veränderung der Parteienlandschaft, die sich in den 1850er-Jahren vollzog. Der Aufstieg der neu gegründeten Republican Party korrespondierte mit dem Niedergang der Whigs, die an der Sklavereifrage zerbrachen. Unter dem Banner des Republikanismus sammelten sich im Norden ab 1854 ehemalige Whigs, Demokraten und Mitglieder der Freesoil Party, die eine Ausdehnung der Sklaverei in die westlichen Territorien verhindern wollten. Abraham Lincoln, bis 1856 ein loyaler Whig, baute die Parteiorganisation in Illinois auf.

Bei den Präsidentschaftswahlen von 1856 hätte sich der Republikaner John C. Frémont beinahe gegen den Demokraten James Buchanan durchgesetzt, obwohl er fast nur im Norden Unterstützung erhielt. Ab 1857 profitierten die Republikaner von der schweren Wirtschaftskrise, die den regierenden Demokraten zur Last gelegt wurde, und vom Niedergang der Know-Nothing-Bewegung, die mit ihrem »Kreuzzug« gegen die Masseneinwanderung katholischer Iren und Deutscher vorüberge-

INFOBOX

»Blutendes Kansas«

Seit dem Kansas-Nebraska-Gesetz vom 30. 5. 1854, das die Entscheidung über die Sklaverei den Einwohnern überließ, führten Gegner und Befürworter der Sklaverei in Kansas eine Art Stellvertreterkrieg. Beide Seiten versuchten, in diesem Gebiet ihre eigenen moralischen Grundsätze, ihr Gesellschaftsmodell und ihre Verfassungsvorstellungen zu verwirklichen. Die gewaltsamen Auseinandersetzungen erreichten 1856 einen traurigen Höhepunkt, als Guerillatrupps aus dem Süden die Hauptstadt der aus Neuengland stammenden Freesoilers, die eine Ausdehnung der Sklaverei in den neuen Westgebieten zu verhindern suchten, niederbrannten und die Sklavereigegner unter Führung von John Brown aus Rache ein Massaker an unbeteiligten Siedlern verübten.

hend spektakuläre Erfolge erzielt hatte. Bis 1858 war die Whig Party praktisch verschwunden, und die Republikaner beherrschten den Norden, während die Demokraten den Süden dominierten. Dadurch verschärften sich die Spannungen innerhalb der Union ganz erheblich.

1857 goss der Oberste Gerichtshof (Supreme Court) mit seiner Entscheidung im Fall Scott gegen Sanford noch Öl ins Feuer. Das Gericht nahm die Frage, ob der Sklave Dred Scott durch den zeitweiligen Aufenthalt in »sklavenfreien« Territorien seine Freiheit erlangt hatte, zum Anlass, ein Grundsatzurteil zu fällen. Die Klage Scotts gegen seinen Besitzer wurde mit der Begründung verworfen, Schwarze seien keine amerikanischen Staatsbürger und hätten als »beings of an inferior order« (Angehörige einer minderwertigen Gruppe) keinerlei Rechte, die ein weißer Mann respektieren müsse. Damit übernahm das Gericht den Rechtsstandpunkt der radikalen Südstaatler. Die Sklavereigegner im Norden zeigten sich nach diesem Urteil jedoch weniger denn je bereit, den Status quo zu respektieren, und das Ansehen des Supreme Court als »Wächter der Verfassung« nahm schweren Schaden.

Abraham Lincolns Wahl zum Präsidenten führte 1861 zum Austritt der Südstaaten aus den USA, was wiederum Auslöser für den Amerikanischen Bürgerkrieg wurde. Lincoln ging es sowohl um die nationale Einheit der USA als auch um die Eindämmung der Sklaverei (Lincoln 1862 beim Besuch der Nordstaatenarmee in Sharpsburg).

Lincolns politischer Aufstieg und seine Wahl zum Präsidenten

Bei den Zwischenwahlen von 1858 kam es in Illinois zu denkwürdigen Rededuellen zwischen dem demokratischen Senator Stephen A. Douglas und seinem Gegen-

100001

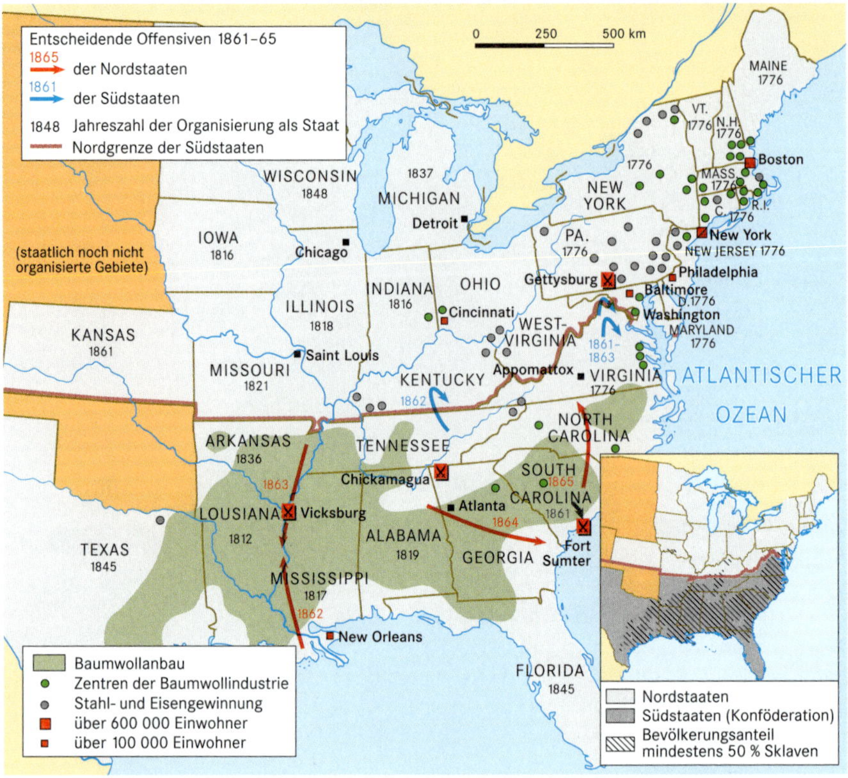

Konfliktpunkt des Amerikanischen Bürgerkriegs war die Sklaverei: Der Norden förderte ihre Abschaffung, die agrarisch geprägten Südstaaten ihre Beibehaltung. Sie traten aus der amerikanischen Union aus. Der »Sezessionskrieg« begann.

kandidaten Abraham Lincoln, dem Sohn einfacher Farmer aus Kentucky, der es als Autodidakt zum erfolgreichen Anwalt in Springfield, Illinois, gebracht hatte. Diese Lincoln-Douglas debates kreisten ganz um die Sklavereiproblematik.

Douglas behauptete, die Siedler in den Territorien könnten selbst über die Einführung oder Abschaffung der Sklaverei entscheiden. Demgegenüber wertete Lincoln das Urteil im Fall Scott als weiteres Indiz für eine Verschwörung, die beabsichtige, die Sklaverei in ganz Amerika zu verbreiten. Er wies Douglas' Vorwurf zurück, die Republikaner wollten die politische und soziale Gleichheit von Schwarzen und Weißen herstellen; zugleich verurteilte er die Sklaverei jedoch als unvereinbar mit den republikanischen Prinzipien und als moralisches Übel. Obwohl das Wahlergebnis nicht ausreichte, um

INFOBOX

»Glory, glory, hallelujah!«

John Brown wanderte mit seiner Familie 1855 in das Kansas-Territorium ein, wo er, von fanatischem Sendungsbewusstsein erfüllt, mit Morden und anderen Gewaltakten für die Abschaffung der Sklaverei kämpfte. Bei einem Überfall auf das Unionsarsenal in Harpers Ferry (Virginia, heute West Virginia) am 16. bis 18. 10. 1859, mit dem er das Zeichen für einen Sklavenaufstand geben wollte, wurde er verwundet, gefangen genommen und zwei Monate später in Charles Town hingerichtet.

Das Andenken John Browns lebt u. a. fort in dem Kampflied der Unionstruppen

»John Brown's body lies a-mouldering in the grave,
his soul's marching on.
Glory, glory, hallelujah!« (1861)

Douglas als Senator abzulösen, hatte Lincoln doch durch die Debatten an Profil gewonnen und sich eine günstige Ausgangsposition für den Kampf um das Präsidentenamt verschafft.

Die politische Auseinandersetzung wurde im Oktober 1859 durch eine Aktion des fanatischen Abolitionisten John Brown überschattet. Mit der Besetzung des bundesstaatlichen Waffenarsenals in Harpers Ferry, Virginia, wollte er das Signal zu einem allgemeinen Sklavenaufstand geben. Der Handstreich misslang jedoch und endete mit der Hinrichtung Browns. Die abolitionistische Presse verklärte ihn umgehend zum Märtyrer, was

INFOBOX

Präsident der Konföderierten Staaten von Amerika

Jefferson Davis (1808–89), der als Pflanzer in der Nähe von Vicksburg (Miss.) lebte, war unter Präsident Franklin Pierce 1853–57 Kriegsminister. Er wandelte sich vom expansionistischen Nationalisten zum Verfechter einzelstaatlicher Souveränität und der Sezession der Südstaaten, die er allerdings erst nach der Wahl Abraham Lincolns zum Präsidenten für unausweichlich hielt.

Als Präsident (1861–65) der Konföderierten Staaten von Amerika blieb er bei großem persönlichen Einsatz schroff, letztlich unbeugsam und militärisch wie politisch glücklos. Am Ende des Sezessionskriegs (1865) wurde er gefangen genommen und blieb bis 1867 inhaftiert; er wurde jedoch weder vor Gericht gestellt noch je amnestiert.

ZITAT

Vor seiner Hinrichtung am 2. 12. 1859 richtete sich John Brown mit einer Prophezeiung an seine Zeitgenossen:
Ich, John Brown, bin mittlerweise fest davon überzeugt, dass die Verbrechen dieses schuldig gewordenen Landes niemals anders gesühnt werden können als mit Blut.

im Süden wiederum die Ängste vor einem Wahlsieg der Republikaner schürte, denen man die Absicht unterstellte, die Sklaverei abschaffen zu wollen.

Auf dem Nominierungskonvent der Republikaner in Chicago setzte sich Lincoln durch, dessen maßvolle Haltung in der Sklavereifrage am ehesten mehrheitsfähig erschien. Seine Chancen stiegen, da die Demokraten zwei Kandidaten, Stephen A. Douglas und John C. Breckinridge, ins Rennen schickten. Lincoln ging im Süden leer aus, gewann aber alle Nordstaaten außer New Jersey, dazu im Westen Kalifornien und Oregon. Zwar erhielt er nur vierzig Prozent der Wählerstimmen, doch das Wahlsystem bescherte ihm eine absolute Mehrheit im Wahlmännergremium. Unmittelbar nach der Wahl begann, ausgehend von South Carolina, der Prozess der Sezession, in dessen Verlauf bis Februar 1861 sieben Staaten ihre Unabhängigkeit erklärten und die »Konföderierten Staaten von Amerika« gründeten.

Lincolns Verfassungsverständnis ließ einen einseitigen Austritt aus der Union nicht zu; für ihn handelte es sich um eine Rebellion, die er als Präsident und Oberbefehlshaber beenden musste. Er gab sich jedoch große Mühe, den völligen Bruch zu vermeiden und zumindest die Sklaven haltenden Grenzstaaten (border states) auf

INFOBOX

Dixieland

Wahrscheinlich leitet sich »Dixieland«, der volkstümliche Name der Südstaaten der USA, von den 10-Dollar-Banknoten in Louisiana her, die wegen des großen französischsprachigen Bevölkerungsteils auf der Rückseite den Aufdruck »dix« (zehn) trugen. Möglicherweise geht er aber auch auf die »Mason and Dixon Line« zurück, die als Grenze zwischen den nördlichen (sklavenfreien) und den südlichen (Sklaven haltenden) Staaten des amerikanischen Ostens angesehen wurde.

Das Lied »Dixie« von Daniel D. Emmett (1859), das zum Kampflied der Konföderierten Staaten von Amerika wurde, machte diesen Namen bekannt; sein Refrain lautet:

Den I wish I was in Dixie,
Hooray! Hooray!
In Dixie land I took my stand,
To lib an' die in Dixie,
Away, away,
Away down south in Dixie.

100264

In den Südstaaten arbeiteten viele Schwarze als Sklaven in der Landwirtschaft, v. a. auf den Baumwollplantagen.

seine Seite zu ziehen. In seiner Antrittsrede vom März 1861 sicherte er zu, dass er die Sklaverei in den Territorien, in denen sie existiere, nicht antasten werde; eine Öffnung der bislang freien Territorien für die Sklaverei komme aber nicht infrage. Ebenso bestand er darauf, weiterhin über das Eigentum der Union in den abgefallenen Staaten verfügen zu können.

Als Lincoln im April entschied, die Besatzung des Bundesforts Sumter bei Charleston auf dem Seeweg zu versorgen, zwangen die Truppen von South Carolina den Kommandanten durch Artilleriebeschuss zur Kapitulation. Damit war die Grenzlinie zwischen Frieden und Krieg überschritten: Am nächsten Tag forderte Lincoln die Staaten auf, 75 000 Milizionäre zu rekrutieren, um »die Rebellion niederzuschlagen«, und am 19. April verhängte er eine Seeblockade über die Häfen des Südens. Daraufhin schlossen sich vier weitere Staaten, unter ihnen Virginia mit dem auch von Lincoln umworbenen General Robert E. Lee, der Konföderation an. Durch energisches Handeln gelang es Lincoln, die westlichen Kreise Virginias sowie die übrigen vier border states

INFOBOX

Verrohung der Sitten

Im Amerikanischen Bürgerkrieg brachten die Militärs die modernsten Waffen rücksichtslos zum Einsatz, wurden Panzerschiffe und Unterseeboote erstmals gebraucht, das Kriegsmittel der Aushungerung durch Blockade angewandt. Entsprechend roh reagierte teilweise auch das junge Medium der Fotografie. Timothy H. O'Sullivan beispielsweise fotografierte 1865 einen toten Soldaten. Das Gesicht blutverkrustet, die Hand auf dem Herz, das zu schlagen aufgehört hat, der Boden geschunden, auf dem der Tote liegt – diese Nahansicht allein wäre brutal genug gewesen. Doch aus dem Bild wurde sogar noch eine Stereopostkarte gemacht – eine eindeutige Einladung an den Betrachter, sich am schrecklichen Anblick zu weiden.

Missouri, Kentucky, Maryland und Delaware in der Union zu halten. In Missouri fand er wertvolle Unterstützung bei den Deutsch-Amerikanern unter Führung der ehemaligen »Achtundvierziger« Carl Schurz und Franz Sigel, die im Krieg zu Generälen der Unionsarmee aufstiegen.

In der akuten Krisensituation von 1861/62 stellte Lincoln den Erhalt der Union eindeutig über die Lösung der Sklavereifrage. So betonte er mehrfach, dass der Krieg allein zur Wiederherstellung der Union geführt werde; noch Mitte 1862 befürwortete er eine graduelle Sklavenemanzipation mit Entschädigung der Eigentümer und

Fort Sumter (S. C.), eine Inselfestung im Hafen von Charleston, wurde vom 12. bis 14. 4. 1861 von Südstaatentruppen beschossen. Der Amerikanische Bürgerkrieg hatte begonnen.

100001

Die Eisenbahnbrücke über den Potomac bei Hapers Ferry nordwestlich von Washington (D. C.) wurde von General »Stonewall« Jackson gesprengt. Ihre Ruine ist heute Teil eines nationalhistorischen Parks.

riet schwarzen Abolitionisten, eine Rückführung der Schwarzen nach Afrika ins Auge zu fassen.

Der Beginn des Bürgerkriegs

Zu Beginn des Kriegs rechneten beide Seiten mit einem raschen Sieg: Die Nordstaatler planten die Eroberung der gegnerischen Hauptstadt Richmond, ein Vorhaben, das aber im Juli 1861 in der Schlacht am Bull Run River gründlich misslang; die Südstaatler setzten auf die Uneinigkeit und mangelnde Opferbereitschaft der Bevölkerung im Norden, und sie erhofften sich außerdem Unterstützung von Großbritannien, da sie annahmen, dass die englische Textilindustrie nicht auf die amerikanische Baumwolle verzichten konnte. Auch diese Rechnung ging nicht auf, und der Zusammenprall von Nord und Süd artete in ein langjähriges Ringen aus, das über 600 000 Amerikanern das Leben kostete.

Gemessen an Bevölkerungszahl und Industrieproduktion waren die 23 Staaten der Union den mittlerweile elf der Konföderation eindeutig überlegen. Auf den Schlachtfeldern ließen sich diese Vorteile jedoch lange Zeit nicht in durchschlagende Erfolge ummünzen. Die Konföderation konnte aus der Defensive heraus operieren und hatte talentiertere Generäle, zum Beispiel Robert E. Lee und Thomas J. »Stonewall« Jackson.

Im Osten, wo sich die Massenheere zwischen Washington und Richmond schwere Schlachten lieferten, nahm die Auseinandersetzung den Charakter eines Abnutzungskriegs an. Die Opfer waren enorm hoch, weil sich die Militärtaktik nur langsam auf die gestiegene Feuerkraft und Genauigkeit der modernen Waffen einstellte. So fielen im September 1862 bei Antietam in Maryland an einem einzigen Tag 6000 Soldaten, mehr als im Unabhängigkeitskrieg und im Krieg gegen Großbritannien 1812/14 zusammen.

100001

John Brown verfolgte die Abschaffung der Sklaverei mit Fanatismus. Nach seiner Initiative für einen Sklavenaufstand wurde er festgenommen und hingerichtet.

Derartige Verluste zwangen beide Seiten zur Einführung der Wehrpflicht, gegen die es im Norden erhebliche Widerstände bis hin zu lokalen Aufständen gab. Beim folgenschwersten solcher draft riots in New York im Juli 1863 musste Militär gegen eine Menschenmenge eingesetzt werden, die die Afroamerikaner der Schuld am Krieg bezichtigte und lynchte. Danach fand sich Lincoln verstärkt bereit, auch Afroamerikaner rekrutieren zu lassen, die nun in eigenen Regimentern unter weißen Offizieren dienten.

Im Unterschied zum militärischen Patt im Osten konnte die Union im Westen durch eine kombinierte Fluss- und Landoffensive strategische Vorteile erzielen. Eine Flotteneinheit eroberte 1862 New Orleans, und die Truppen General Ulysses S. Grants drängten die Konföderierten in Kentucky und Tennessee zurück. Mit der Eroberung von Vicksburg erlangte Grant im Juli 1863 die Kontrolle über das Mississippital und spaltete damit die Konföderation in zwei Teile. Die zunächst recht durchlässige Seeblockade wurde im Laufe des Kriegs zunehmend wirksamer.

Ihre Aufrechterhaltung trug dazu bei, Großbritannien und andere europäische Staaten von einer diplomatischen Anerkennung der Konföderation abzuhalten. Es stellte sich bald heraus, dass die Südstaatler die Abhängigkeit der britischen Wirtschaft von amerikanischer Baumwolle weit überschätzt hatten. Außerdem war die britische Öffentlichkeit entschieden sklavereifeindlich eingestellt und begrüßte Lincolns Emanzipationserklärung. Ein diplomatischer Durchbruch wäre wohl nur möglich gewesen, wenn die Konföderation überragende Siege auf dem Schlachtfeld errungen hätte. Die Aussichten hierfür schwanden aber seit 1863 immer mehr dahin.

Der zähe Widerstand der Südstaatler hatte bei Lincoln die Einsicht reifen lassen, dass der Krieg nur unter dem Banner der Sklavenbefreiung gewonnen werden könne. Seine »provisorische Emanzipationserklärung« vom September 1862 sah vor, dass bis zum 1. Januar 1863 alle Sklaven frei sein sollten, die sich in den von den »Rebellen« kontrollierten Gebieten aufhielten. Das schloss vorerst noch diejenigen Sklaven aus, die in den Unionsstaaten und den eroberten Gebieten lebten.

Gegner Lincolns prangerten dies als inkonsequent an, doch nach Auffassung des Präsidenten konnte die Sklaverei in der Union nur durch eine Verfassungsänderung aufgehoben werden. Ihm war bewusst, dass die Proklamation eine Dynamik entwickeln würde, die zur vollständigen Beseitigung des Sklavereisystems führen musste. Tatsächlich verwandelte die Emanzipationserklärung den Kampf der Kriegsparteien in eine Konfrontation zweier Gesellschaftsordnungen, was zusätzliche Leidenschaften freisetzte und nur mit dem völligen Zusammenbruch einer Seite enden konnte.

Gettysburg – Die Wende zugunsten der Union
Im Sommer 1863 versuchte die Führung der Konföderation, durch eine groß angelegte Offensive den Kamp-

Der Amerikaner Timothy H. O'Sullivan (1840–82), der zwei Jahre an den Fronten des Sezessionskriegs verbrachte, war einer der ersten Fotografen, die als Kriegsberichterstatter arbeiteten. Sein Foto zeigt eine Schienenkanone.

100913

50558

Denkmal auf dem Soldatenfriedhof von Gettysburg (Pa.), wo in der größten Schlacht des Bürgerkriegs über 50 000 Soldaten gefallen waren

feswillen der Union entscheidend zu schwächen. General Lee umging mit seiner Armee von 75 000 Mann die Hauptstadt Washington und stieß weit nach Norden vor. Bei Gettysburg in Pennsylvania kam es vom 1. bis 3. Juli 1863 zur größten Schlacht des Bürgerkriegs, die den Süden 28 000, den Norden 23 000 Tote und Verwundete kostete. Lees Armee war besiegt, aber zur Enttäuschung Lincolns ließ der Befehlshaber der Union, George G. Meade den General der Südstaaten mit den Resten seiner Truppen entkommen. Nach diesem Aderlass war die Konföderation jedoch materiell und moralisch angeschlagen, und Lee beschränkte sich nur noch auf den Schutz von Richmond.

Lincoln hielt im November 1863 anlässlich der Einweihung des Soldatenfriedhofs von Gettysburg eine kurze, aber weit über den Anlass hinauswirkende Rede. In dieser Gettysburg Address schlug er den Bogen zur Unabhängigkeitserklärung von 1776 und verlieh der Hoffnung Ausdruck, dass die amerikanische Nation durch die im Krieg gebrachten Opfer »eine Wiederge-

INFOBOX

Die »Gettysburg Address«

Die kurze Ansprache, die Präsident Lincoln am 19. 11. 1863 auf dem Schlachtfeld von Gettysburg hielt, gehört zu den eindrucksvollsten und bedeutendsten Dokumenten der amerikanischen Geschichte:

»87 Jahre ist es her, dass unsere Väter auf diesem Kontinent eine neue Nation schufen, in Freiheit erdacht und der Vorstellung verpflichtet, dass alle Menschen gleich geschaffen sind. Jetzt sind wir in einen großen Bürgerkrieg verwickelt und müssen testen, ob diese Nation..., die auf diesen Prinzipien beruht und ihnen geweiht ist, lange Bestand haben kann. Wir stehen auf einem großen Schlachtfeld dieses Kriegs. Wir sind gekommen, um einen Teil dieses Felds denen als letzte Ruhestätte zu weihen, die hier ihr Leben dafür gegeben haben, dass die Nation weiterleben kann...

Es ist... an uns, auf die vor uns liegende Aufgabe verpflichtet zu werden – dass wir uns ein Beispiel nehmen an dem Einsatz dieser geehrten Toten für die Aufgabe, der sie ihre volle Hingabe schenkten – dass wir hier feierlich beschließen, dass diese Toten nicht umsonst gestorben sind – dass diese Nation in Freiheit geboren werden wird – und dass die Regierung über das Volk, durch das Volk und für das Volk niemals vom Angesicht dieser Erde verschwinden wird.«

100001

Die emphatische Zuhörermenge während Lincolns berühmter Ansprache »Gettysburg Address«, in der er am 19. 11. 1863 eine »Regierung des Volkes durch das Volk für das Volk« proklamierte

burt der Freiheit« erleben werde, damit die Demokratie im Interesse der ganzen Welt überleben könne.

Ab Frühjahr 1864 setzte Grant, der inzwischen den Oberbefehl über die Unionstruppen übernommen hatte, die Konföderationstruppen im Raum Richmond durch kontinuierliche Angriffe und ohne Rücksicht auf eigene Verluste unter Druck. Von Westen stieß General William T. Sherman nach Georgia vor und eroberte Anfang September 1864 Atlanta.

Dieser Sieg half Lincoln, die Kritik der oppositionellen »Friedensdemokraten« im Norden abzuwehren und seine Wiederwahl im November 1864 zu sichern. Der Tenor seiner zweiten Antrittsrede im März 1865 war versöhnlich, aber er ließ keinen Zweifel daran, dass die »Sünde der Sklaverei« restlos getilgt werden müsse. Um diese Zeit hatte der Kongress bereits einen Verfassungszusatz, das 13. Amendment, auf den Weg gebracht, der die Sklaverei im Geltungsbereich der Verfassung verbot.

Shermans »Marsch ans Meer«, bei dem die Unionstruppen von Atlanta bis zum Atlantik eine breite Spur der Verwüstung zurückließen, brach endgültig den Kampfeswillen der Südstaatler. Anfang April 1865

Ein fanatischer Attentäter erschoss Abraham Lincoln am 15. 4. 1865 in dieser Theaterloge des Washingtoner Ford's Theater.

100001

musste Lee Richmond räumen, und am 9. April kapitulierte er in Appomattox Court House. Einen letzten dramatischen Höhepunkt erreichte das Geschehen am 14. April 1865, als Präsident Lincoln im Washingtoner Ford's Theater durch Pistolenschüsse tödlich verletzt

INFOBOX

Der Präsidentenmörder

John Wilkes Booth (1839–65) gehörte zu einer berühmten Schauspielerfamilie. Sein Vater Junius Brutus Booth und sein Bruder Edwin Thomas Booth waren herausragende Shakespeare-Darsteller. Er selbst hatte noch im Winter 1865 in einer New-Yorker Inszenierung von Shakespeares »Julius Cäsar« auf der Bühne gestanden. Booth, der als überaus anziehend beschrieben wird, war ein fanatischer Anhänger der Südstaaten, der seine Tat als dringend gebotenen Tyrannenmord ansah. Er verglich sein Attentat auf Lincoln mit dem von Brutus auf Caesar und stellte sich in eine Reihe mit dem Freiheitskämpfer Wilhelm Tell.

Am 14. April, dem Karfreitag des Jahres 1865, besuchte Lincoln ein Theater in der Nähe des Weißen Hauses. John Wilkes Booth drang in die Loge des Präsidenten ein und gab mehrere Schüsse auf ihn ab; ein Kopfschuss verletzte den Präsidenten tödlich. Booth wurde auf der Flucht erschossen.

s. ZEIT Aspekte Abraham Lincoln S. 574

wurde. Der Attentäter, der Schauspieler John Wilkes Booth, führte eine südstaatliche Verschwörergruppe an, die auch Außenminister William H. Seward und Vizepräsident Andrew Johnson hatte »beseitigen« wollen.

Im Norden löste die Ermordung Lincolns nicht nur Schock und Trauer aus, sondern gab auch jenen Stimmen Auftrieb, die eine strenge Bestrafung der Rebellen forderten. Sie glaubten, in Lincolns Nachfolger Andrew Johnson, einem ehemaligen demokratischen Senator von Tennessee, einen Verbündeten zu haben. Unterdessen wurde der tote Präsident im öffentlichen Bewusstsein des Nordens als Märtyrer und Sinnbild der unteilbaren Nation verherrlicht. Der Süden schuf dagegen die Legende von der lost cause, wonach Lee und seine Männer im Kampf für eine gerechte Sache der gewaltigen Übermacht des Nordens ehrenhaft unterlagen.

Jürgen Heideking †

Der Streit um die Rechte der Afroamerikaner: Die Wiedereingliederung des Südens

Über den besten Weg zur Wiederherstellung der Union hatte es bereits zwischen Lincoln und dem Kongress Meinungsverschiedenheiten gegeben. Lincoln neigte einer moderaten »Restauration« zu, die sich auf das Verbot der Sklaverei und die politische Ausschaltung der führenden Sezessionisten beschränkte. Die Reorganisation sollte beginnen, sobald zehn Prozent der Wähler von 1860 einen Loyalitätseid auf die Union geleistet hatten. Im Kongress wuchs jedoch der Einfluss der radikalen Republikaner, die auf eine rechtliche Gleichstellung der Schwarzen drängten. Um einen Ausgleich bemüht, hatte Lincoln vor seinem Tode das Wahlrecht für schwarze Soldaten und gebildete Afroamerikaner in Aussicht gestellt.

Doch milderte Andrew Johnson Lincolns ursprünglichen Kurs sogar noch ab. Er verlangte lediglich, dass die abtrünnigen Staaten ihren Sezessionsbeschluss rückgängig machten und das 13. Amendment ratifizierten. Eine großzügige Amnestieregelung erlaubte vielen ehemaligen Konföderierten die weitere politische Betätigung. Johnson nutzte offensichtlich sein Begnadigungsrecht aus, um sich eine politische Basis im Süden zu schaffen.

Bis Ende 1865 hatten sämtliche Südstaaten die gestellten Bedingungen erfüllt und reklamierten die gleichberechtigte Teilnahme am politischen Leben der Union. Berichte aus dem Süden zeigten jedoch, dass die Weißen alle Selbstbestimmungsregungen ehemaliger Sklaven brutal unterdrückten. Sie behinderten auch massiv die Arbeit des Freedmen's Bureau, der Behörde, die der schwarzen Bevölkerung im Auftrag des Kongresses praktische Hilfe und Rechtsschutz gewährte.

ZITAT

Abraham Lincoln über die Selbstbestimmung:
Kein Mensch ist gut genug, einen anderen Menschen ohne dessen Zustimmung zu regieren.

Als der Kongress im Dezember 1865 wieder zusammentrat, verweigerten die Republikaner die Anerkennung der Wahlergebnisse im Süden und richteten ein Komitee ein, das mit dem Präsidenten ein neues Programm ausarbeiten sollte. Eine Kooperation scheiterte indes am Verhalten Johnsons, der selbst moderate Maßnahmen wie eine Verlängerung der Existenz des Freedmen's Bureau mit seinem Veto belegte.

Daraufhin brachten die gemäßigten und radikalen Republikaner im April 1866 gemeinsam das 14. Amendment ein, das in der Frage der Bürgerrechte über die bisherige Position hinausging. Es erklärte alle in den USA geborenen oder eingebürgerten, aber noch nicht mit Staatsbürgerrechten ausgestatteten Personen zu Staatsbürgern; kein Staat durfte einem Bürger ohne ordentliches Gerichtsverfahren Leben, Freiheit oder Besitz nehmen; ebenso wenig durfte er ihm Rechtsgleichheit und Rechtsschutz verwehren. Schränkte ein Staat das Wahlrecht seiner Bürger ein, sollte seine Repräsentation im Kongress entsprechend verringert werden. Ehemalige Führungspersönlichkeiten mussten vom Kongress mit Zweidrittelmehrheit amnestiert werden, bevor sie ein politisches Amt ausübten.

Als die Republikaner bei den Zwischenwahlen von 1866 ihre Mehrheit im Kongress noch ausbauten, waren die Weichen für eine harte Rekonstruktionspolitik und für einen Verfassungskonflikt zwischen Exekutive und Legislative gestellt.

Radikalisierung der »Reconstruction«

Im Frühjahr 1867 verabschiedete der Kongress über Johnsons Veto hinweg ein Gesetz, den Reconstruction Act, das den Süden in fünf Militärdistrikte einteilte. Um wieder in die Union aufgenommen zu werden, mussten die Staaten das Wahlrecht für schwarze Männer verfassungsmäßig garantieren und das 14. Amendment annehmen.

Im Süden entstanden nun reconstruction governments, das waren Regierungen, in denen unionstreue weiße Südstaatler, Republikaner aus dem Norden und Afroamerikaner zusammenarbeiteten. Das eigentlich Revolutionäre war die politische Beteiligung von Schwarzen, die insgesamt mehr als 600 Parlamentsabgeordnete stellten und in einigen Staaten auch Regierungsämter bekleideten. Solche höheren Posten fielen allerdings gewöhnlich an gebildete Schwarze, die schon vor dem Bürgerkrieg ihre Freiheit erlangt hatten.

Diese Regierungen bemühten sich um soziale Reformen, eine Verbesserung der Infrastruktur und die Schaffung von Arbeitsplätzen für ehemalige Sklaven. Viele Projekte waren allerdings zu ehrgeizig, um in den verarmten Südstaaten echte Realisierungschancen zu haben. Erfolge stellten sich vor allem im Bildungswesen ein: Alle Staaten bauten nun öffentliche Schulen, in de-

Die Zerstörungen im Amerikanischen Bürgerkrieg hatten bis dahin unbekannte Ausmaße. Die Zeit der »Reconstruction« mit ihren politischen Reformen stand auch im Zeichen des Wiederaufbaus der Städte (Ruinen in Charleston, S. C.).

100001

INFOBOX

Ende der Sklaverei

Die Bewegung gegen die Sklaverei, im Menschenrechtsdenken theoretisch fundiert, setzte im späten 18. Jh. ein. Die britischen Abolitionisten (von englisch abolition »Abschaffung«) begannen 1783 mit öffentlichen Kampagnen und erreichten 1807 ein Verbot des Sklavenhandels in den britischen Kolonien, 1833 die Abschaffung der Sklaverei dort insgesamt. Auch in die Akte des Wiener Kongresses 1815 wurde das Verbot aufgenommen.

In den Vereinigten Staaten hingegen, in denen 1790 rund 700 000 und 1860 über vier Millionen Sklaven lebten, waren entsprechende Forderungen zwar schon in der Kolonialzeit erhoben worden, doch standen der Abschaffung der Sklaverei deutliche Widerstände entgegen, denn die Plantagenwirtschaft in den Südstaaten schien ohne billige schwarze Arbeitskräfte nicht überlebensfähig zu sein. Insofern gerieten die Südstaaten der USA zum urbanen, sich industrialisierenden Norden in scharfen Gegensatz; sie verließen 1860 die Union, nachdem mit Abraham Lincoln ein Republikaner und moderater Gegner der Sklaverei zum amerikanischen Präsidenten gewählt worden war. 1861 eröffneten sie den Sezessionskrieg. Nach dem Ende des Krieges und dem Sieg des Nordens wurde die Sklaverei auch in den Südstaaten abgeschafft.

nen Unterricht kostenlos erteilt wurde. Eigenständige schwarze Kirchengemeinden – deren Aufbau das Verlangen der Schwarzen, ihr Schicksal selbst zu gestalten, widerspiegelt – erfüllten nun zusätzliche Aufgaben als Sozialstationen und politische Versammlungsstätten.

Um dieses Programm abzusichern, untersagte der Kongress Präsident Johnson per Gesetz, hohe Beamte, Offiziere und Richter ohne Zustimmung des Parlaments zu entlassen (Tenure of Office Act). Dennoch enthob Johnson Kriegsminister Edwin M. Stanton, der mit den Republikanern sympathisierte, Anfang 1868 seines Amts. Daraufhin beschloss das Repräsentantenhaus mit großer Mehrheit die Amtsanklage (impeachment) gegen den Präsidenten. Da die Republikaner im Senat, der das Urteil fällen musste, über die nötige Zweidrittelmehrheit verfügten, schien Johnsons Amtsenthebung sicher. Der politische Hintergrund der Anklage und die Sorge, die Autorität der Exekutive könnte irreparabel beschädigt werden, veranlassten aber mehrere Republikaner, mit der demokratischen Minderheit gegen die Amtsenthebung zu stimmen.

Johnson war dennoch schwer angeschlagen und wurde für die Präsidentschaftswahlen im November nicht mehr nominiert. Die Republikaner nutzten den Wahlsieg ihres Kriegshelden Ulysses S. Grant zur Verabschiedung eines weiteren Verfassungszusatzes, der den Staaten ausdrücklich verbot, das Wahlrecht »aufgrund von Rasse, Hautfarbe oder früherer Knechtschaft« zu versagen. Mit der Ratifizierung dieses 15. Amendments 1870 schien das allgemeine Männerwahlrecht endgültig gesichert.

Bis 1871 war die Union wiederhergestellt, aber die Verfassungswirklichkeit im Süden entsprach keineswegs den Erwartungen der Reformer. Weiße Rassisten gingen ungeachtet der militärischen Besetzung in die Offensive, um ihr Land von der »Herrschaft der Schwarzen« zu »erlösen«. Nach und nach gelang es ihnen, die Kontrolle über die Staatenparlamente zurückzuerobern. Sie mischten berechtigte Kritik an den Regierungen mit pauschaler Verächtlichmachung der weißen Republikaner im Süden als scalawags (wertloses Vieh). Außerdem beschimpften sie die aus dem Norden zugewanderten Politiker und Geschäftsleute als profitgierige carpetbaggers (Karrieristen). Eine Terrorkampagne, die von dem 1865/66 in Tennessee gegründeten Geheimbund Ku Klux Klan gesteuert wurde, sollte die schwarze Bevölkerung wieder gefügig machen. Der Klan wurde zwar vom Kongress verboten, aber der Schrecken, den seine Anhänger verbreiteten, ließ sich nie hinreichend eindämmen.

Das Ende der »Reconstruction«

Die »Reconstruction« scheiterte letztlich vor allem daran, dass die wirtschaftliche Abhängigkeit der Schwarzen von der Pflanzerelite nicht überwunden werden konnte. Eine umfassende Bodenreform, die aus ehemaligen Sklaven selbstständige Kleinfarmer gemacht hätte, wurde niemals ernsthaft erwogen. Ein solcher Eingriff in die Besitz- und Machtverhältnisse im Süden wäre nur gegen den erbitterten Widerstand der Weißen durchführbar gewesen. Die Mehrheit der Bevölkerung im Norden lehnte aber eine unbegrenzte militärische Besetzung des Südens ab und verlor allmählich das Interesse am Schick-

ZITAT

Der 14. Verfassungszusatz schuf eine einheitliche amerikanische Staatsbürgerschaft und erklärte die Afroamerikaner zu Staatsbürgern der USA:

1. Alle Personen, die in den Vereinigten Staaten geboren oder eingebürgert sind und ihrer Gesetzeshoheit unterstehen, sind Bürger der Vereinigten Staaten und des Einzelstaats, in dem sie ihren Wohnsitz haben. ...

sal der ehemaligen Sklaven. Die meisten Schwarzen blieben deshalb als Lohnarbeiter oder Kleinpächter (sharecroppers) auf den Plantagen ihrer alten Herren und hatten kaum Gelegenheit, von den im Sezessionskrieg erkämpften politischen Rechten Gebrauch zu machen.

Im Vorfeld der Präsidentschaftswahlen von 1876 wurden die Forderungen nach Beendigung der »Reconstruction« immer lauter. Um die Wahl ihres Kandidaten Rutherford B. Hayes zu sichern, versprachen die Republikaner den vollständigen Abzug der Unionstruppen. Mit dem Verlust der militärischen Unterstützung endeten die letzten Regierungen der »Reconstruction«, die sich in Louisiana, South Carolina und Florida gehalten hatten. Im Norden, dessen Aufmerksamkeit ganz von einer Wirtschaftskrise absorbiert war, nahm man ihren Sturz nur noch am Rande wahr.

Fortan galten die Bürgerrechte der Schwarzen und die Rassenbeziehungen als lokale Angelegenheiten, aus denen sich die Bundesregierung im Interesse der Einheit der Nation heraushalten musste. Die Republikanische Partei, die man für Sklavenbefreiung und »Reconstruction« verantwortlich machte, blieb im »soliden Süden« (solid south) der weißen Demokraten auf Jahrzehnte hinaus chancenlos. Der Bürgerkrieg hatte die Abtrennung des Südens verhindert, seine Sonderentwicklung aber keineswegs beendet, sondern das Bewusstsein einer eigenständigen Kultur (southern culture) eher noch gestärkt. *Jürgen Heideking†*

Eisenbahnbau und Landnahme: Die Erschließung des Westens

Nach dem Bürgerkrieg konzentrierten die Amerikaner ihre Energien auf die Erschließung der Westgebiete und die Industrialisierung. Im »vergoldeten Zeitalter« (Gilded Age) vollzog sich ein rasantes, von Krisen nur kurzfristig gebremstes wirtschaftliches Wachstum; der damit verbundene soziale Wandel rief aber auch Gegenkräfte hervor, die das gesellschaftliche Leben unruhig und gelegentlich sogar dramatisch gestalteten.

Von zentraler Bedeutung war die verkehrsmäßige Erschließung des amerikanischen Westens. Zum Symbol

100001

Im Sezessionskrieg wurde die Eisenbahn bereits (im Dienst der Truppen) eingesetzt, danach sollte sie v.a. den Westen der USA erschließen. Die erste transkontinentale Eisenbahnlinie (1869) wurde zum Symbol von Industrialisierung und Aufschwung.

des Eisenbahnzeitalters wurde die transkontinentale Eisenbahnlinie, die Union and Central Pacific Railroad, von Omaha in Nebraska nach Sacramento in Kalifornien, deren Vollendung im Mai 1869 Ost- und Westküste verband. Die Bundesregierung gewährte den beiden beteiligten Bahngesellschaften, der Union Pacific Company und der Central Pacific Company, Kredite in Höhe von zwanzig Millionen Dollar als Sicherheit für die ausgegebenen Aktien und übertrug ihnen Besitzrechte am Bundesland entlang des Schienenwegs, die sie mit Gewinn an Siedlungsgesellschaften verkauften.

Für die Union Pacific arbeiteten vorwiegend Einwanderer aus Europa; die Central Pacific warb hauptsächlich Chinesen an, die als besonders genügsam und ausdauernd galten. Damit begann die asiatische Immigration, die bald zu diskriminierenden Maßnahmen gegen die »gelben Kulis« führte. Ein Gesetz von 1882, der Chinese Exclusion Act, schloss die Chinesen als erste ethnische Gruppe von der Einwanderung aus.

Hauptknotenpunkt des Eisenbahnverkehrs wurde Chicago, das, nach New York, zur zweitgrößten Stadt der USA aufstieg. Zwischen 1870 und 1900 wuchs das Schienennetz von 53 000 auf 200 000 Meilen, parallel dazu wurden Telegraphenleitungen gelegt.

Diese Transport- und Kommunikationsrevolution zeitigte verschiedene Folgen: Eisen- und Stahlindustrie,

ZITAT

Der Sioux Blackelk, der das Massaker am Wounded Knee 1890 überlebte, berichtet:
Die Frauen und Kinder rannten in die Schlucht oder nach Westen, immer wieder fielen welche hin, da die Soldaten auf sie schossen… Es waren nur etwa 100 Krieger dort und fast 500 Soldaten. Die Krieger liefen zu der Stelle, an der sie ihre Gewehre und Messer aufgestapelt hatten. Sie bekämpften die Soldaten mit bloßen Händen, bis sie zu ihren Gewehren kamen.

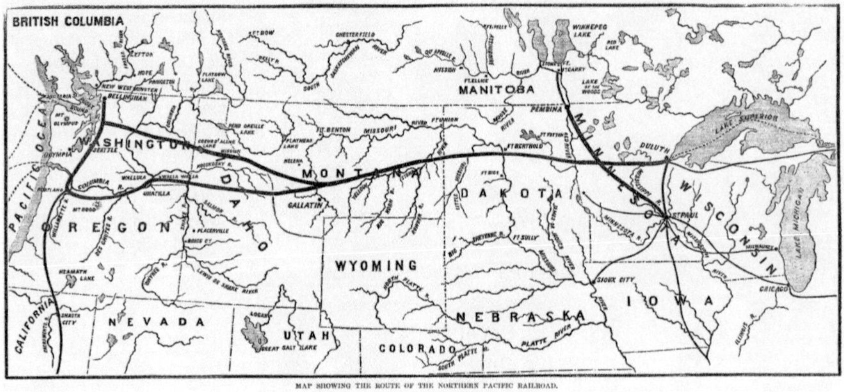

100001

Während die Eisenbahn in Europa Nachfolgerin eines entwickelten Verkehrssystems war, hatte sie in den USA die Funktion, Neuland – v. a. den Westen – zu erschließen (historische Karte der Northern Pacific Railroad, 1870–83 erbaut).

Kohleförderung und Maschinenbau an der Ostküste und im Gebiet der Großen Seen verzeichneten einen Aufschwung, und man erhielt Zugang zu den Bodenschätzen und zum Holzreichtum des Westens. Die Eisenbahntechnik wurde standardisiert und eine regionale Arbeitsteilung als Voraussetzung für den Übergang zur Massenproduktion etabliert; außerdem verringerten sich Frachtkosten und Reisezeiten. Die Einwanderung nahm zu und der Mittlere Westen und die Great Plains wurden beschleunigt besiedelt.

Mit dem steigenden Fleischbedarf in den Städten expandierte die Viehzucht auf den riesigen Weidegebieten des Westens und Südwestens. Über Viehwege, die cattle trails, gelangten die Rinderherden zu Bahnstationen wie Abilene und Dogde City in Kansas. Von dort aus rollten die Transportzüge zu den Schlachthöfen nach Saint Louis und Chicago. Mit der Westwanderung der Farmer löste die Landwirtschaft die Viehzucht als wichtigsten Agrarzweig ab.

100563

Unter den Häuptlingen Sitting Bull (Abb.) und Crazy Horse verbündeten sich Sioux und Cheyenne; erbittert kämpften sie gegen die Übermacht der Weißen.

Kommerzialisierung und Mechanisierung der Landwirtschaft steigerten die Abhängigkeit der Farmer von den Eisenbahngesellschaften und den Märkten der Ostküste: Ein Überangebot von Agrarprodukten ließ die Preise rasch sinken, Depressionen im industriellen Sektor verminderten die Nachfrage nach Konsumgütern; daneben bildeten Naturkatastrophen wie Dürreperioden, Insektenplagen und Wirbelstürme eine ständige Existenzbedrohung. Aufs Ganze gesehen nahm die

Agrarproduktion jedoch stark zu – eine Entwicklung, die dem Lebensstandard breiter Bevölkerungsschichten zugute kam.

Die Verdrängung der Indianer

Der Eisenbahnbau und die Landnahme westlich des Mississippi besiegelten den Untergang der letzten Indianerkulturen. Die Existenzgrundlage der nomadischen Prärie-Indianer ging schon in den 1870er-Jahren verloren, als die Bisonherden dem Nahrungsmittelbedarf der Bautrupps und den steigenden Preisen für Bisonhäute zum Opfer fielen. In Washington gedachte man das »Indianerproblem« durch die Einrichtung weiterer Reservationen zu lösen.

Die Indianer wichen der weißen Übermacht jedoch nicht kampflos, sondern leisteten teilweise erbitterten Widerstand. Einen Höhepunkte bildete der Konflikt um die Blackhills im heutigen South Dakota. Hier errangen die verbündeten Sioux- und Cheyennestämme unter den Häuptlingen Sitting Bull und Crazy Horse ihren letzten großen Sieg, als sie am 25. Juni 1876 am Little Bighorn River die über 250 Mann starke Kavallerieeinheit von Colonel George A. Custer vernichteten.

Auf Dauer besaßen die Indianer jedoch keine Chance gegen die technisch überlegenen regulären Truppen.

Während den europäischen Zügen mit ihren Abteilen die Kutsche Vorbild war, orientierten sich die amerikanischen am großräumigeren Schiffsbau. Mortimer Pullman baute 1864 den ersten wohnlich ausgebauten Schlafwagen.

885

100880

Der amerikanische Maler Frederic Remington widmete sein Werk v. a. realistischen Darstellungen von Szenen aus dem »Wilden Westen«, so auch »Shotgun Hospitality« (»Schrotflinten-Gastlichkeit«, 1908; Hanover, N. H., Hood Museum of Art).

Crazy Horse kapitulierte 1877 und wurde – angeblich bei einem Fluchtversuch – erstochen; Sitting Bull wich nach Kanada aus, stellte sich aber 1881 den amerikanischen Behörden und trat später noch in Wildwestshows auf. Die überlebenden Sioux wurden in Reservationen umgesiedelt, die Cheyenne nach Oklahoma deportiert. Im Südwesten zogen sich die Kämpfe gegen Navajo und Apachen bis 1886 hin. Das traurige Ende dieser Epoche markierten die Ereignisse am Wounded Knee Creek in South Dakota, wo Soldaten im Dezember 1890 über 300 Sioux, meist Frauen und Kinder, massakrierten. Danach erlosch die Gegenwehr, und in den Reservationen breiteten sich Resignation und Apathie aus.

Das Ziel der Indianerpolitik blieb die Assimilation, das Aufgehen der Ureinwohner in der weißen Gesellschaft. Seit den 1880er-Jahren wuchs die Kritik an den Zuständen in den Reservationen und an der Korruption der für Indianerfragen zuständigen Behörde, des Bureau of Indian Affairs. Auf Drängen von Reformern verabschiedete der Kongress 1887 ein Gesetz, das jeder indianischen Familie Farm- und Weideland aus der Reservationsfläche übereignete (Dawes Severalty Act). Ein gro-

INFOBOX

Buffalo Bill

William F. Cody, 1846 in Denver (Col.) geboren, war in jungen Jahren u. a. Goldgräber und arbeitete beim amerikanischen Postdienst »Pony Express«. Sein Erfolg als Bisonjäger im Rahmen der Fleischbeschaffung für die beim Bau der Union Pacific Railroad tätigen Eisenbahnarbeiter 1867/68 brachte ihm vermutlich seinen Spitznamen »Buffalo Bill« ein. Als einer der erfahrensten Kundschafter wurde er in den Indianerkriegen zwischen 1868 und 1876 häufig als Scout für die Armee eingesetzt. 1887 wurde er zum Colonel (Oberst) der Nationalgarde in Nebraska ernannt.

Buffalo Bill stieg rasch zu einem »Medienstar« auf. In Groschenheften zu einem Western- und Volkshelden stilisiert, trat er auch in Theaterstücken und einigen frühen Filmen auf. 1883 organisierte er in Omaha (Nebr.) die erste »Wildwestschau«, die ab 1887 auch mehrmals in Europa gastierte.

ßer Teil des Grund und Bodens ging jedoch an Spekulanten und Betrüger verloren.

Im Ergebnis wurden die Reservationen erheblich verkleinert, und die Verelendung der indianischen Bevölkerung schritt voran. Bis zur Jahrhundertwende nahm die Krise existenzbedrohende Ausmaße an: Der Zensus von

In der Figur des »Buffalo Bill« mischen sich Realität und Legende: Als geschickter Büffeljäger soll er die Bauarbeiter der transkontinentalen Eisenbahn mit Fleisch versorgt haben. Außerdem vermochte er Kontakt zu Indianern zu halten (Foto, 1894).

50558

Am 29. 12. 1890 fielen etwa 200 Sioux am Wounded Knee dem Massaker von amerikanischen Soldaten zum Opfer. Die Indianer hatten unter der Führung ihres Häuptlings Big Foot ihr Reservat verlassen, um an einem Treffen anderer Stämme teilzunehmen.

100880

1900 verzeichnete nicht einmal mehr 250 000 Indianer. Die Ureinwohner hatten ihre kulturelle Identität weitgehend verloren, und ihre physische Existenz hing von den Zuwendungen der Bundesregierung und den Spenden wohltätiger Organisationen ab. *Jürgen Heideking†*

Moderne Zeiten! – Der Aufstieg zum Industrieland

Eine der Triebfedern der Industrialisierung war das starke Bevölkerungswachstum, hervorgerufen durch eine hohe Geburtenrate in Verbindung mit der Masseneinwanderung. Zwischen 1870 und 1900 schnellte die Einwohnerzahl der USA von vierzig auf 76 Millionen Einwohner empor, und 1915 überschritt sie die Grenze von hundert Millionen. Knapp ein Drittel des Zuwachses ging auf das Konto der Immigration, wobei Süd- und Osteuropäer zunehmend überwogen.

Der Zustrom von Italienern, Polen, Russen und Juden weckte allerdings erneut Ängste vor einer »Überfremdung«. Der Kongress schloss bestimmte Gruppen – darunter Geisteskranke und Vorbestrafte, völlig Mittellose oder Träger ansteckender Krankheiten – von der Einreise aus. 1892 richtete die Bundesregierung auf Ellis Island vor Manhattan eine Durchgangsstation ein, die fast alle Einwanderungswilligen aus Europa passieren mussten.

Zyklisch auftretende Wirtschaftskrisen verursachten enorme soziale Härten, aber sie konnten den Wachstumstrend stets nur kurzfristig bremsen. Zwischen 1870 und 1900 stieg die Zahl der Arbeitskräfte in der Industrie von sechs auf über 18 Millionen an; 1910 zählte man 37,5 Millionen Beschäftigte, von denen mehr als zwei Drittel - 25,7 Millionen - im industriellen Sektor arbeiteten.

Der Wert der produzierten Güter stieg von drei Milliarden Dollar 1870 auf über 13 Milliarden 1900; das Bruttosozialprodukt verdreifachte sich zwischen 1869 und 1896; das Nationalvermögen wuchs von 1860 bis 1900 um 550 Prozent, das Pro-Kopf-Einkommen von 1860 bis 1890 um 150 Prozent, das Nettoeinkommen der Industriearbeiter im selben Zeitraum um fünfzig Prozent; der Wert aller Exporte kletterte von 234 Millionen Dollar 1865 auf 2,5 Milliarden 1900, wobei ab 1896 regelmäßig Exportüberschüsse erzielt wurden. London war zwar immer noch das Handels- und Finanzzentrum der Welt; gemessen an der Industrieproduktion hatten die USA aber bereits Großbritannien und das Deutsche Reich hinter sich gelassen.

Das hohe Lohnniveau in den USA wirkte als Anreiz Arbeitskräfte einzusparen. Um wissenschaftliche Effizienz bemüht, zerlegte der Ingenieur Frederick W. Taylor Arbeitsvorgänge in einzelne Bewegungen und maß sie mit der Stoppuhr. Dieser »Taylorismus« schuf die Grundlage für die Fließband- und Akkordarbeit. Der Rationalisierungsdruck führte dazu, dass Erfindungen schnell in die Praxis umgesetzt wurden.

Die herrschende öffentliche Meinung wollte das wirtschaftliche Wachstum; dieser charakteristische Fortschrittsoptimismus fand Rückhalt in Evolutionstheorien, wie sie Charles Robert Darwin und Herbert Spencer vertraten. William G. Sumner, Professor an der Yale University, propagierte sozialdarwinistische Ideen, nach denen menschliche Gesellschaften einem naturgesetzlichen Fortschrittsprozess unterliegen, den der Staat beschleunigen könne, indem er die starken, zur Machtausübung und zur Übernahme von Verantwortung befähigten Individuen gewähren ließ.

In Verbindung mit den traditionellen Vorstellungen von individueller Freiheit und begrenzter Regierungsmacht trug diese Pseudophilosophie dazu bei, dass sich

Wirtschaftliche und politische Probleme veranlassten Millionen von Menschen seit Mitte des 19. Jh. zur Auswanderung in die USA. 1892 wurde auf Ellis Island vor Manhattan eine Kontrollstation eingerichtet, wo die Einreisewilligen u. a. auf ihre Gesundheit geprüft wurden.

in den USA ein weitgehend ungebremster Kapitalismus durchsetzte. Die Rechtsprechung förderte diese Entwicklung, indem sie dem Schutz des privaten Eigentums höchste Priorität einräumte und die Befugnisse der Bundesregierung und der Einzelstaaten, in wirtschaftliche Prozesse einzugreifen, beschränkte.

Unter diesen Voraussetzungen entfaltete sich eine Wirtschaftsstruktur, in der große Konzerne die Regeln des Wettbewerbs diktierten. Mithilfe von Kartellen, Trusts und Holdings brachten einige Unternehmer wie John D. Rockefeller, Andrew Carnegie und John P. Morgan ganze Wirtschaftszweige unter ihre Kontrolle. Um die Jahrhundertwende gab es 300 Konzerne mit jeweils über zehn Millionen Dollar Eigenkapital.

Einen neuen Schub bewirkte der industrielle Einsatz von Elektrizität und Erdöl: In der Elektrobranche legten die Erfindungen von George Westinghouse, Thomas A. Edison und Alexander G. Bell das Fundament für mächtige Konzerne; das »schwarze Gold« wurde zum Grundstoff der chemischen Industrie und zum Ausgangsprodukt von Benzin.

Auf die wachsende Kritik der Öffentlichkeit am ökonomischen Konzentrationsprozess reagierte der Kongress 1887 mit der Einsetzung einer unabhängigen Aufsichtsbehörde, der Interstate Commerce Commission. 1890 folgte das erste Antitrustgesetz, der Sherman Antitrust Act, dessen Bestimmungen aber seltener gegen Konzerne als gegen Gewerkschaften angewendet wurden, da die Gerichte deren Streiks als »Verschwörungen« gegen die Wirtschaftsfreiheit werteten.

s. ZEIT Aspekte John D. Rockefeller S. 580

Parteipolitik und soziale Konflikte im »vergoldeten Zeitalter«

Das Gilded Age zeichnete besonders der intensive politische Wettbewerb auf allen Ebenen aus. Die meisten Bürger identifizierten sich mit einer der beiden großen Parteien, und die durchschnittliche Wahlbeteiligung lag bei fast 80 Prozent - ein Politisierungsgrad, der seitdem nicht mehr erreicht wurde.

Wichtiger als die locker organisierten nationalen Parteien waren die örtlichen Verbände - party machines genannt - und ihre »Bosse«, die Politik zum Beruf machten. Unterstützung im Wahlkampf honorierten sie mit der Vergabe von Posten, öffentlichen Aufträgen und Geschäftslizenzen. Von ihrem Wohlwollen hing es ab, ob illegale Einrichtungen wie Wettbüros und Bordelle geduldet wurden oder nicht. So entstanden Netzwerke gegenseitiger Abhängigkeiten und regelrechte Patronagesysteme. Auf der lokalen Ebene vermittelten diese »Parteimaschinen« zwischen den verschiedenen wirtschaftlichen, ethnischen und religiösen Interessengruppen; in Washington sorgten ihre Repräsentanten als Senatoren oder Abgeordnete dafür, dass die heimatlichen Anliegen Berücksichtigung fanden.

Trotz gelegentlicher Herausforderungen blieb das Zweiparteiensystem bis in die 1890er-Jahre hinein stabil.

INFOBOX

Die Gesellschaften im Jahr 2000

»Ein Rückblick aus dem Jahre 2000 auf das Jahr 1887« - so lautet der Titel eines 1888 erschienenen utopischen Romans von Edward Bellamy, in dem der Autor in leuchtenden Farben ein auf Vernunft und Gemeinsinn basierendes genossenschaftliches Staatswesen beschreibt. Die Gesellschaften des Jahres 2000 verfügen durch Zusammenarbeit über genügend materiellen Reichtum, um allen Menschen ein sorgenfreies Dasein zu gewährleisten. Die noch notwendig zu leistende Arbeit wird sinnvoll organisiert und gerecht verteilt, sodass keiner ausgebeutet oder benachteiligt wird.

Die außerordentliche Wirkung dieses Bestsellers zeigte sich nicht nur darin, dass um die Jahrhundertwende zahlreiche utopische Schriften erschienen, die den Gedanken des Buchs fortführten, sondern v.a. in der Entstehung einer »nationalistischen Bewegung«, die Bellamys Utopie verwirklichen wollte. Seine Ideen wurden zum Teil von amerikanischen Sozialisten und der Arbeiterbewegung aufgegriffen.

INFOBOX

Kinderarbeit um 1900

Im Zuge der Industrialisierung wurde Kinderarbeit für viele Familien ein wichtiger Teil ihrer Überlebensstrategie, da das Einkommen des Familienvaters oft nicht ausreichte. 1880 gingen 16,8 Prozent aller Kinder zwischen 10 und 15 Jahren einer Arbeit nach, 1920 waren es »nur« noch 11,3 Prozent. Häufig leisteten Kinder Heimarbeit oder wurden in Industriezweigen beschäftigt, in denen sie wegen ihrer Schnelligkeit, Geschicklichkeit und geringen Körpergröße besonders gut einsetzbar waren wie an Spinnmaschinen oder im Bergbau. Lange Arbeitszeiten, schlechte Arbeitsbedingungen und Minimallöhne prägten den Arbeitsalltag vieler Kinder. Zeit für einen geregelten Schulbesuch blieb unter diesen Bedingungen nicht.

Um neben der Arbeitsschutzgesetzgebung auch in anderen Bereichen, z. B. im Gesundheitswesen, die Bedürfnisse von Kindern stärker in den Mittelpunkt zu stellen, wurde 1912 das »Federal Children's Bureau« gegründet. Die Abschaffung der Kinderarbeit auf nationaler Ebene ließ jedoch noch lange auf sich warten. Nach dem Scheitern einer Verfassungsänderung durch das »Child Labor Amendment« von 1924 wurde Kinderarbeit erst 1938 in fast allen Wirtschaftszweigen verboten.

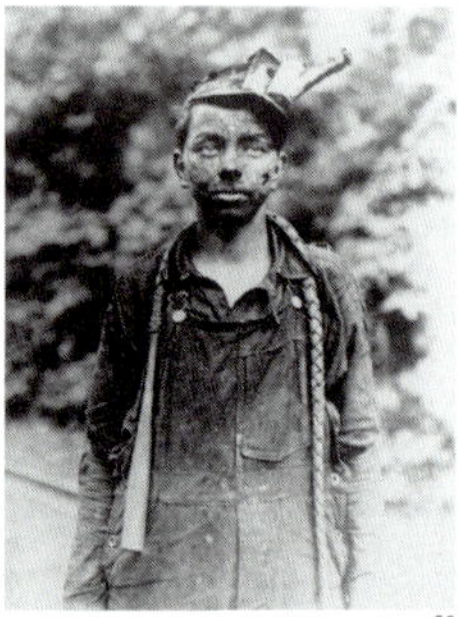

50

Die Abschaffung der Kinderarbeit war ein frühes, aber erst 1938 erreichtes Ziel der Gewerkschaftsbewegung (amerikanischer Junge im Bergbau).

Amerikas enormes Wirtschaftswachstum zog einen Bauboom nach sich. Wo Baugrund knapp war wie auf Manhattan, wurde in die Höhe gebaut. Das Zeitalter der Wolkenkratzer begann (»Flatiron Building«, 1902).

Die Republikaner standen dem Bigbusiness näher als die Demokraten, doch sie galten auch weiterhin als Partei der »moralischen Reformen«, die christliche Grundsätze und die Werte der weißen angelsächsischen Protestanten verteidigte. Die Demokraten stützten sich auf den Süden und warben um die Gunst der überwiegend katholischen Neueinwanderer in den Städten. Das politische Kräfteverhältnis war von 1876 bis 1896 sehr ausgewogen: Mit Ausnahme der Jahre 1884 und 1892, in denen der Demokrat Grover Cleveland die Wahlen gewann, stellten die Republikaner den Präsidenten, während die Demokraten das Repräsentantenhaus in sieben von zehn Wahlperioden beherrschten.

Die Präsidenten, die während der Zeit des Gilded Age amtierten, standen im Schatten eines selbstbewussten Kongresses. Der britische Politiker, Diplomat und Historiker James Bryce beschrieb sie 1888 in seinem Werk »Amerika als Staat und Gesellschaft« als Geschöpfe ihrer Parteien und Gefangene der mechanischen Regierungsabläufe. Sie entwickelten keine langfristigen politischen Konzepte und nahmen kaum Einfluss auf die

100563

Gesetzgebung. Erst nach der Jahrhundertwende nutzten energische Persönlichkeiten wie Theodore Roosevelt und Woodrow Wilson den Handlungsspielraum des Präsidentenamts wieder voll aus.

Die Lage der Afroamerikaner in den Südstaaten

Die Rassenfrage gehörte zu den Problemen, die mit Rücksicht auf den inneren Frieden aus der Bundespolitik ausgeklammert wurde. 1890 lebte die weit überwiegende Zahl der fast neun Millionen Schwarzen nach wie vor im Süden, und hier verschlechterte sich ihre Situation rapide. Die ökonomische Knebelung der Klein- und Teilpächter wurde durch eine politische Entmündigung und eine strikte Rassentrennung ergänzt. Als Mittel bedienten sich die Südstaaten vor allem einer speziellen Wahlsteuer (poll tax) sowie eines Schreib- und Lesetests für Wähler (literacy test), der gezielt gegen Schwarze eingesetzt wurde.

Parallel dazu bauten die Parlamente die Rassenschranken durch eine Flut von Gesetzen, die Jim Crow

Rationalisierung und Arbeitsteilung sollten die Unternehmensgewinne weiter steigern: Henry Ford führte 1913 das Fließband in die Serienherstellung seiner massenhaft produzierten Automobile ein.

880

Laws, zum System der Segregation aus. Das Oberste Gericht legalisierte diese Praxis 1896 durch das Urteil im Fall Plessy gegen Ferguson. Danach war die Rassentrennung rechtmäßig, wenn die Behörden Schwarzen und Weißen »gleichwertige« Einrichtungen zur Verfügung stellten. Diese separate but equal doctrine bezog sich zunächst nur auf das öffentliche Verkehrswesen, diente bald aber generell zur Rechtfertigung der Rassendiskriminierung.

Die Ausgrenzung der schwarzen Bevölkerung gründete in dem tief verwurzelten Rassismus, der keineswegs auf den Süden beschränkt war. Auch im Norden führten viele Staaten Wahlrechtsbeschränkungen für Schwarze ein und verboten die Mischehe. Gleichzeitig betrieb man eine Romantisierung des »alten Südens«, die in der Verharmlosung der Sklaverei durch Literaten und Historiker gipfelte.

ZITAT

Richter John M. Harlan unterstützte das Urteil des Obersten Gerichts im Fall Plessy gegen Ferguson 1896, das die Rassentrennung für zulässig erklärte, nicht:

Wir brüsten uns der Freiheit, die unser Volk im Vergleich zu allen anderen Völkern genießt. Aber es ist schwierig, diesen Stolz in Einklang zu bringen mit einem Zustand, der einer großen Gruppe unserer Mitbürger, die uns rechtlich gleichgestellt sind, in der Praxis den Stempel der Knechtschaft und Erniedrigung aufdrückt.

Gewerkschaften und Frauenbewegung

Ohne hinreichenden sozialen und rechtlichen Schutz sahen sich die amerikanischen Arbeiter im Gilded Age der Willkür der Unternehmer ausgeliefert und liefen Gefahr, ihr Selbstwertgefühl zu verlieren. Durch die Disziplinierung in den Fabriken, durch Massenproduktion und Akkordarbeit drohten sie zu austauschbaren Ersatzteilen in einem industriellen Räderwerk zu werden. In dem von Individualismus und Wettbewerb gekennzeichneten Klima fiel der Aufbau organisierter Interessenvertretungen sehr schwer.

Erste Erfolge verzeichneten die Knights of Labor, die 1879 aus geheimbundartigen lokalen Zellen hervorgingen und wenige Jahre später 700 000 Mitglieder in 15 000 Ortsvereinen zählten. Ihre wichtigsten Forderungen lauteten: Verbot der Kinderarbeit, gleicher Lohn für Männer und Frauen, Verstaatlichung der Eisenbahngesellschaften, Einführung des Achtstundentags und Drosselung der Einwanderung.

Einen schweren Rückschlag für die Gewerkschaftsbewegung bedeutete der Bombenanschlag auf dem Haymarket in Chicago, dem am 4. Mai 1886 sieben Polizisten zum Opfer fielen. Obwohl die Urheberschaft unklar blieb, nutzten die Behörden die Gelegenheit, um gegen die gesamte organisierte Arbeiterschaft vorzugehen. Als

INFOBOX

Tag der Frau

In den USA wurde erstmals 1909 ein »Weltfrauentag« ausgerufen; er sollte an den Streik von Textilarbeiterinnen in New York vom 8. 3. 1908 erinnern, bei dem 129 in der Fabrik eingeschlossene Arbeiterinnen bei einem plötzlich ausgebrochenen Feuer gestorben waren.
Angeregt von Clara Zetkin fand am 19. 3. 1911 der erste Internationale Frauentag – zugleich Gedenktag für die Gefallenen während der Märzrevolution in Berlin 1848 – statt. 1914 beschloss der Vorstand der SPD für Deutschland den 8. 3. als neues Datum, international wurde er jedoch zunächst auch an anderen Tagen zwischen Februar und April begangen.
Die endgültige Festlegung auf den 8. 3. erfolgte durch den Beschluss der 2. internationalen Konferenz der Kommunistinnen 1921 in Moskau. Seitdem gilt der Internationale Frauentag weltweit als Aktionstag mit dem Ziel, die tatsächliche Gleichberechtigung der Frauen in allen gesellschaftlichen Bereichen durchzusetzen.

sich die Führung der Knights of Labor von Gewaltaktionen und Streiks distanzierte, wandten sich die meisten Mitglieder enttäuscht ab.

Ihr Erbe trat die im selben Jahr gegründete American Federation of Labor (AFL) an. Dieser Zusammenschluss von Facharbeiterverbänden verfolgte einen pragmatischen Kurs, der darauf zielte, die Arbeitsbedingungen und die materielle Lage der Arbeiter schrittweise zu verbessern. Wichtigste Waffe war der Streik, der aber nur in einem begrenzten, »unpolitischen« Rahmen eingesetzt werden sollte. Einigen Erfolgen standen schwere Niederlagen gegenüber. So scheiterten 1892 der Streik der Stahlarbeiter gegen den Carnegie-Konzern und 1894 der Lohnkampf der Chicagoer Arbeiter gegen George M. Pullman, den Besitzer der größten Waggonfabrik. Im Ernstfall musste die AFL nicht nur mit der wachsenden Macht der Konzerne rechnen, sondern hatte auch die Bundesregierung und die öffentliche Meinung gegen sich.

Es erwies sich, dass die amerikanische Arbeiterschaft ethnisch und interessenmäßig zu differenziert und geographisch zu mobil war, um einen einheitlichen Willen kraftvoll durchsetzen zu können. Immigration, Westwanderung und individuelles Erfolgsstreben hielten die

Gesellschaft in ständigem Fluss und ließen ein Bewusstsein permanenter Klassengegensätze nicht aufkommen.

Im Vergleich zu anderen Industrieländern blieb der Organisationsgrad der amerikanischen Arbeiter gering: 1900 gehörten von dreißig Millionen Beschäftigten nur eine Million einer Gewerkschaft an. Große Teile der Arbeiterschaft, wie die Ungelernten, die Nichtweißen und die Frauen wurden von der AFL sogar bewusst vernachlässigt. Auf ihre Weise nahmen die Gewerkschaften damit an einer übergreifenden Entwicklung teil, die zur Organisation von Interessengruppen in einer pluralistischen Gesellschaft hinführte.

Die Vernachlässigung des sozialen Sektors durch die Politiker schuf ein großes Betätigungsfeld für reformerische Frauen. Die 1848 ins Leben gerufene Frauenbewegung hatte sich nach dem Bürgerkrieg an der Wahlrechtsfrage gespalten: Ein aktivistischer Flügel wollte das Frauenwahlrecht durch Demonstrationen erkämpfen, der gemäßigtere steuerte das Ziel durch eine Zu-

Die prosperierende Wirtschaft förderte v. a. ingenieurstechnische Innovationen, die wiederum den Aufschwung anhalten ließen. Insbesondere Großkonzerne erlangten dadurch ungeheuer große wirtschaftliche Macht (Brooklyn Bridge in New York, 1883 vollendet).

100264

100913

Während die Unternehmer ihre Gewinne steigerten, lebten viele Menschen ärmlich in den Slums der Großstädte. Die Gewerkschaftsbewegung setzte sich für die Rechte von Arbeitern ein – die Erfolge ihrer Kollegen in Europa allerdings erzielten sie nie.

sammenarbeit mit der Republikanischen Partei an. 1890 entstand zwar ein neuer Dachverband, die National American Woman Suffrage Association, aber am Ende des Jahrhunderts konnten Frauen weiterhin nur in einigen westlichen Staaten wählen.

Größere Erfolge erzielte die Women's Christian Temperance Union, die aus spontanen Aktionen von Frauen gegen Bars und Saloons hervorgegangen war und 1890 schon 150 000 Mitglieder zählte. Unter der Führung von Frances Willard wandte sie sich den Problemen des Sozial- und Gesundheitswesens, der Bildung und Erziehung und des internationalen Friedens zu. Willard forderte auch das Wahlrecht für Frauen, allerdings nicht als »natürliches Recht«, sondern als Voraussetzung dafür, dass die Frauen ihrer spezifischen Verantwortung in der Industriegesellschaft gerecht werden konnten. Aus dem sozialen Engagement erwuchs ein Anspruch der Frauen auf Mitwirkung bei der Lösung gesellschaftlich relevanter Fragen, der die amerikanische politische Kultur langfristig prägen sollte.

Kampf gegen Wall Street – Die populistische Rebellion und ihr Scheitern

Ein weltweiter Rückgang der Rohstoffpreise, der eine Deflationsspirale in Gang setzte, führte in die Krise der 1890er-Jahre. Angesichts wachsender Geldknappheit wurden Forderungen laut, die USA sollten sich vom Goldstandard lösen und Silber als Währungsreserve anerkennen. Bei den Demokraten stieß dieses Verlangen auf größeres Verständnis als bei den Republikanern, die den Preisrückgang durch Überproduktion verursacht sahen. Der Streit zwischen Gold- und Silberbefürwortern wurde zum beherrschenden Wahlkampfthema 1896.

Angesichts der herrschenden Agrarkrise hatten sich die Farmer seit den 1880er-Jahren zu eigenen Interessenverbänden (Farmers' Alliances) zusammengeschlossen, die im Südwesten und Mittleren Westen der USA über fünf Millionen Mitglieder organisieren konnten. Im Namen der »wirklichen Produzenten« machten sie, die Hauptträger der populistischen Protestbewegung, Front gegen die beiden großen Parteien und die Kapitalisten der Wall Street. 1892 gründeten die Farmer mit Vertretern radikaler Arbeiterorganisationen und anderen Reformgruppierungen die People's Party, die in ihrem Parteiprogramm die Verstaatlichung der Eisenbahnen, ein auf Gold und Silber basierendes Währungssystem, staatliche Hilfen für die Landwirtschaft, eine progressive Einkommensteuer, die Direktwahl der Senatoren sowie eine Beschränkung der Einwanderung und kürzere Arbeitszeiten in der Industrie forderte.

Als die Demokraten im Wahlkampf 1896 mit der Parole free silver die Forderung nach uneingeschränkter Silberprägung übernahmen, entschloss sich eine Mehrheit der People's Party zur Unterstützung des demokratischen Kandidaten William J. Bryan. Sein Gegner, William McKinley, ein Senator aus Ohio, genoss das Vertrauen der Wirtschaft. Die Republikaner begegneten dem »Silberkreuzzug« der Demokraten und Populisten mit professioneller Organisation und einer gut gefüllten Wahlkampfkasse. Angesichts der politischen Polarisierung sahen ängstliche Gemüter Unruhen oder sogar eine Revolution voraus.

Tatsächlich blieb aber alles ruhig, als sich McKinley im November klarer als erwartet gegen Bryan durchsetzte. Er hatte die große Mehrheit der Industriearbeiter auf seine Seite ziehen können, die inflationäre Maßnahmen ablehnten und niedrige Lebensmittelpreise wünschten. Im Weißen Haus profitierte McKinley dann von einer allgemein günstigen Entwicklung: Der weltweite Preisrückgang wurde gestoppt, die Nachfrage nach Agrarprodukten und Industriegütern nahm wieder zu, und die Währungsproblematik erledigte sich durch große Goldfunde in Alaska fast von selbst.

Die Populisten waren an ihrer ambivalenten Haltung zur Industriegesellschaft gescheitert, die sie teils mit religiöser Inbrunst ablehnten, teils auf pragmatische Weise reformieren wollten. Der Niedergang der People's Party bekräftigte das Zweiparteiensystem, aber die Fronten hatten sich verschoben: Während die Republikaner an einer Koalition von Bigbusiness und Arbeit schmiedeten, wurde die Demokratische Partei zum Sammelbecken von

INFOBOX

Die Frontier

In der Geschichte Nordamerikas bezeichnet »Frontier« die nach Westen vorrückende Siedlungsgrenze zwischen der von Indianern, Jägern und Fallenstellern beherrschten »Wildnis« und der nachfolgenden »Zivilisation« einer voll ausgebildeten Gesellschaft. Der Historiker Frederick Jackson Turner betonte den bleibenden Einfluss, den die Frontier mit ihren harten Lebensbedingungen auf den amerikanischen Nationalcharakter ausübte. Stets haben Vorstellungen wie Herausforderung, Sendung, wagemutige Tatkraft und Selbstvertrauen den Mythos der Frontier emotional mitgeprägt.

In seiner Antrittsrede als Präsident der USA proklamierte John F. Kennedy die »New Frontier« (neue Grenze) als neuen Aufbruch zu den alten Zielen der amerikanischen Nation, der von den Angehörigen der jüngeren Generation getragen werden sollte. Dieser Aufruf löste zahlreiche Aktivitäten aus, die u. a. in der Gründung von Organisationen zum Kampf gegen die Armut und zum Einsatz für die Bürgerrechte gipfelten.

100913

Mit der Industrialisierung wurde auch die sinnliche Erfahrung von Geschwindigkeit revolutioniert. In Eadweard Muybridges »Hochgeschwindigkeitsfotografien« sind schnelle Bewegungsabläufe seriell dargestellt (»Ein Schritt nach vorn in 11 Phasen«, 1890er-Jahre).

Reformern, die eine an moralischen Werten ausgerichtete Politik befürworteten.

In beiden Parteien gewannen »progressive« Kräfte an Boden, die ein Engagement des Staats beim Kampf gegen die unerwünschten Begleiterscheinungen von Industrialisierung und Urbanisierung forderten. Der reformerische Impuls speiste sich nicht mehr allein aus christlichen Ideen, sondern zunehmend auch aus der Überzeugung, dass der wissenschaftlich-technische Fortschritt gezielt zur Verbesserung der gesellschaftlichen Verhältnisse eingesetzt werden müsse.

Mit Blick auf den Zensusbericht von 1890, der das Ende der frontier proklamiert hatte, behauptete der Historiker Frederick Jackson Turner 1893, der amerikanische Westen sei weit mehr als nur ein »Sicherheitsventil« für soziale Konflikte gewesen. Die Frontier erschien ihm als Inbegriff all dessen, was die USA von Europa unterschied und ihre nationale Identität ausmachte. An der Siedlungsgrenze, an der sich Natur und Zivilisation begegneten, seien die wahre Demokratie und der »amerikanische Charakter« entstanden.

Damit bekräftigte Turner den Glauben an die Einzigartigkeit der USA und schuf einen Frontiermythos, der bis in die Gegenwart weiterwirkt. Als »neue Grenze« schwebte ihm nicht die koloniale Expansion vor, sondern ganz im Sinne der Reformbewegung eine innere Erneuerung der amerikanischen Gesellschaft aus dem Geiste der republikanischen Tradition. *Jürgen Heideking †*

Startschuss in Havanna: Der Eintritt in die Weltpolitik

Nach dem Bürgerkrieg verlor die amerikanische Außenpolitik viel von dem expansiven Schwung, den ihr die Ideologie der Manifest Destiny verliehen hatte. Der Kauf Alaskas von Russland 1867 stellte zwar einen enormen territorialen Zuwachs dar, doch nur wenige Amerikaner machten sich eine Vorstellung vom unermesslichen Reichtum an Bodenschätzen und von der strategischen Bedeutung dieses Gebiets. Die letzten Hoffungen auf einen Beitritt Kanadas zur Union zerschlugen sich durch die Gründung des britischen Dominions Kanada, und Stimmen, die für Gebietserwerbungen in der Karibik und im pazifischen Raum plädierten, fanden zunächst wenig Gehör. Die amerikanische Marine war veraltet, und die Hauptaufgabe der 25 000 Mann starken Armee bestand in der Bekämpfung der Indianer westlich des Mississippi.

Erst gegen Ende des Jahrhunderts, als die Wunden des Bürgerkriegs zu verheilen begannen, traten die USA in den Wettbewerb mit den imperialistischen Staaten ein. Der Sieg über Spanien 1898 markierte den Aufstieg zur Großmacht und eröffnete die Möglichkeit, nicht nur weiter in den Pazifik vorzudringen, wo schon seit Ende der 1860er-Jahre Stützpunkte bestanden, sondern auch in der Karibik Fuß zu fassen.

Traditionelles Sendungsbewusstsein und Missionierungsdrang erfassten nun eine breite Öffentlichkeit und fanden ein weltweites Betätigungsfeld. Dagegen hatten diejenigen Amerikaner einen schweren Stand, die sich auf die antikoloniale, revolutionäre Tradition ihres Landes beriefen. Im Innern war der neue Expansionsschub von einer breiten Reformbewegung begleitet, dem Progressivismus, dessen Anhänger die unerwünschten Begleiterscheinungen der Industrialisierung bekämpften und die Gesellschaft gerechter und leistungsfähiger gestalten wollten.

Die wirtschaftliche Depression der 1890er-Jahre führten viele Amerikaner auf Überproduktion und eine Sättigung des Binnenmarkts zurück, die nur durch steigende Exporte ausgeglichen werden konnten. Da sich die europäischen Mächte - wie die USA selbst - mit hohen Zollmauern umgeben hatten und ihren Kolonialbesitz unablässig ausbauten, schienen die ökonomische Zukunft und der gesellschaftliche Frieden der USA gefährdet zu sein.

In dieser Situation fanden die Überlegungen Admiral Alfred T. Mahans öffentliche Beachtung: In seinem 1890 erschienenen Werk »Der Einfluss der Seemacht auf die Geschichte« hatte er gefordert, die Amerikaner sollten die Weltmeere nicht länger als Barrieren, sondern als Verkehrsadern betrachten, deren Kontrolle das Schicksal der Völker entscheiden werde. In Mahans geostrategischer Vision fügten sich der Flottenbau, ein transozeanischer Kanal durch Zentralamerika, die Annexion Hawaiis und die Gewinnung weiterer Stützpunkte im Pazifik zu einem schlüssigen Konzept zusammen.

Dieser Ansatz übte eine starke Faszination auf die »junge Garde« der politischen Führung aus, zu der Theodore Roosevelt, Henry C. Lodge und Elihu Root ge-

INFOBOX

Manifest Destiny

John O'Sullivan, Herausgeber des einflussreichen Parteiorgans der Demokratischen Partei »United States Magazine and Democratic Review«, prägte und popularisierte die Vorstellung des Manifest Destiny, der »offenbaren Bestimmung«: Die USA seien vom Schicksal - gleichsam durch göttliche Vorsehung - dazu auserkoren, die demokratische Gesellschaftsordnung über den amerikanischen Kontinent zu verbreiten. Die Erfüllung dieser »Mission« rechtfertigte territoriale Expansion. Unter dieser Losung konnte ebenso die Annexion von Texas betrieben wie der Krieg gegen Mexiko (1846–48) geführt oder die Westwanderung legitimiert werden.

Diese Ideologie gründete in der Monroedoktrin, wurde in der Roosevelt Corollary von 1904, in der die USA die Rolle einer internationalen Polizeimacht in der westlichen Hemisphäre für sich beanspruchten, fortgesetzt, und gereicht den USA noch heute in zeitgenössisch abgewandelter Form zur Legitimation interventionistischer Politik.

hörten. Mit dem Bau gepanzerter Schlachtschiffe, der den Stahlkonzernen lukrative Aufträge bescherte, begann in den 1890er-Jahren das Zweckbündnis zwischen Politikern, Militärs und Unternehmern, das im Laufe der Zeit immer wichtiger werden sollte.

Ein neuer, aggressiverer Nationalismus ergänzte die wirtschaftliche Stärke der USA. Er äußerte sich im Kult um das Sternenbanner, in Paraden der Veteranenverbände und im Chauvinismus der Massenpresse. Wissenschaftler und Journalisten trugen dazu bei, das Sendungsbewusstsein der Manifest Destiny wieder zu beleben, indem sie die Überlegenheit einer »angelsächsischen Rasse« propagierten, die berufen sei, andere Völker politisch zu »erziehen«. Der Anglo-Saxonism der Eliten erleichterte auch das politische Arrangement mit Großbritannien, das sich nach einigen Konflikten mit der Vorrangstellung der USA in der westlichen Hemisphäre abfand.

Der Durchbruch zur Großmachtstellung gelang 1898 im Krieg gegen Spanien, der durch das Geschehen auf Kuba ausgelöst wurde. Die Unabhängigkeitsbewegung der Kreolen gegen das »spanische Joch« war zwar von amerikanischer Seite gefördert worden, aber die Regierung in Washington arbeitete keineswegs bewusst auf einen Krieg hin. Angesichts der harten spanischen Repressionsmaßnahmen gegen die »Freiheitskämpfer« machte sich in der amerikanischen Öffentlichkeit jedoch eine heftige antispanische Stimmung breit.

ZITAT

Aus dem Programm der amerikanischen Anti-Imperialist League, verabschiedet am 18. 10. 1899 in Chicago:
Wir beharren darauf, dass die Unterwerfung anderer Völker eine »verbrecherische Aggression« darstellt und im offenen Widerspruch zu den unverwechselbaren Prinzipien unseres Regierungssystems steht.

Als der amerikanische Kreuzer »Maine« am 15. Februar 1898 im Hafen von Havanna nach einer schweren Explosion mit 260 Matrosen an Bord sank, brach eine regelrechte Kriegshysterie aus. Gestützt auf einen Untersuchungsbericht, der die Katastrophe auf einen Bombenanschlag zurückführte – nach neueren Erkenntnissen handelte es sich um einen Unfall –, begannen Präsident William McKinley und seine Berater, den Konflikt zu eskalieren.

Die spanische Regierung zeigte sich verhandlungsbereit, lehnte aber die ultimative Forderung, Kuba die Unabhängigkeit zu gewähren, ab. Daraufhin ermächtigte der Kongress McKinley am 11. April zur Anwendung von Gewalt, bestritt jedoch jegliche Absicht, Kuba annektieren zu wollen. Anschließend trafen die USA mili-

100746

Mit dem Spanisch-Amerikanischen Krieg eroberten die USA erstmals Kolonialbesitz, u. a. Kuba, Puerto Rico, Hawaii und die Philippinen, nach dem Muster des europäischen Kolonialismus (Festung in San Juan, Puerto Rico).

tärische Vorbereitungen, überließen es aber den Spaniern, am 24. April 1898 formell den Krieg zu erklären.

Amerikanischer Sieg und Friedensschluss
Als entscheidend für den Ausgang des »splendid little war« (großartigen kleinen Kriegs), so Außenminister John Hay, erwies sich die Überlegenheit der amerikanischen Marine, die den ersten Schlag überraschend gegen die spanischen Philippinen führte. Eine von Kommodore George Dewey befehligte Schwadron vernichtete am 1. Mai 1898 in der Bucht von Manila die spanische Pazifikflotte. In der Karibik blockierten die Amerikaner die spanischen Häfen und versenkten am 3. Juli vor Santiago de Cuba sämtliche Schiffe der spanischen Flotte, die die Blockade zu durchbrechen versuchte.

Der Regierung in Madrid blieb keine andere Wahl, als um Waffenstillstand zu ersuchen und die amerikanischen Bedingungen zu akzeptieren. Im Pariser Frieden vom Dezember 1898 bestätigte sie die Unabhängigkeit Kubas, das vorerst unter amerikanischer Besatzung blieb, und trat Puerto Rico, die Philippinen und Guam an die USA ab. Unabhängig davon sicherten sich die USA auch noch die Inseln Wake und Hawaii, die mit dem Hafen Pearl Harbor als »Sprungbrett« nach Asien galten. Weiße Zuckerrohrpflanzer hatten zuvor die hawaiianische Königin abgesetzt und die Republik ausgerufen. 1900 wurde

Hawaii als Territorium organisiert und erhielt einen ähnlichen halbkolonialen Status wie Puerto Rico.

Als der Friedensvertrag mit Spanien bekannt wurde, sammelten sich die Gegner der Expansion in der Anti-Imperialist League und entfesselten eine große öffentliche Debatte. Ihre Kritik richtete sich vor allem gegen die Inbesitznahme der Philippinen, mit der die Amerikaner ihrer eigenen antikolonialen Tradition untreu wurden und das Selbstbestimmungsprinzip verletzten. Sprecher der Bewegung wie Carl Schurz und Andrew Carnegie behaupteten, die USA könnten ihren politischen Einfluss und ihren Handel auch ohne formelle Gebietserwerbungen weiter ausdehnen. Die Gewerkschaften fürchteten die »Einfuhr« billiger Arbeitskräfte aus den Kolonien, und der Führer der Afroamerikaner, Booker T. Washington, sah eine Verschärfung des internen Rassenkonflikts voraus. In die Ablehnungsfront reihten sich allerdings auch Rassisten ein, aus deren Sicht Kolonialbesitz die »Reinheit der angelsächsischen Rasse« gefährdete.

Im Kongress konnten sich die Antiimperialisten nicht auf eine gemeinsame Linie einigen, sodass der Senat den Friedensvertrag im Frühjahr 1899 mit knapper Mehrheit

Die Rough Riders, ein von Theodore Roosevelt aufgestelltes Regiment von Freiwilligen, kämpften im Spanisch-Amerikanischen Krieg u. a. auf Kuba. Die Fotografie zeigt Roosevelt (vorn links) bei einem Regimentsbesuch.

ratifizierte. Ein Aufstand philippinischer Nationalisten wurde von den amerikanischen Besatzungstruppen hart unterdrückt und kostete bis 1901 über 4000 US-Soldaten und etwa 20000 Filipinos das Leben.

McKinley interpretierte seine überzeugende Wiederwahl im November 1900 als Bestätigung der expansionistischen Außenpolitik. Maßgeblichen Anteil an dem Erfolg hatte der Vizepräsidentschaftskandidat Theodore Roosevelt, der durch seine militärischen Verdienste auf Kuba populär geworden war. Als McKinley knapp ein Jahr später beim Besuch der Panamerikanischen Ausstellung in Buffalo von einem Anarchisten ermordet wurde, rückte der erst 42-jährige Roosevelt ins Präsidentenamt auf. Er setzte sich zur Aufgabe, die Macht der USA zu konsolidieren und weiter auszubauen.

Jürgen Heideking †

»Einen dicken Knüppel in der Hand halten«: Die Außenpolitik unter Theodore Roosevelt

Theodore Roosevelt entstammte einer angesehenen niederländisch-amerikanischen Familie im New Yorker Hudsontal. Besser als die meisten seiner Vorgänger im Weißen Haus erkannte er, welche Möglichkeiten die Außenpolitik dem Präsidenten bot, seinen Einfluss und sein Ansehen zu steigern. Er sah sich als Repräsentant einer neuen Mittelschicht, die er dafür berufen hielt, das »amerikanische Experiment« gegen die Gefahren von außen wie gegen die Monopolbestrebungen der Wirtschaft im Innern zu verteidigen.

»Hinterhof« Lateinamerika

Im Einklang mit Mahans Überlegungen machte Roosevelt den Panamakanal zum Kernstück seiner Außenpolitik. Als die kolumbianische Regierung ihre finanziellen Forderungen für die Kanalbaurechte in die Höhe schraubte, forcierte er 1903 ohne Rücksicht auf das Völkerrecht die Loslösung Panamas. Der neue Staat trat eine 32 Kilometer breite Kanalzone an die USA ab, für die Washington einmalig zehn Millionen Dollar sowie ein jährliches Entgelt von 250000 Dollar zahlte und die Roosevelt militärisch sichern ließ.

Nach neun Jahren Bauzeit wurde der fast 82 Kilometer lange Kanal 1914, fast zeitgleich mit dem Kriegsausbruch in Europa, fertig gestellt und von Präsident Woodrow Wilson feierlich eingeweiht. Er verkürzte den Seeweg von der Ost- zur Westküste der USA um 8 000 Seemeilen; das brachte nicht nur wirtschaftliche, sondern vor allem strategische Vorteile, da Kriegsschiffe jetzt innerhalb weniger Tage vom Atlantik in den Pazifik und umgekehrt verlegt werden konnten.

Der Panamakanal machte die Karibik im Verständnis vieler Amerikaner endgültig zum »Hinterhof« der USA. Ökonomische Durchdringung und politische Einflussnahme gingen hier Hand in Hand, und die Hemmschwelle für militärische Zwangsmaßnahmen begann zu sinken. Das bekamen als Erste die Kubaner zu spüren, deren Souveränität durch die Verfassung von 1901 erheblich eingeschränkt worden war. So bedurften völkerrechtliche Verträge der Genehmigung durch den amerikanischen Kongress, und die USA, die sich den Stützpunkt Guantanamo gesichert hatten, konnten militärisch eingreifen, sobald sie die territoriale Integrität oder die politische Ordnung der Insel für gefährdet erachteten. Faktisch errichteten die USA also ein Protektorat über die Insel, das vor allem den Interessen amerikanischer Landbesitzer und Unternehmer diente. Widerstand kubanischer Nationalisten beantwortete Washington in der Folgezeit mehrfach mit militärischen Interventionen.

100880

Für die Strategie von Präsident Wilson warb im Wahlkampf von 1916 auch diese Titelseite von »Leslie's Illustrated Weekly Newspaper«.

Roosevelt versuchte derartige Zwangsmaßnahmen 1904 mit einer »Ergänzung« (corollary) zur Monroedoktrin zu rechtfertigen. Sie warnte die lateinamerikanischen Regierungen davor, durch eigenes Fehlverhalten Situationen heraufzubeschwören, die europäische Mächte zum Eingreifen veranlassen könnten. In solchen Fällen würden sich die USA gezwungen sehen, die Aufgaben einer »internationalen Polizeimacht« auszuüben und für Ordnung, Stabilität und Sicherheit zu sorgen. Die praktische Anwendung folgte auf dem Fuße, als die USA 1905 die Finanzverwaltung der bankrotten Dominikanischen Republik übernahmen. Die eigentlichen Adressaten der Roosevelt Corollary waren jedoch die Europäer, besonders die Deutschen, die man davon abhalten wollte, ihre militärische Präsenz in der westlichen Hemisphäre weiter auszubauen.

100264

Der Panamakanal – der Durchstoß an der Landenge zwischen Pazifischem und Atlantischem Ozean – war ein jahrhundertealter Traum Amerikas. Für die USA brachte er große strategische Vorteile.

Die USA übten diese reklamierte »Polizistenrolle« bis in die 1920er-Jahre hinein wiederholt aus. Roosevelts Nachfolger William H. Taft verlegte sich stärker auf die »Dollardiplomatie«, die eine Zusammenarbeit zwischen US-Regierung und im Ausland tätigen amerikanischen Konzernen einschloss. Präsident Wilsons Außenminister William J. Bryan setzte seine Hoffnungen vor allem auf die panamerikanische Bewegung sowie auf die Möglichkeiten friedlicher Konfliktregelung, zum Beispiel die Schiedsgerichtsbarkeit. Die Demokraten Bryan und Wilson waren indes nicht minder vom zivilisatorischen Auftrag der USA überzeugt als die Republikaner Roosevelt und Taft. Wilson sprach sogar von der Notwendigkeit,

100563

1900 beteiligten sich die USA zusammen mit den europäischen Kolonialmächten an der Niederschlagung des chinesischen Boxeraufstandes trotz der proklamierten antikolonialistischen Position. Das Foto zeigt bewaffnete »Boxer«.

die Nachbarnationen zur Selbstregierung »anzuleiten« und ihnen den Respekt vor dem Gesetz beizubringen.

Es ist kaum möglich, die einzelnen Motive der US-Politik sauber auseinander zu halten. Die Verantwortlichen wollten stets die »nationalen Interessen« wahren, wobei militärische Sicherheitsüberlegungen, wirtschaftliche Profitgesichtspunkte und bestimmte Vorstellungen von politischer Entwicklung und sozialem Fortschritt ineinander griffen. Die US-Amerikaner sahen sich nicht als koloniale Ausbeuter, sondern als Freunde und Beschützer, die die Segnungen der Zivilisation brachten: Sie verbesserten die Infrastruktur, bauten das Bildungs- und Gesundheitswesen aus, reorganisierten die Finanzverwaltungen und drängten auf demokratische Wahlen. Als zweischneidiges Schwert erwies sich die Ausbildung von Polizei- und Militärverbänden, die oft zu Unterdrückungsinstrumenten diktatorischer Regime degenerierten.

Die Versäumnisse und Fehler der gesellschaftlichen Eliten Lateinamerikas trugen erheblich dazu bei, dass die USA einen derart starken Einfluss ausüben konnten. Mit zunehmendem Nationalbewusstsein in Lateinamerika wuchs auch die Proteststimmung gegen die »überheblichen Yankees«, wodurch politische und kulturelle Spannungen mit den USA entstanden, die nie mehr ganz abgebaut werden konnten.

Engagement in Asien, diplomatisches Debüt in Europa
Der zweite Schwerpunkt der Außenpolitik lag in Südostasien, wo die Amerikaner Gefahr liefen, bei der Aufteilung Chinas in koloniale Interessensphären an den Rand gedrängt zu werden. Nachdem sie auf den Philippinen und Hawaii Fuß gefasst hatten, konnten sie ihre Interessen in Asien mit größerem Nachdruck vertreten. In zwei Noten von 1899 und 1900 warnte Außenminister John M. Hay davor, die territoriale Integrität Chinas zu zerstören, und forderte die chinesische Regierung auf, allen Nationen gleichberechtigte Handelsmöglichkeiten zu gewähren. Dieses Prinzip der offenen Tür betrachteten Europäer, Russen und Japaner als Verschleierung amerikanischer Monopolbestrebungen. Die antikolonialistische Position der USA kam zunächst nicht zum Tragen: 1900 beteiligten sie sich an der Niederschlagung des nationalistischen Boxeraufstands.

Nach der Jahrhundertwende stiegen die Japaner zum härtesten Konkurrenten der USA in Asien auf. Nach Japans Sieg im Russisch-Japanischen Krieg von 1904/05 vermittelte Präsident Roosevelt in Portsmouth, New Hampshire, einen Frieden zwischen Japan und Russland in der Absicht, das Gleichgewicht zwischen diesen beiden Mächten möglichst zu erhalten. Sein Engagement trug ihm 1906 den Friedensnobelpreis ein, hinderte die Japaner aber nicht daran, ihre Machtposition auf dem chinesischen Festland weiter auszubauen. Wegen der exponierten Lage der Philippinen sah sich Roosevelt zu einem politischen Arrangement mit Tokio gezwungen: Für die japanische Zusage, die amerikanischen Besitzungen in Asien zu respektieren, erkannten die USA die Hegemonie Japans über Korea und die Interessen der Japaner in der Mandschurei an.

Ein dauerhafter Ausgleich gelang jedoch nicht, da die Zielvorstellungen unterschiedlich blieben und kulturelle Faktoren die Beziehungen zusätzlich belasteten. Die Japaner betrachteten die Amerikaner als Störenfriede in Asien; außerdem empörte sie die rassische Diskriminierung ihrer Landsleute auf Hawaii und in Kalifornien. Als

ZITAT

Das Platt-Amendment zur kubanischen Verfassung von 1901 machte Kuba de facto zu einem Protektorat der USA:
Die kubanische Regierung stimmt zu, dass die Vereinigten Staaten das Recht zu intervenieren ausüben dürfen, um die kubanische Unabhängigkeit zu sichern und um ein Regierungssystem aufrechtzuerhalten, das den Schutz von Leben, Eigentum und individueller Freiheit garantieren kann…

die Schulbehörden von San Francisco 1906 gesonderte Schulen für asiatische Kinder einführen wollten, konnte ein Bruch zwischen Tokio und Washington nur mit Mühe verhindert werden. Die Amerikaner wiederum misstrauten den japanischen Absichten in China und unterstützten ab 1911 die nationalchinesischen Kräfte gegen die Japaner. Auf diese Weise wurden sie immer tiefer in die Intrigen und Händel der asiatischen Politik hineingezogen.

100880

Königin Lilioukalani wurde aufgrund ihrer Versuche, den amerikanischen Einfluss auf Hawaii einzudämmen, 1893 gestürzt. 1898 annektierten die USA die Inselgruppe.

In der Alten Welt traten Emissäre aus Washington erstmals in der ersten Marokkokrise als Vermittler auf. Während sich die deutsche Regierung, die auf Roosevelts Unterstützung gehofft hatte, vom Ergebnis der Konferenz von Algeciras 1906 enttäuscht zeigte, verbesserten sich die amerikanisch-französischen Beziehungen. Die Amerikaner entzogen sich auch weiterhin dem Freundschaftswerben des deutschen Kaisers, da sie weder in Europa noch in Asien in eine Frontstellung gegen das mit Japan verbündete Großbritannien geraten wollten.

Am Vorabend des Ersten Weltkriegs hatte ein American Empire Konturen gewonnen, das sich durch ein weltweites System abgestufter Einflussmöglichkeiten auszeichnete: Neben der einzigen »echten« Kolonie, den Philippinen, gehörten hierzu die Territorien Puerto Rico und Hawaii mit US-Gouverneuren, Flottenstützpunkte wie auf den Samoa-Inseln, Guam und den Midway-Inseln, inoffizielle Protektorate, in denen der US-Botschafter wie ein Statthalter residierte, zum Beispiel Kuba und Panama, und Staaten, deren Politik weitgehend von US-Konzernen kontrolliert wurde, etwa Costa Rica und Honduras von der United Fruit Company. In der westlichen Hemisphäre übten die USA bereits eine Hegemonie aus, und in Europa und Südostasien machte sich ihr Gewicht allmählich stärker bemerkbar. *Jürgen Heideking †*

Das Ende der Neutralität: Der Eintritt in den Ersten Weltkrieg

Animositäten zwischen Roosevelt und Taft, die das republikanische Lager im Wahlkampf von 1912 spalteten, verhalfen dem demokratischen Gouverneur von New Jersey, Woodrow Wilson, zum Einzug ins Weiße Haus. Der gebürtige Virginier verband die moralische Strenge seiner presbyterianischen Erziehung mit wissenschaftlicher Disziplin, und er war trotz des äußerlich steifen, unnahbaren Auftretens ein mitreißender Redner: Im Stile eines Predigers benutzte er häufig religiöse Bilder, die eine baldige Erfüllung der in Unabhängigkeitserklärung und Verfassung enthaltenen demokratischen Prinzipien verhießen.

Während seiner ersten Amtszeit löste Wilson etliche Reformversprechen ein, so zum Beispiel eine Antitrustgesetzgebung, Zollsenkungen und die Einführung der Einkommensteuer. Im Schatten des Kriegs ging diese progressive Ära jedoch allmählich zu Ende. Der Präsident setzte nun auf eine enge Zusammenarbeit von Regierung und Wirtschaft, um die amerikanischen Interessen gegenüber den Krieg führenden Mächten wirkungsvoll verteidigen zu können. Mit der 1914 proklamierten Neutralität stellte sich Wilson in die außenpolitische Tradition seit George Washington und trug zugleich der Sorge Rechnung, die amerikanische Einwanderergesellschaft könne andernfalls einer Zerreißprobe ausgesetzt werden.

Im Wahlkampf von 1916 tauchte zum ersten Mal der Vorschlag eines Völkerbundes im Programm der Demokraten auf. Dieser sollte die USA in ihrer Rolle als »Weltpolizist« entlasten.

Gefühlsmäßig stand Wilson den Westmächten näher als dem Deutschen Reich, das aus seiner Sicht Autokra-

tie und Militarismus verkörperte. Hinzu kam, dass Großbritannien nach Kriegsbeginn im großen Stil Lebensmittel, Waffen und Munition in den USA einkaufte. Diese Geschäfte wurden größtenteils durch private amerikanische Bankkredite finanziert, die sich bis 1917 schon auf 2,3 Milliarden Dollar beliefen. Allein im Jahr 1916 exportierte die amerikanische Wirtschaft Rohstoffe und Waren im Wert von 2,75 Milliarden Dollar nach Großbritannien und Frankreich. Demgegenüber ging die Höhe der Ausfuhren nach Deutschland auf 29 Millionen Dollar zurück.

Wilson wusste jedoch, dass die große Mehrheit der amerikanischen Bevölkerung nicht in den Kampf der »imperialistischen« Mächte hineingezogen werden wollte. Deshalb verurteilte er nicht nur die deutsche U-Boot-Kriegführung, sondern legte auch gegen völkerrechtswidrige britische Blockadepraktiken Protest ein. Parallel dazu ließ er durch seinen Vertrauten, Colonel Edward M. House, in Europa die Chancen für einen Kompromissfrieden ausloten.

Diese unparteiische Haltung geriet ins Wanken, als ein deutsches U-Boot im Mai 1915 den britischen Luxusdampfer »Lusitania« auf dem Rückweg von New York vor der irischen Küste versenkte und den Tod von fast 1 200 Menschen, darunter 128 Amerikaner, verursachte. Als sich die Reichsregierung jedoch entschuldigte und – vorübergehend – den uneingeschränkten U-Boot-Krieg einstellte, schienen sich die deutsch-amerikanischen Beziehungen wieder zu stabilisieren. Um dieselbe Zeit trübte sich das Verhältnis der USA zu London und Paris, da die beiden Regierungen wirtschaftliche Kriegsziele formulierten, die mit dem amerikanischen Verlangen nach freiem Welthandel unvereinbar waren.

All diese Ereignisse wurden in den USA von einer heftigen Debatte zwischen Gegnern und Befürwortern eines Kriegseintritts begleitet. Der Friedensbewegung schlossen sich neben Pazifisten und Quäkern auch progressive Reformer, Sozialisten, Frauenrechtlerinnen und sogar einige Großindustrielle wie Andrew Carnegie und Henry Ford an. Diesen Kräften stellten sich, angeführt von Theodore Roosevelt, die »Interventionisten« entgegen, die das Deutsche Reich als Hauptstörenfried brandmarkten.

Uncle Sam, die Figur des typischen Amerikaners, warb im Dienste der amerikanischen Regierung 1917 auf Plakaten für die Zeichnung von Kriegsanleihen.

I am telling you
On June 28th I expect you to enlist in the army of war savers to back up my army of fighters.
W. S. S. Enlistment
THE TORCH OF LIBERTY

100880

Im Wahlkampf von 1916 versprach Präsident Wilson, die USA aus dem Krieg herauszuhalten, verlangte aber, dass sich die Nation auf alle Eventualitäten vorbereiten müsse. Der Kongress schuf die gesetzlichen Grundlagen für eine Aufrüstung, mit der die USA unabhängig vom Kriegsausgang ihre Machtposition sichern konnten. Neu im Wahlprogramm der Demokraten war der Vorschlag eines Völkerbunds, der künftige Kriege verhindern sollte. Nach seiner knappen Wiederwahl warb Wilson Ende 1916 erneut für einen »Frieden ohne Sieg«.

Ein »Kreuzzug für die Demokratie«

In Berlin setzten sich nun jedoch diejenigen Politiker und Militärs durch, die glaubten, Großbritannien in die Knie zwingen zu können, bevor die USA wirksam eingreifen konnten. Nach der Wiederaufnahme des uneingeschränkten U-Boot-Kriegs brach Präsident Wilson Anfang Februar 1917 die diplomatischen Beziehungen zum Deutschen Reich ab. Angesichts mächtiger Friedensdemonstrationen, an denen sogar sein ehemaliger Außenminister Bryan teilnahm, scheute er aber immer noch vor dem Kriegseintritt zurück.

Der endgültige Stimmungsumschwung trat dann durch die Veröffentlichung eines Telegramms ein, das

INFOBOX

Sicher für die Demokratie

Präsident Wilsons berühmte Forderung »the world must be safe for democracy« in seiner Kriegsbotschaft vom 2. 4. 1917 wollte primär die Regierungsform der Mittelmächte, v. a. des Deutschen Reichs, verändert wissen, bezog sich aber auch auf die Lage in Russland, wo der Zar nach der Februarrevolution abgedankt hatte:

»... Die Welt muss sicher gemacht werden für die Demokratie. Ihr Friede muss auf den erprobten Grundlagen politischer Freiheit errichtet werden. Wir haben keine egoistischen Ziele, denen wir dienen. Wir verlangen nach keiner Eroberung, keiner Herrschaft. Wir suchen keinen Schadenersatz für uns selbst, keine materielle Entschädigung für die Opfer, die wir bereitwillig bringen werden. Wir sind lediglich einer der Vorkämpfer für die Rechte der Menschen ... (wir werden kämpfen) für eine allgemeine Herrschaft des Rechts durch ein Konzept der freien Völker, das allen Nationen Frieden und Sicherheit bringen und die Welt selbst endlich frei machen wird.«

der deutsche Staatssekretär des Äußeren, Arthur Zimmermann, am 19. Januar 1917 an die Botschaft in Mexiko City geschickt hatte. Darin schlug er ein Bündnis mit Mexiko vor, in das auch Japan einbezogen werden sollte. Im Falle eines deutschen Siegs würde das Reich Mexiko helfen, die 1848 verlorenen Gebiete in Texas, New Mexico und Arizona zurückzubekommen. Der britische Geheimdienst konnte den Text entschlüsseln und leitete ihn an Wilson weiter, der am 1. März die Öffentlichkeit informierte. Die allgemeine Empörung steigerte sich noch, als deutsche U-Boote amerikanische Schiffe versenkten. Am 2. April forderte Wilson den Kongress auf, dem Deutschen Reich den Krieg zu erklären: Die USA würden nicht für Eroberungen kämpfen, sondern für Frieden und Gerechtigkeit. Die Kriegserklärung erfolgte am 6. April gegen sechs Stimmen im Senat und 50 Stimmen im Repräsentantenhaus.

Wilson begründete seine Entscheidung mit deutschen Rechtsbrüchen, die den amerikanischen Handel und die nationale Sicherheit bedrohten. Indem er den Krieg zum »Kreuzzug für die Demokratie« und zum »Krieg, der alle Kriege beenden soll« erklärte, rechtfertigte er ihn zudem moralisch. Pragmatisches Gleichgewichtsdenken mischte sich mit einem idealistischen, letztlich religiös inspirierten Bekenntnis zu höheren Werten und Prinzipien. Wilson und seine engsten Berater waren zunehmend zu der Überzeugung gelangt, dass ein deutscher Sieg unbedingt verhindert werden müsse und dass die USA nur im Falle einer aktiven Beteiligung am Krieg die künftige Friedensordnung würden mitprägen können. Ohne die Fehlkalkulationen und diplomatischen Missgriffe der deutschen Führung wäre es Wilson jedoch sehr viel schwerer gefallen, die Bevölkerung und den Kongress von der Notwendigkeit der Kriegserklärung zu überzeugen. *Jürgen Heideking †*

Asien während des Imperialismus

Die Beherrscherin des Ostens: Die Expansion Russlands nach dem Krimkrieg

Die Kapitulation der monatelang umkämpften Festung Sewastopol am 9. September 1855 stürzte das Zarenreich in eine schwere Krise. Das nikolaitische Herrschaftssystem hinterließ eine drückende Erblast. Der innergesellschaftliche Frieden war ernsthaft gefährdet. Zahlreiche Probleme harrten einer dringenden Entscheidung. Auf dem neuen Zaren Alexander II. ruhten die Hoffnungen der geschundenen leibeigenen Bauern auf eine bessere Zukunft und die Freiheitserwartungen der Fremdvölker des Reichs.

An eine Fortsetzung der offensiven Außenpolitik war unter den gegebenen Umständen vorerst nicht mehr zu denken. Die Auflagen der alliierten Siegermächte, die im Frieden von Paris 1856 festgeschrieben worden waren, stoppten das weitere Vordringen Russlands auf der Balkanhalbinsel. Russland blickte fortan nach Osten und fand in seinem ungebrochenen Expansionsdrang in Mittelasien und Fernost ein weites Betätigungsfeld. Die eurasische Perspektive bot Erfolg versprechende Zukunftsvisionen an. Slawophile Kreise waren nicht abgeneigt, aus dem gottgegebenen Auftrag einer »zivilisatorischen Mission« Russlands in Asien die moralische Rechtfertigung für eine offensive Außenpolitik abzuleiten.

Voraussetzung dazu war die Befriedung des Kaukasus. Mehrmals sah sich die russische Militärmacht durch Aufstandsbewegungen unter den Tschetschenen und den kriegerischen Stämmen Dagestans herausgefordert. Imam Schamil erprobte seit den Dreißigerjahren des 19. Jahrhunderts eine erfolgreiche Guerillataktik und trotzte in seiner Bergfestung über zwei Jahrzehnte den zahlenmäßig überlegenen russischen Streitkräften.

Viktoria, Königin von Großbritannien und Irland seit 1837, wurde 1877 auch Kaiserin von Indien. In ihrer langen Regierungszeit vermittelte sie der britischen Monarchie eine Stabilität, die ihren Tod überdauerte.

Seit 1856 suchte der neu ernannte Statthalter des Zaren im Kaukausus, Generalfeldmarschall Aleksandr Iwanowitsch Barjatinskij, eine gewaltsame militärische Entscheidung zu erzwingen. 1859 eroberten russische Trup-

50558

pen Wedeno, die Residenz Schamils, und nahmen den legendären Aufstandsführer gefangen. Der Widerstand der Tscherkessen im Westkaukasus konnte erst nach einem längeren Kleinkrieg 1864 gebrochen werden.

Russlands Aufbruch nach Asien war schon seit dem 16. Jahrhundert vorgezeichnet. Nach anfänglichen Rückschlägen war die Besetzung Sibiriens innerhalb weniger Jahrzehnte abgeschlossen und durch die Anlage von Stützpunkten – unter anderem Tjumen 1586 und Tobolsk 1587 – gesichert worden. Ein halbes Jahrhundert später drangen kosakische Vorausabteilungen unter Iwan Moskwitin 1639 bis an die Küste des Ochotskischen Meeres vor und erreichten erstmals die Küste des Pazifiks. 1647 bis 1649 wurde der Stützpunkt Ochotsk angelegt.

Im Amurgebiet und am Ussuri gerieten die moskowitischen Eindringlinge wiederholt in Grenzkonflikte mit dem chinesischen Mandschureich, die erst 1689 im Vertrag von Nertschinsk durch jesuitische Vermittlung beigelegt werden konnten. 1741 war der dänische Asienforscher in russischen Diensten Vitus Jonassen Bering auf seiner zweiten Kamtschatka-Expedition erstmals an der Küste Alaskas gelandet. Pelztierjäger und Fallensteller waren maßgeblich an der wirtschaftlichen Erschließung Russisch-Amerikas beteiligt. Die Leitungskompetenz übernahmen Vertreter der Russisch-Amerikanischen Kompanie, die 1799 als Aktiengesellschaft gegründet worden war.

ZITAT

Aus dem Bericht des deutschen Botschafters in Sankt Petersburg, Hugo Fürst von Radolin, vom 14. 7. 1895:
Kurzum, aus allem dem, was ich höre, klingt die eine Stimme heraus, dass Russland berufen ist, mit der Zeit die Weltherrschaft zu erlangen, dieselbe vorerst nach dem Osten und Südosten auszudehnen, wo noch keine europäische Zivilisation und die mit ihr verbundenen Krebsschäden herrschen.

Sewastopol am Schwarzen Meer im Jahr 1854 zeigt dieser Holzstich aus der Leipziger »Illustrierten Zeitung«. Die russische Festung widerstand elf Monate der Belagerung der Alliierten. Nach hohen Verlusten erstürmten die Franzosen schließlich die Stadt.

100880

50

Die Bombardierung Sewastopols durch die Alliierten 1855 (zeitgenössische Lithographie aus dem Neuruppiner Bilderbogen, Nr. 2590)

Nach der von den USA erzwungenen Öffnung der japanischen Häfen im Jahre 1854 war Russland im Fernen Osten an Absprachen mit den Nachbarstaaten interessiert. Der russisch-japanische Handels- und Grenzvertrag von 1855 sah eine Teilung der Kurileninseln und eine gemeinsame Verwaltung der Insel Sachalin vor. 1875 tauschte Russland unter Verzicht auf die gesamten Kurileninseln Sachalin ein. Die Differenzen mit China konnten erst nach mühsamen Verhandlungen beigelegt werden.

Der Generalgouverneur von Ostsibirien Nikolaj Nikolajewitsch Murawjow hatte mit seinem eigenmächtigen Vorstoß und der Gründung der Festung Chabarowsk an der Ussurimündung einen erneuten Streit um das Amurgebiet vom Zaun gebrochen. Im Vertrag von Aigun erzwang er 1858 die Abtretung des linken Amurufers vom Argunfluss bis zur Mündung. Im Vertrag von Peking 1860 gewann er das strittige Gebiet zwischen Ussuri und der Pazifikküste, die so genannte Küstenprovinz, hinzu.

Mit der Benennng des 1860 gegründeten Wladiwostok (»Beherrsche den Osten«) meldete Russland unmissverständliche Ansprüche in der pazifischen Region an. Der

50558

Zar Alexander II. bestieg während des Krimkriegs den Thron. Er führte 1861–68 grundlegende Reformen durch, die eine Periode der Erneuerung des sozialen, wirtschaftlichen und politischen Lebens einleiteten.

wenig später ausgehandelte Verkauf Alaskas an die USA 1867 diente nur einer längst fälligen Frontbegradigung. Russisch-Amerika hatte zu diesem Zeitpunkt seine Bedeutung als wirtschaftlicher Außenposten Russlands auf dem nordamerikanischen Kontinent schon längst eingebüßt.

Die Eroberung der Steppe – Grenzsicherung in Zentralasien

Beim Vordringen Russlands nach Mittelasien in der Mitte des 19. Jahrhunderts hatten sicherheitspolitische und strategische Argumente den Vorrang vor wirtschaftlichen Erwägungen. Die instabilen Herrschaftsverhältnisse unter den Hirtennomaden in der Kasachensteppe waren zu einem schwer erträglichen Störfaktor geworden.

Auf russischer Seite waren zur Sicherung der Steppengrenzen im südlichen Sibirien die Festungen Omsk im Jahre 1716 und Semipalatinsk 1718 angelegt worden. 1735 wurde im südlichen Ural die Orenburger Verteidigungslinie eingerichtet und durch die Ansiedlung wehrhafter Kosakenverbände befestigt. Die Steppenzone war aber nur schwer unter Kontrolle zu halten. Die sozialen Konflikte drohten auf die russischen Grenzgebiete am Ural und in Sibirien überzugreifen. Deshalb schritt man in der Regierungszeit Nikolaus I. (1825–55) zu einer etappenweisen Inkorporierung des Kasachenterritoriums. Die Khane wurden abgesetzt und ihr Herrschaftsbereich der sibirischen Verwaltung unterstellt.

Noch während des Krimkriegs bereiteten russische Grenzkommandanten weitere Eroberungszüge vor. Der Orenburger Gouverneur Wassilij Perowskij, der schon 1839/40 einen missglückten Kriegszug gegen Chiwa

Ein verwundeter osmanischer Pascha wird Alexander II. gegenübergestellt. Das Historiengemälde von Aleksej Kiwschenko entstand 1880 (Moskau, Staatliches Marinemuseum).

4601

befehligt hatte, bemächtigte sich 1853 der Grenzfestung Ak-Metschet am Syrdarja (später nach ihm Perowsk benannt, heute Ksyl-Orda) zum Khanat von Kokand. Im Siebenstromland diente seit 1854 die Festung Wernyj – das heutige Alma-Ata – als militärische Ausgangsbasis für weitere Operationen in den angrenzenden Wüstengebieten, die vom Khanat von Chiwa südlich des Aralsees, vom Khanat von Kokand und dem Emirat von Buchara beherrscht wurden.

Graf Nikolaj Pawlowitsch Ignatjew hatte 1857 auf einer Sondierungsreise Chiwa und Buchara besucht und einen Eindruck von den inneren Zuständen der Steppenreiche gewinnen können. Als Leiter des Asiatischen Departements im Außenministerium von 1861 bis 1864 sprach er sich unverhohlen für eine offensive militärische Sicherung der russischen Handelsinteressen in Mittelasien und für eine Vorverlegung der Grenzen aus. Einen willigen Erfüllungsgehilfen fand er in General Michail Grigorjewitsch Tschernajew. Der spätere »Löwe von Taschkent« hatte nützliche Fronterfahrung in den Kaukasuskämpfen gesammelt. Er teilte die panslawische Gesinnung Ignatjews ebenso wie dessen bornierte Geringschätzung der Steppennomaden. In der

1855 errichteten Russland und Japan auf der Insel Sachalin eine gemeinsame Verwaltung. 1875 tauschte Russland Sachalin ein, 1905 erhielt Japan den Süden der Insel zurück, der 1945 wieder an die UdSSR fiel.

101170

100562

Am russischen Goldenen Horn an der Pazifikküste verkündete die 1860 gegründete Hafenstadt Wladiwostok (»Beherrsche den Osten!«) die russischen Ansprüche. Hier ist bis heute der größte Pazifikhafen Russlands.

Steppe fand er den nötigen Freiraum für seine eigenen Ambitionen.

1864 beauftragte ihn der Kriegsminister, von Wernyj aus Aulije-Ata (das heutige Dschambul), einen Kreuzungspunkt von Handelswegen, zu besetzen, während General Nikolaj Werewkin von Perowsk aus aufbrach, um die Festung Turkestan zu erobern. Der erfolgreiche Abschluss des Unternehmens verschaffte dem Russischen Reich strategische Vorteile entlang einer befestigten Verteidigungslinie, die von der Syrdarjaregion bis nach Westsibirien verlief.

Tschernajew gab sich mit dem Erreichten nicht zufrieden. Ohne weitere Instruktionen aus Omsk abzuwarten bemächtigte er sich in einem Überraschungscoup der

4601

Unter Zar Nikolaus I. wurde das Kasachenterritorium schrittweise einverleibt (Ausschnitt aus einem Gemälde von Wassilij Troponin, 1826; Sewastopol, Kunstmuseum).

Zitadelle Tschimkent. Am 8. Mai 1865 stand er mit 1 300 Mann und zwölf Kanonen vor Taschkent und erzwang am 17. Juni 1865 die bedingungslose Kapitulation.

Die russische Öffentlichkeit feierte den Sieg Tschernajews als heroische Tat. Für dessen weitere militärische Karriere hat er sich nicht ausgezahlt. Tschernajew verbrachte die nächsten acht Jahre im Wartestand und sparte in publizistischen Verlautbarungen nicht mit bitteren Kommentaren zu den weiteren Vorgängen in Turkestan.

Der Ausbruch der großen Orientkrise 1875 bot ihm nochmals die unerwartete Chance, seine Führungsqualitäten zu beweisen. Er meldete sich sehr zum Unwillen der russischen Regierung als freiwilliger Kriegsteilnehmer in Belgrad und übernahm den Oberbefehl über die serbische Armee. Das Kommandounternehmen verstand er als Kreuzzug der Slawen. Es endete im Oktober 1876 in einer katastrophalen Niederlage der Serben.

Für die Politik Russlands in Mittelasien ist der Fall Tschernajew symptomatisch. Der Dienst auf vorgeschobenen Außenposten ließ naturgemäß den Grenzkommandanten einen erheblichen Handlungsspielraum. Über die kaum mehr steuerbaren gleitenden Übergänge zwischen präventiver Grenzverteidigung und planmäßiger Expansion gaben sich die verantwortlichen Leiter der russischen Außenpolitik keinen Illusionen hin. Bei der Endabrechnung zählte allein der Erfolg.

Tschernajews Alleingang vor Taschkent hatte das Tor in das südliche Mittelasien weit aufgestoßen. Russland

In den Bergen bei Alma-Ata reiten Kasachen mit Steinadlern zur Beizjagd. Die Kasachen waren bis in die jüngste Zeit ein typisches zentralasiatisches Nomadenvolk.

100562

wurde fortan als Ordnungsmacht und als interessierter Handelspartner unweigerlich in die Auseinandersetzung mit den rivalisierenden Nomadenstämmen hineingezogen und zu einer fortschreitenden Ausweitung der Staatsgrenzen verleitet. Die Koordinierung der Einzelaktionen lag seit 1867 bei General Konstantin Peter von Kaufmann. Er hielt als Generalgouverneur des neu geschaffenen Gouvernements Turkestan, das zunächst nur die nördlichen Gebiete des Khanats von Kokand umfasste, über eineinhalb Jahrzehnte von 1867 bis 1882 die Fäden in der Hand. In dieser Zeit wurde die völlige Unterwerfung der Gesamtregion zwischen Kaspischem Meer und chinesischer Grenze weitgehend zum Abschluss gebracht und 1868 Samarkand, 1873 Chiwa und 1876 Fergana in das Russische Reich eingegliedert.

Im Siebenstromland wurde 1854 die Festung Wernyi anstelle der kasachischen Siedlung Almaty (russisch Alma-Ata) gegründet. Sie diente als militärische Ausgangsbasis für Operationen in die Wüstengebiete. Der Blick über die Stadt fällt auf den Tansili-Alatau.

100562

50

Der Schauplatz des Gemäldes »Plötzlicher Angriff« ist Turkestan und geht auf Erlebnisse und Skizzen zurück, die Wassilij Wassiljewitsch Wereschtschagin als Begleiter der russischen Expeditionen 1867/68 und 1868/69 machte (1871; Moskau, Tretjakow-Galerie).

Als erster Schritt zur Annexion der transkaspischen Steppenregion wurde 1869 am Ostufer des Kaspischen Meeres die Festung Krasnowodsk angelegt. Gegen die russischen Eindringlinge leisteten die ansässigen turkmenischen Stämme hartnäckigen Widerstand. Er konnte erst 1881 gebrochen werden. Die äußeren Grenzen der Machtausdehnung Russlands im südlichen Mittelasien waren 1884 mit der Besitznahme der Oase von Merw erreicht.

Mit Rücksicht auf die britischen Interessen in Afghanistan und die russisch-britische Rivalität in Persien begnügte sich Russland in Mittelasien mit einer indirekten Herrschaft. Der Emir von Buchara und der Khan von Chiwa behielten formal ihre ererbten Herrschaftsrechte auf einem durch Gebietsabtretungen reduzierten Territorium bei. Sie mussten sich allerdings einer rigorosen Aufsicht unterstellen.

Zur Verwaltung der eroberten Gebiete wurden zwei Generalgouvernements eingerichtet. Der Generalgouverneur vereinte in seiner Hand das oberste Kommando der Streitkräfte und die Aufsicht über die Zivilverwaltung. Das Generalgouvernement Turkestan mit der Hauptstadt Taschkent wurde 1867 geschaffen. Aus den nördlich angrenzenden Gebieten von Akmolinsk, Semipalatinsk und dem Siebenstromland bildete man bei der Auflösung des Westsibirischen Generalgouvernements im Jahre 1882 die »Steppenregion«, die von Omsk aus verwaltet wurde. 1881 entstand ein eigenes Transkaspisches Gebiet mit dem Zentrum in Aschchabad. Es wurde 1897 an das Generalgouvernement Turkestan angeschlossen.

Der russische General, Diplomat und Politiker Nikolaj Pawlowitsch Graf Ignatjew setzte sich für eine militärische Sicherung der russischen Handelsinteressen in Mittelasien und eine Vorverlegung der Grenzen ein.

1865 eroberte Russland Taschkent, zwei Jahre später entstand in den neu gewonnenen Gebieten Mittelasiens das russische Generalgouvernement Turkestan. Die Exotik der Gegend hielt der Maler Wassilij Wassiljewitsch Wereschtschagin im »Turkestan-Zyklus« fest (»Reiter aus Turkestan«, 1873).

50

ZITAT

Der Schriftsteller Fjodor Dostojewskij in einem Zeitungsartikel vom Januar 1881 zur russischen Eroberung Asiens:
Was brauchen wir die zukünftige Eroberung Asiens? Was wollen wir in Asien anfangen? Wir brauchen sie, weil Russland nicht nur in Europa, sondern auch in Asien liegt; weil der Russe nicht nur Europäer, sondern auch Asiate ist. Und noch mehr als das: in Asien liegen vielleicht mehr unsere Hoffnungen als in Europa.

Russland verzichtete auf eine weitergehende Integration der Nomadengebiete. Die russische Herrschaft in Mittelasien war von dem stolzen Bewusstsein zivilisatorischer Überlegenheit getragen und nahm unverkennbar koloniale Züge an. In das soziale Gefüge der Nomadengesellschaft haben die russischen Kolonialherren kaum eingegriffen. Urteile in Strafprozessen wurden in den Dörfern, den auls, weiterhin nach den Regeln des überlieferten muslimischen Gewohnheitsrechts gefällt. Russische Beamte saßen in den zentralen Verwaltungseinrichtungen. Sie haben in Teilbereichen durch das Verbot des Sklavenhandels und brutaler Körperstrafen zu einer Humanisierung der Lebensbedingungen beigetragen. Die Segnungen des neuen russischen Besteuerungssystems und der weit reichenden Landreform sind allerdings wegen der verbreiteten Korruption den Dorfbewohnern kaum zugute gekommen.

Zentralasien zählte zu den bevölkerungsärmsten und rückständigsten Regionen des Zarenreiches. Der wirtschaftliche Nutzen beschränkte sich weitgehend auf die Erträge der einheimischen Baumwollproduktion. Diese deckten gegen Ende des Jahrhunderts achtzig Prozent

ZITAT

Aus einer Zirkulardepesche des russischen Außenministers Michail Gortschakow aus dem Jahr 1864:
Die Lage Russlands in Mittelasien ist die aller zivilisierten Staaten, die in Kontakt mit halbwilden, umherschweifenden Völkerschaften… kommen. In einem solchen Fall verlangt das Interesse an der Sicherheit der Grenzen…, dass der zivilisierte Staat eine gewisse Autorität über seine Nachbarn hat…

50

Als Offizier und Kriegsberichterstatter nahm der der Maler Wassilij Wassiljewitsch Wereschtschagin an Kämpfen und Expeditionen in Zentralasien teil. In seinem »Turkestan-Zyklus« spiegeln sich die dabei durchstandenen Gefahren (»Bogenschütze aus Buchara«, 1873).

50

Aus Turkestan brachte Wassilij Wassiljewitsch Wereschtschagin auch exotische Motive mit. Das Gemälde »Sie feiern« zeigt den Reghistanplatz vor der 1619–36 erbauten Schir-Dar-Medrese von Samarkand (1872; Moskau, Tretjakow-Galerie).

Im Westen Usbekistans an der Grenze zu Turkmenistan liegt Chiwa, die alte Hauptstadt des zentralasiatischen Reichs Charism.

des jährlichen Bedarfs im Reich. Die russische Textilindustrie gewann so einen Standortvorteil gegenüber der britisch-indischen Konkurrenz. Diese einseitige Ausrichtung auf die Bedürfnisse des Abnehmers hatte auf längere Sicht negative ökologische und wirtschaftliche Folgen. Sie behinderte die notwendige Umstrukturierung und Modernisierung der Landwirtschaft und engte die Anbaumöglichkeiten für Feldfrüchte erheblich ein. Die Ernährung der Bevölkerung aus der eigenen Landwirtschaft war nicht mehr gewährleistet.

Für die Entwicklung der Infrastruktur gewann seit den Achtzigerjahren der Eisenbahnbau eine herausragende Bedeutung. Die Transkaspische Magistrale, deren Bauarbeiten 1881 begannen, stellte nach ihrer Vollendung eine direkte Eisenbahnverbindung vom Kaspischen Meer über Merw und Samarkand bis Taschkent und dem Ferganatal her. Der Endpunkt Andischan wurde 1899 erreicht. 1905 erfolgte über die Bahnlinie Orenburg–Taschkent eine Anbindung an das innerrussische Eisenbahnnetz.

100264

s. ZEIT Aspekte Transsibirische Eisenbahn S. 588

Fernöstlicher Machtpoker – Existenzkrise des Zarismus
Unter der Ägide von Sergej Juljewitsch Graf Witte, von 1892 bis 1903 Finanzminister, gewann die Ostexpansion Russlands eine völlig neue Dimension. Ihn faszinierte der Gedanke von einem die Kontinente verbindenden Schienenstrang, der sich als staatliches Steuerungsinstrument zur Erschließung der Ressourcen und zur friedlichen Durchdringung des asiatischen und fernöstlichen Raumes einsetzen ließ. Folgerichtig zählte Witte zu den eifrigsten Befürwortern jenes gigantischen Eisenbahnprojektes der Transsibirischen Eisenbahn (Transsib), das in einer Bauzeit von nur 25 Jahren (1891–1916) verwirklicht wurde.

Die Transsib durchquert auf der längsten Schienenstrecke der Welt ganz Russisch-Asien von Tscheljabinsk im Ural bis nach Wladiwostok an der Pazifikküste. Der Streckenbau in einem schwierigen Gelände bot jahrelang Tausenden von Helfern Arbeit und Brot. Im Umfeld der zahlreichen Eisenbahndepots und Werkstätten entwickelten sich feste Ansiedlungen, deren Bewohner handwerkliche Fertigkeiten und urbanen Lebensstil mitbrachten und unter der ansässigen Bevölkerung verbreiteten. Ein selbsttragender wirtschaftlicher Aufschwung würde,

Fergana, in der gleichnamigen Beckenlandschaft gelegen, wurde 1876 in das russische Reich eingegliedert. Das fruchtbare Gebiet lieferte v. a. Baumwolle, Obst und Gemüse.

100562

In der usbekischen Hauptstadt Taschkent gilt die um 1570 erbaute Kukaldasch-Medrese – auch trotz der späteren Umbauten – als eine der Hauptsehenswürdigkeiten.

so die Hoffnung Wittes, ein solides Fundament für die machtpolitische russische Präsenz in Ostasien legen. In seinen Zukunftsvisionen war dem Zarenreich eine weltpolitische Führungsaufgabe und eine Schiedsrichterrolle zwischen Europa und Asien zugedacht.

Die Furcht vor einem übermächtigen Japan und die Verlockungen des chinesischen Marktes ließen Witte im chinesisch-japanischen Konflikt um Korea 1895 auf die chinesische Karte setzen. Russland intervenierte gemeinsam mit Frankreich und Deutschland. 1896 wurde in Moskau ein förmlicher Bündnisvertrag mit China unterzeichnet. Witte initiierte noch im gleichen Jahr die Gründung einer russisch-chinesischen Bank unter französischer Beteiligung und erreichte die Konzession für

100001

Ein außergewöhnliches Bild der Transsibirischen Eisenbahn bietet der Blick auf die Trasse der Bahn in der Gegend von Omsk aus dem Spaceshuttle »Endeavour«.

den Bau einer Bahnlinie durch die Mandschurei. Diese so genannte Ostchinabahn, die von 1897 bis 1901 vollendet wurde, führte auf der direkten Wegstrecke von Transbaikalien über Harbin nach Wladiwostok.

Das Einvernehmen mit der chinesischen Regierung zahlte sich aus. Russland dehnte sehr zum Missfallen der Briten und der Japaner seinen wirtschaftlichen Einfluss auf die Mongolei und die Mandschurei aus.

Der Russisch-Japanische Krieg

Der Boxeraufstand in China 1900/01 bot Russland eine günstige Gelegenheit, im Zusammenwirken mit den westlichen Großmächten seine nordchinesische Einflusssphäre zu festigen. Die Regierung manövrierte sich aber wegen der ungelösten Koreafrage und des verzögerten Truppenabzugs aus der Mandschurei immer mehr in einen unüberbrückbaren Gegensatz zu Japan. Die Entlassung Wittes im August 1903 beraubte den Zaren zudem eines Ratgebers, der die ökonomische Schwäche des Reichs kannte und in den Außenbeziehungen zur Mäßigung riet. In völliger Fehleinschätzung der eigenen militärischen und finanziellen Möglichkeiten steuerte die russische Regierung einen Konfrontationskurs, der schließlich die brüskierten Japaner zu einem Abbruch der diplomatischen Beziehungen und zu einem Präventivschlag gegen Port Arthur veranlasste.

s. ZEIT Aspekte Russisch-Japanischer Krieg S. 599

Der verlustreiche Russisch-Japanische Krieg von 1904/05 endete mit einem völligen Fiasko der bisherigen Ostasienpolitik Russlands. Das hartnäckig verteidigte Port Arthur musste nach 157-tägiger Belagerung am 2. Januar 1905 kapitulieren. Die aus der Mandschurei anrückende russische Fernostarmee unterlag in der mehrtägigen Schlacht bei Mukden – dem heutigen Shenyang – vom 19. Februar bis 10. März 1905. Die stolze Ostseeflotte, die im Mai 1905 in der Koreastraße bei Tsushima aufkreuzte, ging im Sperrfeuer der japanischen Seestreit-

Der Boxeraufstand und die offizielle Kriegserklärung Chinas gegen die Westmächte führten zu einem bewaffneten Eingreifen von u. a. auch Russland. Geschildert ist die Niederwerfung der Aufständischen in der Schlacht von Tientsin im Jahr 1900.

100264

Die Transsibirische Eisenbahn, erbaut zwischen 1891 und 1916, schuf die Verbindung zwischen dem Ural und dem Pazifischen Ozean. Die Fotografie zeigt den Bau einer Brücke über den Jenissej.

kräfte unter. Das gedemütigte Russland sah sich genötigt, die Vermittlung des amerikanischen Präsidenten anzunehmen. Im Friedensvertrag von Portsmouth (New Hampshire) vom 5. September 1905 erkannte Russland die vorherrschenden Interessen Japans in Korea an, trat den Südteil Sachalins ab und verzichtete zugunsten Japans auf die bestehenden Pachtrechte in Port Arthur und auf der Halbinsel Liaodong.

Die Grenzen der Zarenmacht

Angesichts der sich häufenden Schreckensmeldungen vom fernöstlichen Kriegsschauplatz war die patriotische Hochstimmung in der russischen Öffentlichkeit sehr rasch verflogen. Die Verschlechterung der allgemeinen Lebensbedingungen trieb die Arbeiter der Hauptstädte auf die Straße. Am 22. Januar 1905 wollte ein friedlicher Demonstrationszug in Sankt Petersburg dem Zaren eine Petition der Arbeiterbevölkerung überreichen. Wachmannschaften versuchten, ihn vor dem Winterpalais aufzuhalten, und feuerten schließlich planlos in die Menge.

Dieser »Blutsonntag« löste eine landesweite Protestbewegung aus und stürzte das Zarenregime in eine schwere Existenzkrise. Die wachsenden Unruhen in allen Landesteilen, die auch vor den Kasernen nicht mehr Halt machten, und ein Generalstreik zwangen im Herbst 1905 den Zaren zum Einlenken. Im Oktobermanifest vom 17./30. Oktober 1905 – das erste Datum ergibt sich aus dem älteren julianischen Kalender, der in Russland

Japanische Kriegsschiffe bei ihrem Überraschungsangriff auf den russischen Hafen Port Arthur am 9. 2. 1904 zeigt ein zeitgenössischer japanischer Farbholzschnitt.

50

Graf Witte vertrat Russland bei den Friedensverhandlungen von Portsmouth 1905. Olaf Gulbransson zeichnet ihn als heiligen Christophorus, der »versuchte, den kleinen Zaren durch das Blutmeer zu tragen« (Farbdruck aus dem Wochenblatt »Simplicissimus« 1905, Nr. 36).

bis 1918 Gültigkeit besaß – gestand er eine Abkehr vom autokratischen Herrschaftssystem und die Wahl einer Volksvertretung, russisch duma, zu.

Die Begleitumstände der Niederlage im Russisch-Japanischen Krieg hatten dem Ansehen Russlands schweren Schaden zugefügt. Die Weltöffentlichkeit musste überrascht zur Kenntnis nehmen, dass der Machtanspruch des Zarismus auf tönernen Füßen stand und er sein selbstherrliches Auftreten in Ostasien nur einem »geborgten Imperialismus« schuldete, wie es Dietrich Geyer in seinem Buch »Der russische Imperialismus« 1977 formulierte. Der enorme Landzuwachs während der zweiten Hälfte des 19. Jahrhunderts in Mittelasien und im Fernen Osten hatte nicht den erhofften ökonomischen und strategischen Gewinn eingebracht.

100880

Der Newskij Prospekt in Sankt Petersburg war das Zentrum der Oktoberunruhen von 1905. Besonders während des Generalstreiks strömte hier eine große Menschenmenge zusammen.

Die Kosten überforderten die Finanzkraft des Reichs. 1906 konnte der drohende Staatsbankrott in letzter Minute nur noch durch eine Sanierungsanleihe abgewendet werden. Die Eingliederung einer vornehmlich muslimischen Nomadenbevölkerung in den zaristischen Untertanenverband stellte die Integrationsfähigkeit des russischen Vielvölkerreichs auf eine harte Probe. Nach der Volkszählung des Jahres 1897 waren die Muslime mit elf Prozent der Gesamtbevölkerung zur zweitgrößten Glaubensgemeinschaft innerhalb des Russischen Reichs angewachsen. Während der revolutionären Ereignisse des Jahres 1905 sind erste Ansätze einer panislamischen Bewegung unter der turkotatarischen Bevölkerung erkennbar geworden.

Nach der militärischen Niederlage des Jahres 1905 war in den Außenbeziehungen vorsichtige Zurückhaltung angesagt. Im Fernen Osten behauptete das Zarenreich die Küstenprovinz und die Ostchinabahn. In Mittelasien suchte man den Ausgleich mit Großbritannien. Der Petersburger Vertrag vom 18./31. August 1907 grenzte die beiderseitigen Interessensphären in Persien ab. In Afghanistan erkannte Russland die britischen Vorrechte an. Die Vereinbarungen bildeten eine wesentliche Grundlage für die Festigung der Bündnissysteme in Europa und die Einbindung Russlands in die Politik der Entente gegen die Mittelmächte Deutschland und Österreich-Ungarn.

Edgar Hösch

Halbmond im letzten Viertel: Das Osmanische Reich

Wenige Monate nach Unterzeichnung des Pariser Friedens am 30. März 1856, mit dem der Krimkrieg beendet wurde, bezog der osmanische Hof seine prachtvolle neue Residenz Dolmabahçe, die den Eindruck einer europäischen Schlossanlage vermittelt. Sie war jedoch in einen öffentlichen - selamlık - und einen privaten - haremlik - Teil untergliedert und enthielt einen Festsaal für die traditionell osmanischen und islamischen Zeremonien. Der Palast am Bosporusufer diente Abd ül-Medjid I. in seinen letzten Lebensjahren und Abd ül-Asis während seiner gesamten Regierungszeit als Residenz.

Aus dem Krimkrieg war der osmanische Staat mit seinen Verbündeten siegreich hervorgegangen. Das »Großherrliche Handschreiben« (Hatt-ı hümâyûn) von 1856, das zweite große Edikt der frühen Reformperiode, der so genannten Tansimatzeit (1839–76), sollte in Zukunft den christlichen Untertanen weitgehende Rechtssicherheit gewähren und Einmischungen des Auslands vorbeugen. Der Pariser Frieden nahm die Türken auf ins »Konzert der europäischen Mächte«. Die Vorzeichen für eine Konsolidierung und Modernisierung des Osmanischen Reichs waren günstig.

Mit dem Tode Fuad Paschas (1869) und Ali Paschas (1871) ging der erste Abschnitt der Reformperiode, die Tansimatzeit, die von diesen beiden großen Staatsmännern geprägt war, zu Ende. Fuad und Ali hatten sich als Botschafter, Außenminister und Großwesir über Jahrzehnte hin abgelöst. Der 1861 auf den Thron gelangte Sultan Abd ül-Asis regierte nun bis zu seinem Ende 1876, vermutlich durch Selbstmord, allein verantwortlich.

Im letzten Jahr des Krimkriegs hatten Großbritannien und Frankreich Anleihen gewährt und damit die Auslandsverschuldung des Osmanischen Reichs begründet. Infolge der wachsenden Staatsverschuldung nahm die Abhängigkeit des Osmanischen Reichs von Europa zu. Sinkende Steuereinnahmen, die weit verbreitete Korruption und die Verschwendungssucht des Hofs verstärkten die Krise. Der Staat nahm auf dem lokalen Finanzmarkt von Galata Geld zu horrenden Zinsen auf. Nicht

ZEITTAFEL
Die letzten osmanischen Herrscher
Abd ül-Medjid I. (1839–61)
Abd ül-Asis (1861–76)
Murad V. (1876)
Abd ül-Hamid II. (1876–1909)
Mehmed V. (1909–18)
Mehmed VI. (1918–22)
Abd ül-Medjid II. (1922–24) als Kalif, ohne Sultanstitel

eingelöste Schuldverschreibungen, die so genannten kaimes, die ursprünglich zur inneren Finanzierung und nicht als allgemeines Zahlungsmittel vorgesehen waren, lösten 1861 Unruhen aus. Mit der Umwidmung der von ausländischem Kapital beherrschten Ottoman Bank zur Kaiserlich Osmanischen Bank 1863 trat eine gewisse Konsolidierung ein. 1875 musste dennoch der Staatsbankrott erklärt werden.

Nach der verlustreichen Niederlage im Krieg gegen Russland (1877/78) war die Verschuldung des Osmanischen Reichs, nicht zuletzt wegen der Kriegskontributionen, weiter angestiegen. Als die Zinslast nicht mehr getragen werden konnte, hatten die europäischen Staaten auf einem direkten Mitspracherecht über wichtige osmanische Steuerquellen bestanden.

ZITAT

Das »Großherrliche Handschreiben«, ein 21 Punkte umfassendes Reformedikt vom 18. 2. 1856, bemühte sich um allgemeine Rechtssicherheit; es bestimmte u. a.:
Gleichstellung aller Kulte und Nationalitäten im Osmanischen Reich. Zulassung der Christen zu allen Staatsämtern. Errichtung allgemeiner Schulen für Muslime und Christen zur Vorbildung für den Staatsdienst. Verbesserung der Gesetze und Schaffung eines Gesetzbuches.

Im »Muharrem-Dekret« vom November 1881, benannt nach einem islamischen Monat, wurde festgelegt, wie die seit 1876 ausstehenden Zahlungen an einheimische und ausländische Gläubiger zu leisten waren. Zur Abwicklung wurde eine besondere Verwaltung eingerichtet, kurz »Staatsschuld« (Dette Publique) genannt. Sie schöpfte etwa ein Drittel der Staatseinnahmen an der Quelle ab, unter anderem die Steuern auf Salz und Alkohol, Abgaben für Jagd- und Fischereilizenzen, Seide, Tabak und Stempelpapier. Dem Staat blieben als Haupteinnahmequellen vor allem der Zehnte, die Schafsteuer und eine Militärersatzsteuer. Vor 1914 beschäftigte die »Staatsschuld« etwa 5000 Angestellte.

Auch in den letzten Jahren der Tansimatzeit sind bemerkenswerte Reformen zu verzeichnen, namentlich im Bereich des Rechts-, Schul- und Verkehrswesens. 1857 entstand modellhaft eine Stadtverwaltung für den Istanbuler Bezirk Pera/Beyoğlu. 1867 wurde ein fortschrittliches Provinzialgesetz erlassen. Mit der Mecelle wurden zum ersten Mal in der islamischen Geschichte wesentliche Teile des Zivilrechts kodifiziert. Die beiden wichtigsten Hochschulen der türkischen Hauptstadt, die Verwaltungshochschule (Mekteb-i Mülkiye, 1859) und das Galata-Serail-Lyzeum (1868) wurden in diesen Jahren eröffnet. Eine staatliche Anstalt zur Ausbildung von Lehrerinnen folgte 1870. Die erste Konzession für eine Bahnlinie auf osmanischem Boden wurde 1856 vergeben.

Von Istanbul aus blickte man misstrauisch nach Ägypten, das sich bei der Eröffnung des Suezkanals 1869 als fortschrittlicher Konkurrent präsentierte, der aus dem osmanischen Staatsverband fortstrebte. Zu den drängendsten innenpolitischen Problemen gehörten die Auseinandersetzungen zwischen den syrischen Christen, den Maroniten, auf der einen Seite sowie den Drusen und den übrigen Muslimen auf der anderen Seite. Die Schaffung einer autonomen Provinz Berg Libanon (1861) unter einem christlichen, nichtlibanesischen Gouverneur entspannte die Lage. Um den britischen Ansprüchen in Südarabien entgegenzutreten, besetzten osmanische Truppen ab 1869 erneut den Jemen.

Die Kriege mit Russland lösten eine Flüchtlingsbewegung aus, die das Bevölkerungsbild der Türkei bis heute prägt. Mehr als 300 000 Tataren verließen die Krim. In den Kaukasusländern wurden Tscherkessen (1864), Abchasen (1867), Lasen und Türken (1829, 1878) zur Auswanderung in die Türkei gezwungen. Damit wurde der Anteil der Muslime an der Bevölkerung des Osmanischen Reichs, der um 1840 nur etwa sechzig Prozent betrug, gegen 1900 auf etwa 75 Prozent angehoben.

Die neue Residenz des osmanischen Hofs Dolmabahçe schuf der armenische Architekt Nikogos Baylan. Er orientierte sich ebenso wie sein französischer Kollege Charles Séchan, der für die Innengestaltung verantwortlich war, an westeuropäischen Vorbildern.

100313

101171

In Galata, dem Hafenstadtteil und traditionellen Europäerviertel von Istanbul, war der lokale Finanzmarkt angesiedelt. Der Blick über das Goldene Horn zeigt im Hintergrund den Galataturm.

Das erste konstitutionelle Experiment – Die Herrschaft Abd ül-Hamids II.

Bereits in der Tansimatperiode waren semikonstitutionelle Gremien geschaffen worden, ja, man hat dem Edikt von 1856 die Eigenschaft einer Verfassung zugesprochen, insofern es verbot, Gesetze zu erlassen, die im Widerspruch zu ihm standen. Eine Errungenschaft dieser Zeit war die Institutionalisierung von beratenden Gremien, die unter den Sultanen Selim III. und Mahmud II. nur ad hoc und in Krisenzeiten einberufen worden waren. So bestanden zwischen 1854 und 1864 ein Ministerrat und eine »Allgemeine Hohe Ratsversammlung« (Meclis-i Ali-i Umumi), der verschiedene Fachkommissionen zuarbeiteten. Ihre Vorbilder muss man in den preußischen und österreichischen Verfassungen jener Zeit suchen.

Als »Vater der ersten osmanischen Verfassung« gilt der Großwesir Midhat Pascha (1822–84), der als Gouverneur in mehreren europäischen und asiatischen Provinzen energische Reformen betrieben hatte. In engem Kontakt mit dem britischen Botschafter entwarf er jenes Grundgesetz, das Ende 1876 verkündet wurde. Der Zustimmung des Thronfolgers Abd ül-Hamid hatte er sich rechtzeitig versichert.

Wenige Monate nach Abd ül-Hamids Thronbesteigung wurde am 23. Dezember 1876 mit dem Staatsgrundgesetz, dem Kanun-i esasi, die erste konstitutionelle Monarchie der türkischen Geschichte begründet. Der Herrscher blieb wie zuvor der theokratisch legitimierte Souverän, auf den die gesamte Staatsorganisation zugeschnitten war. Die Gesetzesinitiativen standen der Regierung zu. Der Sultan befand auch über den Zusammentritt und die Auflösung des Parlaments. Gleichzeitig enthielt das Grundgesetz einen ausführlichen Katalog moderner rechtsstaatlicher Grundsätze und Rechte. Allerdings fehlte jede Sicherung dieser Freiheitsrechte, der absolutistische Einschlag überwog.

Abd ül-Hamid II. nutzte einen Artikel der Midhat'schen Verfassung selbst, um ihren Schöpfer abzusetzen und nach Europa zu verbannen. Nach dem Krieg gegen Russland wurde Midhat zwar begnadigt, doch hat man ihn später verurteilt und durch gedungene Mörder zu Tode gebracht.

Das erste osmanische Parlament war innerhalb von fünf Monaten nur 56-mal zusammengetreten. Seine Mitglieder wurden durch indirekte Wahlen über die Provinzial- und Kreisversammlungen bestimmt. Um die Großmächte zu beeindrucken, waren nichtmuslimische Abgeordnete deutlich überrepräsentiert: Von 119 Abgeordneten entsandten die Muslime 71, die Christen 44 und die Juden vier Repräsentanten. Nach 1878 verzichtete der Sultan auf die Wiedereinberufung des Parlaments und regierte drei Jahrzehnte bis zu seiner Entmachtung ohne Mitwirkung der Kammer.

ZITAT

Aus dem Grundgesetz des Osmanischen Reiches von 1876:

1. Das Osmanische Reich besteht aus seinen derzeitigen Ländern und Gebieten sowie den privilegierten Provinzen. Es bildet ein einheitliches Ganzes, das niemals, aus welchen Grund auch immer, geteilt werden kann...

4. Seine Majestät der Sultan ist als Kalif Hüter der islamischen Religion und Souverän und Herrscher aller osmanischen Untertanen.

Der Krieg mit Russland und der Berliner Kongress

Russland, das seit dem Ende des Krimkriegs im Kaukasus und in Mittelasien weitere muslimische Gebiete unter seine Herrschaft gebracht hatte, erklärte dem Osmanischen Reich 1877 erneut den Krieg. Nach dem Vormarsch seiner Truppen durch Bulgarien bis an die Tore Konstantinopels wurden die Osmanen gezwungen, die Festung Plewen aufzugeben und im März 1878 in San Stefano (heute Yeşilköy) einen Präliminarfrieden abzuschließen.

Eine wichtige Folge dieser Entwicklung war das Allianzabkommen mit Großbritannien, das dem Osmanischen Reich seinen asiatischen Besitzstand gegen russische Ansprüche sichern sollte. Im Austausch dafür versprach die Sultansregierung weitere »notwendige« Reformen und überließ die »Verwaltung« der seit 1571 osmanischen Insel Zypern Großbritannien. Erst bei einer Rückgabe der Festung Kars und anderer armenischer Territorien an das Osmanische Reich sollte Zypern von Großbritannien geräumt werden.

Midhat Pascha war 1872 und 1876/77 Großwesir. Vor der Amtsübernahme hatte er sich als tatkräftiger Provinzgouverneur hervorgetan. Die erste osmanische Verfassung war im Wesentlichen sein Werk (Foto um 1877).

Die mit der »orientalischen Frage« zusammenhängenden Probleme suchte der 1878 auf Betreiben Österreich-Ungarns zusammentretende Berliner Kongress zu lösen, auf dem Bismarck als »ehrlicher Makler« vermittelte. Sein Hauptergebnis war die Schaffung eines autonomen Fürstentums Bulgarien unter der losen Oberherrschaft des Sultans und einer neuen osmanischen Provinz Ost-Rumelien südlich des Balkans. Sie sollte unter einem christlichen Statthalter einige Souveränitätsrechte genießen, wurde aber schon 1885 mit Bulgarien vereinigt. Die Hohe Pforte hatte sich auch endgültig mit der Unabhängigkeit Montenegros, Serbiens und Rumäniens abzufinden. Bosnien und Herzegowina fielen unter die Verwaltung Österreich-Ungarns. An Russland musste die Pforte die Provinzen Ardahan, Kars und Batum südlich des Kaukasus abtreten. 1881 besetzte Frankreich, das 1830–70 bereits Algerien annektiert hatte, Tunesien, 1882 Großbritannien Ägypten.

Politik und Religion unter Abd ül-Hamid II.

Als Sohn Abd ül-Medjids I. hatte Abd ül-Hamid II. (1876–1909) eine sorgfältige Erziehung genossen. Er lernte Französisch und beschäftigte sich mit westlicher

Musik. Für das autokratische System Abd ül-Hamids war einerseits die Verlagerung des Machtschwerpunkts von der Hohen Pforte zum Palast (Yıldız), von der Regierung durch den Großwesir zum Sultan selbst charakteristisch. Unruhen in den Provinzen, eine wachsende Opposition im In- und Ausland und die Furcht vor Anschlägen verstärkten ein ausgeklügeltes Überwachungssystem. Zensur, Verbannung und Bespitzelung waren an der Tagesordnung. Kennzeichnend war ein 1886 erlassenes allgemeines Telefonverbot in Istanbul.

Auf der anderen Seite war Abd ül-Hamid ein energischer Reformer des Schulwesens auf allen Ebenen und in allen Landesteilen. Sein anhaltendes Ansehen in konservativen und religiösen Kreisen der Türkei geht auf seine Anstrengungen zurück, ausländische Mitsprache zu begrenzen und den Islam sunnitischer Observanz innerhalb der Reichsgrenzen durchzusetzen. Der Bau der anatolischen Bahn und der Hidjasbahn gehört zu den sichtbarsten Leistungen Abd ül-Hamids. In der zweiten Hälfte des 19. Jahrhunderts waren die osmanischen Länder von 7 500 Kilometer Eisenbahnschienen durchzogen. Nach dem kurzen, für die Osmanen siegreich endenden »Thessalienkrieg« gegen Griechenland (1897) führte Abd ül-Hamid den Titel Gazi (»Glaubensheld«).

Die jüdische Einwanderung nach Palästina hatte schon vor dem ersten Zionistenkongress 1897 in Basel eingesetzt. Mit dem Verbot der Niederlassung und des

ZITAT

In seiner Reichstagsrede vom 5. 12. 1876 drückte Bismarck das Desinteresse des Deutschen Reiches an der »orientalischen Frage« aus:
Ich werde zu irgendwelcher aktiven Beteiligung Deutschlands an diesen Dingen nicht raten, so lange ich im Ganzen für Deutschland kein Interesse sehe, welches auch nur – entschuldigen Sie die Derbheit meines Ausdrucks – die gesunden Knochen eines einzigen pommerschen Musketiers wert wäre.

INFOBOX

Ein Schiff macht Geschichte

Am 18. 8. 1914 kaufte die Türkei den Schlachtkreuzer »Goeben« sowie den Kreuzer »Breslau«, mit denen Admiral Wilhelm Souchon im Hafen von Konstantinopel eingelaufen war. Souchon hatte unbemerkt die englisch-französische Aufklärungslinie bei Messina passiert. Die »Jawus Selim« und die »Midillia« behielten die deutschen Besatzungen bei. Die Beschießung russischer Schwarzmeerhäfen durch Souchon löste den Kriegseintritt Russlands gegen die Türkei aus. England reagierte mit einem Angriff auf die Dardanellen, denn Churchill glaubte: »Wenn die Ankunft eines Schlachtkreuzers, der »Goeben« genügte, die Türkei in den Krieg zu treiben, so ist die Hoffnung nicht übertrieben, dass ein halbes Dutzend solcher Schiffe sie daraus herausholt«. Die Landung gelang der britischen Flotte allerdings nicht.

Landerwerbs wurden 1881 restriktive Maßnahmen gegen Einwanderer erlassen. Ungeachtet dessen entstanden jedoch jüdische Siedlungen, vor allem Agrarkolonien außerhalb der heiligen Stätten.

Die wirtschaftliche Grundlage des riesigen Osmanischen Reichs blieb bis zum Ausbruch des Ersten Weltkriegs wenig verändert. Der auf landwirtschaftliche Erzeugnisse erhobene Zehnte war die wichtigste Einnahmequelle, Weizen das Hauptanbauprodukt. Es folgten mit großem Abstand Tabak, Maulbeerkulturen, Seide, Baumwolle, Früchte und Gemüse. Als Ausfuhrgüter spielten neben Teppichen (besonders aus Uşak) nur getrocknete Trauben, Seide, Feigen, Opium und Nüsse eine größere Rolle. Insgesamt aber war die Handelsbilanz völlig unausgeglichen. Die Osmanen hatten sich daran gewöhnt, viele einfache Konsumgüter wie Zucker, Textilien und Baumwolle aus dem Ausland zu beziehen.

ZITAT

Aus dem offenen Brief eines Armeniers vom Januar 1919 an den amerikanischen Präsident Woodrow Wilson:
Als die türkische Regierung im Frühjahr 1915 an die Ausführung ihres unfassbaren Planes ging, zwei Millionen von Armeniern vom Erdboden zu vertilgen, waren die Hände ihrer abendländischen Brüder in Frankreich, England und Deutschland vom eigenen Blute feucht, ... Niemand hinderte die finsteren Machthaber der Türkei, ihre qualvollen Folterungen zu beenden ...

Die Armenier

Das »Großherrliche Handschreiben« von 1856 hatte für die Minderheiten eine doppelte Auswirkung: Es versprach ihnen einerseits Gleichstellung mit den muslimischen Untertanen des Sultans, schloss aber damit andererseits Selbstverwaltung außerhalb des kirchlichen Bereichs aus. Die armenische Minderheit war seit der Tansimatzeit in den kommunalen und provinzialen Räten gut vertreten. Junge Armenier sahen vor allem im Justizwesen Aufstiegsmöglichkeiten. Im staatlichen und halbstaatlichen (Schuldenverwaltung, Tabakmonopol) Finanzwesen war ihr Anteil noch höher. Dasselbe galt für das öffentliche Bildungs- und Gesundheitssystem.

Das Türkische war in den Städten Zentralanatoliens und in Istanbul zur Umgangssprache der Armenier geworden, die sich des »klassischen« (Ost-)Armenischen nur noch zu kirchlichen Zwecken bedienten. Der Beitrag armenischer Künstler zur türkischen Literatur war erheblich. Der früheste Roman in türkischer Sprache stammt von einem armenischen Autor, von Vartanian Efendi (1862). Die Musik- und Theaterkultur der Türkei im 19. Jahrhundert ist ohne den armenischen Beitrag kaum denkbar.

Der Berliner Kongress hatte in den von einer starken armenischen Minderheit bewohnten »Sechs Provinzen«

100563

»Der Kongress zu Berlin«, ein Gemälde von Anton von Werner, zeigt im Ausschnitt einige Teilnehmer der von Österreich-Ungarn angeregten Zusammenkunft führender Staatsmänner der europäischen Großmächte und des Osmanischen Reiches (1881; Berlin, Gemäldegalerie).

Reformmaßnahmen zugesagt, die von den Armeniern aber als unzureichend angesehen wurden. Einen Status, der dem von Berg Libanon entsprach, mochten die Osmanen den Armeniern in »ihren« Provinzen nicht einräumen, weil sie in keiner die Bevölkerungsmehrheit bildeten.

Zwischen 1894 und 1896 kam es in zahlreichen Orten Anatoliens zu Übergriffen auf armenische Gemeinden. Die Besetzung der Osmanischen Bank in Istanbul im Jahr 1896 war für die Weltöffentlichkeit der sichtbarste Höhepunkt des armenischen Widerstands. Führend war die 1890 in Tiflis gegründete Geheimorganisation Daschnakzutjun, andere, vom russischen Kaukasus oder von Griechenland aus operierende Organisationen hatten sich angeschlossen. Die Aufrührer wurden nach Intervention der Großmächte auf einem Schiff nach Frankreich gebracht. In Instanbul kam es vor und nach der Bankbesetzung zu Pogromen an Armeniern, aber auch türkische Ordnungskräfte und Unbeteiligte wurden zu Hunderten getötet. Sultan Abd ül-Hamid II., auf den der

Der Bau der Hidjasbahn von Damaskus nach Medina unter Leitung des deutschen Ingenieurs Meissner war ein deutsch-türkisches Prestigeprojekt. Große Teile der Bahnstrecke wurden im Ersten Weltkrieg zerstört, erhalten blieben einige Bahnhöfe und Waggons.

Druck des Auslands zunahm, sollte im Jahr 1905 selbst das Ziel eines misslungenen Attentats armenischer Revolutionäre werden.

Der Schritt in die Moderne – Die Jungtürken

Mit der als »Jungtürken« bekannten, aber durchaus uneinheitlichen Opposition im westlichen Ausland nahmen die Armenier früh Verbindung auf. Diese Allianz war zwischen 1902 und 1907 besonders eng. Unter den führenden Köpfen im Exil gab es Zentralisten und Föderalisten. Zu den Ersteren zählte der autoritär eingestellte Ahmed Risa, der sich 1889 nach Paris absetzte; nach dem Sieg der Jungtürken wurde er Präsident der Kammer. Zur zweiten Gruppe zählte der albanische Militärarzt Ibrahim Temo. Die Religion galt vielen Exilpolitikern als ein wesentliches Fortschrittshindernis, viele von ihnen waren einem zeitgenössischen biologischen Materialismus verpflichtet.

Die von Ahmed Risa gegründete Exilorganisation in Paris nannte sich ab 1894 »Osmanische Gesellschaft für

Einheit und Fortschritt«; erst zu diesem Zeitpunkt trat sie in der Öffentlichkeit auf, zunächst mit der Verurteilung von Verfolgungen der Armenier. Die Tätigkeit der Jungtürken in Europa, die über zwei wichtige Flügel in Genf und Paris verfügten, wurde vielfach durch Proteste der Istanbuler Regierungen behindert. Ahmed Risa musste zeitweise sogar Frankreich verlassen. Eine Sensation bildete die Abwerbung eines führenden Publizisten der jungtürkischen Opposition, »Mizancı« Murad, durch einen Sonderbeauftragten des Sultans im Jahr 1897.

Am ersten Kongress der osmanischen Reformer in Paris (1902) nahmen Exilvertreter fast aller wichtigen osmanischen Nationalitäten teil: Türken, Griechen, Araber, Kurden, Albaner, Armenier, Tscherkessen und Juden. Das Einzige, was sie verband, war ihre Abneigung gegenüber dem regierenden Sultan und eine vage Vorstellung von einem neuen »Osmanismus« als Leitidee für einen reformierten Staat. Bei dem jungtürkischen Kongress von 1907 forderten Vertreter des zentralistischen, des liberalen und des revolutionär-armenischen Flügels der Reformbewegung in einer gemeinsamen Erklärung den Sturz des Sultans.

Es waren aber nicht die Exilpolitiker, sondern die Offiziere des »Makedonischen Heeres«, die, beunruhigt über die britisch-russische Annäherung seit dem Abkom-

INFOBOX

Die Hidjasbahn

Die Hidjasbahn, eine Schmalspurbahn, die von Damaskus über Dara (Syrien), Amman und Maan (Jordanien) nach Medina in Saudi-Arabien führte, wurde 1900 in Angriff genommen und zählte 1908 bereits 1 300 Streckenkilometer. Sie verkürzte die Dauer der Pilgerreise aus Syrien zu den Wallfahrtsorten um 50 Tage. Neben dem Bau von Telegraphenleitungen diente besonders der Eisenbahnverkehr der Anbindung der entlegensten Provinzen an die Regierungszentrale. Dabei spielten nicht nur politische und militärische, sondern ebenso wirtschaftliche Überlegungen eine Rolle, wie die Zweigbahn zum Mittelmeerhafen Haifa unterstreicht. Obwohl von europäischen Ingenieuren geleitet, erfolgte die Finanzierung des Eisenbahnbaus ausschließlich aus islamischen Quellen.
Im Ersten Weltkrieg wurde der südliche Teil (ab Maan) zerstört; die Zweiglinie von Dara nach Haifa ist heute stillgelegt bzw. abgebaut; in Jordanien wurde ein Teil mit einer Anschlussstrecke nach Akaba wieder aufgebaut.

men über Persien, weitere Pläne zur Aufteilung des Osmanischen Reichs fürchteten. Sie zwangen Abd ül-Hamid II., die suspendierte Verfassung wieder in Kraft zu setzen. Er wurde von den jungtürkischen Revolutionären ins Exil nach Saloniki geschickt. Die letzten Jahre verbrachte er als Staatsgefangener im Schloss Beylerbeyi.

Die jungtürkische Herrschaft (1908–18) begann mit bewegenden Versöhnungsszenen zwischen Repräsentanten verfeindeter Gruppen, vor allem zwischen Türken und Armeniern. Zunächst errichteten die Jungtürken ein konstitutionelles Regierungssystem. Mehrere Gesetze veränderten die Verfassung von 1876 im Sinne eines parlamentarischen Regierungssystems. Die Arbeit des Parlaments war nun nicht mehr von der Einberufung durch den Sultan abhängig. Nach einem konterrevolutionären Anschlag (1909) waren die Jungtürken gezwungen, enger mit dem Militär zu kooperieren. Viele der bis dahin gewährten Freiheitsrechte wurden eingeschränkt.

3352

Das Istanbuler Freiheitsdenkmal mit einer Säule in Gestalt eines Geschützrohres erinnert an die Niederschlagung des Putsches (1909) gegen das 1908 etablierte konstitutionelle Regime (historische Aufnahme).

Das jungtürkische Regime setzte eine Fülle von inneren Reformen durch, die den Einfluss der islamischen Amtsträger und des islamischen Gesetzes, Scheriat, zurückdrängten. Während des Weltkriegs verlor der Scheichülislam (oberster Mufti) seinen Rang als Kabinettsmitglied, die religiösen Gerichtshöfe wurden dem Justizministerium unterstellt und das Familienrecht für Muslime und Nichtmuslime zum ersten Mal in einem Kodex zusammengefasst. In diese Zeit fallen auch die Anfänge der Emanzipation der osmanischen Frau: 1911 wurden erste Mädchenlyzeen eingerichtet.

Klaus Kreiser

Im Bund mit den Mittelmächten: Das Osmanische Reich im Ersten Weltkrieg

Dem Eintritt des Osmanischen Reichs in den Ersten Weltkrieg waren folgenreiche Auseinandersetzungen mit Italien (1911) um Tripolitanien und mit den balkanischen Nachbarn (1912) vorausgegangen. Erstere führten zum Verlust der letzten afrikanischen Besitzungen, Letztere zur Aufgabe fast der gesamten europäischen Türkei (Makedonien, West-Thrakien). Albanien und der Jemen hatten sich 1911 aus dem osmanischen Reichsverband gelöst.

Das Kriegsbündnis des Osmanischen Reichs mit den Mittelmächten kann nicht ohne die Abkühlung des traditionell guten Verhältnisses der Hohen Pforte zu Großbritannien und Frankreich erklärt werden. Auch wenn Preußen, beziehungsweise das Deutsche Reich, auf eine längere Zusammenarbeit mit türkischen Militärs zurückblicken durfte, hatte doch Großbritannien die osmanische Marine, Frankreich die Gendarmerie reformiert. Frankreich hatte wesentlich mehr Kapital in den osmanischen Ländern investiert, zum Beispiel im Bahnbau, als andere Staaten. Die Ententemächte standen bei Im- und Exporten an der Spitze der osmanischen Handelsbilanz.

Großbritannien hatte sich Russland seit dem Abkommen über Persien angenähert. Der ehemalige Premierminister Lord Salisbury hatte schon 1901 erklärt, die britische Politik habe bei der Türkei auf das »falsche Pferd« gesetzt. Die antibritische Stimmung im Osmanischen Reich erreichte einen Höhepunkt, als London das türkische Angebot zurückwies, britischen Inspekteuren eine Kontrolle der armenischen Provinzen ohne Zustimmung Russlands zu erlauben. Die Empörung steigerte sich, als Großbritannien die Auslieferung von zwei bezahlten Kriegsschiffen einen Tag nach dem deutsch-osmanischen Bündnisvertrag am 3. August 1914 verweigerte.

Aufseiten der Türken neigte der starke Mann der Jungtürken, Enver Pascha, der deutschen Seite am stärksten zu. Seine Überzeugung von der deutschen Überlegenheit war während seiner Zeit als osmanischer Militärattaché in Berlin (1910/11) gewachsen. In der Türkei schätzte man Deutschland als die Macht ein, die am wenigsten an der Zerstückelung des Reichs interessiert war.

Auf der deutschen Seite waren strategische Überlegungen maßgebend. In Wirtschaftskreisen versprach man sich nach einem siegreichen Krieg eine bevorzugte Behandlung beim Austausch von Waren gegen Rohstoffe. In Deutschland gab es auch gewichtige Stimmen, die ein Bündnis mit dem Osmanischen Reich ablehnten, zumal es seine Verluste aus den Balkankriegen noch nicht wieder ausgeglichen hatte. Während einige Vertreter des osmanischen Regimes einen sechsmonatigen Auf-

Enver Pascha war unter den jungtürkischen Politikern entschieden prodeutsch eingestellt.

ZITAT

Aus dem Bündnisvertrag zwischen Deutschland und dem Osmanischen Reich vom 2. 8. 1914:

Artikel 1: Beide Kontrahenten verpflichten sich, in dem gegenwärtigen Konflikt zwischen Österreich-Ungarn und Serbien »strikte Neutralität« zu wahren.

Artikel 4: Deutschland verpflichtet sich, das Gebiet des Ottomanischen Reiches im Falle der Bedrohung nötigenfalls mit den Waffen zu verteidigen.

ZITAT

Aus der Proklamation des Djihad gegen die Ententemächte und deren Verbündete durch den Scheich-ülislam:
Im Falle, dass sich ständig Angriffe der Feinde der Religion auf den Islam und die Muslime ereignen... und der Befehl des Fürsten der Gläubigen ergeht zum djihad und zur Generalmobilmachung, wird der djihad zu einer Pflicht für die Gesamtheit derer, die die Einheit Gottes bekennen, entsprechend dem Worte des Erhabenen »Rückt aus... und führt Krieg mit eurem Vermögen und in eigener Person...«.

schub bis zum Kriegseintritt forderten, erhielt der deutsche Admiral in osmanischer Uniform Wilhelm Souchon am selben Tag die schriftliche Instruktion Envers: »Greifen Sie die russische Flotte an, wenn Sie es für opportun halten.«

Kämpfe an vielen Fronten

Der zwischen Deutschland und dem Osmanischen Reich am 21. Oktober 1914 ausgearbeitete Kriegsplan bestand aus drei Hauptzielen: Angriff auf die russische Flotte; Eröffnung einer Front am Kaukasus; Vormarsch zum Suezkanal.

Zwischen dem 6. und 10. August 1914 gelang den kurz darauf von den Türken erworbenen deutschen Kriegsschiffen »Goeben« und »Breslau« die Einfahrt in die Dardanellen. Die Beschießung russischer Schwarzmeerhäfen löste den Kriegseintritt Russlands gegen das Osmanische Reich aus. Großbritannien reagierte mit dem Angriff seiner Flotte auf die Dardanellen. Die Landung der Commonwealth-Truppen wurde jedoch durch gemeinsame deutsche und osmanische Anstrengungen verhindert.

Die Vereitelung eines alliierten Landungsversuchs an den Dardanellen 1915 hatte zwar entscheidende Auswirkungen auf den Zusammenbruch Russlands, blieb aber – abgesehen von einem Sieg über angloindische Truppen bei Kut-el-Amara (Irak) – der einzige militärische Triumph der osmanischen Seite während des Weltkriegs. Die osmanischen Truppen waren einem Mehrfrontenkrieg trotz Unterstützung Deutschlands und Österreich-Ungarns nicht gewachsen.

Das Vordringen Russlands im Norden und Osten Anatoliens bis Van und Malazgirt und gleichzeitige armenische Aufstände (Van, im April 1915) veranlassten die osmanische Führung zu einem folgenreichen, am 1. Juni 1915 veröffentlichten Umsiedlungsbeschluss: »Revolutionäre Elemente« seien aus den Operationsgebieten zu entfernen. Tatsächlich jedoch wurden nicht einzelne Guerillagruppen, sondern die gesamte armenische Bevölkerung der östlichen Provinzen und viele Menschen fernab der Frontlinien gezwungen, in die syrische Steppe auszuwandern. Auch wenn alle Umsiedlungen »in Ruhe und unter Schutz von Leben und Besitz« der

Am 12. 12. 1915 brachte »Le Petit Journal« einen illustrierten Bericht über die Massaker in Armenien. Der Marsch in die Wüste bedeutete für fast alle den Tod.

Armenier vollzogen werden sollten, bedeutete der Deportationsbefehl das Todesurteil für Hundertausende von Armeniern. Sie fielen Attacken kurdischer Stammesangehöriger zum Opfer, erlagen Hunger und Krankheiten.

Der Waffenstillstand

General von Seeckt, 1915/16 Generalstabschef der elften Armee, dann 1916/17 verschiedener Heeresgruppen, war 1918 osmanischer Generalstabschef. Auf dem Rückweg nach Deutschland, zwei Tage nach dem Waffenstillstand, entstand eine Denkschrift über die Gründe des Zusammenbruchs des Osmanischen Reichs: »Die Sperrung der Dardanellen trug zur Niederwerfung Russlands bei; die Palästina- und Mesopotamienfront band zahlenmäßig stark überlegene Truppen der Engländer, der Kaukasus russische Kräfte. Vom türkischen Standpunkt aus gesehen, erscheint der Ausgang als eine Verurteilung ... Envers. Es ist die Frage, ob der Anschluss an die Gegenseite ein wesentlich anderes Ende gesehen hätte. Den Russen hätten die Westmächte Constantinopel kaum vorenthalten können; Arabien, Syrien und Palästina wären den gleichen Weg zur Unabhängigkeit gegangen. Der Versuch, neutral zu bleiben, hätte der Türkei Griechenlands Geschick bereitet und zu der gleichen Politik geführt. Die eingeschlagene Politik hat den unleugbaren Erfolg gehabt, zur Niederlage des drohenden Feindes, Russland, beigetragen zu haben. Dass in der Rechnung endlich ein Fehler steckte, die Täuschung über Deutschlands militärische und politische Leistungsfähigkeit, können nicht die der Regierung zum Vorwurf machen, die den Irrtum geteilt hatten.«

Im Hafen von Mudros, auf Lemnos, an Bord des britischen Kriegsschiffes »Agamemnon«, wurde am 30. Oktober 1918 der Waffenstillstand unterzeichnet. Das Osmanische Reich verpflichtete sich zur Öffnung der Meerengen und sämtlicher Häfen und zur Aufgabe aller Stützpunkte in den arabischen Reichsteilen. Der Pforte wurde vorgeschrieben, alle Beziehungen zu den Mittelmächten abzubrechen sowie alle deutschen Zivil- und Militärpersonen aus dem Lande zu weisen. Die jungtürkische Führung flüchtete ins Exil.

Im Falle von Unruhen in den armenischen Provinzen behielten sich die Alliierten das Recht vor, beliebige Teile dieser Provinzen zu besetzen. Franzosen und Briten besetzten Istanbul und die Meerengen. Die osmanische Flagge sollte nach dem Willen der Alliierten nur noch auf Teilen der anatolischen Halbinsel wehen. Im Pariser Vorort Sèvres sollte die Sultansregierung ihre Unterschrift unter einen entsprechenden Friedensvertrag setzen.

Klaus Kreiser

Rebellen der Wüste: Die arabische Welt vor dem Ersten Weltkrieg

Die arabischen Untertanen des osmanischen Sultan-Kalifen bildeten keine kulturelle Einheit, auch wenn sie – zumindest die Gebildeten – eine gemeinsame Schriftsprache verband. Muslimische und christliche Araber zerfielen in Dutzende von konfessionellen Gruppen. Die Saiditen des jemenitischen Hochlands unterschieden sich in Bekenntnis, Rechtspraxis und Alltagskultur von den sunnitischen Notabeln Aleppos. Die rigorosen Stammeskrieger der Wahhabiten hatten wenig mit den christlichen Bauern Palästinas gemeinsam. Das in viele Dialekte aufgeteilte Umgangsarabisch wurde aber auch von Bevölkerungsgruppen am Rande des Islam wie den Drusen gesprochen und von zahlreichen Juden etwa im Jemen oder Irak. Mit Ausnahme Marokkos, das nie dem Sultan tributpflichtig war, unterstanden noch Anfang des 19. Jahrhunderts alle arabischen Regionen mehr oder weniger unmittelbar dem Osmanenherrscher von Istanbul.

Zu keinem Zeitpunkt war das osmanische Istanbul in der Lage, sämtliche arabischen Untertanen zu kontrollieren, das heißt in ihren Gebieten Steuern einzuziehen und Männer zu rekrutieren. Das gilt besonders für die Stammesgebiete Ägyptens, des Iraks, für Teile Syriens und Palästinas. Die arabische Halbinsel war weitgehend unbekanntes Land. Die Legitimität des osmanischen Herrschers war wesentlich mit seiner Schutzherrschaft über die beiden heiligen Stätten des Hidjas verbunden. Die Sicherheit der Pilgerkarawanen wurde bis Anfang des 20. Jahrhunderts durch militärische Begleitmannschaften gewährleistet. Aber auch Subsidienzahlungen an die Beduinen sind seit dem 16. Jahrhundert belegt.

Die osmanischen Jahrhunderte kennen zahlreiche Beispiele von erfolgreichen Aufständen lokaler Statthalter, Notabeln oder Stammesführern gegen die Zentralherrschaft. Freilich waren alle Abspaltungen vorübergehend und können in keinem Fall als Vorgänger moderner Nationalbewegungen bezeichnet werden.

Im Gefolge der Reformen des Rechts-, Verwaltungs- und Bildungswesens während der Tansimatepoche (1839–76) wuchs auch in den arabischen Provinzen das Bedürfnis, die Macht des Sultans und seiner lokalen Stellvertreter zu beschneiden. Dabei wollten die arabischen Vertreter der konstitutionellen Bewegung das Osmanische Reich als pluralistisches Gebilde durchaus erhalten.

Die Loslösung Ägyptens

Der Prozess der ägyptischen Loslösung vom osmanischen Staatsverband setzte zwar schon 1805 ein, aber erst dem Vizekönig Ismail Pascha, der Ägypten von 1863 bis 1879 regierte, wurde von Istanbul der Titel Khedive – abgeleitet vom persischen Wort für »König« – zugestanden. Damit war der Vorrang der neuen Herren am Nil vor allen anderen, jederzeit absetzbaren Provinzgouverneuren besiegelt. Ismail setzte die imperiale Expansionspolitik Mehmed Alis mit Vorstößen ins Herz von Afrika fort. Unter diesem ehrgeizigen Herrscher erfuhr Ägypten einen weiteren, freilich weitgehend auf die Haupt-

Arabien am Ende der osmanischen Herrschaft

INFOBOX

Vorgänger des Suezkanals: der Nechokanal
Eine künstliche Verbindung zwischen Mittelmeer und Rotem Meer bestand zeitweilig schon im Altertum. Nachweisbar ist der »Nechokanal«, d. h. der Durchstich zwischen Nil und Rotem Meer, der von Necho II. (610–595 v. Chr.) begonnen und von dem Perserkönig Dareios I. um 490 v. Chr. vollendet wurde. Nach mehreren Versandungen und Wiederherstellungen, u. a. unter Trajan, verfiel der Kanal im 8. Jh. völlig.
Nach der Entdeckung des Seewegs nach Indien um das Kap der Guten Hoffnung 1498 verlor eine Verbindung der beiden Meere an Bedeutung. Erst Planungen unter Napoleon I. griffen den Gedanken eines Kanals wieder auf. Die von Napoleon 1799 beauftragte Kommission stellte den Bau jedoch aufgrund einer falschen Messung der Wasserstandsunterschiede zwischen Mittelmeer und Rotem Meer infrage. Eine 1846 ins Leben gerufene Studiengruppe von Franzosen, Briten und Österreichern ermittelte bei neuen Messungen eine nahezu gleiche Höhenlage der beiden Meere.
1854 erhielt der Franzose Ferdinand Vicomte de Lesseps vom ägyptischen Vizekönig aid Pascha eine vorläufige Konzession für 99 Jahre. Er gründete mit französischem Kapital die Suezkanalgesellschaft und ließ 1859–69 den Kanal anlegen. Am 17. 11. 1869 wurde der Suezkanal eingeweiht.

stadt Kairo, das Militär und Teile der Landwirtschaft beschränkten Modernisierungsschub. Der Bau des Suezkanals und seine Eröffnung 1869 hatte Ägypten nicht wohlhabender, sondern verwundbarer gemacht.

Der Urabi-Aufstand, die Revolte eines Offiziers, löste 1882 eine britisch-französische Militärintervention aus. So wurde deutlich, dass die Unabhängigkeit von Istanbul mit einer immer stärkeren Bindung an die europäischen Großmächte, allen voran Großbritannien, erkauft werden musste. Mit dem Ausbruch des Weltkriegs unterstellte Großbritannien Ägypten seinem Protektorat. Vier Jahrhunderte osmanischer Präsenz am Nil waren damit beendet.

Ismail Pascha, der Khedive von Ägypten (1863–79), dehnte die ägyptische Herrschaft bis an die Grenzen Äthiopiens aus.

Der erste saudische »Staat«
Die kompromisslose Reformbewegung der Wahhabiten, die im Inneren Arabiens um die Mitte des 18. Jahrhunderts auftrat, ging ein Bündnis mit einem Herrscher ein, der über ein Gebiet bei Riad gebot, aus dem der erste saudische »Staat« hervorging. Seine Krieger waren

INFOBOX

Der Suezkanal

Nach zehnjähriger Bauzeit eröffnete die Französische Kaiserin Eugénie vor Gästen aus aller Welt am 17. 11. 1869 den Suezkanal. Die 164 km lange schleusenlose Wasserstraße verkürzt den Seeweg nach Asien erheblich, etwa die Strecke Marseille–Bombay um gut die Hälfte.
Der französische Diplomat und Ingenieur Ferdinand de Lesseps leitete den Bau, die Pläne stammten von dem Österreicher Alois Negrelli. Zwei Drittel der Bausumme von 19 Mio. Pfund Sterling finanzierten europäische Anleger, den Rest steuerten der Khedive und die ägyptische Regierung bei. Großbritannien sah zunächst seinen Einfluss in Vorderasien und im Pazifik durch die französische Gesellschaft bedroht. 1875 übernahm London jedoch die Kanalaktien des bankrotten Khedive Ismail Pascha und setzte seine Interessen in Ägypten immer offener durch. Erst seit der Suezkrise des Jahres 1956 verwaltet Ägypten den wichtigsten künstlichen Schifffahrtsweg selbst.

schon 1801 in der Lage, das schiitische Wallfahrtsheiligtum Kerbela im Irak zu zerstören, das nominell den Osmanen unterstand. Großbritannien hatte sich bereits 1839 mit Aden einen wichtigen Stützpunkt zwischen Indien und dem Mittelmeer gesichert. Ein Abkommen, das Großbritannien Ende des Jahrhunderts mit dem Emirat Kuwait abschloss, ermöglichte ihm, den osmanischen Zugang zum Persischen Golf zu kontrollieren.

Am »Südpol« des Großreichs, im Hochland des Jemen, gelang es dem Imam al-Hadi Scharaf ad-Din die Stämme gegen die Osmanen zu organisieren. 1880 erklärte er den djihad, den Heiligen Krieg, gegen den sunnitischen Kalifen und Sultan. Bis es im Jahre 1911 zu einem vorläufigen Ausgleich kam, wurde der Jemen von einer Serie blutiger Aufstände gegen das osmanische Militär erschüttert.

Die nordafrikanischen Besitzungen

Mit der Landung von 600 französischen Schiffen begann 1830 die Besetzung der osmanischen Überseeprovinz Algerien. Es dauerte bis Anfang der Achtzigerjahre, bis die letzten Widerstandsbewegungen gegen die Kolonialmacht unterdrückt werden konnten. Die osmanischen Provinzen Bengasi (Cyrenaica), Tripolitanien und Fessan wurden später die Bausteine der italienischen Kolonie und des unabhängigen Libyen. Nach vorübergehender Selbstständigkeit waren sie erst nach 1835 wieder unter mehr oder weniger direkte Aufsicht Istanbuls gekommen. Die südlichen Teile der notorisch vernachlässigten Provinz waren ein von Sultan Abd ül-Hamid II. bevorzugter Verbannungsort für seine Gegner.

Gegen Ende des Jahrhunderts entstand mit der Bruderschaft der Senussi eine bedeutende religiöse, politische und wirtschaftliche Kraft im Hinterland. Man hat die Zusammenarbeit der Osmanen mit dieser sunniti-

100562

In der irakischen Stadt Kerbela, südlich von Bagdad, befindet sich die Grabmoschee des Imams Husain, der im schiitischen Islam als Märtyrer verehrt wird.

Eine historische Aufnahme aus dem Jahr 1906 zeigt die Hafeneinfahrt in Aden. Den wichtigen Stützpunkt zwischen Indien und dem Mittelmeer hatte sich Großbritannien bereits 1839 gesichert.

100563

schen Erweckungsbewegung als »Kondominium« bezeichnet. Die Senussi setzten ihren Widerstand gegen die italienische Besetzung des Landes im Jahre 1911 auch noch fort, als die osmanischen Truppen wegen des ersten Balkankriegs 1912 auf ihre letzten afrikanischen Besitzungen verzichten mussten.

Auch in den Gebieten der arabischen Welt, die dem Sultan Ende des 19. Jahrhunderts noch direkt unterstanden, war der Einfluss der europäischen Mächte unübersehbar: Über Bahnstationen, Postämtern, Hafenanlagen, Schulen, Krankenhäusern und Missionsanstalten wehte häufig die Flagge einer europäischen Großmacht.

Von allen arabischen Untertanen standen die Syrer im 19. Jahrhundert in der engsten Verbindung zum osmanischen Zentrum. Zunehmend begannen sie ihre Söhne in die Eliteschulen Istanbuls zu schicken. Ihr Anteil im Beamten- und Militärapparat des osmanischen Reiches war beträchtlich. Mit den arabischen Provinzen der Peripherie - Irak, Jemen, Nordafrika - bestand nur ein wesentlich lockererer Zusammenhang.

Einheit der Sprache, Einheit des Reichs? – Die osmanische Kulturmission

Um die Bindung an Istanbul zu verstärken, richtete man zur Bildung von Stammesangehörigen in der Verwaltungshochschule und an der Militärakademie eigene Klassen ein. Die Gründung einer »Stammesschule« in

Istanbul wurde in einer Denkschrift aus dem Jahr 1892 mit der Gefahr einer drohenden Entfremdung der arabischen Untertanen von Sultanat und Kalifat begründet. Diese Anstalt nahm jährlich 40 arabische Knaben im Alter von zwölf bis 16 Jahren auf. Im Mittelpunkt der vierjährigen Ausbildung stand das Erlernen des Türkischen und der Erwerb von Kenntnissen über osmanische Geschichte und Geographie. Nach ihrer Rückkehr sollten die jungen Männer in ihren Gebieten als Multiplikatoren der osmanischen Staatsideologie wirken. Die Schule hatte bis 1907 Bestand und war ein Ausdruck der zivilisatorischen Mission, die die osmanische Zentrale ihren arabischen Untertanen gegenüber zu erfüllen glaubte.

Der Zentralismus des sich reformierenden osmanischen Staates blieb nicht ohne kulturelle Auswirkungen auf die arabische Welt. Die 1876 verkündete Verfassung wurde zwar bald wieder suspendiert, doch war der Wille, Türkisch als Sprache von Verwaltung, Justiz und Schulwesen zwischen der Adria und dem Roten Meer durchzusetzen, damit nicht erloschen.

Die verbreitete Formel, Türkisch sei die Sprache des Sultanats, Arabisch aber die des Kalifats, war allerdings nicht geeignet, um die Loyalität der arabischen Untertanen zu gewährleisten. Selbst Abgeordnete aus manchen arabischen Provinzen, insbesondere dem Jemen, kamen in »ihrer« Hauptstadt Istanbul nicht ohne Dol-

ZITAT

Thomas Edward Lawrence, genannt »Lawrence von Arabien«, in »Die sieben Säulen der Weisheit«:
Das einzige Band war die gemeinsame Sprache ... Ihr Erbe, der Koran und die klassische Literatur, hielt die arabisch sprechenden Völker zusammen ... Ein zweiter Stützpunkt für eine arabische Staatenbildung war der fadenscheinig gewordene Ruhm der frühen Kalifen, deren Andenken das Volk durch die Jahrhunderte türkischer Misswirtschaft bewahrt hatte.

INFOBOX

Spektakuläre Unternehmen
Die beiden Suezkanalunternehmen des deutschen Asienkorps 1915 und 1916 waren die spektakulärsten Aktionen der deutsch-türkischen Verbündeten im arabischen Osten während des Ersten Weltkrieges. Obwohl die Sperrung des Kanals misslang, zwang die deutsche Heeresleitung dadurch Großbritannien zur Verstärkung seiner Truppen in Ägypten. Nach der Eroberung Bagdads durch die Engländer im März 1917 wurde die deutsche Heeresgruppe F unter der Führung Erich von Falkenhayns aufgebaut. Das Rückeroberungsunternehmen unter dem Namen »Jilderim« (der Blitz) wurde jedoch abgebrochen. Nach verlustreichen Schlachten in Palästina wurden die deutschen Verbände bis zum Kriegsende schließlich ins nördliche Syrien zurückgezogen. Erst Anfang 1919 kehrten die letzten Soldaten des deutschen Asienkorps in die Heimat zurück.

metscher aus. Nur ein winziger Bruchteil der arabischen Untertanen verstand Türkisch. Bald nach seiner – zunächst indirekten – Machtübernahme im Jahre 1908 versuchte das jungtürkische »Komitee für Einheit und Fortschritt«, den Gebrauch des Türkischen im Gerichtswesen zu erzwingen. 1909 erklärten die Abgeordneten der nordafrikanischen Provinz Tripolis, dass nicht einmal 200 Personen Türkisch beherrschten, aber bereits – zwei Jahre vor der italienischen Besetzung! – 20 000 Italienisch.

Erst 1913 zwangen die Verluste in den Balkankriegen Istanbul zu einer Umkehr seiner von Anbeginn zum Scheitern verurteilten Politik, die arabischen Provinzen zu türkisieren. Das Innenministerium ließ Arabisch als Gerichts- und Unterrichtssprache in staatlichen Schulen zu. Auch durften Gesuche in arabischer Sprache von den Behörden angenommen und regierungsamtliche Bekanntmachungen auf Arabisch formuliert werden. Es blieb aber bei der Pflichtsprache Türkisch im gesamten staatlichen Schulwesen.

Das allgemeine Schulwesen war in den arabischen Provinzen sehr unterschiedlich entwickelt. Höhere Bildung konnten osmanische Araber nur an den Missionshoch-

Die 638 von den Arabern gegründete Stadt Basra wurde 1914 von den Briten besetzt. Die Aufnahme zeigt die Hauptmoschee der Stadt.

100562

INFOBOX

Die Senussi

Die Mitglieder der Bruderschaft Sanusiya, die Senussi, sind nach Mohammed Ibn Ali as-Senussi benannt, der sie 1833 während einer Mekkapilgerfahrt gründete. Sie berufen sich unmittelbar auf Mohammed und die Prophetengefährten und wollen den Islam auf seine ursprüngliche Form zurückführen. Im Unterschied zu den ihnen theologisch verwandten Wahhabiten folgen die Senussi jedoch einer eigenen Rechtstradition, in der sie das Beste aus allen islamischen Rechtsschulen repräsentiert sehen. Die Mitglieder verbinden mystisches Gebet und praktische Tätigkeit.
Die Senussi breiteten sich seit 1843 in der Cyrenaika aus, wo zunächst Djaghbub und 1895 Kufra ihr Zentrum wurde. Dort brachten sie den Karawanenhandel unter ihre Kontrolle und gründeten vom Mittelmeer bis in den Sudan politisch z. T. einflussreiche Ordenshäuser.

schulen von Beirut erwerben, ohne ihren Kulturraum zu verlassen. Viele Araber, die später zum Teil als Nationalistenführer Einfluss erlangten, gingen aus den hauptstädtischen Eliteanstalten hervor. Die Kulliya as-Salahiya, eine 1915 in Jerusalem gegründete Hochschule für die arabische Reichshälfte, war bestrebt, einen Lehrbetrieb aufrechtzuerhalten, der einen Drahtseilakt zwischen Islamismus, Osmanismus und Arabismus vollzog. Noch während des Weltkriegs bemühte sich die später als Erzählerin sehr bekannt gewordene Halide Edib Adıvar, das türkische Mädchenschulwesen Syriens zu reformieren.

Im Krieg zur Unabhängigkeit? – Arabien von 1914 bis 1918

Schon kurz nach dem Kriegseintritt der Osmanen an der Seite der Mittelmächte landeten britische Truppen in Basra. Der Herrscher von Kuwait unterstellte sich dem britischen Protektorat. Ende 1914 war bereits der gesamte südliche Irak unter Großbritanniens Kontrolle, während Bagdad bis März 1917 in türkischer Hand blieb. Ebenso entscheidend für den Kriegsausgang war die taktische Allianz, die Großbritannien mit dem Hidjas ebenfalls noch im Herbst 1914 schloss.

Die nordwestarabische Landschaft mit den heiligen Stätten von Mekka und Medina unterstand dem Haschimiden Husain I. Ibn Ali. Er führte als Prophetenabkömmling den Titel Scherif. Zunächst hatte er mit den Osmanen gemeinsame Gegner wie Ibn Saud, den saudischen Herrscher des Nedjd, und die Idrisiden in der Landschaft Asir bekämpft. Die geplante Fortsetzung der 1901–08 von Damaskus aus gebauten Hidjasbahn über Medina hinaus nach Mekka empfand er jedoch als Bedrohung seiner Stellung im Hidjas.

Noch vor Ausbruch des Weltkriegs näherte er sich Lord Horatio Herbert Kitchener, dem britischen Generalkonsul, der ab 1911 High Commissioner in Ägypten war, an. Der britische Statthalter am Nil versprach nicht weniger als die Errichtung eines Kalifats mit Sitz in Mekka oder doch zumindest einen Herrschaftsraum, der große Teile der arabischen Welt, vor allem Syrien, Palästina und den Irak einschließen würde. Diese Aussichten und britisches Geld bewirkten, dass Husain im Juni 1916 die Revolte gegen die Osmanen ausrief. Allerdings ließen sich viele arabische Muslime in ihrer Loyalität zum türkischen Sultan-Kalifen nicht beirren. In einem berühmten Schreiben an den Vertreter Großbritanniens schrieb Husain:

»Großbritannien anerkennt die Unabhängigkeit der arabischen Länder, welche im Norden begrenzt werden von der Linie Mersin-Adana, parallel zum 37° nördlicher Breite und dann entlang der Linie Birecik–Urfa–Mardin–Midyat... bis zur persischen Grenze...« Der Brief forderte zugleich die Anerkennung eines »Arabischen Kalifats für den Islam«. Die britische Antwort vom 24. Oktober 1915 war ausweichend und wies auf den nicht »rein arabischen Charakter« von Gebieten westlich der Linie Damaskus–Aleppo hin. Gleichzeitig wollte Großbritannien seine vertraglichen Bindungen mit arabischen Herrschern am Golf nicht infrage stellen. Als Husain Ende 1916 den Titel »König der arabischen Länder« annehmen wollte, gestand ihm der britische Verbündete nur »König des Hidjas« zu. Großbritannien, das bis zum Ausbruch des Weltkriegs die territoriale Integrität des Osmanischen Reiches vertrat, hatte nun seine Politik vollkommen umgestellt. Weiterhin aber galt, dass Mesopotamien und der Persische Golf im Mittelpunkt seiner Interessen standen.

Die Grenzziehungen der Nachkriegszeit haben Araber und Türken weitgehend getrennt. Nördlich und west-

Ibn Saud, der saudische Herrscher des Nedjd, war einer der Hauptgegner des Haschimiden Husain I. Ibn Ali.

100563

50

»Die Söhne des Scherifen von Mekka haben die Türken von den heiligen Stätten des Islam verjagt« – so kommentierte der in Paris erscheinende »Petit Journal« am 17. 7. 1916 die Unabhängigkeitserklärung von Husain I. Ibn Ali.

lich der syrischen Grenzen leben nur wenige, die Arabisch sprechen. Dennoch hat die Republik Syrien das 1939 an die Türkei gefallene Gebiet des »Sandschak von Alexandrette« mit der Hauptstadt İskenderun als eigenes Staatsgebiet gehörig reklamiert.

Als Husain sich 1924 selbst zum Kalifen ernannte, nahm niemand mehr von ihm Notiz. Die britische Schutzmacht intervenierte nicht, als Ibn Saud den Hidjas eroberte. Husain starb nach Jahren im britischen Exil auf Zypern in der transjordanischen Hauptstadt Amman. Zwei seiner Söhne, Feisal I. und Abd Allah ibn al-Husain, regierten später in den neu gebildeten Staaten Irak und Transjordanien. *Klaus Kreiser*

Juwel der Krone:
Indien unter britischer Kolonialherrschaft

Als Indien 1858 nach der Niederschlagung des großen Aufstands indischer Soldaten der Herrschaft der britischen Krone unterstellt wurde, war die konstitutionelle Monarchie konsolidiert und niemand befürchtete, dass Königin Viktoria ihren Machtzuwachs dazu nutzen konnte, die parlamentarische Demokratie auszuhebeln. Solche Befürchtungen hatten ja dazu geführt, dass die britischen Eroberungen in Indien nicht bereits 1765 der Krone unterstellt, sondern im Besitz der Ostindischen Kompanie belassen worden waren. In Großbritannien waren die Bevölkerung und das Sozialprodukt seitdem enorm gewachsen. Der Tribut Indiens hatte nun in seinem Verhältnis zur britischen Wirtschaftsmacht keine übermäßige Bedeutung mehr. Zudem war unmittelbar nach dem Aufstand von Indien ohnehin nicht viel zu erwarten.

Viktoria, Kaiserin von Indien –
Die Etablierung des britisch-indischen Reiches

Königin Viktoria begrüßte ihre indischen Untertanen mit einer großzügigen Proklamation, in der sie ihnen die gleichen Chancen wie ihren anderen Untertanen garantierte. Die Einlösung dieses Versprechens erwies sich freilich als problematisch. Insbesondere die Aufnahme von Indern in den britisch-indischen Elitebeamtendienst (Indian Civil Service) wurde so erschwert, dass nur sehr wenige Inder die Hürden, die ihre Aufnahme in den Dienst praktisch verhindern sollten, überwinden konnten. Die Briten waren als Kolonialherren eben lieber unter sich.

100880

1876 wurde Königin Viktoria in Delhi zur Kaiserin des 1858 der britischen Krone unterstellten Indien proklamiert. M. E. Caddys Gemälde (1877) schildert die Szene des Durbar, einer großen Audienz aller indischen Fürsten in Abwesenheit Viktorias.

Der imperiale Staat wurde unter dem neuen Regime ausgebaut. Der Generalgouverneur erhielt den Titel Vizekönig. Ihm wurde mit dem Imperial Legislative Council ein Gremium beigegeben, in dem von ihm ernannte indische Honoratioren an der Gesetzgebung mitwirken durften, auch dies eine Neuerung, da es zuvor keine Gesetze, sondern nur Verordnungen gegeben hatte. Außerdem wurden Oberlandesgerichte (High Courts) eingerichtet, in denen auch indische Richter zu hohen Funktionen aufsteigen durften. Ferner wurden die Universitäten Bombay, Kalkutta und Madras gegründet, die

Im indischen Kalkutta wurde 1921 zu Ehren der Regentin das Queen-Victoria-Memorial errichtet.

100264

jedoch zunächst reine Prüfungsbehörden waren. Selbst die Colleges von Lahore im Pandschab gehörten zum Zuständigkeitsbereich der Universität Kalkutta, um nur ein Beispiel zu nennen.

Den Schlussstein des neuen imperialen Staatsgebäudes bildete die Krönung Viktorias zur Kaiserin von Indien (Kaisar-i-Hind) im Jahre 1876. Sie reiste zwar nicht selbst nach Indien, aber dort wurde ein imperialer Durbar, eine große öffentliche Audienz, abgehalten, zu dem sich alle indischen Fürsten versammelten. Man knüpfte damit an die Tradition der Großmoguln an. Nach der Erschütterung durch den Aufstand glaubten die Kolonialherren auf diese Weise eine neue Loyalitätstradition stiften zu können. Viktoria nahm ihre neue Aufgabe sehr ernst. Sie lernte Hindi, hatte einen indischen Privatsekretär und lud den in Oxford lehrenden deutschen Indologen Friedrich Max Müller zu Privatvorlesungen in ihren Palast ein.

> **ZITAT**
>
> **Königin Viktoria verpflichtete sich und Großbritannien nach der Unterstellung Indiens unter die britische Krone im Jahre 1858:**
>
> *... die friedliche Wirtschaft Indiens zu beleben, Unternehmungen für das Gemeinwohl und den Fortschritt zu befördern und seine Regierung zum Wohl aller Untertanen zu führen. Ihr Wohlstand wird unsere Stärke sein; ihre Zufriedenheit unsere Sicherheit; und ihre Dankbarkeit unser höchster Lohn.*

Indiens Integration in den Weltmarkt

Die innere Konsolidierung des britisch-indischen Reichs machte im späten 19. Jahrhundert rasche Fortschritte. Die systematische Grundsteuerveranlagung durchdrang das ganze Land. Der Vermarktungsdruck und die Verschuldung der Bauern nahmen auf diese Weise zu. Indische Geldleiher profitierten vom gläubigerfreundlichen britischen Recht, Grundherren beuteten ihre Pächter aus. Die Briten versuchten dem entgegenzuwirken, indem sie Pächterschutzgesetze erließen, um so die soziale Basis der Kolonialherrschaft zu erweitern. Britische Gerichtshöfe, die hohe Gerichtsgebühren kassierten, standen überall zur Verfügung. Das Justizwesen warf so auch ein zusätzliches Einkommen für den Staat ab. Damit wuchs aber auch eine Schicht indischer Rechtsanwälte, die zu kritischen und redegewandten Staatsbürgern wurden.

Die Eisenbahn und der Telegraph verbreiteten sich rasch im ganzen Land. Der Dampfschiffverkehr durch den Suezkanal verkürzte den Seeweg und senkte die Frachtkosten. Damit wurden aber auch der Import der Industrieprodukte aus Großbritannien und der Export indischer Agrarprodukte gefördert. Indien wurde in den Weltmarkt integriert, aber nicht als selbstständiger Wirt-

698

Victoria Terminal von Bombay zählt zu den anspruchsvollsten Bahnhofsbauten in Indien. Er wurde 1866–87 von Frederic William Stevens in neogotischem Stil erbaut.

schaftspartner, sondern als abhängige Kolonie. Am Ende des 19. Jahrhunderts wurde selbst während Hungersnöten noch Weizen aus Indien exportiert.

Der Amerikanische Bürgerkrieg zwang die britische Baumwollindustrie auf indische Baumwolle zurückzugreifen, deren Anbau daher vorangetrieben wurde. Als dann die amerikanische Baumwolle wieder als Konkurrent auf dem Weltmarkt auftauchte, brach der indische Baumwollmarkt zusammen, aber dafür profitierte die junge indische Textilindustrie von den billigen Rohstoffpreisen und war in der Lage, sich Nischen zu erobern, in denen sie sich gegen die britische Konkurrenz durchsetzen konnte. Dazu gehörte nicht nur die Produktion großer Tuche für den indischen Binnenmarkt, sondern auch der Export von Garn nach Ostasien.

Im Zuge des wachsenden Export- und Importhandels nahm die Bedeutung der Zölle für den Fiskus zu, während die Staatsfinanzen zuvor hauptsächlich auf die Einkünfte aus der Grundsteuer, der Salzsteuer und dem Opiummonopol angewiesen waren. Um die home charges (Schuldendienst, Pensionen, Kosten des Indienministeriums in London) zahlen zu können, musste Indien immer einen Exportüberschuss haben. Durch eine Manipulation der Währungspolitik sorgten die Kolonialherren dafür, dass ihre Rechnung auch unter sich jeweils ändernden Bedingungen immer wieder aufging.

Zu den anderen Belastungen des indischen Steuerzahlers kam im späten 19. Jahrhundert das rasche Anwachsen des britisch-indischen Militärbudgets hinzu. War schon Indien selbst auf Kosten des indischen Steuerzahlers erobert worden, so sollte er nun auch die imperiale Expansion unterstützen, die im Schatten der pax Britannica große Fortschritte machte.

Expansive Grenzsicherung – Afghanistan und Birma

Das Nahziel der imperialen Expansion war zunächst einmal Afghanistan. Dort wollte man sich gegen das russische Vordringen in Mittelasien sichern und einen abhängigen Pufferstaat etablieren. Afghanistan war jedoch in jeder Hinsicht ein schwieriges Terrain, wie die Sowjetunion hundert Jahre später erfahren sollte, als sie das tat, was die Briten in ihrem zweiten Afghanischen Krieg versuchten, der 1880 mit einer Niederlage der britisch-indischen Truppen und einem schmählichen Rückzug endete. Der konservative Vizekönig Lord Lytton, der diesen Krieg zu verantworten hatte, wurde abberufen und durch den liberalen Lord Ripon ersetzt.

Dieser afghanische Krieg war zum Thema des britischen Wahlkampfs geworden. Und so war der Sieg des liberalen Premierministers William Gladstone zu einem beträchtlichen Teil dieser Tatsache zuzuschreiben. Weder vorher noch nachher wurden die Angelegenheiten des indischen Imperiums je wieder zum Wahlkampfthema. Vielmehr wurde die imperiale Politik von der britischen politischen Elite sonst stets aus den innenpolitischen Auseinandersetzungen herausgehalten. Da der britische Steuerzahler von den Kosten für die Expansion des Imperiums kaum betroffen war, hatte das Parlament denn auch keinen Anlass, sich damit zu beschäftigen.

An der anderen Flanke Britisch-Indiens hatten die imperialen Expansionisten mehr Erfolg. Dort ging es um die Annexion von Birma (Myanmar), die in mehreren blutigen Kriegen vorangetrieben wurde. Der erste

Krieg fand 1824 bis 1826 statt und war eine Reaktion der Ostindischen Kompanie auf das Vordringen der birmanischen Königsmacht in Gebiete, die sie als ihre Einflusssphäre betrachtete. Er endete mit nur geringen territorialen Gewinnen für die Briten. Birma hatte im Wesentlichen seine Position behaupten können.

Im zweiten Krieg 1852 verlor Birma die fruchtbare Reisebene des Südens, die unter britischer Herrschaft zum wichtigsten Reisexportgebiet Asiens wurde. Grundsteuer, Kopfsteuer und Reisexportsteuer brachten der britisch-indischen Regierung viel Geld ein. Dem König von Birma verblieb nur noch der nördliche Landesteil, in dem britische Firmen mit dem Abholzen der Teakwälder gute Geschäfte machten.

Als Frankreich seine Position in Indochina konsolidierte und von dort aus nach Westen vordrang, sah sich der Vizekönig Lord Dufferin dazu veranlasst, den Rest Birmas 1885/86 in einem Blitzkrieg zu annektieren. Doch war der Krieg auch kurz gewesen, so waren danach die Befriedungs- und Besatzungskosten sehr hoch und zwangen die britisch-indische Regierung zur Auflösung ihres Hungersnotreservefonds und zur Erhöhung der Salzsteuer.

ZITAT

Lord Curzon über die Stellung Indiens im britischen Empire 1909:
Es ist... klar, dass der Herr Indiens unter modernen Verhältnissen die größte Macht auf dem asiatischen Kontinent, und damit... in der Welt sein muss. Nach Westen muss Indien einen vorherrschenden Einfluss auf... Persien und Afghanistan ausüben; nach Norden vermag es jeden Nebenbuhler in Tibet auszuschalten; nach Nordosten und Osten kann es... Druck auf China ausüben und ist Wächter der Selbstständigkeit Siams.

Die dem indischen Steuerzahler aufgebürdeten Militärkosten wuchsen auch noch durch andere Unternehmungen, so etwa durch den Einsatz indischer Truppen bei der Eroberung Ägyptens und des Sudan und durch die so genannte »Vorwärts«-Politik an der indischen Nordwestgrenze, wo die Unterwerfung kriegerischer Stämme viel Zeit und Geld kostete. Ihren Höhepunkt erreichte die Expansionspolitik unter dem Vizekönig Lord Curzon, der unter anderem auch Tibet durch die Expedition von 1903/04 der britischen Einflusssphäre sicherte.

Der Erste Weltkrieg rückte dann ganz andere Konfliktfelder ins Rampenlicht der Weltpolitik und setzte dem Zeitalter der imperialen Expansion in Asien ein Ende. Nach dem Krieg hatte das stark angeschlagene Großbritannien in erster Linie damit zu tun, den Besitzstand zu verteidigen. Dabei fand es sich mehr und mehr von den indischen Nationalisten bedrängt, die sich bereits im 19. Jahrhundert organisiert, aber bisher nur Verfassungsfortschritte gefordert hatten.

Gegen die Bevormundung – Die Gründung des Indischen Nationalkongresses

Die Eisenbahn und das Bildungswesen sowie die Verbreitung indischer Zeitungen hatten viel dazu beigetragen, dass die nationale Kommunikation die weiten Entfernungen im britisch-indischen Reich überwinden konnte. Die Kolonialherren regierten autokratisch, aber in den Colleges konnten die jungen Inder von britischen Lehrern etwas über die Ideen der britischen Philosophen John Stuart Mill oder Herbert Spencer erfahren.

Einer der ersten indischen Nationalisten, der Parse Dadabhai Naoroji, der als erster Inder ins britische Parlament einzog, nachdem er als Kandidat der Liberalen Partei den Wahlkreis Finsbury erobert hatte, veröffentlichte 1901 ein Buch mit dem Titel »Armut und unbritische Herrschaft in Indien« (»Poverty and un-British rule in India«), in dem er die Praxis der Kolonialherren mit den Maßstäben des britischen Liberalismus maß. Das war typisch für die Geisteshaltung der meisten indischen Nationalisten dieser Zeit. Naorojis Buch war aber auch ein Zeugnis des ökonomischen Nationalismus. Er kritisierte den »Abfluss des Reichtums«

Die Niederlage der britisch-indischen Truppen im zweiten Afghanischen Krieg brachte den liberalen britischen Staatsmann William Gladstone 1880 ein zweites Mal in das Amt des Premierministers. Sein beeindruckendes Grabmal schuf William Blake Richmond.

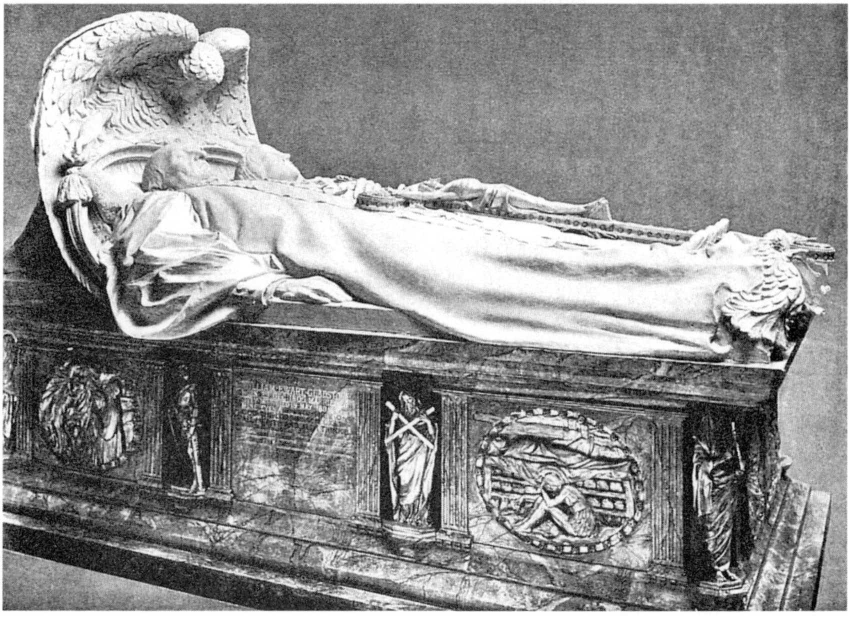

(drain of wealth) aus Indien – und diese Formel war bald in aller Munde.

Hindus und Muslime

Neben dem politischen und dem ökonomischen Nationalismus wuchs auch der kulturelle Nationalstolz heran. Unter den Hindus kam ein nationaler Solidaritätstraditionalismus auf, der dazu dienen sollte, Kastenschranken zu überwinden und die Eigenständigkeit gegenüber der Kolonialherrschaft zu betonen. Der Monismus der indi-

Die Ideen des britischen Philosophen und Volkswirtschaftlers John Stuart Mill (1806–73) zu Logik, Ethik und Nationalökonomie wurden den jungen Indern an den Colleges unterbreitet.

50558

schen Philosophie, nach dem Gott und die Erscheinungswelt identisch sind, wurde in diesem Sinne umgedeutet. Swami Vivekananda wurde zum Apostel dieser erneuerten Vedantaphilosophie, auf deren Grundlage er von der Einheit und Wahrheit aller Religionen sprach. Sein Erfolg auf dem Weltkongress der Religionen in Chicago (1893) verlieh ihm auch in Indien großes Ansehen. Viele Briten hatten auf die Religion der Hindus herabgesehen und sie als heidnischen Aberglauben abgetan; deshalb waren Erfolge wie die Vivekanandas für die indische Selbstachtung sehr bedeutsam.

Auch wurde der Mythos der Muttergöttin dazu verwendet, »Mutter India« (Bharat Mata) zu feiern. Der bengalische Dichter Bankimcandra Chatterjee schuf das Gedicht »Verneige dich vor der Mutter« (Bande Mataram), das zur informellen Nationalhymne wurde. Nicht nur in Bengalen, sondern auch in Maharashtra kam es zu einer literarischen Renaissance; schließlich wurden auch andere Sprachprovinzen nach und nach in dieses nationale Erwachen einbezogen. So hatte in Nordindien die von Swami Dayananda gegründete Reformbewegung des Aryasamaj großen Einfluss.

Die Muslime konnten die geistigen Strömungen des neuen Hinduismus nicht begeistern; sie fühlten sich ausgegrenzt oder gar in ihrer islamischen Identität bedroht. Sie schufen sich ihre eigenen Organisationen wie die von Nawab Abdul Latif in Kalkutta gegründete Muhammadan Literary Society, in der sich die Urdu und Persisch sprechende städtische Muslimelite traf und nicht nur literarische, sondern auch naturwissenschaftliche Fragen diskutierte. Ähnliche Aktivitäten entfaltete Sayyid Ahmad Khan in Nordindien. Er wurde schließlich zum Gründer der Aligarh Muslim University. Diesem Beispiel folgte Pandit Madan Mohan Malaviya, der wenige Jahre später die Banaras Hindu University gründete.

Forderung nach Reformen

Bei der Gründung des Indischen Nationalkongresses, der sich zum ersten Mal 1885 in Bombay traf, war man allerdings noch davon überzeugt, dass Hindus und Muslime sich für einen gemeinsamen politischen Fortschritt einsetzen könnten. Diese erste Sitzung wurde von rund hundert Delegierten aus allen Teilen Indiens besucht.

Darunter waren auch etliche Muslime. Unter den Resolutionen, die der Nationalkongress verabschiedete, war auch eine, in der die Annexion Oberbirmas gerügt und gefordert wurde, dass es auf alle Fälle separat verwaltet und nicht Britisch-Indien hinzugefügt werden solle.

Die Delegierten sahen schon voraus, welche Kosten da vom indischen Steuerzahler getragen werden sollten. Sie betonten außerdem, dass die indische Nation die imperiale Expansion nicht billige und mit ihren Nachbarn in Frieden leben wolle. Der Vizekönig Lord Dufferin, der die Gründung des Nationalkongresses zunächst wohlwollend geduldet hatte, entzog ihm darauf sein Wohlwollen und verfügte, dass sich in Zukunft kein Inder in britischen Diensten an den Sitzungen beteiligen dürfe.

Der vizekönigliche Zorn tat dem Nationalkongress keinen Abbruch. Die nächste Sitzung fand mit weit größerer Beteiligung in Kalkutta statt. Dort hätte eigentlich schon die erste Sitzung stattfinden sollen, Bombay war Kalkutta nur um eine Nasenlänge zuvorgekommen. In den folgenden Jahren wanderte der Nationalkongress durch alle größeren Städte Indiens. Die Resolutionen blieben im Rahmen eines liberalen Konstitutionalismus. Man forderte eine Erweiterung der gesetzgebenden Gremien und die Beteiligung gewählter indischer Abgeordneter. Daneben wurde das alte Thema der Behinderung des Zugangs von Indern zum Indian Civil Service immer wieder aufgenommen.

Nach der jeweiligen Kongresssitzung traf sich immer die Indian National Social Conference, deren führender Kopf der Richter Mahadey Govind Ranade war. Da er in britischen Diensten stand, durfte er dem Nationalkongress nicht angehören, aber gegen das Treffen der Sozialreformer gab es keine offiziellen Einwände. Diesen Reformern ging es um die Abschaffung der Kinderheirat und die Wiederverheiratung von Witwen und andere Probleme der alten patriarchalischen Sozialordnung der Hindus.

Der Schriftsteller und liberale Politiker John Morley war von 1905 bis 1910 Staatssekretär für Indien. Mit dem eher konservativen Vizekönig Lord Minto führte er 1909 Reformen durch.

Im Nationalkongress gab es Kritik an diesen Bemühungen. Der bedeutende Nationalist Bal Gangadhar Tilak stellte sich gegen Ranade und die Reformer, weil er befürchtete, dass die Reformdebatten Zwietracht unter den Nationalisten säen und sie vom gemeinsamen Ziel

des politischen Freiheitskampfes ablenken würden. Außerdem konnten manche Reformen nur durch Gesetze der Kolonialherren eingeführt werden und hätten so die Fremdherrschaft gestärkt.

Auf dem Weg zur Zweistaatlichkeit – Verfassungsreformen und die Teilung Bengalens

Das Misstrauen Tilaks gegenüber den Kolonialherren bezog sich natürlich auch auf die Verfassungsreformen, um deren Einführung seine liberalen indischen Zeitgenossen sich so sehr bemühten. Ihre Wünsche wurden zumindest teilweise durch die britisch-indische Verfassungsreform von 1892 erfüllt, die die Wahl einer begrenzten Zahl indischer Abgeordneter in die gesetzgebenden Körperschaften vorsah. Freilich mussten die Abgeordneten nach der Wahl noch vom Vizekönig ernannt werden, der sich damit die letzte Entscheidung darüber vorbehielt, wer das indische Volk vertreten dürfe.

100563

Das Gemälde »Bewaffneter Afghane« schuf Wassilij Wassiljewitsch Wereschtschagin in den 1870er-Jahren aufgrund von Skizzen, die sich der Künstler vor Ort zwischen 1867 und 1870 gemacht hatte.

Eine Reihe liberaler Nationalisten, die zu den Führern des Nationalkongresses gehörten, nahmen nun ihre Sitze im Imperial Legislative Council und in den entsprechenden Gremien der Provinzen ein. Um den Nationalkongress wurde es still, und als der konservative Vizekönig Lord Curzon kurz vor der Jahrhundertwende sein Amt antrat, glaubte er, das nahe bevorstehende Ende des Nationalkongresses voraussagen zu dürfen. Er sollte dann durch seine eigenen autokratischen Maßnahmen den Nationalkongress zu neuem Leben erwecken.

Die Spaltung des Nationalkongresses

Lord Curzons umstrittenste Maßnahme war die Teilung Bengalens, die er 1905 gegen den erbitterten Widerstand der bengalischen Nationalisten durchführte. Vordergründig ging es dabei um eine durchaus plausible Verwaltungsreform. Die Provinz Bengalen, die zusätzlich zum eigentlichen Bengalen auch noch Orissa, Assam und Bihar einschloss, war in der Tat zu groß. Eine Abtrennung von Bihar und Orissa, wie sie 1911 erfolgte, nachdem Curzons Teilung Bengalens rückgängig gemacht worden war, wäre von vornherein sinnvoller gewesen.

Aber Curzon wollte durch seine Teilung bewusst die nationalistische Elite Bengalens treffen. Viele Angehörige der Hindu-Oberschicht hatten Grundbesitz in Ostbengalen, lebten und arbeiteten aber im westbengalischen Kalkutta. Ostbengalen, das mehr oder weniger dem heutigen Bangladesh entspricht, hatte eine Muslimmehrheit und Curzon scheute sich nicht, dies ausdrücklich hervorzuheben. Er hielt sich etwas darauf zugute, den Muslimen eine eigene Provinz gegeben zu haben und nahm damit das Prinzip der Teilung Indiens vorweg.

Die bengalischen Nationalisten fanden überall in Indien Sympathie für ihren Kampf gegen die Teilung. Insbesondere Tilaks Gefolgschaft in Maharashtra stand auf der Seite der Bengalen. Es zeichnete sich eine Spaltung des Nationalkongresses in einen liberalen »gemäßigten« und einen nationalrevolutionären »extremistischen« Flügel ab. Die Spannungen wurden dadurch verschärft, dass die liberalen Nationalisten, geführt von Gopal Krishna Gokhale, ihre Hoffnungen auf einen Sieg der Liberalen Partei in Großbritannien setzten und von ihr eine liberale Verfassungsreform erwarteten.

Die Kongresssitzung von 1905 unter dem Vorsitz Gokhales verlief noch glimpflich. Man gab sich mit einem gemäßigten Protest gegen die Teilung Bengalens zufrieden. Die Sitzung von 1906 in Kalkutta war schon problematischer, aber die »Gemäßigten« hatten den alten Liberalen Dadabhai Naoroji aus England herbeigeholt. Unter seiner Präsidentschaft konnte die Spaltung vermieden werden. Sie fand dann aber 1907 statt und führte dazu, dass die »Extremisten« unter der Führung Tilaks ins Abseits gerieten, während die »Gemäßigten« ein neues Statut einführten und die Kongressorganisation in den Griff bekamen.

Im folgenden Jahr wurde Tilak wegen aufrührerischer Zeitungsartikel zu sechs Jahren Zuchthaus verurteilt. Gokhale dagegen reiste mehrfach nach London, um mit dem neuen Indienminister, dem liberalen Philosophen John Morley, zu konferieren, von dem man nun die bahnbrechende Verfassungsreform erwartete.

Als die Verfassungsreform 1909 verabschiedet wurde, zeigte sie freilich eher die Handschrift des konservativen Vizekönigs Lord Minto und seines Staatssekretärs Herbert Risley als die des großen Liberalen Morley. Minto hatte die neu gegründete Muslimliga favorisiert und separate Wählerschaften für Muslime in die Verfassungsreform eingebracht, um den Muslimen die Furcht vor der Majorisierung durch die Hindus zu nehmen. Dies war die entscheidende Weichenstellung für die spätere Teilung Indiens, denn von nun an konnte sich nur noch derjenige als Muslimführer profilieren, der sich ganz und gar für die Sonderinteressen seiner Muslimwähler einsetzte. Da die Hindus ihn ja nicht mitwählen konnten, brauchte er sich gar nicht erst um ihre Unterstützung zu bemühen. *Dietmar Rothermund*

Unter dem Notstandsgesetz: Indien im Ersten Weltkrieg

Der Erste Weltkrieg setzte der aktiven politischen Betätigung der Inder ein Ende, weil das im Krieg geltende Notstandsgesetz (»Defence of India Act«) garantierte, dass mit jedem Aufmüpfigen kurzer Prozess gemacht wurde.

Wirtschaftlich bedeutete der Krieg einen Aufschwung für Indien, weil er die Handelswege abschnitt. Das war für die indische Industrie besser als jeder Protektionismus. Das kurz vor dem Krieg errichtete Stahlwerk der Firma Tata wurde im Krieg mit Aufträgen für den Schienenbau in Mesopotamien und auch für die Rüstung bedacht, während es sonst von der britischen Konkurrenz bald zugrunde gerichtet worden wäre. Die indische Textilindustrie machte ebenfalls Fortschritte. Rund eine Million indischer Soldaten, meist Sikhs und Muslime aus dem Pandschab, kämpften an allen Fronten. Ihr Sold floss zurück in ihre Heimat und kam dort der Intensivierung der Landwirtschaft zugute.

Das Verhältnis der Briten zu den indischen Muslimen wurde freilich durch den Krieg getrübt, weil der von den Muslimen hochverehrte türkische Kalif nun zu den Gegnern Großbritanniens zählte. Der brillante Rechtsanwalt Mohammed Ali Jinnah, der dem Nationalkongress angehörte, dann aber zusätzlich der Muslimliga beigetreten war, nachdem man ihm versichert hatte, dass dies durchaus mit seiner Kongressmitgliedschaft vereinbar sei, bemühte sich um ein gutes Einvernehmen mit Tilak, der 1914 nach Verbüßung seiner Haftstrafe die

Der konservative britische Politiker Lord George Nathaniel Curzon wurde 1899 Vizekönig von Indien und hatte 1905 die Teilung Bengalens veranlasst. Als britischer Kriegsminister stand er der politischen Gleichberechtigung der indischen Bevölkerung entgegen.

Führung des Nationalkongresses übernahm. Sein Gegenspieler Gopal Krishna Gokhale starb 1915. Es kam zu einem Pakt zwischen Liga und Kongress, zwischen Jinnah und Tilak, der großzügige Zugeständnisse an die Muslime bei der Sitzverteilung in den künftigen gesetzgebenden Körperschaften beinhaltete und dafür dem Kongress die politische Unterstützung durch die Liga sicherte.

Dieser Kompromiss wurde freilich schon im nächsten Jahr durch die Ankündigung des Indienministers Edwin Samuel Montagu unterlaufen, der responsible government zum Ziel der nächsten Verfassungsreform erklärte. Er hatte self-government sagen wollen, war aber damit

Lord Mountbatten, der letzte Vizekönig von Indien von März bis August 1947, war für die Teilung Indiens in Indien und Pakistan verantwortlich (London, National Portrait Gallery).

100264

INFOBOX

Eine neue Hauptstadt

1911 wurde die Hauptstadt Britisch-Indiens von Kalkutta nach Delhi verlegt. Am 12. 12. 1911 ließ sich Georg V. in einer festlichen Zeremonie, dem traditionellen Durbar, in Delhi zum Kaiser von Indien krönen.

Die Wahl war auf einen geschichtsträchtigen Ort gefallen. Die im 17. Jh. von Shah Jahan erbaute Mogulstadt Shahjahanabad, das heutige Alt-Delhi bezeichnet, gilt als siebte Stadtgründung. Aus vorislamischer Zeit sind aber ebenfalls Siedlungsreste gesichert. Die Planung von Neu-Delhi, die großzügige Straßenachsen und repäsentative Regierungsgebäude vorsah, lag in den Händen der britischen Architekten Edwin Lutyens und Herbert Baker; 1931 wurde das Regierungsviertel eingeweiht. Luytens errichtete u. a. den Palast für den Vizekönig, »Rashtrapati Bhavan«, der heute Sitz des indischen Präsidenten ist.

auf den Widerstand des konservativen Kriegsministers Lord Curzon gestoßen, der meinte, die Inder müssten erst einmal lernen, Verantwortung zu tragen. Montagu, der genau wusste, dass responsible government weit mehr bedeutete, als Curzon sagen wollte, als er seinen Einwand erhob, erkärte sich sofort bereit, diese Sprachregelung zu übernehmen. Responsible bezeichnet im Rahmen der parlamentarischen Konvention die Verantwortung der Exekutive gegenüber der Legislative, die die Regierung zum Rücktritt zwingt, wenn sie nicht mehr das Vertrauen der Legislative hat.

Dabei kommt es unter Umständen auf jeden Abgeordneten an, und separate Wählerschaften sowie der darauf basierende Pakt zwischen Jinnah und Tilak waren in diesem Kontext kontraproduktiv. Montagu gestand das in dem Bericht über die nächste Verfassungsreform, den er mit dem Vizekönig Lord Chelmsford verfasste, unumwunden ein, doch es hieß in diesem Bericht auch, dass die Muslime die separaten Wählerschaften nun als politischen Besitzstand betrachteten, den man ihnen nicht mehr nehmen könne. So wurde der gordische Knoten geknüpft, der später von Lord Mountbatten durchschlagen wurde, als er 1947 als letzter Vizekönig die Teilung Indiens in Indien und Pakistan vornahm.

Dietmar Rothermund

Demütigung und Niedergang: China zur Zeit der »ungleichen Verträge«

Das chinesische Kaiserreich, noch im späten 18. Jahrhundert als die einzige verbliebene Großmacht Asiens allgemein respektiert, musste 1842 seine Niederlage im Opiumkrieg gegen Großbritannien eingestehen und demütigende Einschränkungen seiner nationalen Souveränität hinnehmen. Der Niedergang des nach einer langen Periode von Frieden und relativem Wohlstand übervölkerten Riesenlandes traf zusammen mit dem Aufstieg Großbritanniens zur führenden Seemacht und ersten Industrienation der Welt.

»Fremde Teufel« an der Küste Chinas

Die Legalisierung von Opiumimporten aus Britisch-Indien war im Krieg gegen China (1840–42) nur ein nebengeordnetes Ziel der Briten. Vorrangig ging es um dessen Öffnung für den westlichen Handel und für westliche Missionare sowie allgemein um die Einbeziehung Chinas in das, was europäische Staatsmänner als die Gemeinschaft der »zivilisierten« Nationen definierten.

Zwischen 1842 und dem Ende des Zweiten Opiumkriegs, auch Lorchakrieg genannt, 1860 schlossen China und die Westmächte eine Reihe von Verträgen ab, die den ausländischen Vertragspartnern einseitige Privilegien im Reich der Mitte einräumten: einen ungewöhnlich niedrigen Einfuhrzoll, der von einer ausländisch geprägten Behörde überwacht wurde; das Recht der Niederlassung und Geschäftstätigkeit in vielen chinesischen Städten, den treaty ports oder offenen Häfen; rechtliche Extraterritorialität von Ausländern; Missionsfreiheit im gesamten Reich. Diese Verträge, von chinesischen Publizisten später als »ungleich« bezeichnet, waren der mandschurischen Qingdynastie aufgezwungen worden, schlossen aber durchaus auch Elemente, etwa die Einrichtung von Kaufmannsenklaven, ein, mit denen man bereits seit Jahrhunderten fremde »Barbaren« unter Kontrolle gehalten hatte.

Dass China für den Freihandelsimperialismus geöffnet wurde, bedeutete keineswegs den Verlust seiner Unabhängigkeit. Bis 1895 wurde kein einziges größeres Territorium des Reiches kolonialer Herrschaft unterworfen. Nur in Schanghai, dem mit Abstand größten und wirtschaftlich bedeutendsten der *treaty ports,* und in Hongkong, das, 1842 abgetreten, erst unter den Briten ein wichtiger Überseehafen wurde, übten Europäer die Kontrolle über größere chinesische Bevölkerungsgruppen aus. Jenseits der *treaty ports* konnte von »Öffnung« jahrzehntelang kaum die Rede sein. China wurde keineswegs von ausländischen Waren überschwemmt. Die Importe, die es gab, wurden überwiegend von leistungsfähigen einheimischen Kaufmannsorganisationen landesweit verbreitet. Als einzige größere Gruppe von Ausländern drangen katholische und protestantische Missionare nach 1860 auch in entlegenere Gegenden Chinas vor.

Die sichtbarste Wirkung der »Öffnung« Chinas bestand darin, dass sich eine Kluft auftat zwischen dem »blauen« China, der westlich beeinflussten Küste, und dem Binnenland, dem »gelben« China. Am maritimen Saum des Reiches, vor allem in der rasch wachsenden

100880

Hong Xiuquan, der charismatische Führer des Taipingaufstands (Holzstich um 1851), fand großen Rückhalt in der Bevölkerung.

Metropole Schanghai, entstanden neue gesellschaftliche Gruppierungen, die sich langsam mit europäischer Kultur und den Praktiken des modernen Kapitalismus vertraut machten.

Der größte Bürgerkrieg des 19. Jahrhunderts
Die Geschichte Chinas im dritten Viertel des 19. Jahrhunderts wurde von einem Ereignis beherrscht, das in den Augen der Zeitgenossen die Bedrohung aus dem Westen weit in den Schatten stellte: dem Taipingaufstand (1850–64). Er war von weiteren großen Rebellionen vor allem der muslimischen Völker an den Grenzen des Reiches begleitet.

Am Beginn des Taipingaufstandes standen eine soziale Krise in Südchina, die maßgeblich von den Umständen der »Öffnung« hervorgerufen worden war, und die von Missionstraktaten angeregten Visionen des charismatischen Hong Xiuquan. Er verband Sendungsbewusstsein – er hielt sich etwa für den jüngeren Bruder Christi – mit einer großen Organisationsbegabung. Es gelang ihm binnen kurzer Zeit, in der südlichen Provinz Guangxi Zehntausende von Anhängern um sich zu scharen. 1851 erklärte sich Hong Xiuquan zum König des »Himmlischen Reichs des großen Friedens« (taiping tianguo) und nahm den Kampf gegen die Mandschuregierung in Peking und deren Vertreter in den Provinzen auf.

INFOBOX

Der 1. Opiumkrieg
Im 1. Opiumkrieg (1840–42) bekämpfte Großbritannien im Interesse seines Ostasienhandels mit Waffengewalt (Einsatz einer überlegenen Flotte) erfolgreich das chinesische Einfuhrverbot für Rauschmittel. 1839 hatte die chinesische Regierung in Kanton 20 000 eingeführte Kisten Rauschgift im Wert von vier Millionen Pfund Sterling vernichten lassen.
Im Frieden von Nanking (29. August 1842) musste die chinesische Regierung jedoch nicht nur sechs Millionen Schadensersatz leisten, sondern auch die Städte Kanton, Amoy (heute Xiamen), Ningbo, Fouchou (Fuzhou) und Schanghai für den Handel öffnen. Großbritannien richtete in diesen Städten, den einzigen, in denen Fremden der Aufenthalt in China gestattet war, Konsulate ein, die als Vermittler zwischen chinesischen Behörden und britischen Kaufleuten tätig waren. Honkong wurde auf »ewige Zeiten« an Großbritannien abgetreten.

Bald richtete sich die revolutionäre Wut der Aufständischen gegen die gesamte regionale Oberschicht. Die Massenheere der Taiping eroberten eine Stadt Südchinas nach der anderen. 1853 errichteten sie in Nanking, der alten Haupstadt der Mingdynastie, ihr Hauptquartier. Die Taipingbewegung war eine einzigartige Mischung aus sozialer Revolution, kollektiver Heilssuche und gegen die Mandschus gerichteter Fremdenfeindlichkeit. Sie stand in der Tradition älterer Bauernaufstände, fand ihren stärksten Rückhalt aber schließlich in den großen Städten. In Programm und Praxis spielte der urkommunistische Gleichheitsgedanke eine große Rolle.

Machtkämpfe in der Führung der Taiping, der bald sehr schlagkräftig organisierte Widerstand der herausgeforderten Elite und, weitaus weniger wichtig, die Unterstützung der europäischen Mächte für die Qingdynastie bremsten das Vordringen der Taipingheere und drängten sie schließlich auf ihre letzte Bastion Nanking zurück. Die Unterdrückung des Aufstandes war so gründlich, dass von der Gegenkultur der Taiping kaum Spuren blieben. Die blutige Rebellion der Taiping und ihre ebenso brutale Bekämpfung verwandelten Süd- und Mittelchina in das weltweit größte Schlachtfeld des 19. Jahrhunderts.

Gesellschaftlicher Wandel – Reformansätze

Der Taipingaufstand führte zu einer Militarisierung der chinesischen Gesellschaft auf ihrer unteren Ebene, aber nicht zu ihrer radikalen Veränderung. Die alte Ordnung ging gestärkt aus der Auseinandersetzung hervor. Auch nach 1864 wurde China von einer kleinen Schicht hoher Beamter regiert, die durch anspruchsvolle Staatsprüfungen rekrutiert worden waren. Da keiner der Kaiser mehr das Format der großen Selbstherrscher des 18. Jahrhunderts besaß, fehlte es an Kontrolle über diese differenziert aufgebaute, aber stets für Korruption und Ineffizienz anfällige Bürokratie.

Die Oberschicht auf dem Lande, von westlichen Historikern als Gentry bezeichnet, bezog ihr soziales Ansehen aus den Erfolgen ihrer männlichen Mitglieder bei den Staatsprüfungen und ihr Einkommen aus der Verpachtung von Land, daneben aus Geldverleih und aus der Wahrnehmung lokaler Ämter. Mobil waren auch die zahlreichen wandernden Händler und Lastenträger, Bootsschlepper und Gelegenheitsarbeiter. Unter ihnen, die oft in Geheimgesellschaften organisiert waren, fanden Protestbewegungen wie der Taipingaufstand besonders bereitwillige Unterstützung.

Das sesshafte Bauerntum hingegen lebte zwar oft am Existenzminimum, befand sich aber, relativ gesehen, in keiner besonders ungünstigen Lage. Die chinesischen Bauern waren rechtlich gesehen freie Leute, von Feudalpflichten unbelastet und meist imstande, Marktchancen unternehmerisch zu nutzen. Nördlich des Jangtsekiangflusses bewirtschafteten die meisten Bauernfamilien ihr eigenes Land. Im fruchtbareren Süden überwogen Pachtbeziehungen, die den Pächtern aber oft langfristige Sicherheit boten. Eine große Bedeutung hatte hier Land im kollektiven Eigentum von Sippen und Tempeln. Während die Bauern im kargen Norden hauptsächlich für den eigenen Bedarf wirtschafteten, waren im Süden ganze Landstriche auf die Produktion von Tee und Seide für den Export und den innerchinesischen Fernhandel spezialisiert.

Das Hauptproblem der chinesischen Bauern während der zweiten Hälfte des 19. Jahrhunderts war nicht so sehr eine harte Ausbeutung durch Grundbesitzer der Gentryklasse und einen Steuern einziehenden Staat als vielmehr die Übervölkerung bei stagnierender Agrartechnik: Immer mehr Menschen mussten mit immer höherem Arbeitseinsatz von kaum vermehrbarem Boden leben.

Dass eine tief greifende gesellschaftliche Umwälzung ausblieb, bedeutete keineswegs, dass die alte Ordnung nach dem Ende der Taipinggefahr in völlige Erstarrung gefallen wäre. Neue gesellschaftliche Formen entwickelten sich nicht nur unter direktem westlichem Einfluss in Schanghai und Hongkong, sondern, viel langsamer und unauffälliger, auch in den großen Städten des Landesinneren.

Die allmähliche Integration Chinas in den Weltmarkt trieb die Kommerzialisierung weiter voran. Angehörige der Gentry engagierten sich zunehmend auch in Handelsgeschäften, während Kaufleute ihre Reichtümer teilweise in Land investierten, Gentrytitel kauften und ihre Söhne auf die Staatsprüfungen vorbereiten ließen. Der alte Gegensatz zwischen vornehmer agrarischer Ober-

100562

Der Hafen von Schanghai war der mit Abstand größte und bedeutendste der treaty ports. Mit diesem Überseehafen konnten die Europäer Kontrolle über größere chinesische Bevölkerungsgruppen ausüben. Das Foto zeigt die Silhouette des Hafens mit modernen Hotel- und Bankgebäuden.

schicht und gering geschätzten Kaufleuten verminderte sich. Es entstand eine integrierte Schicht von Mitgliedern der alten Gentry und der Gruppe der Kaufleute, die selbstbewusst gegenüber der herrschenden Bürokratie auftrat.

Modernisierungsansätze unter Li Hongzhan

Einige hohe Würdenträger des Reiches, darunter Li Hongzhang, erkannten aber, dass die Dynastie die gewaltigen Aufstandsbewegungen der Jahrhundertmitte nicht ignorieren konnte. Nach der chinesischen Niederlage im zweiten Opiumkrieg 1860 entwickelten Li Hongzhang und andere eine neue Strategie gegenüber den Westmächten: Sie suchten einen friedlichen Ausgleich mit den Westmächten, die ihrerseits wiederum in den folgenden Jahrzehnten ihre Ambitionen in Ostasien zügelten. Das System der ungleichen Verträge wurde ausgebaut, gemischte chinesisch-westliche Behörden wie die einflussreiche Seezollverwaltung wurden eingerichtet; die chinesische Regierung bemühte sich, den Bestimmungen der Verträge Geltung zu verschaffen.

Li Hongzhang und einige seiner Kollegen versuchten jedoch zugleich, die weltpolitische Atempause zu nutzen,

INFOBOX

Staatsprüfungen

Die Staatsprüfungen, denen sich die Angehörigen der chinesischen Oberschicht unterzogen, waren ein wesentliches Element ihres hohen gesellschaftlichen Status. Da dieser nicht vererbt werden konnte, war das gesellschaftliche Schicksal einer Familie aus dieser Schicht ungewisser als in einem aristokratischen System europäischen oder japanischen Typs, das auf die Erblichkeit von Eigentum und Privilegien gegründet war. In der mit dieser Tatsache gegebenen hohen sozialen Mobilität lagen Elemente der Modernität der chinesischen Gesellschaft.

um den Westen mit dessen eigenen Mitteln abzuwehren. Da sich mehrfach Chinas militärische Schwäche offenbart hatte, wollte man diese nun durch den Aufbau einer eigenen staatlichen Rüstungs- und Werftindustrie überwinden. Dampfschiff, Telegraph und Eisenbahn sollten in China verbreitet, der mechanisierte Bergbau und die Anfänge einer Eisen- und Stahlindustrie gefördert werden. All dies sollte der »Selbststärkung« Chinas und dabei zugleich der Befestigung der bestehenden politischen Ordnung dienen.

100880

Li Hongzhang, erfolgreicher General bei der Niederwerfung des Taipingaufstandes, war seit 1875 höchster Staatsbeamter. Er verfolgte gegen Widerstände ein Programm der »Selbststärkung« (Holzstich nach einer Fotografie, 1884).

Mit diesen Reformen begann die bis ins späte 20. Jahrhundert fortgesetzte Geschichte einer chinesischen Modernisierung »von oben«. Von einer tief durchdachten, die ganze Nation planmäßig erfassenden Reformpolitik wie in Japan nach 1868 war man jedoch weit entfernt. Dazu fehlten viele der Voraussetzungen, die Japan dank seiner kompakten Insellage besaß. Es fehlte auch die Bereitschaft der machthabenden Bürokratie, dem Westen mehr als nur seine oberflächlichen technischen Geheimnisse abzulauschen. Niemand in China dachte einstweilen zum Beispiel an die Einführung eines bürgerlichen Rechts oder einer politischen Verfassung. Die Reformanstrengungen blieben regional begrenzt und verliefen häufig im Sande. 1895 wurde das Scheitern der chinesischen Selbststärkungsbemühungen offenkundig.

Ein Weg aus der Krise? – Die Epochenwende 1895

Unter dem Eindruck der militärischen Niederlage gegen Japan um die Oberhoheit über Korea brach 1895 das internationale Ansehen Chinas zusammen. Auf Befehl der regierenden Kaiserinwitwe Cixi waren die für den Aufbau einer Kriegsflotte vorgesehenen Mittel unter anderem in den Bau eines Marmorpavillons im Garten der kaiserlichen Sommerresidenz geflossen. Der wachsenden Begehrlichkeit der Großmächte ließ sich jetzt kaum noch etwas entgegensetzen. Die Balance der Jahre seit 1860 zwischen dem Kaiserreich und den westlichen Mächten zerbrach.

Japan, neu in den Kreis der Großmächte eingetreten, machte den Anfang mit der Annexion der Provinz Taiwan. Zugleich diktierte es China eine immens hohe Kriegsentschädigung, die nur über den internationalen Kapitalmarkt finanziert werden konnte. Beides machte Schule: Anleihe folgte auf Anleihe, stets zu Konditionen, die für China sehr ungünstig waren. Als Sicherheiten ließen sich die ausländischen Gläubiger immer neue Posten der chinesischen Staatseinnahmen verpfänden.

Nach Taiwan folgten nach 1895 weitere Abtretungen: die Erweiterung Hongkongs um die New Territories, die Übernahme des Hafens Tsingtau und seiner Umgebung in Nordchina durch das Deutsche Reich, ferner französische Eisenbahnkonzessionen in der südlichen Provinz Yunnan, russische in der Mandschurei. Die reichen Provinzen des chinesischen Kernlandes gerieten jedoch niemals unter fremde Kontrolle. Gegen das schon vor 1895 besonders aggressive Zarenreich konnte sich die Qingdynastie erstaunlich gut behaupten.

Wichtiger als die relativ geringfügigen territorialen Verluste waren die nun offen arrogante Haltung der

50

Die Beziehungen mit dem Westen waren sehr fragil; so vernichtete die französische Flotte 1884 in Fuzhou die von Frankreich finanzierte chinesische Flotte und Werften (französischer Bilderbogen, August 1884).

Großmächte und der Hochfinanz gegenüber China und die Intensivierung seiner wirtschaftlichen Durchdringung. Seit 1895 war es Ausländern erlaubt, in den treaty ports Industrie anzusiedeln; ausländisch finanzierte Eisenbahnen wurden in großen Nord-Süd-Trassen durch das Land gelegt; westliche Konsumgüter von multinationalen Konzernen bis in die hintersten Winkel des Reiches direkt verbreitet.

Das Jahr 1895 war für China ein noch wichtigeres Epochenjahr als 1842. Es bedeutete deshalb eine beispiellos tiefe Zäsur, weil sich nicht nur die Strukturen der Einbindung des Reiches der Mitte in das internationale System änderten, sondern nun auch die politisch wache Öffentlichkeit in China rasch auf die Ereignisse reagierte. Es verbreitete sich schnell das Gefühl einer

50

Das Porträt der Kaiserinwitwe und Regentin Cixi ist das Gemälde eines chinesischen Künstlers nach einer Fotografie (1903).

INFOBOX

Ein sozialpolitischer Reformer

Der Gelehrte Kang Youwei (1858–1927), ein Nachkomme hoher Staatsbeamter, erhielt eine klassische chinesische Ausbildung. Auf dem Wege einer kritischen Würdigung des Konfuzianismus bemühte er sich um eine Erneuerung Chinas, das nach dem japanischen Vorbild der »Mijireform« in eine konstitutionelle Monarchie umgewandelt werden sollte. 1895 erwarb er im klassischen Prüfungssystem den Titel eines »jinshi«, der die Berechtigung einschloss, höchste Ämter im Staat zu bekleiden.

Vor dem Hintergrund der starken Abhängigkeit Chinas von den europäischen Kolonialmächten gründete Kang Youwei die »Gesellschaft zum Studium der Selbststärkung« mit Zweigstellen in vielen Provinzen des Landes. Seine Reformideen fanden Zustimmung bei der jungen Intelligenz, stießen jedoch bei den auf unbedingte Geltung der Traditionen pochenden Kräften der Oberschicht auf Ablehnung.

tiefen nationalen Krise. Für manche schien sogar die Existenz der chinesischen Zivilisation auf dem Spiel zu stehen.

Die Staatsführung reagierte gegenüber dieser Herausforderung desorientiert. Der listige und beharrliche Li Hongzhang stand als alter Mann ratlos vor den Trümmern seiner Politik. Erstmals in der neueren Geschichte Chinas gingen Impulse der Veränderung nicht von inneren Hofzirkeln und den Spitzen der Bürokratie aus. Aus Hongkong wandte sich Sun Yatsen an den großen Vizekönig Li Hongzhang und bot ihm seine Dienste an. Dieser aber ging nicht darauf ein, und Sun Yatsen begann nun seine revolutionäre Karriere als Organisator und Agitator.

Die »Reform der hundert Tage«

Viel wichtiger aber war zunächst eine andere Initiative. In Peking waren im Frühjahr 1895 die brillantesten jungen Gelehrten des Reiches versammelt, um in den Palastprüfungen, der höchsten Stufe des Prüfungssystems, miteinander zu wetteifern. Koordiniert durch zwei der klügsten Köpfe des damaligen China, Kang Youwei und seinen Schüler Liang Qichao, verfassten sie ein Reformmanifest. Es gelangte tatsächlich an den konservativen Höflingen vorbei in die Hände des 22-jährigen Kaisers

Guangxu, der soeben begann, sich aus dem Schatten seiner übermächtigen Tante, der de facto regierenden Cixi, zu befreien.

Das Manifest trug Überlegungen vor, die insgeheim in Gelehrtenzirkeln schon vor 1895 diskutiert worden waren: China benötige eine moderne Armee westlichen Typs, eine eigene Industrie, ein staatliches Bankensystem, Eisenbahnen in nationaler Kontrolle, ein modernes Postwesen. Die Landwirtschaft müsse systematisch gefördert und technisch verbessert, die Kompetenz der Auslandschinesen solle planmäßig genutzt werden. Noch wichtiger als diese Argumentation war die Tatsache, dass sie von einem Teil der geachteten geistigen Elite des Landes vorgetragen wurde.

Kang Youwei erhielt in der Folgezeit direkten Zugang zum Kaiser und erarbeitete für ihn und mit ihm eine Reihe von Reformedikten. Sie wurden zwischen Juni und September 1898 erlassen, deswegen auch »Reform der hundert Tage« genannt. Erstmals wurde nun auch von höchster Stelle die Reform des bis dahin sakrosankten Erziehungs- und Prüfungswesens, besonders seine Öffnung für westliches Wissen, gefordert. Die Korruption innerhalb der Bürokratie solle bekämpft, die Wirtschaft nach modernen Grundsätzen gefördert werden. Dahinter stand Japan als das große Vorbild.

Am 19. September 1898 erschien die Kaiserinwitwe überraschend in der Verbotenen Stadt. Der Kaiser wurde unter Arrest gestellt, sechs seiner angeblich radikalen Berater sofort hingerichtet. Kang Youwei und Liang Qichao entgingen diesem Schicksal nur durch die Flucht ins Ausland. Cixis Putsch beendete die reformerische Phase. *Jürgen Osterhammel*

»Vertreibt die Ausländer!« – Der Boxeraufstand und seine Folgen

Die Bewegung der »yi-hetuan«, von den Ausländern »Boxer« genannt, war ein regional begrenztes Phänomen. Flut- und Dürrekatastrophen lösten im Sommer 1898 im ökologisch besonders labilen Nordchina Not und Unruhe unter der bäuerlichen Bevölkerung aus. Die Spannung stieg, als die deutsche Besetzung Tsingtaus

INFOBOX

Aus dem Boxerprotokoll

Im Boxerprotokoll vom 7. 9. 1901 verpflichtete sich China u. a., eine Sühnegesandtschaft nach Deutschland zu entsenden und dem ermordeten deutschen Gesandten, dem Freiherrn Klemens von Ketteler, einen Gedenkstein zu errichten (Artikel 1), die »Rädelsführer« des Aufstands zu bestrafen (Artikel 2), die Ermordung eines japanischen Gesandtschaftsbeamten zu sühnen, Schadensersatz zu leisten, das Betreten des Gesandtschaftsviertels zu verbieten (Artikel 6), die Besetzung gewisser Punkte zwischen Peking und dem Meer durch fremde Mächte anzuerkennen (Artikel 12).

und seines Hinterlandes in der Provinz Shandong dem aggressiven Vorgehen christlicher Missionare Auftrieb gab. Schon länger hatten sich Missionare nicht gescheut, Dorfgemeinschaften zu spalten und mit ihrer Klientel unter dem Schutz der Extraterritorialitätsrechte eine Art von Staat im Staate zu bilden.

Die Ankunft europäischer Truppen ermutigte nun zu einem noch willkürlicheren Vorgehen. Es verwundert wenig, dass im Bewusstsein der Bevölkerung Verbindungen zwischen dem Vordringen der Fremden und den neuerlichen Katastrophen der Natur gezogen wurden. Eine in solchen Situationen abrufbare Tradition war die des magisch inspirierten Faustkampfes. Rituale sollten böse Mächte bannen und die eigene Unverwundbarkeit gewährleisten. Junge Männer fanden sich in Kampfgruppen zusammen, die der Parole »Unterstützt die Qingdynastie, vertreibt die Ausländer« folgten. Solche Gruppen verbreiteten sich 1899 wie ein Flächenbrand über ganz Nordchina.

100563

»Germans to the front«, befahl der britische Oberbefehlshaber des vereinigten Expeditionskorps, Admiral Edward Hobart Seymour, am 22. 6. 1900 im Boxerkrieg einen Entlastungsangriff des deutschen Kontingents (Gemälde von Carl Röchling, 1902).

Der Boxeraufstand des Jahres 1900 war der Umsturzversuch eines christenfeindlichen Bundes. Soldaten eines Expeditionskorps besichtigen die an einem Stadttor in China aufgehängten Köpfe hingerichteter Aufständischer.

Nachdem ein britischer Missionar als erster Ausländer von den Boxern getötet worden war, verlangten die Großmächte Anfang 1900 vom Kaiserhof die Unterdrückung der Bewegung. Im Mai unterbrachen Boxerverbände die Eisenbahnverbindung zwischen Peking und der Küste. Die Ausländer in der Hauptstadt waren isoliert. Der Kaiserhof, der sich nach langem Schwanken hinter die Boxermilizen stellte, erklärte den ausländischen Mächten den Krieg, nachdem der deutsche Gesandte in Peking von Regierungstruppen erschossen worden war. Am 14. August 1900 erreichte die Expeditionsarmee der acht Mächte Peking, befreite die etwa tausend dort eingeschlossenen Ausländer und begann mit Plünderungen großen Stils. Die Kaiserinwitwe war im gleichen Moment mitsamt dem gefangenen Kaiser aus der Hauptstadt geflohen.

In den Jahren 1900 und 1901 erreichte China den Tiefpunkt seiner internationalen Stellung. In Nordchina brach jede staatliche Autorität zusammen. Die in der Hauptstadt zurückgebliebenen Würdenträger, unter ihnen der an der Pro-Boxer-Politik der Kaiserinwitwe unschuldige Li Hongzhang, mussten sich, nachdem bei den Unruhen 229 Ausländer zu Tode gekommen und viele andere nur knapp einem Massaker entgangen waren, von den Mächten drakonische Straf- und Sühnebedingungen diktieren lassen.

Die gravierendste Maßnahme war eine auf 39 Jahre verteilte »Boxerentschädigung« in der damals astronomischen Höhe von 67,5 Millionen Pfund Sterling. Sie wurden nach einem Schlüssel auf die acht Mächte umgelegt. Ihre Folgen für die chinesische Wirtschaft waren katastrophal: Zwischen 1902 und 1910 musste die Zentralregierung etwa die Hälfte ihres Budgets für die Boxerzahlungen aufwenden. Dies gelang nur durch drastische Steuererhöhungen, die nahezu alle Teile des chinesischen Volkes trafen.

1901 bestätigte sich, dass der Imperialismus in China im Grunde ein kooperatives Unternehmen der Großmächte war. Auch jetzt hatte niemand ein ernsthaftes Interesse an der Verwandlung der Kernprovinzen in Kolonien. Das Gremium der Gesandten in Peking bildete aber eine Art von Über-Regierung, den diplomatic body, gegen dessen Entscheidungen die chinesische Politik im Konfliktfall wenig ausrichten konnte.

Die chinesische Geheimgesellschaft »Weißer Lotos« stand u. a. hinter dem Boxeraufstand (Lithographie, Le Petit Journal, Nr. 472, 3. 12. 1899).

Le Petit Journal
Le Petit Journal
CHAQUE JOUR 5 CENTIMES
Le Supplément illustré
CHAQUE SEMAINE 5 CENTIMES
SUPPLÉMENT ILLUSTRÉ
Huit pages : CINQ centimes
ABONNEMENTS
SIX MOIS UN AN
SEINE ET SEINE-ET-OISE 2 fr. 3 fr. 50
DÉPARTEMENTS 2 fr. 4 fr.
ETRANGER 2 50 5 fr.
Dixième année
DIMANCHE 3 DECEMBRE 1899
Numéro 472
DEUX OFFICIERS FRANÇAIS ASSASSINÉS A QUANG-TCHEOU-WAN

100264

Großbritannien, die USA und Frankreich begrüßten es, dass die Dynastie nach 1905 ein umfassendes Reformprogramm zu verwirklichen begann. Nach dem Boxerschock, der die Aussichtslosigkeit dumpfer Fremdenfeindlichkeit bewiesen hatte, war es ausgerechnet die Kaiserinwitwe, die nun, beraten durch Leute wie den weitsichtigen Provinzgouverneur Zhang Zhidong, noch radikalere Veränderungen in Gang setzte als diejenigen, die sie 1898 unterbunden hatte. Diese äußerst späten Reformen der Qingdynastie werden leicht unterschätzt, weil der Sturz des mandschurischen Herrschergeschlechts

Der General und Politiker Yuan Shikai erhielt nach der chinesischen Niederlage im Chinesisch-Japanischen Krieg den Oberbefehl über die chinesische Armee, die er mithilfe deutscher Offiziere modernisierte.

1911 ihre Verwirklichung abbrach. Sie stellen indessen das eindrucksvollste Reformprogramm dar, das vor Deng Xiaopings Modernisierungspolitik der 1980er-Jahre in Angriff genommen wurde.

Am wichtigsten war die Abschaffung der mehr als tausend Jahre alten Beamtenprüfungen; der Regierungsdienst war nunmehr nicht länger ein Monopol der gelehrten Elite, die sich viele Jahre lang in den klassischen Schriften des Konfuzianismus schulen musste. Zugleich zerbrach auch die zentralisierte Verwaltungsstruktur, die das Reich wie eine Stahlklammer zusammengehalten hatte. Plötzlich wurde ein Auslandsstudium attraktiv. Tausende junger Chinesen machten sich auf den Weg nach Europa, in die USA und vor allem nach Japan, einen Umschlagplatz für Ideen aus dem Westen. Umgekehrt wurden japanische Ausbilder nach China geholt, besonders um militärische Erfolgsgeheimnisse in die Reform einzubringen.

Die Armeereform, bei der sich vor allem Yuan Shikai, der starke Mann im Abendrot des Kaisertums, hervortat, war für die Zukunft besonders bedeutungsvoll. Nun erst entstanden im provinzialen Rahmen schlagkräftige Truppen nach preußischem oder japanischem Vorbild. Zu den weiteren Reformen gehörten die Einrichtung von Handelskammern, ein ziemlich erfolgreiches Vorgehen gegen den Anbau von Mohn und den Handel mit Opium sowie die Reorganisierung traditioneller Hofämter als Ministerien westlichen Stils.

Schon 1906 hatte die Kaiserinwitwe eine Verfassung in Aussicht gestellt. Im Oktober 1909 traten dann die ersten Provinziallandtage zusammen, die ersten Parlamente in der Geschichte Chinas. Obwohl sie allein die gebildete und wohlhabende Elite repräsentierten, bedeuteten sie einen tiefen Bruch mit der politischen Tradition. Der chinesische Staat hatte politische Versammlungen seiner Untertanen stets mit Misstrauen betrachtet und meist unterdrückt. Nun räumte er der Elite, auf deren informelle Mitarbeit er immer schon angewiesen war, ein formelles Mitspracherecht ein.

So erwuchs aus der Katastrophe von 1900 eine halbwegs konstruktive Politik. Diese wurde zum öffentlichen Diskussionsthema, die Suche nach nationaler Identität und nach brauchbaren ausländischen Modellen wurde zu

ZITAT

Die Europäer im Urteil der Chinesen, die Chinesen im Urteil der Europäer in Reiseberichten des 19. Jh.:

Die Chinesen nennen gewöhnlich die Europäer »Barbaren« und halten sie für solche; mit dem Ausdruck meinen sie Völker in einem rohen, unzivilisierten Zustand, moralisch und geistig unkultiviert...
Der Europäer, der viel mit Indern, Malaien, Anamiten, Chinesen und Japanern zu tun gehabt hat, kann es nicht mehr über sich gewinnen, diese braunen und gelben Menschenkinder wie seinesgleichen zu betrachten.

Aus den unreifen Fruchtkapseln der Mohnpflanze wird Opium gewonnen. Zu dem Reformprogramm der späten Qingdynastie gehörte auch das erfolgreiche Vorgehen gegen den Anbau von Mohn und den Opiumhandel.

100807

einer Hauptbeschäftigung der Intellektuellen, die nach dem Ende des Prüfungssystems das Erbe der traditionellen Beamten-Gelehrten antraten. Nationalismus war fortan der Grundnenner, auf dem sich die verschiedensten politischen Richtungen trafen. Er erlangte nun auch außenpolitische Bedeutung.

Nach den Erfahrungen mit übergroßer Beflissenheit gegenüber dem Westen wie etwa zwischen 1864 und 1895 und ihrem Gegenteil, militanter Abwehr wie 1900, wurde nun aus einer Position der Schwäche heraus nach einem neuen Mittelweg gesucht. Dabei konzentrierte man sich darauf, in geduldiger Verhandlungsarbeit für China bessere Bedingungen bei neuen Anleihen und Eisenbahnprojekten zu erzielen. Einige der ehemals abgetretenen Bergwerks- und Bahnkonzessionen wurden sogar zurückgekauft. 1905 wurde daneben zum ersten Mal die Protestform des Boykotts eingeübt: eine gewaltlose Massenaktion, die das Ausland am wirtschaftlichen Nerv zu treffen suchte. Nach dem Boxerdebakel präsentierte sich der chinesische Nationalismus in seinem Auftreten vorsichtig, aber in der Sache entschieden.

Jürgen Osterhammel

Auf tönernen Füßen: Die Republik China

Die Revolution von 1911 stürzte die Qingdynastie zu einem Zeitpunkt, als sie auf einem erfolgreichen Weg aus der Krise zu sein schien. Einiges sprach dafür, dass China endlich dem japanischen Modernisierungsweg folgen würde. Nach dem Tod der Kaiserinwitwe Cixi und des Kaisers Guangzu saß zu diesem Zeitpunkt Puyi, ein fünfjähriges Kind, als Kaiser Xuantong auf dem Thron.

Im radikalisierten Exilmilieu von Tokio und Yokohama hatten ab etwa 1897 Gegner der Mandschuherrschaft die Grundideen des chinesischen Nationalismus und Republikanismus entwickelt. 1905 hatte Sun Yatsen hier den Schwurbund, den Tung-meng-hui, gegründet, die erste politische Organisation, die sich zu revolutionären Zielen bekannte und sich für ganz China – und nicht nur für einzelne Provinzen – zuständig fühlte. Sun Yatsen schmiedete Bündnisse zwischen auslandschinesischen Finanziers und antimandschurischen Geheimgesellschaften und agitierte heimlich unter den Offizieren der neuen Armee. Mitte 1911 stand etwa ein Drittel dieser Armee in der zentralchinesischen Metropole Hankou und der sie umgebenden Provinz Hubei unter dem Einfluss des Tung-meng-hui.

Im Herbst 1911 erwies sich vor allem, dass die politische und gesellschaftliche Elite in den Provinzen, auf die sich die Kaiser seit Jahrhunderten verlassen konnten, dem Hof die Gefolgschaft aufgekündigt hatte. Sie war die Nutznießerin der von oben verordneten Parlamentarisierung gewesen, hatte aber zugleich in den Zentralisierungsbestrebungen einer reformbereiten kaiserlichen Regierung eine Gefahr für ihre eigenen provinzialen Interessen gesehen. Das wichtigste Konfliktfeld waren die Eisenbahnen. Im Zuge der Reformen ab 1905 hatte Peking versucht, seinen Zugriff auf Eisenbahnlinien zu festigen, in die die örtlichen Honoratioren kräftig investiert hatten. Das neue Selbstbewusstsein der Gentry und der Kaufmannsschicht in den Provinzhauptstädten wandte sich also eher aus konkreten materiellen Gründen als aus edlen republikanischen Überzeugungen gegen die Qingdynastie. Überall kam es zu Zweckbündnissen zwischen den Führern der jeweiligen neuen Armee, den Zivilisten in den Provinziallandtagen und revolutionären Agitatoren.

Der Umsturz

Eine Explosion beim subversiven Bombenbauen in Hankou rief am 9. Oktober 1911 die Qingpolizei auf den Plan und trieb die enttarnten Revolutionäre zur Flucht nach vorn. Eine Meuterei brachte zunächst die Provinz Hubei in die Hand der Aufständischen. In einer ungesteuerten Kettenreaktion rebellierten nun die Truppen in mehreren Provinzen Mittel- und Südchinas. Erst mit der rasanten Entwicklung der Ereignisse stellte sich heraus, wie viel Unterstützung der Tung-meng-hui bereits in

INFOBOX

Der letzte Kaiser von China

Als die Dynastie der Mandschu (Qing) nach dem Ausbruch der chinesischen Revolution am 12. 2. 1912 abdankte, endete die 2000 Jahre alte Ära der absoluten Monarchie in China. Auf dem Thron saß Puyi (1906–67), ein fünfjähriges Kind, das im Alter von drei Jahren als Nachfolger seines Onkels Kaiser geworden war.

Puyi durfte nach seiner Abdankung in der ehemaligen kaiserlichen Residenz – der »Verbotenen Stadt« – in Peking bleiben. Als er 1924 von dort vertrieben wurde, stellte er sich unter japanischen Schutz. Die japanische Regierung setzte ihn 1932 als Regenten, 1934 als Kaiser ihres Satellitenstaates Mandschukuo ein.

1945 geriet Puyi in sowjetische Gefangenschaft und wurde 1950 an die Volksrepublik China ausgeliefert. Hier wurde er bis 1959 im Gefängnis »umerzogen« und arbeitete dann als Gärtner, später als Angestellter an einem Institut für Geschichte in Peking.

100563

Der chinesische Politiker und Revolutionär Sun Yatsen versuchte immer wieder von den Nachbarstaaten aus, Einfluss auf die Geschicke seines Landes zu nehmen.

Militärkreisen und weit über sie hinaus gefunden hatte und wie dünn gesät die Anhänger der Dynastie inzwischen waren.

Eine der 18 Provinzen nach der anderen fiel von der Hauptstadt ab. Bereits am 8. November 1911 wählte eine provisorische Nationalversammlung in Peking Yuan Shikai zum Premierminister. Am 12. Februar 1912 dankte die Dynastie offiziell ab.

Die neue Republik

Mit dem Tag der Abdankung der Qingdynastie wurde China Republik, Sun Yatsen war schon am 1. Januar 1912 zu ihrem provisorischen Präsidenten gewählt worden. Seine Basis im Lande war aber viel zu schmal, um ihm ein effektives Regieren zu ermöglichen. Nach sechs Wochen gab er sein Amt zugunsten von Yuan Shikai auf. Die wahren Machtverhältnisse wurden offenbar, als Yuan Shikai Sun Yatsens wichtigsten Mitstreiter ermorden ließ und Sun Yatsens Organisation, die Kuo-mintang (Nationale Volkspartei) als Nachfolgerin des Tungmeng-hui, verbot. Der Traum einer parlamentarischen Entwicklung nach westlichem Muster war damit ausgeträumt.

Yuan Shikais Diktatur einigte China von 1913 bis 1915 noch einmal in einem Maße, das bis zur Gründung der Volksrepublik China 1949 nicht wieder erreicht werden sollte. Aber Yuan Shikai fehlten die militärische Stärke und das administrative Geschick, um das Land auf Dauer zusammenzuhalten. Wichtige Randgebiete des Imperiums der Qingdynastie wie Tibet und die Mongolei erklärten ihre Unabhängigkeit. Die Großmächte und Großbanken nutzten die Wirren des Machtwechsels, um China einige besonders unvorteilhafte Anleihen anzudie-

Sun Yatsens Kenntnisse der westlichen Welt waren begleitet von der Ablehnung der regierenden Qingdynastie, infolgedessen er ein revolutionäres politisches Programm ausbildete. Abgebildet ist das Mausoleum in Nanking des 1925 verstorbenen Sun Yatsen.

100562

INFOBOX

Sun Yatsen

Durch sein Leben im Ausland stärker westlich und weniger traditionell-konfuzianisch geprägt als jeder andere maßgebende chinesische Politiker und Publizist der Zeit, hatte Sun Yatsen niemals an die unmittelbare Übertragbarkeit westlicher demokratischer Institutionen auf China geglaubt. Immer hatte er die Ansicht vertreten, China benötige für längere Zeit eine Einparteienherrschaft und eine weitsichtige Erziehungsdiktatur. Er sprach von »Vormundschaftsregierung«. Dennoch hatte er lange auf die Hilfe der USA und Großbritanniens für seine Pläne zur Modernisierung Chinas gehofft und seine Kritik am westlichen Imperialismus daher sehr milde formuliert.

Die Entwicklung 1919 und in den Jahren danach zerstörte indessen sein Vertrauen in den Westen. 1923 schloss er eher aus pragmatischen Gründen als aus tiefer Überzeugung ein Bündnis mit der Sowjetunion, die ihm politische Berater zur Umwandlung seiner Partei, der Kuo-min-tang, in eine straff geführte Kaderorganisation und Militärexperten zu Hilfe beim Aufbau einer eigenen Parteiarmee schickte.

nen. Darüber hinaus trat Japan wieder als aggressive Imperialmacht hervor. Nach Kriegsausbruch 1914 riss es die deutsche Kolonie in Shandong an sich und diktierte 1915 Yuan Shikai eine Art von Protektoratsvertrag, der nur durch den Einspruch der übrigen Mächte gemildert werden konnte.

Ein Jahr später beging Yuan Shikai den Fehler, eine eigene Kaiserdynastie begründen zu wollen. Seine Militärführer versagten ihm jedoch die Gefolgschaft. Nach seinem Amtsverzicht und Tod 1916 blieb China nominell zwar als Gesamtnation erhalten, zerfiel aber tatsächlich in Herrschaftsgebiete zahlreicher Militärmachthaber, der warlords.

»Zerschlagt den Kramladen des Konfuzius!« – Die erste chinesische Kulturrevolution

Die neue Generation, die sich nach der Revolution von 1911 zu Wort meldete, kannte die chinesische Tradition gut genug, um sie profund kritisieren zu können, hatte aber genügend andere Einflüsse aufgenommen, um über alte kulturelle Selbstverständlichkeiten hinauszublicken. Die ältesten unter den Verfechtern einer Kulturrevolution hatten noch eine klassische Bildung erhalten; danach hatten sie jedoch Japan und das westliche Ausland kennen gelernt. Ein solches Wechselbad der Erfahrungen prägte den Lebensweg des ersten Wortführers der Bewegung, Chen Duxiu, der 1915/16 mit seiner Zeitschrift »Neue Jugend« ein Forum für Intellektuelle schuf, die unter dem Eindruck des Scheiterns der ersten chinesischen Republik standen.

Seit etwa 1915 entwickelte sich eine Revolution, die mindestens ebenso tiefe Wirkungen zeitigte wie der Sturz des kaiserlichen Systems: eine Revolution zur Erneuerung der chinesischen Kultur. Schon lange hatten chinesische Gelehrte nach den Ursachen für die Misere ihres Landes und nach Wegen der Abhilfe gefragt. Oberflächliche Kommentatoren schoben die Schuld auf die angeblich inkompetente »Fremdherrschaft« der seit langem sinisierten Mandschus. Andere sahen tiefer: Sie verwiesen wie Kang Youwei auf die Erstarrung einer im Kern reformfähigen konfuzianischen Kultur und analysierten wie Liang Qichao den Imperialismus in seiner Wirkung auf China. Niemand unter den schon vor 1900 tätigen Publizisten trat aber für eine radikale Verwestlichung ein.

Chen Duxiu und seine Mitstreiter, zu denen auch der Schriftsteller Lu Xun gehörte, strebten danach, das Individuum von der Last des Alten und Herkömmlichen zu befreien. Sie wandten sich vordringlich an ihre Schüler und jungen Leser, um ihnen Mut, geistige Neugier und Kreativität nahe zu bringen. Kein Traditionsbestand sollte ungeprüft übernommen werden. Die Autoren der kulturpolitischen Zeitschrift »Neue Jugend« wandten sich gegen politische Privilegien für wenige, gegen den Militarismus der warlords, gegen blinden Gehorsam gegenüber Beamten und Eltern, gegen religiösen »Aberglauben« und gegen die traditionelle Großfamilie der chinesischen Oberschicht. Sie forderten Frauenemanzipation, eine Vereinfachung der überaus komplizierten Schriftsprache und eine volksnähere Literatur. Soziale Forderungen blieben daneben spärlich und allgemein. Die Lage der Bauern geriet kaum ins Blickfeld dieser städtischen Intellektuellen.

Einerseits bewunderten die Vertreter dieser Kulturrevolution die klassischen Schriften des europäischen Liberalismus, empfahlen die Einführung repräsentativer

Institutionen und propagierten Wissenschaftsideale, die westlichen Ursprungs war, andererseits verschloss kaum jemand unter ihnen die Augen vor der massiven imperialistischen Präsenz der westlichen Staaten in China.

Mobilisierung der Straße
Die reformorientierten Kräfte hatten am Ende des Ersten Weltkriegs gehofft, die liberalen Großmächte Großbritannien und die USA würden die aggressiveren Imperialisten, besonders Japan, in ihre Schranken weisen. Stattdessen bestätigte die Friedenskonferenz von Versailles Japan den Besitz der von ihm okkupierten Gebiete in der Provinz Shandong. Als die Nachricht von dieser Entscheidung in China eintraf, kannte die Empörung keine Grenzen.

Schriften des Marxismus-Leninismus wurden vereinzelt auch in chinesischer Übersetzung bekannt. Lenins »Was tun?« hatte 1902 das Konzept einer revolutionären Kaderpartei des Proletariats im Kampf um die Schaffung einer sozialistischen Staats- und Gesellschaftsordnung entwickelt.

Zunächst waren die sozialistischen Strömungen für China weniger interessant als der Anarchismus. Marx und Engels, hier das Denkmal in Berlin, rückten erst nach der Oktoberrevolution 1917 mit ihren Schriften ins Bewusstsein der Chinesen.

Seit dem 4. Mai 1919 richteten sich Protestkundgebungen, Boykottaktionen und Streiks wochenlang gegen die ausländischen Mächte und gegen die Regierung der warlords, die in Versailles kein besseres Ergebnis erzielt hatte. An ihnen beteiligten sich nicht nur Professoren, Studenten und Schüler, sondern auch weite Teile der städtischen Gesellschaft in ganz China. Mit dieser beispiellosen Mobilisierung erreichten die Intellektuellen der »Bewegung für Neue Kultur« eine Massenbasis, von der sie zuvor nicht zu träumen gewagt hatten. Zugleich begann mit dem 4. Mai 1919, einem bis heute im chinesischen Geschichtsbewusstsein geradezu mythischen Datum, die Ära der politischen Artikulation auf der Straße. Politik war nicht länger das Privileg einer kleinen Elite.

Die ideologische Spaltung der Kulturrevolution

Die Kulturbewegung des Jahres 1919 zerbrach vor allem an Fragen, die die wünschenswerte politische Entwicklung Chinas und die Mittel, dorthin zu gelangen, betrafen. Es bildeten sich im Wesentlichen drei politische Richtungen aus: Den geringsten Einfluss gewannen diejenigen, die trotz der fortdauernden Privilegien der imperialistischen Mächte für eine weitgehende Übernahme angelsächsischer Demokratiemodelle eintraten. Sie ignorierten noch mehr als andere die Probleme des ländlichen China und vermochten nie, sich parteipolitisch zu organisieren. Sie formulierten jedoch deutlicher als ihre Rivalen Forderungen nach Menschenrechten, Rechtsstaatlichkeit und tatsächlich repräsentativer Demokratie.

Die zweite Richtung war die des Marxismus-Leninismus. Die Schriften von Marx und Engels wurden seit der Jahrhundertwende in vereinzelten chinesischen Übersetzungen bekannt, doch war unter den sozialistischen Strömungen Europas für Chinas Intellektuelle zunächst der Anarchismus bei weitem interessanter. Erst die russische Oktoberrevolution 1917 und die Vierter-Mai-Bewegung von 1919 gaben dem Marxismus Auftrieb. Zum einen

INFOBOX

21 Forderungen

Am 18. 1. 1915 überreichte die japanische Regierung dem chinesischen Präsidenten Yuan Shikai eine Liste von 21 Forderungen. Sie verlangte u. a. die Übertragung der vormals deutschen Rechte in der Provinz Shandong an Japan und die kompensationslose Verlängerung der Pachtfristen für Port Arthur, Dairen und die Südmanschurische Eisenbahn auf 99 Jahre; die Umwandlung des größten chinesischen Eisen- und Stahlwerks in ein chinesisch-japanisches Unternehmen; wirtschaftliche Vorteile für japanische Bürger in der südlichen Mandschurei und der Inneren Mongolei. Damit wollte Japan das Recht erhalten, in östlichen und südlichen Provinzen Chinas strategisch herausragende Eisenbahnlinien zu bauen. Außerdem sollte in wichtigen Landesteilen die chinesische Polizei einer gemeinsamen japanisch-chinesischen Kontrolle unterstellt werden.

lenkte der Massenprotest in China die Aufmerksamkeit der Intellektuellen erstmals auf die industrielle Arbeiterschaft und die soziale Frage. Darüber hatten die Schriften des Marxismus mehr zu sagen als die des europäischen Anarchismus. Zum anderen schien das Regime der Bolschewiki in Russland zu beweisen, dass in einem rückständigen Land durchaus grundlegende Veränderungen möglich waren; vielleicht konnte China von der jungen Sowjetunion mehr lernen als vom Westen und von Japan.

Hinzu kam, dass die Sowjetunion der imperialistischen Chinapolitik des Zarismus abschwor und als erste Großmacht die Ansprüche des chinesischen Nationalismus anerkannte – wenngleich mehr auf dem Papier als in der Wirklichkeit. Unter der Führung von Chen Duxiu vollzog ein beträchtlicher Teil der Protagonisten der »Bewegung für Neue Kultur« die Umorientierung zu marxistisch-leninistischen Politikvorstellungen. Russische Berater, von der Kommunistischen Internationale entsandt, förderten diesen Schwenk. Chen Duxiu, wenige Jahre zuvor noch ein Verfechter westlicher Demokratiekonzepte, erklärte sich 1921 bereit, als Generalsekretär der neu gegründeten Kommunistischen Partei Chinas zu amtieren.

Die dritte politische Richtung war ein modernisierungswilliger Nationalismus, dessen Ziele Sun Yatsen in seinen letzten Lebensjahren formulierte. Bestimmt von dem Gedanken einer Erziehungsdiktatur, baute er, gestützt auf die Kuo-min-tang, eine Einparteienherrschaft auf, nachdem er sich ab 1919 enttäuscht von den westlichen Mächten abgewandt hatte.

Kuo-min-tang und die Kommunistische Partei waren die beiden dynamischsten Kräfte, beide nach dem Prinzip der autoritär geführten, Disziplin fordernden Kaderpartei organisiert. Nur so schien sich der Herrschaft der warlords ein erfolgreicher Widerstand entgegensetzen zu lassen.

Die Vierte-Mai-Bewegung von 1919 gab dem Marxismus in China Auftrieb. In diesem Zusammenhang wurden auch die Schriften von Karl Marx rezipiert. Abgebildet ist das Titelblatt der Erstausgabe des »Kommunistischen Manifests« von 1848.

Sozialgeschichtliche Veränderungen

Von der intellektuellen Vielfalt und der unbefangenen Aufbruchstimmung der Jahre zwischen 1915 und 1919 war danach kaum etwas geblieben. Demokratie und Liberalismus waren gescheitert. An die Stelle von Debat-

Manifest

der

Kommunistischen Partei.

Veröffentlicht im Februar 1848.

Proletarier aller Länder vereinigt euch

London.

Gedruckt in der Office der „Bildungs-Gesellschaft für Arbeiter“

von J. E. Burghard

46, Liverpool Street, Bishopsgate.

100880

ten und Utopien trat der bewaffnete Kampf für soziale Revolution und nationale Einheit. Das Bild der Frühphase der chinesischen Republik wäre jedoch unvollständig, überginge man die wichtigen sozialgeschichtlichen Veränderungen. Die Verwandlung von Gelehrten in Intellektuelle, die soziale Aufwertung des Militärs und die Entstehung einer modernen Arbeiterschaft waren begleitet von der Formierung einer chinesischen Bourgeoisie.

Besonders zur Zeit des Ersten Weltkriegs, als der Importdruck auf China nachließ, eröffneten sich große Möglichkeiten für ein chinesisches privates Unternehmertum, das sich vor allem in der Textilindustrie engagierte. Das politische Chaos der Warlordherrschaft erschwerte zwar Transport und Handel über Land, ließ aber auch Nischen entstehen, in denen sich wirtschaftliche Privatinitiative frei von staatlicher Gängelung entfalten konnte. Diese neue Bourgeoisie, die sich auch im Bankensektor entwickelte, war kein energisch auf politische Beteiligung pochendes Bürgertum im europäischen Sinne, konnte aber durch jeden mobilisiert werden, der ihr Schutz vor der übermächtigen ausländischen Konkurrenz versprach. Deshalb beteiligten sich Unternehmer und Kaufleute in den treaty ports mit großem Eifer an Boykotten. Diese Bourgeoisie war keine Trägerin von Demokratisierung, doch eine der Stützen jenes Antiimperialismus, der allen politischen Richtungen Chinas gemeinsam war. *Jürgen Osterhammel*

»Erleuchtete Regierung«: Japan in der Meijizeit

Japan hat in seiner Geschichte drei große Reformschübe zu verzeichnen. In der Taikareform des 7. Jahrhunderts diente China als Modell. In den Meijireformen, die sich auf den Zeitraum von 1868 bis 1890 erstreckten, wurden westliche Vorbilder, vor allem preußisch-deutsche, adaptiert. Nach der vollständigen Niederlage des Kaiserreiches 1945 erzwang die amerikanische Besatzungsmacht grundlegende soziale und politische Umgestaltungen. Kennzeichen aller drei Reformen ist ihre zwangsweise Durchführung von »oben« und der allen Reformphasen folgende Immobilismus. Beharrungsvermögen,

100880

Der Kaiserkult schlug sich auch in repräsentativem Bildmaterial nieder. Bei diesem Stich nach einem offiziellen Foto des Kaisers Mutsuhito mit seiner Familie (um 1890) fällt die europäisierende Darstellung auf.

ja Reformfeindlichkeit oder sogar -unfähigkeit scheinen der japanischen Gesellschaft seit alters immanent zu sein.

Die Meijireform, auch als Revolution bezeichnet, war in Wirklichkeit eine Restauration und wurde von der neuen Regierungsschicht alter Herkunft, den Samurai, auch entsprechend gestaltet. Der Kult um den Kaiser, als spirituelles und politisches Zentrum der japanischen Großfamilie, diente der nationalen Selbstfindung, um das vom Westen gewaltsam aus seiner selbst gewählten Isolierung herausgerissene Land westlichen, religiös fundierten Weltanschauungen ebenbürtig erscheinen zu lassen. Der gesamten Modernisierung Japans war daher ein defensives Moment eigen, die Herausforderung des Westens nur so weit aufzugreifen, um die »Gaijin« mit ihren eigenen Waffen zu schlagen. Dieser Versuch misslang im Zweiten Weltkrieg gründlich.

Diese Fehlentwicklung ist nicht zuletzt der von den Meiji-Gründervätern bewusst betriebenen Anlehnung an preußisch-deutsche Vorbilder anzulasten. Nach einer Phase des Experimentierens mit europäischen und amerikanischen Mustern, die schon in den letzten Jahren des Schogunats einsetzte, sah sich Japan in einer Art Wahlverwandtschaft mit dem preußisch dominierten jungen deutschen Kaiserreich. Einschneidend war vor allem die nach preußischem Muster gestaltete Meijiverfassung von 1889 – eine konstitutionelle Fassade, die dazu diente, auf

Im August 1945 ging auch der Japanisch-Chinesische Krieg, der seit 1937 andauerte, zu Ende. Während der Vorverhandlungen zur Kapitulation übergibt der japanische Sonderbotschafter Takeo Imai (rechts) dem chinesischen Oberkommando Karten mit den Positionen japanischer Truppen in China.

50

Gleichrangigkeit mit den Westmächten zu bestehen und die ungleichen Verträge loszuwerden.

Die Umgestaltung des Erziehungswesens nach deutschem Muster und die Ausrichtung der Armee an preußischen Militärnormen haben die in der Kokutai-Idee angelegte »Besonderheit des Japanertums« militarisiert und zur aggressiven Expansion auf dem asiatischen Festland wesentlich beigetragen. Das Zusammengehen beider Länder im Zweiten Weltkrieg und ihr vollständiger Zusammenbruch gehen auf eine verwandte Geschichte und vergleichbare soziale und politische Deformationen zurück – Folge der Reformunfähigkeit in Weimar-Deutschland wie in Taisho-Japan.

Verehrt den Kaiser! – Das Ende des Schogunats

»Erleuchtete Regierung«, zuweilen auch »aufgeklärte Politik«, lautete, je nach Übersetzung und damit verbundener Wertung, die Herrschaftsdevise des japanischen Kaisers Mutsuhito, die ihm mit dem vagen japanischen Begriff Meiji zu Beginn des Jahres 1868 von den neuen Machthabern des Landes nach einer Palastrevolution vorgegeben worden war. Mit seinem Tode 1912 ging die 44 Jahre umfassende Meijizeit zu Ende, in der Japan sich von einem rückständigen, feudalen Staatswesen zur allseits respektierten Führungsmacht in Ostasien gewandelt und vermeintlich den Anschluss an die westlichen

Industrienationen geschafft hatte. Meiji-Tenno und Meijizeit wurden rasch zum Inbegriff eines einzigartigen Modernisierungsmodells, das vermeintlich in weiser Voraussicht von einem aufgeklärten Herrscher betrieben und von einem wie eine Familie um ihn gescharten Volk ehrerbietigst durchgeführt worden sei.

Die ebenso bewusst geschaffene Ideologie des Kults um den göttlichen Kaiser und die Auserwähltheit des Volks, Japans moderne Mythen, dienten gleichermaßen der Herrschaftsstabilisierung des neu geeinten Staatswesens wie einer neuen, nationalen Identität. Der Kaiser hatte lediglich die Funktion, die Politik der herrschenden Gruppierung zu legitimieren. Wer den Kaiser als religiös-politischen Bezugspunkt der Nation in der Hand hatte, übte die tatsächliche Herrschaft durch den »kaiserlichen Vorhang« aus. In dem Leitbegriff Meiji, der im Sinne der neuen Machthaber am besten mit »erleuchtetes Regieren« umschrieben wird, offenbarten sich Programm und Propaganda jener Samurai, die am 3. Januar 1868 den Kindkaiser Mutsuhito auf den Thron des Herrschers erhoben hatten, um ihn geschickt für ihre neue Politik zu manipulieren.

Das Land sollte fortan keinesfalls im westlichen, aufgeklärten Geist regiert werden, sondern lediglich von westlichen Vorbildern »erleuchtet« werden. Dem Regierungswechsel von 1868, allen folgenden Reformen und nicht zuletzt der Verfassung von 1889 lag daher eine antiwestliche Stoßrichtung zugrunde. Von Anfang an strebte die an die Macht gelangte Kriegerkaste alter Herkunft danach, den Westen mit seinen eigenen Waffen zu schlagen und auf diese Weise die angestammte Herrschaft zu festigen und ein Großjapan (Dai-Nihon) in der Nachfolge des vom Westen unterjochten »Reiches der Mitte«, China, als asiatische Führungsmacht zu etablieren.

Nach jahrhundertelangen, bürgerkriegsähnlichen Wirren hatte die erblich gewordene Herrschaft der Familie Tokugawa (1603–1868) dem Land inneren Frieden beschert und durch eine rigorose Abschließung vom Westen dafür gesorgt, dass weder christliche Missionare noch westliche Kaufleute die statisch-harmonische Ordnung störten. Die Regierungsgewalt wurde, nominell im Namen des Kaisers, vom Militäroberbefehlshaber, dem Schogun, ausgeübt. Der machtlose Kaiser residierte als

ZITAT

Bericht des Commodore Matthew Perry über den Abschluss des amerikanisch-japanischen Vertrags vom 31. 3. 1854:

Von jetzt an werden die Walfischfänger keine Befürchtung mehr haben dürfen, sich den Küsten Japans zu nähern und den schrecklichen Folgen eines Schiffbruchs auf diesen ungastfreundlichen Küsten ausgesetzt zu sein. ... nicht ein einziger Hafen des Reichs wird hilfsbedürftigen Schiffen verschlossen sein.

religiöses Oberhaupt des Schintoismus, eines göttlichen Ahnenkults, in der Residenzstadt Kyōto. Die Lehnsherren (Daimyō) bildeten zusammen mit dem funktionslos gewordenen Kriegeradel, den Samurai, die Führungsschicht, die mit etwa vier bis fünf Prozent der Bevölkerung etwa 420 000 Haushalte mit ungefähr zwei Millionen Personen ausmachte.

Als reine Konsumentenklasse – waren ihnen doch Handel und Gewerbe untersagt – gerieten die höheren Adelsränge bald in wirtschaftliche Abhängigkeit von den auf der untersten Stufe der gesellschaftlichen Ordnung stehenden Kaufleuten. Die niederen Samurai siedelten meist in den Burgstädten und besserten ihre in Reis ausgezahlten Stipendien durch Verwaltungstätigkeit auf. Diese Schicht sollte in der durch äußere Bedrohung beschleunigten Krise des Schogunats zum Befürworter eines durchgreifenden politisch-gesellschaftlichen Wandels werden.

Die Bauern, die noch im 19. Jahrhundert achtzig Prozent der Bevölkerung ausmachten, rangierten zwar in der gesellschaftlichen Ordnung als einzige produktive Klasse gleich unterhalb der Krieger, wurden jedoch derart durch feudale Abhängigkeiten drangsaliert, dass sie

Preußische Militärnormen waren die Orientierungsgröße bei der Ausrichtung der japanischen Armee. Das historisierende Gemälde zeigt das Einsetzen einer preußischen Militärorganisationskommission.

50

sowohl in der Tokugawazeit als auch im darauf folgenden kaiserlichen Japan als politische Kraft ausfielen.

Hingegen strebten die gesellschaftlich deklassierten Kaufleute und die kleine, aber prosperierende Schicht städtischer Handwerker Veränderungen an und bildeten für die unzufriedenen, da wirtschaftlich immer weiter verarmenden Samurai die gegebenen Verbündeten in der Auseinandersetzung mit der erstarrten Schogunatsherrschaft. In der allgemeinen Finanzkrise konnten sich indes einige Territorialfürstentümer (Han), wie die im Süden gelegenen Chōshū und Satsuma, aufgrund von Nebeneinkünften und effizienter Verwaltung gut behaupten. Einst von den Tokugawa militärisch unterworfen, wurden diese beiden Fürstentümer zu Zentren der Opposition gegen den Schogun.

110

Der Samurai Iwakura Tonomi hatte sehr gute Verbindungen. Als einziger Adliger bei Hofe gelangte er 1868 in die neue Regierung (Stich um 1871).

Die Öffnung Japans

Die innere Aushöhlung des Schogunatsystems und seine äußere Schwäche waren durch die von den Westmächten ausgehende Bedrohung, Japan ähnlich wie China gewaltsam militärisch zu öffnen und wirtschaftlich mithilfe ungleicher Verträge zu kolonisieren, offenkundig geworden, als sich 1853 ein amerikanisches Geschwader der Bucht von Edo unbehelligt nähern konnte und dessen Kommandeur erfolgreich auf Vertragsverhandlungen insistierte. Die ohnehin oppositionell eingestellten Han von Chōshū und Satsuma wurden nunmehr zusammen mit dem vom Schogun übergangenen Hof zu den Wortführern einer fremdenfeindlichen Politik. Unter dem Schlachtruf »Verehrt den Kaiser – vertreibt die Barbaren« sollten mittels einer Machtausweitung des Tenno die »Langnasen« wieder vertrieben werden.

Zu einer ideologischen Aufwertung des japanischen Kaisers als gottähnlichem, dem Pekinger Sohn des Himmels ebenbürtigen Herrscher hatte zu Beginn des 19. Jahrhunderts eine historische Richtung (Mitoschule) beigetragen. Die Abgeschlossenheit Japans hatte einen Ethnozentrismus genährt, der sich in Visionen von einem großjapanischen Reich und der Besonderheit des japanischen Wesens Bahn brach und besonders in den Kreisen der niederen Samurai begierig aufgenommen wurde.

Die Beschäftigung mit westlichem Wissen hatte zugleich einen derartigen Aufschwung genommen, dass die ausländischen Studien in einem eigens geschaffenen »Institut zum Studium barbarischer Bücher« in Edo eingerichtet wurden. Die auf Absetzung des Schogunats drängenden Kräfte strebten daher von Anfang an sowohl eine Reform des politischen und gesellschaftlichen Systems als auch dessen Restauration im Sinne tradierter, mythischer Vorstellungen an. Die inzwischen relativ unabhängig gewordenen Lehnsfürstentümer von Satsuma, Mito und Chōshū nahmen auf eigene Faust eine Erneuerung ihrer Streitkräfte in Angriff, der in Chōshū sogar das Waffenmonopol der Samurai geopfert wurde.

Auch das Schogunat setzte nunmehr, wenn auch zögerlich, auf Reformen. Eine Regierungsdelegation bereiste 1862 erstmals Europa und fand dort auch den Weg nach Berlin, wo die Erneuerung Preußens nach den Niederlagen gegen Napoleon I. bei den Japanern einen tiefen Eindruck hinterließ.

Doch alle Reformansätze waren zum Scheitern verurteilt, solange die feudale Ordnung nicht aufgebrochen wurde und westlich-kapitalistischen Methoden keinen Raum bot. Das Dilemma der japanischen wie auch schon der chinesischen Modernisierung, den eigenen Geist mit der Technik des Westens verbinden zu wollen, war bereits in der Endphase des Schogunats deutlich geworden. Das Grundproblem sollte auch den zweiten nach 1868 eingeleiteten Reformversuch begleiten und längerfristig zu dessen Scheitern beitragen.

ZITAT

Aus einer Zirkulardepesche der japanischen Regierung an die Repräsentanten der europäischen Mächte vom 1. 5. 1861:

Die Zulassung des auswärtigen Handels in den offenen Häfen hat aber zu einem von unseren Erwartungen sehr verschiedenen Resultate geführt; die vermöglicheren Volksklassen sehen den Vorteil davon nicht ein und auch den ärmeren erwächst daraus keine Wohltat…

Kabale und Krieg – Die Geburt des modernen Japan

Die entscheidende Phase im Kampf um die Macht begann im September 1866, als ein numerisch überlegenes Heer des Schoguns bei einer Strafexpedition gegen den Han Chōshū von dessen modernisierten Truppen geschlagen wurde und der Oberbefehlshaber wenige Tage später verstarb. Zwar fand sich nach langen Beratungen am 10. Januar 1867 mit Keiki (auch Yoshinobu genannt) nochmals ein Mitglied des Hauses Tokugawa bereit, das Amt des Schoguns anzutreten, aber die Kaiserstadt Kyōto lag den nunmehr verbündeten Truppen von Chōshū und Satsuma offen.

Politisch und militärisch versierte Samurai verbündeten sich mit dem alten Hofadel (kuge), der wegen seiner jahrhundertelangen Isolierung ebenfalls auf einen

100562

Die 1068 m lange Kanmon-Brücke über der Manmom-Meerenge verbindet Kitakyushu auf der Insel Kyushu mit Shimonoseki auf der Insel Honshuū.

politischen Umsturz zielte. Erstes Opfer dieser neuen Hofkamarilla scheint der Kaiser selbst gewesen zu sein, der zu dem von ihm bestallten Schogun hielt und überdies eine weiter gehende Öffnung des Landes ablehnte. Offiziell starb Kaiser Kōmei an einer Pockenerkrankung, doch wurde er vermutlich auf Betreiben von Iwakura Tomomi, einem einflussreichen Samurai bei Hofe, vergiftet, der den minderjährigen Sohn des Kaisers für den Kampf gegen den Schogun gefügig machen wollte. Kabale und Krieg standen bei der Entstehung des modernen kaiserlichen Japan Pate – Hofintrigen und machtpolitische Ambitionen einzelner Militärs sollten es auch bis zum Untergang der Tennoherrschaft 1945 begleiten.

Nach einer Unterredung mit ihm treu ergebenen Daimyō bot Keki, der letzte Schogun des Landes, dem Kaiser am 8. November 1867 an, die politische Gewalt nominell dem Herrscher zu übertragen, um fortan zumindest im Kreis der den Thron beherrschenden Ratgeber den Einfluss der Tokugawa-Familie zu sichern. Die Regierung sollte erweitert und vor allem ein wirtschaftlich ruinöser Bürgerkrieg verhindert werden. Der junge Kaiser fand sich in einer machtpolitischen Patt-

ZITAT

Eine populäre Redensart der Samurai verglich die ihnen dienstbaren Bauern mit der Ölpflanze Raps:
Je mehr man sie presst, desto mehr bekommt man aus ihnen heraus.

situation, deren Überwindung mittels eigenständigen Handelns ihm vermutlich seine jugendliche Unerfahrenheit verbot.

Das Dilemma seines Enkels, des Kaiser Hirohito, in Zeiten eines machtpolitischen Vakuums, wie bei der Kapitulation des kaiserlichen Japan im August 1945, selbstständig handeln zu müssen, war ebenfalls bereits in der Vorgeschichte des Umsturzes von 1868 angelegt. Waren die Machtverhältnisse bei Hofe nicht eindeutig oder ließen sich keine tragfähigen Kompromisse erzielen, bestand die Gefahr politischer Immobilität, die entweder durch eigenes Handeln des Souveräns oder durch einen Gewaltstreich überwunden werden musste.

In den Morgenstunden des 3. Januar 1868 rückten unter Führung eines militärstrategisch begabten Samurai aus Satsuma, Saigō Takamori, Truppen der rebellierenden Han in den Palast ein und schalteten nach kurzem Geplänkel die Wachmannschaften aus. Der Kinderkaiser, nunmehr in der militärischen Gewalt der gegen die alte Ordnung aufbegehrenden Kräfte, fügte sich in das Unvermeidbare. Noch am selben Tage wurde in einer Erklärung das Schogunat beendet und eine neue Regierung mit allen führenden Köpfen der Aufstandsbewegung unter einem kaiserlichen Prinzen gebildet.

An die Stelle der absolutistischen Alleinherrschaft des Schoguns war nicht etwa ein allgewaltiger Tenno getreten, sondern ein mühsam ausgehandelter Herrschaftskompromiss. Fortan mussten an einer Regierung so viele einflussreiche und gegensätzliche Kräfte wie möglich beteiligt werden, um Rivalitäten und Intrigen innerhalb der jeweils herrschenden Gruppierung auffangen zu können. Japanische Minister sind auch im heutigen, äußerlich modernen Kabinettsystem nur Repräsentanten einer Politik, die schon 1868 im zweiten Glied gemacht wurde. Was heute einflussreiche Bürokraten oder Fraktionsführer von Parteiungen sind, waren in der ersten Regierung des modernen Japan die niederen Samurai, die wie Iwakura und Saigō das eigentliche Sagen hatten.

Unter dem monarchischen Schutzschild bildete sich im kaiserlichen Japan ein Regierungssystem heraus, das seine Legitimation aus Gruppenkämpfen ableitete und keinesfalls vom Volkswillen oder auch nur von programmatischen Überlegungen getragen war. Vorrangig sollte

Der Schintoismus hatte die religiösen Vorstellungen der Japaner in Form von Werten, Verhaltens- und Denkmustern prägend beeinflusst. 1868 wurde der Shintoismus zum Staatskult erhoben. Abgebildet ist ein shintoistischer Tempel in Kyōto.

100880

es immer um die Macht gehen. Sachfragen, auch die der anstehenden Reformen, wurden unter machtpolitischen Gesichtspunkten der untereinander rivalisierenden Han-Bürokraten, niederer Samurai aus Chōshū, Satsuma, Hizen und Tosa, den Siegern von 1868, angegangen und nicht unter dem Aspekt der Zweckmäßigkeit. In diesem Gruppengerangel um die Macht über den Kaiser behielten die beiden Territorialfürstentümer Satsuma und Chōshū die Oberhand und bestimmten bis weit über den Ersten Weltkrieg hinaus die Geschicke des Landes.

Schwierige Doppelherrschaft – Chōshū und Satsuma

Die im Zweiten Weltkrieg dann so manifeste Rivalität zwischen Heer und Marine geht auf diese Doppelherrschaft der beiden Han und ihre unterschiedliche politisch-geographische Stoßrichtung zurück. Stand Chōshū, an der Straße von Shimonoseki und somit Korea gegenüber gelegen, für eine auf das asiatische Festland abzielende kontinentale Politik und Kriegführung, so wurde Satsuma, am südlichsten Punkt (Kagoshima) der südlichsten der japanischen Mutterinseln (Kyūshū) gelegen, zum Anwalt der Marine und eines südwärts gerichteten maritimen Expansionsprogramms.

Zu den Kultbauten des Shintoismus gehören auch die Torii, die hölzernen Ständerbauten mit Satteldächern und Portalen. Gezeigt ist das Torii des Itsukushima-Schreins vor der Insel Miyajima.

100001

Kagoshima, am südlichsten Punkt der südlichsten der japanischen Mutterinseln gelegen, wurde zum Anwalt der Marine und eines südwärts gerichteten maritimen Expansionsprogramms.

Dieser Dualismus sollte sich am einfachsten durch ein für beide vorteilhaftes schwerindustrielles Aufrüstungsprogramm und gemeinsame Siege – zu Wasser und zu Lande – in Zukunft überbrücken lassen. Die Geburtsfehler des modernen Japan bestimmten die weitere Entwicklung und führten letztlich, da sich das neue politische System einer intern rivalisierenden Oligarchie nicht reformieren, sondern nur nationalistisch radikalisieren ließ, in den Untergang des Jahres 1945.

Die neue Regierungsform wurde bis zur Einführung des Kabinettsystems im Jahre 1882 laufend geändert. Die ersten Fachbehörden als Vorgänger von Ministerien entstanden nach westlichen Vorbildern bereits im ersten Jahr der nominellen Herrschaft des neuen Tenno. Das politische Grundsatzprogramm wurde mehrfach von den

Vor der Schaffung einer regierungsberatenden Versammlung, die die Gründungscharta von 1868 verhieß, galt es, die Funktionsträger des alten Lehnswesens zu entmachten (Lithographie des Daimyō von Okinawa, um 1856, nach einer 1854 aufgenommenen Daguerreotypie).

führenden Köpfen der siegreichen Han geändert, bevor sich die von dem mächtigen Chōshū vorgelegte Fassung durchsetzte. Als Gründungscharta oder Grundgesetz beinhaltete dieser »Fünf-Artikel-Schwur« des Tenno vom 3. April 1868 die grundlegenden Punkte des zukünftigen Regierungsprogramms.

Der Streitpunkt über die Zusammensetzung einer regierungsberatenden Versammlung wurde durch eine vage Kompromissformel von der »Einberufung öffentlicher Versammlungen« verdeckt. Denn die neuen Machthaber konnten sich nicht darüber einigen, ob alle ehemaligen Lehensherren und somit auch die noch gegen die neue kaiserliche Ordnung aufbegehrenden Daimyō und sogar Vertreter des gemeinen Volkes an einem solchen Beratungsorgan beteiligt werden sollten. Diese Frage, in der Gründungscharta angesprochen, blieb angesichts der massiven Einschränkungen des parlamentarisch-demokratischen Systems in Japan bis 1945 ungelöst, wie sich auch die Angleichung der Stände, ebenfalls gleich mehrfach in der Charta postuliert, in der gesellschaftspolitischen Praxis nicht durchführen ließ.

Hingegen konnte die Konzentration aller Kräfte auf das nationale Wohl angesichts der äußeren und jederzeit von der Oligarchie politisch instrumentalisierbaren Bedrohung erreicht werden. Der neue, das Volk auf den Kaiser verpflichtende Nationalismus wurde, wiewohl weitgehend künstlich geschaffen, zu einer Integrationsideologie, welche die Schwachstellen des neuen politischen Systems verdeckte. Die postulierte Abschaffung der schlechten Bräuche der Vergangenheit zugunsten einer harmonischen Ordnung von oben und unten griff konfuzianistische Vorstellungen auf und diente im Grunde der traditionellen Disziplinierung des Volkes im Allgemeinen wie der des Einzelnen.

Der Rückgriff auf chinesische Verhaltensnormen verdeutlichte einmal mehr die Eingebundenheit Japans in den asiatischen, von China bestimmten Kulturkreis. Diese tradierte Ordnung musste jedoch durch den wohl revolutionärsten Punkt des Programms – »Kenntnisse in aller Welt sammeln« – langfristig infrage gestellt werden, auch wenn dieses Lernen vom Westen, wie sogleich einschränkend vermerkt, lediglich der Festigung des Kaiserreichs, das heißt der Bewahrung angestammter Identitäten, dienen sollte. Die Meijireform als interner Machtwechsel innerhalb der Führungsschicht sollte alle Kräfte bündeln, um die angestammte Ordnung gegen die Herausforderung des Westens zu behaupten. Japans Modernisierung war letztlich ein Verteidigungsprogramm.

Bernd Martin

Wie die »Langnasen«: Japans Reformen nach westlichen Vorbildern

Grundlegende gesellschaftliche Reformen waren von der neuen Herrschaftselite alter Abstammung keinesfalls beabsichtigt. Sie ergaben sich vielmehr im Laufe eines von vielen Fehlgriffen begleiteten Modernisierungsprozesses und waren stets von der Notwendigkeit diktiert, mit dem Westen gleichziehen zu müssen. Nicht das Wohl des Volkes stand den in militärischen Kategorien denkenden und handelnden Bürokraten der Han vor Augen, sondern stets die nationale Größe und ihre eigene daran gekoppelte Machtposition.

Die politische Ausschaltung der alten Feudalkasten, der Daimyō und der Samurai, und deren Überleitung in neue Tätigkeitsbereiche stellte eine nationale Notwendigkeit dar, diente aber auch Chōshū und Satsuma zur Festigung ihrer Alleinherrschaft. Beide Territorialfürstentümer gingen mit gutem Beispiel voran, indem sie bereits 1869 ihr Land an den Kaiser zurückgaben und die übrigen Daimyō unter Druck setzten, diesem Schritt zur Schaffung eines Einheitsstaates zu folgen.

Die Territorialherren fügten sich rasch, zumal der neue Staat nicht nur ihre alten Einkünfte in Form einer hohen Abfindung garantierte, sondern zugleich noch deren beträchtliche Altschulden übernahm. Die zunächst zu Gouverneuren ihrer Han ernannten Daimyō verloren 1871 auch diese eher repräsentative Exekutivfunktion, als das Land nach französischem Vorbild in 72 Präfekturen gegliedert wurde. Die ehedem so mächtigen Feudalherren, die schon den politischen Umsturz von 1868 ihren Untergebenen überlassen hatten, wurden in gesellschaftliche Ehrenpositionen abgedrängt, verfügten jedoch nunmehr über ein beträchtliches Kapitalvermögen.

Im Jahre 1880 sollten es 42 Prozent aller Bankeinlagen sein, die als Grundstock der neuen kapitalistischen Wirtschaftsordnung dienten. Diese Art von Zwangspensionierung ereilte auch die gesamte Kaste der Samurai, obwohl von deren niederen Rängen der Umsturz maßgeblich ausgegangen und getragen worden war. Die einzigen Waffenträger der Nation sollten dieses Monopol auf das Volk übertragen und ihre martialischen Führungsqualitäten fortan in alle gesellschaftlichen Bereiche zum Nutzen der gesamten Nation einbringen.

Die Abschaffung der Feudalränge 1872 und die Auflösung des Privilegs, ein Schwert tragen zu dürfen, diente der Martialisierung des gesamten Volkes. Die alte Elite des Landes übernahm weitgehend die neuen Führungspositionen. Ihre Tugenden, Kampfgeist, Loyalität und Selbstaufopferung, prädestinierten sie geradezu, dem Volk in seiner Gesamtheit mit dem Kaiser an der Spitze zu dienen. Die alte, an den lokalen Feudalherren gebundene Loyalität wurde nunmehr auf den Tenno als Fixpunkt der neu zu schaffenden Nation übertragen. Samurai sollten selbstverständlich die Offiziersstellen des neuen, auf dem Prinzip der allgemeinen Wehrpflicht basierenden Volksheeres bekleiden und die Kampfesethik des Bushidō, des selbstlosen Einsatzes für den Herrn, nunmehr den Kaiser, auch den männlichen Jugendlichen aus den entlegensten Dörfern vermitteln.

Auch die neue akademische Intelligenz, an der 1877 begründeten Tokioter Universität geschult und häufig im

Neben der 1877 gegründeten Tokioter Universität gab es bereits seit 1858 die private Keio-Universität in Tokio (Studentinnen 1996).

100562

westlichen Ausland weitergebildet, rekrutierte sich in der Meijizeit aus der Kaste der Samurai, die eine umfassende geistig-literarische Bildung erfahren hatte. Die neue Beamtenschaft, die mithilfe eines neuartigen Prüfungssystems ermittelt wurde, stammte zu siebzig bis achtzig Prozent aus Samurai-Familien. Selbst in der Wirtschaft lag der Anteil der ehemaligen Krieger mit etwa fünfzig Prozent bei den Führungspositionen noch vergleichsweise hoch. Die Samurai stellten trotz ihrer vermeintlichen Entmachtung die Modernisierungselite und vermittelten der gesamten Nation ein Wertesystem, das ursprünglich nur für ihre eigene, abgeschlossene Kaste galt. Dieses traditionelle Wertesystem half zwar, die Massen zu aktivieren, legte aber auch in seiner atavistischen Ausrichtung Grundlagen für eine antiwestliche, fremdenfeindliche Ideologie.

Dieses rückwärts gewandte Wertesystem fand bei der bäuerlichen Bevölkerung die größte Resonanz, da die

Der Militärführer, Feldmarschall und Politiker Yamagata Aritomo reformierte das japanische Heerwesen. Dazu gehörte auch die Einführung einer allgemeinen Wehrpflicht.

wirtschaftliche Modernisierung auf ihrem Rücken ausgetragen wurde. Die jungen Männer aus den vielen abgeschiedenen Dörfern kamen durch das immer weiter ausgebaute System der allgemeinen Wehrpflicht mit dem neuen Staat und den vor allem im Militär als Garanten der neuen kaiserlichen Ordnung propagierten nationalen Tugenden in Berührung. Die Indoktrination und Sozialisierung der männlichen Jugend des Landes erfolgte seit der vom Chōshū-Klan 1873 durchgeführten Militärreform in den Kasernen, in denen anfangs sogar auch Aufgaben der Grundschule wahrgenommen wurden.

Der Militärführer Yamagata Aritomo aus Chōshū wurde zur beherrschenden Figur beim Aufbau einer modernen Armee und ihrer ideologischen Ausrichtung auf den Tennostaat. Das kaiserliche Reskript für Soldaten und Seeleute von 1882 schrieb, von Yamagata höchstpersönlich redigiert, erstmals die alten Samurai-Tugenden zusammen mit der neuen Tenno-Ideologie als eine Art Staatsdoktrin verbindlich vor.

Das Militär, vorwiegend die aus Wehrpflichtigen rekrutierte Armee, wurde schnell, wie sein preußisches Vorbild, zur Schule der Nation und bot als einzige Instanz den Söhnen der verelendeten Kleinbauern und Pächter Aufstiegschancen. Die Armee wurde daher, vornehmlich in der Zwischenkriegszeit, durch ihre der Landbevölkerung entstammenden unteren Offizierschargen zum politischen Sprachrohr der unterdrückten Masse des Volkes, aber auch zum glühendsten Verfechter des Kaiserkultes.

Für die Masse der in ärmlichen Verhältnissen und feudaler Abhängigkeit lebenden Bauern verschlechterte sich die wirtschaftliche Situation mit der Meijirestauration noch weiter. Die 1872 deklarierte Bauernbefreiung, mit der Landverkauf und freie Feldbewirtschaftung legalisiert wurden, leitete ein de facto noch weiter verfeinertes staatliches Ausbeutungssystem ein. Bei einem im gleichen Jahre durchgeführten Kataster konnten viele der analphabetischen Kleinbauern ihren Besitz nicht nachweisen, sodass dieses Land zur Arrondierung des Groß- und Mittelbesitzes verwendet wurde und die nunmehr Besitzlosen auf die Stufe von Pächtern absanken.

In einer Steuerreform wurde die kollektive Haftung und Abgabepflicht der Dörfer gegenüber dem Feudalherren durch eine nunmehr in Geld individuell zu erbringende Steuer, drei Prozent des Landwertes, abgelöst. Dieser Steuersatz lief auf Abgaben in der alten Höhe von vierzig bis sechzig Prozent des Ernteertrages hinaus, nur mit dem Unterschied, dass fortan keine Stundungen oder Reduzierungen mehr ausgesprochen werden konnten, sondern ein fester Geldbetrag fällig war. Missernten und familiäre Notsituationen führten nun zu einem drastischen Rückgang der Eigenbetriebe und einem Anstieg des Pachtlandes.

Dieses staatlich sanktionierte »Bauernlegen« begünstigte die Großgrundbesitzer, die sich im Laufe der Meijizeit als einflussreiche politische Kraft etablieren konnten, an der bis in die Zeit des Zweiten Weltkriegs alle Agrarreformen scheitern sollten. Am Ende der Meijizeit (1912) betrug das Pachtland nicht ganz die Hälfte des gesamten urbaren Bodens. Etwa dreißig Prozent der Bauern waren reine Pächter, vierzig Prozent verfügten über Pacht- und Eigenland und nur circa dreißig Prozent waren uneingeschränkte Eigentümer.

Aus der im Elend lebenden bäuerlichen Bevölkerung rekrutierte sich ein billiges Arbeitskräftepotenzial für eine vom Staat begünstigte Industrialisierung, die noch um 1900 zu achtzig Prozent mit den aus dem Agrarsektor erpressten Steuern finanziert wurde. In Fortsetzung der Industriepolitik des Schogunats forcierten auch die neuen Machthaber den Ausbau einer leistungsfähigen Schwerindustrie, um das Land gegen den Westen wie gegen die kontinentalen Nachbarn aufzurüsten. Die Industrialisierung erfolgte über staatliche Pilotprojekte und nur punktuell in den für staatsnotwendig erachteten Branchen.

Die wirtschaftsgeschichtlich die Entwicklung im Westen prägenden Manufakturgewerbe und Familienkleinbetriebe wurden in Japan übersprungen. Der staatlich protegierte Großbetrieb bestimmte die Wirtschaftsordnung. Die noch heute für Japan typische Struktur eines dualen Wirtschaftsgefüges von Großbetrieben mit von ihnen abhängigen Kleinstunternehmen geht auf die staatliche Intervention der Gründerväter der Meijizeit zurück. Der Staat verfügte damals schließlich über 52 Mustergroßbetriebe, drei Werften und zehn Bergwerke, die allesamt Anfang 1880 zu äußerst günstigen Kondi-

100264

Die wirtschaftliche Macht konzentrierte sich in traditionellen Familien-Holding-Gesellschaften wie Mitsui oder in neuen wie Mitsubishi. Mit der Werft des Mitsubishi-Konzerns begann 1884 der moderne Schiffsbau in Japan.

tionen an Privatunternehmer veräußert wurden. Die Konzentration wirtschaftlicher Macht in den bereits bestehenden »Zaibatsu«, jenen Familien-Holding-Gesellschaften wie Mitsui oder neu entstehenden wie Mitsubishi, wurde durch diese Verkaufsaktion weiter gefördert.

Der schwerindustrielle Aufbau, gefolgt von der Textilindustrie, deren Hauptabnehmer mit den Uniformen ebenfalls wie bei den Rüstungsgütern die Streitkräfte waren, führte zu strukturellen Verwerfungen und begründete die Herausbildung einer politischen Allianz zwischen den Unternehmern und den Streitkräften. Soziale Sicherungen oder Schutzmaßnahmen am Arbeitsplatz blieben in diesem frühkapitalistischen System unbekannt, sodass die sozialen Spannungen wuchsen. Die erste sozialistische Partei wurde bereits 1882 gegründet; die sozialistischen Leitsätze fanden in radikalisierter

100913

Yamagata Aritomo hatte Deutschland erstmals während des Deutsch-Französischen Krieges besucht (Triumphgasse auf dem Rossmarkt in Frankfurt am Main, 1871).

Form vor allem bei den von der Verwestlichung und den sozialen Missständen abgestoßenen Intellektuellen Gehör.

Für das nationale Aufbauwerk war die aktive Hilfe ausländischer Experten unerlässlich. Der Westen stellte nicht nur das Wissen, sondern auch gleich die Experten zur Verfügung, die jene viel bewunderte westliche Technik umsetzen und handhaben konnten. Im achten Jahr der Meijiherrschaft waren 476 ausländische Experten in japanischen Regierungsdiensten tätig. Zu den amtlich bestallten »Entwicklungshelfern« kamen noch unzählige Westler mit privaten Verträgen hinzu, die etwa von Kommunen verpflichtet waren oder beim Bau der ersten Eisenbahnlinie des Landes (1872) von Tokio nach Yokohama mithalfen. Insgesamt waren etwa 2400 Ausländer von 1868 bis zur Jahrhundertwende an dem Transformationsprozess aktiv beteiligt. Das stärkste Kontingent stellten die Engländer mit einem Drittel, gefolgt von Franzosen und Amerikanern. Mit insgesamt 279 Beschäftigten in japanischen Diensten rangierten die Deutschen dabei lediglich auf Platz vier, bekleideten indes häufig einflussreiche Schlüsselpositionen.

Die Meijireformer bestanden auf einer strikten Aufsicht über diese ausländischen »Mietlinge« (Yatoi), um die Entwicklung unter Kontrolle zu halten. Nur wenige japanische Studierende fanden daher in den Anfangsjahren des Umschwunges den Weg in das Ausland. Erst als die Phase des Experimentierens mit westlichen Vorbildern durch die Entscheidung für das preußisch-deutsche Modell beendet war, wurde das Deutsche Reich zum bevorzugten Entsendungsland für Japans angehende akademische Elite. Unter Führung des 1872/73 als Außenminister amtierenden Iwakura reiste nahezu die halbe japanische Regierung – meist ehemalige mittlere Samurai aus Satsuma und Chōshū – für fast zwei Jahre durch die Neue und die Alte Welt.

Nach den überwältigenden Eindrücken vom technischen Fortschritt des Westens räumten die Reformer der inneren Umgestaltung absoluten Vorrang vor jeder äußeren Expansion ein. Erst sollte das Land wirtschaftlich und militärisch gestärkt sein, bevor die (von den zu Hause gebliebenen Regierungsmitgliedern befürwortete) Annexion Koreas vollzogen werden konnte. Diese gewaltsame Expansion auf den asiatischen Kontinent war in der neuen Ideologie von der Auserwähltheit der Japaner fest verankert, nur die Wege und Mittel blieben strittig.

Der Militärführer Saigō Takamori aus Satsuma, einst der Stratege des Palastputsches, befürwortete vehement einen solchen Schlag gegen Korea, um die von der Modernisierung überrollten Samurai, ein gefährliches Protestpotenzial, zum Wohle des Landes zu beschäftigen. Sozialimperialistisches Denken als Ausfluss von gesellschaftlichen, durch die Reformen ausgelösten Spannungen begleitete den gesamten Modernisierungsprozess Japans, konnte indes von den Meijigründungsvätern noch weitgehend unter Kontrolle gehalten werden.

Auch der Unmut weiter Kreise über die ihrer Auffassung nach zu weit gehende Verwestlichung des Landes erforderte einen eindeutigen Fixpunkt der gesamten Reformmaßnahmen. Denn die bisherige Übernahme französischer, britischer und amerikanischer Vorbilder wirkte, wie die Reformer bald erkennen mussten, eher

ZITAT

Aus dem Aufsatz »Japan im letzten Jahrzehnt« von Richard Andree aus dem Jahr 1868:
Das Volk ist intelligent, unternehmend und von außerordentlicher Begabung für das Seewesen … Es wird mit Riesenschritten vorwärts eilen und geachtet neben den Völkern Europas stehen.

destabilisierend. Wenn französische Bildungsexperten im Vertrauen auf die Überlegenheit der französischen Kultur das zentralisierte Erziehungssystem ihres Landes samt seinen von der Revolution bestimmten ideellen Werten den Japanern überstülpten, musste der von der Regierung dringend erwünschte Schulbesuch zurückgehen.

Das daraufhin eingeführte amerikanische Schulsystem, dezentralisiert und liberal in seinen Lehrinhalten, erwies sich rasch als ebenfalls unbrauchbar, um die bäuerliche Jugend den neuen nationalen Zielen zu verpflichten. Auch eine schematische Übertragung des Code Napoléon, die die von den Ausländern verlangte Rechtssicherheit herstellen sollte, war ungeeignet, die tradierten japanischen Strukturen und Denkgewohnheiten zu erfassen.

Die erste Phase der Reformen, der Zeitraum von 1868 bis 1881, war von vielen Irrtümern, einem planlosen Herumtasten an westlichen Modellen und ihrer meist blinden Adaption gekennzeichnet. Eine Welle der Re-Japanisierung, die von den konservativen Kräften bei Hofe und im Militär ausging, aber auch von den Aufklärern der ersten Stunde, wie Fukuzawa Yukichi, mitgetragen wurde, begünstigte eine Neuorientierung auf das schon länger insgeheim von den Bürokraten aus Chōshū favorisierte preußische Modell.

Vorbild Preußen – Die Meijiverfassung

Die Wende in der japanischen Reformpolitik zu einer strafferen Ausrichtung auf ein vermeintlich brauchbares Modell ging von der Armee aus und wurde durch die Militärrebellion unzufriedener Samurai in Satsuma begünstigt. Die von Saigō Takamori angeführte Erhebung richtete sich gegen eine als blindwütig empfundene Verwestlichung, die Japan eher zu destabilisieren denn zu stärken schien. Die beschäftigungslos gewordenen und gesellschaftlich deklassierten Krieger sammelten sich im Süden und bäumten sich in einem letzten Akt der Verzweiflung gegen den bereits vollzogenen Untergang der alten Ordnung auf.

Die neue kaiserliche Armee hatte sich unter den französischen Militärinstrukteuren noch nicht zu einem homogenen Verband entwickelt. Die Niederwerfung des von Saigō Takamori geführten Aufstandes mithilfe bunter Heerhaufen, die traditionell auf Einzelführer eingeschworen waren, zog sich daher über neun Monate hin und ließ radikale Reformen in der Armee dringend geboten erscheinen.

Hatte Yamagata Aritomo bei seinem ersten Besuch in Deutschland in der Zeit des Deutsch-Französischen Krieges 1870/71 bereits das preußische Militärmodell favorisiert, sich in Tokio jedoch mit seinen Vorstellungen gegen die profranzösische Militärfraktion nicht durchsetzen können, so sah er nach der Niederschlagung des

Der Reformer der Meijizeit Okuma wurde vorübergehend aus dem Zirkel der Macht ausgestoßen. An seiner Stelle übernahm Itō Hirobumi die Federführung bei den Verfassungsfragen.

Satsuma-Aufstands seine Stunde gekommen. Das rezeptiv angelegte französische Ausbildungssystem sollte durch das stärker auf eigenständiges Handeln der Offiziere ausgerichtete preußische ersetzt werden. Yamagata verfolgte zunächst erfolgreich den Plan des ersten japanischen Militärattachés in Berlin, zivile und militärische Gewalt zu trennen. Fortan war der neu geschaffene Generalstab der Weisungsbefugnis des Kriegsministeriums entzogen und wie in Preußen direkt dem Monarchen unterstellt. Yamagata ernannte sich gleich selbst zum Generalstabschef und bestimmte bis zu seinem Tode die Entwicklung des Militärs zum Staat im Staate.

Itō Hirobumi gilt als Schöpfer des modernen japanischen Staatswesens. Er hatte Europa und Amerika bereist und wurde zum Befürworter von Reformen nach deutschen Vorbildern.

Diese vorläufig erst vage vollzogene Reorientierung der nach wie vor von Chōshū beherrschten Armee auf Preußen begünstigte die Entscheidung zugunsten einer halbkonstitutionellen Verfassung nach preußischem Vorbild, in welcher der Sonderstellung des Militärs Rechnung getragen war. Die in den 1870er-Jahren vehement innerhalb der Oligarchie geführte Debatte über die zukünftige Form einer Verfassung griff über den Kreis der Herrschenden hinaus. In patriotischen Gesellschaften, in denen sich die neue, aber von der Macht ausgeschlossene Klasse der Unternehmer und Großgrundbesitzer fand, wurden Pläne, mithilfe einer Verfassung die Alleinherrschaft von Chōshū und Satsuma zu brechen, immer heftiger diskutiert.

Diese »Bewegung für Freiheit und Volksrechte« fühlte sich stärker zu dem englisch-parlamentarischen Modell hingezogen, doch nicht um der Freiheit des Volkes willen, sondern aus Gründen der Opposition gegen die herrschenden Klanbürokraten. Als sich der ehemalige Finanzminister Ōkuma Shigenobu, der einst als Samurai aus dem Fürstentum Saga (Hizen) den Umsturz mitgetragen hatte, zum Fürsprecher dieser immerhin 87 000 Personen umfassenden Bewegung machte und einen Verfassungsentwurf nach englischem Vorbild einbrachte, spitzte sich der Konflikt zu.

Auf Druck des Chōshūflügels wurde schließlich 1881 Ōkuma aus dem Zirkel der Macht ausgestoßen, ein konservativer Verfassungsentwurf unter Federführung von Itō Hirobumi, einem ehedem mittleren Samurai aus Chōshū, aufgesetzt und noch am gleichen Tage dem Kaiser ein Verfassungsversprechen diktiert. Itō wurde in der

Folgezeit zum Haupt der »deutschen Fraktion« und uneingeschränkten Befürworter von Reformen nach deutschen Vorbildern in möglichst allen Bereichen des staatlichen und öffentlichen Lebens.

Im Januar 1882 erfolgte die Gründung einer japanischen »Gesellschaft für Verbreitung deutscher Wissenschaft«, um alle deutsch-orientierten Kräfte für das neue Programm gebündelt einzusetzen. Die Mitglieder der gesamten japanischen Regierung traten als Ehrenmitglieder der Gesellschaft bei. Die Gruppe machte keinen Hehl aus ihrer Bewunderung für Deutschland, um das durch Experimente verunsicherte Land endlich auf den richtigen Reformkurs zu steuern und, wie es der Außenminister aussprach, »loyale Gesinnungen und wahren Patriotismus zu verbreiten«.

Itō, der sich gern als »japanischer Hardenberg« apostrophieren ließ, bereiste im Sommer 1882 Europa, um das deutsche Verfassungsmodell vor Ort zu studieren und in Wien, bei Lorenz von Stein, Aspekte der sozialen Monarchie zu erörtern. Bei Audienzen in Berlin empfahlen sowohl Kaiser Wilhelm I. als auch Otto von Bismarck dem japanischen Sendboten, bei der zukünftigen japanischen Verfassung unbedingt die »Lücke« in der preußischen Verfassung zu schließen und darauf zu achten, dass im Falle der Nichtbewilligung eines Haushaltes das Budget des Vorjahres in Kraft trete.

Diese Erfahrungen aus dem preußischen Verfassungskonflikt fanden direkten Eingang in Artikel 71 der japanischen Konstitution. Der deutsche Staatsrechtler Hermann Roesler und der von Itō in Berlin verpflichtete Verwaltungsjurist Albert Mosse wurden nicht nur zu den wichtigsten Ratgebern Itōs bei der Ausformulierung der Verfassung, sondern sie schrieben in den 1880er-Jahren das gesamte, französisch inspirierte Rechtssystem des Landes nach deutschen Vorbildern um. Selbst der bereits in Kraft getretene Code Civile wurde suspendiert und durch einen am deutschen Bürgerlichen Gesetzbuch orientierten Rechtskanon ersetzt, der 1897 mit Modifizierungen im Familienrecht Rechtskraft erlangte.

Die vom Kaiser am 11. Februar 1889 gewährte Verfassung war dennoch keine Kopie der preußischen, sondern trug besonders in den Abschnitten über den Kaiser der spezifischen Situation des Landes Rechnung. Der bis dahin propagierte Kult um den Kaiser als göttliches Wesen wurde nunmehr verfassungsmäßig festgeschrieben. Er stand als uneingeschränkter Herrscher über dem Verfassungswerk, das daher als kaiserlicher Gnadenakt gegenüber den Untertanen ausgegeben wurde und folglich auch jederzeit zurückgezogen werden konnte.

Die Machtfülle des Monarchen übertraf die des deutschen Kaisers beträchtlich. Zu seinen Vorrechten gehörten der militärische Oberbefehl, das Recht zur Ernennung von Staatsbeamten, die Einsetzung der Regierung, die Entscheidung über Krieg und Frieden und – für alle Fälle – ein nahezu uneingeschränktes Ordonnanz- und Notverordnungsrecht. Doch die konstitutionelle Fassade, auf die der Westen als Voraussetzung zur Revision der ungleichen Verträge immer gedrängt hatte, stand und öffnete Japan tatsächlich den Weg in die internationale Staatengemeinschaft.

Im Zusammenhang mit der Verfassung musste das gesamte gesellschaftspolitische Leben nach preußischen Vorbildern umgestaltet werden. Diskrepanzen zwischen der autoritären Verfassung auf der einen Seite und etwa liberalen Erziehungsformen auf der anderen Seite galt es von Anfang an zu vermeiden. Die einschneidendsten Reformen betrafen daher die beiden »Schulen der Nation«, die Volksschulen und die Kasernen. Das gesamte japanische Bildungswesen wurde in seiner Struktur dem dreigliedrigen preußischen System angepasst.

Die Volksschulen sollten Grundlagenwissen und Patriotismus vermitteln, die Höheren Schulen wie die Universitäten der Ausbildung der zukünftigen, staatsloyalen Elite dienen. An der 1886 in den Rang einer kaiserlichen Hochschule erhobenen Tokioter Universität, der einzigen Hohen Schule des Landes, bauten deutsche, von der Regierung über Privatverträge verpflichtete Professoren ganze Fächer auf. Völlig ungebrochen blieb der deutsche Einfluss im Bereich der Medizin und der Jurisprudenz. Auch in den Fächern Philosophie und Geschichte wurden die Grundlagen von deutschen Gelehrten gelegt. Die insgesamt in der Meijizeit an der Tokioter Kaderschmiede ausgebildeten 12235 Studenten hatten mehrheitlich eine deutsch bestimmte Ausbildung durchlaufen. Die japanische staatstragende Elite der Zwischenkriegszeit war daher sehr stark durch die deutsche Wissen-

Bei einer Audienz in Berlin gab Kaiser Wilhelm I. Itō Hirobumi entscheidende Hinweise zur Beachtung bei der zukünftigen japanischen Verfassung.

schaft geprägt und in ihrer politischen Ausrichtung oftmals prodeutsch eingestellt.

Ähnliches galt in noch stärkerem Maße für die japanische Armee, die – preußisch-deutsch geprägt – in den Dreißigerjahren geradezu zum Anwalt eines totalitären Staates und Militärbündnisses mit dem hochgeschätzten Deutschland werden sollte. Das gesamte Ausbildungswesen hatte der 1885 für drei Jahre ins Land gerufene preußische Generalstabsoffizier Jacob Meckel revolutioniert. Seine militärtheoretischen Schriften über den Ein-

100562

Das französisch inspirierte Rechtssystem Japans mit dem bereits in Kraft getretenen Code Civile wurde durch einen am deutschen Bürgerlichen Gesetzbuch orientierten Rechtskanon ersetzt.

satz von Linientruppen in Offensivunternehmen wurden auch in Japan beachtet und trugen wesentlich zu den Siegen der japanischen Armee auf dem asiatischen Festland in den Kriegen gegen China (1894/95) und gegen Russland (1904/05) bei.

Die hohen Verluste, die japanische Verbände dabei vor allem in der Mandschurei erlitten, waren wie die großen Ausfälle der deutschen Infanterie bei den Angriffen in Flandern 1914 größtenteils ebenfalls Meckels Werk. Die äußerlichen Gemeinsamkeiten zwischen einem an deutschen Vorbildern modernisierten Japan und Preußen waren zahlreich und frappierend. Dabei wird jedoch häufig übersehen, dass die von Preußen entlehnte westliche Fassade in erster Linie dazu diente, die angestammte Sozialordnung gegen eine westliche »Überfremdung« und immer befürchtete Dominanz der Angloamerikaner zu behaupten. In ihrer ideologischen Ausrichtung blieben Japan und Deutschland unterschiedlichen, jeweils historisch gewachsenen Leitbildern verhaftet.

Im Reich des Tenno schloss das am 30. Oktober 1890 verkündete Erziehungsedikt die Phase der Öffnung und Umgestaltung des Landes ab. Im Sinne einer Restauration gewohnter Normen von Ein- und Unterordnung verschmolz die kaiserliche Verlautbarung die fünf konfuzianischen Tugenden sozialer Harmonie mit der dem Shinto entlehnten Ausrichtung des Volkes auf den göttlichen Kaiser als Bezugspunkt des individuellen Lebens wie des Gesamtwohls der Nation. Die Lehre von der Besonderheit des Japanertums war 1890 endgültig formuliert und wurde durch die täglichen Morgenappelle von der Schuljugend auch schnell verinnerlicht. Eine besondere Form des Nationalismus, die Mission des Japanertums und folglich die gewaltsame Aggression in Asien, war in diesem Dokument angelegt. Innere Spannungen ließen sich nunmehr nur noch nach außen ableiten. Kaiserkult und Sozialimperialismus gingen eine verhängnisvolle Symbiose ein. *Bernd Martin*

Ein Sieg des kleinen Bruders: Der Chinesisch-Japanische Krieg

Während der gesamten Meijizeit (1868–1912) wurden die Reformen im Inneren von kriegerischen Planungen und Aktionen nach außen hin begleitet. Bereits der Schlachtruf der Erneuerer »Bereichert das Land – Stärkt die Armee« enthielt schlagwortartig das gesamte Programm der angestrebten Modernisierung. In den Vorstellungen der neuen Machthaber, allesamt Angehörige der traditionellen Kriegerkaste der Samurai, sollten Aufbau und Ausbau der bewaffneten Macht absoluten Vorrang haben und diesem Ziel alle anderen Reformen dienstbar gemacht werden.

Die militärische Übermacht der Westmächte, die von 1853 an zur gewaltsamen Öffnung des Landes geführt hatte, und deren Überlegenheit in den Bereichen Wirtschaft, Technik und Wissenschaft, nicht zuletzt ihr offensichtlich auch besseres politisches System, sollten durch eine am Militär ausgerichtete Modernisierung ausgeglichen werden, die vom Westen nur das übernehmen sollte, was zur Selbstbehauptung des Landes notwendig schien.

Dem gesamten japanischen Angleichungsprozess an den Westen wohnte daher von Anfang an ein defensives Moment inne. Aus dem Selbstverständnis der vom Westen herausgeforderten herrschenden Oligarchie handelte Japan immer nur reaktiv, aus dem Zwang zur Verteidigung. Auch der forcierte Ausbau der Streitkräfte, der bereits 1883 ein knappes Drittel der Staatsausgaben verschlang, geschah lediglich, um das Land zu verteidigen – alle Kriegshandlungen ließen sich als rein defensive Maßnahmen, die Lebenslinie des Landes zu verteidigen, daher in der Meijizeit des Aufbaus gut rechtfertigen.

Im Zeitalter des Hochimperialismus, als Ostasien unter den Kolonialmächten in Interessensphären aufgeteilt zu werden drohte, stand einem bedrängten Japan die Rolle eines Vorkämpfers für Unabhängigkeit und Gleichberechtigung gut an. Doch das Vorgehen der imperialistischen Mächte verlangte nicht nur nach Reaktion, sondern ließ sich auch gut im Sinne einer eigenständigen Machtpolitik kopieren. Diesem japanischen Imitations- oder auch Nachfolgeimperialismus lag indes die Ideologie vom besonderen Wesen und dem nationalen Auftrag der Japaner zugrunde, sodass die japanische Expansionspolitik in der Meijizeit durchaus ihre eigenen Wurzeln und einen eigenständigen Charakter hatte.

In der mit Gewalt auf das asiatische Festland drängenden japanischen Politik vermischten sich von Anfang an drei höchst unterschiedliche Faktoren: Zu dem von der Führung stets bemühten Moment der Verteidigung kam ein sozialimperialistisches hinzu. Die von der Modernisierung im Lande bewirkten gesellschaftlichen Verwerfungen ließen sich mithilfe einer auf den Kaiserkult gründenden Missionsideologie leicht nach außen ablenken. Was nur wenige sozialistische Theoretiker als die eigentliche Triebkraft der japanischen Expansionspolitik ausmachten, nämlich ungelöste innere Spannungen, sollte tatsächlich zum Hauptmotiv für die aggressive Außenpolitik des kaiserlichen Japan werden. Als dritter Faktor, gewissermaßen der Hintergrund des japanischen

Die von den Gründervätern der Meijizeit zur Staatsdoktrin erhobene Shintō-Ideologie von der göttlichen Abstammung des Herrschers forderte den Führungsanspruch des chinesischen Herrschers. Die Szene zeigt eine schintoistische Zeremonie.

50558

Vorgehens in Asien, ist die internationale Politik der etablierten Großmächte zu sehen, die sich in China überschnitt und dem aufstrebenden Japan nur wenig Handlungsspielraum ließ.

Streit um das Land der Morgenstille – Anfänge expansionistischer Außenpolitik

Das benachbarte »Reich der Mitte« war für Japan seit der Entstehung des ersten Gemeinwesens universalpolitischer Bezugspunkt und gesellschaftliches Leitbild über Jahrtausende gewesen. Die von den Gründervätern der Meijizeit zur Staatsdoktrin erhobene Shintō-Ideologie von der göttlichen Abstammung des Herrschers und seiner immer währenden, ungebrochenen Herrschaft, forderte den Führungsanspruch des »Sohnes des Himmels« auf dem Pekinger Drachenthron direkt heraus. Fortan sollte Tokio zum Mittelpunkt eines großjapanischen Reiches werden und die Rolle Pekings übernehmen. Der kleine Bruder war angetreten, den großen Bruder zu entmachten, was den konfuzianistischen Normen zutiefst widersprach.

ZITAT

Aus dem Friedensvertrag von Shimonoseki 17.4. 1895:

Art. I. China erkennt definitiv die völlige Unabhängigkeit und Autonomie von Korea an …

Art. II. China tritt an Japan für immer … folgende Territorien ab:

a) Den südlichen Teil der Provinz Fengtien. (die Halbinsel Liaodong).

b) Die Insel Formosa.

c) Die Pescadores.

d) China willigt ein, an Japan die Summe von 200 Millionen Taël als Kriegsentschädigung zu zahlen.

China, durch das Gelbe Meer von der japanischen Inselgruppe getrennt, ließ sich von dem Herausforderer am einfachsten in seinen Außenpositionen, dem Ring tributärer Staaten, angreifen. Diese Pufferzone, zu der vor allem Korea als eine Art Landbrücke zwischen beiden Staaten gehörte, musste in einem ersten Schritt Japan verpflichtet werden, bevor China dann direkt bedroht und in einem großen Krieg niedergeworfen werden konnte. Auf der Grundlage der neuen Machtverhältnisse nach der Meijirestauration boten sich zwei Stoßrichtungen an, um die chinesischen Außenbesitzungen zu übernehmen.

Von dem ehemaligen Territorialfürstentum (Han) Chōshū, an der Straße von Shimonoseki gelegen, führte die kürzeste Verbindungslinie nach Korea, von dem Satsuma-Han ganz im Süden der Insel Kyushu eine mögliche Stoßrichtung über die China tributpflichtige Inselkette der Ryu-Kyu nach Formosa. Beide Wege wurden mehr oder minder gleichzeitig beschritten. Satsuma und Chōshū, die den inneren Umsturz herbeigeführt hatten und die Reformen im neuen Japan der Meijizeit bestimmten, leiteten auch dessen Außenpolitik mit fester

Hand. Eine erste militärische Großaktion unter Führung von Saigō aus Satsuma brachte im Mai 1874 die rebellischen Bergvölker auf Formosa zur Räson. China musste daraufhin die japanische Oberhoheit über die Ryu-Kyu-Inseln vertraglich anerkennen, sodass diese als erstes fremdes Territorium bereits 1879 von Japan annektiert wurden.

Zum eigentlichen Streitfall zwischen China und Japan wurde Korea. Das dem chinesischen Tributärsystem zugehörige »Land der Morgenstille« entzog sich der japanischen Aufforderung zur Öffnung von Häfen und Aufnahme eines geregelten Handelsverkehrs. Eine ursprünglich wegen dieser »Beleidigung« schon 1873 geplante Strafexpedition, vehement von Saigō zur Beschäftigung der funktionslos gewordenen Samurai gefordert, wurde aus innerer Schwäche vertagt. Japan fühlte sich für ein solches offensives Großunternehmen noch nicht stark genug und befürchtete wohl auch eine Intervention der Amerikaner, die gleichfalls ihr Interesse an einer Erschließung Koreas angemeldet hatten.

Auf diplomatischem Wege gelang es der japanischen Führung, in Absprache mit dem damals noch stärkeren China, die Koreaner zum Einlenken zu bewegen. Keine zwanzig Jahre nach Unterzeichnung des ungleichen Handelsvertrages mit den Amerikanern zwang Japan nach amerikanischem Vorbild Korea 1876 einen Vertrag auf, der ihm Zollpräferenzen und Exterritorialität im einzigen geöffneten Hafen, Pusan, einbrachte.

Selbst noch durch ungleiche Verträge seiner vollen Souveränität beraubt, wandte Japan dieses imperialistische Herrschaftsinstrument bei seinem direkten Nachbarn an, betonte indes, wie es einst auch die Amerikaner getan hatten, das Land lediglich in die Familie der zivilisierten Staaten führen zu wollen. Erstmals war das Motiv der Befreiung asiatischer Völker von ihrer Rückständigkeit und Bevormundung durch andere Mächte angeklungen. Zu dieser Befreiungsmission sei Japan aufgrund seiner göttlichen Herkunft geradezu bestimmt.

Zwei Generationen später sollten solche Vorstellungen in den Propagandaparolen für die Erlösung Asiens vom Joch des weißen Mannes aufgehen. Doch wie anfangs in Korea, so bemäntelten solche Phrasen auch später in Großostasien lediglich wirtschaftliche Ausbeutung

100264

Korea 1894, Port Arthur 1904, Mukden 1931, Peking 1937 oder Pearl Harbor 1941 (Foto) – Japan behielt seine althergebrachte Strategie des Überraschungsangriffs erfolgreich bei.

und politische Unterdrückung. Fremdenfeindliches Aufbegehren gegen die japanischen Eindringlinge führte in Korea – wie einst in Japan – zu Putschversuchen beim Hofe in Seoul und zu diplomatischen Verwicklungen zwischen Tokio und Peking.

Im Vertrag von Tientsin am 18. April 1885 vereinbarten beide Seiten einen Truppenrückzug aus Korea und die Beibehaltung des Status quo. Um sich dieser doppelten Umklammerung zu erwehren, holte die koreanische Führung russische Militär- und Entwicklungsexperten ins Land. Japan hatte es fortan in Korea mit zwei Gegnern zu tun, Chinesen und Russen, die beide nacheinander in Kriegen niedergerungen werden mussten, um das »befreite« Land annektieren zu können.

Der Chinesisch-Japanische Krieg

China und Japan hatten auf die Bedrohung durch den Westen in ganz unterschiedlicher Weise reagiert. China hatte zwar eine Reihe von Demütigungen durch die Westmächte und innere Erschütterungen, wie den Taipingaufstand, als Folge der Öffnung des Landes hinnehmen müssen, vertraute indes nach wie vor auf die Überlegenheit seiner Kultur gegenüber den Herausforderern, den Westmächten wie den benachbarten Japanern. Die chinesischen Mandarine, die Gelehrten des Landes, weigerten sich daher schlichtweg, eine von Kanonen und Kommerz ausgehende Bedrohung überhaupt wahrzunehmen. Hingegen reagierte die japanische Führungselite entsprechend den ihr vertrauten kriegerischen Normen und nahm den westlichen Fehdehandschuh auf.

Wollten die Japaner folglich so schnell wie möglich westliche Standards übernehmen und übertrugen dieses Konzept einer äußerlichen Modernisierung auch auf Korea, so übten sich die chinesischen Literati in Gelassenheit und hielten nichts von westlichen Reformen, schon gar nicht in einem ihrem Reich seit über tausend Jahren verbundenen Tributstaat wie Korea. Diese unterschiedlichen Vorstellungen wurden zum auslösenden Moment für den ersten Chinesisch-Japanischen Krieg.

Die brisante Mischung einer dreifachen »Überfremdung« Koreas, mit japanischem Nützlichkeitsdenken, westlich-christlichen Idealen und chinesischem Traditionalismus, artikulierte sich in einer bäuerlichen, ideologisch »östlich«, das heißt asiatisch ausgerichteten Protestbewegung, die, nicht unähnlich der Taipingbewegung, im Kampf gegen alles Fremde und die durch die Fremden korrumpierte Regierung Erlösung von allen Übeln, wie beispielsweise der wirtschaftlichen Misere, verhieß. Als diese Tong-Hak-Rebellion im Frühjahr 1894 den Königshof in Seoul bedrohte, entsandten Japan und China gleichzeitig Truppen, um ihre Interessen wahrzunehmen. China wollte die alte Ordnung in Korea restauriert sehen, dagegen Japan das Land von der chinesischen Herrschaft befreien.

Korea, so die japanische Argumentation, solle von der chinesischen Vormundschaft endgültig befreit und als unabhängiges Staatswesen anerkannt werden. Diesem Anliegen halfen japanische Truppen in Seoul nach, indem sie den Königspalast besetzten und – getreu dem Muster der Meijirestauration – einen gefügigen jungen Monarchen als neuen Herrscher installierten. Der junge König von Japans Gnaden erklärte wunschgemäß

China den Krieg, Peking sandte Verstärkungen nach Korea. Der militärische Konflikt war nicht mehr aufzuhalten.

Von den westlichen Großmächten unterstützte Großbritannien das japanische Vorgehen in Korea, um das russische Vordringen in Asien aufzuhalten. Das Reich des Tenno bekam diese Statthalterrolle britischer imperialer Ambitionen ausdrücklich bestätigt, als Großbritannien am 16. Juli 1894 auf seine aus ungleichen Verträgen mit Japan herrührenden Sonderrechte verzichtete und das fernöstliche Inselreich als souveränen Partner in die Völkerfamilie aufnahm. Japan hatte seine Probe- und Anwartzeit auf Gleichrangigkeit mithilfe eines groß angelegten Reformprogramms aus westlicher Sicht erfolgreich bestanden und konnte, mit diesem Reifevermerk ausgestattet, den Krieg gegen das nach wie vor durch ungleiche Verträge mit dem Westen unterdrückte, schwächliche China beginnen.

Der Weg zum Frieden von Shimonoseki

Nur eine Woche nach dieser Mündigkeitserklärung versenkten japanische Kriegsschiffe am 25. Juli 1894 chinesische Truppentransporter, vier Tage später griffen japanische Armeeeinheiten chinesische Verstärkungen im Raum Seoul an. Die japanische Kriegserklärung wurde China am 1. August 1894 nachgereicht. In ihr wurde die Befreiung Koreas aus chinesischer Knechtschaft als hehres Ziel eines Japan aufgezwungenen Kampfes genannt.

Die japanischen Militärs hatten die althergebrachte Strategie des Überraschungsangriffs, aus den alten Feudalfehden der Daimyō noch immer vertraut, auf die moderne Kriegführung mit so durchschlagendem Erfolg übertragen, dass auch in allen weiteren Kriegen des kaiserlichen Japan auf eine formelle Notifizierung des Gegners vor Beginn der Kämpfe verzichtet wurde. Die japanischen Streitkräfte schlugen zu, im Juli 1894 in Korea, keine zehn Jahre später in Port Arthur, 1931 in Mukden, 1937 vor den Toren Pekings und schließlich in Pearl Harbor 1941. Jedes Mal wurde, wenn überhaupt, die Kriegserklärung dem Überraschungscoup nachgereicht. Und jeder Krieg wurde als aufgezwungene Verteidigungsmaßnahme zur Wahrung nationaler Interessen und Befreiung unterdrückter Völker verklärt.

Der Verlauf des Krieges schien das japanische Erneuerungsprogramm zu bestätigen. Obwohl die japanischen Verbände numerisch bei den einzelnen Kämpfen meist unterlegen waren und die Chinesen über hochmodernes Kriegsmaterial verfügten, waren die schlecht geführten und häufig korrumpierten chinesischen Heerhaufen kein Gegner für die disziplinierte und kampfbereite japanische Armee.

Die junge japanische Marine beherrschte mit ihren meist in Großbritannien gebauten Schiffen rasch die Gewässer um Korea, während japanische Armeeverbände das Land von chinesischen Truppen säuberten und in Nordchina einzudringen begannen. Offiziere wie wehrpflichtige Bauernsöhne, von dem Samurai-Kriegskodex und der neuen nationalen Tenno-Ideologie gleichermaßen durchdrungen, brannten darauf, ihr Leben für den Kaiser einzusetzen. Hingegen suchten die chinesischen Söldner, getreu den überkommenen konfuzianischen Kriegsvorstellungen, meist ihr Heil in Ausweichmanövern oder gleich in der Flucht. Soldaten galten in der chinesischen Gelehrtenwelt nichts, während die Samurai in Japan die Nation führten.

Als der japanischen Armee der Weg nach Peking offen stand, willigte China im April 1895 in Friedensverhandlungen ein. Das japanische Kriegsziel, den tributären Ring Chinas aufzubrechen, vermochte Itō, inzwischen der einflussreichste japanische Politiker aus dem

INFOBOX

Diener des Staates

Die Mandarine bildeten als Staatsbeamte die politische und soziale Führungsschicht des traditionellen China. Sie stammten fast ausschließlich aus den führenden lokalen Familien. In ihr Amt gelangten sie v. a. durch Ablegung von Staatsprüfungen, seltener auch durch ehrenvolle Ernennung oder durch Ämterkauf.

Taizu (1368–98), der Begründer der Mingdynastie, hatte diese einst unter der Vorherrschaft der Yuan in Vergessenheit geratene Tradition zum Zweck einer straffen Staatsorganisation wieder ins Leben gerufen, und Kangxi wiederum hatte sie von der Mingdynastie übernommen.

Mit der Abschaffung des Prüfungssystems 1905 und der Revolution von 1911/12 fand der traditionelle chinesische Beamtenstaat und damit der Stand der Mandarine sein Ende.

ehemaligen Han Chōshū, bei den Verhandlungen in Shimonoseki (also in Chōshū) vollauf zu erreichen. China trat Formosa und die Halbinsel Liaodong mit Port Arthur an Japan ab und bestätigte die »vollständige Autonomie und Unabhängigkeit« Koreas.

Außerdem verpflichtete sich China zur Zahlung einer beträchtlichen Kriegsentschädigung, öffnete den Japanern weitere Häfen und gestand dem Sieger die gleichen Sonderrechte im Reich der Mitte zu, die sich die Westmächte einst gewaltsam genommen hatten. Aus den eigenen ungleichen Verträgen gerade entlassen, gesellte sich Japan fortan in China als gleichrangige Macht zu den imperialistischen Mächten. Nunmehr unterlagen japanische Staatsbürger in China wie alle »Westler« nicht der chinesischen Gerichtsbarkeit, sondern genossen Exterritorialität. Der kleine Bruder Japan hatte den großen Bruder China nicht nur militärisch besiegt, sondern auch tief gedemütigt. Der Friedensvertrag von Shimonoseki war folglich nur ein brüchiger Waffenstillstand.

Der Krieg hatte nicht allein das militärische Reformprogramm als das richtige ausgewiesen, feierten doch die japanischen Generäle ihren verehrten deutschen Militärlehrmeister Jacob Meckel als den eigentlichen Sieger, sondern auch die ideologische Konzeption der Meijigründerväter von der um den Gottkaiser geeinten Nation hatte sich als überaus tragfähig erwiesen. Das japanische Volk hatte sich wie ein Mann hinter die Kriegspolitik der Regierung gestellt. Interne Spannungen und Parteienha-

Im Rahmen der Washingtoner Konferenz 1921/22 vereinbarten die USA, Großbritannien und Japan eine Flottenstärke im Verhältnis 5:5:3, Garantien für die Souveränität Chinas sowie gemeinsam mit Frankreich einen Nichtangriffspakt. Die Abbildung zeigt den Verhandlungssaal im Washingtoner Pan American Building am 21. 11. 1921.

50

der waren vergessen. Bei den vorgezogenen Parlamentswahlen am 1. September 1894 war erstmals seit Eröffnung des Parlaments eine regierungskonforme Mehrheit zustande gekommen, nachdem die drei vorausgegangenen Reichstage wegen Obstruktionspolitik in der Budgetfrage hatten vorzeitig durch den Kaiser aufgelöst werden müssen.

Unter den nationalen Parolen und den Siegesmeldungen zerrann jegliche Oppositionspolitik. Die Parlamentarier wurden zu Anwälten der nationalen Sache und gingen – auch in zukünftigen Kriegen – oftmals über die Forderungen der Regierung in ihrer Agitation hinaus. Der Krieg als sozialimperialistisches Korrektiv innerer Spannungen hatte bestens funktioniert. Der Sieg über China war das außenpolitische Pendant zum erfolgreichen Abschluss der Reformen im Inneren.

Die japanische Siegeseuphorie erfuhr jedoch einen deutlichen Dämpfer. Die militärinternen wie die diplomatischen Vorgänge um Port Arthur, Japans erstes Sprungbrett auf dem Kontinent, belasteten das Prestige der kaiserlichen Armee. Nach der überraschend, binnen eines Tages gelungenen Einnahme von Port Arthur waren die japanischen Truppen vier Tage lang Amok gelaufen (21. bis 24. November 1894).

Diesem ersten Massaker einer durch ihre höheren Offiziere nicht mehr kontrollierbaren Truppe sollen 60 000 Chinesen, meist unbeteiligte Zivilisten, zum Opfer gefallen sein. Die Lust am Töten, Vergewaltigen und Plündern war, wie schon zeitgenössische Erklärungsversuche betonten, die Folge der dreijährigen, sklavischen Rekrutenausbildung in der kaiserlichen Armee. Die japanische Presse berichtete in aller Offenheit und ohne nennenswerte Entrüstung über diese Vorfälle in Port Arthur, die der westlichen Presse zur weiteren Verteufelung der »gelben Gefahr« dienten. Eine kriegsgerichtliche Untersuchung wurde – wie auch bei späteren Massakern – ausdrücklich mit Rücksicht auf das Prestige der siegreichen Armee abgelehnt.

Das japanische Massaker an der Zivilbevölkerung nach der Einnahme von Port Arthur war der Weltöffentlichkeit bereits bekannt, als die drei westlichen Großmächte Frankreich, Russland und Deutschland in einer gemeinsamen Demarche dem Sieger den »freundschaft-

ZITAT

Aus dem Bündnisvertrag zwischen Großbritannien und Japan vom 30. 1. 1902:

Art. I. ... In Anbetracht jedoch ihrer besonderen Interessen ... erkennen die Hohen Vertragschließenden Parteien an, dass es jeder von ihnen gestattet sein soll, diejenigen Maßnahmen zu ergreifen, die unerlässlich sein mögen, um die Interessen zu schützen, falls sie entweder durch die aggressive Handlungsweise irgendeiner anderen Macht oder durch ... entstehende Unruhe bedroht sind.

lichen Rat« erteilten, im Sinne des Friedens in Ostasien auf den Erwerb der Halbinsel Liaodong zu verzichten. Japan, soeben souverän geworden, sollte sich mit der Rolle eines Juniorpartners der europäischen Großmächte bescheiden.

Der diplomatische Repräsentant des wilhelminischen Deutschland fügte ganz im Stil der verblendeten Berliner Allerweltspolitik bei der Überreichung der deutschen Note recht undiplomatisch eine Drohung hinzu: Japan müsse nachgeben, da ein Kampf gegen die drei Großmächte aussichtslos sei – und gab diese Drohung als »weiteren Beweis für die wahrhaft freundliche Gesinnung der Regierung seiner Majestät des Kaisers« aus.

Die Empörung im Lande, vor allem über die exponierte deutsche Haltung, war nicht nur innerhalb der Regierung groß. Die vielen neu entstandenen patriotischen Vereinigungen sahen in dieser Tripleintervention eine bewusste, weitere Demütigung durch den Westen und lehnten eine Annahme des »Ratschlags« ab. Das nationale Lager bekam in dieser Debatte weiteren Zulauf. Japan gab notgedrungen nach und erhöhte die finanziellen Forderungen an China in einem solchen Maße, dass dessen Staatshaushalt in der Zeit der Monarchie bis 1911 nicht wieder ins Lot kommen sollte.

Der Krieg mit China brachte langfristig eine außen- wie innenpolitische Reorientierung von dem vermeintlich ins Feindlager übergewechselten deutschen Vorbild auf die maritim ausgerichtete britische Weltmacht mit sich. Diese Abkehr Japans von Deutschland mündete in den britisch-japanischen Bündnisvertrag vom 30. Januar 1902 und beendete die enge Zusammenarbeit mit deutschen Sachverständigen im Lande.

Fortan bestimmten die Angelsachsen unangefochten, zumindest bis zum Washingtoner Abkommen von 1922, den innerjapanischen Reformkurs wie die Außenpolitik des Tennoreiches. Das Bündnis mit Großbritannien wiederum stellte für Japan auch eine unabdingbare Voraussetzung dar, um, wie von britischer Seite beabsichtigt, das weitere Eindringen des »russischen Bären« in Korea und in der Mandschurei aufzuhalten. *Bernd Martin*

Um die Vorherrschaft in Ostasien: Der Russisch-Japanische Krieg

Infolge seiner Niederlage gegen Japan rückte China näher an Russland und schien geneigt, dessen imperialistische Ambitionen auf eine Art fernöstliches Kolonialreich zu übersehen. Anlässlich der Krönungsfeierlichkeiten für Nikolaus II. schloss der chinesische Großkanzler Li Hongzhan am 22. Mai 1896 in Sankt Petersburg einen geheimen Bündnisvertrag. Der folgenreichste Passus dieses wenige Jahre später durch den Boxeraufstand hinfällig gewordenen Beistandspaktes beinhaltete die Erlaubnis zum Bau einer Eisenbahnlinie quer durch die Mandschurei.

In Fortsetzung der bereits begonnenen Transsibirischen Bahn sollte diese Tangente den russischen Fernosthafen Wladiwostok besser und schneller anbinden als die ursprünglich vorgesehene Linienführung nördlich des Amur, gewissermaßen im Bogen um die Mandschurei herum. Des Weiteren diente die Verpachtung des erst kürzlich von den Japanern geräumten natürlichen Kriegshafens Port Arthur samt dem Hinterland der

Die Krönungsfeierlichkeiten für Nikolaus II. stellte Walentin Aleksandrowitsch Serow in einem Historiengemälde dar (Moskau, Tretjakow-Galerie).

4601

100563

Eine zeitgenössische Illustration schildert die Fahnenausgabe an die japanischen Truppen durch Kaiser Mutsuhito 1904 während des Russisch-Japanischen Krieges.

Halbinsel Liaodong an die Russen ebenfalls der Festigung des beiderseitigen Verhältnisses.

Russland hatte an der nördlichen Seite des maritimen Eingangstores zum Pekinger Raum Posten gegen Japan bezogen. Da eine verkehrsmäßige Anbindung des russischen Flottenstützpunktes nur durch eine Stichbahn von der ostchinesischen Trasse durch die Mandschurei möglich war, musste das gesamte noch auszubauende Bahnnetz in dieser ostchinesischen Provinz unter russische Kontrolle geraten und die Mandschurei zum idealen Aufmarschgebiet russischer Militärmacht werden. Korea, im Norden durch die russischen Stützpunkte Port Arthur und Wladiwostok strategisch umklammert, wurde erneut zum Konfliktfeld eines Krieges.

Obwohl Korea mittlerweile wirtschaftlich von seinem mächtigen japanischen Nachbarn abhängig war und die Japaner ungestört ihr Reformprogramm durchsetzen konnten, versuchte die russische Führung ihre Vision von einem großrussischen Kolonialreich zu verwirklichen. Die Mandschurei und Korea sollten als imperialistische Einflusssphäre fortan dem zaristischen Russland zu einer Machtposition auch im Pazifik verhelfen. Die Vorstellung vom Zarenreich als Weltmacht von den Gestaden des Atlantik bis hin zu den Küsten des Pazifik diente in dem vom Fieber der Industrialisierung erfassten Russischen Reich ebenfalls als eine sozialimperialistische Devise, um von den manifesten inneren Gegensätzen und der Unbeweglichkeit des autokratischen Systems abzulenken.

Wie die japanische Oligarchie, die unter einem ähnlichen sozialen Druck stand, wusste auch die russische Führung den Krieg als Mittel zur innenpolitischen Befriedung zu nutzen oder, wie es der damalige russische Innenminister offenherzig formulierte: »Wir brauchen einen kleinen, siegreichen Krieg, um die Flutwelle der Revolution aufzuhalten.« Doch weder geriet der Krieg mit Japan kurz, noch endete er siegreich, und statt die Revolution einzudämmen, sollte er ihr die Schleusentore öffnen.

Seit der gemeinsamen Intervention der imperialistischen Mächte gegen die rebellierenden Boxer in China im Jahr 1900, bei der Japan mit Abstand das größte Truppenkontingent gestellt hatte, standen russische Verbände in der Mandschurei. In den Boxerprotokollen war nach dem erfolgreichen Entsatz Pekings ein Abzug der Interventionstruppen vereinbart worden. Lediglich in dem Landkorridor zwischen den am Gelben Meer gelegenen Taku-Forts und der Hauptstadt Peking sollten die Interventionsmächte fortan das Recht haben, zum Schutz ihrer Staatsbürger in der Metropole Truppenverbände zu stationieren.

Damit war ein neuer territorialer Konfliktherd vor den Toren Pekings geschaffen, der 1903/04 zur russisch-japanischen Konfrontation im gemeinsamen Truppen-

ZITAT

Aus dem Friedensvertrag von Portsmouth zwischen Japan und Russland vom 5. 9. 1905:

Art. V. Die Kaiserlich Russische Regierung überträgt der Kaiserlichen Regierung Japans mit Zustimmung der Regierung Chinas die Pacht von Port Arthur, Dalny (heute japanisch Dairen) und des angrenzenden Gebietes…

Art. IX. Die Kaiserlich Russische Regierung übergibt der Kaiserlichen Regierung von Japan für immer und in voller Souveränität den südlichen Teil der Insel Sachalin.

aufmarsch führte und 1937 den Zusammenstoß chinesischer und japanischer Einheiten ermöglichte, der schließlich den großen Krieg in Asien auslösen sollte. Als die zaristische Regierung 1903 keine Anstalten machte, die in den Boxerprotokollen vereinbarte Räumung der Mandschurei zu vollziehen, standen in Sankt Petersburg wie in Tokio die Zeichen auf Sturm. Halbherzig vorgebrachte Kompromissvorschläge des Westens, Korea in eine nördliche russische und eine südliche japanische Interessensphäre zu teilen oder doch nördlich des 39. Breitengrades zu neutralisieren, verhallten ungehört.

Die zaristische Führung setzte auf einen leichten Sieg gegen den »gelben« Emporkömmling und wähnte sich in der Rolle des Retters der europäischen zivilisatorischen Werte. Eine Kriegserklärung durfte daher nicht von dem zivilisierten und höher stehenden Russland ausgehen, sondern die Japaner mussten in eine Position gedrängt werden, aus der sie den ersten Schuss abgeben mussten. Das Bild von den verschlagenen und hinterhältigen Japanern, die in der westlichen Propaganda ohnehin gern mit kleinen Affen verglichen wurden, musste schon stimmen, um die Öffentlichkeit der westlichen Länder von der Notwendigkeit eines Krieges zu überzeugen.

Diese diplomatische Strategie zivilisatorischer Überlegenheit sollten die Amerikaner 1941 genauso erfolg-

Den Kreuzer »Asskoljd«, der am 28. 7. 1904 im Gelben Meer kämpft, malte Konstantin Aleksandrowitsch Weschtschilow 1906 (Sankt Petersburg, Staatliches Marinemuseum).

100880

Japanische Streitkräfte führten in der Nacht vom 8. auf den 9. 2. 1904 einen Überraschungsangriff auf die im Hafen von Port Arthur ankernde russische Flotte aus (Neuruppiner Bilderbogen).

reich anwenden, wie es die Russen 1904 taten. Beide Male arbeitete die Zeit gegen Japan und für den Herausforderer. Mit der endgültigen Fertigstellung der Transsibirischen Bahn vermochte Russland jederzeit riesige Truppenmassen und Kriegsmaterial rasch in den Fernen Osten zu verlegen. Einer solchen russischen »Dampfwalze« konnte die Armee des Tenno auf Dauer nicht widerstehen. Im Jahre 1903 war bereits der erste Streckenabschnitt durch die Mandschurei fertig gestellt worden, von Westen hatte die Trasse längst Irkutsk erreicht. Lediglich am Baikalsee fehlte 1904/05 noch das Verbindungsstück, sodass Menschen und Material mithilfe von Fähren transportiert werden mussten. Solange dieser Flaschenhals bestand und die eingleisige Strecke sich noch dazu im Erprobungsstadium befand, war mit massiven Verstärkungen der russischen militärischen Präsenz in Ostasien zumindest nicht kurzfristig zu rechnen.

Überfall auf Port Arthur

Nach Abbruch der diplomatischen Beziehungen überfielen japanische Streitkräfte im Morgengrauen des 9. Februar 1904 die im Hafen von Port Arthur liegenden Einheiten der russischen Fernostflotte. Mit der Versenkung von drei Großkampfschiffen war die russische Flottenpräsenz in Ostasien entscheidend geschwächt, sodass die japanische Armee Landungsunternehmen durchführen konnte. In der am 10. Februar übermittelten

100264

Am Baikalsee in Südsibirien fehlte 1904/05 noch das entscheidende Verbindungsstück der Transsibirischen Eisenbahn. Hier mussten Menschen und Material noch mithilfe von Fähren transportiert werden.

Kriegserklärung begründete Japan die Eröffnung von Feindseligkeiten mit der Notwendigkeit, die lebenswichtigen Interessen des japanischen Reiches in Korea schützen zu müssen. Eine dauerhafte Festsetzung Russlands in der Mandschurei gefährde den Frieden in der Region, den Japan nunmehr gezwungen sei, mit Waffengewalt wieder herzustellen.

Die Kampfhandlungen, mit massiven Aufgeboten an Streitkräften von beiden Seiten und mit äußerster Härte zu Wasser und zu Lande ausgetragen, wurden zum ersten modernen Krieg des 20. Jahrhunderts. 19 Monate lang lieferten sich Russen und Japaner im Stellungskrieg bei der Belagerung von Port Arthur oder in beweglicher Kriegführung in der Mandschurei mit ihren Massenheeren blutige Gefechte. Der Einsatz neuer Waffen wie des Maschinengewehrs oder großkalibriger Festungsartillerie forderte bei einer Infanteriestrategie, die den Sturmangriff favorisierte, unglaubliche Opfer: So verloren japanische Truppen beim Sturmangriff auf die strategisch wichtige Höhe 203 vor Port Arthur Ende November 1904 in wenigen Tagen 15 000 Mann. Das entsprach etwa dreißig Prozent der insgesamt eingesetzten Verbände von 52 000 Soldaten. Die Festung musste schließlich am 1. Januar 1905 die Waffen strecken.

Als Port Arthur kapitulierte, berauschte sich ganz Japan trotz der hohen Verluste an dem ersten großen Sieg über eine »weiße«, westliche Großmacht, der siegreiche japanische General Nogi Maresuki erlangte die Popularität eines Volkshelden. Im zaristischen Russland öffnete die Niederlage den Weg in die Revolution, die nur drei Wochen nach dem Fall der Festung mit dem Sankt Petersburger »Blutsonntag« vom 22. Januar 1905 einsetzen sollte.

Das Kriegsgeschehen verlagerte sich im Jahr 1905 in die Weiten der Mandschurei, wo die beiden Massenheere von jeweils über 200 000 Mann bei der strategisch wichtigen Stadt Mukden im Februar aufeinander trafen und trotz eines über zwei Wochen andauernden Kampfes sowie gewaltiger Verluste von annähernd fünfzig Prozent

50

Ein Rückzugsgefecht der Russen bei Mukden schildert der französische Farbstich aus »Le Petit Journal« am 26. 3. 1905. Nach den 14 Tage dauernden Kämpfen waren beide Seiten aufs Äußerste geschwächt, die Japaner vermochten die abziehenden Russen nicht mehr zu verfolgen.

keine eindeutige Entscheidung herbeiführen konnten. Die Ausfälle an Toten und Verwundeten erreichten auf beiden Seiten annähernd eine Höhe von fünfzig Prozent. Hinzu kamen im japanischen Heer Seuchen, sodass die kämpfenden Einheiten von etwa einer Million Mann bald halbiert waren. An eine systematische Verfolgung der sich von Mukden absetzenden russischen Verbände war daher nicht zu denken.

Japans militärisches Potenzial zu Lande war erschöpft, wohingegen Russland neue Truppen über die

Unter Führung des in Großbritannien ausgebildeten Admirals Tōgō Heihachirō wurde die hoch gerühmte baltische Flotte versenkt.

Transsibirische Bahn heranbringen konnte. Gedanken an einen Friedensschluss tauchten zunächst in Tokio auf, während der russische Zar sich nach wie vor nicht in die Niederlage schickte, sondern von der Entsendung der Ostseeflotte nach Fernost eine wundersame Wendung des Kriegsgeschehens erhoffte.

Der Untergang der russischen Flotte bei Tsushima
Doch gerade die hoch gerühmte baltische Flotte offenbarte den maroden Zustand des zaristischen Russland. Schlecht ausgerüstet, mit widerwilligen, oftmals revolutionär gesonnenen Landsoldaten bemannt, noch schlechter geführt und unzureichend versorgt, wurde die 34 Kampfschiffe umfassende Armada bei Tsushima in der Koreastraße von der weit unterlegenen japanischen Flotte unter der Führung des in Großbritannien ausgebildeten Admirals Tōgō Heihachirō wie bei einem Übungsschießen versenkt. Bei eigenen Verlusten von drei Torpedobooten und etwa hundert Seesoldaten hatte die japanische Marine den russischen Verband vollständig vernichtet. Nahezu 5000 Russen ertranken, annähernd 2000 wurden gefangen genommen. Nur wenige Tage später nahm die russische Regierung das Vermittlungsangebot des amerikanischen Präsidenten Theodore Roosevelt an.

Alle drei Nationen, Japan, Russland und die USA, waren im Sommer 1905 an einer raschen und den Schaden begrenzenden Beilegung des Krieges interessiert. Trotz glänzender Siege war Japan am Ende seiner Kräfte. In Russland wiederum eskalierte die Revolution, die die Japaner mithilfe amerikanischer Gelder unterstützt hatten. Japanische Agenten hatten die Randvölker des russischen Großreiches, die Polen und die Finnen, in ihren Unabhängigkeitsbestrebungen unterstützt, amerikanische jüdische Bankhäuser wie Rothschild hatten der japanischen Seite großzügig Kredite gewährt.

Die zaristische Autokratie sollte aus amerikanischer Sicht refomiert werden und vor allem der schutzlosen jüdischen Minderheit endlich einige Rechte einräumen. Doch an einem Zusammenbruch des russischen Kolosses in einer sozialistischen Revolution waren amerikanische Finanzkreise weniger interessiert, sodass sie den Präsidenten zum Handeln drängten. Die amerikanische

Stellung in Ostasien, in dem Prinzip der offenen Tür manifest, konnte von einer erfolgreichen Vermittlung nur profitieren und die von den Russen wie Japanern zu räumenden Positionen in der Mandschurei und Nordchina informell – also wirtschaftlich – übernehmen.

Der Friede von Portsmouth

Auf der Konferenz von Portsmouth in New Hampshire konnte Russland dank der Verhandlungsführung des russischen Delegationsleiters Sergej Graf Witte am 5. September 1905 einen milden Frieden erlangen. Nunmehr wurde Korea der japanischen Interessensphäre eindeutig zugeordnet. Die Mandschurei wurde zwar nicht gemäß dem Vertrag, jedoch de facto in ein nördliches, russisches Interessengebiet mit der ostchinesischen Trasse der Transsibirischen Bahn und in ein südliches, japanisch beherrschtes Territorium mit der südmandschurischen Bahnlinie von Harbin nach Port Arthur geteilt. Die Seefestung samt Hinterland ging ebenfalls in japanischen Besitz über wie die südliche Hälfte der Insel Sachalin. Auf Kriegsentschädigungen, von denen sich die Japaner eine rasche wirtschaftliche Gesundung versprochen hatten, musste die japanische Delegation auf Druck Roosevelts schließlich verzichten.

Als die Bestimmungen des Friedens von Portsmouth in Japan bekannt wurden, fühlte sich die von Siegesmeldungen verwöhnte japanische Öffentlichkeit um den Sieg betrogen. Der von den Meijigründervätern einst beschworene nationale Geist schlug zurück und bedrohte die gesamte neue Ordnung. Nationalistische Kräfte forderten den Kaiser auf, den Vertrag zu widerrufen, und halfen ihrem Anliegen durch Großdemonstrationen und Gewalttätigkeiten nach. In den mehrere Tage andauernden Unruhen, die vom Tokioter Hibiya-Park ihren Ausgang nahmen, kam es zu regelrechten Straßenschlachten. Die entfesselte Masse drohte, Regierungsgebäude und die amerikanische Botschaft zu stürmen. Die Verhängung des Kriegsrechts war nötig, um den Frieden in Japan durchzusetzen.

Doch trotz dieses nationalistischen Aufruhrs hat der große japanische Sieg sowohl das Land selbst als auch die internationale Situation verändert. Meiji-Japan stand innen- und außenpolitisch unangefochten im Zenit seiner

50

Trotz der vorangegangenen Unruhen wegen der Ergebnisse der Friedensverhandlungen hielt Kaiser Mutsuhito schließlich eine große Siegesparade ab, bei der die Armee an den erbeuteten russischen Waffen defilierte (»Le Petit Parisien«, 24. 6. 1906).

neu erworbenen Machtfülle. Im Zeitraum von nur gut einer Generation hatte das Land sich von einem rückständigen Feudalstaat zur Führungsmacht in Ostasien entwickelt. Die Einmaligkeit einer solchen rasanten und vermeintlich geglückten Entwickung fand bei den westlichen Großmächten eine ambivalente Aufnahme. Japan wurde zwar wegen seiner großen Erfolge bewundert, wegen der Rücksichtslosigkeit seiner Kriegführung und seines ebenso rücksichtslosen Vorgehens in Korea und Formosa jedoch als Gefahr empfunden.

Dem rassistischen Denken von der Überlegenheit des »weißen Mannes« leisteten die japanischen Siege eher Vorschub als Abbruch. Fortan wies die Politik des Westens gegenüber Japan zusätzlich noch eine starke rassistische Komponente auf. Doch gerade diese rassische Andersartigkeit gereichte den Japanern auch zum Vorteil, um ihren Führungsanspruch in Ostasien gegenüber den etablierten Kolonialmächten fürderhin anzumelden. Die Begeisterung der Kolonialvölker über den Sieg der »gelben« Japaner gegenüber den »weißen« Russen kannte keine Grenzen. Weltgeschichtlich begannen mit den Siegen des Sonnenbanners daher auch die Entkolonialisierung und Befreiung vom »weißen Mann«. Diese Befreiungsmission in Ostasien setzten die Japaner in der Zwischenkriegszeit fort, um ihre 1895 und 1905 errungenen Positionen zu einem japanisch beherrschten Großostasien auszubauen. *Bernd Martin*

Das Zeitalter des Imperialismus

»Kulturelle Mission« oder »Platz an der Sonne«? – Merkmale des Imperialismus

Die Ära des modernen Imperialismus, die vor allem den Zeitraum von 1882 bis 1914 umfasst, gehört zu den zentralen Epochen, in denen sich die westlichen Staaten und ihr Einfluss über die Erde ausbreiteten. Die Expansion militär-, industrie- und kapitalstarker Staaten in weniger entwickelte Regionen führte innerhalb weniger Jahrzehnte zur Aufteilung fast ganz Afrikas und Ozeaniens sowie zur Konsolidierung der – teilweise älteren – Herrschaft europäischer Staaten in Asien. Zwar dauerten bestimmte Expansionsprozesse im 19. Jahrhundert mehr oder weniger kontinuierlich an, so zum Beispiel die britische Herrschaft in Indien.

Während jedoch – insgesamt betrachtet – vor 1880 informell-indirekte Herrschaftsformen und eine vergleichsweise koloniale Zurückhaltung vorherrschten, gewann der europäische Expansionismus danach eine neue Qualität. Imperialistische Betätigung wurde nunmehr geradezu als eine nationale und wirtschaftliche Notwendigkeit angesehen und zielbewusst verfolgt. Überdies trat neben den bis dahin vorherrschenden britisch-französischen Gegensatz auf kolonialem Gebiet der Wettlauf nahezu aller westlichen Mächte um Kolonien, Protektorate, maritime Stützpunkte und finanzielle Einflusszonen. In kürzester Zeit waren die letzten weißen Flecken von den Landkarten verschwunden.

Der Imperialismus im 19. Jh. führte zu einer Aufteilung der Welt unter den europäischen Staaten. Das Schreckbild eines englischen Polizisten (19. Jh.; London, British Museum) stammt von den Nikobaren, einer Inselgruppe im Golf von Bengalen, die britisch beherrscht war.

Imperialismustheorien

Bereits die Zeitgenossen haben sich Gedanken über diesen plötzlichen Ausbruch imperialistischer Aktivitäten gemacht. Unter dem Eindruck des Burenkrieges gab der liberale britische Publizist John Atkinson Hobson in seinem 1902 erschienenen, weit verbreiteten Werk »Imperialism« eine richtungweisende Interpretation: Die Triebkräfte des von ihm emphatisch verurteilten Imperialismus sah er zum einen in der Suche nach profitablen Anlagemöglichkeiten für überschüssiges Kapital, zum

100563

100913

Kanäle öffneten Verkehrswege, die den europäischen Expansionsprozess erheblich förderten. Der französische Ingenieur und Diplomat Ferdinand de Lesseps war der Erbauer des Suezkanals. Mit seinen Plänen zum Panamakanal scheiterte er jedoch (Foto aus dem Atelier Nadar, um 1869).

anderen in dem Bestreben, angesichts mangelnder Kaufkraft am Binnenmarkt neue Absatzmärkte zu erschließen. Während der Begründer der ökonomischen Imperialismustheorie jedoch auf soziale Reformen innerhalb des bestehenden Gesellschafts- und Wirtschaftssystems setzte und seine Thesen durch gewichtige Bemerkungen zur »Psychologie« des Imperialismus ergänzte, machten die nachfolgenden sozialistischen Theoretiker einzig das kapitalistische System für die imperialistische Expansion verantwortlich.

Auch sozialökonomische und sozialimperialistische Deutungen suchen eine Verbindung zwischen den offenkundigen zyklischen Konjunktur- und Wirtschaftskrisen des kapitalistischen Systems und den sich dadurch verschärfenden gesellschaftlich-sozialen Spannungen herzustellen. Kolonien und imperialistischer Expansionismus erscheinen als Ausweg, ökonomische und politisch-soziale Konflikte zu entschärfen, und als Strategien herrschender Eliten, von sozialen Problemen im Innern abzulenken.

Erblicken ökonomische, sozialökonomische und sozialimperialistische Theorien die Ursachen für den westlichen Expansionismus ausschließlich im Schoß der Industriestaaten selbst, haben neuere, so genannte peripherieorientierte Ansätze den Blick stärker auf die Vorgänge »vor Ort« gerichtet. Sie vermögen dadurch nicht nur aufzuzeigen, dass Pioniere, Kaufleute, Militärs, Kolonialbeamte und Missionare die oft zögernden Regierungen zur Kolonialisierung drängten, sondern können auch deutlicher herausarbeiten, dass die von Kolonialismus und Expansionismus erfassten Völker selbst auf die Übermacht des weißen Mannes in verschiedenster Weise reagierten und versuchten, sich der neuen Situation nach ihren Vorstellungen anzupassen, mithin nicht bloße Opfer waren.

Dynamisierung und Folgen der Expansion

Die imperialistische Expansion im ausgehenden 19. und frühen 20. Jahrhundert stellt sich tendenziell als eine Fortsetzung des jahrhundertelangen Prozesses der Aus-

INFOBOX

Sozialistische Imperialismustheorien

Die ökonomische Imperialismustheorie John Atkinson Hobsons beeinflusste entscheidend die Überlegungen des Austromarxisten Rudolf Hilferding, der in seiner wirtschaftstheoretischen Schrift »Das Finanzkapital« von 1910 dessen entscheidende Rolle für die imperialistischen Aktivitäten der Staaten betonte.

Während Rosa Luxemburg im Imperialismus noch eine vorübergehende »Lebensverlängerung« kapitalistischer Vergesellschaftung erblickte, war für Wladimir Iljitsch Lenin mit dem Erreichen des »monopolistischen Stadiums« des Kapitalismus die territoriale Aufteilung der Erde unter den Großmächten bereits beendet; der Kampf um die »Neuverteilung« der Welt bedeutete für ihn die Agonie des kapitalistischen Zeitalters.

Mit seinem 1917 veröffentlichten politisch-agitatorischen Traktat »Der Imperialismus als höchstes Stadium des Kapitalismus« schuf der russische Revolutionär, anknüpfend an die Theoreme Hilferdings, die zukünftige Bibel orthodox-marxistischer Imperialismusinterpretation.

breitung Europas über die Welt dar, der allerdings durch die industrielle Revolution eine zusätzliche Dynamik erhalten hatte. Diese ergab sich aus einer Summe neuartiger politischer, wirtschaftlicher, technologischer und kultureller Machtmittel. Insbesondere die Revolutionierung der Technik – Dampfschifffahrt, Eisenbahnen, Unterseekabel, Kanäle wie der Suez- und Panamakanal sowie die ungeheuer gewachsene Feuerkraft – förderte die expansionistischen Prozesse erheblich.

Zudem erlaubte die Chininprophylaxe den Europäern überhaupt erst, in tropischen Gebieten zu überleben. Die politische Mobilisierung breiterer Bevölkerungsschichten in den westlichen Staaten verlieh der imperialistischen Agitation eine zusätzliche Stoßkraft; waren doch Kolonialismus und Imperialismus nicht mehr in erster Linie eine Angelegenheit von Regierungen oder privilegierter Handelskompanien, sondern Gegenstand emotional aufgeladener Debatten des sich demokratisierenden Staates. Die Beteiligung der Öffentlichkeit zeigte sich etwa in der Entstehung zahlreicher imperialistischer, militaristischer, kolonialistischer und maritimer Vereine und Verbände.

Die Folge war eine Zunahme nationaler Rivalitäten, wobei die erst später in die Reihe der imperialen Mächte eingetretenen Nationen einen besonders aggressiven Ton anschlugen. Überschäumendes, naiv-aggressives Kraftbewusstsein und von Sendungsbewusstsein geprägtes Überlegenheitsgefühl übten sich nicht nur in nationaler Rhetorik, sondern zielten auch – typisch für das imperialistische Zeitalter – auf die Darstellung von Macht. Gleichzeitig standen dem optimistischen nationalen Kraftgefühl tief reichende kollektive Ängste gegenüber, die sich nicht zuletzt in den verschiedenen Weltreichslehren, Panbewegungen und Theorien von der Bedeutung der Seemacht für die zukünftige Größe und Stabilität einer Nation artikulierten.

Diese Konkurrenzsituation schlug sich in Formulierungen – namentlich kolonialer »Neulinge« – nieder, nach denen das imperialistische Engagement die »letzte Chance« biete, im territorialen Aufteilungskampf zu bestehen, oder sie kam in der steten Sorge zum Ausdruck, bei eben diesem Verteilungskampf »zu spät« oder »zu kurz« zu kommen. Bei allen Nationen verband sich das

ZITAT

Aus dem politischen Testament des Kolonialpolitikers Cecil Rhodes:

Da (Gott) sich die englischsprechende Rasse offensichtlich zu seinem auserwählten Werkzeug geformt hat, durch welches er einen auf Gerechtigkeit, Freiheit und Frieden gegründeten Zustand der Gesellschaft hervorbringen will, muss es auch seinem Wunsch entsprechen, dass ich alles in meiner Macht Stehende tue, um jener Rasse so viel Spielraum und Macht wie möglich zu verschaffen.

100562

Durch das Diamantengeschäft war der britisch-südafrikanische Kolonialpolitiker Cecil Rhodes zu einem der reichsten Männer der Welt geworden. Er verfolgte die Vision eines anglo-amerikanischen Imperialismus mit unverhohlen rassistischen Zügen (Blick auf sein Grab in Simbabwe).

Konkurrenzmotiv mit sozialdarwinistischen Ideologien, die naturgesetzliche Prinzipien wie das der natürlichen Auslese oder des Überlebenskampfes auf Nationen und Staaten übertrugen. Die Anschauungen vom »Überleben des Stärkeren«, von der Teilung der Welt in »lebende« und »sterbende«, in niedergehende und aufstrebende Nationen, von der Alternative »Weltmacht oder Untergang«, Wachsen oder Verkümmern, alle diese Varianten sozialdarwinistischer Vorstellungen beherrschten den intellektuellen Naturwissenschaftler ebenso wie den gemeinen Mann. Der Sozialdarwinismus bot ein scheinbar plausibles Erklärungsmodell, um die gewaltigen Veränderungen in der Industriegesellschaft, aber auch die Geschwindigkeit zu erklären, mit der die imperialistische Expansion über den Widerstand der Urbevölkerung in den für die Kolonialisierung ausersehenen Gebieten hinwegging. Von hier bis zum Rassismus war es dann nur ein kurzer Schritt. Aber auch die Verherrlichung des Krieges sollte dazugehören. *Horst Gründer*

Herrscher der Meere: Großbritannien und sein Kolonialreich

Als das imperialistische Zeitalter in Europa anbrach, konnte Großbritannien auf einen langen Expansionsprozess zurückblicken, der zu einem weitläufigen Überseeimperium geführt hatte. In der früh- und mittelviktorianischen Epoche beruhte dieses Empire auf dem liberalen Prinzip des Freihandels, das seine Zugkraft nicht zuletzt aus dem industriewirtschaftlichen Vorsprung des Inselstaates sowie aus seiner Überlegenheit auf den Weltmeeren bezog.

Die Wende zu einer britischen imperialistischen Politik bahnte sich mit dem Programm des konservativen Staatsmanns Benjamin Disraeli an. Hatte der schriftstellernde jugendliche Bohemien in den 1850er-Jahren Kolonien noch als »Mühlsteine um unseren Hals« bezeichnet, so befürwortete der Politiker der Tories in seiner berühmten Londoner »Kristallpalastrede« vom 24. Juni

Viktoria von Hannover wurde als englische Königin und Kaiserin von Indien Herrscherin über etwa ein Drittel der Weltbevölkerung. Die Insel Mauritius gehörte seit 1810 zum britischen Imperium – die berühmte »blaue Mauritius« wurde 1847 mit Viktorias Bildnis gedruckt.

INFOBOX

»Großmutter Europas«
Königin Viktoria vermählte sich 1840 mit ihrem Vetter Prinz Albert von Sachsen-Coburg-Gotha und hatte mit ihm neun Kinder: Viktoria (1840), Edward (1841), Alice (1843), Alfred (1844), Helena (1846), Louise (1848), Arthur (1850), Leopold (1853) und Beatrice (1857).
Diese Kinder wurden ganz im Sinne der dynastischen Heiratspoltik der vorangegangenen Jahrhunderte verheiratet: Viktoria, Princess Royal, 1858 mit dem preußischen Thronfolger, dem späteren deutschen Kaiser Friedrich III., und Edward, der Prince of Wales, 1863 mit Alexandra von Dänemark. Alice heiratete 1862 den Großherzog von Hessen, Ludwig IV., und Alfred, Duke of Edinburg, 1874 die Großfürstin von Russland Maria Alexandrowna. Helena wurde 1866 die Gattin des Prinzen Christian zu Schleswig-Holstein. Louise heiratete 1871 John Campbell, den 9. Duke of Argyll, und Arthur, der Duke of Connaught, vermählte sich mit Louise Margarethe von Preußen. Leopold, der Duke of Albany, heiratete 1872 Prinzessin Helene von Waldeck und Pyrmont und Beatrice 1885 Prinz Heinrich von Battenberg.
Am Ende des 19. Jh. war Viktoria mit fast allen Fürstenhäusern Europas verwandt und wurde daher – nicht zu unrecht – »Großmutter Europas« genannt.

1872 nicht nur ein »Zusammenrücken« des Empire, sondern auch Maßnahmen zu dessen Erhaltung und Erweiterung. Disraeli stand dabei nicht nur unter dem Eindruck einer veränderten politischen Situation in Europa, bedingt durch die deutsche und italienische Einigung sowie Deutschlands Sieg über Frankreich 1870/71, sondern suchte auch nach Möglichkeiten, die wirtschaftliche Stagnation in Großbritannien zu überwinden. Vor allem ging es ihm aber um die Sicherung Indiens, des britischen »Kronjuwels«. 1875 erwarb er daher mit dem Blick auf die Verbindung nach Indien für Großbritannien Suezkanalaktien in Höhe von vier Millionen Pfund, die der Bankier Baron Lionel de Rothschild kurzfristig bereitstellte. 1876 bewegte er Königin Viktoria zur Annahme des Titels »Kaiserin von Indien«.

ZITAT

Disraeli über den Umgang mit Gegnern:
Ich bin verpflichtet, meinen Gegnern Argumente zu liefern, aber nicht Verstand.

Schritte zur Sicherung Indiens
Nach dem Verlust der amerikanischen Kolonien rückte Indien zur wichtigsten und reichsten britischen Kolonie auf, die zu erhalten und zu sichern die britische Außen-

INFOBOX

Das Viktorianische Zeitalter

Die lange Regierungszeit Königin Viktorias (1837–1901) ist als Glanzperiode mit höchster politischer Machtentfaltung, wirtschaftlichem Wohlstand und imperialistischer Expansion, aber auch kultureller Verflachung und Prüderie in die Geschichte Großbritanniens eingegangen. Es war eine Zeit der Industrialisierung, der sozialen Krisen und Reformen und des »Philistertums« einer Mittelklasse, die zunehmend wertbestimmend wurde.

Der geistesgeschichtliche Hintergrund war einerseits gekennzeichnet durch einen utilitaristischen Optimismus (Jeremy Bentham, John Stuart Mill, David Ricardo) sowie wissenschaftliche Fortschrittsdogmen (Charles Darwin, Herbert Spencer) und andererseits durch zivilisationsskeptische und idealistische Strömungen. Letztere finden sich etwa in der Kulturkritik von Thomas Carlyle, in der Geschichtsschreibung von Thomas Macaulay, in der Kunstkritik von John Ruskin, in der Literaturkritik des Dichters Matthew Arnold und in der religiösen Oxfordbewegung des Kardinals John Henry Newman.

politik vorrangig bestrebt war. So griffen die Briten 1882 in Ägypten ein, als es dort aufgrund europäischer Finanzoperationen zu instabilen Machtverhältnissen und einer nationalistischen Revolution gekommen war. Die militärische Intervention zielte aber vorrangig nicht darauf, die Geldanlagen europäischer Gläubiger zu retten. Das liberale Kabinett unter Premierminister William Ewart Gladstone befürchtete vielmehr, dass die Franzosen aus der Anarchie Ägyptens Nutzen ziehen und die Verbindung nach Indien gefährden könnten.

Von Ägypten führte der Weg die Briten in den Sudan, wo sie indessen auf den Widerstand des Mahdi (arabisch der »Gefährte«) Mohammed Ahmed ibn Saijid Abd Allah stießen. Vor Khartum erlitt der britische General Charles George Gordon, auch Gordon Pascha genannt, 1885 eine empfindliche Schlappe, die in ganz Europa Aufmerksamkeit erregte. Erst 1898 konnte General Horatio Herbert Kitchener, ausgerüstet mit Schnellfeuergewehren, Feldartillerie und Kanonenbooten, den Mahdisten bei Omdurman eine vernichtende Niederlage beibringen. Daraufhin wurde ein angloägyptisches Kondominium Sudan eingerichtet, das heißt, Großbritannien und Ägypten übten dort gemeinsam die Gebietshoheit

Die Viktoriafälle des Sambesi wurden von dem schottischen Missionar David Livingstone als erstem Europäer entdeckt und zu Ehren der englischen Königin Viktoria benannt. Der Wasserfall erwies sich als unüberwindbares Hindernis bei der Nutzung des Sambesi zur Erschließung Innersüdafrikas.

50558

aus. Kenia, Uganda und ein Teil von Somaliland waren bereits britisch geworden.

Der traditionelle Weg nach Asien führte rund um Afrika, weswegen dem südlichen Afrika schon immer besondere Bedeutung zukam. Nachdem sich die Briten 1814 mit der Kapkolonie endgültig einen wichtigen Stützpunkt zur Sicherung der Indienroute angeeignet und aus dem gleichen Grund 1845 Natal an der Südostküste Afrikas annektiert hatten, führten die Auseinandersetzungen mit den Buren, die sich gegen die verhassten liberalen Gesetze der Briten in der Sklavenfrage und hinsichtlich der Behandlung der Schwarzafrikaner stemmten, zu immer neuen kriegerischen Auseinandersetzungen. Nach einem blutigen Krieg zwischen 1899 und 1902 mussten die Buren die britische Oberherrschaft anerkennen.

Mithilfe ihrer westafrikanischen Kolonien Gambia, Sierra Leone, Goldküste – das heutige Ghana – und Ni-

Horatio Herbert Kitchener war als General entscheidend an der Niederschlagung des Mahdi-Aufstands in der Schlacht von Omdurman 1898 im Sudan beteiligt. Dafür wurde ihm der Titel Lord Kitchener of Khartoum and of Aspall in the County of Suffolk verliehen.

2400

In Bombay, dem heutigen Mumbai, wurde 1924 das »Gateway of India« zur Erinnerung an den Besuch von König Georg V. im Jahre 1911 erbaut. Das Bauwerk war als feierlicher Landungspunkt für mit Dampfschiffen ankommende Passagiere gedacht.

geria, der Atlantikinseln Ascension und Sankt Helena, des südlichen Afrikas und großer Teile Ostafrikas sowie Mauritius', der Seychellen und Ceylons - heute Sri Lanka - im Indischen Ozean hatten die Briten die Route nach Indien strategisch gesichert. Der andere Weg, der durch das Mittelmeer, wurde wegen der Stützpunkte Gibraltar, Malta und Aden geschätzt. In Asien selbst wurde die Herrschaft in den indischen Randgebieten ausgebaut, noch freie Inselteile und Inseln wie die Fidschi- und Gilbertinseln im Pazifik besetzt. Wirtschaftliche Bedeutung behielten zudem die britischen Kolonien in der Karibik. Namentlich der britische Kolonialminister Joseph Chamberlain beabsichtigte zwischen 1895 und 1903, ökonomische und soziale Probleme durch Expansion in noch freie Räume zu lösen. Gleichzeitig wollte er das Empire dadurch festigen, dass der Freihandel zugunsten einer Reichsföderation »weißer Kolonien« - verbunden durch Krone, Sprache und wirtschaftliche Vorteile - aufgegeben wurde. Sein Plan einer britischen Wehr- und Wirtschaftsunion führte zwar zu seinem Sturz, verhalf jedoch dem Commonwealth-Gedanken zum Durchbruch. *Horst Gründer*

Prestigegewinn und Machtzuwachs: Der »Rehabilitationsimperialismus« Frankreichs

Frankreichs Kolonialpolitik im imperialistischen Zeitalter lässt sich im Wesentlichen auf zwei Wurzeln zurückführen: die potenzielle Bedrohung durch das Deutsche Reich in Europa und die Auseinandersetzung mit Großbritannien in Übersee. Namentlich die traumatische Niederlage von 1870/71 gegen Deutschland führte dazu, dass koloniale Expansion als Möglichkeit begriffen wurde, Prestige und Macht zu mehren: Dadurch konnte die Katastrophe von 1870/71 kompensiert und Frankreichs Großmachtstellung wieder hergestellt werden.

Hinzu kamen latente Ängste aufgrund eines im Vergleich etwa zu Deutschland oder den USA geringen Bevölkerungswachstums sowie gesellschaftliche Spannungen, die sich aus der Ablösung der Großbourgeoisie durch neue, mittelständische Schichten sowie auf Sozialreform setzende Radikalsozialisten ergaben. Schließlich zeichnete sich die französische Wirtschaft – weitgehend getragen von traditionellen Familienbetrieben – durch einen zurückgebliebenen Entwicklungsstand aus. Kolonien in Übersee als Absatzmärkte schienen sich somit für die konkurrenzschwache französische Industrie ebenso anzubieten wie sich soziale Probleme und Spannungen scheinbar durch eine erfolgreiche Überseepolitik ausgleichen ließen.

In der Realität beruhte der französische Kolonialexpansionismus indes weniger auf wirtschaftlichen Erwägungen; selbst seine gesellschaftspolitischen Verheißungen blieben eher Propaganda. Nichtsdestoweniger führte – gegen eine starke linke und rechte Kolonialopposition – das wiederholte Zusammenspiel von Regierung, nationaler Öffentlichkeit und jeweils unterschiedlichen »strategischen Cliquen« doch zur Formierung eines beachtlichen Kolonialimperiums. Dessen Schwerpunkt lag, neben den traditionellen Kolonien in der Karibik und in Ozeanien sowie der religiös-kulturellen Protektorats- und der Finanzpolitik im Nahen Osten, in Südostasien und in Afrika.

Französisch-Indochina
In Asien war Frankreich bereits seit dem 17. Jahrhundert engagiert und präsent. Forscher, Händler, Kolonialoffiziere und nicht zuletzt Missionare hatten die französi-

sche Einflussnahme vorbereitet, bevor sich unter Napoleon III. eine dezidiert imperialistische Politik durchsetzte. Dabei hatte in Frankreich – wie auch in anderen westlichen Staaten – die Fata Morgana eines schier unerschöpflichen Chinamarktes die Planungen und Aktionen von Schwerindustrie, Finanzwelt und Diplomatie bestimmt. Nach der Beteiligung an der zwangsweisen Öffnung Chinas im Gefolge der so genannten Opiumkriege seit den 1840er-Jahren griff Frankreich in erster Linie mit finanzimperialistischen Aktionen in den Wettlauf um China ein.

Ohnehin bedingte das rivalisierende europäisch-amerikanisch-japanische Interesse an China eine Politik der offenen Tür, die allenfalls zu einigen Amputationen des »Reiches der Mitte« führten; so besetzte Frankreich 1898 Kuangtschouwan. Den Franzosen gelang es vorerst nicht, dem britischen Übergewicht im Handels- und Finanzbereich etwas entgegenzusetzen. Erst nach dem Ende des Chinesisch-Japanischen Krieges 1895 ver-

Seit 1883 stand Vietnam mit den drei Protektoraten Annam, Cochin-China und Tonkin unter französischer Kolonialherrschaft. Das Rathaus in Ho-Chi-Minh-Stadt, dem früheren Saigon, ist im französischen Kolonialstil erbaut.

101171

50

Am 20. 11. 1886 wurde die erste französische Eisenbahnlinie in China von Tientsin nach Tschin-Yang eröffnet (zeitgenössischer Holzstich).

mochte Frankreich stärker am Chinamarkt zu partizipieren. Zentrale Projekte betrafen den Eisenbahnbau, Bergbaukonzessionen, Rüstungsprodukte, Beteiligungen an Schifffahrtslinien, den Wiederaufbau des Arsenals von Fuzhou und die Reorganisation der chinesischen Marine mithilfe französischer Berater und Ingenieure.

Missionare hatten als Erste das französische Interesse auf Indochina, namentlich Vietnam, gelenkt. Nicht zuletzt aufgrund ihrer Schwierigkeiten vor Ort haben sie dann die Annexion Vietnams ideologisch und publizistisch weitgehend vorbereitet: Als Folge ihrer Intervention entschloss sich Napoleon III, Ende der 1850er-Jahre, Saigon zu erobern und 1862 das südöstliche Cochinchina zum französischen Kolonialbesitz zu erklären. 1863 diktierten die Franzosen dem König von Kambodscha, Norodom I., einen Schutzvertrag, bevor das 1867 endgültig gescheiterte Mexikoabenteuer Napoleons für einen gewissen Stillstand der Expansion sorgte.

Seit den Siebzigerjahren des 19. Jahrhunderts wurden die Franzosen im Norden Vietnams zunehmend aktiver. Aber erst der allgemeine imperialistische »Wettlauf« seit den Achtzigerjahren, in diesem Fall der Wettlauf mit

Großbritannien um den Zugang zur chinesischen Provinz Yunnan und um die Rohstoffvorkommen in Nordvietnam, aber auch die erneute chinesische Einflussnahme in Vietnam veranlassten Frankreich schließlich, im Juni 1884 ein Protektorat über ganz Zentral- und Nordvietnam zu errichten.

Mit der zwischen 1887 und 1897 errichteten Union Indochinoise, die nicht nur Annam, Tongking und Cochinchina, sondern auch Kambodscha und das 1893 zum Protektorat erklärte Laos einschloss, hatte Frankreich sein »Indien« erworben. Wie sein britisches Pendant verhalf es einer Schicht von Kolonialfranzosen zu Wohlstand, wohingegen die einheimische Bevölkerung erdrückende Steuern zu zahlen hatte. Der Kolonialstaat profitierte vor allem von den indirekten Abgaben, zum Beispiel für Salz-, Alkohol- und Opiummonopole, während europäische Eigentümer von Reis- und Kautschukplantagen ein rigides Rekrutierungs- und Zwangsarbeitssystem entwickelten. Französische Schulen und Kultur prägten das Land, schufen gleichzeitig aber auch die Voraussetzungen des vietnamesischen Nationalismus.

INFOBOX

Französische Kolonialpolitik

Paul Leroy-Beaulieus in mehreren Auflagen veröffentlichtes Standardwerk »De la colonisation chez les peuples modernes« (»Über die Kolonisation bei den modernen Völkern«) rechtfertigt die imperialistische Betätigung Frankreichs primär unter wirtschaftlichen Gesichtspunkten. Darüber hinaus klingt allerdings ein weiteres Thema an, das seit den 80er-Jahren des 19. Jh. die Agitation für eine aktive Kolonialpolitik maßgeblich bestimmte: die Furcht vor Dekadenz und vor dem Verlust des Großmachtstatus.

Politisch verfocht diese Überzeugung namentlich Ministerpräsident Jules François Camille Ferry, für den koloniale Abstinenz »das Einschlagen des breiten Wegs zur Dekadenz« bedeutete, das zur Abdankung als Großmacht führte und »in kürzerer Zeit, als Sie zu glauben vermögen«, wie er am 28. 7. 1884 vor der französischen Abgeordnetenkammer erläuterte, »zum Abstieg vom ersten Rang auf den dritten oder vierten«.

Der Historiker und Außenminister Gabriel Hanotaux stellte 1902 den sozialdarwinistisch beeinflussten Gedanken von der »zivilisatorischen Mission« in den Mittelpunkt seiner Rechtfertigungsschrift »L'Energie Française«.

Kolonialbesitz in Afrika

Zeitgleich erfuhr der französische Kolonialbesitz in Afrika eine weitere Ausdehnung. Nach der Eroberung Algiers 1830 hatten sich die Franzosen nicht nur im Maghreb etabliert und mit der Protektoratserklärung über Tunesien 1881 eine weitere Basis für eine französische Sahara geschaffen, vielmehr setzte seit den 1850er-Jahren auch vom Senegal und dem Golf von Guinea aus eine Expansion in Richtung der islamischen Reiche Westafrikas ein. Wenngleich die Franzosen den Nigerbereich weitgehend den Briten überlassen mussten, sicherten ihnen die Entdeckungs- und Eroberungszüge Pierre Savorgnan de Brazzas von Gabun aus zum mittleren Kongo ein Mitspracherecht in Äquatorialafrika. Trotz einer vorübergehenden Annäherung an Deutschland sahen sie sich jedoch auf der Berliner Westafrikakonferenz 1884/85, oft unpräzise Kongokonferenz genannt, einer britisch-deutschen Front gegenüber.

In den Neunzigerjahren intensivierten sie ihr Engagement in Übersee nochmals, eine Entwicklung, die nunmehr vor allem die Briten herauszufordern begann. Auf der Basis einer breiteren innenpolitischen Zustimmung – so entstand zum Beispiel eine »koloniale Partei« – erweiterten technokratische Kolonialpolitiker wie Eugène Étienne und Außenminister Gabriel Hanotaux das französische Kolonialreich in Schwarzafrika.

Dabei war der Zusammenstoß mit den Briten praktisch vorprogrammiert. Zwar konnte man sich auf Madagaskar gegen die britisch orientierte Hovadynastie und die Bevölkerung mit Gewalt durchsetzen und die Insel 1896 zu einer französischen Kolonie erklären. Aber in Ostafrika stieß der französische Expansionismus, vom Kongo ausgehend und über den westlichen Sudan zum oberen Nil vordringend, mit der britischen Nord-Süd-Ausdehnung zusammen. Im Schnittpunkt beider Stoßrichtungen lag Faschoda, das seit 1905 Kodok heißt, ein Handelsort am Weißen Nil in der heutigen Republik Sudan. Am 10. Juli 1898 erreichte der französische Major Jean-Baptiste Marchand vom Kongo kommend den Ort, wurde indes von dem britischen General Horatio Herbert Kitchener zum Rückzug gezwungen. Die davon ausgehende Kriegsgefahr ließ Frankreich am 21. März 1899 auf das obere Niltal verzichten, wohingegen Großbritan-

100880

Frankreich als Rotkäppchen, England als Wolf: Die Faschodakrise bezeichnet das Ringen zwischen Frankreich und Großbritannien um den am Weißen Nil gelegenen Ort Faschoda (Karikatur in der Zeitschrift »Le Petit Journal«, 20. 11. 1898).

nien den westlichen Sudan als französisches Interessengebiet anerkannte.

Die Verständigung Entente cordiale von 1904 zwischen Großbritannien und Frankreich führte überdies zur gegenseitigen Anerkennung der britischen Vorherrschaft in Ägypten und der französischen im Maghreb, sodass sich Frankreich in den beiden von Deutschland heraufbeschworenen Marokkokrisen von 1905 und 1911 der britischen Unterstützung sicher sein konnte. 1912 wurde Marokko französisches Protektorat. *Horst Gründer*

Sendungsbewusstsein und Dollardiplomatie: Der »antikoloniale« Imperialismus der USA

James Monroe verkündete als Präsident der Vereinigten Staaten von Amerika in der Neujahrsbotschaft 1823 eine Doktrin der gegenseitigen Nichteinmischung zwischen Amerika und Europa.

Als vormalige Kolonie des britischen Empire verstanden sich die Vereinigten Staaten seit ihrer Gründung als Hort des Antiimperialismus. Die berühmte Erklärung des amerikanischen Präsidenten James Monroe vom 2. Dezember 1823 verwahrte sich nicht nur gegen die weitere Erwerbung amerikanischer Gebiete durch europäische Mächte und gegen deren Einmischung in die inneren Angelegenheiten unabhängiger amerikanischer Staaten, sondern sie unterstrich auch die Absicht der USA, sich aus europäischen Belangen herauszuhalten. Gleichzeitig sahen die Amerikaner – wie es das um 1840 entstandene Schlagwort der Manifest Destiny zum Ausdruck brachte – die fortschreitende Westexpansion nicht nur als ihr »offenbares Schicksal« an, sondern sie verbanden mit ihrer »Bestimmung« auch ein religiös-politisch motiviertes Sendungsbewusstsein, das die eigenen demokratisch-freiheitlichen Werte zu zukünftigen Menschheitsidealen und -zielen erklärte. Für die Indianer im eigenen Land galt dieses hehre Programm freilich nicht. Sie unterlagen einem gnadenlosen Verdrängungs- und Ausrottungsprozess.

Bereits in den kriegerischen Auseinandersetzungen mit Mexiko 1846 bis 1848 spielten imperialistische Momente eine Rolle, wenn man auch 1854 Pläne zum Erwerb Kubas – vorerst – nicht verwirklichte. Dafür erzwang eine Marineexpedition unter Commodore Matthew C. Perry im gleichen Jahr die vertragliche Öffnung Japans für den Handel. Der Kauf Alaskas von Russland 1867 durch Außenminister William H. Seward stand bereits im Zeichen der Vision eines »neuen Reiches«, das den Pazifik in die eigene Interessensphäre einschloss. Auf der Berliner Westafrikakonferenz waren die Vereinigten Staaten erstmals durch einen Beobachter vertreten, 1889 errichteten sie mit Deutschland und Großbritannien ein Tridominium über Samoa, das heißt, sie verwalteten dieses Gebiet gemeinsam.

Im 19. Jh. gab es mehrere Versuche, Kuba an die Vereinigten Staaten von Amerika anzugliedern. Zwischen 1906 und 1919 intervenierte amerikanisches Militär mehrfach auf Kuba. Das Kapitol von Havanna wurde 1929, zur Zeit des von amerikanischem Kapital gestützten Diktators Machado, nach amerikanischem Vorbild erbaut.

Zunehmend fielen auch nationale, politisch-ideologische und wirtschaftliche Argumente für ein stärkeres »imperiales« Engagement der Vereinigten Staaten auf fruchtbaren Boden. Nach Beendigung des Bürgerkriegs

100888

1865 war es zunächst zu einem ungeheuren wirtschaftlichen Aufschwung gekommen, der im Wesentlichen durch das sprunghafte Anwachsen der Bevölkerung, die Besiedlung des gesamten Landes, Neuerungen im Bereich von Industrie und Landwirtschaft sowie die Zunahme billiger Arbeitskräfte durch Masseneinwanderung ermöglicht wurde. Aber nach 1873 setzten Wirtschaftsstörungen ein, die nicht zuletzt auf beträchtlichen Überkapazitäten im Bereich der Schlüsselindustrien Eisen, Stahl und Textil beruhten. Arbeiteraufstände, das Aufkommen sozialistischer Ideen und eine generelle Verunsicherung der amerikanischen Geschäftswelt waren die Folge, die in der »Panik von 1893« gipfelten. Aufgeschreckt wurden die Amerikaner ferner durch die annexionistische Politik der Europäer und Japaner in Ostasien.

Erschließung neuer Märkte
In dieser Situation erschien die Erschließung neuer Märkte, namentlich in Lateinamerika und Asien, als ein Allheilmittel. Für die Verfechter einer amerikanischen

Präsident William McKinley führte die Vereinigten Staaten von Amerika in den Spanisch-Amerikanischen Krieg, der die spanischen Kolonien in den Philippinen und der Karibik unter amerikanische Herrschaft brachte.

INFOBOX

»Idealistischer« Imperialismus

Neben dem Zwang zur ökonomischen Expansion gründete der »idealistische« Imperialismus der USA in religiös-christlichen, sozialreformerischen und schließlich auch rassistischen Motiven. Ein besonders eindrückliches Beispiel für diese Ineinssetzung von Missionsauftrag, Handelsexpansion und Zivilisationseifer verkörperte der Geistliche und Sozialreformer Josiah Strong, der in seinem 1885 veröffentlichten Missionshandbuch »Our Country. Its Possible Future and its Present Crisis« auf der Basis der alten heliotropischen Vorstellung von der Ost-West-Wanderung der Weltreiche den Vereinigten Staaten die besondere Berufung zur Weltevangelisation und gleichzeitiger Weltbeherrschung zuwies. Während Strong die missionarisch-zivilisatorische Funktion des Imperialismus betonte, bezog sich der Historiker Brooks Adams in seinem Plädoyer für ein »neues Weltreich« stärker auf wirtschaftliche, nationalistische und sozialdarwinistische Argumente.

maritimen Vorherrschaft und Handelsausweitung stand China im Mittelpunkt des Interesses. Kaufleute, Politiker, Diplomaten, Militärs und Missionare blickten hoffnungsvoll auf jenes große Reich im Osten, das einen Meilenstein, wenn nicht gar den Schlussstein auf dem Wege zur Weltevangelisation bilden und zugleich die amerikanischen Exportschwierigkeiten beheben sollte. Ein Netz von Kohle-, Kabel- und Marinestationen sollte daher den Weg zum legendären chinesischen Markt sichern, wobei es den Amerikanern grundsätzlich um das Offenhalten der Außenmärkte ging.

Die »China-Vision« stand auch hinter dem kurzzeitigen formell-direkten amerikanischen Imperialismus von 1898/1901. Denn die Annexionen im Gefolge des Spanisch-Amerikanischen Krieges 1898 erhielten nicht zuletzt ihre Rechtfertigung durch die vorgeblich notwendige Absicherung des Handelswegs nach China. Vorangegangen waren der Intervention in Kuba, mit der der Krieg begann, nicht unbeträchtliche amerikanische Investitionen seit 1890/91, die aufgrund eines Aufstandes der Kubaner gegen die spanische Kolonialherrschaft gefährdet schienen. Kriegswillige Geschäftsleute, Zeitungsmagnaten, hohe Beamte, Militärs und nicht zuletzt Missionare vermochten sich schließlich bei dem zögernden Präsidenten William McKinley durchzusetzen, wobei die als Provokation empfundene Explosion des amerikanischen Kreuzers »Maine« im Hafen von Havanna, deren Ursachen ungeklärt blieben, den Auslöser bildete.

Nach vernichtenden Niederlagen der Spanier vermittelte Frankreich im Dezember 1898 einen Friedensschluss. Kuba wurde unabhängig, kam allerdings 1901 unter amerikanisches Protektorat. Ferner erhielten die Vereinigten Staaten Puerto Rico, die Pazifikinsel Guam und die Philippinen, Letztere für zwanzig Millionen Dollar Entschädigung. Mit dem Deutschen Reich und Großbritannien einigten sich die Amerikaner 1899 über die Teilung Samoas, während sie Hawaii schon während des Krieges annektiert hatten. Mit einer Landarmee von etwa 70 000 Mann unterdrückten sie schließlich auf den Philippinen einen gegen ihre Verwaltung gerichteten Aufstand mit einer Schonungslosigkeit, die dem geschmähten spanischen Regiment in nichts nachstand.

Die Kritik an diesem kolonialistischen Imperialismus in den USA selbst führte dazu, dass nach 1901 Formen ökonomisch-indirekter Einflussnahme wieder vorherrschend wurden. Zwar beteiligten sich auch die Amerikaner an dem europäischen Feldzug zur Niederschlagung des Boxeraufstands in China, verpflichteten aber gleichzeitig alle am »Wettlauf um China« beteiligten Mächte auf eine Politik der offenen Tür im »Reich der Mitte.« Gleichzeitig schwankte der amerikanische Imperialismus weiterhin zwischen einem christlich-zivilisatorischen Sendungsbewusstsein und kapitalistischer Wirtschaftsexpansion. Präsident Theodore Roosevelt leitete aus dem Glauben an die überlegene Rolle der Vereinigten Staaten eine aktive Verantwortlichkeit gegenüber den vermeintlich rückständigen Völkern sowie die moralische Pflicht ab, diese Völker auf eine am eigenen Vorbild orientierte Zivilisationsstufe zu heben.

Karikatur über die Aufteilung Chinas durch die Kolonialmächte (von rechts nach links): Königin Viktoria von England, Kaiser Wilhelm II., Zar Nikolaus II., die französische Republik und der japanische Kaiser.

In einer Ergänzung zur Monroedoktrin, der Roosevelt Corollary von 1904 – die 1928 widerrufen wurde –, behauptete er ein Recht der USA, eine Polizistenrolle in den lateinamerikanischen Staaten ausüben zu können. Er praktizierte sie auch mehrfach, so etwa zur Wahrung amerikanischer Kanalinteressen in Panama oder bei der Übernahme der Zollverwaltung in der Dominikanischen

24 Supplément illustré du Petit Journal

EN CHINE
Le gâteau des Rois et... des Empereurs

100264

Republik. Handelte Roosevelt nach der außenpolitischen Devise des Big Stick (Großer Stock), so setzte sein Nachfolger William H. Taft zwar auf die informelle Dollardiplomatie, intervenierte jedoch, wie nach ihm auch der »idealistische« Woodrow Wilson, ebenfalls mehrfach militärisch in Mittel- und Südamerika.

Horst Gründer

Entlang der Transsibirischen Eisenbahn: Der »geborgte Imperialismus« Russlands

Während die übrigen Großmächte ihre imperialistische Politik auf Gebiete in Übersee richteten, dehnte Russland seinen Einflussbereich auf dem Landwege nach Asien aus. Wenngleich das Vordringen zum Pazifik und die Erschließung Sibiriens schon im ausgehenden 16. Jahrhundert ihren Anfang genommen hatten, vollzog sich der Erwerb zusätzlicher asiatischer Gebiete und die militärisch-wirtschaftliche Durchdringung zuvor erworbener Räume doch unter veränderten Vorzeichen.

Bereits die schwere Niederlage der Russen im Krimkrieg 1853 bis 1856 hatte zu einer tief reichenden innenpolitischen und gesellschaftlichen Krise geführt, die zudem geostrategische Konsequenzen besaß. Zwar zielte die russische Politik auch weiterhin darauf ab, die Meerengen zum Mittelmeer zu kontrollieren und auf dem Balkan Einfluss zu nehmen. Unterstützt wurde sie von der Ideologie des Panslawismus, die alle slawischen Völker in einem großen Reich zusammengefasst wissen wollte. Aber den Panslawisten und nach Europa schauenden »Westlern« stand doch eine an Einfluss gewinnende Gruppe von Politikern, Militärs und Kaufleuten gegenüber, die Russlands Heil in einer Ausweitung seiner Grenzen nach Asien sah.

Vor allem ebneten jedoch die nachgeholte Industrialisierung, ein verstärkter Außenhandel sowie – nach den Erfahrungen mit der Rückständigkeit des Transportwesens im Krimkrieg – der Eisenbahnbau den Weg, den russischen Teil Asiens verstärkt einzubinden und weiter nach Zentral- und Ostasien vorzustoßen. Dieser Durchbruch zur Protoindustrialisierung wurde wesentlich durch die Politik des russischen Verkehrs- und Finanzministers Sergej Juljewitsch Witte gefördert, der von 1892 bis 1903 die russische Expansionspolitik maßgeblich bestimmte. Zentrale Bedeutung gewann dabei die zwischen 1891 und 1916 gebaute Transsibirische Eisenbahn, die das europäische Russland mit den Märkten Ostasiens und des Pazifiks verbinden sollte. Darüber hinaus sollte eine gesicherte Kette russischer Dörfer vom Ural bis zum Stillen Ozean die Besiedlung Sibiriens und die Erschließung von Rohstoffquellen und Anbaugebieten vorantreiben. Zur Finanzierung seiner Vorhaben zog Witte ausländisches, insbesondere französisches Kapital heran, weshalb der Historiker Dietrich Geyer den russischen staatskapitalistischen Imperialismus des ausgehenden 19. Jahrhunderts nicht zu Unrecht einen »geborgten Imperialismus« genannt hat.

Sibirien, Zentralasien und der Ferne Osten

Der Prozess der imperialistischen Ausbreitung und kolonialen Konsolidierung vollzog sich räumlich in drei Gebieten: in Sibirien, in Zentralasien und im Fernen Os-

Der Bahnhof von Wladiwostok ist Endstation der mehr als 9000 km langen Transsibirischen Eisenbahn, die das europäische Russland mit Ostasien und dem Pazifik verbindet.

ten. Wenn auch die Aufhebung der Leibeigenschaft 1861 die Voraussetzung für die weitere Besiedlung Sibiriens schuf, so lässt sich darauf keineswegs der Durchbruch zur Massenauswanderung zurückführen. Diesen brachten erst die Bevölkerungsexplosion im Zuge der Industrialisierung, namentlich des Eisenbahnbaus – das Streckennetz wuchs zwischen 1850 und 1919 von 601 auf 76946 Kilometer –, sowie eine in den 1880er-Jahren einsetzende politische Liberalisierung und Förderung der Auswanderung. Zwischen 1887 und 1913 gelangten 5,4 Millionen Menschen nach Sibirien. Mit Widerstand vonseiten der einheimischen Bevölkerung mussten die Russen kaum noch rechnen, da jene zu diesem Zeitpunkt bereits hoffnungslos unterlegen oder russifiziert worden war.

Später wandte sich die Wanderungsbewegung auch nach Zentralasien. Hier hatten vor allem ehrgeizige Militärs durch ihre »Jagd nach einer Grenze« den russischen Expansionismus vorangetrieben. Gleichzeitig stießen britischer und russischer Expansionismus in Persien und Afghanistan aufeinander, wobei die Briten aus Indien kamen, die Russen aus Transkaukasien und aus dem 1867 errichteten Generalgouvernement Turkestan. 1885 verständigten sich die beiden Mächte darauf, Afghanis-

INFOBOX

Der russische Panslawismus

Der Panslawismus, das Streben nach einem politischen und kulturellen Zusammenschluss aller Slawen, wurde in Russland – angesichts der russischen Niederlage im Krimkrieg und der schwierigen Situation im Inneren nach den Reformen der 1860er-Jahre – zum Mittel, von innenpolitischen Spannungen durch nach außen gerichtete Aktivitäten abzulenken; dies zeigte sich v. a. in den Forderungen nach einer slawischen Föderation unter russischer Führung.

Der russische Panslawismus, für den die Glaubensgemeinschaft der orthodoxen Kirche eine wesentliche Rolle spielte, wurde immer mehr zum Wegbereiter des russischen Imperialismus auf dem Balkan – schon im 17. Jh. war das Zarenreich als Schutzmacht der slawischen Balkanvölker angerufen worden. Der Kulturphilosoph und Naturforscher Nikolaj Danilewskij trat in seinem später als »Katechismus der Slawophilie« bekannt gewordenen Buch »Rossija i Evropa« (1871; »Rußland und Europa«) für einen »Bund aller Slawen« mit Konstantinopel als Hauptstadt und unter Führung Russlands ein.

100880

Darstellung der Seeschlacht bei Tsushima, in der 20 russische Schiffe von den Japanern versenkt wurden. Mit dem Sieg in dieser Schlacht sicherten sich die Japaner die Vorherrschaft im Fernen Osten (zeitgenössischer Farbdruck aus dem »Neuruppiner Bilderbogen«).

tan als Pufferstaat zu erhalten und es unter britischem Einfluss zu belassen, während der zweite Konfliktherd – Persien – erst 1907 durch den Vertrag von Sankt Petersburg beseitigt werden konnte. Er teilte das nominell unabhängig bleibende »halbkoloniale« Land in eine russische Zone im Nordwesten, eine britische im Südosten und eine neutrale Zone.

Im Fernen Osten waren die Russen schon im 17. Jahrhundert mit den Chinesen zusammengestoßen. Der Vertrag von Nertschinsk 1689 hatte die Grenze am Amur immerhin für fast 200 Jahre festzulegen vermocht, bevor die europäischen Interventionen in China und die politische Schwäche der Mandschudynastie es den Russen erlaubten, den Chinesen die Abtretung der Amur- und der Küstenprovinz sowie besondere Privilegien in der Mandschurei abzutrotzen.

Von der 1860 gegründeten Hafenstadt Wladiwostok (»Beherrsche den Osten!«) aus bewegten sich die Russen auf der Suche nach weiteren eisfreien Häfen in Richtung Korea. 1898 pachteten sie – nach dem Vorbild der deutschen Annexion von Kiautschou – die Halbinsel Liaodong mit den Häfen Port Arthur (Lüshun) und Talien, und im Zuge des Boxeraufstands 1900 besetzten sie die Mandschurei. Mit dem Vordringen in die Mandschurei und vor allem nach Korea kollidierte jedoch der russische mit dem japanischen Imperialismus. Die katastrophale Niederlage im Russisch-Japanischen Krieg 1904/05 bedeutete für Russland nicht nur das Ende der

Expansionspolitik in Ostasien und ein Zurückschwenken auf die Meerengen- und Balkanpolitik, sondern sie erschütterte mit dem anschließenden Ausbruch der Revolution von 1905 auch das zaristische System in seinen Grundfesten. *Horst Gründer*

Expansion und Erwerb: Die Entstehung des deutschen Kolonialreichs

Die deutsche Kolonialexpansion in den Achtzigerjahren und ihre Fortsetzung in der »Weltpolitik« seit den Neunzigerjahren des 19. Jahrhunderts sind eingebettet in einen beinahe fünf Jahrhunderte währenden komplexen Prozess frühneuzeitlicher Expansion, der die Kontinuität und die Einheit der westlichen Kolonialgeschichte unterstreicht. Allerdings sind die vereinzelten Bemühungen um die Begründung deutscher Kolonialgebiete in der »Neuen Welt« im Gefolge der spanisch-portugiesischen Conquista ebenso ergebnislos geblieben wie die Kolo-

INFOBOX

Aufstand der Herero und Nama

Der Oberhäuptling der Herero Samuel Maharero (1856–1904) leistete den Kolonialherren bereitwillig Heeresdienste, bis er sich aufgrund der allgemeinen kolonialen Unterdrückung am 21. 1. 1904 an die Spitze eines Aufstands gegen die deutsche Herrschaft stellte, dem sich im Oktober die Nama unter ihrem Oberhäuptling Hendrik Witbooi anschlossen. Bereits im August 1904 wurden die Herero am Waterberg geschlagen und in die Kalahari abgedrängt. Der deutsche Kommandeur Lothar von Trotha gab am 2. 10. 1904 Befehle, die auf eine Vernichtungsdrohung gegen das ganze Hererovolk hinausliefen, aber von der Militärführung in Berlin rückgängig gemacht wurden.

Maharero, dem die »Vernichtungspolitik« von Trothas keine Chance zur Kapitulation ließ, setzte sich mit einem Teil seiner Leute in das zu dieser Zeit britische Bechuanaland ab, wo er starb und mit dem Union Jack bedeckt begraben wurde. Den Tag der Überführung seiner Überreste nach Okahandja, den 23. August (1923), begehen die Herero bis heute als »Maharerotag«.

Von etwa 80 000 Herero überlebten 12 280 den Krieg in deutschen Gefangenenlagern und etwa 1 200 in Betschuanaland, von den etwa 20 000 Nama kamen über die Hälfte um.

Lüderitz, benannt nach dem Bremer Kaufmann Franz Adolf Eduard Lüderitz, ist das Zentrum der Diamantküste im Süden Namibias. Viele Bauwerke der Stadt stammen aus der deutschen Kolonialzeit, u. a. die 1912 eingeweihte, im neugotischen Stil erbaute lutherische Felsenkirche.

nialpläne und Kolonialgründungen im 17. und 18. Jahrhundert.

Erst in den 1840er-Jahren setzte eine Welle kolonialer Begeisterung ein, die vornehmlich von liberalen Bürgerlichen und Demokraten ausging und die nunmehr ein Zeitalter planmäßiger deutscher Kolonialversuche und Koloniegründungen einleitete. Handelsinteresse und die Furcht, die eigene Nation komme bei einer fortschreitenden Aufteilung der Welt zu kurz, aber auch erste »Weltmachtträume« lagen den Plädoyers zugrunde, die Anspruch auf »Seegeltung« erhoben und die Notwendigkeit einer starken Flotte sowie großer deutscher Kolonien in Übersee behaupteten.

Ein »deutsches Indien« in Afrika

Markiert wird der Beginn der deutschen Kolonialerwerbungen durch die Erklärung des Reichsschutzes über die Erwerbungen des Bremer Tabakwarenhändlers Franz Adolf Eduard Lüderitz in Südwestafrika am 24. April

Carl Peters gründete 1884 die »Gesellschaft für deutsche Kolonisation« und erwarb erste Gebiete von Stammesoberhäuptern im Gebiet des heutigen Tansania zunächst ohne Unterstützung der deutschen Regierung. Schon 1885 verpflichtete sich der deutsche Kaiser zum Schutz der Gebiete.

1884. Insgesamt hatte Lüderitz ein Gebiet von 580 000 Quadratkilometern mit etwa 200 000 Einwohnern erworben, das sich vom portugiesischen Kunene bis zum kapholländischen Oranje unter Ausschluss der britischen Walfischbai erstreckte. Mit dem deutsch-britischen Kolonialausgleich vom 1. Juli 1890 im Helgoland-Sansibar-Vertrag kam noch der so genannte Caprivi-Zipfel hinzu, der die Kolonie im äußersten Nordosten unmittelbar mit dem in seiner Bedeutung für den Verkehr überschätzten Fluss Sambesi verband.

Nach Südwestafrika gelangten Togo und Kamerun unter offiziellen Reichsschutz. Bereits in den 1870er-Jahren hatten hanseatische Handelshäuser an der westafrikanischen Küste neben den britischen Firmen eine führende Position erworben. Am 14. Juli 1884 übernahm das Reich durch seinen Sonderbeauftragten Gustav Nachtigal die Schutzherrschaft über das Gebiet am Kamerunfluss. Zuvor, am 5. und 6. Juli, hatte der Reichskommissar »zur Sicherstellung des nicht unbeträchtlichen deutschen Handels« das Togogebiet bei Bagida und Lome ohne besondere Instruktionen unter kaiserlichen Schutz gestellt.

In Ostafrika verfolgten erst Carl Peters und seine Freunde konkrete »territoriale« Absichten: Im Auftrag der Gesellschaft für deutsche Kolonisation schufen sie in einem gewagten Konquistadorenzug die Grundlage für die spätere Kolonie Deutsch-Ostafrika. Innerhalb weniger Wochen schloss Peters gegen geringfügige Geschenke und wertlose Versprechen mit den lokalen Herrschern in Usagara »Verträge« und erwarb ein Gebiet von insgesamt 140 000 Quadratkilometern. Schon am 27. Februar 1885 erhielt er den kaiserlichen Schutzbrief. Im Helgoland-Sansibar-Vertrag vom 1. Juli 1890 wurde dann der Deutsch-Ostafrikanischen Gesellschaft die vom Sultanat Sansibar kontrollierte, bisher gepachtete Festlandsküste gegen Zahlung einer Entschädigungssumme von vier Millionen Mark an den Sultan überlassen; die Inseln Sansibar und Pemba wurden zum britischen Protektorat erklärt und im Gegenzug trat Großbritannien Helgoland an das Reich ab. Gleichzeitig verzichtete Deutschland – zum Leidwesen der kolonialchauvinistischen Alldeutschen – auf alle Ansprüche, die möglicherweise noch gegenüber dem so genannten Sultanat Suaheli (Witu-Tana-Gebiet), gegenüber Somaliland und Uganda bestanden.

INFOBOX

Der »Vernichtungsbefehl« gegen die Herero

Proklamation des Generalleutnants Lothar von Trotha vom 2. 10. 1904:

»Ich, der große General der deutschen Soldaten, sende diesen Brief an das Volk der Herero.

Die Herero sind nicht mehr deutsche Untertanen. Sie haben gemordet und gestohlen, haben verwundeten Soldaten Ohren und Nasen und andere Körperteile abgeschnitten, und wollen jetzt aus Feigheit nicht mehr kämpfen. Ich sage dem Volk:

Jeder, der einen Kapitän abliefert, erhält 1 000 Mark, wer Samuel (Maharero) bringt, erhält 5 000 Mark. Das Volk der Herero muss jedoch das Land verlassen. Wenn das Volk dies nicht tut, so werde ich es mit dem Groot Rohr (Geschütz) dazu zwingen. Innerhalb der deutschen Grenzen wird jeder Herero mit oder ohne Gewehr, mit oder ohne Vieh erschossen, ich nehme keine Weiber, Kinder mehr auf, treibe sie zu ihrem Volk zurück oder lasse auch auf sie schießen.

Dies sind meine Worte an das Volk der Herero.

Der große General des mächtigen deutschen Kaisers.«

Lockende Südsee

Im gleichen Zeitraum, in dem das Deutsche Reich seine afrikanischen Kolonien erwarb, entstand auch der Grundstock seines Südseeimperiums. Im Herbst 1884 schloss der Forschungsagent des Neuguinea-Konsortiums, Otto Finsch, mehrere Verträge ab, durch die sich die Berliner Gesellschaft ein Gebiet von mehr als 200 000 Quadratkilometern sicherte. Ohne Schwierigkeiten gelangten im November 1884 auch die »unbestritten herrenlosen« mikronesischen Marshallinseln, einschließlich der Providence- und Browninseln, die heutigen Atolle Ujelang und Eniwetok, in die deutsche Schutzsphäre.

Im April 1885 wurde der Nordosten Neuguineas zusammen mit New-Britannien als das pazifische Schutzgebiet des Reichs von Großbritannien anerkannt. Am 6. April 1886 legten schließlich Großbritannien und Deutschland ihre jeweiligen Interessensphären endgültig fest, wobei neben dem anerkannten Besitz von Nordost-Neuguinea, Kaiser-Wilhelms-Land genannt, und dem diesem Land vorgelagerten Archipel, der seit dem 19. Mai 1885 offiziell Bismarckarchipel hieß, die westlichen Salomoninseln mit den Eilanden Buka, Bougainville, Choiseul und Santa Isabel im deutschen Eigentum verblieben. Nach dem Spanisch-Amerikanischen Krieg von 1898 konnte das Reich im darauf folgenden Jahr

INFOBOX

Jeder rächte sich ...: die Ursachen des Hereroaufstands

Nach Beendigung der Kämpfe analysiert ein Herero die Ursachen des Aufstands gegen die deutsche Kolonialmacht: »Der Krieg ist von ganz kleinen Dingen gekommen, und hätte nicht (zu) kommen brauchen. Einmal waren es die »Stuurmann« (Kaufleute) mit ihrem schrecklichen Wucher und eigenmächtigem, gewaltsamen Eintreiben ... Dann ist es der Branntwein gewesen, der die Leute schlecht und gewissenlos gemacht hat. Wenn jemand trinkt, dann ist es ihm gleich, was er tut. Aber das schlimmste Übel ist ... die Vergewaltigung unserer Frauen durch Weiße. Manche Männer sind totgeschossen (worden) wie Hunde, wenn sie sich weigerten, ihre Frauen und Töchter preiszugeben und drohten, sie mit der Waffe in der Hand zu verteidigen. Wären solche Dinge nicht geschehen, wäre kein Krieg gekommen, aber er ist bei solchen Vergewaltigungen ausgebrochen. Er war mit einem Male da, und da war kein Halten mehr, jeder rächte sich, und es war, als sei kein Verstand mehr unter den Massen.«

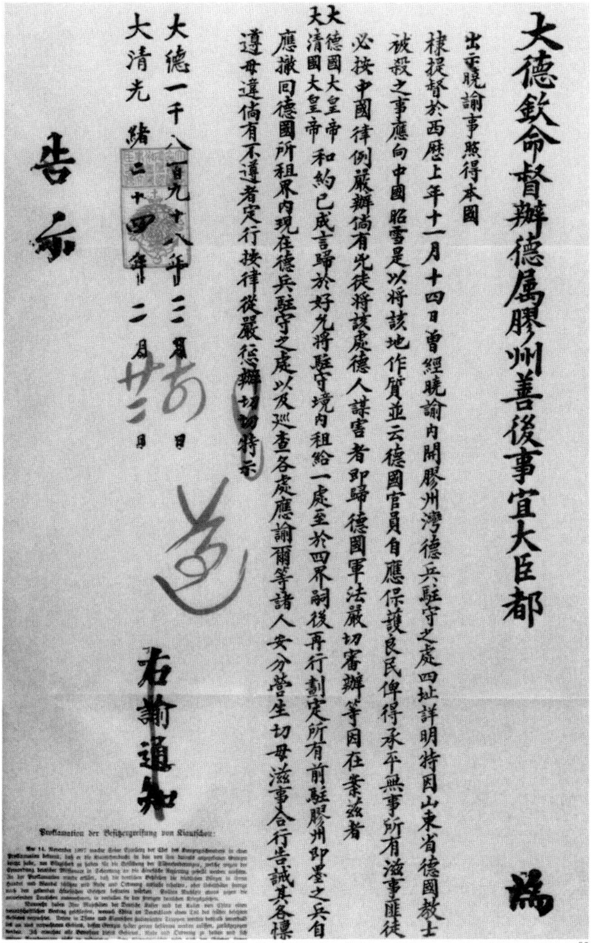

大德欽命督辦德屬膠州善後事宜大臣都　爲
出示曉諭事照得本國
隸提督於西歷上年十一月十四日曾經曉諭內開膠州灣德兵駐守之處四址詳明特因山東省德國教士
被殺之事應向中國昭雪是以將該地作質並云德國官員自應保護良民俾得承平無事所有滋事匪徒
必按中國律例嚴辦倘有兇徒將該處德人謀害者即歸德國軍法嚴切審辦等因在案茲者
大德國大皇帝
大清國大皇帝和約已成言歸於好允將駐守境內租給一處至於四界嗣後再行劃定所有前駐膠州即墨之兵自
應撤回德國所租界內現在德兵駐守之處以及巡查各處應諭爾等諸人安分營生切毋滋事合行告誡其各懔
遵毋違倘有不遵者定行按律從嚴懲辦切切特示

右諭通知

大德一千八百九十八年三月　日
大清光緒二十四年二月　日

告示

Proklamation der Besitzergreifung von Kiautschou:

50

1897 besetzte Kaiser Wilhelm II. die Bucht von Kiautschou an der Südküste der Provinz Shandong in der Volksrepublik China. Schließlich pachtete das Deutsche Reich die Bucht 1898 für 99 Jahre. Kurz danach wurde sie offiziell unter deutschen »Schutz« gestellt (Proklamation der Besitzergreifung von Kiautschou durch Deutschland in chinesischer Sprache).

noch die Karolinen, zusammen mit den Marianen und Palauinseln, für 25 Millionen Peseten vom Verlierer Spanien erwerben.

Im selben Jahr kam es auch zu einer Entscheidung über Samoa. Zunächst hatten rivalisierende amerikanische, britische und deutsche Interessen das Geschehen auf dieser Inselgruppe bestimmt – eine Gemengelage, die dazu führte, dass seit 1889 die drei Mächte gemeinsam die Regierungsgewalt ausübten, wobei die Fiktion einer autonomen samoanischen Königsgewalt gewahrt blieb.

100264

Die katholische Kathedrale der Hauptstadt Apia auf der zu Samoa gehörenden Insel Upolu wurde 1885–1905 errichtet.

Dieses Tridominium funktionierte mehr schlecht als recht bis 1899, um dann in einer deutsch-amerikanischen Interessenteilung zu enden. Während die Briten zum Ausgleich für die Aufgabe ihrer Rechte, zu der sie sich unter dem Druck des Burenkrieges bereit fanden, den größten Teil der Salomoninseln – mit Ausnahme von Bougainville und Buka – und der Tongainseln erhielten, teilten die USA und Deutschland Samoa, wobei das Reich mit Upolu und Savaii den größeren Anteil in Besitz nehmen konnte. Bereits 1897/98 hatte Deutschland schließlich noch »sein« Kolonialgebiet in Ostasien – Kiautschou – erworben.

Mit den Erwerbungen der ausgehenden 1890er-Jahre in Ostasien und in der Südsee hatte das deutsche Kolonialreich – bis auf die 1911 in der zweiten Marokkokrise als Kompensation zu Kamerun hinzugewonnenen Gebiete (»Neukamerun«) – seine endgültige Ausdehnung erreicht. Es umfasste 1914 etwa 2,9 Millionen Quadratkilometer mit etwa 12,3 Millionen Einwohnern. Während seine Einwohnerzahl gerade mal ein knappes Fünftel derjenigen des Reiches von 64,9 Millionen betrug, übertraf das Territorium der Kolonien dasjenige des Reichs um nahezu das Sechsfache. Gleichwohl hat es an deutschen Plänen, den realen Kolonialbesitz in der Zukunft zu erweitern, nicht gefehlt. Der Schwerpunkt dieser »Kolonialprojekte« lag zweifellos in Afrika – vor allem in Marokko, im südlichen Afrika und in »Mittelafrika« –, aber auch Gebiete im Nahen Osten und in Südamerika tauchten immer wieder in den Visionen namentlich alldeutscher Kolonialträumer auf. Die offizielle Politik stand solcherart kolonialer Projektemacherei jedoch zumeist ablehnend gegenüber. *Horst Gründer*

Mit Bibel und Flinte: Der »Wettlauf« um Afrika

Die Aufteilung Afrikas zum Ende des 19. Jahrhunderts gehört zu den spektakulärsten Ereignissen der europäischen Expansionsgeschichte. Die Bedeutung dieses Einschnitts für die afrikanischen Gesellschaften kann nicht hoch genug veranschlagt werden. Mehr als 16 Millionen Quadratkilometer afrikanischen Bodens und über hundert Millionen Afrikaner gelangten in etwas mehr als zwei Jahrzehnten unter europäische Herrschaft. Am 15. September 1884 verwendete die britische Tageszeitung »Times« erstmals die Formulierung »Wettlauf um Afrika« (scramble for Africa) für diesen imperialistischen Vorgang. Er war denn auch weniger eine bewaffnete Auseinandersetzung als vielmehr ein strategisches und diplomatisches Spiel, das nur gelegentlich – so in den beiden Marokkokrisen – eine tatsächliche Kriegsgefahr unter den Europäern heraufbeschwor. Gelegentlich drohten auch Verschärfungen vonseiten der »Männer vor Ort« – von Militärs, Konsuln, Kolonialbeamten und selbst von Missionaren –, die ihren eigenen »Subimperialismus« betrieben und von Reichen und Reichtum träumten.

Ausgangssituation und Teilnehmer

Dass die Europäer den Kontinent so schnell aufteilen konnten, gründete nicht zuletzt in ihrem technologischen Vorsprung. Allerdings waren die Afrikaner in diesem

Prozess nicht nur passive Zuschauer, sondern sie vermochten durchaus ihre Interessen durch Zusammenarbeit oder Widerstand zu artikulieren. Ihr anfänglicher »Wettlauf« um »Schutzverträge«, die sie als Handels- und Bündnisverträge interpretierten, nahm allerdings zumeist einen für sie enttäuschenden Ausgang.

Namentlich die Briten setzten auf die afrikanische Kooperation, da sie ohnedies die meisten der zugänglichen Regionen durch Konsuln, Händler und Missionare kontrollierten. Ende der 1870er-Jahre erfuhr die britische Oberherrschaft in Afrika, die nicht zuletzt auf der maritimen Hegemonie beruhte, jedoch eine Herausforderung durch Frankreich. Insbesondere in Westafrika gingen die Franzosen zu einer zielgerichteten Politik militärischer Eroberungen, neuer Protektorate und wirtschaftlicher Exklusivverträge über.

Eine Verschärfung erlebte der britisch-französische Gegensatz durch die »ägyptische Frage«, vielfach als Initialzündung des Wettlaufs angesehen. Aufgrund der ruinösen Steuer- und Finanzpolitik des Khediven, des Vizekönigs in Ägypten, hatten Franzosen und Briten in dem unter osmanischer Oberhoheit stehenden Land am Nil eine gemeinsame Staatsschuldenverwaltung eingerichtet, die jedoch durch eine nationalistische Militärrevolte unter Führung des Kriegsministers Arabi Pascha gefährdet wurde. Eine britische Flotte bombardierte daraufhin im Juli 1882 Alexandria und besetzte im September das Land. Frankreichs Einfluss wurde ausgeschaltet. Die Folge war ein verstärktes französisches Engagement auf Madagaskar, im Hinterland des Senegal, an der Westküste und am unteren Kongo. Dort hatte der Afrikaforscher Pierre Savorgnan de Brazza große Gebiete im Bereich des Ogowe erforscht und mit dem Häuptling Makoko 1880 einen Vertrag geschlossen, der jedoch in Paris zunächst keine Anerkennung fand. Erst eine nationalistisch inspirierte Pressekampagne führte 1882 zur Ratifizierung und damit zur Begründung des späteren französischen Kongo.

Beschleunigend auf das französische Vorgehen am Kongo hatte sich das Auftauchen eines neuen Mitkonkurrenten ausgewirkt. Seit Mitte der 1870er-Jahre hatte der belgische König Leopold II. auf der Suche nach Kolonien, die seinem starken Bedürfnis nach internationa-

ler Anerkennung und persönlichem Reichtum entgegenkam, sein Augenmerk auf Westafrika gerichtet. Seine wirklichen Ziele verbarg der Monarch vorerst noch geschickt hinter dem geographischen und wissenschaftlichen Interesse der Zeit an Afrika. Erst als sich die britische Regierung am Kongo desinteressiert zeigte und die Aufforderungen der Kongoreisenden Verney Lovett Cameron und Henry Morton Stanley zur Errichtung eines Protektorats ablehnte, griff Leopold zu und beauftragte Stanley mit der Gründung von Stationen und der wirtschaftlichen Erschließung des Kongogebiets. Im Januar 1884 gründete der belgische König den Kongo-Frei-

Die Kolonialisierung in Afrika begann im 17. Jh. mit Stützpunkten zur Sicherung der Seewege und für den Sklavenhandel. Seit dem frühen 19. Jh. kam die Ausbeutung von Rohstoffen und Bodenschätzen als neues Motiv hinzu. Noch vor Ende des 19. Jh. war die Aufteilung des Kontinents abgeschlossen.

staat, der bereits im April von den USA und im November vom Deutschen Reich anerkannt wurde.

Mit den französischen und belgischen Aktivitäten am Kongo und im Sog des nunmehr verschärft einsetzenden Wettlaufs erinnerten sich auch Spanier und Portugiesen wieder an ihre alten Kolonien. Während die Spanier ihre Hispanisierungs- und Missionsbestrebungen in Río Muni und auf Fernando Póo verstärkten, reklamierte Portugal – über seinen unbestrittenen Besitz Angolas und Moçambiques hinaus – traditionelle Territorial- und Missionsrechte im Küstengebiet oberhalb der Mündung des Kongo sowie an seinem Unterlauf. Als es am 26. Februar 1884 zu einem britisch-portugiesischen Vertrag

Sir Henry Morton Stanley erwarb den Kongo für den belgischen König Leopold II. Er baute dort einen Verkehrsweg und schloss mit Häuptlingen Kaufverträge, in denen sie nicht nur den Boden, sondern auch die darauf lebenden Menschen veräußerten.

kam, der die portugiesischen Ansprüche gegen die belgischen und französischen Bestrebungen sichern sollte, stießen diese Abmachungen auf den gemeinsamen Protest Frankreichs und Deutschlands. Denn mit dem Erwerb Deutsch-Südwestafrikas sowie Togos und Kameruns pochte eine weitere europäische Macht auf ein Mitspracherecht in Afrika. Schließlich meldeten sich auch die Vereinigten Staaten zu Wort, die zwar durch ihr »Stiefkind« Liberia - 1847 offiziell als Kolonie ehemaliger amerikanischer Sklaven gegründet - eine politische Verbindung zu Afrika besaßen, die aber in erster Linie an freiem Handel und freier Mission auf dem schwarzen Kontinent interessiert waren.

Ein Kontinent wird aufgeteilt

Vom 15. November 1884 bis zum 26. Februar 1885 tagte in Berlin unter dem Vorsitz des Reichskanzlers Otto von Bismarck und unter Beteiligung von 13 europäischen Staaten sowie der USA und des Osmanischen Reiches die Westafrikakonferenz. Zwar bedeutete sie nicht die Teilung Afrikas im eigentlichen Sinn des Worts; denn ihre Vertreter waren zusammengekommen, um den freien Zugang für Handel und Mission in Afrika für alle Nationen vertragsmäßig festzulegen. Mit der Erklärung der Freiheit der Schifffahrt auf Kongo und Niger, der Schaffung der Freihandelszone im Kongo und der Erklärung der Missionsfreiheit in ganz Afrika erinnerte das Ergebnis der Konferenz immerhin an ihre ursprüngliche Zielsetzung. Die gleichzeitige Festlegung von Kriterien für die völkerrechtliche Anerkennung von Kolonialbesitz - als »effektive Besetzung« bezeichnet - löste jedoch einen Wettlauf um die noch nicht besetzten Gebiete sowie die definitive Abgrenzung des bisherigen Besitzstandes aus. Innerhalb weniger Jahre war Afrika bis auf Liberia und Äthiopien unter den europäischen Mächten aufgeteilt.

In Westafrika erhielten die Franzosen den Löwenanteil. Ostafrika blieb demgegenüber die Domäne Großbritanniens. Nachdem sich Deutschland seinen Anteil an dieser Region - Deutsch-Ostafrika mit dem heutigen Ruanda und Burundi - gesichert und Portugals Rechte in Moçambique bestätigt waren, erhielt die Verbindung zwischen Ägypten und der Kapprovinz aller-

ZITAT

In Deutsch-Ostafrika kam es 1905 erstmals zu einem Maji-Maji-Aufstand. Ein Angestellter der Diskonto-Gesellschaft äußerte sich zu dessen Ursachen:

Die Ursache ist in der Hauptsache die so genannte Kopf- oder Hüttensteuer. Die Neger haben so gut wie keinen lohnenden Absatz für ihre Produkte des Feldes, ihre Rinder und Ziegen haben dieselben bis auf geringen Bestand zur Aufbringung der Steuer hergegeben ...

Kongo-Karikatur aus der deutschen satirischen Wochenschrift »Simplicissimus« aus dem Jahr 1906 gegen den belgischen König Leopold II., der den Kongo wider jedes Völkerrecht als seinen »Privatbesitz« deklarierte.

dings eine erhebliche territoriale Unterbrechung. Kenia wurde zur klassischen Siedlungskolonie innerhalb des britischen Empire, während sich der Konflikt um das ostafrikanische Hinterland noch einige Zeit hinzog. Am Horn von Afrika ergab sich eine Gemengelage von britischen, französischen und italienischen Kolonien, wobei einzig die Italiener 1896 bei Adua eine vernichtende Niederlage gegen die Äthiopier erlitten, sodass das Kaiserreich erst durch Benito Mussolinis brutalen Überfall im Jahre 1935 vorübergehend Kolonie wurde. Während der Balkankriege 1912/13 besetzten die Italiener gegen den heftigen Widerstand des Ordens der Senussi Libyen.

In Südafrika hatten Briten und Buren in den Konventionen von Pretoria 1881 und London 1884 eine Art Ausgleich zwischen den britischen Besitzungen am Kap und in Natal, dem burischen Oranje-Freistaat und den Burenrepubliken zwischen Vaal und Limpopo erreicht. Nachdem die Briten als Folge der Entdeckung von Diamanten in Kimberley bereits West-Griqualand annektiert und der Kapprovinz eingegliedert sowie einem deutschen Vordringen von Südwestafrika aus durch die Annexion Betschuanalands, des heutigen Botswana, 1884 einen Riegel vorgeschoben hatten, richteten sich nach dem Beginn des Goldbergbaus am Witwatersrand bei Johannesburg seit 1886 ihre Begehrlichkeiten auf Transvaal, zog dieser Burenstaat aufgrund seines Reichtums und seiner Infrastrukturmaßnahmen doch zunehmend ausländische Investitionen - darunter auch aus Deutschland - an.

Daraufhin erhielt 1889 die British South Africa Company von Cecil Rhodes eine königliche Charter zur Sicherung des Gebietes nördlich und westlich von Transvaal. Schließlich ließ sich der Gold- und Diamantenmagnat, seit 1890 auch Premier der Kapprovinz, 1896 zur Unterstützung eines bewaffneten Einfalls von Kompaniepolizisten nach Transvaal - nach deren Anführer

INFOBOX

Der Burenkrieg

Die Ursache des Krieges (1899–1902) zwischen Großbritannien und den südafrikanischen Burenstaaten waren die Bestrebungen der Briten, ein zusammenhängendes Kolonialreich in Afrika, »vom Kap bis Kairo«, zu errichten. Den Anlass bildete die Drohung Großbritanniens, die Forderungen der Transvaal-Briten, die nach der Entdeckung reicher Goldminen nach Transvaal eingeströmt waren, militärisch zu unterstützen. Nach der Ablehnung des burischen Ultimatums zur Einstellung britischer Truppenentsendungen erklärte am 11. 10. 1899 die Republik Transvaal Großbritannien den Krieg. Der Oranje-Freistaat trat sofort auf ihre Seite; dagegen blieb die von den Buren erhoffte Intervention der europäischen Mächte, besonders Deutschlands, aus. Zunächst waren die zahlenmäßig überlegenen Buren in der Offensive. Sie belagerten die Städte Ladysmith, Kimberley und Mafeking, konnten aber ihre Erfolge nicht ausnutzen und unterlagen der Übermacht der von Frederick Sleigh Roberts und Horatio Herbert Kitchener geführten Briten. Am 27. 2. 1900 kapitulierte der Burengeneral Pieter Arnoldus Cronje am Paardeberg. Am 24. 5. 1900 wurde die Annexion des Oranje-Freistaates, am 1. 9. diejenige Transvaals verkündet.

Die Buren leisteten im Guerillakrieg noch fast zwei Jahre lang z. T. erfolgreich Widerstand, aber durch Abbrennen der Farmen, Vernichtung der Viehherden und Einweisung der Frauen und Kinder in Konzentrationslager wurde ihr Widerstandswille allmählich gebrochen. Sie mussten sich im Abkommen von Vereeniging (31. 5. 1902) unterwerfen.

Leander Jameson Jameson Raid genannt - hinreißen, dessen Scheitern seine politische Karriere beendete.

Inzwischen hatte Rhodes jedoch für das britische Weltreich ein Territorium im südlichen Afrika erobert, das die heutigen Staaten Botswana, Simbabwe, Sambia und Malawi umfasste und das sich über etwa zwei Millionen Quadratkilometer erstreckte. Sein Traumziel einer Eisenbahn- und Telegraphenverbindung vom Kap bis Kairo, die den gesamten Kontinent auf britisch beeinflusstem Gebiet durchquerte, vermochte er zwar nicht zu realisieren. Dafür erlebte er aber noch den Burenkrieg, der mit der Annexion Transvaals und des Oranje-Freistaats endete. Die Burenstaaten wurden britische Kronkolonien. Mit der Gründung der Südafrikanischen Union 1910 und der verwaltungsmäßigen Angliederung von Basutoland - dem heutigen Lesotho -, Swasiland und Betschuanaland begann der Ausgleich von Buren und Briten, der allerdings auf Kosten der Nichtweißen erzielt wurde. Seit 1911 erfolgte die erste Welle rassendiskriminierender Apartheidsgesetze.

Koloniale Herrschaft

Ohnehin war von den hehren Zielen, die die Delegierten in der Präambel der abschließenden Generalakte der Berliner Westafrikakonferenz formuliert hatten, nämlich der Betonung des Zivilisationsauftrags und der Verbesserung der, wie es wörtlich hieß, »sittlichen und materiellen Wohlfahrt der eingeborenen Völkerschaften«,

Detail eines Häuptlingsstuhls nach europäischem Vorbild: Ein belgischer Kolonialbeamter mit seiner eingeborenen Begleitmannschaft (frühes 20. Jh.; Tervuren, Musée Royal de l'Afrique Centrale).

100563

100264

1847 wurde Liberia gegründet. Im Jahr 1822 hatten amerikanische Gegner der Sklaverei in Afrika Land gekauft, um dort freigelassene Sklaven zwangsanzusiedeln.

nicht viel übrig geblieben. Bereits auf der Konferenz – zu der kein afrikanischer Vertreter eingeladen worden war – hatte man die Problematik der Souveränitätsrechte afrikanischer Staatswesen schlichtweg übergangen. In kolonialdiplomatischer Willkür legten die europäischen Mächte künftig wie mit dem Lineal gezogene Demarkationslinien in Afrika fest, sodass die Grenzen oft quer durch die Lebensräume einheimischer Ethnien verliefen.

Was für die Staaten der Afrikaner galt, nämlich nur als Völkerrechtsobjekte betrachtet zu werden, galt gleicherweise für ihr Land. Nach europäischem Rechtsverständnis und in eigenartigem Widerspruch zu den ursprünglichen Verträgen wurde es als »herrenloses Land« (terra nullius) betrachtet, das nunmehr, als »Kronland« beziehungsweise Eigentum europäischer Staaten, an Kolonialgesellschaften, Konzessionäre und Siedler vergeben werden konnte. Schrittweise erfolgte die Verdrängung der Afrikaner aus ihren Wohngebieten bis hin zur Eingrenzung in Reservationen.

Was für die Staaten und das Land der Afrikaner galt, das galt schließlich auch für sie selbst. Sogar die Frage, ob sie überhaupt Menschen seien, haben Rassisten verneint. Aber auch diejenigen Weißen, die den Zivilisationsauftrag des weißen Mannes ernst nahmen, gingen in ihrer paternalistischen Sicht davon aus, dass die ursprünglichen Bewohner die Hauptlast der Arbeit zu tragen hätten und in diesem Sinne zu »erziehen« seien. »Erziehung zur Arbeit« lautete daher der Grundsatz europäischer Kolonialideologie und Kolonialherrschaft in Afrika, sodass nach dem allmählichen Ende der Sklaverei die Suche nach einem effektiven Zwang zur Arbeit das vorrangige Ziel praktischer Kolonisation darstellte.

Karikatur aus dem Jahr 1892 zu Cecil Rhodes' Idee einer durch ganz Afrika laufenden Telegrafenlinie

Die erste Umsetzung dieser Politik bildete die Einführung von Hütten- und Kopfsteuern, die anfangs in Naturalien, später in Geld oder Arbeit erbracht werden konnten. Nahezu alle europäischen Kolonien haben sich dieser Form des indirekten Zwangs bedient. Die meisten Kolonien haben überdies Afrikaner zu direkter Zwangsarbeit herangezogen, sei es für öffentliche Arbeiten wie den Wege- und Eisenbahnbau und andere infrastrukturelle Maßnahmen, sei es für private Arbeitgeber auf den Plantagen und Farmen. Nachweise verschiedener Art sorgten für die Kontrolle der geleisteten Arbeit, die zwischen mehreren Tagen und – wie in den portugiesischen Kolonien seit 1899 – einem halben Jahr betragen konnte. Namentlich die großen Konzessions- und Spekulationsgesellschaften haben durch eine rigide Enteignungspolitik und ein brutales Zwangsrekrutierungs- und Arbeitssystem den Tod vieler Afrikaner in Kauf genommen.

Ein besonders menschenverachtendes Ausbeutungssystem herrschte im leopoldinischen Kongo: Dort wurde die Nichterfüllung der geforderten Kautschukquoten mit der Verstümmelung der Afrikaner bestraft. Missionare und Schriftsteller haben nach der Jahrhundertwende die »Kongogräuel« öffentlich angeprangert, sodass der belgische Staat 1908 die Privatkolonie des Königs übernehmen musste. Außerdem entwickelte sich in den industriewirtschaftlichen Regionen ein teilweise forciertes Wanderarbeitersystem mit allen seinen sozialen und menschlichen Problemen.

Nur selten schritten die Kolonialregierungen vor dem Ersten Weltkrieg gegen das Zwangsarbeitssystem und andere Kolonialübel ein. Allerdings gab es beträchtliche regionale Unterschiede. Dabei spielte der tatsächliche verwaltungsmäßige Zugriff eine entscheidendere Rolle als der formelle Status der Kolonie, das heißt ihr Status als Kronkolonie, Protektorat oder Schutzgebiet. Eine indirekt-informelle Herrschaftsform - wie sie die Briten bevorzugten - sicherte den einheimischen Regenten einen beträchtlichen Spielraum, der nur durch die Anerkennung der weißen Oberherrschaft und die Zahlung festgelegter Abgaben begrenzt war. In den Gebieten direkt-formeller Herrschaft waren die kolonialen Untertanen dagegen dem ständigen repressiven Zugriff vonseiten der Kolonialverwaltung ausgesetzt. Die Möglichkeiten eines sozialen Aufstiegs in der kolonialen Situation endeten in der Regel an der »Farbgrenze« (colour bar). Nur eine verschwindende Minderheit, ausgezeichnet durch Bildung, Christianisierung und wirtschaftlichen Einfluss - wie die »Kulturfranzosen« oder die assimilados in den portugiesischen Kolonien - vermochte sich in der herrschenden Schicht zu etablieren.

Beträchtliche Unterschiede gab es auch zwischen Siedlungs- und Handelskolonien. Während in Handelskolonien wie zum Beispiel Togo die einheimischen Produzenten ein wichtiges Kapital für das Prosperieren der Kolonie darstellten und Aufstände eher selten waren, brachten Siedlungskolonien wie beispielsweise im südlichen Afrika oder Algerien eine besonders aggressiv-rassistische Form des Kolonialismus hervor, denn entweder wurden die ursprünglichen Bewohner verdrängt oder zu

Ein englischer Missionar lässt sich als Zeuge mit Einheimischen fotografieren, die abgehackte Hände vorweisen. Dieses Dokument der »Kongogräuel« wurde 1904 publiziert. Internationale Empörung zwang Leopold 1908 zur Übergabe des Kongo als »normale« Kolonie an den belgischen Staat.

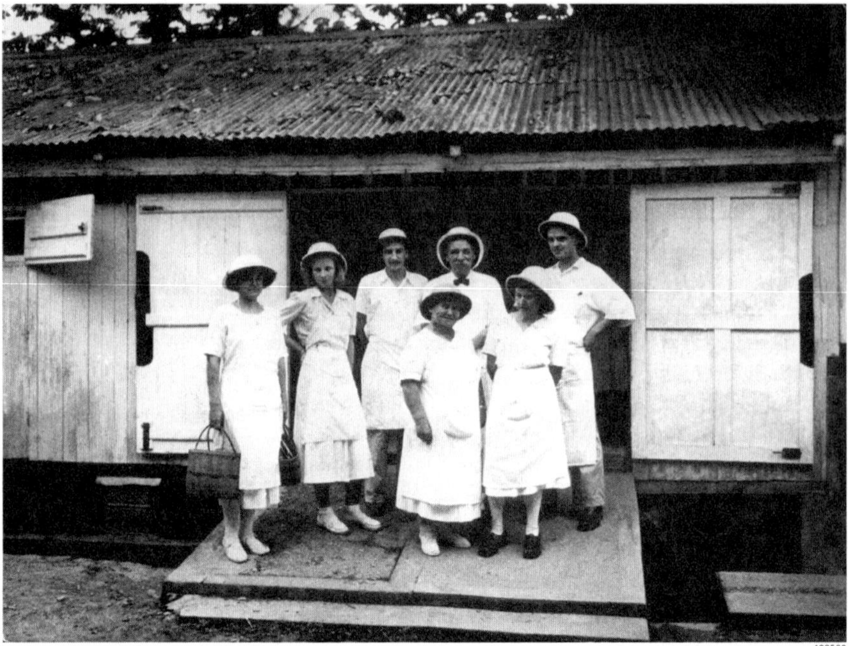

100562

Die Missionierung Afrikas zerstörte traditionelle Lebensgewohnheiten. Als positive Konsequenz können manche soziale Leistungen angesehen werden. Albert Schweitzer (hinten, zweiter von rechts) gründete als Arzt und Missionar 1913 in Lambarene (Gabun) ein Tropenkrankenhaus.

»Arbeitssklaven« degradiert. Eine reine Beutewirtschaft betrieben anfangs auch die mit hoheitlichen Rechten ausgestatteten Kolonialgesellschaften. Erst spät griff der Kolonialstaat hier regulierend ein. Entscheidend war aber auch für ihn der Bedarf der Metropole und der verordnete Anbau von Produkten für den Weltmarkt (cash crops). Diese weitgehende Ausrichtung auf Monopolkulturen und der ebenso einseitige Aufbau der kolonialen Infrastruktur hat zweifellos zu Subsistenz- und Strukturproblemen des nachkolonialen Staates geführt.

Schließlich bildete auch die christliche Mission einen integralen Bestandteil des Kolonialismus, ist doch Afrika im Gefolge der europäischen Expansion ein weitgehend christlicher Kontinent geworden. Ein unduldsamer Kulturimperialismus, der auf traditionelle Einrichtungen wie zum Beispiel die »Vielweiberei« nur wenig Rücksicht nahm, und die Sanktionierung der Kolonialideologie waren Teil der »spirituellen Eroberung« des Kontinents. Der Einbruch des Christentums stellte daher die wohl größte Revolution in den Lebensgewohnheiten sowie den

Denk- und Wertvorstellungen der Afrikaner dar, soweit sie nicht im Islam oder in traditionellen religiösen Vorstellungen verhaftet waren und blieben.

Andererseits schufen soziale Einrichtungen wie das von den Missionaren nahezu völlig beherrschte Schulsystem nicht nur Möglichkeiten sozialer Mobilität in der kolonialen Gesellschaft, sondern sie lösten durch die umfassende Verbreitung der christlichen Lehre einen religiös-naturrechtlich begründeten Freiheits- und Emanzipationsdrang bei den von ihnen ausgebildeten Bevölkerungsschichten aus, der in der Phase der Entkolonisierung die Entstehung nationalistischer Gruppen und Bewegungen förderte. *Horst Gründer*

Von der Faschodakrise zur Entente cordiale: Der Umschwung in der europäischen Mächtekonstellation

Als sich das 19. Jahrhundert dem Ende zuneigte, hatte sich das Antlitz Europas beträchtlich verändert. Auf dem Wiener Kongress 1814/15 hatte die europäische Staatenwelt die Politik des Gleichgewichts wieder hergestellt. Die folgenden Jahre standen im Zeichen der Restauration – und schließlich der Revolution. Doch erst der Krimkrieg (1853/54–56) setzte eine große internationale Zäsur. Er führte die Brüchigkeit der europäischen Mächtekonstellation vor Augen und bedeutete das Ende des Prinzips der kollektiven Verantwortung. Nationale Bewegungen gewannen an Ausdehnung und Gewicht, von 1866 bis 1871 wurde Europa gleichsam neu organisiert.

Die folgende, verstärkt einsetzende imperiale Expansion lenkte die Aufmerksamkeit der Menschen vom alten Kontinent nach Übersee. Viele Staaten, unter ihnen Großbritannien und Russland, erlitten aber auch vernichtende Niederlagen, die ihrer Macht Grenzen setzten und dazu führten, dass sie den Blick zurück nach Europa richteten. Der Scheitelpunkt der imperialen Konflikte in Übersee war mit der Jahrhundertwende überschritten, Krisen in dieser Region schlugen jetzt auf Europa zurück, das Gleichgewicht der Mächte ging in eine stabile Krise über, die mit wechselnder Intensität bis zum Ausbruch des Ersten Weltkriegs anhielt.

ZITAT

Auszug aus der am 4. 1. 1894 in Kraft getretenen französisch-russischen Militärkonvention:

1. Falls Frankreich von Deutschland oder von Italien mit Deutschlands Unterstützung angegriffen wird, wird Russland alle seine verfügbaren Kräfte für einen Angriff auf Deutschland einsetzen. Falls Russland von Deutschland oder von Österreich mit Unterstützung Deutschlands angegriffen wird, wird Frankreich alle seine verfügbaren Kräfte zum Kampf gegen Deutschland einsetzen …

Um die Jahrhundertwende erreichte nicht nur der Imperialismus seinen Höhepunkt; es kam auch zur Revolutionierung der europäischen Diplomatie und zur Spaltung des alten Kontinents in zwei große Koalitionen. Die Wurzeln dieser Entwicklung lagen in Deutschland.

Als 1890 der Reichsgründer Otto von Bismarck entlassen wurde, erwiesen sich seine Nachfolger als unfähig und unwillig, seiner Diplomatie zu folgen. Ein Grundpfeiler Bismarck'scher Politik – der Rückversicherungsvertrag 1887 mit Russland – wurde 1890 nicht erneuert, ein Äquivalent nicht geschaffen. Das wichtigste Argument gegen eine Verlängerung lautete, dass Bismarcks Strategie der peripheren Ablenkung nicht länger Aussicht auf Erfolg habe. Außerdem schienen die alten Vertragsverpflichtungen unvereinbar mit der neuen Politik gegenüber Österreich-Ungarn.

Hinzu kam, dass Anzeichen einer deutsch-britischen Kooperation am Horizont sichtbar wurden, die ebenfalls zum Scheitern verurteilt schien, wenn die antirussisch eingestellte britische Regierung von Details des Rückversicherungsvertrags Kenntnis erhielt. Persönliche Motive taten ein Übriges, die deutsche Außenpolitik auf ein neues Fundament zu stellen. Bismarcks Nachfolger waren darauf bedacht, ihre Selbstständigkeit zu beweisen. Dies galt vor allem für Kaiser Wilhelm II. und den Diplomaten Friedrich von Holstein, die beide davon überzeugt waren, dass sie schon zu lange im Wartesaal für Profilierung verharrten. Die Entscheidung in Berlin nötigte Sankt Petersburg, einen anderen Bündnispartner zu

Der deutsche Diplomat Friedrich von Holstein gewann nach Bismarcks Rücktritt großen Einfluss auf die deutsche Politik. Er vertrat eine Haltung der Stärke, mit der er in der ersten Marokkokrise gegenüber Frankreich scheiterte.

Am Anfang des 20. Jh. wurden im Deutschen Reich Luftschiffe auch für den militärischen Einsatz entwickelt. Neben dem bekannten Zeppelin wurden Schütte-Lanz-Luftschiffe (Foto) später im Weltkrieg tatsächlich eingesetzt.

suchen. Am 4. Januar 1894 wurden Russland und Frankreich Verbündete. Die Folge: Die deutschen Militärs konnten nun einen Zweifrontenkrieg nicht mehr ausschließen.

Deutsch-britische Kontroversen

Seit dem Beginn deutscher »Weltpolitik«, die bis heute noch keine befriedigende Erklärung erfahren hat, waren die Beziehungen zwischen Berlin und London durch ein Schwanken zwischen zwei Extremen gekennzeichnet. Auf der einen Seite trug das deutsche Flottenprogramm dazu bei, das Verhältnis zusehends zu trüben, auf der anderen Seite trieb deutsche wie britische Politiker die Frage um, wie ein Bündnis, zumindest aber eine Annäherung, realisiert werden konnte. Den Zeitgenossen blieb die Widersprüchlichkeit dieser Tendenzen keineswegs verborgen.

Die Ecken und Kanten des wilhelminischen Deutschland fügten sich nicht in die gewachsene Weltordnung der Pax Britannica und ihrer Architekten ein, die eine zunehmende Überbürdung beklagten. Um die Jahrhundertwende kam das Grundmuster außenpolitischen Konfliktverhaltens des britischen Empire deutlich zum Tragen: Friedenswahrung und Risikoscheu wurden groß

Paulus Krüger, auch Ohm Krüger genannt, führte die Buren im Kampf gegen die britische Herrschaft. Im Transvaalkonflikt suchte er u. a. die Hilfe des Deutschen Reiches gegen Großbritannien.

geschrieben, was allerdings nicht gleichbedeutend war mit Frieden um jeden Preis.

Der Transvaalkonflikt (1899–1902) warf ein grelles Licht auf die Grenzen britischer Toleranz. In dieser Auseinandersetzung für die Buren Partei zu ergreifen, wie es Wilhelm II. mit der berühmten Depesche an den Präsidenten von Transvaal Paulus Krüger getan hatte, wurde in London nicht als Kavaliersdelikt empfunden. Das Deutsche Reich, so argwöhnte mancher, mochte im Stillen den Gedanken an eine Intervention gefasst haben. Rivalität zeigte sich nicht nur in Afrika. Auch der Bau der Bagdadbahn bot zu deutsch-britischen Kontroversen Anlass, mehr und mehr gewannen die Briten den Eindruck, dass Deutschland zu einem ernsthaften Konkurrenten heranwuchs.

Die britische Sympathie, die das Reich noch bei seiner Gründung 1871 begleitet hatte, wich mehr und mehr dem

Argwohn und der Unsicherheit über die Ziele, die Deutschland verfolgte. Doch vermutlich, so die vorherrschende Ansicht in London, wollte die stärkste Macht Kontinentaleuropas das Jahrhundert in die Schranken fordern. Dem entsprachen die öffentlichen Äußerungen deutscher Politiker, dem entsprach die Diktion, die sich der Kaiser zu Eigen machte, dem entsprach schließlich der Bau einer Flotte, für die Alfred von Tirpitz, Staatssekretär im Reichsmarineamt, verantwortlich zeichnete.

Die Rechtfertigung deutscher »Weltpolitik«
»Ich bin auch heute der Überzeugung«, so resümierte Fürst Bernhard Heinrich Martin von Bülow, früherer Staatssekretär und Reichskanzler, gegenüber Tirpitz nach dem Ersten Weltkrieg, »die uns beide erfüllte, als wir vor 27 Jahren gleichzeitig Staatssekretäre wurden, ... dass unser Volk nach seiner Tüchtigkeit, seiner Kultur (im besten Sinne des Wortes) und seiner Vergangenheit ein Recht auf die Stellung hätte, die ich damals den Platz an der Sonne nannte, das heißt das Recht auf Gleichberechtigung mit anderen großen Nationen.« Am 6. Dezember 1897 hatte Bülow vor dem Reichstag die Interessen Deutschlands in China unterstrichen und einen Ausdruck geprägt, der zum geflügelten Wort wurde und im Kern das politische Programm der Zukunft vorstellte: den »Platz an der Sonne«.

ZITAT

Bald nach seiner Ernennung zum Reichskanzler am 17. 10. 1900 schreibt Bülow an den kaiserlichen Vertrauten Philipp Fürst zu Eulenburg und Hertefeld, Graf von Sandels:
Ich hänge mein Herz immer mehr an den Kaiser. Er ist so bedeutend!!... Er verbindet in einer Weise, wie ich nie gesehen habe, ... echteste und ursprünglichste Genialität mit dem klarsten bon sens.

INFOBOX

Die Krügerdepesche
Am 3. 1. 1896 sandte Kaiser Wilhelm II. eine Glückwunschbotschaft an den Präsidenten der Südafrikanischen Republik Paulus Krüger, der den bewaffneten Einfall des Briten Leander Jameson (Jameson-Raid) abgewehrt hatte. Sie lautete:
»Ich spreche Ihnen Meinen aufrichtigen Glückwunsch aus, dass es Ihnen, ohne an die Hilfe befreundeter Mächte zu appellieren, mit Ihrem Volke gelungen ist, in eigener Tatkraft gegenüber den bewaffneten Scharen, welche als Friedensstörer in Ihr Land eingebrochen sind, den Frieden wieder herzustellen, und die Unabhängigkeit des Landes gegen Angriffe von außen zu wahren.«
Die Krügerdepesche führte zu Spannungen mit Großbritannien, da die britische Regierung Transvaal als Teil des englischen Empire betrachtete und demnach die Depesche als Einmischung in innere Angelegenheiten empfand.

Bülows Rede stellte eine Zäsur in der klassischen preußisch-deutschen Außenpolitik dar. Großmachtpolitik war in den Augen der Zeitgenossen nur noch denkbar, indem sich das Reich außerhalb Europas engagierte. Der Staatssekretär verlieh also nur einer weit verbreiteten Meinung Ausdruck. Die Einigung Deutschlands, so war bereits in der Freiburger Antrittsvorlesung des Soziologen Max Weber 1895 zu vernehmen, sei ein Jugendstreich, »den die Nation auf ihre alten Tage beging und seiner Kostspieligkeit halber besser unterlassen hätte, wenn sie der Abschluss und nicht der Ausgangspunkt einer deutschen Weltmachtposition sein sollte.«

Die »Weltpolitik« war also längst Gegenstand öffentlicher Diskussion, als Bülow seine Jungfernrede hielt, allerdings ohne diesen Begriff zu verwenden. Auch Wilhelm II. verlieh anlässlich der Reichsgründungsfeier am 18. Januar 1896 nur einer allgemeinen Überzeugung Ausdruck, als er das Attribut »Weltreich« benutzte, auf die globale deutsche Betriebsamkeit verwies, die internationale wirtschaftliche Verflechtung hervorhob und schließlich dazu aufforderte, dieses »größere Deutsche Reich« an das »heimische« eng anzuschließen. Mit dieser Forderung entsprach er fast der Diktion und dem Inhalt alldeutscher Blätter, die seit Jahren eine »Weltstellung« postulierten.

ZITAT

Als Kaiser Wilhelm II. am 27. 7. 1900 deutsche Truppen nach Ostasien verabschiedete, hielt er eine für den menschenverachtenden Chauvinismus dieser Zeit bezeichnende Rede (Auszug):
Kommt ihr vor den Feind, so wird derselbe geschlagen! Pardon wird nicht gegeben! Gefangene werden nicht gemacht! Wer euch in die Hände fällt, sei euch verfallen!

Das britisch-französische Einvernehmen

Opposition gegen die deutsche »Weltpolitik« kennzeichnete viele europäische Staaten, obwohl sie selbst Expansion auf ihre Fahnen geschrieben hatten. Ein Dorn in

»Krieg und Kapitalismus, oder die Verwandlung von Menschenblut in Gold« stand unter diesem Farbdruck in der Zeitschrift »Der wahre Jacob« vom 5. 12. 1899, mit dem aus deutscher Sicht die Ausbeutungspolitik des britischen Empire kritisiert wurde.

100563

INFOBOX

Tirpitz'sche Flottenpolitik

Das zunehmende Weltmachtstreben Deutschlands seit Ende des 19. Jh. ließ einen Ausbau der Flotte immer notwendiger erscheinen. Admiral Alfred von Tirpitz setzte dies in einem Flottenbauprogramm um, das von einer aufwendigen Propaganda begleitet wurde; der »Deutsche Flottenverein« wurde zu einem mächtigen nationalistischen Agitationsverband aufgebaut. Das Vorhaben, die Handelsflotte zu schützen, trat immer stärker hinter imperialen Zielen zurück. Da Großbritannien seine maritime Vormachtstellung gefährdet und seine Sicherheit bedroht sah, setzte bald ein Rüstungswettlauf im Bau von Großkampfschiffen von bislang ungekanntem Ausmaß ein. Auf britischer und deutscher Seite gab es immer wieder Bestrebungen, dieser Entwicklung Einhalt zu gebieten, die jedoch erfolglos blieben. Tirpitz sah in Großbritannien den Hauptgegner einer deutschen Weltmachtstellung und agierte gegen einen deutsch-britischen Ausgleich, der eine Abstimmung der Flottenstärken voraussetzte. Auch Kaiser Wilhelm II. weigerte sich, über »seine Flotte« ernsthaft zu verhandeln. Die deutsche Bevölkerung vertraute völlig auf Tirpitz und seine Flottenpolitik, das »Bollwerk in der Nordsee«, und hielt die deutsche Flotte für unbesiegbar.

britischen Augen war vor allem der deutsche Entschluss zum Aufbau einer Flotte. In erster Linie sollte sie als Druckmittel gegen Großbritannien dienen und die »Bündnisfähigkeit« des Reichs unter Beweis stellen. Sodann – nicht weniger wichtig – war sie eine »Risikoflotte«. Im Falle einer Kollision mit der stärksten Seemacht sollte die Existenz der feindlichen Flotte infrage gestellt werden können. London blieben diese Planungen natürlich nicht verborgen. Die spätere Konzentration der deutschen Flotte in der Nordsee ließ darüber hinaus nur den Schluss zu, dass die Geschütze gegen Großbritannien gerichtet waren.

Diese Wahrnehmung war weit verbreitet und keineswegs auf Politiker beschränkt, wie der Roman von Erskine Childers »Das Rätsel der Sandbank« von 1903 zeigte. Natürlich ließ sich den Deutschen nur schwer die Berechtigung zum Bau einer eigenen Flotte absprechen. Während in London die Skepsis zunahm, machte sich in Berlin, vor allem bei von Holstein, die Überzeugung breit, dass Großbritannien dringender denn je Verbündete gegen Russland brauchte – und wer kam da eher

ZITAT

Der Theaterkritiker Alfred Kerr über Wilhelm II.:

Was man klar an ihm erkannt
War der Mangel an Verstand.
Sonst besaß er alle Kräfte
Für die Leitung der Geschäfte.

infrage als die Macht mit dem größten Heer Europas! Auszuhandeln, so schien es, war lediglich der Preis für ein Bündnis, und damit ließ sich Berlin mehrere Jahre Zeit, von 1899 bis 1902, als London tatsächlich – wenn auch nur vage – die Möglichkeit eines deutsch-britischen Bündnisses anzudeuten schien.

Während man im Deutschen Reich der Illusion huldigte, dass Großbritannien ohne Deutschland in einen ausweglosen Konflikt geraten würde, arbeiteten britische Politiker fieberhaft an Alternativen zu einem Bündnis mit Berlin. Obwohl die Faschodakrise 1898/99 dem Verhältnis zwischen Paris und London eine gewaltige Narbe zugefügt hatte, geschah, was kaum ein Zeitgenosse prognostiziert hätte: Franzosen und Briten setzten sich an einen Tisch und beschlossen, den früheren Gegensatz für überholt zu erklären.

s. ZEIT Aspekte Entente cordiale S. 565

Beide Länder fürchteten aus verschiedenen Gründen Russlands Verwicklungen im Fernen Osten, beide Staaten nahmen Anstoß an der schwer einzuschätzenden deutschen »Weltpolitik«. Doch die französischen Befürworter einer Allianz mit Großbritannien, vor allem Außenminister Théophile Delcassé, führten ein weiteres Argument ins Feld: Elsass und Lothringen mochten im grauen Alltag nicht immer in den Schlagzeilen stehen, doch ihr Wiedererwerb blieb das Ziel französischer Politik. In einer Reihe von Geheimerklärungen gelang es Frankreich auch, Italien zur Passivität zu bewegen, sollte es zum Krieg zwischen Paris und Berlin kommen.

Die Differenzen zwischen Großbritannien und Frankreich wurden bis 1904 ausgeräumt, sodass noch im selben Jahr ein entsprechendes Abkommen unterzeichnet werden konnte. Ursprünglich zielte dieses »herzliche Einvernehmen«, die Entente cordiale, lediglich darauf ab, koloniale Differenzen zwischen beiden Mächten aus dem Weg zu räumen, doch der Vertrag enthielt unausgesprochene Folgen, die den Unterzeichnern selbst noch nicht bewusst waren, als die Tinte trocknete. Er beendete die Konfrontation in Siam – das heutige Thailand – und Neufundland und zog einen Schlussstrich unter westafrikanische Grenzkonflikte. Im Mittelpunkt standen Ägypten und Marokko, das der französischen Einflusssphäre zugeschlagen wurde, während die britische Herrschaft am Nil von Frankreich endgültig anerkannt wurde.

Der Stich aus der illustrierten Beilage des in Paris erscheinenden »Petit Journal« zeigt einen Sieg der Buren in Jamestown 1901 im Kampf gegen die Annexion des Oranje-Freistaates und Transvaals durch Großbritannien. Dennoch unterlagen die Buren schließlich im Transvaalkonflikt.

200 Supplément illustré du Petit Journal
DOMANI
LA GUERRE AU TRANSVAAL
Capitulation de la garnison anglaise de Jamestown

100264

Der französische Außenminister Théophile Delcassé zielte auf die Wiedereingliederung von Elsass und Lothringen in die französische Republik.

Die tatsächliche Brisanz dieser Einigung, insbesondere für das Deutsche Reich, zeigte sich erst in den folgenden Jahren. Denn dieses koloniale Abkommen gab gewissermaßen den Startschuss für eine weit reichende, auch Europa einschließende Zusammenarbeit zwischen beiden Nationen, die man in der Wilhelmstraße ebenso ausgeschlossen hatte wie eine Annäherung zwischen Sankt Petersburg und Paris. War es ursprünglich noch ein Charakteristikum kolonialer und imperialistischer Expansion, dass die Großmächte in Übersee einander mit Drohgebärden gegenüberstanden und der Schatten dieser Konfrontation auch auf Europa fiel, so war nach der Jahrhundertwende das Gegenteil zu beobachten: Die Peripherie hatte den Kontinent wieder eingeholt, allerdings unter

Kaiser Wilhelm II. (hier in der Uniform eines Majors des Garde-Husaren-Regiments, aufgenommen 1905) hatte beschlossen, »Weltpolitik« zu machen: Deutschland sollte einen gleichberechtigten Platz unter den Großmächten einnehmen.

100880

Die Außenpolitik der wilhelminischen Epoche war von unkalkulierbaren, lautstarken Aktionen geprägt. Das »persönliche Regiment« des Kaisers umfasste auch den Oberbefehl über die weltweit stärkste Armee (Militärparade Wilhelms II.).

umgekehrten Vorzeichen! Indirekt trug sie jetzt dazu bei, Gegensätze, zum Beispiel den britisch-französischen, zu mildern und - die Kehrseite - den Weg zu einem festgefügten Dualismus in Europa zu ebnen. Die wichtigste Konsequenz des britisch-französischen Bündnisses bestand alles in allem darin, dass es Perspektiven für Kooperationen in anderen (europäischen) Fragen eröffnete.

In Berlin schlug die Nachricht von dem Bündnis wie eine Bombe ein. Aber auch die deutsche Flottenrüstung hatte dazu beigetragen, die »Weltpolitik« wieder zur Europapolitik zu machen.

Nach der Verkündung deutscher »Weltpolitik« zeigte sich Wilhelm II. an überseeischem Besitz wenig interessiert. In seinem unruhigen Kopf nahm zu Beginn des 20. Jahrhunderts ein ganz anderer Plan Gestalt an, der engstens mit der Niederlage Russlands gegen Japan in der Seeschlacht von Tsushima am 27. Mai 1905 verknüpft war. Das Ergebnis des Russisch-Japanischen Kriegs war für die Großmächte von einschneidender Bedeutung: Japan avancierte nach seinem Sieg zur Vormacht im Fernen Osten, während Russland sich nach der vernichtenden Niederlage zu einem außenpolitischen Kurswechsel durchrang, dessen Kompassnadel wieder auf Europa, ganz besonders auf Südosteuropa, gerichtet war.

Damit schien ein Konflikt mit Österreich-Ungarn unvermeidlich, das machtpolitische Ambitionen vor der eigenen Haustür demonstrierte. Noch während des Russisch-Japanischen Kriegs war Berlin bemüht, das Zarenreich vom Nutzen eines Bündnisses mit dem Deutschen Reich und der Brüchigkeit der Allianz mit Frankreich zu überzeugen. Hinter dem deutschen Ansinnen stand sogar die Hoffnung, auch den Widerstand der französischen Diplomaten gegen ein Zusammengehen mit dem Reich zu brechen und die mögliche Zerstörung der deutschen Flotte durch eine Kontinentalliga zu verhindern. Doch die Politiker griffen ins Leere, kein Staat war zur Kooperation bereit. *Michael Fröhlich*

Europa unter Hochspannung: Krisenherde am Vorabend des Ersten Weltkriegs

Im März 1905, also ein Jahr nach dem Abschluss der Entente cordiale, wurde der Startschuss für eine Gegenoffensive gegeben, die Kaiser Wilhelm II. nach Tanger führte. Nach seiner Landung am 31. März unterstrich er die Unabhängigkeit des Sultans von Marokko. Zugleich forderte die deutsche Regierung die Aufhebung der Bestimmungen, die im Rahmen des »herzlichen Einvernehmens« bezüglich Marokkos festgelegt worden waren. Ziel der Aktion war, das britisch-französische Abkommen zu sprengen und den Vertragspartnern die Wertlosigkeit des Bündnisses vor Augen zu führen. Hinzu trat die Überlegung, auf diese Weise auch der französisch-russischen Allianz die Spitze zu nehmen. Diese von Berlin provozierte erste Marokkokrise verfolgte also nicht den Zweck, deutsche Ansprüche in Übersee einzuklagen, sondern zielte darauf ab, die Position des Reiches in Europa wieder zu festigen.

Die erste Marokkokrise und die Folgen

Das Ergebnis war allerdings ruinös. Zwar musste der französische Außenminister sein Amt zur Verfügung stellen, doch war die von Berlin geforderte internationale

Konferenz von Algeciras 1906 alles andere als ein Erfolg. Zum einen war der Widerstandswille der französischen Regierung nach wie vor ungebrochen, zum anderen waren die in London zur Macht gekommenen Liberalen entschlossen, dem Deutschen Reich Paroli zu bieten. Schon lange war der britische Außenminister Sir Edward Grey davon überzeugt, dass Berlin nichts anderes als die Vorherrschaft in Europa anstrebe.

Aus diesen Tatsachen erklärte sich der übereinstimmende Entschluss der Franzosen und Briten, in Algeciras den deutschen Diplomaten entgegenzutreten. Das Resultat: Ein sich immer fester fügendes gegnerisches Bündnissystem entstand, das sich im Rahmen der Entente cordiale allenfalls in Konturen abgezeichnet hatte. In Europa gab es jetzt nur noch eine Macht, auf die das Reich zählen konnte: Österreich-Ungarn. Allmählich

Karikatur auf den Einzug der Großmächte in Marokko 1905

INFOBOX

Der Rückversicherungsvertrag

Der als Rückversicherungsvertrag bezeichnete Geheimvertrag zwischen dem Deutschen Reich, vertreten durch Otto von Bismarck, und Russland vom 18. 6. 1887 verpflichtete beide Mächte auf drei Jahre zu wohlwollender Neutralität im Kriegsfall. Ausgenommen waren ein deutscher Angriffskrieg gegen Frankreich sowie ein russischer gegen Österreich-Ungarn. Das Deutsche Reich erkannte Russlands Einfluss in Bulgarien und in einem »ganz geheimen« Zusatzprotokoll die russischen Interessen am Bosporus an. Nach Bismarcks Sturz 1890 lehnte Reichskanzler Leo von Caprivi die Verlängerung des Rückversicherungsvertrags ab.

wurde offensichtlich, dass Bülows »Weltpolitik« – mochte sie nun einem Konzept folgen oder lediglich ein Bekenntnis darstellen – gescheitert war. Doch der »weltpolitische« Grundakkord, einmal angeschlagen, ließ sich wegen der Öffentlichkeit nicht ohne weiteres unterdrücken und begleitete die Außenpolitik weiterhin, gewissermaßen als Hintergrund der Konflikte, die sich geographisch gesehen immer mehr dem Zentrum Europas näherten.

ZITAT

Reichskanzler von Bülow gibt in seinen »Denkwürdigkeiten« ein Schreiben Wilhelms II. vom 31. 12. 1905 wieder:

... Die Hauptsache aber wäre, dass wir wegen unserer Sozialisten keinen Mann aus dem Lande nehmen könnten ohne äußere Gefahr für Leben und Besitz der Bürger. »Erst die Sozialisten abschießen, köpfen und unschädlich machen, wenn nötig per Blutbad, und dann Krieg nach außen. Aber nicht vorher und nicht a tempo!«

Die Annexionskrise

Der Sommer 1908 wurde Zeuge einer Krise, die ihren Ursprung in einer türkischen Revolution hatte. Die »Jungtürken« klagten Reformen ein und erweckten in Österreich-Ungarn die Befürchtung, dass die neue türkische Regierung Ansprüche auf Bosnien und die Herzegowina erheben würde, die Wien seit 1878 besetzt hatte. Entgegen den Bestimmungen des Berliner Kongresses entschied man sich in der österreichischen Metropole für eine direkte Eingliederung in das eigene Staatsgebiet – und löste prompt den Protest der Serben aus. Und wie verhielt sich Berlin gegenüber dem Verbündeten? Bülow drängte zur Bündnistreue. Europa wurde damit unmissverständlich demonstriert, dass Berlin den engen Schulterschluss mit Wien suchte, um sich nicht auch des letzten Verbündeten beraubt zu sehen.

Natürlich löste die Krise Unbehagen aus. War – so die Frage – das Deutsche Reich wirklich mit allen Kräften entschlossen, einer friedlichen Entwicklung den Weg zu ebnen? Wieder bestand ein Ergebnis der Krise darin, dass die Mitglieder der Tripelentente – Großbritannien, Frankreich, Russland – enger aneinander rückten. Eine weitere Folge war, dass die österreichische Annexion Bosniens und der Herzegowina als Katalysator weiterer kriegerischer Auseinandersetzungen auf dem Balkan wirkte. Das Jahr 1908 war also von drei gefährlichen Tendenzen gekennzeichnet: dem Drang zu Bündnissen, der allgemeinen Rüstungssteigerung sowie einer Hörigkeit gegenüber militärischen Beratern. Ob die politischen Entscheidungsträger in Europa die Gefährlichkeit dieser Dreiheit bis in alle Verästelungen wahrnahmen oder bewusst die Augen vor ihr verschlossen, kann nicht mit letzter Sicherheit entschieden werden.

Der »Panthersprung« nach Agadir
Hurrah! Eine Tat«, so konnte man am Morgen des 2. Juli 1911 in der Rheinisch-Westfälischen Zeitung lesen. Dieser Aufschrei der Erleichterung war durch eine Aktion ausgelöst worden, die Staatssekretär Alfred von Kiderlen-Waechter inszeniert hatte und die den Diplomaten ein Rätsel aufgab. Die Außen- beziehungsweise »Weltpolitik« Bülows hatte schon 1907 mit dem britisch-russischen Abkommen zur Abgrenzung der Interessensphären in Innerasien ihr Ende gefunden und hinterließ nichts, was zu Hoffnungen auf den Status einer allseits anerkannten Weltmacht oder auf einen Gewinn bringenden Ausgleich mit anderen Mächten berechtigte. Die Folge war zwar kein erklärter Verzicht auf »Weltpolitik«, wohl aber eine Beschränkung in der Möglichkeit der Mittel. Fortan wurden die gegnerischen Allianzen einem Härtetest unterzogen, denn garantiert war ja keineswegs, dass der einmal vollzogene Schulterschluss allen Belastungen standhalten würde.

50

Der deutsche Diplomat Alfred von Kiderlen-Waechter verursachte die zweite Marokkokrise.

Im Frühjahr 1911 hatte die französische Regierung anlässlich von Unruhen Truppen nach Fès in Marokko gesandt, um Ausländer zu schützen. Diese Maßnahme war durch das Abkommen von Algeciras jedoch nicht gedeckt. In dieser Situation sah Kiderlen-Waechter eine Chance. Trotz wirtschaftlicher Interessen neigte er dazu, das Terrain aufzugeben, aber: nicht ohne Kompensationen, beispielsweise den französischen Teil des Kongo. Der Kaiser stimmte der Entsendung des Kanonenboots »Panther« nach Agadir zu. Und das Ergebnis dieser

ZITAT

Aus einem Schreiben des deutschen Generalstabschefs Helmuth Graf von Moltke an seinen österreichischen Kollegen Franz Graf Conrad von Hötzendorf vom 21. 1. 1909 anlässlich der Annexionskrise:
... Ich glaube, dass erst der Einmarsch Österreichs in Serbien ein eventuelles aktives Einschreiten Russlands auslösen könnte. Mit diesem würde der Casus foederis für Deutschland gegeben sein.

Machtdemonstration: Frankreich trat lediglich einen Teil seiner äquatorialafrikanischen Gebiete, nun Neukamerun genannt – an das Reich ab. Wieder hatten sich die deutschen Provokationen nicht ausgezahlt.

Natürlich verschlechterte sich weiterhin das Verhältnis zwischen dem Reich und den Ententemächten, die Rüstungsspirale wurde allenthalben angezogen, und zunehmend kamen Zweifel auf, ob die eskalierenden Konflikte in eine friedliche Lösung münden würden. Denn im Gefolge der zweiten Marokkokrise hatte Italien »prophylaktisch« Tripolitanien besetzt, wodurch war es zu einem Krieg mit der Türkei gekommen war. Die Balkanstaaten nutzten die Gunst der Stunde, die Türkei um ihre europäischen Besitzungen zu erleichtern. Nichts deutete darauf hin, dass pazifistische Strömungen oder auf Ausgleich bedachte Kräfte die Oberhand gewinnen würden. Viel zu viele Kräfte zogen in unterschiedliche Richtungen. Parteien und Verbände schienen sich in nationalistischen Tönen übertrumpfen zu wollen. Der politische Manövrierraum der Regierungen – vor allem der deutschen – wurde enger, enger wurde aber auch die militärische Zusammenarbeit zwischen den Ententemächten: Großbritannien und Frankreich schlossen eine Marinekonvention.

Der Krisenherd Balkan

Der Nationalismus war keineswegs ein Phänomen, das lediglich die Haltung der Großmächte charakterisierte. Er grassierte auch an der europäischen Peripherie, insbesondere auf dem Balkan. Freilich war die Entwicklung der Balkanstaaten zu einem erheblichen Teil abhängig von dem Schicksal eines Staats, an dem die europäischen Metropolen in der Vergangenheit größtes Interesse gezeigt hatten, dem Osmanischen Reich. Erst das Auseinanderfallen dieses Herrschaftssystems bot die Möglichkeit einer eigenständigen Entwicklung der Balkanstaaten. Aber genau dieser Prozess war den europäischen Regierungen alles andere als willkommen, da die Krisenherde immer näher an das europäische Zentrum rückten.

Da Russland Serbien und Bulgarien gewissermaßen als Nothelfer bestellt hatte und der Balkan der russischen Interessensphäre zugeschlagen werden sollte, zeichnete sich ein Großmachtkonflikt mit Österreich-Ungarn ab, das in

Die Karikatur von Hans Gabriel Jentzsch aus dem »Wahren Jacob« vom 1. 8. 1911 bezieht sich auf die Entsendung des deutschen Kanonenboots »Panther« nach Agadir am 1. 7. 1911, die zur zweiten deutsch-französischen Marokkokrise führte.

Illustrierte
Unterhaltungs-Beilage
Nr. 653 16
des Wahren Jacob
1911
Agadir.
H. G. Jentz.
England
Spanien
Frankreich
Agadir
BERLIN

50

dem Zweibund mit Berlin die einzige Absicherung für einen Präventivschlag gegen Russlands Satelliten sah. Neben dem Reich war allerdings auch Großbritannien an einer friedlichen Lösung interessiert. Fernab der Querelen über Flottenrüstung und fernab der Handelsrivalität schien sich die Perspektive einer deutschen Zusammenarbeit mit Großbritannien zu eröffnen, und dies auf einem Gebiet, das durch die Konflikte der Vergangenheit noch nicht belastet war. Dieses Mal hatte die Strategie Erfolg.

ZITAT

Aus einem Schreiben des deutschen Botschafters in Konstantinopel vom 9. 10. 1908:

Der serbische Gesandte ... sagt mir mit zitternder Stimme: »Die Annexion Bosniens und der Herzegowina ist der Tod Serbiens. Sie ist der Vorläufer der Annexion Serbiens durch Österreich-Ungarn ... Aber wir haben bereits mobilisiert und werden den letzten Blutstropfen vergießen ...«

Seit dem 17. Dezember 1912 tagte die so genannte Londoner Botschafterkonferenz, der es tatsächlich gelang, den Konflikt, der seit Oktober zwischen dem Balkanbund (Montenegro, Bulgarien, Serbien, Griechenland) und der Türkei auch militärisch ausgetragen wurde, noch einmal beizulegen. Der Erfolg war nicht von langer Dauer: Im Juli 1913 brach ein zweiter Balkankrieg aus, in dem Serbien gegenüber dem österreichischen Satellitenstaat Bulgarien die Oberhand behielt und als Gewinner aus dem Konflikt hervortrat. Der deutsche Reichskanzler Theobald von Bethmann Hollweg drängte den österreichischen Außenminister Leopold Graf Berchtold zur Mäßigung.

Doch als am 28. Juni 1914 Erzherzog Franz Ferdinand von Österreich, Neffe des Kaisers und Thronfolger, in Sarajevo von dem Nationalisten Gavrilo Prinčip ermordet wurde, agierten viele Willenszentren gegen- und nebeneinander. Zum Zeitpunkt der wechselseitigen Kriegserklärungen waren die Massen der Überzeugung, dass sie einen Verteidigungskrieg führen würden. Dies war

Die Abbildung zeigt den österreichisch-ungarischen Thronfolger Erzherzog Franz Ferdinand und seine Gattin Sophie Gräfin Chotek, Herzogin von Hohenberg, bei der Ankunft in Sarajevo am 28. 6. 1914.

50

INFOBOX

Daily-Telegraph-Affäre

Die Veröffentlichung von Gesprächen Kaiser Wilhelms II. mit englischen Freunden am 28. 10. 1908 im »Daily Telegraph« löste eine Verfassungskrise aus. Der Kaiser hatte gesagt, er sei ein Freund Englands, stehe aber mit dieser Haltung in Deutschland in der Minderheit; während des Burenkriegs habe er die Bildung einer antibritischen Kontinentalkoalition verhindert und Königin Viktoria einen Feldzugsplan zukommen lassen.
Diese Äußerungen wurden in Großbritannien als Anmaßung, in Frankreich und Russland als ernsthafte Störung des Dreierverbands aufgefasst. In Deutschland erhob sich ein Sturm der Entrüstung um Person und Rechte des Kaisers, dem ein mit der Verfassung nicht übereinstimmendes persönliches Regiment vorgeworfen wurde. In der Reichstagsdebatte vom 10./11. 11. 1908 wandten sich alle Parteien gegen den Monarchen. Auch Reichskanzler Bernhard von Bülow, dem er den Text vor Veröffentlichung korrekt zur Prüfung vorgelegt hatte, verteidigte ihn trotz der eigenen Fahrlässigkeit nur unzulänglich. Das Vertrauen des Kaisers in den Reichskanzler war stark erschüttert, sodass eine Entlassung nur noch eine Frage der Zeit war. In einer öffentlichen Erklärung sagte Wilhelm II. für die Zukunft politische Zurückhaltung zu.

der Glaube in Großbritannien wie in Frankreich, im Deutschen Reich wie in Russland. Europa hatte die Nerven verloren, die seit Jahren bestehende Kriegsbereitschaft ein auslösendes Moment gefunden.

Ihre Ursachen waren vielfältig. Ohne Zweifel zählte auf fast allen Seiten Prestigesucht dazu, aber eben auch eine grundsätzliche Konfliktbereitschaft, die seit den Tagen von Agadir beständig zugenommen hatte. Die Gegensätze zwischen den einzelnen Staaten – beispielsweise zwischen dem Deutschen Reich und Großbritannien – hatten eine lange Geschichte und erzeugten eine Eigendynamik, die in dem permanenten Spannungszustand vor Kriegsausbruch erst recht zum Tragen kam. Hinzu gesellte sich die Tatsache, dass die europäischen Kabinette bereit waren, sich der Automatik militärischer Planungen hinzugeben und sich damit selbst der Handlungsfreiheit beraubten. All diese Faktoren trafen im Juli 1914 zusammen und bieten einen Erklärungsansatz für die Kriegsbereitschaft, die allenthalben herrschte und Europa in eine Orgie der Gewalt stürzte. *Michael Fröhlich*

Der Erste Weltkrieg

In Europa gehen die Lichter aus: Julikrise und Kriegsausbruch

ZITAT

David Lloyd George bewertet rückblickend die beteiligten Staatsmänner bei Kriegsausbruch:
Hätte es in Deutschland einen Bismarck gegeben, in England einen Palmerston, in Amerika einen Roosevelt, in Paris einen Regierungschef Clemenceau – die Katastrophe hätte vermieden werden können… Aber bei keiner der Großmächte stand ein Mann dieses Formats auf der Kommandobrücke. Bethmann Hollweg, Poincaré, Viviani, Berchtold, Sasonow und Grey waren gute Steuerleute…, aber es fehlte ihnen ersichtlich an der Kraft… Bei ruhiger See waren sie gut für ihr Staatsschiff, doch im Taifun waren sie verloren.

Der strahlende Sommer 1914 schenkte Europa nach Jahrzehnten des Friedens mit wachsendem Wohlstand eine unbeschwerte Ferienzeit. Der Hamburger Reeder Albert Ballin erkannte jedoch, dass die Zeit »friedlos« geworden war. Denn nicht nur zwischen den politisch bestimmenden Großmächten herrschten größte Spannungen, sondern auch die jeweiligen Gesellschaften standen den gewaltigen Modernisierungen und Veränderungen vielfach sorgenvoll und orientierungslos gegenüber. Alte Eliten suchten sich verbissen gegen Bürger und Arbeiter zu behaupten, die ihre Mitbestimmung nur schleppend durchsetzen konnten. Die Staaten wurden daher eher schlecht als recht verwaltet, und die Zeit großer Staatsmänner wie Otto von Bismarck oder William Ewart Gladstone schien unwiderruflich vorbei zu sein. Soziale Spannungen waren die Folge, und Kulturpessimisten hatten Konjunktur; dasselbe galt für Bücher, die Kriegsvisionen beschrieben und produzierten. Bestseller sprachen von einem erlösenden und unvermeidlichen Krieg in naher Zukunft.

In Bildern, die nichts mit der Realität des Ersten Weltkriegs zu tun haben sollten, ersehnte man ein reinigendes Gewitter. Dieses sollte die ausstehende innere Integration der Gesellschaften herbeizaubern und den Staaten die vermisste Sicherheit und nationale Größe bringen. Von daher erklären sich die berühmten und berüchtigten Metaphern, mit denen Zeitgenossen den Ausbruch des Ersten Weltkrieges kommentierten.

So sprach der britische Außenminister Sir Edward Grey davon, dass in Europa die Lichter ausgingen, womit er suggerierte, dass wie in der Physik ein Prozess ablief. Ähnlich argumentierte Winston Churchill, der Erste Lord der britischen Admiralität, als er feststellte, 1914 seien die »Schalen des Zorns« gefüllt gewesen. Und der deutsche Reichskanzler Theobald von Bethmann Hollweg sah, dass »die Direktion verloren und der Stein ins

Der Schmied der deutschen Einheit Fürst Otto von Bismarck. Bismarcks Politik der Friedenssicherung über Bündnissysteme zerbrach endgültig im Ersten Weltkrieg.

Rollen geraten« sei, fügte allerdings philosophierend und nun doch sorgenvoll hinzu, auf Europa laste ein »Fatum, größer als Menschenmacht«, und es drohe ein »Weltenunheil«.

Moderne Historiker sprechen häufig von strukturellen Zwängen, die 1914 das Desaster ausgelöst hätten. Eindeutig ist dieser Befund der europäischen Staatengemeinschaft jedoch nicht, im Gegenteil: Keine Macht verfocht bei Kriegsausbruch konkret expansive Ziele. Die 1914er-Krise fiel zudem in eine Zeit, in der es Anzeichen dafür gab, dass der Kulminationspunkt der internationalen Hochspannung überschritten war, dass solche Krisen beherrschbar waren und dass insgesamt die Phase eines überhitzten Imperialismus ohne großen Krieg enden würde. Ferner zogen alle Europäer aus einem blühenden internationalen Handel Nutzen, und deren innere Querelen verloren an Gewicht, da die USA und Japan als neue Groß- und Weltmächte weiter erstarkten.

100563

Anlass zum Kriegsausbruch bot das Attentat auf den österreichischen Thronfolger Franz Ferdinand in Sarajevo.

Schließlich blickte nicht jeder Europäer pessimistisch in die Zukunft. Der zielstrebig erarbeitete wachsende Wohlstand, der industrielle Aufschwung und die blühende Wissenschaft und Kultur vermittelten nämlich auch ein optimistisches Gefühl der Stärke, von der aus die inneren und äußeren Spannungen beherrschbar erschienen. Reformen und Modernisierung waren, wie selbst das rückständige Zarenreich zeigte, unaufhaltsam.

Im Nachhinein lässt sich somit schwer sagen, ob 1914 strukturelle Rahmenbedingungen zum Krieg führten oder ob es – in einer prinzipiell offenen Situation – eine aktive und gestalterische Politik gab. Bei der Frage nach einer möglichen Schuld am Krieg belegen schon die genannten Namen Grey, Churchill oder Bethmann Hollweg, dass die Zeit nicht besonders unfähige oder gar kriegslüsterne Politiker hervorgebracht hatte. Frankreichs Präsident Raymond Poincaré, der russische Außenminister Sergej Dmitrijewitsch Sasonow oder der ungarische Ministerpräsident István Graf Tisza im Habsburgerreich bestätigen diesen Sachverhalt. In allen Staaten standen – eine moralische Ächtung des Krieges gab es noch nicht – auch bei den Militärs »Tauben« neben »Falken«. Dabei war keineswegs abzusehen, dass Letztere, etwa die Generalstabschefs und Verfechter eines »Präventivkrieges« Helmuth von Moltke in Deutschland und Franz Graf Conrad von Hötzendorf in Österreich, sich durchsetzen würden.

Der Ereignisablauf stellt sich wie folgt dar: Am 28. Juni 1914 fielen der österreichische Thronfolger Erzherzog Franz Ferdinand und seine Frau in Sarajevo einem Attentat zum Opfer, dessen Drahtzieher unschwer in Serbien auszumachen waren. Damit drohte aufs Neue der Konfliktherd Balkan den Frieden Europas zu gefährden, denn hinter Serbien stand Russland, und mit Österreich und Russland prallten Mitglieder feindlicher Bündnissysteme aufeinander, Zweibundmächte auf der einen, Ententemächte auf der anderen Seite.

Die große Frage war, ob – in schon traditioneller Weise – Großbritannien und Deutschland ihre in Südosteuropa engagierten Bündnispartner zurückhalten würden. Österreich wollte nicht nur mit den bosnischen Königsmördern abrechnen, sondern auch mit den Serben und deren großserbischer Politik. Für einen regio-

ZITAT

Reichskanzler Bethmann Hollweg beschreibt am 7. 7. 1914 seinem Sekretär Kurt Riezler das Dilemma, das sich für das Deutsche Reich aus der österreichischen Balkanpolitik ergibt (aus: Kurt Riezler »Tagebücher, Aufsätze, Dokumente«):
Reden wir ihnen offen zu, so sagen sie, wir hätten sie hineingestoßen; raten wir ihnen ab, so heißt es, wir hätten sie im Stich gelassen. Dann nähern sie sich den Westmächten, deren Arme offen stehen, und wir verlieren den letzten mäßigen Bundesgenossen.

nalen Krieg suchte man die Rückendeckung Deutschlands und erhielt am 5./6. Juli den berüchtigten Blankoscheck zum Losschlagen. Deutschland deckte damit im Voraus jede Sanktionsmaßnahme des Habsburgerreiches und suchte ein schnelles Vorgehen gegen Serbien zu forcieren. In Europa gab es zunächst kaum Sympathien für die Attentäter. Doch Österreich vermochte erst am 23. Juli ein provokatives Ultimatum an Serbien zu richten. Jetzt drohte der Konflikt zu einer Konfrontation zwischen Zweibund und Entente zu eskalieren. Intern votierte Russland schon zwei Tage später für einen Krieg der Großmächte, weil es Serbien nicht preisgeben wollte. Am 28./29. Juli fiel die Entscheidung. Eine britische Vermittlung scheiterte. Österreich brach den gegen Serbien begonnenen Krieg nicht ab, obwohl aus einem begrenzten nun ein großer europäischer Krieg wurde. Und Russland löste mit seiner Mobilmachung jenen Kriegsmechanismus aus, den die Bündnisse vorgezeichnet hatten.

Am 1. August erklärte Deutschland Russland und am 3. August auch Frankreich den Krieg, und als deutsche Truppen auf dem Weg zur Niederwerfung Frankreichs in das neutrale Belgien einrückten, trat am 4. August Großbritannien in den Krieg ein. Die Kriegsfurie begann in Europa zu wüten. *Günter Wollstein*

Wirklich ein unausweichlicher Krieg? – Die Frage nach der Kriegsschuld

Bei der Frage nach Bewusstsein und Absichten, mit denen die Staaten in der Julikrise handelten, richtet sich der Blick zunächst auf die von dem Attentat unmittelbar betroffene Habsburgermonarchie. Österreich-Ungarn litt unter der Auszehrung seines Großmachtstatus. Der Staat besaß als einzige Großmacht ausschließlich sein europäisches Territorium. Für einen langen Großmächtekrieg fehlten Ausrüstung und Reserven, und für den Fall eines Sieges konnte der Staat neue Nationalitäten nicht verkraften; sie hätten die Österreich ohnehin vor eine Zerreißprobe stellenden Nationalitätenprobleme unbeherrschbar gemacht. Der von Russland und Serbien ausgehende ständige Druck wurde jedoch als existenzgefährdend angesehen.

100880

Die Begeisterung für den Krieg war anfangs recht hoch, wie diese Kriegsfreiwilligen zeigen. Eine Aufschrift auf dem Eisenbahnwagon lautet: »Auf zum Preisschießen nach Paris«.

Österreichs Kampf um den Großmachtstatus
Das Attentat von Sarajevo drohte das Prestige des Staates weiter zu zerstören und setzte einen elementaren Hass gegen den Erzrivalen Serbien frei. Man wollte Rache, Genugtuung nicht nur für den Mord am Thronfolger Erzherzog Franz Ferdinand, sondern auch eine generelle Abrechnung. Generalstabschef Conrad hatte seit langem einen Präventivkrieg gepredigt. Österreich sollte in letzter Minute, in der die Kräfte hierzu noch ausreichten, demonstrieren, dass man aktiv und offensiv vorgehen konnte. Sarajevo erschien als günstiger Anlass zum Losschlagen, und der Hass gegen Serbien einte die Führung des Landes im Sinne Conrads. Wenn Österreich sich jetzt, so meinte man, aufraffe und Krieg führe, dann würde es den um den Frieden besorgten und durch die Diskriminierung Serbiens gelähmten Europäern die eigene Tatkraft beweislen. Ein erlösender Schlag werde die Integrität und den Großmachtstatus des Landes für Jahrzehnte retten. Der berühmte Blankoscheck aus Deutschland ist also wahrscheinlich gar nicht entscheidend gewesen.

100880

In Russland stand ein gewaltiges Rüstungsprogramm kurz vor dem Abschluss. Der machtpolitische Aufschwung Russlands führte in Deutschland zum Nachdenken über einen Präventivkrieg.

Das somit verständliche Wunschszenario Österreichs war ein lokalisierter, kurzer und erfolgreicher Krieg gegen Serbien. Mitte Juli hatte man sich hierzu entschlossen, benötigte jedoch aus mancherlei Gründen – so weilte Frankreichs Staatsführung gerade zu Gesprächen in Sankt Petersburg – viel Zeit. Russland konnte dadurch eine politisch-militärische Gegenfront aufbauen. Doch hatte die österreichische Führung ein russisches Eingreifen als Eventualität von vornherein eingeplant. Selbst wenn das Zarenreich seinem Balkanschützling zu Hilfe käme und ungeachtet dessen, dass man für einen Zweifrontenkrieg gegen die Entente nicht gerüstet war, wollte man um den Großmachtstatus Vabanque spielen.

Die Existenzkrise im Nacken, machte das Feindbild »Serbien« blind, und man ließ »das Rad der Geschichte rollen«. Notfalls wollte man, wie es die Opfer der Titanic-Katastrophe vorgemacht hatten, in tadelloser Haltung untergehen. Die österreichische Führung verpasste somit in den Tagen nach dem 28. Juli den Absprung von einem irrationalen Kriegsplan, wodurch auch in Berlin die dort in letzter Minute verhandlungsbereiten Kräfte chancenlos wurden.

Krieg zur Sicherung des Deutschen Reichs

Bei Österreichs Zweibundpartner Deutschland lag durch Sarajevo keine unmittelbare und aktuelle Bedrohung vor. Frappierenderweise herrschte aber dennoch die gleiche Existenzangst, die »Falken« und »Tauben« auch hier zusammenrücken ließ. In Berlin meinte man, eine letzte Chance zur Sicherung des Deutschen Reiches nutzen zu müssen. Es gab also eine deutsch-österreichische Interessenkonvergenz. Grundlage des Denkens war eine verbreitete Unzufriedenheit mit dem machtpolitischen Status des Landes. Das Deutsche Reich spielte auf dem Kontinent eine begrenzt hegemoniale Rolle, war aber bei der Verteilung kolonialen Besitzes zu spät gekommen.

Die Ententemächte wachten argwöhnisch darüber, dass Deutschland nicht auch noch – ergänzend zu seiner dominierenden mitteleuropäischen Stellung – eine entsprechende Weltposition erhielt. Das schmerzte in Deutschland, da ein stürmischer Aufschwung in Wirtschaft und Handel die Forderung als berechtigt erscheinen ließ, zum Kreis der Weltmächte zu gehören. Man schätzte die eigenen Forderungen als moderat ein, hatte aber durch die Flottenpolitik, große Krisenszenarien wie in den Marokkokrisen oder auch durch kleinere machtpolitische Coups die Entente nur fester zusammengeschweißt.

Die bündnispolitische Lage des Deutschen Reichs vor 1914 war daher fatal. Als Partner stand nur das krisengeplagte Österreich zur Verfügung. Die deutsche Führung war angesichts dieses Dilemmas gespalten. Bethmann Hollweg wollte eine militärische Festigung der kontinentalen Position seines Landes bei nur bescheidenem weltpolitischem Aufschwung und in Juniorpartnerschaft zu Großbritannien. Der deutsche Reichskanzler wusste um den Wert einer berechenbaren Politik und wollte mit dieser die Vision einer neuen Weltordnung verwirklichen, in der liberale Leitsätze das zeitgenössische Vertrauen in pure Machtpolitik ablösen sollten.

Vor allem Militärs wie Moltke sahen demgegenüber die bündnis- und machtpolitische Situation Deutsch-

ZITAT

Reichskanzler Bethmann Hollweg entrüstet sich über das britische Ultimatum vom 4. August:
England tut etwas Unerhörtes, indem es Krieg gegen eine verwandte Nation führt. Es handelt wie jemand, der einen Menschen von hinten anfällt, während dieser gegen zwei Angreifer um sein Leben kämpft. England wird für alle furchtbaren Ereignisse verantwortlich sein, die noch folgen könnten, …

lands als so verfahren an, dass sie einen Präventivkrieg als Ausweg predigten. Zudem bestand das Risiko, dass der labile Kaiser Wilhelm II. den chauvinistischen Admiral Alfred von Tirpitz zum Nachfolger Bethmann Hollwegs berufen würde. Selbst Bethmann Hollweg, der volles Vertrauen in die militärische Kompetenz der Generäle hatte, sah in der Julikrise alptraumhaft den machtpolitischen Aufschwung Russlands, das 1916/17 ein gewaltiges Rüstungsprogramm abgeschlossen haben würde und dann Österreich politisch erpressen könnte. Schockiert zeigte er sich zudem über eine britisch-russische Flottenkonvention; in Berlin fühlte man sich nun vollkommen eingekreist.

In dieser Situation wählte der Reichskanzler eine Politik des »kalkulierten Risikos«: Nach Sarajevo sollte Österreich in einer Blitzaktion Serbien niederwerfen. Diesen begrenzten militärischen Schlag wollte man mit einer umfassenden politischen Offensive verbinden, deren Ziel es war, die Entente auseinander zu manövrieren.

Auch Bethmann Hollweg stellte sich die Frage, was geschehen würde, wenn Russland wider Hoffen seinem Juniorpartner Serbien zu Hilfe kommen würde. Der Kanzler meinte, dieses Risiko eingehen zu müssen, da die Militärs jetzt noch die Chance sahen, dem Zarenreich Paroli bieten zu können: Wenn die Russen ungerüstet und in einer für sie fatalen politischen Situation zuschlagen würden, dann würden sie dies später unter besseren Bedingungen erst recht tun.

Angesichts der Eskalation der Krise Ende Juli dachte der Kanzler an einen Rückzieher, und eine Rückendeckung durch den Kaiser schien hierbei denkbar. Doch Moltke beharrte auf seiner Kompetenz in Sachen deutsche Sicherheit und meinte, den einzig bestehenden Kriegsplan zur Anwendung bringen zu müssen. In dem berüchtigten Schlieffenplan ging die militärische Führung Deutschlands wie die aller Staaten davon aus, dass ein Krieg nur durch Offensivstrategien zu gewinnen sei. Geplant war, in einem Blitzkrieg zunächst Frankreich, dann Russland niederzuwerfen. Und da man Frankreich nur bei Verletzung der belgischen Neutralität schlagen zu können glaubte, lag es in der Konsequenz des Schlieffenplans, dass man auch Großbritannien, das Bethmann

Hollweg neutral halten wollte, unter die Kriegsgegner einreihte.

Die Politik eines »kalkulierten Risikos« erwies sich somit als Desaster. Statt eines politischen Coups zur Sicherung der Zweibundmächte fand das statt, was man nur als äußerste Eventualität eingeplant hatte: ein Krieg gegen alle drei Ententemächte. Bethmann Hollweg wie Moltke hatten schlimme Ahnungen. Ersterer sprach von einer drohenden Umwälzung alles Bestehenden, und Moltke gehörte zu den wenigen in Europa, die nicht an

100880

Der deutsche Kaiser Wilhelm II. mit dem Chef des Generalstabs Paul von Hindenburg (Propagandapostkarte, um 1916)

einen Blitzkrieg glaubten; er erahnte eine »gegenseitige Selbstzerfleischung« Europas.

Russlands Balkaninteressen

Russland hatte sich nach seiner Niederlage im Russisch-Japanischen Krieg, nach Revolution und halbherzig-unvollendeter Reform wieder auf seine Europapolitik konzentriert. Das schon genannte enorme Aufrüstungsprogramm wurde vor dem Hintergrund labiler innerer Verhältnisse vorangetrieben, die man durch eine nationale Prestigepolitik zu überspielen suchte. Zu dieser gehörte, dass man als Schutzherr der Südslawen auftrat, wobei man den zeitgenössischen Panslawismus nutzte und förderte.

Trotz Groß- und Weltmachtstellung litt Russland an der unglücklichen geographischen Struktur des Landes, vor allem dem fehlenden Zugang zu Häfen, die unverzichtbare Basis für eine Weltpolitik waren. Balkanpolitik und Aufrüstung bekamen hier ihren Sinn. Sie sollten zur Gewinnung der Meerengen und zu einer Beerbung des Osmanischen Reiches führen. Österreich sollte vom Balkan zurückgedrängt und mehr noch sollten Deutschlands Orientinteressen und dessen Rückendeckung für Wien ausgeschaltet werden. Russlands Politik war also deutlich offensiver als die der übrigen Großmächte.

In zeittypischer Umformung dieses Sachverhalts urteilte Sasonow, dass Deutschland Russland den freien Zutritt zu den Meeren versperre und damit dessen Sicherheit gefährde. Zudem missbrauche das Deutsche Reich Russland als Rohstofflieferanten und nützlichen Absatzmarkt. Der russische Außenminister wollte daher eine innen- und außenpolitische Lage schaffen, in der Russland einen Großmächtekrieg erfolgreich würde bestehen können.

Dabei vertrat Sasonow eine Mittelposition zwischen den Nationalisten, die einen Krieg zwischen Slawentum und Germanentum predigten, und einer deutschfreundlichen Fraktion. Im Sommer 1914 sah er die bündnispolitische Situation des Landes als so gefestigt an, dass er einen Großmächtekrieg für möglich hielt, und kommentierte prompt das österreichische Ultimatum an Serbien mit der Bemerkung: »Das ist der europäische Krieg«. Ohne Rücksicht auf die Realitäten erklärte die russische

6513

Die anfängliche Kriegsbegeisterung wich schnell, als die Soldaten die ganze Grausamkeit des Krieges erlebten. Im Bild versorgt das Rote Kreuz Verletzte der Alliierten.

Führung, das Land sei politisch, wirtschaftlich und militärisch gerüstet. Auf den britischen Vermittlungsvorschlag wollte man eingehen, allerdings zugleich Serbien nicht fallen lassen. Als die Mittelmächte jedoch weiterhin eine politische Kapitulation der Tripelentente anstrebten, machte Russland mobil, wohl wissend, dass dies den Großmächtekrieg bedeutete.

Frankreichs Bündnistreue zu Russland
Russlands Bündnispartner Frankreich findet in der Vorgeschichte des Ersten Weltkriegs meist wenig Beachtung. Ungeachtet der zeitgenössisch diesseits und jenseits des Rheins gepflegten »Erbfeindschaft« bleibt jedoch Frankreichs Engagement erklärungsbedürftig, denn der Krieg entzündete sich an einem Balkankonflikt, und mit Österreich gab es kaum Reibungspunkte. Auch Frankreich wähnte sich in einem Sicherheitsdilemma, bei dem der kontinentale Gegensatz zum Deutschen Reich entscheidend war. Sorgen bereitete die politische und wirtschaftliche Dynamik des östlichen Nachbarn, dessen Heer man fürchtete, während man durchgängig die eigene demographische Unterlegenheit betonte. Kollisionen in der

Weltpolitik, vor allem in Nordafrika, aktualisierten das Feindbild.

Unter Poincaré plante Frankreich keineswegs bewusst einen Revanchekrieg für die Niederlage im Deutsch-Französischen Krieg von 1870/71, in dem es das Elsass und den östlichen Teil Lothringens hatte abtreten müssen. Dennoch baute man die Bereitschaft zu einem Großmächtekrieg systematisch aus. Vor allem arbeitete Poincaré an einer »Militarisierung« des Bündnissystems, der vor 1914 allgemein erhebliches Gewicht beigemessen wurde. Entente wie Zweibund wurden mit Militärabsprachen unterfüttert, die wegen der zugrunde liegenden Offensivstrategien den Verhandlungsspielraum für den Fall von Krisen minimalisierten. Besonders kümmerte der französische Präsident sich um die Kooperation mit Russland. Enorme Kapitalhilfen dienten vor allem dem Ausbau des russischen Straßen- und Schienennetzes im

Zar Nikolaus II. (1894–1917) wurde im Auftrag von Lenin ermordet. Hier ist er mit seiner Frau Alexandra und seinen fünf Kindern zu sehen.

100562

Westen, und diese militärpolitische Komponente verschreckte die Deutschen.

Seit 1912 deckte Poincaré zudem alle Eventualitäten der russischen Balkanpolitik. Frankreichs Politik in der Julikrise zeugte daher von größter Gradlinigkeit und Kontinuität. Die Republik folgte skrupellos der Erwiderung Russlands auf die Aktion der Zweibundmächte.

Pax Britannica
Großbritanniens Kriegseintritt überraschte demgegenüber nicht nur die deutsche Reichsleitung; er kontrastierte auch mit unmittelbar vorausgegangenen Ausgleichsbemühungen gegenüber Deutschland, etwa bezüglich der portugiesischen Kolonien oder der Bagdadbahn, und er stand im Widerspruch zu erfolgreichen Vermittlungsaktionen in vorangegangenen Balkankrisen. Hintergrund dieses vermeintlichen Kurswechsels war eine tiefe Sorge um den Fortbestand der Pax Britannica.

Gesichert durch eine unschlagbare Flotte und gestützt auf ein zukunftsweisendes politisches System sowie auf einen Vorsprung in Industrie und Handel hatte Großbritannien im 19. Jahrhundert die Weltpolitik bestimmt. Durch die rasanten Veränderungen um die Jahrhundertwende wurde dieser umfassende Vorsprung Großbritanniens aufgebraucht und die Pax Britannica infrage gestellt. Besonders betroffen hatte man sich durch die Tirpitz'sche Flottenpolitik gezeigt. Doch auch weiterhin fühlte man sich ungeachtet des Bethmann-Hollweg'schen Kurswechsels durch das Deutsche Reich insbesondere als Handelskonkurrent und als weltpolitischer Störenfried am meisten bedroht.

1914 war eine mit Russland und Frankreich arbeitsteilig durchgeführte Eindämmung Deutschlands zu beobachten, und man wollte eine Sprengung der Tripelentente auf keinen Fall hinnehmen. So zeigte man sich gereizt, als Deutschland beim Aufbau des Krisenszenarios auf dem Balkan beteiligt war, zumal es enge Beziehungen Großbritanniens zu Serbien gab. Dennoch suchte man nach dem 28. Juli zu vermitteln. Der deutsche Einmarsch in Belgien wurde aber als maßgeblicher Indikator dafür angesehen, dass Großbritannien Grund hatte, in den Krieg einzutreten. Auch in Großbritannien herrschte ein Sicherheitssyndrom, demzufolge Deutschland das Gleichgewicht Europas und damit britische Lebensinteressen bedrohte.

Die in der Julikrise vertretenen Positionen erscheinen heute befremdlich. Bei allen Staaten verband sich eine krude Mischung aus Bedrohungsängsten und Groß- beziehungsweise Weltmachtambitionen, entstand aus Frustration und grimmiger Entschlossenheit, aus Fatalismus, ja Todessehnsucht und blindem Aktionismus eine brisante Mixtur. Die Staaten befanden sich in kollektiver Panik, aus der heraus sie in redlichem Empfinden Defensivstrategien entwarfen, die im Kern aber Aggressionen darstellten. Das konkrete Kriegsszenario hatten die Zweibundmächte aufgebaut, die somit eine besondere Schuld trifft. Geichwohl fällt ein einseitiger Schuldspruch schwer, denn ohne Grund fühlten sich weder Österreich noch Deutschland in die Enge getrieben, und alle beteiligten Mächte hätten leicht den Großmächtekrieg verhindern können.

Viele merkwürdige Einseitigkeiten der Zeit stechen ins Auge, allen voran eine Geringschätzung der Segnungen des Friedens und das alternativlose und blinde Vertrauen in jene machtorientierte Groß- und Weltmachtpolitik der europäischen Staaten, die sichtlich dem Ende entgegenging. Zu den Sonderbarkeiten dieses Konflikts gehörte zudem, dass er nicht nur von alten Eliten geschürt wurde. Beteiligt waren die Bürger der Staaten, die in jener Zeit die Prinzipien des Weltbürgertums gering veranschlagten, aber auch politische Minderheiten, die bislang unterdrückt gewesen waren und die nun, befangen von der Idee, dass die Vaterländer in Gefahr seien, durch Einsatz und Kampf die Integration in die jeweiligen Staatengemeinschaften herbeiführen wollten. Spektakulär war hierbei besonders das Ende der machtvoll erscheinenden Arbeiterinternationale: Die von der deutschen Führung genährte Suggestion, dass Russland der Aggressor sei, führte die deutschen Sozialisten zur Akzeptanz des Krieges und deren Haltung wiederum ließ die französischen Arbeiter nicht zweifeln, dass Frankreich sich verteidigen müsse. *Günter Wollstein*

ZEIT ASPEKTE

Das Beste aus der ZEIT zu ausgewählten Themen dieses Bandes.

Marxismus

Entente cordiale

Abraham Lincoln

Russisch-Japanischer Krieg ...

DIE ZEIT

ZEIT Aspekte

Marxismus

Die Bibel des Proletariats

»Das Kapital – Kritik der Politischen Ökonomie«: Behält Karl Marx im Zeitalter der Globalisierung doch noch Recht?

Von Anja Müller

Der Vordenker und Anwalt der Arbeiterklasse hat nie eine Fabrik von innen gesehen. Der in Trier geborene Karl Marx war kein praktischer Mensch. Während er für sein Hauptwerk »Das Kapital – Kritik der Politischen Ökonomie« in der Bibliothek des Britischen Museums in London recherchierte, ernährte sein einziger Freund, Friedrich Engels, die Familie Marx. So wie Karl Marx (1818–83) sein Wissen darüber, wie die Arbeiter schufteten, nicht aus eigener Anschauung bezog, so kannten viele Arbeiter sein Buch, das ihre Befreiung und damit den Untergang des Kapitalismus beschrieb, nur vom Hörensagen. Selbst August Bebel, der Gründer der deutschen Arbeiterbewegung, gestand: »Ich habe das ›Kapital‹ auch nicht weiter gelesen.«

Als das »Kapital« 1867 erschien, schrieb Marx selbst die Kritiken unter verschiedenen Pseudonymen, gute wie schlechte, um die Auflage zu steigern. Bis zu seinem Tod kam Marx mit seinem Werk kaum weiter voran. Die Bände zwei und drei gab Engels heraus – auf der Basis von Fragmenten, die Marx bereits vor Erscheinen des ersten Bandes geschrieben hatte. Indessen wuchs der Ruhm des ersten Bandes.

Das von Marx gemeinsam mit Engels im Revolutionsjahr 1848 verfasste Kommunistische Manifest beginnt kraftvoll: »Ein Gespenst geht um in Europa. Das Gespenst des Kommunismus.« Es schließt mit dem Aufruf »Proletarier aller Länder, vereinigt euch!« Das Manifest schrieb Marx in Stunden und Tagen, mit dem »Kapital« quälte er sich 15 Jahre lang.

Das »Kapital« ist nicht nur reine ökonomische Theorie: Es ist ein gewaltiges Gedankengebäude aus Geschichte und Wirtschaftswissenschaft, Soziologie und Propaganda. Es sollte dem Sozialismus eine geistige

50

Karl Marx verfolgte eine fixe Idee, deren Siegeszug er für unausweichlich hielt.

Grundlage und dem Manifest eine theoretische Basis geben. Marx' Mission war vor allem politisch. Er verfolgte eine fixe Idee, deren Siegeszug er für unausweichlich hielt: die Idee der klassenlosen Gesellschaft, die Idee des Kommunismus. Die einen verehren das Werk dafür. Andere verwehren ihm deshalb einen Platz in der Ahnengalerie der Ökonomen.

Nach Marx folgt die kommunistische Gesellschaft der kapitalistischen, »sie ist ihre Negation«. Daher beschreibt Marx im »Kapital« zunächst ausführlich den Kapitalismus und baute auf den Theorien klassischer Ökonomen wie Adam Smith und David Ricardo auf. Wie Ricardo nahm Marx an, dass der Wert eines Gutes von der zu seiner Herstellung notwendigen Arbeit abhängt. Allein menschliche Arbeit, gemessen in Zeit, könne

Werte schaffen. Doch Marx geht weiter. In der kapitalistischen Welt, sagt er, wird alles zur Ware. Waren dienen nach seiner Definition nicht dem persönlichen Gebrauch, sie sind Produkte, die gefertigt werden, um Profit auf Märkten zu erzielen. Auch die menschliche Arbeitskraft verkommt zur Ware. Diejenigen, die keine Maschinen, keine Manufakturen besitzen, können nur ihre Arbeitskraft anbieten – für andere, für die Kapitalisten, die Eigentümer der Produktionsmittel. Als Lohn bekommen die Arbeiter so viel, wie sie für den Erhalt ihrer Arbeitskraft, also für Nahrung, Kleidung und Unterkunft brauchen. Das ist der Tauschwert der Ware Arbeitskraft. Von diesem Wert unterscheidet Marx den Wert der in der Gesamtarbeitszeit hergestellten Gütermenge, den Gebrauchswert der Ware Arbeitskraft.

Erst die Unterscheidung zwischen Tausch- und Gebrauchswert, die Marx von Adam Smith übernahm, ermöglicht ihm die Entwicklung seiner Theorie des Mehrwerts. Der Mehrwert ist die Differenz zwischen Gebrauchswert und Tauschwert der Ware Arbeitskraft. Arbeitet der Arbeiter zehn Stunden am Tag, dann arbeitet er sechs Stunden für seinen Lohn. In den verbliebenen vier Stunden arbeitet er nur für den Mehrwert, der vollständig dem Kapitalisten zufällt.

Der Kapitalist wird stets versuchen, den Mehrwert zu steigern. Er kann zum Beispiel seine Arbeiter länger arbeiten lassen. Arbeitszeit lässt sich aber nicht beliebig verlängern. Also, folgert Marx, versucht der Kapitalist, den Teil der Arbeitszeit zu verkürzen, der zum Erhalt der Arbeitskraft notwendig ist. Der Arbeiter muss in kürzerer Zeit seinen Lohn verdienen, damit er länger Mehrwert schaffen kann.

Der Mehrwert in Marx' Theorie entspringt allein der menschlichen Arbeitskraft. Die Profitrate des Kapitalisten indes entspricht dem Verhältnis zwischen Mehrwert und Gesamtaufwand für Arbeitskraft, Maschinen und Rohstoffe. Der Drang des Kapitalisten zur Steigerung des Mehrwerts ist die Triebfeder für den technischen Fortschritt. Tendenziell aber sinkt in Marx' Logik die Profitrate mit steigendem Aufwand für den technischen Fortschritt. Sinkende Profitraten wiederum lassen nur solche Betriebe überleben, die in Massen produzieren können. Größere Fabriken verdrängen die kleineren: »Je ein Kapitalist schlägt viele tot.«

Durch den Einsatz von mehr Rohstoffen und Maschinen, durch bessere Verfahren und größere Spezialisierung können die Arbeiter in immer kürzerer Zeit immer mehr (Mehrwert) produzieren. Für Marx steht anders als beim liberalen Ökonomen Adam Smith nicht dieser enorme Produktivitätsfortschritt der arbeitsteiligen Gesellschaft im Vordergrund. Marx betrachtet vor allem die Schattenseiten der industriellen Revolution.

Er beklagt, dass dem Arbeiter das Produkt seiner Arbeit und die Arbeit selbst fremd werden, dass immer weniger Arbeiter immer mehr Waren erzeugen, gleichzeitig durch den technischen Fortschritt immer mehr Arbeiter zu Arbeitslosen werden; dass die »industrielle Reservearmee«, wie sie schon Ricardo voraussah, auf den Arbeitsmarkt drängt und die Löhne drückt. Mit den Löhnen sinkt die Kaufkraft, was dazu führt, dass die Produktion die Nachfrage übersteigt, die Preise sinken und Betriebe aufgeben. Marx diagnostiziert zyklische Krisen im Kapitalismus, mit Entlassungen und schwindender Kaufkraft in der Arbeiterklasse und der Anhäufung und Konzentration von Kapital in der Kapitalistenklasse. Die Krisen wiederholen sich in immer kürzeren Abständen, die industrielle Reservearmee wächst. Das Kapital konzentriert sich weiter, die Dynamik der Wirtschaft erlahmt.

Schließlich rennt der Kapitalismus in seine finale Krise, weil er unfähig geworden ist, die gesellschaftliche und ökonomische Entwicklung voranzutreiben. Als Beleg führt Marx in unzähligen Abschnitten und Fußnoten die Entwicklung Englands als die Geschichte von Klassenkämpfen an – von der Feudalherrschaft des 14. und 15. Jahrhunderts über die Enteignung und Vertreibung der Bauern von ihrem Land und die Entstehung der Bourgeoisie bis zum Kapitalismus des 19. Jahrhunderts. Aus Bauern werden Arbeiter, aus Selbstversorgern werden Konsumenten, mit der Bourgeoisie entsteht das kapitalistische System. Marx nennt diesen Vorgang die »ursprüngliche Akkumulation«. »Sie spielt in der politischen Ökonomie dieselbe Rolle wie der Sündenfall in der Theologie«, schreibt er. Wie Adam in den Apfel beißen musste, so ist auch die gesellschaftliche Entwicklung vom Kapitalismus zum Kommunismus unausweichlich, glaubte Marx.

»Die letzte Stunde des kapitalistischen Privateigentums schlägt«

Die Enteignung und Ausbeutung der Arbeiter ist nach Marx dreierlei für den Kapitalismus: Voraussetzung, Bestandteil und Todesurteil. Voraussetzung, weil ohne die Masse der von ihrem Boden vertriebenen Bauern keine Arbeiterklasse entstanden wäre: »Diese furchtbare und schwierige Expropriation (Enteignung) der Volksmasse bildet die Vorgeschichte des Kapitals.« Bestandteil, weil der Kapitalist ohne Ausbeutung der Arbeiter keinen Mehrwert erwirtschaften kann, er sich dem Zwang zur Steigerung des Mehrwerts also nicht entziehen kann – unabhängig von seinen persönlichen Absichten. Todesurteil, weil die Arbeiter eines Tages revoltieren werden gegen die kapitalistische Klasse: »Das Kapitalmonopol wird zur Fessel der Produktionsweise, die mit und unter ihm aufgeblüht ist. Die Zentralisation der Pro-

Obwohl er viele Entwicklungen falsch einschätzte, sah Marx manches richtig voraus – etwa das Heer der Arbeitslosen bei einer Konzentration des Kapitals.

100562

duktionsmittel und die Vergesellschaftung der Arbeit erreichen einen Punkt, wo sie unverträglich werden mit der kapitalistischen Hülle. Sie wird gesprengt. Die (letzte) Stunde des kapitalistischen Privateigentums schlägt. Die Expropriateurs werden expropriiert.«

Die letzte Stunde des kapitalistischen Privateigentums hat auch mehr als 130 Jahre nach Veröffentlichung des Kapitals noch nicht geschlagen: Im Gegenteil, in den Industrienationen verbesserten sich die Bedingungen der Arbeiter, stiegen die Löhne, nahmen die Arbeiter teil am Wohlstand der Nation. Marx hat mit seiner Kritik der Politischen Ökonomie sicher einen Beitrag dazu geleistet, dass es den Arbeitern fast aller Länder heute besser geht als zu Beginn der Industrialisierung.

Mit der Beseitigung des Grundübels der kapitalistischen Gesellschaft - des Privateigentums an Produktionsmitteln - glaubte Marx den Schlüssel für eine friedliche und wirtschaftlich erfolgreiche Gesellschaft ohne Klassen gefunden zu haben. Nach Marx bestimmt das gesellschaftliche Sein das Bewusstsein. Er hielt es mit Rousseau, der davon ausging, dass der Mensch von Natur aus gut sei. Er glaubte, dass die Produktivität steigt, wenn die Arbeiter für sich selbst arbeiteten, weil nun alle Produktionsmittel allen gehören.

Die Theorie, die Marx in scheinbar logischer Reihenfolge darlegt, hält aber nicht stand, nicht vor der Lehre, nicht vor den Tatsachen der Geschichte. Der Kritiker Karl Popper wirft Marx vor, er habe die Lernfähigkeit und den Erfindungsgeist der Menschen im Kapitalismus unterschätzt, der Gang der Geschichte sei einfach nicht vorauszusagen. Gleichzeitig könne Marx nicht versichern, dass der Kommunismus tatsächlich eine Gesellschaft ohne Klassen hervorbringe, wenngleich Marx' Motive sicherlich ehrenhaft und der Wahrheit verpflichtet gewesen seien. Information und Motivation, gesteuert durch die unsichtbare Hand des Marktes, wie sie Adam Smith als unerlässlich erschienen, waren für Marx in der klassenlosen Gesellschaft Nebensache, ein für die Planwirtschaft leicht lösbares Problem. Er irrte.

Marx erkannte aber die Dynamik des Wirtschaftsprozesses, er sah Konjunkturzyklen voraus, wenngleich er sie allein als Vorboten einer endgültigen Krise des Kapitalismus missdeutete. Er entwickelte eine geschlossene Theorie des wirtschaftlichen Handelns in der Geschichte und zu seiner Zeit. Damit brachte Marx als erster Ökonom Wirtschaft und Geschichte zusammen.

Kommunistische Ideologie und ökonomische Theorie, so offenbart sich im »Kapital«, stehen bei Marx im ständigen Widerstreit. Seine Sprache konnte kurz und prägnant und im nächsten Satz kompliziert und weitschweifig sein. Ein Kraftakt für Autor und Leser. Er analysierte scharfsinnig, er sammelte in unzähligen Büchern unermüdlich Belege für die nicht aufzuhaltende Evolution der Gesellschaft – für den Untergang des Kapitalismus –, aber den Kontakt mit dem Objekt seiner Untersuchung, dem Arbeiter, mied er.

Was Marx dennoch voraussah, erscheint am Ende dieses Jahrtausends geradezu unheimlich. Wie im Zeitraffer sah Marx die andere Seite des Kapitalismus: Ein großes Heer von Arbeitslosen steht einem ständig steigenden und konzentrierten Kapital gegenüber. Tatsächlich produzieren immer weniger Arbeiter immer mehr Waren. Die Kluft zwischen Arm und Reich wächst, wenn auch nicht überall. Die Konzentration der Wirtschaft nimmt mit jeder Fusion weiter zu. »Mit der Expropriation vieler Kapitalisten durch wenige entwickelt sich ... die Verschlingung aller Völker in das Netz des Weltmarkts und damit der internationale Charakter des kapitalistischen Regimes.« Ein Gespenst geht um in der Welt. Marx sah es, das Gespenst der Globalisierung.

8. Juli 1999

Friedrich Wilhelm IV.

Ein Träumer in Sanssouci

Der Preußenkönig Friedrich Wilhelm IV. hat keinen einzigen Krieg geführt, aber Berlin und Potsdam verschönert

Von Klaus Günzel

»Anfangs wollten mich die Berliner vor Liebe auffressen, jetzt bedauern sie, es nicht getan zu haben.« Mit diesem Bonmot, ausgesprochen auf dem Höhepunkt der Achtundvierziger-Revolution, zog König Friedrich Wilhelm IV. von Preußen das Fazit seiner ersten acht Regentenjahre. Der hochgestimmte Enthusiasmus, mit dem ihn seine Untertanen einst auf dem Thron begrüßt hatten, war eisiger Ernüchterung gewichen: eine Einsicht, der sich der König schwerlich verschließen konnte. Dass er aber den Niedergang seiner öffentlichen Geltung mit einem Witz zu quittieren vermochte, wenn auch mit einem makabren und melancholischen, deutete auf einen bemerkenswerten Geist hin, den selbst im Augenblick der Katastrophe eine höhere Heiterkeit nicht verließ. Ein Hang zur freien Selbstreflexion und zum ironischen Spiel mit der eigenen wenig glücklichen Erscheinung drückt sich darin aus, auch die Neigung zu geschliffenen, bisweilen grausamen Pointen.

Friedrich Wilhelm IV. war ein Angehöriger der zweiten Generation deutscher Romantiker, ein Jahrgangsgefährte des Opernkomponisten Heinrich Marschner. Ein Jahr vor ihm war der Maler Schnorr von Carolsfeld, im Jahr danach der Dichter August von Platen geboren, mit denen der König mehr anzufangen wusste als mit den meisten seiner Berater. Er war ein Fantast und Träumer, wenn es je einen gab in Sanssouci, dazu ein Mann der romantischen Ironie und generöser Mäzen, eigentlich eine Künstlerpersönlichkeit, die an der Entfaltung ihrer Gaben durch die Herkunft aus einer regierenden Dynastie eher gehindert worden ist.

Er war ein ständig konzipierender Architekt und besessener Zeichner, von dessen mehrere tausend Blät-

König Friedrich Wilhelm IV. von Preußen, Daguerreotypie von Hermann Biow (1847)

100913

ter umfassender Hinterlassenschaft die Potsdamer Jubiläumsausstellung vor ein paar Jahren einen überraschenden Eindruck gab. November 1848, als der General Wrangel soeben die Hauptstadt Berlin besetzt hatte und alles auf des Messers Schneide stand, saß der König zeichnend inmitten aufgeregter Offiziere und fragte beiläufig: »Sie finden es wohl leichtsinnig von mir, dass ich in solchen Augenblicken diese Landschaft vollende?«

Er war ein Selbstinszenator und Schönredner, den man nach dem Tode seines Vaters, des »Hochseligen«, den »Redseligen« nannte, jedenfalls der erste Hohenzoller, der zu seinem Volk öffentlich sprach und es durchaus, wenigstens zunächst, zu begeistern vermochte. Er war zutiefst von seinem Gottesgnadentum überzeugt – und als Mensch doch unsicher, labil und von Depressionen heimgesucht: Eigenschaften, denen er höchstens als Künstler hätte eine produktive Seite abgewinnen können, die ihn aber zum Herrscher einer im Umbruch befindlichen europäischen Großmacht kaum prädestinierten.

In der Galerie seiner Verwandten schien er am ehesten dem hochmusikalischen und innerlich zwiespältigen Prinzen Louis Ferdinand vergleichbar zu sein, der 1806 bei Saalfeld gefallen war; aber von diesem »Kriegsgott« Fontanes unterschied sich Friedrich Wilhelm wiederum durch sein ganz und gar unmilitärisches Wesen. Er neigte früh zu Kurzsichtigkeit und Korpulenz, was ihm im Familienkreis den Spitznamen »der Butt« einbrachte. Als beleibten Butt hat er sich denn zuweilen selbst karikiert und diesen Fisch auch als Signum für manche Zeichnung benutzt.

Kein Zweifel: Friedrich Wilhelm IV., der zum Tragen einer Krone verurteilte Künstler, war einer jener »Nervösen« und »Zerrissenen«, wie sie uns unter den Romantikern oft begegnen, und so traf das Epitheton vom »Romantiker auf dem Thron« ziemlich genau zu, das ihm der Schriftsteller David Friedrich Strauß anhängte. Dass er kein bedeutender Regent und mit Friedrich dem Großen überhaupt nicht zu vergleichen sei, hat der König gelegentlich selbst geäußert – »Nur in einem bin ich ihm über: ich habe eine bessere Handschrift«.

Kunst, Politik und Religion betrachtete er als Offenbarungen einer organisch gewachsenen und unteilbaren Ganzheit, die es wieder zu entdecken galt und die durch Revolutionen, Verfassungen oder ähnliches Allotria nur beschädigt werden konnte. Auch hierin war er ein Romantiker, voller Ehrfurcht vor allem Überkommenen und in langer Zeit Gediehenen, wie es ihm einer seiner Gewährsmänner, der Rechtsgelehrte Savigny, eingepflanzt hatte. Ganz folgerichtig stellt sein neuester und wohl einfühlsamster Biograph, der Amerikaner David E. Barclay, das Wirken dieses Monarchen unter den romantischen Begriff des »Gesamtkunstwerkes«, das freilich, da es mit den Tücken einer völlig anders gearteten Wirklichkeit nicht rechnete, von vornherein den Keim des Scheiterns in sich trug.

Politik, Kunst und Religion begegneten sich für den König im Raum des »Vaterländischen«, das er, Romantiker auch hierin, zu seiner Sache machte. Als zwanzigjähriger Kronprinz hatte er, im Tross der antinapoleonischen Heere reitend, zum ersten Mal seine Rechte in den Rhein getaucht und dabei heilige Schauer verspürt. Den Kölner Dom, der seit dem Ausgang des Mittelalters ein Torso geblieben war, beschloss er zu vollenden, sobald er die königliche Macht dazu besäße, um dem »Geist deutscher Einigkeit und Kraft« ein imposantes Denkmal zu setzen. 1842, zwei Jahre nach seiner Thronbesteigung, legte der König den Grundstein für das Dombauwerk und beschwor in einer rauschenden Rede den rumorenden deutschen Nationalgeist.

»Ihm mögen die Kölner Dompforten Tore des herrlichsten Triumphes werden!«, rief der Hohenzoller emphatisch aus. »Er baue! Er vollende! Und das große Werk verkünde den spätesten Geschlechtern von einem durch die Einigkeit seiner Fürsten und Völker großen, mächtigen, ja den Frieden der Welt unblutig erzwingenden Deutschland!«

Fürst Metternich, der österreichische Kanzler, der als gebürtiger Rheinländer aus Wien zu dem Ereignis herbeigereist war, saß inmitten der Festgemeinde und hörte den Erguss des Königs von Preußen mit bedenklich emporgezogenen Augenbrauen. Waren solche von allerhöchstem Mund angestimmten Arien nicht sehr missverständlich und daher gefährlich? Konnten dergleichen Sentimentalitäten vielleicht gar als Äußerungen eines nationalromantisch drapierten Jakobinismus aufgefasst werden?

Nichts lag Friedrich Wilhelm IV., dem Hasser aller Revolutionen, ferner als das Schüren solch ideologischer Konterbande. So empfing er schon zwei Tage später den skeptischen Staatsgreis aus Wien zu einem langen Gespräch, um bei seinem Gast, dem Patriarchen der europäischen Konservativen, in kein Zwielicht zu geraten. Das Gespräch fand statt auf der Burg Stolzenfels, die der König hoch droben über dem Rhein, nach Plänen des Oberbaurates Schinkel, aus einer Ruine zu einer glänzenden Dekoration seines historischen Selbstverständnisses umstilisieren ließ. Sie schien ihm der rechte Ort für das zu sein, was er nun Metternich mitteilte. Es waren Offenbarungen, die bei einem preußischen Monarchen zutiefst verwundern mussten.

5694

Die Vollendung des Kölner Doms war eine der Aufgaben, die sich der romantisch veranlagte König schon als Prinz vorgenommen hatte.

Die preußischen Tugenden genügten ihm nicht

Preußen, »dieses Ding«, habe keine historische Basis und bestehe aus einem »Agglomerat« von Ländern, »welche solche Basen hatten, sie dann verloren und nun ein Ganzes bilden, welches unter den Händen der Steine, Hardenberge und ihrer Gleichgesinnten in jene einer Beamten-Oligarchie geriet«. Deren Herrschaft müsse ein Ende gesetzt werden, wozu die königliche Macht allerdings nicht genüge, denn sie sei, außer auf das Militär, auf die Beamten angewiesen, aber »die Kaste gehorcht nicht«. Es ginge nicht um Reformen, denn reformieren könne man nur etwas Bestehendes, sondern um die Begründung von etwas Neuem, das Preußen bisher immer gefehlt habe. Das Bewusstsein, dass der Staat, den er regierte, in einem knappen Jahrhundert gleichsam am Reißbrett entstanden war, als das Ergebnis generalstabsmäßiger Planung, militärischer Fortüne, bürokratischer Effizienz sowie des Fleißes und der Genügsamkeit seiner Bewohner, stand deutlich hinter des Königs Worten. Diese preußischen Tugenden schienen ihm jedoch nicht ausreichend zu sein, um die fehlende Verwurzelung tief im Erdreich der Geschichte, in einem fernen, romantisch schimmernden Mittelalter, ersetzen zu können.

Friedrich Wilhelm IV. hat hier wie selten einen Einblick in den Grundimpuls gegeben, der ihn als König und Gottesmann, als Mäzen, Künstler und Träumer bewegte. Zur sprichwörtlichen preußischen Rationalität sollte sich die Emotionalität geschichtlich gewachsener Bindungen und Traditionen und sogar die identitätstiftende Kraft religiöser Vorstellungen gesellen. Wenn sie Preußen fehlten, so musste man sie eben schaffen: Daher die Dombaufeste, Burgenweihen und Erneuerungen uralter vorpreußischer Rituale, die, wenn sie überzeugend geglaubt und zelebriert wurden, dazu geeignet sein

Dass Schloss Stolzenfels noch heute hoch über dem Rheinufer thront, ist Karl Friedrich Schinkel zu verdanken, der im Auftrag Friedrich Wilhelms IV. aus einer Ruine die romantische Kulisse für des Königs emotionale Staatsauffassung erstehen ließ (1836–42).

100562

konnten, die karge friderizianische Staatsräson mythologisch zu überwölben und zu untermauern. Außerdem war hier eine Möglichkeit, revolutionären Massenversammlungen vom Schlage des Hambacher Festes durch Gegeninszenierungen den Wind aus den Segeln zu nehmen. In dem Drang, den kühl und nüchtern disponierten preußischen Staat zum romantischen »Gesamtkunstwerk« zu steigern, sprach sich ein musisches Naturell aus, das überdies viel von der emotionalen Bedürftigkeit der Menschen verstand.

Der alte Metternich, der sein Bildnis mit der Sentenz »Nur kein Pathos!« zu unterschreiben pflegte, sah denn auch den Herrscher der Scheinwelt des »Künstlerischen« verfallen, was irgendwann, wie er ahnte, in einem Schiffbruch enden musste. Beunruhigter noch als zuvor, verließ er die Burg Stolzenfels und fuhr zurück nach Wien.

Sechs Jahre später schrieb der gestürzte Kanzler dem König eine Mitschuld am Ausbruch der Revolution von 1848 zu, denn er habe »die Elemente des Umsturzes der gesamten bestehenden Ordnung der Dinge« nicht gedämpft, sondern ermutigt, und so sei ihm alles »ohne Ausnahme in das, was er nicht wollte, umgeschlagen«. Freundlicher, aber im Kern kaum weniger kritisch als diese Diagnose eines hartgesottenen Realpolitikers war dann das Resümee des Historikers Leopold von Ranke, der dem König persönlich nahe gestanden hatte und ihn deshalb genau kannte. Der Monarch habe, so Ranke, mehr Gemüt besessen, als sich ein Staat leisten könne.

Was Friedrich Wilhelm IV. »nicht wollte« und mit allem Nachdruck zu verhindern suchte, war eine Verfassung, denn in ihr sah er den revolutionären Zeitgeist kodifiziert. Das Wüten der Französischen Revolution war ihm in Gestalt ihres monströsen Erben Napoleon zum traumatischen Erlebnis seiner Kindheit und Jugend geworden. Den Tod seiner erst vierunddreißigjährigen Mutter, der Königin Luise, legte er, wie viele preußische Patrioten, dem Empereur zur Last.

Der Theologe, Staatsrat und spätere Außenminister Ancillon, ein geschworener Legitimist und Verfassungsfeind, erzog den Kronprinzen zu einem ungebrochenen Verständnis des Gottesgnadentums. Trotzdem sahen viele in ihm einen Hoffnungsträger, da sich der liebenswürdige, witzige und hochgebildete Jüngling, der sogar des Sanskrits mächtig war, vorteilhaft von seinem Vater, dem steifleinenen König Friedrich Wilhelm III., unterschied.

Dem Vater hat er die Ehe mit der bayerischen Prinzessin Elisabeth ebenso abtrotzen müssen wie die Italienreise, die er erst als Dreiunddreißigjähriger antreten durfte. Indessen gestaltete ihm der Baumeister Karl Friedrich Schinkel das Schloss Charlottenhof im Park von Sanssouci zu einem heiteren Sommersitz um, während der genialische Peter Joseph Lenné den Grundstein für das Landschaftskunstwerk legte, das erst nach der Thronbesteigung Friedrich Wilhelms die nähere Umgebung Potsdams in ein »märkisches Paradies« verwandelte. Der Prinz skizzierte seine Vorstellungen dazu auf erstaunlichen Blättern, die oft einen Zug ins Visionäre zeigen. Die Höhenzüge um Potsdam sollten Architektur und Natur zu einem weit ausschwingenden Raumerlebnis vereinen. Das meiste davon blieb Utopie, wie etwa das monumentale Schloss Belriguardo, das, der Akropolis oder Walhalla vergleichbar, einem antiken Traum am Ufer der Havel nachhing.

100282

Peter Joseph Lenné gestaltete die Umgebung Potsdams nach Ideen von Friedrich Wilhelm IV.

Er rief die Veteranen der Romantik nach Berlin

Der solchermaßen als Musenfreund und Mann mit Fantasie ausgewiesene Hohenzoller gelangte im Juni 1840, bereits fünfundvierzigjährig, auf den Thron und schien die Hoffnungen der Liberalen und Gebildeten zunächst nicht zu enttäuschen. Er milderte die Demagogenverfolgungen, setzte den gemaßregelten Ernst Moritz Arndt wieder als Professor an der Universität Bonn ein, befreite den Turnvater Jahn von der Polizeiaufsicht und lockerte die Zensur.

Die Veteranen der in die Jahre gekommenen Romantik rief er nach Berlin, unter ihnen die Brüder Grimm, den Philosophen Schelling, den Maler Peter Cornelius, den greisen Dichter Ludwig Tieck, dem er Gelegenheit zu Shakespeare-Aufführungen gab, die in die Theatergeschichte eingingen. Die Bühnenmusik zu Tiecks Inszenierung des »Sommernachtstraums« schrieb Felix Mendelssohn Bartholdy, den der neue König ebenfalls nach Berlin zurückholen wollte. Er ernannte Alexander von Humboldt zum Staatsrat und Friedrich Carl von Savigny zum Minister. Sogar dem Revolutionspoeten Georg Herwegh gewährte er eine Audienz, um ihm zu versichern: »Ich liebe eine charaktervolle Opposition«.

Das Vertrauen, das ihm besonders von den Intellektuellen bekundet wurde, fand einen anrührenden Ausdruck in der Schrift »Dies Buch gehört dem König«, die Bettine von Arnim 1843, drei Jahre nach dem Regierungsantritt Friedrich Wilhelms, erscheinen ließ. Sie suchte darin den Monarchen auf den Weg eines »Volkskönigtums« zu leiten und ihn dazu anzufeuern, sich an die Spitze der preußischen Reformbewegung zu stellen. Keine privilegierte Oberschicht sollte hinfort mehr zwischen Volk und Fürst treten, dem sie auch den Schutz der Minderheiten, der Juden und Strafgefangenen, ans Herz legte.

Die Protagonisten der Romantik rief Friedrich Wilhelm IV. nach Berlin. Alexander von Humboldt machte er zum Staatsrat.

Es war ein fantastischer Plan, der nicht nur den König, sondern die Wirklichkeit bei Weitem überforderte. Dass es sich bei der Geisteselite, die der Romantiker auf dem Thron um sich versammelte, meistens um die Koryphäen eines bereits versunkenen Zeitalters handelte, musste nicht nur die enthusiastische Bettine begreifen.

Seine theologischen Ambitionen, die er ebenfalls betrieb, stellte er zuweilen noch über die politischen und künstlerischen. Er war ein beschlagener Laientheologe, durchaus auf der Höhe der Gottesgelehrsamkeit seiner Zeit. Friedrich Wilhelm hätte gern die »apostolische« Kirche mit stark urchristlichen Zügen wiederhergestellt gesehen; außerdem machten ihn seine Ehe mit einer katholisch geborenen Wittelsbacherin und seine Verwurzelung in der Romantik zugänglich für ökumenische Gedanken.

»Mein Ideal von Kirchen-Verfassung ist wie ein Strom aus vielen Quellen gespeist«, bekannte er und beendete die Auseinandersetzungen mit der katholischen Bevölkerung des Rheinlandes. Der zeitweilig inhaftierte Erzbischof von Köln durfte in sein Amt zurückkehren, und der Beginn des Kölner Dombauwerkes trug außerdem dazu bei, dass des Königs Popularität in den westlichen Provinzen beinahe größer war als in Altpreußen. In Berlin sollte, gleichsam als protestantisches Pendant zum Kölner Dom, der »Campo Santo« entstehen: Begräbnisstätte der Hohenzollern und evangelische Hauptkirche Deutschlands in einem. Der Maler

Cornelius war dazu ausersehen, das Bauwerk mit allegorischen Fresken auszustatten, aber abgesehen von einigen Entwürfen dazu blieb auch dieses Projekt eine Phantasmagorie.

Der Monarch plante und redete weiter, bewegt von vielen guten Absichten, während sich die Zeitläufte bedrohlich verfinsterten. Den Not leidenden schlesischen Webern suchte er mit einer stattlichen Summe aus seiner Privatschatulle aufzuhelfen, ohne verhindern zu können, dass ihr verzweifelter Aufruhr blutig niedergeschlagen wurde. Das deutsche Nationalbewusstsein, dem er als ein Gefolgsmann romantischer Hohenstaufenherrlichkeit begeistert anhing, war mit dem preußischen Staatsbewusstsein nicht in Einklang zu bringen.

Vollends schien seine Verweigerung einer Konstitution für Preußen dem Kampf Don Quichotes gegen die Windmühlen vergleichbar zu sein. »Kein beschriebenes Stück Papier soll sich zwischen mich und mein Volk drängen.« Das war zwar nicht das Credo eines Absolutisten, sondern viel eher die Überzeugung eines von alten ständischen Idealen umgetriebenen Liebhabers der Vorzeit, aber die Liberalen im Königreich Preußen hörten solche Tiraden mit Kopfschütteln.

Eine 1847 entstandene Daguerreotypie zeigt den erst Zweiundfünfzigjährigen als aufgeschwemmten, müde hingelagerten, früh gealterten und wohl bereits enttäuschten Mann. Der im selben Jahr einberufene Vereinigte Landtag geriet zum Fiasko, da der König dessen periodisches Zusammentreten ablehnte. Dann brach, März 1848, die Revolution aus. Sie zerstörte für immer Friedrich Wilhelms Vision einer Versöhnung von Geist und Macht, von Traum und Wirklichkeit.

Was half es, dass er am 21. März, eine schwarz-rot-goldene Schärpe über der Brust, durch Berlin ritt, unablässig verkündend, dass Preußen nun in Deutschland aufgehen werde? Dass es jetzt ernst würde mit der »Gründung eines neuen Deutschlands«, »eines einigen, nicht einförmigen Deutschlands, einer Einheit in der Verschiedenheit, einer Einheit mit Freiheit«? Das Grüßen der gefallenen Revolutionäre, zu dem ihn eine enragierte Menge auf dem Berliner Schlosshof nötigte, hat er als tiefe Demütigung empfunden.

Die Kaiserkrone der Nationalversammlung lehnte er ab
Von da an zog er sich dorthin zurück, wo er in der Stille zeichnen, sinnen, träumen konnte: nach Sanssouci. Er saß, wie er genau wusste, zwischen allen Stühlen, von den Linken als Reaktionär geschmäht, von den Rechten als Fantast verachtet. Revolution und Gegenrevolution gingen durchs Land und über den König hinweg. Der wohlunterrichtete Varnhagen hörte von »Gardeoffizieren und Aristokraten« immer wieder, der Monarch könne »nicht regieren, er könnte nichts Besseres tun als abdanken; man setzt hinzu, er würde dann ganz dem Kunstdusel leben können, auch katholisch werden etc.«. Die deutsche Kaiserkrone, die ihm die Frankfurter Nationalversammlung antrug, lehnte er ab, weil er sie nicht von gewählten Volksvertretern, allenfalls von den deutschen Fürsten entgegennehmen wollte. Damit hat er seine alten romantischen Paladine, die Arndt, Jahn und Jacob Grimm, ebenfalls gekränkt.

In seinen letzten Lebensjahren wuchs die Isolation. Den Eid auf die von der Reaktion oktroyierte Verfassung musste er leisten. Vor Habsburg, zu dem er sich, nach alter Ritterart, im Verhältnis des Vasallen und »Erzfeldherrn« sah, wich er 1850 im Vertrag von Olmütz zurück. (Er musste den Plan für eine von Preußen angeführte deutsche Union aufgeben.) Seinen vertrauten Freund, den Außenminister Radowitz, musste er dabei fallen lassen. Dagegen triumphierte die »Kamarilla«, ein Klüngel von Hofbeamten und Militärs, der sich, unter Umgehung der Kabinettsregierung, als inoffizielles, aber einflussreiches Machtzentrum im Vorzimmer des Königs zu etablieren wusste.

Aus dem Krimkrieg konnte er Preußen heraushalten, wodurch er jedoch seinen Schwager, Zar Nikolaus I., gegen sich aufbrachte. Indessen nahmen seine Depressionen und andere Gebrechen überhand, während die neue Orangerie, westlich von Schloss Sanssouci, noch einmal den schöpferischen Bauwillen des Königs glänzend bestätigte. Die Vollendung dieses Bauwerkes hat er nur mehr in einem Zustand tiefer Ermattung wahrgenommen. Eine Arteriosklerose, keine Gemüts- oder Geisteskrankheit im eigentlichen Sinne, löste eine Folge von Schlaganfällen aus, die das Schreib- und Sprechvermögen zum Erliegen brachten. Seit 1858 führte sein jün-

100136

Friedrich Wilhelm IV. plante eine gigantische Triumphstraße nördlich vom Park Sanssouci für Friedrich den Großen, von der jedoch lediglich das Triumphtor sowie die Orangerie realisiert wurden (Blick auf die Orangerie, gebaut 1851–60, im Vordergrund die Statue Friedrich des Großen).

gerer Bruder Wilhelm als Prinzregent die Geschäfte. Am 2. Januar 1861 ist Friedrich Wilhelm IV. nach langem Leiden gestorben.

Sein Nachleben in den Geschichtsbüchern war schattenhaft und wenig erfreulich: ein Gräuel den Fortschrittsfreunden und den Konservativen. Noch der Geschichtslehrer des späteren Kaisers Wilhelm II. glaubte seinen Schüler vor diesem Ahnherrn warnen zu müssen. Nur die Künstler und Gelehrten haben dem »Romantiker auf dem Thron« nicht vergessen, dass er es war, der die Vollendung des Kölner Doms ermöglicht, die Friedensklasse des Ordens Pour le Mérite gestiftet, das architektonische Bild Berlins und Potsdams mitgeprägt, jedoch keinen einzigen Krieg geführt hat. Sein zeichnerisches Werk harrt noch der Sichtung und Aufarbeitung.

Erst allmählich wuchs das Verständnis für seine originalen Gaben und für seine komplizierte Individualität, der man persönliche Tragik kaum absprechen kann. Aber schon in die sarkastischen Verse, die der Citoyen Heinrich Heine dem Herrscher dedizierte, mischte sich unverhohlene Zuneigung: »Ich habe einen Faible für diesen König. / Ich glaube, wir sind uns ähnlich ein wenig. / Ein vornehmer Geist, hat viel Talent. / Auch ich, ich wäre ein schlechter Regent.« *13. September 1995*

Papst Pius IX.

Die Unfehlbarkeit konnte er spüren

Im Jahr 2000 wurde Pius IX. selig gesprochen: Ein Porträt des hartnäckigen Modernisierungsfeindes

Von Gustav Seibt

Als eine Nonne Pius IX. wenige Jahre vor seinem Tod eine verwackelte Fotografie zum Signieren vorlegte, setzte er unter das undeutliche Bild den Satz: »Fürchtet euch nicht, ich bin es selbst!«. In dieser Anekdote ist das schillernde Wesen dieses Papstes ziemlich vollständig enthalten: sein koketter Humor, der bruchlos in die Hybris des Nachfolgers Petri übergeht, der einen Satz von Jesus Christus auf sich bezieht; und der lässige Umgang des Öffentlichkeitsprofis mit dem neuzeitlichen Fan-Wesen, das schon mit Bildpostkarten an ihn herantritt. So schwankend ist der Umriss dieses Papstes bis heute geblieben.

Am 3. September 2000 wurde er in Rom selig gesprochen, ein symbolischer Akt, der im ganzen Erdkreis der katholischen Kirche Entsetzen und wütende Proteste hervorgerufen hat. Dass am selben Tag auch Johannes XXIII. zur Ehre der Altäre zugelassen wurde, konnte die Gegner der Pius-Verehrung nicht beruhigen. Das große Jahr der kirchengeschichtlichen Reinigungen und Revisionen erhielt am Ende noch einen schrillen Akzent.

Pius IX. ist der Papst, der den Kirchenstaat verlor und der die päpstliche Unfehlbarkeit in dogmatischen Fragen durchsetzte. Er ist der am längsten regierende Pontifex der Kirchengeschichte nach Petrus: 32 Jahre, von 1846 bis 1878, stand Pius der katholischen Kirche vor; erst 54 Jahre war er alt, als er gewählt wurde. Der in einer Kleinstadt der Marken geborene Graf Giovanni Maria Mastai-Ferretti kam aus der Welt von Stendhals »Kartause von Parma«, dem Metternich-Italien der legitimistischen Kleinstaaten mit ihren Polizeiministern, Spitzeln und Kerkern, der klerikalen Friedhofsruhe und der karikaturistischen Wiederherstellung einer höfischen Perückenwelt. Der Papst starb ein halbes Jahrhundert als »Gefangener im Vatikan«, umzingelt von einem modernen Nationalstaat mit Parlament und freier Presse, mit Wehrpflicht und Zivilehe, mit Eisenbahn und Telegraphie.

Das ist ein weiter Weg, und er markiert die dramatischste Phase in der Auseinandersetzung der Kirche mit der modernen Welt. In diesen Kampf wurde sie nicht nur ideologisch, sondern ganz unmittelbar politisch gezogen, weil der italienische Nationalstaat nur um den Preis der weltlichen Herrschaft des Papstes zu begründen war. Der Kirchenstaat war die Regierung Europas mit den ältesten Rechtstiteln; sie datierte sich zurück auf die karolingische Zeit. Sie schien – gerade nach den Erfahrungen der napoleonischen Zeit, in der der päpstliche Staat aufgehoben worden und der Papst zu einem kaiserlichen Hofbischof herabgedrückt worden war – zwingend nötig für die geistliche Freiheit und Unabhängigkeit der Papstkirche gegenüber den sich modernisierenden Staaten Europas. Doch ein starkes historisches Recht lag auch auf der Seite der italienischen Einigungsbewegung: Sie war, anders als in Deutschland, auch ein Freiheitskampf, nicht nur gegen repressive Kleinstaaten, sondern vor allem gegen die Fremdherrschaft der Österreicher, die das Land mit teilweise unvorstellbarer Grausamkeit niederdrückte.

Die Nation: Das war damals in Italien die Freiheit, die Moderne, die Zukunft, jene Sehnsucht, die uns bis heute im Gefangenenchor von Verdis Oper »Nabucco« erreicht. Wie verhasst die alten Regime des Landes allesamt waren, zeigte sich 1859/60, als zwei Schlachten der Piemontesen im Norden und Garibaldis Freischärlerzug im Süden sie innerhalb weniger Monate von der Landkarte fegten. Dazwischen lag der Kirchenstaat, und auch er schloss sich zu größten Teilen dem neuen Königreich Italien an.

In den Anfängen seines Pontifikats hatte Pius IX. mit der italienischen Nationalbewegung sympathisiert. Viele Italiener wollten den römischen Papst zum Vorsteher eines italienischen Staatenbundes machen, und die Programmschrift dieser Vision, Vincenzo Giobertis Werk

100264

Papst Pius IX. war für seinen lässigen Umgang mit öffentlichkeitswirksamen Methoden bekannt.

über den zivilen Vorrang der Italiener, soll Kardinal Mastai mit in das Konklave genommen haben, aus dem er als Papst Pius hervorging – das Äquivalent heute wäre, wenn ein künftiger Papst Hans Küngs Werke über das Weltethos in die Wahlversammlung mitnähme.

Pius wurde in den ersten Monaten seiner Regierung so begeistert akklamiert wie kein anderer Papst zuvor; doch diese stürmischen Ovationen hatten von Anfang an etwas Drohendes: Wehe, du lässt uns im Stich oder enttäuschst uns! Und bald zeigte sich, dass das Bündnis von Nationalbewegung und universaler Kirchenherrschaft ein Ding der Unmöglichkeit war. Pius hätte 1848 die Soldaten im Freiheitskampf gegen das katholische Österreich segnen sollen; als er das nicht tat, verfiel er wütendem Hass.

In der Geschichte der Revolution von 1848 musste Pius IX. die Rolle von Ludwig XVI. seit 1789 nachspielen: Er setzte Reformregierungen ein, die schon bald den revolutionären Ansprüchen nicht mehr genügten. Ein Premierminister wurde auf offener Straße unter dem Beifall des Publikums erstochen. Man setzte den Papst in seinem Palast auf dem Quirinal gefangen. Anders als Ludwig XVI. gelang ihm die Flucht: In der Kutsche des bayerischen Gesandten entwich Pius auf neapolitanisches Gebiet und verlegte die Regierung der Weltkirche in die Küstenfestung Gaeta. Rom feierte monatelang Republik, mit Giuseppe Mazzini als Diktator und Giuseppe Garibaldi als Feldherrn. Im Norden vernichtete der Österreicher Radetzky die Armeen des ersten italienischen Unabhängigkeitskrieges. Erst ein französisches Interventionsheer konnte in einem blutigen Kampf die Stadt Rom für den Papst zurückerobern. 1850 war Pius wieder zurück in seiner Bischofsstadt; innerhalb weniger Monate war er weißhaarig geworden.

Nun begann die lange »reaktionäre« Phase dieses Pontifikats, jene, die bis heute nachwirkt. Der Kirchenstaat überlebte nur durch ausländische Schutztruppen, durch die Österreicher in der Romagna und die Franzo-

100563

»Unfehlbar – Unfällbar«: Das während des 1. Vatikanischen Konzils verkündete Dogma der Unfehlbarkeit des Papstes stieß auf Protest. In der Karikatur lässt der Papst den vom »Genius der Menschheit« verteidigten Baum der Erkenntnis fällen.

sen in Rom. Im Inneren herrschten Zensur, Polizeikontrollen, engherzige obrigkeitliche Verwaltungen. Das Ghetto der Juden in Rom, das letzte Europas, das Pius zunächst geöffnet hatte, wurde wieder geschlossen, zum Entsetzen ganz Europas - man lese die erschütternde Schrift von Gregorovius darüber. Der Papst überließ die Politik seinem Staatssekretär Antonelli, einem Kirchendiplomaten alten Stils, der starrsinnig auf allen überkommenen Rechtspositionen beharrte und jegliche Reform verweigerte. Pius selbst verwandelte sich zu einem geistlichen Führer mit spiritualistischen Anwandlungen. Er erließ ein Dogma über die Unbefleckte Empfängnis; ein Lehrschreiben nach dem anderen geißelte die Irrtümer der Moderne, Liberalismus, Pressefreiheit, Gewissensfreiheit, Trennung von Staat und Kirche, Menschenrechte. 1864 sammelte eine Enzyklika diese Verdammungen in einer langen Liste, dem Syllabus.

Inzwischen waren vom Kirchenstaat nur noch Rom und sein unmittelbares Umland geblieben - ein Kopf ohne Körper; 1861 hatte Cavour das Königreich Italien begründet, und das Parlament in Turin hatte Rom zur künftigen Hauptstadt des neuen Staates proklamiert. Nur Napoleons III. Truppen sicherten dem Papst noch seinen Reststaat. Als der Kaiser der Franzosen den Syllabus las, bekam er einen Wutanfall. Doch Pius glaubte nicht an Kompromisse, sondern an Gott und an sein eigenes Amt. Er begann sein größtes Unternehmen ins Werk zu setzen, ein allgemeines Konzil, das die Unfehlbarkeit päpstlicher Lehrentscheidungen feststellen sollte.

Pius IX. erreichte sein Ziel. Nach monatelangen schweren Auseinandersetzungen verkündete er am 18. Juli 1870 - ein Gewitter ging über Rom nieder, und der Donner vom Himmel übertönte seine Stimme - den Beschluss des Ersten Vatikanischen Konzils: Der Papst sei in Lehrentscheidungen unfehlbar (oder untrüglich) aus sich heraus auch ohne den Konsens der Kirche.

Sein Sarg wurde mit Steinen beworfen

Am Tag danach erklärte Frankreich den Krieg an Preußen, wenige Wochen später war die Schutzmacht des Papstes besiegt und musste ihre Truppen aus Rom abziehen. Die Italiener marschierten unter unbeschreiblichem Jubel in die Ewige Stadt ein, die nun zur Hauptstadt der neuen Nation wurde. Pius, der unfehlbare Papst, verschloss sich hinter den Mauern des Vatikans, den er nie mehr verließ. Um die vatikanische Festung herum entstand eine blühende Landschaft: jene liberale Gesellschaft, die der Syllabus verflucht hatte. Als der Sarg mit der Leiche des Papstes drei Jahre nach seinem Tod aus dem Vatikan in die Basilika von San Lorenzo zur endgültigen Ruhe überführt wurde, da wurde er von italienischen Patrioten mit Steinen beworfen.

Mit dem Syllabus und der Unfehlbarkeit trennte Pius IX. die katholische Kirche für mehr als ein halbes Jahrhundert von allen modernen Entwicklungen. Er verwehrte ihr die Mitarbeit am liberalen Staat; er vernichtete alle Ansätze innerkirchlicher Demokratie. Er selbst verzichtete in einem mystischen Fatalismus auf alle Politik. Italien legte seit 1861 ein Kompromissangebot nach dem anderen vor; warum sollte es die Freiheit der Kirche nicht ebenso wirksam schützen wie die Truppen Napoleons? Doch Pius reagierte mit reaktionärem Spott: Warum man denn von ihm Bewegung und Nachgeben verlange – er sei doch bekanntlich der Verfechter ewiger Wahrheiten, während die Partei der Geschichte und der Veränderung auf der anderen Seite sei. Er gab keinen Zentimeter preis und verlor so alles.

Doch er befestigte die Kirche als übernationale Struktur, indem er sie aus dem alteuropäischen Zusammenhang mit lokalen Mächten herauslöste. Das Programm der Kirche wurde übernational, ultramontan, und das hat ihr von Bismarck bis Hitler unversöhnlichen Hass eingetragen. Die Unfehlbarkeit war auch eine politische Antwort auf freie Wahlen, Wahlkämpfe, Demagogie und Plebiszite: Geoffenbarte Wahrheiten sollten vor Abstimmungen und Meinungsschlachten bewahrt bleiben. Das hat die Kirche bis zu einem gewissen Grad antitotalitär immunisiert – nicht ausreichend, wie sich zeigen sollte.

Modern wurde das Papsttum unter Pius in einem anderen Sinn: Es trat in direkten Kontakt mit den Gläubigen. Pio Nono, wie die Italiener ihn familiär nannten, war der erste Papst des Eisenbahnzeitalters. Pilger kamen zu Hunderttausenden nach Rom, wo sie in Massenaudienzen empfangen wurden. Fotos, populäre Schriften, Andenken verbreiteten das Bild des Papstes in alle Welt. Pius wurde zum ersten populären Papst der Kirchengeschichte; er war witzig, leutselig, charismatisch. Er lachte und weinte ungeniert in aller Öffentlichkeit. Der Subjektivismus mancher seiner Entscheidungen zeigt einen bonapartistischen Zug: Die Unfehlbarkeit ist als politische Form des Dezisionismus dem ständischen und juristischen Wesen der alten Kirche entgegengesetzt.

Die Nationalstaaten wurden mehr und mehr zu undurchdringlichen Organisationen, und darauf musste die übernationale Kirche reagieren. Die Freiheit der Kirche bestand in der liberalen Gesellschaft nicht darin, nun auch liberal zu werden – dann wäre sie heute vielleicht nur noch die 300. protestantische Sekte –, sondern ihr hierarchisches Prinzip zu bewahren. Dass dafür ein

100880

»Ein gutes Angebot«: Die Karikatur aus dem Jahr 1860 spielt auf den Einmarsch der Truppen Cavours in päpstliches Territorium an. Die Mütze der Freiheit sei sicher bequemer als die drückende Last der Tiara, der Papst solle den Widerstand gegen die Einheit Italiens aufgeben.

familiärer Kleinstaat wie der Vatikan als Grundlage ausreichte, das wollte Pius IX. nicht erkennen.

Verhängnisvoll war sein Verbot für die italienischen Katholiken, sich politisch zu betätigen. Für Pius und seine Nachfolger war Italien nur ein Kirchenräuberstaat. Das hat die liberale Verfassung des laizistischen Italien von vornherein zur Angelegenheit einer bürgerlichen Minderheit werden lassen. Dem Staat von 1870 fehlte in Italien der volle Rückhalt in der breiten gläubigen Bevölkerung. Das hat ihn in mancher Hinsicht modern, aber auch schwach werden lassen. Dass er 1922 der faschistischen Bewegung so leicht erlag, hat auch mit diesem Geburtsfehler zu tun. Eine mächtige katholische Partei, die Cavour schon 1861 prophezeite und die erst 1945 Wirklichkeit wurde, hätte den italienischen Verfassungsstaat schon 1920 besser schützen können. Ausgerechnet mit Mussolini hat der Vatikan sich dann versöhnt - aber unter Preisgabe jeglicher eigenständiger katholischer Politik im Heimatland der Papstkirche.

Der Fall Mortara empörte die Öffentlichkeit Europas

In Wahrheit war Pius IX. unfähig, politisch zu denken. Er legte sein Schicksal in die Hände Gottes, verhandelte nicht, sondern wartete ab. Wenn die Kirche einen Staat brauchte, würde Gott ihn ihr sichern oder ihn irgendwann wieder herstellen. Es gab Momente, in denen er die Unfehlbarkeit »spürte«. Zu Gelähmten soll er gesagt haben: »Erhebt euch und wandelt von hinnen.« Diese mystische Intransigenz hat 1870 über 50 Menschen das Leben gekostet. Pius IX. ließ Rom gegen die vierfache Übermacht der Italiener verteidigen; so kam es zu einer militärischen Schlacht bei Porta Pia, wo eine symbolische Demonstration vollständig ausgereicht hätte, um den päpstlichen Rechtsanspruch zu bekräftigen.

Ein anderer Fall von Unnachgiebigkeit ist durch neuere Forschungen erst jüngst wieder ans Licht gekommen und hat Pius' Ansehen bei den Juden irreparablen Schaden zugefügt. Getaufte Kinder von Juden galten nach alten Kirchenstaatsgesetzen als Christen und durften von ihren Eltern nicht erzogen werden. Ein von einer christlichen Magd während einer schweren Krankheit getauftes Kind sollte daher den Eltern weggenommen werden. So geschah es 1858 in Bologna mit dem sechsjährigen Knaben Edgardo Mortara, der nach Rom entführt und zum Priester erzogen wurde. Pius IX. selbst adoptierte das Kind. Ganz Europa entrüstete sich über diesen Fall grausamer Familienzerstörung, und Napoleon III. soll auch seinetwegen die italienische Nationalbewegung unterstützt haben. Doch Pius weigerte sich, vom Sakrament der Taufe abzugehen, unbekümmert um das Leid der Eltern, unbekümmert auch um den politischen Schaden, den die Affäre Mortara ihm brachte. Nachfahren der Familie haben noch jüngst gegen die geplante Seligsprechung des Papstes protestiert.

Scharf gegen die Seligsprechung von Pius haben sich die deutschen katholischen Kirchenhistoriker ausgesprochen – die heutigen Nachfolger jenes Ignaz von Döllinger, der wegen des Unfehlbarkeitsdogmas seine Kirche verließ. Sicherlich ist Pius IX. eine faszinierende historische Figur, an der sich viele der großen Probleme des 19. Jahrhunderts ablesen lassen. Doch ist er geeignet für gläubige Verehrung? Das muss man bezweifeln. In der strengen Semantik der Kiche muss seine Kanonisierung als starrsinnige Äußerung gegen die modernen Errungenschaften der Gewissensfreiheit und der religiösen Toleranz verstanden werden – und als trotziges Zeichen zugunsten des autoritären römischen Primats.

Die Seligsprechungen von Johannes XXIII. und Pius IX. neutralisieren sich gegenseitig. Johannes Paul II. wollte es so – vielleicht nicht nur aus »politischen«, innerkirchlichen Erwägungen, wie man vermutet hat, nämlich um den konservativen Flügel der Kirche nach den Zumutungen des Revisionsjahres 2000 zu besänftigen. Sondern möglicherweise noch aus einem mystischeren, Pius IX. ganz gemäßen Motiv. Der 13. Mai, der Tag der ersten Offenbarung von Fatima, ist ein Schicksalsdatum im Leben von Johannes Paul II. Am 13. Mai 1981 wurde er das Ziel jenes Attentats, das er nur wie durch ein Wunder überlebte. Am 13. Mai 1792 erblickte Giovanni Maria Mastai-Ferretti, der spätere Papst Pius IX., das Licht der Welt. *31. August 2000*

Dreyfusaffäre

Der Gefangene der Teufelsinsel

Ein Spionageskandal spaltete Frankreich: Der unschuldige Hauptmann Alfred Dreyfus wurde zum Opfer auserkoren, weil er Jude war

Von Gerd Fesser

Der 13. Oktober 1894 war ein Sonnabend. An diesem Tage wurde der französische Artilleriehauptmann Alfred Dreyfus aufgefordert, sich am Montag im Kriegsministerium zu melden. Er konnte nicht wissen, dass sein Leben von diesem 15. Oktober an total verändert sein würde. Der 35-jährige Dreyfus lebte bis dato auf der Sonnenseite. Er liebte den Offiziersberuf und war sehr froh darüber, dass er nicht in irgendeinem Provinznest oder gar im gefährlichen Algerien stationiert war, sondern in der Weltmetropole Paris.

Dreyfus hatte den Sprung in den Generalstab geschafft, von dem so viele ehrgeizige junge Offiziere träumten, den aber nur einige wenige erreichten. Der Offizier war glücklich verheiratet und hatte zwei Kinder. Er stammte aus einer wohlhabenden elsässischen Familie und hatte deshalb im Unterschied zu vielen anderen Offizieren keine materiellen Sorgen. Doch am 15. Oktober wurde Dreyfus im Arbeitszimmer des Generalstabschefs verhaftet. Wenige Wochen später war er ein rechtloser Sträfling, ja, ein Todeskandidat. Was war geschehen?

Im September 1894 hatte eine Putzfrau, die nebenher für den französischen Nachrichtendienst arbeitete, im Büro des deutschen Militärattachés in Paris, des Oberstleutnants Maximilian von Schwartzkoppen, im Papierkorb zwei zerknüllte Zettel entdeckt – einen Brief und eine Liste. Auf der Liste (die fortan »Bordereau« genannt wurde) wurden den Deutschen geheime Unterlagen der französischen Armee angeboten. Sie konnte nur von einem französischen Offizier stammen, der zu derlei Dokumenten Zugang hatte. Der Verdacht fiel auf Dreyfus.

In einem regelwidrigen Verfahren für schuldig befunden, militärische Informationen an die Deutschen verraten zu haben, wurde der Artilleriehauptmann Alfred Dreyfus in aller Öffentlichkeit degradiert und zur lebenslänglichen Deportation verurteilt.

Am 19. Dezember begann vor dem Pariser Kriegsgericht sein Prozess. Ein Grafologe bezeugte, dass die vorgelegten Dokumente von Dreyfus stammten. Am 22. Dezember fiel das Urteil: lebenslängliche Deportation auf die Teufelsinsel bei Cayenne (Guayana). Das war ein verschleiertes Todesurteil, denn die Sträflinge auf der Teufelsinsel wurden in dem mörderischen Tropenklima nicht alt.

Am 5. Januar 1895 wurde der Verurteilte auf theatralische Weise aus der Armee ausgestoßen. Im Hof der Pariser Kriegsschule riss man ihm vor zahlreichen Schaulustigen die Rangabzeichen von der Uniform und zerbrach seinen Degen. Dumpfer Trommelwirbel untermalte die makabre Szene. Drei Monate später, am 13. April, traf der Unglückliche auf der Teufelsinsel ein. Er wurde fortan in strenger Einzelhaft gehalten, zeitweise nachts mit Eisenketten an sein Bett gefesselt.

Die französische Öffentlichkeit hatte das Urteil einhellig begrüßt. Der spätere Ministerpräsident Georges Clemenceau nannte Dreyfus am 25. Dezember 1894 eine »schmutzige Seele«. Lediglich der Sozialist Jean Jaurès war unzufrieden. Er sah eine Klassenjustiz am Werke und beklagte im Parlament, dass der Verräter nicht zum Tode verurteilt worden war.

Jaurès und seine Zeitgenossen konnten nicht wissen, dass der Hauptmann völlig unschuldig war. Der Offizier war nicht deshalb in Verdacht geraten, weil gegen ihn irgendwelche Indizien vorgelegen hätten, sondern weil er der einzige Jude im französischen Generalstab war. Zwar hatte der Chef des Identitätsdienstes der Pariser Polizeipräfektur in einem Gutachten erklärt, Dreyfus habe das Bordereau geschrieben. Der Schriftsachverständige der Bank von Frankreich hatte das aber bestritten. Während des Prozesses trat ein Major des Nachrichtendienstes, Hubert Joseph Henry, als Belastungszeuge auf. Er erklärte: Eine ehrenwerte Persönlichkeit habe ihm mitgeteilt, dass Dreyfus ein Verräter sei – den Namen der Persönlichkeit dürfe er aber nicht nennen.

Wenige Wochen nach der Urteilsverkündung erfuhr der Bruder des Beschuldigten, Mathieu Dreyfus, durch den Arzt Dr. Gilbert, der mit Staatspräsident Felix Faure befreundet war, von einem ungeheuerlichen Vorgang: Kriegsminister Auguste Mercier hatte den Richtern des Kriegsgerichtes ein Aktenstück übergeben, das die »Schuld« von Dreyfus untermauern sollte. Dabei hatte er die Militärrichter angewiesen, das besagte Schriftstück weder Dreyfus noch dessen Verteidiger zu zeigen. Der Minister hatte allen Grund, sein Dokument geheim zu halten: Es war nämlich gefälscht.

In den drei Jahren bis Ende 1897 blieb der Fall des Hauptmanns Dreyfus eine reine Geheimdienstaffäre. Die Öffentlichkeit hielt die Angelegenheit für geklärt und interessierte sich nicht mehr dafür. Die entscheidende Wendung der Affäre Dreyfus bahnte sich innerhalb des französischen Geheimdienstes an. Am 1. Juli

1895 erhielt das Nachrichtenbüro einen neuen Chef: den damaligen Major und späteren Oberstleutnant Georges Picquart. Dieser Mann war ein Mustersoldat, von dem die Insider vermuteten, er werde dereinst die höchsten militärischen Ränge erreichen. Die kommenden Jahre sollten zeigen, dass Picquart sich seine eigenen Gedanken machte und auch vor hohen Vorgesetzten sehr viel Stehvermögen bewies. Generalstabschef Charles de Boisdeffre befahl dem neuen Mann, weitere Beweise für die Schuld Dreyfus‹ zu beschaffen.

Erst ein Dreivierteljahr später wurde der Nachrichtendienst fündig. Im März oder April 1896 erhielten die Mitarbeiter Picquarts wieder einmal Papierschnitzel aus dem Büro von Schwartzkoppens. Hauptmann Jules Lauth setzte sie zusammen. Es stellte sich heraus, dass man einen Brief besaß, der an Marie Charles Ferdinand Walsin Esterházy, Major im französischen 74. Infanterieregiment, gerichtet, jedoch nicht abgeschickt worden war. Das Schreiben bestand aus lauter verhüllenden Andeutungen.

Esterházy war für den Nachrichtendienst kein Unbekannter. Er hatte früher in der Fremdenlegion gedient. Man wusste, dass er auf großem Fuße lebte und das Geld mit vollen Händen ausgab. Picquart leitete Nachforschungen ein. Ende August machte er eine sensationelle Entdeckung. Er studierte gerade einige Briefe Esterhazys, als es ihm wie Schuppen von den Augen fiel: Das waren exakt die Schriftzüge des Bordereaus! Also war nicht Dreyfus, sondern Esterhazy der Verräter.

Am 3. September informierte Picquart den stellvertretenden Generalstabschef Charles Arthur Gonse. Doch der erklärte sofort: Was Picquart da entdeckt habe, müsse geheim gehalten werden; der Fall Dreyfus sei abgeschlossen. Der Oberstleutnant war außer sich vor Empörung. Er wahrte mühsam die Fassung und entgegnete: »Herr General, was Sie sagen, ist abscheulich. Ich weiß nicht, was ich tun werde, aber ich werde das Geheimnis nicht mit ins Grab nehmen.«

Picquarts Vorgesetzte wussten sehr wohl, dass der Oberstleutnant keine Sprüche klopfte. Es stand zu erwarten, dass er keine Ruhe geben würde. Die Generalität war aber fest entschlossen, eine Revision des Dreyfus-Prozesses mit allen Mitteln zu verhindern. Anfang

In die Dreyfusaffäre waren neben dem Beschuldigten Alfred Dreyfus u. a. Émile Zola, der Anwalt Fernand Labori, der beide verteidigte, und Marie Charles Ferdinand Walsin Esterházy als tatsächlich Schuldiger verwickelt.

November 1896 legte Major Henry (möglicherweise im Einvernehmen mit Gonse) ein neues »Beweisstück« vor. Er fabrizierte einen gefälschten Brief, in dem er den italienischen Militärattaché in Paris, Oberst Panizzardi, dem Oberstleutnant von Schwartzkoppen bestätigen ließ, dass Dreyfus ein Spion sei. Wenige Tage später wurde Picquart als Chef des Nachrichtenbüros abgesetzt. Man schickte ihn erst einmal auf eine längere Dienstreise und versetzte ihn anschließend nach Algerien. Sein Nachfolger wurde – Henry.

Anfang Juni 1897 erhielt Picquart einen Drohbrief Henrys, aus dem er schloss, dass man gegen ihn mit gefälschten »Beweismitteln« einen Prozess vorbereitete. Der Offizier vertraute sich nun einem Freund, dem Rechtsanwalt Louis Leblois, an. Der Anwalt informierte am 13. Juli den einflussreichen Vizepräsidenten des Senats, Auguste Scheurer-Kestner. Nach langem Überlegen beschlossen Leblois und Scheurer-Kestner schließlich, die Regierung zu verständigen. Der Senator teilte Kriegsminister Jean-Baptiste Billot mit, was er wusste – und der warnte unverzüglich den Generalstab. Die Militärclique war aufs Höchste beunruhigt. Ein Zufall vergrößerte ihre Schwierigkeiten schlagartig.

Die Geheimdienstaffäre wird zur innerpolitischen Krise

Am 9. November 1897 kaufte der Bankier de Castro auf einem Pariser Boulevard Reproduktionen des Bordereaus und einiger Schriftproben von Alfred Dreyfus. Als er sich die Kopie des Bordereaus genau ansah, wusste er sofort, wer den Text in Wirklichkeit geschrieben hatte: Esterházy! Der Major war nämlich ein Bankkunde de Castros, seine Handschrift war dem Bankier wohlbekannt. Mathieu Dreyfus hörte von der Entdeckung de Castros, suchte ihn auf und bat ihn, Scheurer-Kestner zu informieren. Am 15. November zeigte er Esterházy als den »wahren Verräter« an.

Durch die Enttarnung Esterházys wurde aus der Geheimdienstaffäre nun eine tiefe innenpolitische Krise. Der geheimdienstliche Hintergrund des »Falles Dreyfus« ist übrigens bis heute nicht unzweideutig aufgeklärt.

Nachdem Esterházy in aller Öffentlichkeit beschuldigt worden war, ein Verräter zu sein, musste die französische Militärführung notgedrungen gegen ihn ein Kriegsgerichtsverfahren einleiten. Das Kriegsgericht tagte am 10. und 11. Januar 1898 und – sprach Esterházy frei. Dafür wurde Oberstleutnant Picquart am 13. Januar verhaftet.

Jetzt war das Maß voll. Am selben Tage veröffentlichte die Zeitung L'Aurore einen offenen Brief Émile Zolas an den Präsidenten der Republik. Zola war damals der populärste Schriftsteller Frankreichs. Sein Artikel erschien unter dem Titel »J'accuse« (Ich klage an) und

»J'accuse...!« Der offene Brief Émile Zolas an den Präsidenten der Republik, Felix Faure, erschien auf der Titelseite der Zeitung »L'Aurore« (Paris, 13. Januar 1898).

Cinq Centimes

JEUDI 13 JANVIER 1898

Directeur ERNEST VAUGHAN

L'AURORE

Littéraire, Artistique, Sociale

J'Accuse...!

LETTRE AU PRÉSIDENT DE LA RÉPUBLIQUE

Par ÉMILE ZOLA

LETTRE A M. FÉLIX FAURE

Président de la République

Monsieur le Président,

100563

schlug wie eine Bombe ein. Binnen weniger Stunden wurden 200 000 Exemplare des L'Aurore verkauft. Zola beschuldigte die Generalität der Rechtsbeugung und warf ihr vor, den wirklichen Spion zu decken.

Noch stieß der Aufschrei des Literaten bei Parlament und Öffentlichkeit größtenteils auf taube Ohren. Kriegsminister Billot verklagte Zola wegen »Beleidigung«, und bereits am 23. Februar 1898 wurde der Schriftsteller zur Höchststrafe von einem Jahr Gefängnis verurteilt.

Doch die Verurteilung Zolas war ein Pyrrhussieg des Militärklüngels. Die Affäre wurde nun sehr schnell zu einer nationalen Angelegenheit und spaltete ganz Frankreich in zwei große Lager: eine linke (republikanisch-laizistische) Pro-Dreyfus-Partei und eine rechte (klerikal-nationalistisch-antisemitische) Anti-Dreyfus-Partei.

Auch Mitte der Neunzigerjahre gab es in Frankreich noch einflussreiche Feinde der Republik. Sie dominierten in der Aristokratie, dem Klerus, der höheren Beamtenschaft und im Offizierskorps der Armee. Die meisten waren monarchistisch eingestellt, viele waren Antisemiten. Diese Antidreyfusards beriefen sich immer wieder

Georges Clemenceau konnte sich durch seinen Einsatz für die Wiederaufnahme des Prozesses in der Dreyfusaffäre Ansehen verschaffen. Neben ihm engagierten sich viele Intellektuelle für Dreyfus.

auf das »Staatsinteresse«. Die Mehrzahl der Franzosen hatte sich nicht mit der Annexion von Elsass-Lothringen durch das Deutsche Reich abgefunden. Es gab aber nur einen Weg, dieses Territorium zurückzuholen: den Krieg. Aus diesem Grunde galt die Armee den meisten Franzosen geradezu als Heiligtum. Jegliche Kritik an der Armee und ihren Repräsentanten erschien ihnen zutiefst unpatriotisch.

Es fanden sich im rechten Lager auch Leute, die nicht mehr an die »Schuld« des Alfred Dreyfus glaubten. Doch für sie stand fest: Wegen eines Juden, mochte er auch zehnmal unschuldig sein, durften die Interessen von Staat und Armee nicht aufs Spiel gesetzt werden.

Das rechte Lager, allen voran Eduard Drumonts Tageszeitung Libre Parole, inszenierte eine antisemitische Kampagne. Man nutzte alle Möglichkeiten der damaligen Drucktechnik, um Hass gegen die Juden zu schüren: Plakate, Bilderbögen, Postkarten und sogar Verpackungen für Schokolade. Der angebliche Verrat des Alfred Dreyfus wurde als Mosaikstein und Symbol einer »jüdischen Verschwörung« gegen Frankreich dargestellt. Das klerikale Blatt La croix brachte es auf den Punkt: »Dreyfus ist die Fahne, der Geruch, der Gott all dessen, was wir verabscheuen.«

Im Verlaufe des Jahres 1898 schloss sich die geistige Elite Frankreichs überwiegend den Dreyfusards an – zum Beispiel die Schriftsteller Romain Rolland, André Gide, Marcel Proust, Stephane Mallarmé und Charles Péguy, die Historiker Charles Seignobos und Gabriel Monod, die Soziologen Emile Durkheim und Lucien Lévy-Bruhl. Die große Mehrzahl der Dreyfusards war sehr wohl patriotisch gesinnt. Péguy etwa sagte 1898 einem Journalisten: »Sie machen glauben, wir seien keine Patrioten. Wir sind es aber, denn wir wollen die Heimat nicht durch eine Lüge entehren.« Sie wollten sich nicht mit dem schreienden Unrecht abfinden, das Dreyfus angetan wurde.

Der wirkliche Spion flüchtet ins Ausland

Der Sommer 1898 brachte den Umschwung. Am 27. Juni wurde wieder einmal eine neue Regierung gebildet. Ministerpräsident wurde Eugène Henri Brisson, Kriegsminister Godefroy Cavaignac. Der neue Minister hatte am 7. Juli im Parlament einen großen Auftritt. In einer schwungvollen Rede behauptete er, Dreyfus sei völlig zu Recht verurteilt worden. Eine Revision des Prozesses von 1894 lehnte er schroff ab. Im Brustton der Überzeugung verlas er ein Dokument, das seiner Ansicht nach Dreyfus unzweideutig überführte. Es war der (angebliche) Brief Panizzardis an von Schwartzkoppen. Fast alle Abgeordneten applaudierten begeistert. Mit 572 gegen 16 Stimmen beschlossen sie, der Wortlaut der Rede solle an allen 26000 französischen Rathäusern angeschlagen werden.

Es sah ganz so aus, als seien die Antidreyfusards auf der Siegerstraße. Am 13. Juli wurde der lästige Picquart von neuem verhaftet. Doch der Minister selber hatte, ohne es zu ahnen, die Wende eingeleitet. Er hatte nämlich den Hauptmann Louis Cuignet beauftragt, sicherheitshalber die Unterlagen des Nachrichtendienstes über Dreyfus zu überprüfen. Der eifrige junge Offizier ging gründlich zu Werke – und entdeckte, dass Major Henry den angeblichen Brief Panizzardis, den der Kriegsminister vor dem Parlament verlesen hatte, gefälscht hatte.

Henry wurde nun am 30. August verhaftet. Einen Tag später fand man ihn tot in seiner Zelle. Offiziell hieß es, der Major habe Selbstmord begangen. Schon damals kam der Verdacht auf, die Militärführung habe den hochgefährlichen Mitwisser ermorden lassen. Gleichfalls am 31. August floh Esterházy ins Ausland. Drei Tage später musste Minister Cavaignac seinen Hut nehmen.

Nach langem Hin und Her hob der Kassationshof am 3. Juni 1899 das Urteil gegen Dreyfus auf und verwies den Fall an das Kriegsgericht in Rennes. Sechs Tage später verließ der Gefangene an Bord des Kreuzers Sfax die Teufelsinsel. Am selben Tage wurde Picquart aus der Haft entlassen. Die Sfax erreichte am 30. Juni Frankreich, und in der Nacht zum 1. Juli wurde Dreyfus in das Militärgefängnis von Rennes eingeliefert. Er war jetzt 39 Jahre alt. Die fürchterlichen Haftbedingungen hatten ihn so sehr gezeichnet, dass er wie ein alter Mann aussah.

Der Beschluss des Kassationshofes hatte den Antidreyfusards gezeigt, dass es um ihre Sache schlecht stand. Am folgenden Tage griff ein militanter Antidreyfusard in aller Öffentlichkeit den Staatspräsidenten Loubet tätlich an. Die Sozialisten sahen das als Signal für einen Anschlag der Rechten auf die Republik an und organisierten am 11. Juni eine gewaltige Demonstration. 100 000 ihrer Anhänger zogen in mustergültiger Ordnung durch Paris. Die rechten Nationalisten hatten bis dahin geglaubt, dass in Paris die Straße ihnen gehöre. Jetzt war ihnen ihre Ohnmacht drastisch vorgeführt worden.

Elf Tage später trat die willensschwache Regierung zurück, und Pierre Marie Waldeck-Rousseau bildete ein Kabinett von beträchtlicher politischer Spannweite. Ihm gehörte der Marquis de Galliffet an – der Mann, der 1871 die Pariser Kommune blutig niedergeschlagen hatte. Gleichzeitig trat mit Alexandre Millerand erstmalig ein Sozialist in die Regierung ein. Doch die Hoffnung der Dreyfusards, der Hauptmann werde in Rennes einen fairen Prozess bekommen, erfüllte sich nicht.

Der ehemalige Kriegsminister Mercier, der bereits 1894 der Haupttreiber gegen Dreyfus gewesen war, beherrschte auch das Revisionsverfahren. Er tischte über das angebliche Hauptbeweisstück, das vielberufene Bordereau, eine Geschichte auf, wie man sie in Hintertreppenromanen lesen kann. In seiner Aussage vor dem Kriegsgericht deutete der Exminister am 12. August 1899 immer wieder an, dass sich der deutsche Kaiser Wilhelm II. sehr für Spionage interessiere. Er hatte bereits einen anonymen »offenen Brief« an sich selbst in petto, den er am 14. August in die Zeitung Gaulois lancierte. Dort war zu lesen, was sich Mercier bei all seiner Unverfrorenheit vor Gericht doch nicht zu behaupten getraut hatte:

Das Bordereau sei Wilhelm II. vorgelegt worden. Der Kaiser habe es mit Randbemerkungen versehen und dann wieder an von Schwartzkoppen zurückgeschickt. Der französische Nachrichtendienst habe die Sendung abgefangen. Daraufhin habe Wilhelm mit Krieg gedroht, und man habe das Dokument deshalb zurückgeben müssen. Zuvor sei Esterhazy beauftragt worden, das Bordereau durchzupausen, dabei aber die Randbemerkungen des Kaisers wegzulassen. Man habe das Originaldokument zwar fotografiert. Das Foto könne aber dem Gericht nicht gezeigt werden, weil das zum Krieg mit Deutschland führen würde.

Am 9. September 1899 sprach das Kriegsgericht sein Urteil: Dreyfus wurde allen Ernstes erneut für schuldig erklärt, seine Haftstrafe jedoch auf zehn Jahre herabgesetzt. Die ganze Welt war sprachlos. Auch der Pragmatiker Waldeck-Rousseau hatte auf einen Freispruch gehofft. Jetzt ließ er Dreyfus ausrichten: Wenn er auf eine neuerliche Revision verzichte, werde er begnadigt. Die schlimmen Jahre in Guayana hatten den Kampfgeist des Hauptmanns gebrochen. Dreyfus nahm, zur grenzenlosen Empörung Picquarts, an. Am 19. September wurde er begnadigt.

Die Regierung Waldeck-Rousseau verfolgte nun eine Doppelstrategie. Im August 1900 ließ sie einige der führenden Ultrarechten verhaften. Gleichzeitig erließ sie Ende 1900 eine Amnestie für alle Beteiligten an der Dreyfusaffäre. Das bedeutete: Alle jene Militärs, die Dokumente gefälscht, vor Gericht gelogen oder sonstwie an dem Unrecht gegen Dreyfus mitgewirkt hatten, blieben ungeschoren.

Pierre Waldeck-Rousseau setzte sich als Premierminister für eine pragmatische Lösung ein, die Dreyfus zwar die Freiheit gab, ihm jedoch die Rehabilitation versagte und die Verleumder schonte.

Im Jahre 1906 endlich hob der Kassationshof auch das skandalöse Urteil von 1899 auf. Dreyfus wurde förmlich rehabilitiert, zum Major befördert und erhielt den Orden der Ehrenlegion. Der unbeugsame Picquart – der neben dem etwas farblosen Dreyfus der eigentliche Held der Affäre war – wurde als Brigadegeneral reaktiviert und trat als Kriegsminister in die erste Regierung Clemenceau ein. Er starb 1914, wenige Monate vor dem Beginn des Ersten Weltkrieges. Dreyfus nahm bald wieder seinen Abschied, schrieb Bücher über sein Schicksal und starb 1935.

Die französische Militärjustiz hat Dreyfus bis auf den heutigen Tag nicht rehabilitiert. Selbst im Jahre 1985 (als in Frankreich die Sozialisten regierten) war es einfach nicht möglich, im Hof der Pariser Kriegsschule ein Denkmal für Dreyfus aufzustellen. Hier wird ein Denkmuster sichtbar, das den Ostdeutschen aus DDR-Zeiten nur allzu vertraut ist: Man dürfe keine »Fehlerdiskussion« führen, weil das nur dem »Gegner« nutze.

16. September 1994

Benjamin Disraeli

Ein Gigant mit Stil

Dandy, Dichter, Staatsmann: Die vielen Leben des legendären englischen Premiers Benjamin Disraeli

Von Ronald D. Gerste

William Lamb, Viscount Melbourne, der Innenminister Seiner Majestät des englischen Königs, wurde von der Gastgeberin, der berühmten Londoner Gesellschaftsdame Caroline Norton, durch ihren Salon geführt und den anderen Gästen vorgestellt. Sein Blick blieb weniger an den anwesenden Parlamentariern hängen als vielmehr an einer Gestalt, die in diesem Kreis geradezu provozierend exotisch wirkte. Es war ein junger Mann mit dunklen Augen und langen schwarzen Locken, die er gelegentlich mit Fingern, an denen eine ganze Kollektion von Ringen glitzerte, lässig aus der Stirn schob. Er trug einen hohen Stehkragen, ein buntes Halstuch und eine ebenso schockfarbene Weste. Der Gentleman, so raunte Mrs. Norton Melbourne zu, sei ein aufstrebender Literat und habe überdies bereits zweimal für das Unterhaus kandidiert, wenngleich erfolglos.

Beides schien dem Viscount nicht gerade die Basis für eine Existenz nach seinen eigenen Maßstäben zu sein. »Nun«, bemerkte der Minister leicht belustigt, »dann sagen Sie mir doch, was Sie werden möchten.« Die Schnelligkeit der Antwort wie ihr Inhalt verschlugen Melbourne für einen Moment die Sprache: »Premierminister.« Als er sich gefasst hatte, beschied Melbourne, der zu dieser Zeit selbst auf dem Weg ins wichtigste Staatsamt war, den Stutzer väterlich: »Keine Chance in unserer Zeit, es ist bereits alles arrangiert und geregelt.« Selten hatte er sich so geirrt. Denn der etwas papageienhafte junge Mann, der da vor ihm stand, wurde, was er werden wollte. Er wurde Premier – einer der berühmtesten der englischen Geschichte überhaupt: Benjamin Disraeli.

Am 21. Dezember 1804, kam er in London auf die Welt, Spross einer jüdischen Einwandererfamilie aus Ita-

Benjamin Disraeli, der als einer der bedeutendsten Premierminister Großbritanniens gilt, gab sich in seiner Jugend gern als Dandy.

lien. Der Großvater hatte mit Hüten gehandelt und ein kleines Vermögen erworben, der Vater sich schon eines gewissen Wohlstands erfreut: ein gebildeter Mann, belesen, Voltairianer, der aber so wenig wie seine jüdisch-italienische Frau Maria dem Glauben der Vorväter abschwören wollte. Erst die Kinder, Benjamin und seine vier Geschwister, wurden getauft.

Die Laufbahn als Jurist, die Disraeli zunächst einschlug, beendete er rasch. Übermächtig war der Drang zur Feder. Just auf einer Reise an den Rhein entdeckte er seine wahre Berufung: »Als ich diesen magischen Wassern stromabwärts folgte, stand für mich fest, dass ich kein Anwalt werden würde.«

Zweifellos hatte der junge Mann Talent zur Literatur. Mehr jedenfalls als fürs Geld. Nachdem er sich mit Aktien von südamerikanischen Bergwerken verspekuliert hatte, versuchte der 20-Jährige sein Glück als Zeitungsverleger. Bereits nach einem halben Jahr kapitulierte eine von ihm mitbegründete Gazette vor den Realitäten des Marktes und hinterließ hohe Schulden. »Die beiden größten Stimulanzien in der Welt: Jugend und Schulden! Was wäre ich ohne meine Schulden, treue Gefährten meines Lebens, die mich niemals verlassen ...« Die ironische Klage war allerdings berechtigt: Disraeli lebte in seinen jungen Jahren nur selten schuldenfrei.

1826 erschien sein erstes Buch, »Vivien Grey«, ein Dandy-Roman, der später einen anderen Dandy zu seinem einzigen Roman inspirieren sollte: Oscar Wilde. 200 Pfund brachte Disraeli das Werk ein und die Aufmerksamkeit von Kritikern wie Lesern.

Der Erfolg machte ihn unternehmungslustig. Er ging auf eine Grand Tour durch Europa und den Orient, die allerdings nicht gerade fröhlich verlief. Sein Reisegefährte und prospektiver Schwager James Meredith erlag den Pocken. Disraeli selbst, stets ein Mann der Frauen, zog sich in Ägypten ein Leiden anderer Art zu und bedurfte, wie er etwas verschämt schreibt, der Therapie mit Quecksilber – damals eine gebräuchliche Arznei gegen die Syphilis.

Nach England zurückgekehrt, schrieb er fleißig. Roman um Roman erschien, Reisestoffe, Abenteuergeschichten. Die Bücher machten ihn bekannt, öffneten ihm die Türen der Salons. Hier konnte er die Freund- und Seilschaften knüpfen, die ihm bei seinem Einstieg in die Politik nützlich werden sollten, wie jene mit Baron Lionel de Rothschild. Im Wahlkreis High Wycombe nordwestlich von London trat Disraeli bei einer Nachwahl im Juni 1832 erstmals an, um einen Sitz im Unterhaus zu erlangen. Vor dem Lokal Zum Roten Löwen bestieg er ein Podium und hielt seine erste Rede.

Zu seinem Entzücken zeigte sich das Publikum durchaus angetan von seiner blumenreichen Rhetorik; der etwas fremdländisch aussehende Mann hatte offenbar Unterhaltungswert. Sein Gegenspieler indes verfügte über die denkbar größte politische Prominenz. Er war der Sohn des amtierenden Premiers, Charles Grey. So kam es, wie es kommen musste: Disraeli verlor.

Einschüchtern ließ er sich davon nicht. Im Dezember 1832 gab es im ganzen Land Wahlen; durch die Reform Bill von 1832 war das Wahlrecht leicht ausgeweitet worden. Erneut trat Disraeli an, erneut verlor er. Und noch ein drittes Mal, 1835. Kurz darauf probierte er, der sich inzwischen den Konservativen angeschlossen hatte, bei einer Nachwahl in Somerset abermals sein Glück. Wieder vergeblich.

Traumatisierender jedoch als dieser penetrante Misserfolg war der antisemitische Geifer, der ihm – nicht zum letzten Mal – vonseiten der Gegner entgegenschlug. So sollte ihn Daniel O'Connell, der Sprecher der Iren im Parlament, einmal als »übelsten Typ eines Juden« beschimpfen und eine genealogische Linie andeuten von den »Mördern Christi« bis zu Disraelis Familie. Disraeli forderte ihn zum Duell, die Polizei ging dazwischen.

Im Sommer 1837 kandidierte er an der Seite eines Freundes und Förderers namens Wyndham Lewis in Maidstone in Kent. Dieser Versuch, der fünfte, glückte. Die parlamentarische Zusammenarbeit mit Lewis allerdings währte nur kurz, denn nach wenigen Monaten starb Disraelis Mitstreiter.

Der erste Schritt zur Karriere war getan. Nur das Heiraten zögerte der 33-Jährige noch hinaus. Zu seinen diversen Affären gehörte bis dahin jene mit Clara Bolton, einer Arztgattin, die in seiner Gunst bald von Lady Henrietta Sykes, der schönen Frau eines Landadeligen, abgelöst wurde. Ihr Mann zeigte Verständnis und tröstete sich seinerseits mit Mrs. Bolton, deren Mann wiederum offenbar durch gewisse finanzielle Arrangements zufrieden gestellt werden konnte. Jetzt aber, bei Lewis' plötzlichem Tod, öffnete sich für den ehrgeizigen Disraeli eine ganz neue Perspektive. Nach dem Ende der Trauerzeit warb er um die Witwe.

Sein literarischer Erfolg umgab ihn mit der Aura eines Freigeistes

Marie Anne war zwölf Jahre älter als Disraeli und verfügte als Lewis' Erbin über ein beträchtliches Vermögen. Vor allem aber bewunderte sie den aufstrebenden Tory-Politiker über alle Maßen. Im August 1839 wurde geheiratet, die Ehe sollte, obwohl die wenigsten Freunde das erwartet hatten, zu einem leidenschaftlichen Lebensbündnis werden. »Ich bin verrückt vor Liebe, in einem Rausch der Leidenschaft«, schrieb er ihr einmal. »Die Aussicht auf unser Zusammensein überwältigt und verzaubert mich ...«

Weniger mitteilsam war er bei der Offenbarung seiner persönlichen Finanzen. Wie hoch seine Schulden wirklich waren, hat Marie Anne nie erfahren. Ihr Vertrauen in Benjamins Fähigkeiten war grenzenlos. »Merk Dir meine Prophezeiung«, schrieb sie an ihren Bruder, »Mr. Disraeli wird in ein paar Jahren einer der größten Männer unserer Zeit sein.«

Danach sah es zunächst nicht aus. Bei der Jungfernrede im Unterhaus trat er in seiner typischen dandyhaften Couture auf und begann mit sarkastischem Witz über die Lage in Irland zu sprechen. Die irischen Abgeordneten pfiffen und buhten, er musste abbrechen. »Ich nehme jetzt Platz«, rief er, »doch die Zeit wird kommen, da Sie auf mich hören werden.«

Mit parlamentarischer Kärrnerarbeit, erleichtert durch seine schnelle Auffassungsgabe, rhetorisches Geschick und Sachverstand, entwickelte er sich allmählich zu einem unersetzlichen Mitglied der Tory-Fraktion und wuchs in eine Führungsrolle hinein. Daneben fabulierte er unermüdlich weiter. 1844 erschien der Roman »Coningsby«, 1845 »Sybil«, im selben Jahr noch »Tancred«, ein Bildungsroman von verblüffender Aktualität, der in den Nahen Osten führt und zur Verständigung zwischen den Religionen und Kulturen ruft.

Die Auftritte des Parlamentariers schadeten den Auflagen nicht, umgekehrt umgab literarischer Erfolg ihn mit der Aura eines Freigeistes im Unterhaus. Sein Abgeordnetenmandat währte fast vierzig Jahre, ruhte jedoch von 1847 an auf einer neuen Basis. Nach dem Kauf des Herrenhauses Hughenden Manor war es die Grafschaft Buckinghamshire, die ihn in das House of Commons entsandte. Mit der von Disraeli mitgetragenen Abschaffung der civil disabilities von jüdischen Bürgern 1847 waren diese endlich wählbar – es war sein Freund Lionel de Rothschild, der als erster jüdischer Abgeordneter im Unterhaus Platz nahm.

Im Februar 1852 trat Disraeli das erste Mal in die Regierung ein. Unter Edward George Smith Stanley, dem Earl of Derby, wurde er Finanzminister, das Schuldenmachen hatte er ja gründlich gelernt. Seine erste Rede zum Staatshaushalt im Dezember dauerte fünf Stunden. Sie wurde von jenem Mann beantwortet, der für drei Jahrzehnte Disraelis Gegenspieler war, mehr ein persönlicher Feind denn nur ein politischer Kontrahent: der Führer der Liberalen, William Ewart Gladstone.

Beide lieferten sich Rededuelle und Wahlkämpfe, die zu den »Klassikern« der britischen Parlamentsgeschichte gehören. Gladstone sah sich über weite Phasen seiner Laufbahn als Anwalt des Volkes; Disraeli hingegen wollte eine paternalistisch durchgebildete Gesellschaft mit klar definierten Klassen, in der Krone und Aristokratie - trotz der Ausweitung des Wahlrechts - ihren Einfluss behielten. Dem allen irdischen Freuden zugetanen Disraeli stand ein frommer Mann gegenüber. Gladstone war nie um eine Predigt verlegen, begab sich gern auch nächtens in Londons finstere Winkel, um in langen Gesprächen Prostituierte zu »retten«.

William Ewart Gladstone, Führer der Liberalen, war über Jahrzehnte Disraelis politischer und persönlicher Gegenspieler.

Nach Disraelis Triumph ist Gladstones Frau außer sich

Disraeli hatte etliche Niederlagen gegen Gladstone einzustecken, und er trug schwer an ihnen. Als ihm nach dem Rücktritt der Regierung Derby der Gegenspieler im Amt des Finanzministers nachfolgte, weigerte er sich standhaft, Gladstone die Robe zu übergeben; auch um die Möbel im Amtssitz Downing Street 11 geriet man in Streit.

Zweimal noch hatte Disraeli den Posten inne. Seine parlamentarische Meisterleistung war die Durchsetzung einer weiteren Wahlrechtsreform, die so genannte zweite Reform Bill. Die städtischen Ballungszentren wurden gegenüber den ländlichen, bis dahin mit überproportionalem Einfluss ausgestatteten Bezirken gestärkt, die Zahl der Wahlberechtigten verdoppelte sich fast.

Am 27. Februar 1868 war Disraeli am Ziel: Er wurde zum Premier ernannt. An jenem Tag küsste er die Hand Queen Victorias (»kissing hands« war der gebräuchliche Begriff für die Ernennung zum Premierminister durch die Monarchin), die ihn nach anfänglicher Skepsis all-

100880

Königin Viktoria hielt große Stücke auf ihren Premierminister – erst recht, nachdem er sie zur Kaiserin von Indien gemacht hatte.

mählich mehr schätzte als jeden anderen Politiker ihrer Epoche: »Mr. Disraeli ist Premierminister! Eine stolze Sache für einen Mann, ›aufgestiegen aus dem Volk‹! Und ich muss sagen, in aller Loyalität, es sind sein unbestreitbares Talent, sein guter Charakter und die Art, in der er die Reform Bill letztes Jahr durchbrachte, die ihn dazu gemacht haben.«

Die Königin sah es mit Bedauern, dass die Epoche Disraeli bereits zehn Monate später ein Ende zu finden schien, als er nach dem Wahlsieg der Liberalen von Gladstone abgelöst wurde. Dieser war für die Queen nur ein gefährlicher Agitator. Die ausscheidenden Premierministern meist zuteil werdende Nobilitierung lehnte Disraeli für sich ab, erbat sie bei der Königin jedoch für seine Frau, die zur Viscountess Beaconsfield wurde.

Marie Annes Tod 1872 war ein schwerer Schlag für ihn. Vor allem schmerzte Disraeli, dass sie seinen größten Triumph nicht mehr miterleben konnte: Bei der Parlamentswahl im Februar 1874 gewannen die Konservativen eine überwältigende Mehrheit. Im Hause seines Rivalen kannte die Wut keine Grenzen, und Mrs. Gladstone äußerte zu ihrem Sohn Herbert: »Ist es nicht abscheulich, daran zu denken, dass Papa nach all den Anstrengungen, nach Jahren der Arbeit und des Patriotismus sein Schatzkästlein an diesen Juden übergeben muss?!« Disraeli indes küsste erneut die königliche Hand und klagte mit einem Anflug von koketter Unehrlichkeit: »Die Macht ist zu spät zu mir gekommen. Es gab eine Zeit, da hatte ich beim Aufwachen das Gefühl, Dynastien und Regierungen bewegen zu können, doch das ist vergangen.«

Er bewegte viel in den vor ihm liegenden sechs Jahren. Unter Disraeli und Victoria stand das britische Empire in seinem Zenit, eher durch den geschickten Einsatz seines internationalen Gewichtes denn durch Krieg. Allerdings waren die bewaffneten Konflikte während Disraelis Amtszeit in Afghanistan und in Afrika auch keine Ruhmesblätter für die britische Regierung und ihr Militär. Disraeli bevorzugte die Attacke am Verhandlungstisch. So gelang ihm im November 1875 ein brillanter Coup. Der bankrotte Khedive von Ägypten bot London seine Aktien der Suezkanal-Gesellschaft (176002 Stück von insgesamt 400000) an. Disraeli nutzte die Chance, den wichtigsten Seeweg nach Indien, erst fünf Jahre zuvor eröffnet, unter britischen Einfluss zu bekommen. Da das Parlament gerade nicht tagte, also nichts bewilligt werden konnte, mussten die vom Khediven geforderten vier Millionen Pfund rasch geliehen werden. Disraeli sandte seinen Sekretär Monty Corry zu Baron Rothschild und ließ um die Summe bitten. Die Verhandlung dauerte nur Sekunden: »Wann?« – »Morgen.« – »Welche Sicherheit?« – »Die Regierung.« – »Sie sollen es haben.«

Von Symbolcharakter war die Kaiserwürde, die er für Victoria durchsetzte. Sie zur Kaiserin von Indien zu machen nahm nicht nur die Monarchin zusätzlich für ihren Premier ein, sondern sandte auch ein Signal an die drei Kaiserhöfe auf dem Kontinent, dass sie die splendid isolation Großbritanniens nicht als Desinteresse an der Machtbalance in Europa fehldeuten sollten. Eine Schwächung des Dreikaiserbundes aus Deutschland, Österreich-Ungarn und dem zaristischen Russland war einer der Kerngedanken Disraeli'scher Außenpolitik.

Der Konflikt zwischen Russland und der Türkei und die Neuordnung des Balkans lösten in England heftige Debatten aus. Als über Massaker der Türken in Bulgarien berichtet wurde, bezweifelte Disraeli die genannte Zahl von 25 000 Opfern, was ihm von seinen Gegnern als Gleichgültigkeit gegen die Leiden der (bulgarischen) Christen ausgelegt wurde. Doch die Eroberung Istanbuls und der Zugriff auf Dardanellen und Bosporus durch Russland hätte das Gleichgewicht der Mächte zerstört und war für eine britische Regierung inakzeptabel. Disraeli sandte die Flotte ins östliche Mittelmeer und ließ die Landung eines Expeditionskorps zur Unterstützung der Türkei planen.

Der drohende Konflikt wurde indes am Verhandlungstisch gelöst, und zwar in Berlin, wohin Bismarck als »ehrlicher Makler« die Vertreter der Großmächte im Juni 1878 einlud. Trotz seines Alters von 73 Jahren und einer von Gicht und Asthma angegriffenen Gesundheit stand es für Disraeli außer Frage, dass er selbst an der Spitze der britischen Delegation stehen würde. Am Abend des 11. Juni traf der Premier im Hotel Kaiserhof ein, wo er eine Einladung Bismarcks vorfand. Die beiden Staatsmänner, die sich nur einmal, mehr als zwanzig Jahre zuvor, begegnet waren, tauschten noch am selben Abend ihre Standpunkte aus und nahmen am jeweils anderen Maß. In Bismarcks berühmter, oft zitierter Bemerkung über Disraeli mischt sich Hochachtung mit Ressentiment: »Der alte Jude, das ist der Mann!«

Der Vertrag von Berlin, am 13. Juli unterzeichnet, sah Großbritannien als jene Macht, die bei geringem Einsatz das meiste erreicht hatte. Russland konnte seine militärischen Erfolge über die Türkei nur in begrenztem Maße in territorialen Gewinn umsetzen, England erhielt, ohne einen Schuss abgefeuert zu haben, das strategisch wich-

Benjamin Disraeli hatte viele Gesichter – Karikaturen, die 1844–1882 im Londoner »Punch« erschienen.

tige Zypern, und zwischen die drei Kaiser war ein (wie sich zeigen sollte: dauerhafter) Keil getrieben.

Der Premier wurde umjubelt, als er heimkehrte und von einem »Frieden mit Ehre« kündete. In Berlin ließ er nicht nur dankbare Buchhändler zurück, die während des Kongresses an Disraelis Romanen gut verdient hatten, sondern auch einen lebenslangen Bewunderer. Bismarck zeigte den Besuchern die Fotografien in seinem Büro gern mit den Worten: »Dort hängt das Bild meines Souveräns, rechts davon das meiner Frau und zur Linken, das ist Lord Beaconsfield.«

Zum Lord Beaconsfield hatte ihn die Queen im August 1876 erhoben. Die Nobilitierung bedeutete den Abschied vom Unterhaus, seiner Bühne für 39 Jahre. Gesundheitlich angeschlagen, nahm er im House of Lords Platz. Im April 1880 verloren die Konservativen die Wahl, die Ära Disraeli ging zu Ende. Noch einmal griff er zur Feder; »Endymion« heißt sein letzter Roman. Am 19. April 1881 starb Benjamin Disraeli in London. Sein ganzer Ehrgeiz, schrieb Lord Salisbury, ein Nachfolger im Amt des Premiers, habe der Größe Englands gegolten. Benjamin Disraeli allerdings kannte die Vergänglichkeit solcher Größe und hätte darüber gewiss nur mokant gelächelt: »Endgültig ist kein Wort der Politik.« *16. Dezember 2004*

Entente cordiale

Ein Engländer in Paris

Die Entente cordiale zwischen den alten Rivalen England und Frankreich besiegelte 1904 eine Wende in der europäischen Politik. Für das deutsche Kaiserreich war sie fatal

Von Gerd Fesser

So manche weltpolitische Wende begann mit einer Geste. Und es war ja eigentlich nichts als ein ganz normaler Staatsbesuch, den der englische König Eduard VII. Anfang Mai 1903 in Paris absolvierte. Doch diese Tage setzten einen Prozess in Gang, an dessen Ende, ein Jahr später, ein Ereignis stehen sollte, das der Bonner Historiker Klaus Hildebrand eine »Revolution der internationalen Politik« genannt hat: der Abschluss der Entente cordiale. Dieses Abkommen über das »herzliche Einvernehmen« zwischen den beiden Erzrivalen England und Frankreich zeitigte immense Konsequenzen, vor allem für das deutsche Kaiserreich. Denn es bedeutete einen weiteren Schritt hin zu jener völligen außenpolitischen Isolation, die dem Reich im Ersten Weltkrieg zum Verhängnis wurde.

Der welterfahrene Eduard hatte als Sohn Königin Viktorias lange auf seine Stunde warten müssen und erst 1901, mit 60 Jahren, den Thron bestiegen. Im Frühjahr 1903 plante der Monarch eine Mittelmeerkreuzfahrt mit Visiten in Portugal und Rom. Ohne seine Regierung zu verständigen, ließ er dem französischen Staatspräsidenten Emile Loubet mitteilen, es werde ihm ein großes Vergnügen sein, auch diesen auf französischem Boden zu besuchen. Loubet antwortete hoch erfreut und lud den König ein, bei der Rückreise in Paris Station zu machen. Premier Arthur James Balfour und Außenminister Henry Charles Keith-Fitzmaurice Marquess of Lansdowne, die Eduard übergangen hatte, waren alles andere als begeistert. Lansdowne sagte zum französischen Botschafter Paul Cambon, der geplante Besuch des Königs solle eine »ganz zwanglose Angelegenheit« sein. Doch der Monarch erklärte gegenüber Cambon und dem britischen

Botschafter in Paris, Sir Edmund Monson: Er wünsche »so offiziell wie möglich empfangen zu werden«, und »je mehr Ehrungen ihm zuteil würden, desto besser«!

Am 1. Mai 1903 traf Eduard, von Rom kommend, mit seinem Sonderzug in Paris ein. Präsident Loubet erwartete ihn am Bahnhof Bois de Boulogne. Der König hatte die farbenprächtige scharlachrote Uniform eines britischen Feldmarschalls angelegt, zu der auch ein Zweispitz mit rot-weißem Federbusch und goldener Agraffe gehörte. Eduard und Loubet nahmen in der Staatskarosse des Präsidenten Platz. Von Kürassieren zu Pferde begleitet, fuhren sie zum Arc de Triomphe und dann die Champs-Elysées entlang. Doch die Menschenmenge an den Straßen blieb größtenteils stumm. Man hörte allenfalls ein Murren, auch Rufe, die an Englands brutalen Burenkrieg erinnerten – und: »Es lebe Jeanne d'Arc!«

Eduard störte das nicht. Der König lächelte unentwegt und grüßte jeden französischen Offizier, dessen er

Das uneitle und weltkluge Vorgehen König Eduards VII. von England beendete eine lange französisch-englische Feindschaft.

ansichtig wurde, mit einer Geste seines Marschallstabs. Gleichwohl wurde sein Gefolge ausgebuht. Als sein Adjutant ihm aufgeregt zuflüsterte: »Die Franzosen mögen uns nicht«, entgegnete der König: »Warum sollten sie?«

Am Abend des ersten Tages ging Eduard mit Loubet ins Theater. Das Publikum schwieg bei seinem Erscheinen eisig. In der Pause begab sich der König ins Foyer. Dort erblickte er die Schauspielerin Jeanne Granier, die er bereits in London auf der Bühne gesehen hatte. Er ging auf sie zu und sagte laut: »Oh, Mademoiselle, ich erinnere mich, wie ich Ihnen in London applaudierte. Sie personifizierten dort alle Anmut und den Geist Frankreichs.«

Am Vormittag des 2. Mai fuhr Eduard zu einer Militärparade nach Vincennes am Ostrand der Stadt. Unterwegs lächelte er wieder unentwegt und grüßte jeden französischen Offizier und jede Trikolore. Am Abend sagte er während eines Staatsbanketts im Elysée: »Ich freue mich über diese Gelegenheit, welche die Bande der Freundschaft [...] festigen wird. Unser sehnlicher Wunsch ist es, gemeinsam den Pfad der Zivilisation und des Friedens wandeln zu können.« Die Äußerungen Eduards verbreiteten sich in Windeseile – und als der Monarch am 4. Mai abreiste, standen die Menschen dicht gedrängt an den Straßen und riefen: »Es lebe der König!«, und: »Es lebe der gute Eduard!«

In den britischen Regierungskreisen hatte man Eduards Idee, Paris zu besuchen, zunächst mit Sorge aufgenommen. Man wusste sehr gut, dass die öffentliche Meinung in Frankreich stark antibritisch eingestellt war. Die beiden Staaten waren alte Rivalen. Während der Französischen Revolution und der Herrschaft Napoleons stand England als Finanzier hinter allen antifranzösischen Koalitionen. Das ganze 19. Jahrhundert hindurch sah die britische Marine in erster Linie die französische Flotte als potenziellen Gegner an. Bei seiner kolonialen Expansion stieß Frankreich rund um den Erdball überall auf die Briten. 1898, während der Faschodakrise um koloniale Besitzansprüche im Sudan, standen beide Länder hart am Rande eines Krieges; Frankreich, in der schwächeren Position, musste einlenken. Die französische Flotte war der britischen unterlegen, und es bestand die große Gefahr, dass das deutsche Kaiserreich von einem britisch-französischen Konflikt mächtig profitieren, womöglich gar gegen Frankreich eingreifen werde.

Die Regierenden in Berlin waren fest davon überzeugt, dass sie mittels einer »Politik der freien Hand« von den Spannungen, die zwischen England und Frankreich sowie zwischen England und Russland bestanden (hier ging es vor allem um das Osmanische Reich und China), kräftig profitieren könnten. Seit Mitte 1897 stand Bernhard von Bülow an der Spitze des Auswärtigen Amtes. Seine Politik war nach außen hin neutral, tatsächlich aber – anders als es sein englandfreundlicher Ratgeber Friedrich von Holstein empfahl – antibritisch und prorussisch ausgerichtet. Die wirtschaftliche und politische Expansion Deutschlands stieß überall in der Welt auf die Konkurrenz der Briten, und der deutsch-englische Gegensatz begann sich zum internationalen Hauptgegensatz zu entwickeln. Ein Zusammengehen mit Russland erschien Bülow deshalb möglich und wünschenswert. Ein Bündnis mit England hingegen schloss er von vornherein aus.

Auf der anderen Seite erkannten immer mehr führende britische Politiker, dass die traditionelle Politik der splendid isolation an ihre Grenze gestoßen war. Großbritannien musste sich entweder mit Frankreich und Russland oder aber mit dem Reich arrangieren. Am 29. März 1898 berichtete der deutsche Botschafter in London, Paul Graf von Hatzfeld-Wildenburg, über ein Gespräch mit dem Kolonialminister Joseph Chamberlain, dem starken Mann des britischen Kabinetts. Der Minister hatte dabei klipp und klar den Abschluss eines englisch-deutschen Bündnisses vorgeschlagen.

Es kam nun tatsächlich zu Verhandlungen. Doch Bülow und Holstein schätzten die Situation völlig falsch ein. Sie glaubten, die Entscheidung liege in Berlin. Die Briten würden »kommen« und die Bedingungen der Deutschen akzeptieren.

Am 30. November 1899 sprach Chamberlain sich in einer Rede für eine Allianz zwischen Deutschland, England und den USA aus. Bülow und der Staatssekretär des Reichsmarineamtes, Alfred von Tirpitz, gaben ihm bereits am 11. Dezember 1899 eine unmissverständliche Antwort. An diesem Tage kündigte die Reichsregierung den Entwurf eines zweiten Flottengesetzes an. Es sah das gewaltige Anwachsen der deutschen Armada vor – eine Brüskierung Londons.

Kanzler von Bülow begreift den Ernst der Lage nicht

Gleichwohl kamen die deutsch-britischen Verhandlungen zu Beginn des Jahres 1901 noch einmal in Gang. Bülow, im Oktober des Vorjahres zum Reichskanzler ernannt, ließ sie schließlich scheitern, indem er ausgerechnet den eifrigsten Befürworter eines deutsch-englischen Bündnisses, Chamberlain, in seiner berüchtigten »Granitbeißer-Rede« öffentlich abkanzelte: Wer immer Deutschlands Position kritisiere, der werde, so hatte Bülow Friedrich den Großen zitiert, »auf Granit beißen«. In Großbritannien kippte die Stimmung um. Die Boulevardpresse hatte schon Mitte 1901 mit antideutscher Agitation begonnen und eine Entente mit Frankreich und Russland befürwortet. Nunmehr wuchs auch in den regierenden Kreisen die Bereitschaft, sich mit Paris zu arrangieren. Die spektakuläre Reise Eduards trieb diese Entwicklung voran.

Joseph Chamberlain schlug zunächst ein englisch-deutsches Bündnis vor. Im Deutschen Reich wurden daraus die falschen Schlüsse gezogen.

Hinzu kam, dass Eduard VII. und Wilhelm II. einander absolut nicht mochten. Den Briten stieß vor allem die laute, taktlose Art seines deutschen Neffen ab. Der nach außen hin recht prüde Wilhelm wiederum sah in seinem Onkel einen frivolen Lüstling. Man hat Eduard später in Deutschland als Deutschenhasser und Architekten einer »Einkreisung« des Reiches verteufelt. In Wirklichkeit hegte der König keinerlei aggressive Absichten. Er war beunruhigt über die deutsche Flottenrüstung und über den Hang der Herren in Berlin, säbelrasselnd aufzutrumpfen. Eduard wollte dazu beitragen, die deutsche Expansionspolitik einzudämmen, einen Krieg wollte er nicht.

Schon im Jahre 1898 hatte Chamberlain zu den Berliner Unterhändlern gesagt: Wenn die Verhandlungen scheitern sollten, werde England sich der französisch-russischen Allianz anschließen. In Berlin ignorierte man derlei Warnungen. Am 21. Januar 1901 erklärte Holstein: »Ich bin gegen den jetzigen Freundschaftssturm von Chamberlain und Genossen und deshalb besonders misstrauisch, weil die angedrohte Verständigung mit Russland und Frankreich so vollständiger Schwindel ist.«

Die Karikatur des Norwegers Olaf Gulbransson zeigt den deutschen Politiker, Reichskanzler und preußischen Ministerpräsidenten Bernhard Heinrich Martin von Bülow. Dessen Politik brachte dem Deutschen Reich die Isolation.

Holstein irrte. Nach der »Granitbeißer-Rede« Bülows wandelte sich nun auch Chamberlain zum Befürworter eines Bündnisses mit Frankreich. Im Dezember 1902 machte er auf einer Reise nach Südafrika in Kairo Station. Dort ließ er dem Vertreter Frankreichs durch einen Mittelsmann ausrichten: Sein Versuch, sich mit den Deutschen zu verständigen, sei endgültig gescheitert. Auch für eine Verständigung mit Russland gebe es derzeit wenig Chancen. Mit Frankreich aber sei eine Politik der Versöhnung sehr wohl möglich. Er habe im Kabinett die Idee vorgetragen, in Verhandlungen einzutreten. Den König hatte Chamberlain bereits im Januar 1902 über seinen Kurswechsel informiert – und der war begeistert.

Nach 1902 schwand in der britischen Öffentlichkeit die traditionelle Aversion gegen Frankreich – und wurde durch Germanophobie abgelöst. Wegen der hektischen deutschen Flottenrüstung breitete sich Sorge um die Seeverbindungen zum Empire aus, ja, das Gespenst einer deutschen Invasion tauchte auf. In der ersten Juliwoche 1903 machte Präsident Loubet in London einen Gegenbesuch. Mit ihm kam Außenminister Theophile Delcassé, ein auf die Revanche-Idee eingeschworener unversöhnlicher Gegner des Kaiserreiches. Am 7. Juli hatte er eine Unterredung mit seinem Amtskollegen Lansdowne. Damit begannen zielstrebige britisch-französische Verhandlungen über eine Beilegung der kolonialen Streitpunkte.

Das Einvernehmen hatte sich seit langem angekündigt. Bereits am 30. Januar 1902, drei Wochen nach der »Granitbeißer-Rede«, war Bülow von dem neuen deutschen Botschafter in London, Paul Graf von Wolff-Metternich, informiert worden, dass die beiden Westmächte über eine Abgrenzung ihrer Interessensphären in Afrika verhandelten. Der Kanzler nahm es mit großem Gleichmut auf. Er meinte, die beiden Rivalen würden sich nicht über das Streitobjekt Marokko einigen können. Komme es wider Erwarten aber doch zu einer Einigung, dann werde das Russland außerordentlich verprellen. Dies werde es dann dem Reich ermöglichen, Russland und Frankreich auseinander zu dividieren und Russland auf die deutsche Seite zu ziehen. Im sonnigen Sorrent äußerte Bülow sich denn ausgesprochen sonnig über das »Kokettieren« Delcassés mit England: Man könne das »gar nicht pomadig genug nehmen«. »Pomadig« war ein Lieblingswort Bülows, das in seinen Briefen und Erlassen unzählige Male auftaucht.

Am 8. April 1904 wurde dann in London der als Entente cordiale bekannt gewordene Vertrag unterzeichnet. In diesem Abkommen erkannte Frankreich die englische Herrschaft über Ägypten an, und England überließ in einem geheimen Zusatzabkommen den Franzosen den größten Teil Marokkos, das formell noch ein souveräner Staat war.

Einen Tag später schrieb Bülow an seine engsten Mitarbeiter: »Ich meine, wir sollten das jetzt unterzeichnete englisch-französische Kolonialabkommen in unserer Presse ohne jede Gereiztheit noch Eifersucht als ein neues Symptom für die friedliche Gestaltung der Weltlage besprechen ...« In ähnlichem Sinne antwortete er am 12. April auf eine entsprechende Anfrage im Reichstag. Delcassé war über die Erklärung Bülows sehr erleichtert. Er beauftragte den französischen Botschafter in Berlin, Georges Bihourd, dem Staatssekretär im Auswärtigen Amt Oswald Freiherr von Richthofen seinen Dank für die Äußerung des Kanzlers auszusprechen. Doch Richthofen nahm die Worte Bihourds mit eisiger Miene auf. Dies zeigte, dass einige in Berlin durchaus begriffen, was die Stunde geschlagen hatte.

Die Bildung der Entente bedeutete das Fiasko von Bülows und Holsteins Politik der »freien Hand«. Außerdem führte die deutsche Expansion nach dem Fernen Osten (Annexion des chinesischen Kiautschou) dazu, auch in St. Petersburg Argwohn zu wecken. Es war nur eine Frage der Zeit, dass Russland zur Entente stoßen und das Kaiserreich völlig in die Isolation geraten würde. Bereits am 13. April 1904 notierte Bülows Mitarbeiter Karl Max Fürst von Lichnowsky: »Wir brauchen einen Erfolg in der auswärtigen Politik, da doch allgemein die englisch-französische Verständigung wie auch die italienisch-französische Annäherung als eine Niederlage für uns aufgefasst wird.«

Die Regierenden des Kaiserreiches glaubten, die Annäherung zwischen Großbritannien, Frankreich und Russland laufe auf eine »Einkreisung« Deutschlands hinaus. Dreimal haben sie zwischen 1905 und 1911 versucht, durch riskante Vorstöße, bei denen sie bewusst am Rande eines großen Krieges agierten, die Entente beziehungsweise die seit 1907 bestehende britisch-französisch-russische Triple-Entente zu schwächen oder gar zu sprengen.

Im Jahre 1905 war das mit Frankreich verbündete Russland, durch die Niederlage im Krieg gegen Japan geschwächt, außenpolitisch nicht aktionsfähig. Bülow und Holstein versuchten in dieser Situation, die französische Expansion nach Marokko durch Drohungen zu stoppen, erlitten aber 1906 auf der internationalen Marokko-Konferenz im spanischen Algeciras eine bittere Niederlage.

100563

Schon 1906 hatte Eduard VII. prophezeit, sein Neffe Kaiser Wilhelm II. werde aus Schwäche und Eitelkeit den Krieg entfesseln (Reservisten des deutschen Heers voller Kriegsbegeisterung).

Eduard prophezeit, dass sein Neffe den Krieg entfesseln wird
Im März 1909 dann – Österreich-Ungarn hatte Bosnien annektiert, was Russland nicht anerkennen wollte – richtete die Berliner Regierung ein verschleiertes Ultimatum an St. Petersburg und erreichte einen Prestigeerfolg, der aber nur eine weitere Verschlechterung des deutsch-russischen Verhältnisses bewirkte.

1911 schließlich suchte sie durch die Entsendung des Kanonenbootes Panther an die Küste Nordafrikas (»Panthersprung nach Agadir«) Frankreich von neuem unter Druck zu setzen – und belastete das deutsch-britische Verhältnis weiter.

So hatten sich die Regierenden in Berlin 1914 in eine Situation manövriert, die exakt jenes Ergebnis zeitigte, das Kaiser Wilhelms lebenskluger Onkel Eduard VII. schon 1906 prophezeit hatte: »Durch seine unglaubliche Eitelkeit fällt mein Neffe auf alle Speichelleckereien der Nationalisten seiner Umgebung herein, die ihm immer wieder versichern, er sei der größte Souverän der Welt [...]. Da aber seine Feigheit noch größer ist als seine Eitelkeit, so wird er vor diesen Schmeichlern zittern, wenn sie ihn, unter dem Druck des Generalstabs, auffordern werden, den Degen zu ziehen. Er wird nicht den Mut haben, sie zur Räson zu bringen. Er wird sich ihnen jämmerlich unterwerfen. Er wird den Krieg entfesseln, nicht aus eigener Initiative, nicht im kriegerischen Elan, sondern aus – Schwäche.« *25. März 2004*

Abraham Lincoln

Held ohne Lächeln

Für viele Amerikaner ist Abraham Lincoln der bedeutendste Präsident der USA. Hinter dem Mythos vom einfachen Mann aus dem Volke, der die Sklaven befreite, verbirgt sich ein schwieriger, widersprüchlicher Charakter

Von Ronald D. Gerste

Am Antietam Creek hatte der Tod im Herbst 1862 grausige Ernte gehalten. Rot färbte sich das Wasser des Flüsschens vom Blut der toten Soldaten. Zwei Jahre nach der Schlacht lagen in der Wilderness, jenem unwegsamen Waldgebiet in Virginia, noch immer verstreut die Schädel der Gefallenen, als Nord und Süd hier abermals gegeneinander aufmarschierten. Innerhalb kürzester Zeit zählten allein die Blauen zwölftausend Tote und Verwundete. Neben den Feldlazaretten stapelten sich bald die amputierten Glieder. In den Hospitälern wüteten Ruhr, Wundstarrkrampf und Typhus.

Die Worte des Präsidenten aber, als er am 4. März 1865 in seine zweite Amtszeit eingeführt wurde, kündeten weniger vom Leiden als von Zuversicht. »Ohne Bösartigkeit gegenüber irgendjemandem, mit Großmut gegen alle«, so sprach Abraham Lincoln auf den Stufen des Capitols, gelte es »das Werk zu vollenden und die Wunden der Nation zu verbinden«. Der Gedanke an eine Versöhnung wurde, nach all den Jahren des Hasses, allerdings von vielen im Norden wie im Süden nicht geteilt. Am allerwenigsten von dem jungen Mann mit dem Oberlippenbart, der bei der Vereidigung nur wenige Schritte von Lincoln entfernt stand. Auf Fotos wird er später identifiziert werden. Sein Name ist John Wilkes Booth. Er ist ein bekannter Schauspieler, und in seinem Kopf reifte längst ein grausamer Plan.

In Amerikas Bürgerkrieg starben weit über eine halbe Million Menschen. Der erste moderne Krieg der Menschheitsgeschichte (in dem unter anderem das Panzerschiff und das U-Boot ihre militärtechnische Premiere erlebten) ist bis heute das tiefste Trauma der

Nation geblieben. Der Bürgerkrieg forderte mehr Opfer als alle anderen amerikanischen Kriege zusammen.

Und doch bleibt Lincoln, der Präsident, der die Einheit der USA mit Waffengewalt wiederherstellte und die Sklaverei abschaffte, für die Amerikaner eine Art Nationalheiliger. Sein Mythos nährt sich nicht zuletzt aus dem tragischen Finale seiner Biographie, in dem er zum letzten Opfer »seines« Krieges wurde. Und wohl auch aus der Unerträglichkeit der denkbaren Alternative: der Existenz eines Landes namens Konföderierte Staaten von Amerika, dessen Wirtschaftskraft auf der Sklaverei basiert hätte.

Von Lincoln existieren mehr Aufnahmen als von jedem anderen Zeitgenossen, doch auf keiner ist ein Lächeln zu sehen. So bleibt der Mensch hinter der melancholischen Maske merkwürdig verborgen. Er konnte warm, jovial, mitfühlend sein und gleichzeitig unerreichbar fern. Vieles an seinem Weg ist rätselhaft. Manchen Zug seiner Biographie hat er auch heftig stilisiert, wie das Bild vom Tölpel aus der Provinz, vom Hinterwäldler, auf das noch alle politischen Gegner hereingefallen sind.

Abraham Lincoln führte die amerikanischen Nordstaaten erfolgreich durch den Sezessionskrieg.

Schon seine Herkunft ist rätselhaft. Er wird am 12. Februar 1809 in einer Blockhütte nahe dem Kaff Hodgenville in Kentucky geboren. Als er neun Jahre alt ist, stirbt Mutter Nancy. Zu seinem Vater Thomas hat er ein distanziertes, fast nichtexistentes Verhältnis, das schon früh zu Gerüchten Anlass gibt, sein leiblicher Vater sei jemand anders, gar vielleicht ein »Aristokrat« aus Virginia. Zu unglaublich erscheint es, ein Simpel wie Thomas Lincoln hätte einen der größten Staatsmänner Amerikas zeugen können.

Auf jeden Fall ist Abraham anders als andere, liest als Heranwachsender in fast jeder freien Minute Bücher, verzweifelt vor Kummer, als er einen Truthahn schießt. Seine Stiefmutter Sarah (Vater Thomas hatte ein Jahr nach Nancys Tod erneut geheiratet) erinnert sich später: »Abe war nicht gern in größeren Menschenversammlungen, in seiner eigenen Gesellschaft fühlte er sich am wohlsten. An Mädchen war er nicht besonders interessiert.« Ein Satz, der heute natürlich die Seelenforscher elektrisiert, und so sorgte in den USA denn auch das

Buch des Psychologen C. A. Tripp für Aufsehen, der Lincolns Homosexualität nachgewiesen zu haben glaubt.

Über intimste Empfindungen allerdings legt der junge Mann, der in Illinois aufwächst, ebenso einen Schleier wie über seine religiösen Gefühle. An wen oder was Lincoln geglaubt hat, ja ob überhaupt, ist bis heute ein Rätsel geblieben.

Er schlägt sich als Binnenschiffer, Holzfäller und Postmeister durch. Autodidaktisch bildet er sich fort, ist ein guter Zuhörer, aber auch ein guter Erzähler, der die Menschen in seinen Bann ziehen kann. Noch keine dreißig, heißt er an den Ufern des Sangamon River schon der »Alte Abe«. Vor allem ist er ein Mann, der auffällt: Mit einem Meter neunzig Größe überragt er fast alle Zeitgenossen um Haupteslänge. Seine Beine und Arme sind lang und ungelenk, die Schultern hängend, die Ohren groß. Und dann erst dieses Gesicht – derb, grob, fast hässlich, oft unendlich traurig.

Er vermag jedoch seine körperlichen Besonderheiten auch zu seinem Vorteil zu wenden. Im Wahlkampf von 1860 zeigen ihn die Karikaturen der ihm gewogenen

Rekonstruktion der Farm, auf der die Familie Abraham Lincolns zwischen 1816 und 1830 lebte (Lincoln City, In., Lincoln Boyhood National Memorial)

Blätter als einen politischen Riesen inmitten von Zwergen. Zwei Jahre zuvor, in den Debatten gegen Stephen Douglas um einen Senatssitz im fernen Washington, hatte er, zur Gaudi der Zuhörer, den Vorwurf, er betreibe doppeltes Spiel und habe zwei Gesichter, mit dem Ausruf pariert: »Das zu beurteilen, überlasse ich dem Publikum: Hätte ich ein zweites Gesicht, würde ich dann mit diesem hier auftreten?«

Er bildet sich zum Anwalt fort, wird Parlamentsabgeordneter in Springfield, der Hauptstadt des Staates Illinois. Im November 1842 heiratet er Mary Todd. Die Ehe wird stürmisch, mit vielen Krisen, nervlichen Zerrüttungen. Schon die Vorzeichen sind nicht gut; Lincoln löst die Verlobung, kehrt dann aber wieder zurück. Doch Leidenschaft? Man sucht sie vergeblich.

1847 schicken die Wähler des siebten Distrikts von Illinois Lincoln nach Washington ins Abgeordnetenhaus. Er belässt es bei einer Legislaturperiode, kehrt nach Springfield zurück. Die Anwaltskarriere läuft, Lincoln verdient gut, Mary und er und die drei Söhne (ein vierter Junge stirbt mit drei Jahren) leben im Wohlstand. Nichtsdestotrotz präsentiert er sich im Kampf um das Weiße Haus 1860 als rail splitter, als Holzhacker, als der Junge aus der Blockhütte. Er spürt, dass nach 15 Präsidenten mit aristokratischer Aura die Zeit reif ist für einen Mann aus dem Volk.

Wie ein Dieb in der Nacht gelangt der Präsident in die Hauptstadt

In den 1850er-Jahren steuern die USA auf die Spaltung zu: Die Frage, ob sich die Sklaverei in die stetig neu zum Staatenverbund hinzukommenden Territorien westlich des Mississippi ausdehnen darf, dominiert jedwede Debatte. Eine neue Partei formiert sich 1854, die republikanische. Darin nimmt sich, neben den heißblütigen Abolitionisten, den »Abschaffern«, der spätere »Sklavenbefreier« allerdings überraschend moderat aus. Im Staatsparlament von Illinois formuliert er seine berühmte Mahnung: »Ein in sich selbst gespaltenes Haus kann keinen Bestand haben.«

Die öffentlichen Debatten gegen seinen Konkurrenten Douglas im Sommer 1858 sind gelebte Basisdemokratie. Die bis zu zehntausend Zuhörer nehmen oft tagelange Anfahrten auf sich, um den Schlagabtausch mitzuerleben. Douglas gewinnt die Wahl in den Senat. Lincoln aber ist plötzlich im ganzen Land bekannt.

Jetzt beginnt der sanfte Lincoln seine (innerparteilichen) Gegner auszutricksen. Im November 1860 ist es so weit: 40 Prozent der Wählerstimmen reichen, um den Republikaner gegen drei andere Kandidaten zum 16. Präsidenten der USA zu machen. In den (damals noch) vier Monaten des Wartens bis zur Vereidigung fällt das Land auseinander. Noch im Dezember tritt South Carolina aus der Union aus, andere Südstaaten folgen. Am 11. Februar 1861 nimmt Lincoln Abschied von Springfield. Nach Washington muss man ihn wie einen »Dieb in der Nacht« bringen, rund um die Hauptstadt treiben sezessionistische Freischärler ihr Unwesen, Lincolns Detektive rechnen mit Mordanschlägen. Als er am 4. März den Eid ablegt, ruft er beschwörend aus: »Wir sind keine Feinde, sondern Freunde. Wir dürfen keine Feinde sein.« Fünf Wochen später sprechen, bei Fort Sumter, die Kanonen.

Der Norden könnte überlegen sein, nur taugen seine Generäle nichts. Lincoln muss bis zum ersten halbwegs größeren Erfolg, der Schlacht von Antietam im September 1862 warten, bis er die Befreiung der Schwarzen proklamieren kann. Selbst in dieser großen Stunde aber ist Lincoln nicht nur der eine Lincoln. Eine andere Seite seiner Persönlichkeit mischt sich ins Geschehen ein: Die Sklavenketten sollen zunächst nur in den Staaten des Südens fallen, die rebellieren – nicht aber in denen, die der Union treu geblieben sind wie Maryland, Delaware, Kentucky und Missouri.

Im November 1863 versucht er im Städtchen Gettysburg, wo im Juli ein grauenhaftes Gemetzel mit einem Unionssieg geendet hat, in einer Ansprache dem hunderttausendfachen Sterben einen Sinn zu geben: »... damit die Regierung des Volkes, durch das Volk, für das Volk nicht von der Erde verschwindet.« Ein Jahr später wird Lincoln wieder gewählt – währenddessen die Truppen seines Generals William Sherman schon vom Feldzug zum Vernichtungskrieg übergegangen sind und den halben Süden niederbrennen.

100001

In Ford's Theatre (Washington, D.C.) wurde am 15. April 1865 Präsident Abraham Lincoln von dem südstaatlichen Fanatiker und Schauspieler John Wilkes Booth ermordet.

Tief zerfurcht ist das Gesicht, das der Fotograf Alexander Gardner am 5. Februar 1865 ein letztes Mal porträtiert. Bis auf seine erbittertsten Feinde hat kaum jemand Lincolns tiefe Menschlichkeit, seine Fähigkeit zum Mitleiden in Zweifel gezogen. Wie vier Jahre des Mordens, auch unter seinem Befehl, ihn wirklich verändert haben, bleibt, wie so vieles, verborgen.

Das Ende des Bruderkrieges erlebt er noch und fährt in die Hauptstadt des Feindes, nach Richmond. Schwarze Amerikaner bejubeln ihn als den »großen Messias«. Als einige vor ihm auf die Knie fallen wollen, wehrt er erschrocken ab: »Kniet nicht vor mir, sondern vor Gott. Und dankt ihm für die Freiheit, die Euch gegeben ist.«

Am 14. April 1865, in der Loge von Ford's Theatre zu Washington, treffen ihn die Kugeln des John Wilkes Booth. Der Hass, der über das Land triumphiert, verschlingt so auch ihn, den sanften, den harten Abraham Lincoln. *3. Februar 2005*

John D. Rockefeller

»Geldverdienen ist eine Gottesgabe«

John D. Rockefeller erbaute ein Ölimperium. Konkurrenten trieb er in den Ruin, und am Sonntag fegte er die Kirche

Von Wolfgang Uchatius

Die Geschichte des John D. Rockefeller beginnt 303 Jahre vor seiner Geburt, und sie beginnt damit, dass Gott ein Freund des Geldes wird. Oder zumindest, dass die Menschen anfangen, das zu glauben.

Es geschieht im Jahr 1536 n. Chr., und es geschieht in Basel. Der Reformator Johannes Calvin gibt erstmals seine Institutio Christianae religionis, Unterweisung in der christlichen Religion, heraus. Er schreibt von armen Seelen, die von Geburt an für die Hölle bestimmt sind, und von Auserwählten, auf die das Himmelreich wartet. Eine Frage aber bleibt: Woran mag der Mensch erkennen, wozu Gott ihn ausersehen hat?

Calvin stirbt, doch die Calvinisten leben weiter, und sie geben eine Antwort: Gottes Gunst lässt sich am Geld ablesen, am Lohn für die Fleißigen und Sparsamen. Damit ist geschaffen, was der deutsche Soziologe Max Weber später den kapitalistischen Geist nennen wird. Der Reichtum hat den Gestank verloren. Wer im Leben etwas leistet, hat nach dem Tod nichts zu fürchten. Größer könnte der Anreiz zum Arbeiten nicht sein.

Vom Vater zum Sohn, vom Bruder zum Nachbarn – der neue Glaube verbreitet sich über Länder, Ozeane und Jahrhunderte, er erfüllt Handwerker und Kaufleute, Bauern und Fabrikanten und beseelt schließlich einen Mann, der am 8. Juli 1839 in Amerika zur Welt kommt, in einem Städtchen namens Richford im Bundesstaat New York.

Einen Mann, der als kleiner Junge kiloweise Süßigkeiten ersteht und sie mit Gewinn an seine Geschwister weiterverkauft. Einen Mann, der jedes Jahr seinen »Jobday« feiert: den Tag, an dem er seine erste Arbeitsstelle antrat. Einen Mann, der sagt: »Die Gabe, Geld zu verdienen, ist eine Gabe Gottes, ein Pfund, mit dem wir wuchern müssen, so gut wir können.« Einen Mann, der der reichste Mensch der Welt werden sollte. Sein Name ist John Davison Rockefeller.

Seine Welt ist der wilde amerikanische Osten, Mitte des 19. Jahrhunderts. Millionen Einwanderer aus aller Welt strömen ins Land und wollen leben. Wo gestern noch Bäume wuchsen, stehen auf einmal Häuser und Fabriken, rollen Fuhrwerke und rattern Dampfmaschinen. Mittendrin: Johns Vater, ein Hausierer, der sich in den Dörfern gelegentlich als Arzt ausgibt und Ahnungslosen allerlei Essenzen als Medizin verkauft. Und Johns Mutter, eine gottesfürchtige Bauerntochter, die ihre Kinder mit Bibel und Birkenrute erzieht.

Das Paar hat vier Söhne und zwei Töchter, aber zu wenig Geld, sie anständig zu kleiden. In der Schule dürfen John und sein Bruder nicht aufs Klassenfoto, ihre Anzüge sind zu schäbig. Abgesehen von seiner Kleidung fiel der blasse und humorlose Schüler John den meisten

100264

Mit seiner Prädestinationslehre schuf Johannes Calvin (zeitgenössischer kolorierter Kupferstich) ein Arbeitsethos, das die Grundlage für das Gewinnstreben im Kapitalismus bildete.

Leuten nicht weiter auf. Seine Leistungen sind nicht überragend, außer in Mathematik. Kopfrechnen kann er wie wenige andere, und insofern ist es nur passend, dass John, inzwischen 16 Jahre alt und mit den Eltern nach Cleveland, Ohio, umgezogen, nach der Highschool eine Stelle als Buchhalter in einem Handelshaus antritt. Am 26. September 1855, dem Jobday.

Er sitzt dann mit Armschonern an seinem Schreibtisch und addiert Zahlen. Überträgt die Ergebnisse. Addiert. Überträgt. Addiert. Überträgt. Erledigt eine Arbeit, die andere Menschen langweilen würde, die ihn jedoch begeistert. »Die Systematik der Geldbeträge« findet Rockefeller »herrlich«. Schon morgens um halb sieben ist er im Büro, wo er oft die halbe Nacht verbringt, obwohl er die freiwilligen Überstunden nicht bezahlt bekommt. »Arbeit befreite ihn, Arbeit gab ihm eine neue Identität«, wird der Rockefeller-Biograph Ron Chernow später folgern. Nur den Sonntag hält John sich frei. Da feiert er den Gottesdienst, da fegt er die Kirche, führt das Protokoll in den Sitzungen des Pfarrgemeinderates und unterrichtet die Kinder aus der Bibel. Von Anfang an spendet er einen Gutteil seines Einkommens der Kirchengemeinde, lebt anspruchslos und voller Abscheu gegenüber allem Geprasse.

Der amerikanische Bürgerkrieg kurbelt die Geschäfte an

Die Arbeit und der Glaube an Gott sind die Pfeiler in Rockefellers noch jungen Leben und werden es bis zum Ende bleiben, weitere Stützen braucht er nicht, um den Beifall der Menschen kümmert er sich wenig. Der Psychoanalytiker Carl Gustav Jung wird Rockefeller in einer Vorlesung einmal als einen Menschen bezeichnen, in dessen Bewusstsein nur Platz für ein einziges Wort war: ich.

Dreieinhalb Jahre nach dem ersten Jobday verweigert sein Chef ihm die gewünschte Gehaltserhöhung. Rockefeller glaubt, genug gelernt zu haben, er gibt seine Stelle auf und gründet ein eigenes Handelshaus, gemeinsam mit einem englischen Freund, Maurice Clark.

Die Geschäfte laufen glänzend. Weiterhin strömen die Einwanderer ins Land, Amerika wächst, der beginnende Bürgerkrieg kurbelt die Nachfrage noch an. Die

Soldaten und Fabrikarbeiter benötigen Essen, die Bauern brauchen Saatgut. Clark & Rockefeller verkaufen es ihnen. Sie handeln in Ohio mit Bohnen, in Michigan mit Weizen, in Illinois mit Salz und Schweinefleisch, und bald fangen sie an, ein neues Produkt zu verkaufen, das in immer mehr Häusern des Landes die bisher meist mit Walfischtran betriebenen Lampen füllt: Erdöl aus Pennsylvania.

Mit dem Öl verhält es sich in diesen Tagen ähnlich wie Jahrzehnte später mit Computern oder dem Internet: Die einen glauben, es sei von nun an ein anderes Wort für Gold, die anderen fürchten, besonders lange werde sich damit kein Geschäft machen lassen. Auch Rockefeller zweifelt zunächst, doch dann kaufen er und Clark eine kleine Raffinerie, und da sie Gewinn abwirft, nimmt Rockefeller einen Kredit nach dem anderen auf, um das Ölgeschäft zu erweitern. Die Raffinerie wächst und wächst. Als Clark ob der schnellen Expansion Bedenken anmeldet, kommt es zum Bruch. Die Firma wird aufgelöst und zur Auktion angeboten. Sowohl Clark als auch Rockefeller beschließen, das Unternehmen zu ersteigern.

So kommt es, dass Anfang Februar 1865, an einem der letzten Tage des amerikanischen Bürgerkriegs, in einem kargen Büroraum in Cleveland zwei gegensätzliche junge Männer ihre finanziellen Kräfte messen. Der eine, Clark, fürchtet das unternehmerische Risiko, gibt sich privat aber gern pompös. Der andere, Rockefeller, hebt jede Paketschnur und jedes Stück Packpapier auf, aber wenn er einmal an eine Geschäftsidee glaubt, scheut er keine Gefahr. Clark nennt ihn den »größten Schuldenmacher, dem ich je begegnet bin«. Dieser asketische Erzkapitalist pariert ungerührt jedes Gebot seines Gegners mit einem höheren Betrag, sagt schließlich »72 500 Dollar!« – und hat gewonnen. Clark gibt auf, Rockefeller ist Herr über die bei weitem größte Raffinerie der Stadt. Später wird er sagen: »Ich verweise immer auf diesen Tag als den Anfang des Erfolges, den ich im Leben hatte.«

Es hätte leicht auch der erste Tag seines Untergangs sein können. Zwar wächst auch nach Ende des Bürgerkriegs der Hunger nach Öl. Immer mehr Lampen benötigen Leuchtstoff, immer mehr Maschinen brauchen Schmiermittel. »Statt der Baumwolle regiert jetzt das Öl die Welt des Handels«, schreibt 1865 der amerikanische Kongressabgeordnete James Garfield.

Aber auch immer mehr Menschen wollen mit dem in Pennsylvania geförderten Öl Geld verdienen. Ob Cleveland, Pittsburgh, New York, Philadelphia oder Boston – überall stehen die Raffinerien, und bald sind es zu viele. Da sich das von ihnen hergestellte Petroleum und Schmieröl kaum unterscheidet, können sie miteinander nur über den Preis konkurrieren. Wer am kostengünstigsten produziert, gewinnt.

Der Gewinner heißt Rockefeller. Anders als Gottfried Daimler, der Erfinder des Automobils, entwickelt er kein neues Produkt. Anders als Henry Ford, der Vater des Fließbands, entdeckt er kein neues Produktionsverfahren. Worauf Rockefeller baut, ist so banal wie revolutionär. Es ist die Macht der Masse. Mit seinem neuen Partner Henry Flagler, einem ehemaligen Salzfabrikanten, gründet er die Standard Oil Company, die erste Erdölgesellschaft der Vereinigten Staaten. Als eines der ersten Industrieunternehmen der Geschichte macht sich Standard Oil im großen Stil zunutze, was heute zum Grundwissen jedes Betriebswirtschaftlers gehört: die Economies of Scale, die Vorteile der Größe.

John Davison Rockefeller erkannte den Vorteil der Größe im Wettbewerb der Industrieunternehmen. Er wurde bald zum Symbol ungeheurer Wirtschaftskraft.

Rockefeller kauft Wälder und Dampfschiffe, er produziert eigene Ölfässer und verfrachtet sie selbst über die Kanäle und Seen, um sich nicht mehr von plötzlich steigenden Holz- oder Transportpreisen die Gewinnmargen verkleinern zu lassen. Er arbeitet mit Strohmännern und Spionen, kauft konkurrierende Raffinerien auf, legt einige still, legt andere zusammen. Er erhöht die Produktion, senkt dadurch zuerst die Stückkosten und dann die Preise, wodurch er weitere Rivalen zur Aufgabe und zum Verkauf zwingt. Innerhalb eines Jahres übernimmt Standard Oil allein in Cleveland 22 seiner 26 Konkurrenten.

Die riesigen Mengen an Öl, über die Rockefeller bald befiehlt, machen ihn zum begehrten Verhandlungspartner der Eisenbahngesellschaften, die sich darum reißen, das Öl Amerikas zu transportieren. Nur Rockefeller kann garantieren, ihre Züge zu füllen, und so muss sich im April 1868 der ergraute Eisenbahn-Magnat Cornelius Vanderbildt, genannt der Commodore, in das Büro dieses 29-jährigen gefühlskalten Emporkömmlings begeben, um ihn zum Vertragsabschluss zu bewegen. Rockefeller schlägt ein, die Eisenbahn gewährt ihm großzügigen Rabatt, was er dazu nutzt, die Preise weiter zu senken und weitere Konkurrenten »zum Schwitzen zu bringen«, wie er sagt.

Wenige Jahre später hat sich das Spielfeld verändert, Öl wird jetzt in Pipelines quer durchs Land befördert, die wichtigste Spielregel aber ist immer noch dieselbe: Der Größte gewinnt. Rockefeller kauft ganze Landstriche auf, damit die Konkurrenz dort keine Rohre verlegen kann, und überzieht den Westen Pennsylvanias mit einem riesigen eigenen Pipeline-Netz. »Sobald ein Ölsucher auf Öl stieß, war Standard Oil da, um seine Quellen anzuschließen – das sicherte die Existenz des Ölproduzenten ebenso wie seine unwiderrufliche Abhängigkeit vom Konzern«, so Rockefeller-Biograph Chernow.

Die mächtige Unternehmensmasse wächst zum Monopol. Anfang der 1880er-Jahre kontrolliert die Standard Oil mit ihren Tochterfirmen, inzwischen zusammengefasst in einer Holding mit Sitz am Broadway 26 in New York, rund 90 Prozent des amerikanischen Raffineriegeschäfts. Rockefeller konzentriert fast die gesamte Produktion auf drei riesige Raffinerien, die viel rentabler arbeiteten als die zuvor übliche Vielzahl kleinerer Anlagen. Jahrzehnte später wird der Harvard-Ökonom Alfred D. Chandler zu dem Schluss kommen, dass dieser Schritt die Gewinnspannen noch einmal fast verdoppelt und damit das Fundament gelegt habe für eines der größten Vermögen der Industriegeschichte.

Rockefeller verkauft sein Petroleum bis nach Asien und vor allem nach Europa, auch nach London, wo 1883 ein Mann stirbt, der wenige Jahre zuvor einen Satz sagte, der auf niemanden besser passt als auf den alle Rivalen verdrängenden Rockefeller: »Je ein Kapitalist schlägt viele tot.« Es ist Karl Marx.

Rockefeller hasst Gewerkschaften und jede Art von Arbeiterbewegung, trotzdem ist er eine Art positiver Marxist. Wie der 20 Jahre ältere deutsche Philosoph glaubt auch er an die Unvermeidbarkeit von immer weiter wachsenden Unternehmen, von Kartellen und Monopolen. Während Marx in den Monsterunternehmen jedoch die Symptome eines siechenden Kapitalismus sieht, hält Rockefeller sie für lebenswichtig. Nur so lasse sich Ordnung in die chaotische Welt des Marktes bringen. Rockefeller, der Freund Gottes und des Geldes, empfindet sich als den Retter der Ölindustrie.

Kein Wunder, dass er nicht recht versteht, weshalb ihm zunehmend Hass entgegenschlägt. Es würde all die kleinen, aus dem Markt gedrängten Ölunternehmer womöglich besänftigen, hätte Rockefeller einfach das bessere Produkt. Doch ihnen bleibt bloß das Gefühl, von einem Riesen ruiniert zu werden, der nicht intelligenter ist, sondern nur stärker. Und vor allem hungriger.

Die Wut schwelt, langsam wächst in Politik und Öffentlichkeit das Gefühl, dass ein freier Markt den

100001

Das Rockefeller Center in New York (hier mit dem bekannten »Atlas«) wurde 1931–40 unter John D. Rockefeller jr. als Komplex aus mehreren Wolkenkratzern errichtet. Im Dezember steht hier der größte Weihnachtsbaum der USA.

Schutz des Gesetzes braucht, um frei zu bleiben. Der Monopolist Rockefeller wird zum Symbol unheimlicher Wirtschaftsmacht. Doch es dauert Jahrzehnte, bis aus dem Gedanken ein Paragraf, bis aus dem Unmut ein Gerichtsverfahren und aus der Anklage ein rechtskräftiges Urteil wird. Erst im Jahr 1911 ordnet der Oberste Gerichtshof der Vereinigten Staaten die Zerschlagung von Standard Oil an.

Er verschenkt sechs Milliarden Dollar

Der Riese wird in 34 Teile zerlegt, aus denen Ölkonzerne wie Exxon, Chevron, Mobil und Amoco hervorgehen, aber da hat sich Rockefeller längst aus dem Management zurückgezogen. Hat von außen erlebt, wie die Glühbirne die Petroleumlampe überflüssig macht und wie das Raffineriegeschäft trotzdem weiterlebt, weil fast gleichzeitig das Automobil den Pferdekarren ersetzt.

Der reichste Mann der damaligen Welt wird auch ihr größter Spender. Nicht aus schlechtem Gewissen, wie manche mutmaßen, sondern weil er dies für den Wunsch Gottes hält. Das Geld, das der Herr ihm gab, will er nicht für sich behalten. Rockefeller ermöglicht die Gründung der University of Chicago, er finanziert das modernste medizinische Forschungsinstitut Amerikas, er stiftet Schulen, Museen und Bibliotheken. Insgesamt verschenkt er, nach heutigem Geldwert, sechs Milliarden Dollar.

Für sich und seine Familie hat er nicht ganz so viel übrig, er raucht nicht, trinkt nicht, geht nicht auf Partys und nicht ins Theater, seine Kinder bekommen weniger Taschengeld als ihre Mitschüler, und als der größte Kapitalist aller Zeiten 1937 im Alter von 97 Jahren stirbt, hat er ein Leben gelebt, das sich nicht so sehr von dem eines frommen Bauern aus Ohio unterscheidet. Er ist früh aufgestanden, hat hart gearbeitet, ging gleich danach ins Bett, und am Sonntag war er in der Kirche.

Nur dass er es nicht gern hatte, wenn der Bauer vom Nachbarhof ihm Konkurrenz machte. *27. März 2003*

Transsibirische Eisenbahn

»Die Transsib«

Russlands Aufstieg zur Weltmacht wäre undenkbar ohne den Bau der längsten Gleisstrecke der Welt

Von Wolfgang Plat

Das solide Rückgrat des unermesslichen russischen Reiches ist noch immer die Eisenbahn mit der längsten Gleisstrecke der Welt von 9 297 Kilometern. Ohne diesen Schienenweg – zunächst eingleisig, seit Mitte der Dreißigerjahre zweigleisig ausgebaut – wäre Russland weder ein mächtiger Industriestaat geworden, noch wäre das Reich regierbar. Der Schöpfer der »Transsib« heißt Graf Witte, nach zeitgenössischem Zeugnis zwar »ein Reaktionär reinsten Wassers«, zugleich aber ein großer Realist und keineswegs ein Utopist.

Sergej Julewitsch Witte: Der Traum des Ministers war die Industrialisierung Russlands durch den Eisenbahnbau.

Sergej Julewitsch Witte stammte väterlicherseits aus dem Baltikum, wohin seine niederländischen Vorfahren eingewandert waren. Sein Vater war höherer Beamter in Tiflis. Dieser trat vom Luthertum zur orthodoxen Kirche über, um in eine Familie des russischen Uradels (Dolgorukow) einheiraten zu können. Sein Sohn hatte nach dem Universitätsstudium als Ingenieur bei der Südwestbahn seine Laufbahn begonnen. Er lernte das Eisenbahnwesen so gründlich, dass er bald als der absolute Fachmann auf diesem Gebiet galt. Schon unter Alexander II. bekleidete er wichtige Regierungsstellen.

Nach dem tödlichen Attentat auf Zar Alexander II. (1881) begleitet Witte dessen Nachfolger Alexander III. auf einer Reise im südwestlichen Staatsgebiet. Da er die Brüchigkeit des Schienennetzes kennt, warnt er davor, den Eisenbahnzug des Zaren mit überhöhter Geschwindigkeit zu fahren. Seine Warnungen bleiben fruchtlos, selbst der Zar findet seine Vorsicht lächerlich. Und genau auf der Strecke, vor der Witte gewarnt hat, kommt es zur Katastrophe. Der Zug entgleist bei voller Fahrt in der Provinz Charkow: 28 Tote, 37 Verletzte. Der Speisewagen, wo sich die Zarenfamilie gerade aufhielt, brach vollständig auseinander. Der Herrscher rettete seine

4601

Ohne die Transsib wäre die Schlacht von Stalingrad nicht gewonnen worden (Mark Domaschenko, »Schlacht am Sapun-Hügel in Stalingrad«, 1947; Sankt Petersburg, Zentrales Artilleriemuseum).

Familie, indem er das herabstürzende Dach des Wagens so lange hochstemmte (der Zar war von riesiger Gestalt und verfügte über enorme Körperkräfte), bis sich alle Insassen in Sicherheit gebracht hatten.

Gleich drei Minister müssen nach Abschluss der Untersuchung ihren Hut nehmen. Witte wird Verkehrsminister. Der Zar äußert sich so über ihn: »Dieser raue Bursche hat praktisch in meiner Gegenwart den Verkehrsminister beschimpft, er werde mir schließlich noch den Hals brechen. Aber alles hat sich so abgespielt, wie er es vorausgesagt hatte. Ich will diesen Menschen richtig einsetzen.« Im September 1892 wird Witte Finanzminister, und er baut seine Position so aus, dass er die Funktion eines Ministerpräsidenten (den gab es in Russland vor 1906 nicht) ausübte. Sofort geht er daran, seinen Traum, die Industrialisierung Russlands durch den Bau der Transsibirischen Eisenbahn, zu verwirklichen.

Witte hat begriffen, das geht aus seinen Memoranden hervor, dass dieses Bauvorhaben die Entwicklung Russlands wirtschaftlich, politisch und zivilisatorisch gewaltig beschleunigen wird und außerdem das Reich militärisch stärkt. Wir wollen hier gleich vorwegnehmen: Auch die Schlacht von Stalingrad 1942/43 wurde von der

Transsib mit gewonnen. Auf ihr rollten endlose Züge mit Nachschub, Soldaten, Panzern, Verpflegung und Munition aus Sibirien heran.

So wie 1806 die Vernichtung des friderizianischen Preußens bei Jena und Auerstedt durch Napoleon dem Freiherrn vom Stein die Möglichkeit gab, durch bürgerliche Reformen Preußen wieder auferstehen zu lassen, so zwang der gegen England, Frankreich und Österreich verlorene Krimkrieg (1853–56), durch den Russland seine Vormachtstellung auf dem Kontinent verlor, das Selbstherrschertum, den Zustand des Reiches und seinen Rang in der Weltpolitik zu überdenken.

Der Krimkrieg hatte bewiesen: Der russische Koloss war, obwohl er von seinem riesigen Territorium keinen Quadratkilometer eingebüßt hatte, hoffnungslos um hundert Jahre hinter den westeuropäischen Industriestaaten zurückgeblieben. Es gab zwischen Moskau und der Krim, dem Kriegsschauplatz, nicht einen einzigen Kilometer Eisenbahnschienen. Die russischen Truppen mitsamt der Artillerie, dem Tross und dem Nachschub mussten Tausende Kilometer auf elendsten Straßen und Wegen überwinden, wobei ein Drittel der Soldaten umkam. Auf denselben »Straßen« wurden Zehntausende

4601

Die Rückständigkeit Russlands war am Ende des 19. Jh. ein großes Problem (Isaak Iljitsch Lewitan, »Abendläuten«, 1892; Moskau, Tretjakow-Galerie).

Verwundete auf Pferdewagen und Karren zurückgeführt, ein unmenschliches Martyrium.

Fünf Jahre nach dem Ende des Krimkrieges liquidierte Alexander II. die Leibeigenschaft. Die Bauernbefreiung war ein erster Schritt in die moderne Zeit. Eine uralte Rechtsordnung hörte auf zu existieren. Unter dem Ansturm der folgenden Industrialisierung zerbröckelte die soziale Basis des Zarismus, die gutsbesitzende Adelsherrschaft. Es ist deshalb nicht verwunderlich, dass es der Adel und seine Apologeten waren, die dem Fortschritt den wütendsten Widerstand entgegensetzten. Aber er war es nicht allein. Witte und seine Vorgänger stießen - ganz ähnlich wie die heutigen Reformer - auf die tiefe Abneigung fast der gesamten russischen Öffentlichkeit gegen den Kapitalismus.

Witte trieb die Industrialisierung Russlands voran

Das denkende Russland war im ganzen 19. Jahrhundert von einem überzeugt: Das Bauerntum, jene riesige Masse von Leibeigenen, Staatsbauern und dann nach 1861 persönlich (fast) freien Bauern, sei der Humus, auf dem sich die Zukunft Russlands entfalten würde, zumal es bis dahin im Lande weder ein freies Handwerkertum noch einen Stamm tüchtiger Unternehmer gab, jene beiden Säulen, auf die sich die stürmische kapitalistische Entwicklung Westeuropas stützte.

Witte und seine Vorgänger waren in einem Staatswesen tätig, das seit dem Krimkrieg immer am Rande des Bankrottes hintaumelte. Der teilweise sehr begüterte Adel dachte nicht im Traume daran zu investieren. Das Land hatte bis 1906 weder Verfassung noch Parlament. Es gab keine Institution, in der politische und wirtschaftliche Initiativen wirksam werden konnten und zu Gesetzen wurden. So absonderlich es klingen mag: Vor 1861 wurden nicht wenige Betriebe auf kapitalistischer Basis von begabten Leibeigenen geleitet! Unter diesen gesellschaftlichen Bedingungen ist es begreiflich, dass die Energien begabter und vorwärts drängender Persönlichkeiten, die in diesem Russland zu ersticken drohten, sich in zwei Richtungen entluden: der russischen Literatur des 19. Jahrhunderts, die in ihrer Vielfalt und ihrem Reichtum einmalig in der Welt war, und - im revolutionären Untergrund.

Die Industrialisierung Russlands unterscheidet sich von Anfang an durch drei Besonderheiten von der in Westeuropa und Amerika:

-Die Initiative geht fast ausschließlich vom Staat aus.

-Die wesentlichen finanziellen Mittel zum Aufbau der russischen Industrie und der Eisenbahn werden durch Anleihen im Ausland und durch ausländische Investitionen aufgebracht.

-Relativ wenige sehr große und hochmoderne Betriebe entstehen, die meist Ausländern gehören und von englischen oder deutschen Ingenieuren geleitet werden. Infolge der mangelhaften Bildungseinrichtungen waren solche Fachkräfte im Inland fast nicht aufzutreiben.

Mit der Industrialisierung entsteht eine Arbeiterschaft, die in den Großbetrieben leicht politisch zu organisieren ist und die gleichzeitig fast kaserniert unter schlimmsten Bedingungen arbeiten muss. Ein sehr erfolgreicher Politiker, der gleich Witte schließlich von seinen Feinden gestürzt wurde, erzählt, wie er um 1900 Wittes Politik als Arbeiter erlebte. Als Sohn eines armen Bauern kam er als Fünfzehnjähriger in die Stahlstadt Jusowka (so benannt nach dem Waliser Unternehmer Hughes, der dieses Industriezentrum gründete): »Ich arbeitete in einer Fabrik, die Deutschen gehörte, in Kohlengruben, die Franzosen gehörten und in einer chemischen Fabrik, die Belgiern gehörte. Dort lernte ich einiges über Kapitalisten. Sie waren alle gleich, egal, welcher Nationalität sie angehörten. Alles, was sie von mir wollten, war, dass ich soviel Arbeit als nur möglich für den geringsten Lohn leistete, der mich gerade noch am Leben hielt.«

Der Jungarbeiter lebt schon ganz in Jusowka, sein Vater dagegen bestellt im Sommer sein kümmerliches Feld, im Winter arbeitet er in einem Bergwerk. Der Vater also halb Bauer, halb Arbeiter – der Sohn schon ganz Proletarier. Das ist ein genaues Spiegelbild der russischen Arbeiterschaft um die Jahrhundertwende. Der kleine zähe Stahlarbeiter kehrt 1917 in sein Heimatdorf Kalinowka zurück, um »im Namen der Revolution« bei der Aufteilung des Landes nicht zu kurz zu kommen. Der Name des Jungen: Nikita Sergejewitsch Chruschtschow. Alle diese Arbeiter kommen aus dem Bauernstand. Sie sind ohne gewerkschaftlichen Schutz, ohne Unfallschutz und geregelte Arbeitszeit, die es zwar um die Jahrhundertwende geben sollte, aber oft nur auf dem Papier ... Alle werden wüst ausgebeutet, und die Polizeiaufsicht reicht bis in die Betriebe. Auf Streikende wird grundsätzlich geschossen. Die Proletarier sind empfänglich für Ideen, von denen sie sich eine Verbesserung ihrer elenden Lage versprechen, so, wie es die Mutter in Gorkijs gleichnamigem Roman von 1907 ausspricht: »Fürchtet nichts! Es gibt keine Qual, die bitterer wäre als die, die ihr euer ganzes Leben lang ertragt.«

Am 29. März 1891 schreibt Alexander III. seinem Sohn Nikolaus einen Brief. Er beauftragt ihn, in Wladiwostok den Grundstein für die Transsibirische Eisenbahn zu legen. Am 31. Mai desselben Jahres führt Nikolaus diesen Befehl gehorsam aus, indem er eigenhändig einen Schubkarren mit Erde füllt, zur Trasse bringt und dort den Grundstein legt. So beginnt der Bau der längsten Eisenbahnstrecke der Welt, die Europa und Asien zum ersten Mal in der Geschichte zuverlässig verbindet. Zu diesem Zeitpunkt verfügte Russland schon fast sechzig Jahre über Erfahrungen im Eisenbahnbau, denn 1836 war die erste Strecke zwischen Sankt Petersburg und der kaiserlichen Residenz in Zarskoje Selo eröffnet worden. Ihr folgt 1851 die Bahnlinie Sankt Petersburg–Moskau.

Bis dahin stammt das rollende Material vorwiegend aus England oder Amerika. Ausländische Ingenieure bauen diese ersten russischen Eisenbahnen. Aber die Transsib wird von russischen Ingenieuren gebaut, Schienenmaterial, Lokomotiven und Waggons sind russischen Ursprungs.

Auf der Pariser Weltausstellung von 1900 – neun Jahre nach Baubeginn und ein Jahr vor dem Ende des Baus der Transsib auf der damals größten Baustelle der Welt – präsentiert Russland stolz seine Eisenbahnerzeugnisse: fünf mächtige Lokomotiven, drei bereits für Ölfeuerung vorgesehen; drei hochmoderne Waggons (erste, zweite und dritte Klasse – alle als Schlafwagen ausgerüstet); zwei Tankwagen für Erdöl sowie einen Kühlwagen für Milchtransporte. Die Compagnie des Wagons-Lits präsentiert einen transsibirischen Luxuszug, bestehend aus zwei Restaurantwagen, einem Luxusschlafwagen und einem Salonwagen mit Friseursalon

Nowosibirsk, heute die drittgrößte Stadt Russlands, liegt an der Transsibirischen Eisenbahn. Die Stadt wurde 1893 als Eisenbahnersiedlung an einer Brücke über den Ob gegründet.

101170

und Badezimmer. Mit diesem Zug, von dessen Komfort der Reisende der Bundesbahn nur träumen kann, werden in den folgenden Vorkriegsjahren betuchte Europäer von Paris über Moskau bis nach Peking reisen.

Der Bau der Transsib gibt der Schwerindustrie den Anstoß

Witte selber hatte andere Sorgen. Man hat ihn immer als einen rücksichtslosen, herrschsüchtigen Menschen dargestellt. Aber ein Mensch ohne diese Eigenschaften hätte niemals in diesem riesigen und verschlafenen Land - wo die Bauern sich noch bekreuzigten, wenn sie die »rollenden Samoware« (so nannten sie die Lokomotiven) sahen - die Industrialisierung vehement vorantreiben können. Er sammelte tüchtige und begeisterungsfähige Fachleute um sich. Durch persönliche Beziehungen zu den Bankhäusern von London und Berlin, aber vor allem von Paris schaffte er jenes Dutzend Milliarden Rubel heran, ohne die er schon 1891 gescheitert wäre, als Südrussland unter einer schlimmen Hungersnot litt. Witte ließ sofort besondere Fahrpläne zur Versorgung des Notstandsgebietes ausarbeiten und ließ jüdische Getreidehändler die Hungernden mit Saatgut beliefern (»Die Juden werden es schon schaffen«), zu einer Zeit, wo die ersten schrecklichen Judenpogrome das Land erschütterten und blankes Entsetzen in Westeuropa hervorriefen.

Wie funktionierte das »Witte-System«? Es lässt sich in folgenden Punkten zusammenfassen:

-Der Bau der Transsib gibt vor allem der Schwerindustrie einen Anstoß: 1913 steht Russland mit dem Wert seiner Bergbauprodukte, seiner Roheisen- und Rohstahlerzeugung, seiner Goldgewinnung und seiner Maschinenproduktion an vierter oder fünfter Stelle in der Welt.

-Die Eisenbahn verbindet endlich den Erzbergbau von Kriwoi Rog und das Kohlebecken am Donez miteinander. Der innere Markt erlebt einen deutlichen Aufschwung.

-Russland wird nach den USA und vor Mexiko und Rumänien der zweitgrößte Erdölproduzent der Erde.

-In dem Maße, wie sich der industrielle Sektor sprunghaft vergrößert, wird die riesige ländliche Überbevölkerung vermindert. Ein Teil der Bewohner kann mithilfe der Transsib nach Sibirien auswandern, wo neben Industriestädten ein leistungsfähiges Mittel- und Großbauerntum entsteht. Zwischen 1897 und 1911 verdoppelt sich die Zahl der sibirischen Ansiedler von vier auf acht Millionen Menschen.

-Witte stabilisiert die zerrüttete Landeswährung durch den Goldstandard. Endlich kann das Ausland Vertrauen zum Rubel haben. Als Witte 1902 als Finanzminister gehen muss, beträgt der Notenumlauf 552 Millionen Rubel, die Golddeckung 725 Millionen Rubel.

-Den enormen Mangel an Fachkräften mildert Witte durch die Gründung von über hundert Handelsschulen und die Polytechnikschulen in Sankt Petersburg, Kiew und Warschau.

-Durch günstige Eisenbahntarife subventioniert Witte ganze Industriezweige und fördert den Export energisch bei gleichzeitigem Schutz der einheimischen Industrie durch hohe Einfuhrzölle.

-Durch Verbrauchssteuern anstelle von Umsatz- und Einkommenssteuern schont Witte die Gewinne der Unternehmer und gibt Anreize zur Direktinvestition, während er die Massenkaufkraft einschränkt.

-Mit dem Bau der Transsib, der Transmongolischen und der Transmandschurischen Bahn will Witte Russland den asiatischen Markt öffnen und es zu einer wirklichen europäischen und asiatischen Macht erheben.

-Das Ergebnis: Die Steigerungsraten beim Industriewachstum und beim Bruttosozialprodukt in den Neunzigerjahren des 19. Jahrhunderts sind mit acht bis zehn Prozent jährlich die bedeutendsten in Europa. Mit Witte zeigt Russland der Welt, zu was es fähig ist. Aber es wäre falsch, die Wirkungen des »Witte-Systems« allein im rosigen Licht zu sehen.

Der Wirtschaftsfachmann wird sofort erkennen, welch unerhörte materielle und auch physische Opfer der Masse der Bauernschaft und der Arbeiter abverlangt wurden. Gegenüber der Arbeiter- und Bauernfrage war Witte lange einfach blind. Als riesige Streiks und Bauernrevolten den Sturmwind der Revolution von 1905 ankündeten, war es für Einsichten zu spät.

Einer der größten Irrtümer Wittes bestand darin, dass er glaubte, China »friedlich« durchdringen zu können (mit der Beherrschung der Mandschurei und dem Vorstoß bis Port Arthur) und dass England und das längst erwachte Japan die empfindlichen Störungen ihrer Einflusssphären hinnehmen würden. Witte glaubte einfach nicht an einen Krieg mit Japan, während Nikolaus II. und seine Generäle ihn erhofften, um »die gelben Affen« (Lieblingsausdruck des Zaren) prügeln und durch glänzende Siege das empörte Volk beruhigen zu

Die Baikal-Amur-Magistrale, seit 1984 in Betrieb, verläuft nördlich und fast parallel zur Transsib. Auch diese Strecke sollte eine zuvor unerschlossene Region demographisch und wirtschaftlich öffnen, stellte sich jedoch inzwischen als eine gigantische Fehlinvestition heraus.

101170

100562

Blick in den Speisewagen der Transsibirischen Eisenbahn heute

können. Es kam anders: Im Russisch-Japanischen Krieg von 1904/05 wurden die Streitkräfte des Zaren vernichtend geschlagen – es folgte die Revolution von 1905.

Noch zweimal zeigte Witte in dieser Revolution, wozu er fähig war. Der amerikanische Präsident Theodore Roosevelt vermittelte die Friedensverhandlungen mit Japan, die im September in Portsmouth (USA) mit dem Friedensvertrag endeten. Die russische Delegation leitete Witte. Sein Verhandlungsgeschick, das ihm die Bewunderung der europäischen Diplomatie einbrachte, war so groß, dass Russland mit einem blauen Auge davonkam. Russland musste auf Süd-Sachalin und die Mandschurei verzichten. Aber von einer Demütigung konnte keine Rede sein. Wittes Rückkehr aus den USA glich einem Triumphzug durch Europa.

Aber seine Heimat empfing ihn eiskalt. Russland war wie gelähmt durch einen umfassenden Streik von etwa drei Millionen Menschen. Doch Witte nimmt der Revolution den Schwung, indem er den schwachen und widerstrebenden Zaren zwingt, das Oktober-Manifest zu erlassen, mit dem Russland den ersten zaghaften und widerspruchsvollen Schritt in den Verfassungsstaat tut. Witte, selber ein entschiedener Gegner des Parlamentarismus, den er immer als »störend« empfand, erklärte dem Zaren trocken, es müsse nun gewählt werden zwischen blutiger Militärdiktatur oder einer Konstitution.

Witte hatte das Unglück, dass er nacheinander zwei Herrschern diente, von denen der eine (Alexander III.)

zutiefst reaktionär und willensstark, der andere (Nikolaus II.) reaktionär und willensschwach war. Während der Industrialisierung Russlands knüpfte Witte die Verbindungen zu Frankreich enger. Die Folgen der finanziellen Verflechtung mit Frankreich – der Abriss des Drahtes zwischen Berlin und Sankt Petersburg; das Militärbündnis zwischen England, Frankreich und Russland, mit dem Russland seine weit über hundert Jahre lang dauernde Allianz mit Preußen aufgab –, das alles hat Witte so nicht vorhergesehen. Er brauchte Geld, egal woher es kam. Aus Deutschland kam es nicht mehr. Bismarck hatte es verboten.

Eigentlich war Witte ein Mann des Friedens. Verzweifelt warnte er vor der drohenden Gefahr, als sich der Erste Weltkrieg abzuzeichnen begann, denn Witte war zutiefst davon überzeugt, dass Russland diesen Krieg nicht durchstehen könne und seinem Untergang entgegenginge. Witte starb einsam und isoliert im zweiten Kriegsjahr 1915.

Als sich im April 1992 die Volksdeputierten zu ihrem Kongress in Moskau versammelten, mussten sie durch ein Spalier brüllender Demonstranten hindurch. »Judasse!« – »Ihr verkauft Russland ans Ausland!«, das waren die Rufe. Es ist genau der Vorwurf, der auch vor hundert Jahren Witte von allen Seiten her gemacht wurde. Er war damals so unsinnig wie heute. Ganz ohne Zweifel: Russland braucht ausländische Hilfe und ausländisches Know-how, und es braucht Menschen mit solidem Fachwissen, mit Durchsetzungsvermögen, mit Organisationsgeschick, mit Mut und Weitsicht. Kurz, Russland braucht heute Persönlichkeiten, die alle positiven Eigenschaften haben, die Graf Witte hatte. In seinen Memoiren schreibt Witte:

»Als Finanzminister stand ich auch im Dienst des Handels und der Industrie. In dieser Eigenschaft vergrößerte ich unsere Industrie um das Dreifache. Dies wiederum wird mir entgegengehalten. Dummköpfe! Man sagt, ich hätte fremde Maßstäbe angelegt, um unsere Industrie zu vergrößern. Was für ein albernes Argument. Wie anders kann man die Industrie entwickeln? ... Eine moderne Politik kann nicht stark sein ohne eine gut entwickelte Industrie!« *15. Mai 1992*

Russisch-Japanischer Krieg

Japans Triumph, Russlands Debakel

Der Krieg von 1904/05 zwischen den beiden Mächten sollte für die Geschichte des 20. Jahrhunderts fatale Konsequenzen haben

Von Wolfgang Zank

Die Nacht vom 8. auf den 9. Februar 1904 war in Port Arthur, Russlands mächtiger Flottenbasis am Gelben Meer, wolkenlos, ruhig und kalt. Und finster, da der Mond erst nach dem Morgengrauen aufging. Die Scheinwerfer des Schweren Kreuzers Pallada suchten den Horizont ab, und draußen auf See patrouillierten zwei Zerstörer in einem 30-Kilometer-Radius. Aber dies waren Routinemaßnahmen. Admiral Jewgenij I. Alexejew, Vizekönig und Oberkommandierender in Port Arthur, rechnete nicht mit einem Angriff. Die sieben Schlachtschiffe und sieben Kreuzer des Pazifischen Geschwaders lagen außerhalb des Hafens friedlich auf der Reede vor Anker.

Plötzlich, gegen Mitternacht, machten die Matrosen an Bord der Pallada einige Schiffe ohne Positionslichter aus: Es waren japanische Zerstörer, die in voller Fahrt auf das russische Geschwader zuliefen. Sie feuerten ihre Torpedos ab und verschwanden wieder in der Dunkelheit. Die Pallada wurde von einer heftigen Explosion erschüttert; ein Torpedo hatte backbord mittschiffs getroffen. Auch auf den Schlachtschiffen Retvisan und Zessarewitsch schlug jeweils ein Torpedo ein. Alle drei Schiffe liefen auf Grund, als sie versuchten, sich durch die enge Durchfahrt in den Hafen zu schleppen.

Im fernen Sankt Petersburg hatte Zar Nikolaus II. den Abend zusammen mit Zarina Alexandra und seiner Mutter, Kaiserinwitwe Marie Fjodorowna, in der Oper verbracht. Als er schließlich ins Winterpalais zurückkehrte, überbrachte ihm ein Kurier eine Meldung von Admiral Alexejew. »Und dies ohne eine Kriegserklärung!«, schrieb der Zar indigniert in sein Tagebuch.

100563

Die Spannungen zwischen Russland und Japan seit Ende des 19. Jh. gipfelten nach der Weigerung Russlands, Korea dem japanischen Einfluss zu überlassen, im Russisch-Japanischen Krieg (das versenkte Kriegsschiff Retvisan in Port Arthur, 9. Februar 1904).

»Niemals war ein Krieg derart unpopulär«, erinnerte sich später der französische Botschafter Maurice Bompard. »Die Leute verstanden weder seine Ursachen noch seine Ziele [...] Die Bevölkerung, die der Armee mehr als eine Million ihrer Söhne geben musste, fiel bald in eine tiefe Depression angesichts dieses unerklärlichen Krieges, umso mehr als der Zar nicht imstande war, die Notwendigkeit dieser Opfer zu erklären.«

Um die Entstehung des Krieges zu verstehen, empfiehlt es sich, einige Jahrzehnte zurückzugehen. Noch um die Mitte des 19. Jahrhunderts lebte das Inselreich Japan fast völlig von der Außenwelt abgeschlossen. Als einzige ausländische Macht durfte nur Holland eine kleine Handelsstation unterhalten: auf dem Inselchen Deshima vor Nagasaki. Doch dann erschien am 8. Juli 1853 der amerikanische Kommodore Matthew C. Perry mit zwei Dampffregatten und zwei Schaluppen in der Bucht von Edo (Tokio) und verlangte ultimativ den Abschluss eines Handelsvertrages. Die Japaner hatten Perrys Schiffsgeschützen nichts Entsprechendes entgegenzusetzen und gaben schließlich nach.

Die gewaltsame Öffnung stürzte das Land in eine tiefe Krise. 1868 konnte schließlich eine Gruppe reformerischer Samurai die Herrschaft des letzten Schoguns, des letzten Militärherrschers, stürzen und das Land auf den Weg in die Moderne bringen. Den unter der Schogun-Herrschaft marginalisierten Kaiser machten sie wieder zum alleinigen Staatsoberhaupt. Die Reformer schafften die Standesprivilegien ab, bauten eine zentralistische Verwaltung auf, nebst Steuersystem, schufen ein modernes Bank- und Handelswesen, führten die allgemeine Wehrpflicht ein und organisierten den Import westlicher Technologie. 1889 erhielt das Land schließlich eine Verfassung. Im Gegensatz zu Russland hatte Japan nun eine ordnungsgemäße Regierung, die sich den Haushalt und die Gesetze von einem Zweikammerparlament genehmigen lassen musste. Eine Gruppe »älterer Staatsmänner« (genro) stand der Regierung beratend zur Seite, in der Regel wurde Konsens gesucht. Kaiser Mutsuhito mischte sich im Gegensatz zu seinem russischen Kollegen nur selten direkt in die Regierungsgeschäfte ein, fungierte aber als eine Art oberster Schiedsrichter.

Das Bildungsniveau war beachtlich, um die Mitte des 19. Jahrhunderts übertraf die Alphabetisierungsrate Japans die Englands. Die Aneignung westlicher Technologie machte rasante Fortschritte. Allerdings übernahm Japans Elite bald auch die außenpolitischen Prinzipien der westlichen Mächte, und das hieß Imperialismus beziehungsweise Kolonialismus. »Verteidigung«, schrieb der amerikanische Admiral Alfred T. Mahan, »bedeutet heutzutage nicht nur Verteidigung unseres Territoriums, sondern Verteidigung unserer gerechten nationalen Interessen, welche auch immer sie sein mögen, und wo auch immer sie sich befinden.«

Darüber hinaus sollte eine aggressive Interessenpolitik, sollte nicht zuletzt der Profit, den man aus den Kolonien zog, auch über die sozialen Spannungen hinweghelfen, die den jungen Industrieländern zu schaffen machten. Denn konnte man die Mindestbedürfnisse der murrenden Arbeiter und Bauern nicht erfüllen, drohte die Hölle der Revolution. Auch Japan hatte gravierende soziale Probleme.

Preußische Instrukteure halfen Japan bei der Modernisierung des Heeres

Ein nahe liegendes Objekt für die erwachte japanische Expansionslust war das Nachbarland Korea, formal ein Vasallenstaat Chinas und wie das Reich der Mitte gelähmt von einer korrupten Bürokratie. Schon im Januar 1876, kaum zwanzig Jahre nach der Ankunft des Kommodore Perry, schickte Japan drei Kanonenboote nach Seoul und erzwang einen Handelsvertrag sowie die Aufnahme direkter diplomatischer Beziehungen, unter Umgehung Pekings.

Ein weiteres Eindringen in Korea musste auf die Dauer zum Konflikt mit China führen. Japan bereitete sich sorgfältig darauf vor. Preußische Instrukteure halfen bei der Modernisierung des Heeres, britische Offiziere beim Aufbau der Flotte. Im Juli 1894 griff Japan an. Die altertümlich bewaffneten und miserabel geführten chinesischen Truppen waren hoffnungslos unterlegen. Oberst Konstantin I. de Wogack, Russland Militärattaché in Seoul, rapportierte, die chinesischen Truppen, Generale und Offiziere einbegriffen, seien ein derart »unordentlicher Haufen, dass sie es nicht verdienen, Soldaten genannt zu werden«. Die japanische Armee hingegen beeindruckte ihn: »Japan und seine Streitkräfte verdienen die allergrößte Aufmerksamkeit von unserer Seite« – ein Rat, der fatalerweise in Sankt Petersburg kaum Beachtung fand.

Im März 1895 musste China demütig um Frieden bitten, und bei den Verhandlungen in Shimonoseki legte Premierminister Marquis Hirobumi Ito eine lange Liste mit Bedingungen auf den Tisch: China sollte unter anderem die »Unabhängigkeit« Koreas anerkennen, eine hohe Entschädigung zahlen und Taiwan an Japan abtreten. Eine der Bedingungen erregte international Aufsehen: China sollte die Liaodong-Halbinsel mit dem Hafen Port Arthur (chinesisch Lushun) an Japan verpachten. Damit bekämen die Japaner in Zukunft beträchtliche Pressionsmöglichkeiten gegen China.

Doch in anderen Hauptstädten, nicht zuletzt in Sankt Petersburg, betrachtete man das Riesenreich als eigene Interessensphäre. Vor allem Finanzminister Sergej Julewitsch Witte, in diesen Jahren der prägende Kopf der russischen Politik (einen Premier gab es nicht), hatte langfristige Pläne zur wirtschaftlichen und politischen »Durchdringung« Chinas. Sein Motto lautete pénétration pacifique, von kriegerischen Eroberungen hielt er gar nichts.

In diesem Falle allerdings plädierte Witte für eine energische Intervention. Es gelang der russischen Diplomatie dann, Frankreich und Deutschland für ein gemeinsames Vorgehen zu gewinnen. Am 11. April 1895 forderten die Vertreter dieser drei Mächte in Tokio, dass Japan die Liaodong-Halbinsel wieder räume. Die Flotteneinheiten der drei Mächte in Ostasien waren zusammen fast doppelt so stark wie die japanischen. Tokio gab nach.

Offenbar war Japan mit Russland ein neuer, mächtiger Rivale entstanden. Und das Gewicht dieses Rivalen wuchs. War nämlich erst einmal die 1891 begonnene Transsibirische Eisenbahn fertig, dann konnten Russlands Militärs größere Truppenmassen in den Fernen Osten verlegen und dort versorgen. Mit steigender Nervosität verfolgte man in Tokio den Fortschritt der Bauarbeiten.

100977

Sergej Julewitsch Witte mahnte den Zaren zur Freundschaft mit China.

Dagegen konnte der russische Gesandte Graf Arthur P. Cassini aus Peking vermelden, dass »jetzt, nach unserer Entscheidung, unserem großen und schwachen Nachbarn eine rettende Hand zu reichen«, Russlands Ansehen und Einfluss so hoch wie nie zuvor waren. Bald darauf schlossen die beiden Länder ein Bündnis: Russland garantierte Chinas Integrität gegenüber einem japanischen Angriff und erhielt dafür die Konzession, die Transibirische Eisenbahn quer durch die Mandschurei verlegen zu lassen. Diese Linie würde das Projekt verbilligen – und die Mandschurei näher an Russland rücken.

Doch nicht einmal zwei Jahre später vollzog man in Sankt Petersburg eine abrupte Wendung: Die Marineführung und der neue Außenminister Michail N. Murawjew hatten nämlich ihr Augenmerk auf den Hafen von Port Arthur gerichtet. Anders als Wladiwostok (»Beherrsche den Osten!«) war Port Arthur eisfrei.

Witte warnte, mahnte zur Freundschaft mit China. Doch der Zar entschied anders. Am 4. Dezember 1897 landeten russische Kriegsschiffe in Port Arthur. Im März 1898 fügte sich China in das Unvermeidliche: Russland konnte Port Arthur und den südlichen Teil der Liaodong-Halbinsel auf 25 Jahre pachten sowie das Pachtgebiet mittels einer weiteren Eisenbahnlinie an die Transsibirische Linie in der Mandschurei anschließen. Die russisch-chinesische Freundschaft fand ein abruptes Ende.

Just in jener Zeit um 1900 schritt in China eine geheimnisvolle fremdenfeindliche Bewegung, im Westen bald »Boxer« genannt, zum offenen Aufstand. Sie ermordeten chinesische Christen und Fremde und belagerten das Gesandtschaftsviertel in Peking. Vielerorts wurden sie von regulären chinesischen Truppen unterstützt. Im Juni erfasste die Bewegung auch die Mandschurei, und die Aufständischen zerstörten an vielen Stellen die russischen Eisenbahnlinien. Notgedrungen gab Witte sein Einverständnis zu einem Einmarsch regulärer Truppen. Im September hatten etwa 100 000 russische Soldaten den Aufstand niedergeschlagen und die gesamte Mandschurei besetzt.

Kaum jemand konnte glauben, dass dies nur auf Zeit gedacht war. »Große Eisenbahnen«, berichtete der amerikanische Senator Albert Beveridge 1901 nach einer Reise, »Ziegel- und Steinbauten, Wohnungen für Beamte, Bauernhütten [...] und vor allem die russischen Kirchen, die ihre halborientalischen Türme im Zentrum

Eine japanische Karikatur vom März 1904 zeigt Russland als schwarzen Polypen, der Asien fest umklammert.

100563

jeder russischen Stadt in den Himmel heben, deuten auf eine permanente russische Besetzung.« Etwa 100 000 chinesische Tagelöhner standen auf Wittes Lohnlisten. Charbin, am Schnittpunkt zwischen dem Sungari und der geplanten Bahntrasse und 1896 nur eine Destillerie mit ein paar Häusern drum herum, entwickelte sich rasch zu einer russisch geprägten Stadt. Russische Firmen organisierten die Flussschifffahrt, förderten Kohle und schlugen Bauholz. Und viele Offiziere am Ort ließen keinen Zweifel daran, wer von nun an der Herrscher der Mandschurei sei.

1903 nahm die Transsibirische Eisenbahn ihren Betrieb auf, wenn auch zunächst nur einspurig und mit einer Unterbrechung am Baikalsee. Die russische Flotte im Fernen Osten wurde Monat für Monat stärker. Japans Besorgnis ignorierte man. Innenminister Wjatscheslaw K. Plehwe konnte einem möglichen Krieg sogar gute Seiten abgewinnen. Jedenfalls sagte er zu Kriegsminister Kuropatkin: »Alexej Nikolajewitsch, Sie kennen die innere Lage Russlands nicht. Um die Revolution einzudämmen, brauchen wir einen kleinen siegreichen Krieg.«

Japans Militärs glauben, es nun mit jedem Gegner aufnehmen zu können

Gleichzeitig registrierte man in Tokio verstärkte russische Aktivitäten in Korea. Unter anderem erwarb Alexander M. Besobrasow, ein ehemaliger Gardehauptmann mit exzellenten Verbindungen zum Hofe, eine Holzkonzession auf der koreanischen Seite des Jalu, also des Grenzflusses zwischen Korea und der Mandschurei. Die Arbeiter waren beinahe ausnahmslos Reservisten der russischen Armee, eine unternehmenseigene Polizei sicherte die Anlagen. Zu Recht glaubte niemand, dass dies ein rein wirtschaftliches Unternehmen war.

In Japan reagierten Öffentlichkeit und Regierung zunehmen aggressiv. Russland engte die wirtschaftlichen Interessen Japans in der Region ein, und mit Truppen am Jalu, dem Flottenaufmarsch in Port Arthur und immer näher rückenden Eisenbahnen wurde Russland zunehmend als existenzielle Bedrohung aufgefasst. Vor allem Offiziere der mittleren Ränge drängten zum Krieg. Dagegen waren Regierung und höhere Militärführung zunächst noch vorsichtig. Schließlich konnte der Zar im Kriegsfalle eine Armee von 4,5 Millionen Mann mobilisieren. Etwa fünfmal so viel wie Japan.

Am 12. August 1903 überreichte Botschafter Shinichiro Kurino in Sankt Petersburg eine Note. Japan forderte, dass Russland seine Truppen aus der Mandschurei abzöge und Japans politische Vorherrschaft in Korea anerkannte; beide Seiten sollten die wirtschaftlichen Aktivitäten der jeweils anderen Seite in Korea und der Mandschurei nicht behindern. Doch die Verhandlungen zogen sich monatelang hin. Der britische Diplomat Cecil Spring-Rice berichtete: »Japan bittet um eine Antwort. Ihm wird erklärt, der Zar befände sich in Urlaub. Dann, dass die Kaiserin krank sei. Schließlich, dass der Vizekönig konsultiert werden müsse.«

In Tokio war Marquis Ito, nun »älterer Staatsmann«, der Politiker, der am längsten auf einen Ausgleich mit Russland hoffte. Resigniert schrieb er im Januar 1904: »Es steht außer Frage, dass es von Anbeginn Russlands Ziel war, seine Land- und Seestreitkräfte zu verstärken und Japans Forderungen zurückzuweisen.« Am 4. Februar beschloss eine Konferenz von Regierung und »älteren Staatsmännern« unter Leitung des Tenno, gegen Russland loszuschlagen.

Am 8. Februar, parallel zum Angriff auf Port Arthur, landeten japanische Truppen in Korea, erzwangen sich am 1. Mai den Übergang über den Jalu und erschienen im Juli vor Port Arthur. Nach 154-tägiger Belagerung kapitulierte die Festung. Zwei Monate später, im März 1905 konnte die russische Mandschurei-Armee bei Mukden nur knapp ihrer Vernichtung entgehen. Und am 27./28. Mai 1905 wurde Russlands Baltisches Geschwader, nach einer Reise um die halbe Welt, bei Tsushima beinahe vollständig zerschlagen. Von den 36 Schiffen des Geschwaders kamen nur ein Kreuzer und zwei Zerstörer nach Wladiwostok durch. Sieben Schiffe konnten sich in neutrale Häfen retten; ein Kreuzer lief auf Grund. Der gesamte Rest, darunter alle zwölf Schlachtschiffe, wurde versenkt oder ergab sich den Japanern. In Russland selbst war derweil die revolutionäre Gärung in offene Unruhen und Aufstände umgeschlagen. Allerdings stand auch Japan am Rande der völligen Erschöpfung.

100563

US-Präsident Theodore Roosevelt lud schließlich zu Verhandlungen nach Portsmouth an der amerikanischen Atlantikküste. Witte leitete die russische Delegation und handelte halbwegs glimpfliche Bedingungen aus: Russland musste Japans Vorherrschaft über Korea anerkennen, die Mandschurei räumen, die Pachtrechte in Port Arthur an Japan abgeben sowie die Südhälfte Sachalins abtreten.

Der Russisch-Japanische Krieg bestand aus einer Reihe äußerst verlustreicher Schlachten; allein bei Port Arthur fielen etwa 89 000 Soldaten (Kämpfe um Port Arthur, aus: Le Petit Journal, 25. September 1904).

»Klein« war dieser Krieg gewiss nicht gewesen. Allein bei der Belagerung Port Arthurs starben 58 000 Japaner und 31 000 Russen, und auf dem Schlachtfeld von Mukden fielen etwa 150 000 Soldaten. Hinzu kam: Beide Seiten waren fast bankrott. Für den Verlierer Russland hatte die Niederlage insofern ihr Gutes, als der Zar sich im Oktober 1905 gezwungen sah, eine Verfassung zu konzedieren. Einen Augenblick lang schien sich in Russland die Chance einer konstitutionellen Entwicklung zu öffnen. Dies, und eben nicht Imperialismus, war der Weg, um eine Revolution zu vermeiden. Doch das Land brachte es nur zum »Scheinkonstitutionalismus« (wie Max Weber befand), schon im Juni 1907 ließ der Zar das Wahlrecht wieder einschränken.

In Japan hingegen wollte keine richtige Siegesfreude aufkommen. Gewiss war das Land nun die anerkannte Großmacht im Fernen Osten und konnte 1910 ungehindert Korea annektieren und die Mandschurei wirtschaftlich beherrschen. Doch die Kosten der imperialistischen Politik standen in keinem Verhältnis zu den Erträgen. Außerdem bekamen die Japaner nun den Zorn von Chinesen und Koreanern zu spüren, japanische Waren wurden 1908 in China boykottiert. »Niemals«, schrieb Marquis Ito 1907 bitter, »war Japan in der Welt so isoliert wie jetzt.«

Die Verfassung des Inselreiches hatte eine unheilvolle Lücke: Heer und Flotte standen nicht unter verlässlicher politischer Kontrolle. Und gerade die führenden Militärs sahen im Expansionismus weiterhin eine Lösung für soziale Probleme. Wenn der Krieg gegen Russland nicht richtig geholfen hatte, dann musste man eben die Dosis erhöhen. 1931 marschierten Japans Soldaten in der Mandschurei ein, 1937 ins China südlich der Großen Mauer. Und aus dem Krieg 1904/05 hatte das japanische Militär die generelle Lehre gezogen, dass ihr Land auch vor einem weit überlegenen Gegner bestehen könne, sofern man nur entschlossen gleich zu Beginn des Krieges die feindlichen Seestreitkräfte außer Gefecht setzte. Dies allerdings sollte sich nur wenige Jahrzehnte später als ein besonders verhängnisvoller Irrtum erweisen.

5. Februar 2004